1987-1993

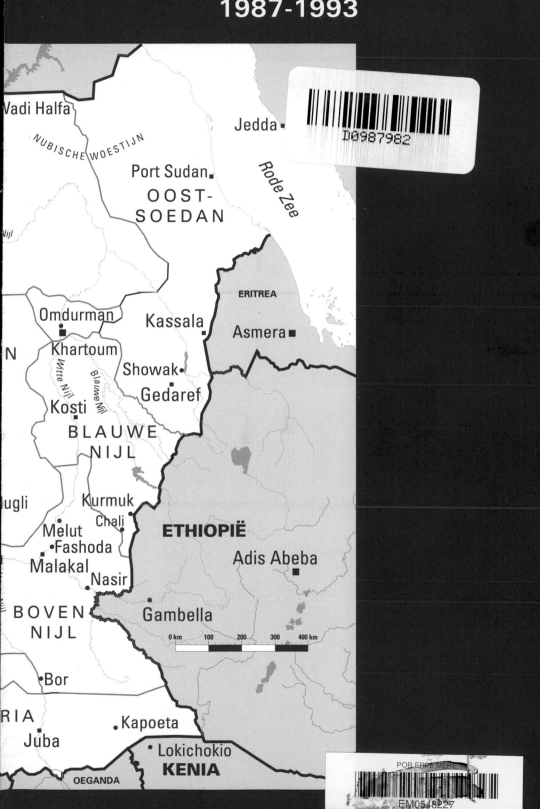

Vadi Halfa

NUBISCHE WOESTIJN

Jedda

Port Sudan

OOST-
SOEDAN

Rode Zee

ERITREA

Omdurman

Kassala

Asmera

Khartoum

Witte Nijl

Blauwe Nijl

Showak

Gedaref

Kosti

BLAUWE
NIJL

N

Nijl

ugli

Kurmuk

Chali

ETHIOPIË

Melut

Fashoda

Malakal

Nasir

Adis Abeba

BOVEN
NIJL

Gambella

0 km   100   200   300   400 km

Bor

RIA

Kapoeta

Juba

Lokichokio

KENIA

OEGANDA

EMMA'S OORLOG

Deborah Scroggins

Emma's oorlog

Liefde, verraad en dood in Soedan

Uit het Engels vertaald door Sander Hendriks

Globe

ISBN 90 5466 692 7

NUR 692

© 2002 Deborah Scroggins, Atlanta (Georgia)
© 2003 (Nederlandse vertaling) Sander Hendriks, Leiden
    en Mets & Schilt uitgevers, Amsterdam

OORSPRONKELIJKE TITEL
Emma's War

OORSPRONKELIJKE UITGEVER
Pantheon Books, New York (NY)

TEKSTCORRECTIE
Sjoerd de Jong en Richard Kolmar, Amsterdam

OMSLAGILLUSTRATIES
Voorzijde: *Emma McCune met haar hond Come On* FOTO SUNDAY TIMES
Rug: *Emma thuis in Nasir, vlak na haar huwelijk Met Riek Machar* FOTO PETER MOSZYNSKI
Achterzijde: *Emma met Riek Machar en bodygards* FOTO PETER MOSZYNSKI

AUTEURSPORTRET
William Berry

BOEKVERZORGING
MMS Grafisch Werk, Amsterdam

PRODUCTIE
Mets & Schilt uitgevers, Amsterdam

DRUK
Haasbeek, Alphen aan den Rijn

Wettelijk depot: D/2003/5166/09

GLOBE
een initiatief van de uitgevers van
KNACK
TRENDS
VAR

Verspreiding: Roularta Books NV, TEL. 051-266 559
FAX 051-266 680 E-MAIL: roulartabooks@roularta.be

www.roulartabooks.be
REEKS: PATAGONIË

Voor Colin

Wee het land, overschaduwd door vleugelen, dat ligt aan gene zijde van de rivieren van Ethiopië.

Dat gezanten uitzendt over zee, in biezen schepen zelfs over de waterstromen, zeggende: Gaat, gezwinde boodschappers, naar een uiteengedreven en kaalgeplukt volk, naar een volk dat afgrijslijk was, van haar oorsprong tot heden; een uitgemeten en platgetreden natie, waarvan de aarde de rivieren heeft bedorven!

Inwoners der wereld, bewoners der aarde, wanneer hij een banier opheft op de bergen, ziet; wanneer hij op de ramshoorn stoot, hoort!

Want aldus heeft de Heer mij verkondigd: Rusten zal ik, en in mijn verblijfplaats zal ik afwegingen maken, als een stralende hitte op de planten, als een wolk van dauw in de hitte van de oogst.

Want voorafgaand aan de oogst, wanneer de knop is volgroeid en de zure druif rijpt in de bloesem, zal hij de twijgen met de snoeihaken afsnijden en de takken verwijderen en afkappen.

Zij zullen tezamen worden achtergelaten voor de vogelen der bergen en de dieren der aarde; en de vogelen zullen op hen overzomeren en alle dieren der aarde zullen op hen overwinteren.

En in die tijd zal het geschenk worden gebracht voor de Heer der heerscharen van een uiteengedreven en kaalgeplukt volk, en van hun oorsprong tot op heden; een uitgemeten en onder de voet gelopen natie, waarvan de aarde de rivieren heeft bedorven, naar de plaats van de naam van de Heer der heerscharen: de berg Zion.

Jesaja 18

'Emma's oorlog' was de naam die door enkele leden van het rebellerende Soedanese Volksbevrijdingsleger (SPLA, Sudan People's Liberation Army) korte tijd werd gebruikt als aanduiding voor het gewapende conflict dat in 1991 uitbrak tussen de aanhangers van John Garang, de leider van het SPLA, en die van zijn luitenants Riek Machar, Lam Akol en Gordon Kong. Slechts twee maanden voor hij en de andere rebellerende commandanten hun poging deden om Garang als leider van het SPLA aan de kant te zetten, trad Machar in het huwelijk met de Britse ontwikkelingswerkster Emma McCune. Hoewel zij nauwelijks iets met het plot tegen Garang of de daaropvolgende gewelddadigheden te maken had, gaf de SPLA-leider Machars buitenlandse echtgenote aanvankelijk de schuld van de scheuring die binnen de beweging was ontstaan. De strijd tussen de facties binnen het SPLA die het gevolg waren van de ruzie tussen Machar en Garang, duurde voort tot vele jaren na de dood van Emma McCune. Aan deze strijd lagen politieke, ideologische en ook etnische redenen ten grondslag.

De gevechten kostten het leven aan tienduizenden mensen in het zuiden van Soedan. Het is een van de vele nevengeschikte conflicten die maken dat de Soedanese burgeroorlog de langstdurende van Afrika is. Tegenwoordig spreken de zuidelijke Soedanezen niet meer over 'Emma's oorlog'. In plaats daarvan noemen ze de opstand en de etnische gevechten waartoe zij de aanzet gaf, 'de afsplitsing' of 'de afscheiding', en soms 'de oorlog van de opgeleiden'. Ik heb ervoor gekozen de beginperiode van dit Soedanese conflict in beeld te brengen aan de hand van het leven van McCune om westerse lezers inzicht te geven in het grotere verband van de burgeroorlog en vooral in het lijden van de meer dan twee miljoen zuidelijke Soedanezen aan wie deze oorlog het leven heeft gekost. Ik hoop niet dat ik, door dit boek *Emma's oorlog* te noemen, hen of haar tekort doe.

Ik heb de Soedanese gewoonte overgenomen om een heleboel mensen, onder wie ook politieke leiders, bij hun voornaam te noemen. Net als overal zijn er ook in Soedan uitzonderingen op elke regel. Zo wordt John Garang bijvoorbeeld doorgaans bij zijn achternaam genoemd.

Sinds 1988 heb ik honderden Soedanezen en anderen geïnterviewd over de gebeurtenissen die in dit boek beschreven worden. Mensen die informatie hebben gegeven die in een groot aantal hoofdstukken verwerkt is, zijn Lam Akol, William Anderson, Abdullahi An'Naim, Douglas Archard, Carol Berger, Millard Burr, Robert Collins, Aldo Ajou Deng, Francis M. Deng, Sally Dudmesh, Elizabeth Hodgkin, Sharon Hutchinson, Wendy James, Douglas Johnson, Andrea Kwong Ruijang, Ezekial Kutjok, Bernadette Kumar, William Lowrey, Angelina Teny, Riek Machar, Bona Malwal, Emma Marrian, Johnny McCune, Richard Mulla, Rory Nugent, Peter Adwok Nyaba, Detlef Palm, Jemera Rone, John Ryle, Alastair Scott-Villiers, Patta Scott-Villiers, Hania Sholkamy, François Visnot en Alex de Waal. Vele anderen, aan wie ik eveneens zeer veel te danken heb, wilden liever niet met name genoemd worden.

Veel dialogen in dit boek zijn aan deze interviews ontleend. In sommige gevallen konden mijn informanten of ikzelf aantekeningen en brieven uit de betreffende periode raadplegen of herinnerden wij ons zeer duidelijk wat er gezegd was. Deze dialogen heb ik weergegeven met behulp van aanhalingstekens. Minder gebruikelijk is dat ik enkele dialogen zonder aanhalingstekens heb weergegeven. In deze gevallen heb ik de hoofdlijn van een gesprek willen weergeven zoals ikzelf of een ander die zich jaren later herinnerde, zonder te pretenderen exact te zijn.

Van materiaal dat is ontleend aan persoonlijke interviews of aan mijn eigen herinneringen, heb ik de bron niet opgegeven. Citaten en ander informatie die is ontleend aan boeken, artikelen en ander gepubliceerd materiaal, zijn echter opgenomen in de noten en de literatuuropgave.

Zelfs nu, in de zoete bedrijvigheid van een zomeravond aan Myrtle Street, denk ik nog aan ze. Ik doe mijn dochters in bad, en te midden van het gekwebbel, het kabaal en de gladde meisjeslichamen hoor ik plotseling het zonderlinge geroezemoes van het kamp van de hongervluchtelingen in Safaha – het geluid van duizenden hoestende en naar adem snakkende mensen – en herinner me hoe ik daar naar lag te luisteren. Ik zie mijn man zijn boek lezen, en ik herinner me de verwrongen gezichten van de hongerende mannen die de rivier overstaken en naar me toe kwamen om me iets te vertellen in een taal die ik niet begreep. Ik kijk door het raam naar de zon die wegzakt achter de skyline van Atlanta, en in plaats daarvan zie ik de Afrikaanse zon als een enorme paarse vuurbal wegzinken in de rivier bij Nasir. En als de maan opdoemt achter de takken van de grote eik voor ons huis, herinner ik me hoe haar schijnsel het kamp buiten het voedingcentrum in Safaha deed oplichten en de vlakte omtoverde in een zee van zilveren geraamtes.

Ik denk aan deze mensen, en ik herinner me Emma. Ik ontmoette haar meer dan tien jaar geleden in Nasir, een oord dat vanaf het moment van zijn ontstaan door dubbelzinnigheden en tegenstrijdigheden wordt omgeven. De stad werd gesticht door een Arabische slavenjager, die was ingehuurd door een Engelsman om een einde te maken aan de slavernij. De stad ligt zo'n honderdvijftig kilometer ten oosten van de Witte Nijl en honderdvijfentwintig kilometer ten westen van Ethiopië, aan de oostelijke rand van het moerasland waaruit het grootste deel van zuiden van Soedan bestaat. In het begin van de twintigste eeuw vestigden de Britten er een commandopost die toezicht hield op de plaatselijke bevolking, een stam van uitzonderlijk lange en onverschrokken veehoeders die de Nuer worden genoemd. Toen ik er aankwam, was het grootste deel van de oude stad door de Soedanese burgeroorlog verwoest. De Verenigde Naties voerden voedsel aan via een primitieve landingsbaan die was aangelegd met het puin van de verwoeste gebouwen. Het rebellerende Soedanees Volksbevrijdingsleger (SPLA) had zijn provinciale hoofdkwartier ingericht in een uit leem opgetrokken compound ergens aan de oever van de rivier de Sobat, enkele kilometers stroomopwaarts van de ruïnes.

Dit was in december 1990, geruime tijd voor Emma McCune de ontwikkelingswerkers en diplomaten in de regio choqueerde door met een plaatselijke guerrillaleider te trouwen en haar intrek te nemen in de met wapens volgepakte compound waar hij en zijn tot de tanden gewapende soldaten woonden. Maar zelfs toen al bracht ze menigeen van zijn stuk. Ik werkte indertijd in Nasir voor de *Atlanta Journal-Constitution*. Een fotograaf en ik zaten er al een dag of tien. We versloegen de oorlog tussen de islamitische regering in het noorden en de christelijke en heidense rebellen in het zuiden. Ik had interviews gehouden met tienersoldaten en met kinderen die van de honger aan het sterven waren. Sinds 1983, het jaar waarin de oorlog begon, had hij mogelijk al een miljoen levens geëist. Een kwart van de mensen die waren gestorven, was omgekomen tijdens de hongersnood van 1988. Ik had van zeer dichtbij verslag gedaan van deze ramp. Toch ging er van dit deel van Soedan nog altijd een griezelige bekoring uit. In de jaren dat er gevochten werd, was het van de buitenwereld afgesloten en had het geen deel gehad aan de ontwikkelingen die zich in de rest van het land voltrokken. De blauwgroene moeraslanden tussen de Witte en de Blauwe Nijl waren veranderd in een uitgestrekte en verwilderd toevluchtsoord, waarvan de stilte slechts werd onderbroken door bombardementen, geweervuur en de alomtegenwoordige liederen van de plaatselijke bevolking.

De fotograaf, Frank Niemeier, en ik wachtten al enkele dagen op een VN-vliegtuig dat ons naar Kenia zou terugvliegen. Het toestel was om de gebruikelijke onduidelijke redenen vertraagd. Misschien had de regering een verbod ingesteld voor vluchten naar gebieden die in handen van de rebellen waren; misschien strafte de VN de rebellen voor hun dreigement VN-vliegtuigen neer te schieten. Niemand wist het. Of, als ze het wisten, dan hielden ze het voor zich. We liepen elke dag op en neer langs de oever van de Sobat. Onderweg keken we naar het vee met de liervormige hoorns dat rondzwierf tussen de ruïnes van wat eens een marktplein was geweest. We hadden een blauwe reiger gezien die het wrak van een oude stoomboot als rustplaats had uitgekozen en maraboes die op leliebladeren de rivier afdreven. 's Avonds keerden we terug naar de VN-post, een vervallen betonnen bouwwerk dat twee vertrekken telde en deel uitmaakte van de wegrottende compound die ooit het onderkomen was geweest van de Amerikaanse presbyteriaanse zending in Nasir. De zendelingen waren bijna dertig jaar eerder – in 1964 – uit Soedan verdreven, maar hun woningen waren nog steeds het beste wat Nasir te bieden had. 's Nachts zaten we te kaarten bij het licht van een petroleumlamp tot we in slaap vielen op de metalen veldbedden die waren omhuld door een nevel van de donkerrode muskietennetten die we uit Nairobi hadden meegenomen.

Uiteindelijk kwam een SPLA-functionaris met bloeddoorlopen ogen en een T-shirt met het opschrift 'Martin's Restaurant, St. Paul, Minn.' ons zeggen dat de VN via de radio contact had gezocht en dat er weldra een vliegtuig zou arriveren. We propten onze bagage in onze rugzakken en droegen die door het tot een ruïne vervallen stadje naar de rand van de landingsbaan, waar we erbovenop gingen zitten. De ochtendzon leek op ons neer te kijken als een reusachtig wit oog. Enkele soldaten uit het rebellenleger stonden met teenslippers aan hun voeten te luisteren of ze het vliegtuig al hoorden naderen. Het eerste dat zich aan de horizon aftekende, was niet een vliegtuig, maar een man. Hij kwam achter de verroeste romp van een bus vandaan die gekanteld langs de landingsbaan lag. Het was een Nuer van middelbare leeftijd met een slappe huid. Op zijn voorhoofd waren de zes parallel lopende merktekens van mannelijkheid gekerfd. Hij droeg in elk oor een bosje roze bloemen, koperen armbanden en een marineblauwe katoenen onderbroek. Zijn haar was tot staartjes gevlochten. Zingend en dansend liep hij in onze richting. Uit de bewegingen van de rebellen die ons begeleidden, maakte ik op dat zij zich niet op hun gemak voelden.

'Wie is dat?' vroeg ik.

'Hij is niemand,' zei een van de rebellen kortaf. Het gezicht van de soldaat was overdekt met het ingewikkelde patroon van littekens waarmee de zuidelijke Soedanezen hun lichaam versieren; aan een riem over zijn schouder hing een AK-47.

De man met de bloemen in zijn oren was ons nu op enkele meters genaderd. Hij maakte wilde gebaren, sprong op en neer en wees naar ons, terwijl hij de longen uit zijn lijf zong.

'Wat zegt hij?' vroeg ik.

'Hij denkt dat hij een profeet is,' zei de eerste soldaat. 'Hij zegt dat hij er nu genoeg van heeft. Je komt en je gaat, maar je brengt nooit iets mee.'

'Hij is krankzinnig,' verklaarde de andere soldaat.

Frank maakte een foto van de man. In een klein roze notitieboekje dat ik in Nairobi op de kop had getikt, had ik een soort dagboek van onze trip bijgehouden. Ik haalde het te voorschijn en schreef op het goedkope bruine papier:

Krankzinnige
bloemen in zijn oren
veer in haren
schelpen aan rechterarm
stuk van notitieboekje aan linker gebonden
net een mimespeler
ring in z'n neus

Het zijn de laatste woorden in het notitieboekje van de reis die ik die keer naar Nasir maakte, want precies op dat moment hoorden we een hoog gierend geluid. Een moment lang vroeg ik me af wat het was, nog altijd in de ban van de profeet. Toen zagen we het silhouet van het vliegtuig. Terwijl het hoogte minderde, beschreef het de spiraal die de piloten uitvoerden voor het geval iemand het vuur op ze opende. Het toestel landde, de motor kwam sputterend tot stilstand, de rebellen renden naar het toestel om de deur te openen, en Emma sprong naar buiten. Frank en ik staarden haar aan. Ze was circa een meter tachtig lang, had een bleek gezicht en donkere haren, en was slank als een mannequin. Ze droeg een rood minirokje. Na haar klom een spla-functionaris naar buiten. Zij en de functionaris lachten ergens om. Emma gooide het hoofd in de nek. Ze had grote witte gezonde tanden. Het was moeilijk te geloven dat ze hier werd binnengevlogen in verband met een operatie voor noodhulp. Ze zag eruit alsof ze uit een limousine had moeten stappen om naar een fuif te gaan.

En ik was toch ook niet volkomen verrast. Ik had over Emma horen vertellen. Ze was jong, sexy en idealistisch, en had voor enige opschudding in de wereld van de humanitaire hulpverleners gezorgd toen ze voor de Canadese hulporganisatie Street Kids International was gaan werken. In Nairobi, het hoofdkwartier van de ontluikende humanitaire industrie van Oost-Afrika, verwierf ze zich een reputatie om haar ongebreidelde levensstijl: oerwoudavonturen, nachtelijke braspartijen in de stad. Ze was een Engelse en had toegang tot de meer exclusieve kringen van de in Nairobi wonende westerlingen, maar naar verluidt zou ze zich toch het meest thuisvoelen bij de Afrikanen. Sommigen bewonderden haar moed, anderen vonden haar gevaarlijk naïef. Zelf had ik een paar weken eerder een blik van haar opgevangen in de tent die dienst deed als eetzaal in Lokichokio – of Loki, zoals wij het noemden –, de vaste uitvalbasis in Kenia van de VN-hulpoperaties die plaatsvonden in het zuiden van Soedan. Ze zat bier te drinken aan een tafel vol Afrikaanse mannen en was zeer geanimeerd aan het praten. Ik kon niet horen wat ze zei, maar kon wel zien dat de mannen het liefst wilden dat ze er nooit mee zou ophouden.

Hier in Nasir meende ik de afkeurende ondertoon die in de verhalen over Emma doorklonk, te kunnen begrijpen. Haar adembenemende, opzichtige minirok had bijna iets obsceens op een plaats vol zieke, hongerende mensen die te midden van wreedaardige moordpartijen en massale sterfte naar adem hapten. Het leek onkies om er gelukkig uit te zien... alsof je liep te pronken met je eigen geluk. De gedachte kwam bij me op dat de onopvallende T-shirts en kaki korte broeken of spijkerbroeken die voor de meeste van ons een soort officieus uniform waren geworden, in zekere zin een poging waren om onszelf – althans in onze eigen beleving – seksloos te maken. We beeldden ons in dat we daardoor uitdrukten: 'We zijn hier niet om het er eens lekker van te nemen.' Het was zoiets als het steriele operatieschort van een chirurg of misschien zelfs een moderne versie van het boetekleed: een stilzwijgend teken dat we meenden wijzer en deugdzamer te zijn dan de Soedanezen en dat wij ons op de een of andere manier voor hen in rouw hadden gedompeld. Niet dat de Soedanezen zich voor de gek lieten houden. De gemiddelde hulpverlener of journalist was het wel degelijk om de kick te doen, om de intensiteit te ervaren van het leven in een oorlogsgebied, om de versterkte sensatie die werd teweeggebracht door de nabijheid van de dood en de drang om goed te doen. We wilden hier zijn, we werden goed betaald om hier te zijn, en de Soedanezen wisten dat.

In tweede instantie leek Emma's minirokje me een verfrissend alternatief voor de gebruikelijke blijken van vroomheid. Het duidde erop dat ze eerlijker was dan de rest van ons, dat ze niet bang was om te erkennen dat ze hier was omdat ze hier wilde zijn. Emma en ik wisselden enkele vriendelijke woorden, meer niet. Toen ik me omdraaide om mijn rugzak te pakken, was de man met de roze bloemen in zijn oren verdwenen. Ik heb hem nooit teruggezien, en het zou ook heel lang duren voor ik Emma weer terugzag. Frank maakte geen foto van haar en ik maakte geen aantekening over haar in mijn notitieboekje. Maar toen het vliegtuig opsteeg, begon ik over haar na te denken naar aanleiding van iets wat niets met haar kleren te maken had. Ik wist dat zij nauw met Lul Kuar Duek, de 'coördinator opleidingen' van het SPLA, had samengewerkt om de scholen van Nasir weer open te krijgen. Zelf had ik enkele dagen in Nasir doorgebracht om Lul te interviewen over zijn plannen met de scholen. Hij had gezegd dat hij een grote vriend van Emma was. Hij was het soort man dat de Nuer een 'zwarte *Turuk*' noemden. Deze term hadden de Nuer overgenomen van de Osmaanse Turken, die hen als eersten hadden laten kennismaken met de moderne tijd toen ze het gebied anderhalve eeuw daarvoor waren binnengevallen. De term werd nu gebruikt als een aanduiding voor iedereen die kon lezen en schrijven en kleren droeg. Net als de meeste Nuer was Lul zo zwart als een panter, had hij een lang en mager lijf met een smal hoofd en een lange, soepele tred. Hij was vroeger onderwijzer geweest en ouderling van de plaatselijke presbyteriaanse kerk. Verder was hij een zeurkous en een tiran. 's Middags dronk hij Ethiopische jenever zo uit de fles en las hij mij in zijn strooien hut de les over de marteldood van de Amerikaanse president John F. Kennedy, over de redenen waarom het zuiden van Soedan zo achter was gebleven en over alles wat er verder in hem opkwam. 'Het stadium waarin wij ons momenteel bevinden, is het stadium waarin Europa in de steentijd verkeerde. We leven in de tijd van de stenen,' zei hij, terwijl hij met zijn vinger naar mij wees. 'En jij! Jij moet oppassen. Jij moet goed beseffen dat je hier met iemand praat die alles weet.'

Het zoontje van Lul sliep tijdens deze gesprekken in een hangmat naast het automatische geweer van zijn vader. Terwijl hij aan het praten was, bood Lul regelmatig aan dat hij de jongen eraan wilde geven als dat Soedan kon helpen zich te bevrijden van de overheersing van de islamitische regering in het noorden. 'Zelfs deze jongen, hij zal vechten! Al wordt het zijn dood! Al moet het honderd jaar duren...' Hij dreunde de strijdkreten van het SPLA op met luidruchtige passie en verklaarde met nadruk dat het zuiden nooit akkoord zou gaan met een afscheiding van het noorden, maar dat het zou doorvechten tot het hele land een nieuwe, seculaire regering had. Ondanks dat was hij nog geen jaar later even enthousiast toen zijn commandant – ook een Nuer – in opstand kwam tegen SPLA-leider John Garang en stelde dat het zuiden niet langer moest proberen het noorden te veranderen, maar dat het zich ervoor moest inzetten de onafhankelijkheid van het zuiden af te dwingen.

Net als iedereen in Nasir was Lul geobsedeerd door een profetie uit het boek van Jesaja dat, zoals hij en de anderen geloofden, een voorspelling deed over de toekomst van het zuiden van Soedan. Wanneer hij een van zijn flessen jenever voor de helft soldaat had gemaakt, veegde hij zijn handen aan zijn rode polyester broek af, viste de bijbel op uit het krat naast zijn bed, en begon daar met zijn hand op te slaan. 'Het staat allemaal hier... Het staat geschreven!' verkondigde hij dan. Frank en ik wisselden een verveelde blik. 'Jesaja achttien. God zal Soedan straffen. Mensen zullen naar de grens met Ethiopië trekken. 'De dieren der aarde en de vogelen zullen op hen overzomeren.' Ik heb het gezien. Het is allemaal gebeurd. Maar er staat dat we uiteindelijk een nieuw Soedan zullen krijgen.'

Lul doelde op de jaren waarin honderden mensen van de honger waren gestorven of de dood hadden gevonden in de gevechten rondom de stad voor het SPLA Nasir in 1989 op de regering had veroverd. En ook toen al vroeg ik me af hoe Emma het kon verdragen potloden aan de overlevende kinderen van Nasir uit te delen, terwijl Lul bleef voortrazen dat hij nog honderd jaar zou doorvechten om uit de verblindende leegte een nieuw Soedan te doen verrijzen. Ik zorgde er steeds voor dat Frank bij me was wanneer ik Lul in zijn strooien hut ging opzoeken. Maar als ik Lul mocht geloven, konden Emma en hij reusachtig goed met elkaar opschieten. Feitelijk was Lul er meer in geïnteresseerd mij over Emma te vertellen dan over het schoolproject waaraan hij werd geacht leiding te geven. 'Weet je, Em-Maa' – hij sprak haar naam uit met een voldane smak – 'is net een van ons. Ze loopt overal heen zonder moe te worden. Ze brengt ons een heleboel dingen die we nodig hebben, zoals papieren en krijt en schoolboeken. Jullie mensen, jullie moeten weten: onze commandant vindt Em-Maa heel leuk! Heel leuk! En zij vindt hem leuk! Ze is hier geweest om hem te zoeken.' Verscholen onder de loftuitingen klonk in zijn stem een enigszins wellustige ondertoon.

Ik kon me moeilijk voorstellen dat mijn krant benieuwd was naar de gevoelens van een SPLA-commandant voor een eenvoudige Britse ontwikkelingswerkster. Ik besteedde daarom dan ook niet veel aandacht aan Luls geile toespelingen. Maar toen ik zes maanden later hoorde dat Emma McCune inderdaad was getrouwd met Riek Machar, de commandant van Lul, de man die 'Em-Maa heel erg leuk vond', herinnerde ik me de mengeling van wellust, afgunst en verachting in Luls stem en maakte een vage angst zich van mij meester. Natuurlijk kende ik 'Dr. Riek', zoals de zuidelijke Soedanezen hem noemden. Ook hij was een zwarte *Turuk*, en met zijn doctorsgraad van de technische hogeschool van Bradford in Engeland was hij wel de best opgeleide Nuer in de rangen van het SPLA. Westerlingen vonden hem uitzonderlijk meegaand en vriendelijk, maar we waren er ook van doordrongen dat hij deel uitmaakte van een gesloten guerrillabeweging die in staat was tot de meest meedogenloze wreedheden. Het nieuws dat Emma met Riek Machar getrouwd was, maakte een verbazingwekkende mengelmoes van emoties in me los. Ze was zevenentwintig, slechts twee jaar jonger dan ik. Ik had maar heel terloops met haar kennisgemaakt, maar de wereld van de *khawaja* – de Soedanees-Arabische term voor blanken – is klein, en we hadden veel gemeenschappelijke vrienden en kennissen onder de ontwikkelingswerkers, journalisten en diplomaten in Soedan. Alastair en Patta Scott-Villiers, hetzelfde Britse echtpaar dat Emma aan haar baan bij Street Kids International had geholpen, had me twee jaar eerder de tip gegeven die me mijn eerste grote verhaal in Soedan had opgeleverd. Enkele dagen nadat ik in 1990 vanuit Nasir naar Nairobi was teruggekeerd, had het echtpaar Scott-Villiers me uitgenodigd met hen mee te gaan naar Emma en enkele andere mensen die de kerstdagen in Mombasa aan de kust van Kenia doorbrachten (een uitnodiging die ik moest afslaan, omdat ik de feestdagen dat jaar voor mijn werk in Khartum doorbracht). In de loop van drie jaar had ik met een zekere regelmaat over Soedan geschreven: het was de meest intense en diepste ervaring die ik ooit had meegemaakt. En nu had je hier Emma, die zich er dieper instortte dan ik ooit voor mogelijk had kunnen houden, die van de wereld van de *khawaja* overstapte naar een bevrijdingsleger dat werd geleid door mannen als Lul en de met littekens overdekte soldaten op het vliegveld, mannen die verantwoordelijk waren voor gruweldaden waarvoor zij als hulpverlener verlichting had proberen te bieden. Wat, zo vroeg ik me af, had haar ertoe gedreven zo'n extreme stap te zetten? Later, toen het allemaal voorbij was, kwam het idee bij me op dat het verhaal over haar leven een licht zou kunnen werpen op het hele experiment van de humanitaire hulp-verlening in Afrika... of althans op de ervaringen van mensen zoals ik, die toen ze erheen gingen droomden dat ze hulp zouden kunnen bieden en die bij terugkeer volomen ontgoocheld waren, en door deze ervaring altijd getekend.

DEEL I

Mijn eerste indrukken van Soedan waren vrij vaag en onbestemd; ik was zoveel meer in mijzelf geïnteresseerd dan in mijn omgeving.
Edward Fothergill, *Five Years in the Sudan*, 1911

Hulpverlening is, zo lijkt het, een praktische aangelegenheid. Toch wordt, althans in Afrika, het merendeel van het werk door zeer romantisch ingestelde mensen verricht, iets wat moeilijk is te rijmen met de Afrikaanse realiteit die – anders dan in de boeken en films – bijzonder hard en onromantisch is. In de Afrikaanse beeldspraak speelt de buik steeds een centrale rol. 'Hij eet daarvan,' zeggen Afrikanen wanneer ze bedoelen dat iemand op een bepaalde manier in zijn levensonderhoud voorziet. De Afrikaanse politiek, zegt de Franse geleerde Jean-François Bayart, is 'de politiek van de buik'. De macht van Afrika's spreekwoordelijke 'grote man' is gebaseerd op het feit dat hij in staat is zijn aanhangers te eten te geven: zijn buikomvang is een reclame voor de welvaart die hij kan delen. In Afrika is het delen van voedsel de eerste verplichting die iemand tegenover zijn verwanten heeft. Maar, zoals de Nuer zeggen: 'Eten is strijden.' Ze vertellen het volgende verhaal: Ooit woonde Maag in zijn eentje in het oerwoud. Hij leefde van kleine insecten, die hij boven een vuurtje roosterde. Mens was apart van Maag geschapen. Op een dag liep Mens door het oerwoud. Daar ontmoette hij Maag. Mens zette Maag op zijn huidige plaats, zodat Maag zich daar kon voeden. In de tijd dat Maag op zichzelf woonde, was hij tevreden geweest met kleine beetjes voedsel. Nu hij echter deel van Mens uitmaakt, is zijn hunkering naar voedsel onverzadigbaar. Daarom is Maag de vijand van Mens.

In Europa en Noord-Amerika moeten we in de spiegel kijken om Maag te zien. 'Probeer contact te krijgen met je hongergevoel,' adviseren Amerikaanse diëtisten en hun klanten. Honger is een optie. Net als zoveel andere dingen in het Westen wordt honger geassocieerd met ijdelheid. Vandaar dat sommige westerlingen zich afvragen: Is nu Maag of Spiegel de vijand van Mens? En Afrika... Afrika is een spiegel waarin het Westen zijn grote buik ziet. Het verhaal over de westerse hulpverlening aan Soedan is het verhaal over het raakvlak waarop de politiek van de buik en de politiek van de spiegel elkaar kruisen.

Het is een verhaal dat een aanvang nam in de negentiende eeuw en in de een-entwintigste eeuw lijkt te eindigen met een handjevol idealisten die zich laten leiden door motieven die zelfs voor henzelf vaak halfverborgen zijn. De triomf van de rede en de wetenschap in het tijdvak na de Verlichting heeft ons westerlingen gesterkt in de overtuiging dat het onze taak is de minder fortuinlijken der aarde te laten zien hoe ze moeten leven. Maar zelfs in de bloeitijd van het kolonialisme, toen westerse idealisten over aanzienlijk meer vuurkracht beschikten dan tegenwoordig, waren de meest gedenkwaardige machtswellustelingen in Afrika doorgaans juist die romantici en excentriekelingen wier ontvankelijkheid voor het irrationele – voor emoties, voor mystiek en extase – hen in hun eigen samenleving tot buitenbeentjes maakten. En verder werden de kolonialen gedragen op de toppen van het Victoriaanse enthousiasme Afrika opnieuw op te bouwen naar ons eigen evenbeeld. De retoriek van de huidige hulpverleners mag even hoogdravend klinken als die van de kolonialen, de zaak die zij proberen te realiseren is in werkelijkheid een stuk minder ambitieus. Doordat zij slechts over geringe financiële middelen beschikken en niet door een militaire macht worden gesteund, vormen zij een soort imperialistische achterhoede: zij zijn de voetsoldaten die rugdekking geven aan het Westen dat dodelijk vermoeid is geraakt door de koppige en ondoorgrondelijke vitaliteit van Afrika. Het kan zijn dat zij zich door een groot aantal oude drijfveren laten inspireren – idealistisch en anderszins – maar de moderne hulpverleners hebben minder vertrouwen dat zij in staat zullen zijn deze idealen te verwezenlijken. Er is meer nodig dan een ideaal, zelfs meer dan een onzelfzuchtig geloof in een ideaal, om de huidige hulpverleners op hun plaats te houden. Emma had enkele idealen, maar het was de romantiek die haar naar Afrika lokte.

Emma werd geboren in India, waar haar ouders Maggie en Julian Mc-Cune elkaar hadden ontmoet en in 1962 in het huwelijk traden, en waar de koers van haar leven – net als dat van haar ouders – gevormd werd door het weg-ebbende tij van het Britse wereldrijk. Maggie, vroeger een nette en kwieke se-cretaresse, noemt zichzelf nog steeds een ex-koloniaal, hoewel het kolonia-lisme al duidelijk op zijn retour was toen zij in 1942 in Assam werd geboren. In 1999 publiceerde Maggie onder de titel *Till the Sun Grows Cold* de memoi-res over haar relatie met Emma. Maggie zelf werd geboren uit het liefdelo-ze huwelijk van een Britse theeplanter en een Australisch revuemeisje, die elkaar hadden ontmoet aan boord van een oorlogsschip. Ze sleet haar kolo-niale jeugd in eenzaamheid als betalende gast bij verschillende Engelse gast-gezinnen en op kostscholen. Emma's vader, Julian – of 'Bunny', zoals Mag-gie hem noemde –, was een Anglo-Ierse ingenieur die al minstens tien jaar door de Britse koloniën had rondgezworven voordat Maggie en hij zich in Assam vestigden.

Al vanaf het begin was het huwelijk tussen Maggie en Julian niet erg ge-lukkig. De verlegen en gekwetste Maggie was pas eenentwintig toen ze tij-dens een bezoek aan haar vader in India aan Julian werd voorgesteld. In haar boek bekent ze dat de voornaamste reden om met hem te trouwen was dat ze wilde ontsnappen aan Engeland en haar zwaar drinkende moeder, aan wier theatrale gedoe ze een bloedhekel had. Haar diepgewortelde behoefte, die haar echtgenoot nooit schijnt te hebben opgemerkt, was een heleboel kinderen grootbrengen in de veilige en conventionele gezinssituatie die zij in haar eigen beleving als kind had moeten ontberen. De veertien jaar oude-re Julian was een charmante, sportieve man die hield van de jacht en leefde om bewonderd te worden. Verder dronk hij graag een glaasje whisky. Het heeft er veel van weg dat hij er niet klaar voor was om enige andere verant-woordelijkheid op zich te nemen dan uit te blinken in *shirkar*, de jacht en het vissen, de geliefde bezigheden van de Britse koloniale bestuurders. Mogelijk zou hun huwelijk hebben standgehouden als ze in India hadden kunnen blijven, waar Julian, alleen op grond van het feit dat hij een Engelsman was en enkele bekende particuliere kostscholen had bezocht, in staat was om de luxe levensstijl te onderhouden die ze beiden als vanzelfsprekend waren gaan beschouwen.

Het leven van de Britten die in die dagen door de Londense theehandelaren werden ingehuurd om de theeplantages in Assam te besturen was, in de woorden van Maggie, 'hemels'. De Britten woonden in gerieflijke bungalows. De volwassenen werden bediend door Indiase bedienden en de kinderen werden verzorgd door Indiase kindermeisjes. De mannen togen 's ochtends om zes uur aan het werk, maar onderbraken hun werkzaamheden al na twee uur voor het ontbijt. Om twaalf uur was het tijd voor de lunch, en na de lunch hield iedereen twee 'gouden en stille' uren siësta. Na de siësta, schrijft Maggie, 'was er weinig meer te doen, zodat er voor zonsondergang nog een partijtje tennis of golf, of twee polomatches konden worden gespeeld. Daarna werd er een borrel gedronken, gevolgd door het diner en dansfeestjes' in de club. Maar in 1964, toen Emma werd geboren, en 1965, toen haar zus werd geboren, was duidelijk dat er in de naoorlogse wereld veel minder ruimte was voor mensen als het gezin McCune.

Net als in zoveel andere koloniën was het einde van het koloniaal bewind in 1948 voor India pas het begin van het langzame en subtiele proces waarin Groot-Brittannië zijn gezag over het land losliet. Gedurende de eerste jaren onder de nieuwe Indiase regering functioneerden de Britse theefirma's nog vrijwel op dezelfde wijze als in de tijd dat India onder Brits bestuur had gestaan. Maar aan het eind van de jaren zestig werden ze door de regering onder druk gezet om hun Britse employés door Indiërs te vervangen. Julian verloor zijn baan als toezichthouder op het onderhoud van het gereedschap dat werd gebruikt voor het sorteren en bewerken van de theebladeren. Emma's vader werd met pensioen gestuurd en besloot naar Engeland terug te keren. In haar boek zegt Maggie dat Julian en zij het leuk vonden om zich in Assam te mengen onder mensen van allerlei rassen, maar de enige Indiërs van wie ze in haar boek gewag maakt, waren de minder aanzienlijke lokale heersers, voor wie het uiteenvallen van het Empire bijna even rampzalig was als voor de Britten. Julian speelde met de gedachte om naar Rhodesië of naar Zuid-Afrika te emigreren, waar veel van zijn Britse vrienden uit India al naartoe waren vertrokken, maar Maggie zag er geen gat in om te verhuizen naar een vluchthaven die opnieuw tijdelijk zou kunnen blijken te zijn. Ze wilde voorkomen dat haar kinderen – net zoals haarzelf was overkomen – zouden worden overmand door het koloniale gevoel dat Engeland nooit echt helemaal hun thuis was. Ze wilde dat 'Thuis' voor hen echt als thuis zou aanvoelen. In 1966 besloot de familie McCune naar Yorkshire te verhuizen, waar Julian op school had gezeten en waar familie van hem woonde. Emma was twee jaar oud.

Aan de winderige rand van de Vale of York stond een oud landhuis dat Bunny McCune tijdens al zijn omzwervingen nooit was vergeten. De ouders van Julian waren overleden, maar zijn moeder was afkomstig uit Leeds, en als jongen had hij voor hij naar Winchester College ging, les gehad in Aysgarth in het graafschap North Yorkshire. Cowling Hall, een langgerekt, uit bakstenen en pleisterwerk opgetrokken landhuis uit de tijd van Queen Anne, dat niet ver van Aysgarth boven op een heuvel lag en een spectaculair uitzicht over de Yorkshire Dales bood, had voor het eerst tot zijn verbeelding gesproken toen hij een schooljongen was. Het huis had de vorm van een L en het oudste gedeelte was opgebouwd uit de ruïnes van een leeggeroofde abdij. Het stond leeg toen de McCunes arriveerden. De plaatselijke bevolking zei dat het er spookte. Er was een kind in het huis gestorven en een man had er een zenuwinstorting gekregen. Het was een indrukwekkend – zij het vervallen – stuk architectuur, maar 's winters woei er een ijskoude wind door de vertrekken. Het was in huis zo koud, vertelt Maggie in haar boek, dat ze de boter voor de toast bij het kolenvuur in de salon moesten opwarmen. Maar met zijn zes slaapkamers bood het meer dan genoeg ruimte voor wat zou uitgroeien tot een gezin van zes – Jennie werd in 1967 geboren en Johnny in 1970 – en Julian had er zijn zinnen op gezet. Zijn erfenis had hij al geïnvesteerd in het alleenverkooprecht in North Yorkshire voor een systeem voor bewakingscamera's. Omdat ze gecharmeerd waren van Julians manieren, stemden de eigenaren van Cowling Hall ermee in de woning voor de symbolische huursom som van zes pond per week aan de McCunes te verhuren.

Enkele jongens die Julian kende uit de tijd dat hij in Aysgarth op school had gezeten, woonden nog in de streek. Deze voormalige klasgenoten hielpen de McCunes zich op het platteland van North Yorkshire te vestigen. Wensleydale ligt in het hart van het land van James Herriot, een onder mist verscholen groen landschap van oude stenen dorpjes en zwartbonte koeien, dat een belangrijke plaats inneemt in het sentimentele, zinnebeeldige van Engeland. Bunny jaagde en viste in de schitterende bossen en rivieren van deze streek; Maggie organiseerde theepartijtjes tijdens cricketwedstrijden en werd uitverkoren om zitting te nemen in het plaatselijke comité voor kankeronderzoek. Voor de kinderen waren er pony's: Maggie meende dat dergelijke sportieve activiteiten buitenshuis goed waren voor de morele vorming. 'Pony's zijn zo goed voor de discipline,' vertelde ze me een keer. 'Wanneer je terugkomt van een rit, kun je niet alleen maar aan jezelf denken. Je moet het paard roskammen.' En er waren de zo enorm belangrijke particuliere kostscholen. Nadat ze de plaatselijke lagere school had doorlopen, werd Emma een wekelijkse kostganger op Polam Hall in Darlington. Op foto's uit deze tijd staat Emma duidelijk te stralen, met sproeten op haar wangen en een rode blos, poserend voor Cowling Hall of gezeten op haar pony Misty.

Julian en Maggie waren een populair koppel. Als Julian ergens een talent voor had – en het was, naar ieders mening, een ongebruikelijk talent in een streek die zo star en klassebewust was als North Yorkshire in de jaren zestig – dan was het wel dat hij vriendschap kon sluiten met mensen van totaal verschillende maatschappelijke achtergronden. 'Julian was op-en-top een gentleman,' herinnert Peter Gilbertson, een oude schoolkameraad uit Aysgarth, zich vele jaren later. 'Met zijn laarzen aan en op de hielen gevolgd door zijn spaniels kon hij elk arbeidershuisje of elk voornaam woonhuis binnenstappen zonder ook maar één moment van verlegenheid. Hij zette twee flessen op de tafel en zei: "Goed! We maken er een feestje van."' Tot de naaste vriendenkring van de McCunes behoorden de plaatselijke landheer van Bedale en diens echtgenote, de dokter en de dominee. Maggie, die katholiek was opgevoed, bekeerde zich tot de anglicaanse kerk. Julian, wiens politieke opvattingen door Gilbertson worden omschreven als 'conservatief... zéér conservatief', werd de penningmeester van de plaatselijke Conservatieve Partij. McCunes hele voorkomen en houding straalden voornaamheid uit, en het lijkt erop dat Emma's vader het gevoel had dat dit toch werkelijk voldoende moest zijn om in het leven te kunnen slagen. Net als zoveel andere jongens uit de betere kringen van de Engelse middenklasse die indertijd een particuliere kostschool hadden bezocht, was hij grootgebracht om het Britse rijk te dienen. Afgezien van het vermogen om chic voor de dag te komen, kon hij helemaal niets. Na een verblijf van meer dan twintig jaar in het buitenland was hij eerst verbijsterd en vervolgens ronduit boos over het feit dat zijn sociale vaardigheden en zijn oude schooldas in het Engeland waar hij naar was teruggekeerd niet automatisch garant stonden voor een aanzienlijk inkomen. Zoals Maggie later schreef, was zijn onverschilligheid tegenover werk in Engeland minder makkelijk te negeren dan in India, waar dit niet zo erg was opgevallen. Toen de verkoop van bewakingssystemen niet winstgevend werd, ging hij werken voor een neef die landbouwwerktuigen aan grootgrondbezitters verkocht. Na ongeveer een jaar werd hij door de neef ontslagen. Julian besprak zijn zakelijke aangelegenheden nooit met Maggie. Hij vertelde haar niet dat hij zijn baan kwijt was. En hij ging ook niet op zoek naar een betrekking die hij beneden zijn waardigheid achtte. In plaats daarvan deed hij net alsof hij elke dag naar zijn werk ging. Wanneer hij afscheid had genomen van haar en de kinderen, reed hij naar een nabijgelegen rivier, parkeerde zijn auto en ging achter het stuur de krant zitten lezen. Maggie had er geen vermoeden van dat hij zonder werk zat, tot zijn neef haar eindelijk opbelde om te zeggen dat hij Julian meer dan een jaar eerder ontslagen had omdat hij 'aartslui, een klaploper en een leugenaar' was.

Toen Maggie hem hiermee confronteerde, gedroeg Julian zich alsof hij het beneden zijn waardigheid achtte om zich zorgen te maken over financiële aangelegenheden en alsof de mening van anderen en zelfs de wet hem niet konden deren. Hij werd gearresteerd voor rijden onder invloed. Hij begon een relatie met een vrouw die in het dorp woonde. Hij werd in Leeds wegens schulden voor het gerecht gedaagd. Hij bleef thuiskomen met dure cadeautjes waarvan Maggie niet begreep hoe hij ze kon kopen. Toen werd hij ervan beschuldigd misbruik te hebben gemaakt van zijn positie als penningmeester van de plaatselijke Conservatieven door geld uit de kas te stelen. Toen de rechter op de dag dat zij beiden waren gedagvaard omdat ze de huur van Cowling Hall niet hadden betaald, aan Maggie vroeg waarom haar echtgenoot niet samen met haar in de rechtbank was verschenen, moest zij hem antwoorden dat Julian het te druk had met het vissen op zalm in de Tweed. In 1975 werden de McCunes door plaatselijke deurwaarders hun huis uit gezet. Maggie en de kinderen namen hun intrek in een huisje op het terrein van de school in Aysgarth; Julian trok zich terug in de hut van een keuterboer diep in de Dales, waar hij af en toe werk vond als boerenknecht. Emma was tien toen het gezin uiteenviel. 'Daarmee eindigde haar jeugd,' schrijft haar moeder.

Op de avond van de dag waarop Maggie ontdekte dat haar man een affaire had met een andere vrouw, las zij toevallig een van Emma's favoriete kinderverhalen voor: 'Duimelijntje' van Hans Christian Andersen. Het verhaal van een piepklein meisje dat net op het moment dat ze met een mol moet trouwen wordt gered door een zwaluw en daarna naar de warme landen van het zuiden wordt gevlogen, waar ze een prinses wordt, moet bij de McCunes herinneringen hebben opgeroepen aan de betoverende dagen in Assam, voor ze naar 'thuis' werden verbannen. Omdat ze in Engeland steeds verder in de problemen raakten, was het wellicht alleen maar logisch dat het gezin aan de jaren in India terugdacht met het gevoel dat ze daar de vrijheid hadden gehad de aristocraten te zijn die ze in de ogen van Julian waren. Als hij een paar glazen op had, trakteerde Julian het publiek in de plaatselijke pubs op verhalen over de manier waarop hij in India de wet naar zijn hand had kunnen zetten en had kunnen doen wat hem beliefde. Hij genoot ervan te vertellen over die keer dat hij erin was geslaagd zichzelf uit de gevangenis te praten toen hij in Calcutta met zijn auto per ongeluk een heilige koe had aangereden. Hij kon er nooit aan wennen dat de kwajongensstreken die zijn landgenoten in India zo vermakelijk hadden gevonden, in Engeland werden begroet met afkeurend gemompel. Toen hij de agenten van de politie van Yorkshire die hem hadden aangehouden toen hij dronken achter het stuur zat, uitnodigde om samen een cognacje te drinken voor ze naar de rechtszaal gingen, kon de Engelse rechter zich daar niet vrolijk over maken.

Het was niet Julians aanspraak op superioriteit dat zijn vrienden in Yorkshire dwarszat. Imperialisme was in dat deel van de wereld uit de mode geraakt. Men stoorde er zich niet aan wanneer Julian zich erover beklaagde dat hij zijn Indiase bedienden moest ontberen en tegelijkertijd opschepte over het feit dat hij 'in de koloniën had gediend'. Het kon ze niet schelen dat hij van mening was dat hij het recht had om te leven als een vorst. Nee, de aspiraties die Julian erop na hield waren er niet de oorzaak van dat hij alleen kwam te staan binnen de gemeenschap waarin hij leefde. Het was zijn onvermogen om ze te verwezenlijken. 'Ik denk dat hij gewoon te laat was geboren,' zei Gilbertson droevig. 'Hij had veertig jaar eerder geboren moeten worden, met een hele berg geld.' Uiteindelijk draaide het allemaal grotendeels om geld. Tot de ontstellende woede en vernedering van Maggie verzocht Julian in de verduisteringszaak om clementie op grond van het feit dat hij het geld had gestolen om de uitspattingen van zijn vrouw te bekostigen. Julian en Maggie scheidden in januari 1976. Een paar weken later beroofde Julian zich van het leven.

Emma, die elf was, bracht op de dag dat dit gebeurde een bezoek aan de stad York. Haar vader was haar steeds blijven opzoeken. Hij was de vrolijkste van haar ouders. Hij nam de kinderen mee op een uitje of een jachtexpeditie, terwijl Maggie voortdurend tobde hoe ze boodschappen moest betalen. Hij had Emma dat weekeinde uitgenodigd om mee te gaan naar de paardenraces. Ze had echter besloten met haar zus mee te gaan naar York. Later vertelde ze haar vrienden dat ze er spijt van had die dag niet met hem mee te zijn gegaan. Ze zei dat ze zich altijd afvroeg of ze zijn leven had kunnen redden. Met de dood van Julian waren de dagen van pony- en balletlessen definitief voorbij. Voor Maggie en de kinderen begon een fase in hun leven die even onverbiddelijk en troosteloos was als de guurste winter in Yorkshire. Maggie, die tijdens haar huwelijk niet buitenshuis had gewerkt, begon een heroïsche strijd om haar vier kinderen te onderhouden. Om de eindjes aan elkaar te knopen werkte ze een tijd lang als pompbediende bij het plaatselijke benzinestation. Uiteindelijk vond ze een baan als secretaresse van de hoofdonderwijzer aan de openbare basisschool in het nabijgelegen Catherick Garrison. In haar boek beschrijft ze hoe haar gezin van het ene naar het andere arbeidershuisje verhuisde en in een cementgrijze woningwetwoning belandde, vóór zij en de kinderen uiteindelijk neerstreken in hun eigen halfvrijstaande huis in het dorp Little Crakehall.

Emma was de oudste van de kinderen, en zo veranderde ze van de verwende lieveling van Cowling Hall in de rechterhand van haar moeder. Maggie steunde op haar als ze hulp nodig had bij het werk in de huishouding of als er op de kinderen moest worden gepast. Emma moest leren boodschappen doen, leren koken en naaien. Ze moest ook haar moeder troosten, die zo depressief, boos en bang was dat ze elke avond bij thuiskomst meteen in bed wilde kruipen. 'Na de dood van mijn vader leek het of Emma de echtgenoot van mijn moeder was,' herinnert haar broer Johnny zich. Een van Emma's vriendinnen uit Kenia zei dat Emma haar had verteld dat ze er als tiener enorm tegenop had gezien om 's ochtends de trap naar de keuken af te gaan vanwege de enorme lijst met karweitjes die haar moeder voor haar achterliet. De familie had voortdurend geldzorgen. Geen van de huizen waarin ze gewoond hadden, beschikte over centrale verwarming, zelfs het huisje in Little Crakehall niet, dat Maggie kocht en liefdevol opknapte. De elektriciteit werkte nog op munten, en die viel af en toe uit omdat ze niet genoeg munten hadden. Het leek allemaal zo sterk op een van die sprookjes waarin een prinses in ellendige omstandigheden komt te verkeren dat het heel goed kan zijn dat Emma in de ijskoude kamer die ze nu met haar zussen deelde, lag te dromen over Duimelijntje en over de zwaluw die haar weg zou toveren naar een plek waar het warm was en waar haar verteld zou worden wie ze werkelijk was.

Ook al waren ze arm, de McCunes bleven deel uitmaken van de gegoede klasse van Yorkshire. Maggies beste vriendinnen bleven haar en de kinderen uitnodigen op hun gekostumeerde bals in hun Oud-Engelse buitenhuizen. Samen met haar zus hielpen ze zelfs met het betalen van het schoolgeld, zodat Emma op kostschool kon blijven, eerst in Richmond en later op Godalming College in Kent. Maggie schrijft in haar boek dat ze hoopte dat alles goed zou komen als haar kinderen maar op dezelfde school zouden blijven en dezelfde vriendjes en vriendinnen konden houden. 'Ik denk dat een opleiding het belangrijkste geschenk is dat je je kinderen kunt geven, vind je niet?' zei ze tegen me. Emma was een harde werker en ze was er goed in om mensen op te trommelen en voor haar wagentje te spannen. Haar talenten lagen echter niet op het academische vlak. Verschillende vrienden van Emma uit Yorkshire zijn bekende schrijvers, redacteuren en kunstenaars geworden. Te midden van deze groep van rijke en intelligente mensen werd Emma als een langzame leerlinge beschouwd. 'Een beetje gek', 'niet bijzonder onderlegd', 'niet erg welbespraakt' zijn enkele van de minder vriendelijke omschrijvingen die zij onder elkaar gebruikten om haar vaardigheden te omschrijven. Emma wist hoe ze over haar dachten, en voelde zich beledigd. Ze had een sterke geldingsdrang en het frustreerde haar en stelde haar teleur wanneer de score die ze bij haar proefwerken behaalde lager uitviel dan die van haar vriendinnen.

Buiten school kwam ze beter uit de verf. Haar vrienden hielden ervan om op te scheppen, op vossenjacht te gaan, extravagante feesten te houden en elkaar uit te dagen wie de grootste durfal was. Ze zochten het gevaar op.

Roekeloos te leven maakte deel uit van wat zij als hun aristocratische gevoelens beschouwden. (Een typisch voorbeeld van deze luisterrijke tendens was de jongeman die de hele bioscoop van het stadje afhuurde om samen met een vriend steeds opnieuw naar de film *Scott of the Antarctic* uit 1948 te kunnen kijken. Hij werd later ambassadeur bij de VN en schreef verschillende boeken over de ontdekkingsreizen in het noordpoolgebied.) Dit was een arena waarin Emma schitterde. Zelfs als tiener vond ze het prachtig om te horen hoe de adem van andere mensen stokte wanneer ze hoorden wat ze nu weer had uitgehaald. Op een leeftijd waarop de meeste mensen er alleen maar bij willen horen, streefde zij naar glamour. Anders dan haar preutse moeder, die hield van rechte rokken en haar haren keurig naar achter kamde, was Emma verzot op opvallende kostuums met grote hoeden en een heleboel sieraden. Toen ze op een keer niet in staat was om een avondjapon te kopen voor een galafeest, maakte ze er een voor zichzelf van vuilniszakken van zwart plastic. Na een slungelstadium te hebben doorgemaakt, ontpopte ze zich tot een langbenige schoonheid met een bleke, sproetige huid en een langzame, verleidelijke manier van praten. Een klasgenootje uit de school in Richmond herinnert zich hoe Emma haar entree op een feest maakte toen ze ongeveer zestien jaar oud was. 'Emma droeg een opvallende, zelfgemaakte zwart-witte jurk en tot over haar ellebogen reikende handschoenen. De jurk was lang en recht. Iedereen droeg een conventionele baljapon, en niemand kon zijn ogen van Emma afhouden. Ons lelijke eendje was een zwaan geworden.'

Toch wist Emma dat ze in het traditionele North Yorkshire altijd de dochter van haar vader zou blijven. Achter de bewonderende blikken ging medelijden schuil. Deze minzaamheid stak haar. North Yorkshire is een plek met een lang geheugen. Het meest gehoorde geluid in de pubs, de landhuizen en de uit baksteen opgetrokken Oud-Engelse hotels is het zware tikken van staande klokken. Emma's schoolvrienden herinneren zich allemaal de roddels die ze over Maggie en Julian hebben gehoord. Na meer dan twintig jaar kostte het me geen enkele moeite om buren te vinden die zich elk detail konden herinneren van de schande waarmee Julian zich had overladen. 'De val van hun vader was een groot schandaal,' zei een van Emma's vriendinnen. 'Het moet voor hen erg pijnlijk zijn geweest om daar te blijven.' Niemand van de McCunes bleef langer in Yorkshire dan nodig was. Maggie zelf verhuisde naar Londen zodra haar jongste kind naar kostschool ging.

Toen ik Maggie in 1997 voor het eerst ontmoette, vroeg ik haar wat voor invloed de zelfmoord van haar man volgens haar op Emma heeft gehad. Ze dacht even na. We lunchten in een restaurant vlak bij St Paul's Cathedral, waar Maggie indertijd werkte als secretaresse van de administrateur. Ik interviewde haar in verband met een artikel over Emma voor een tijdschrift. Maggie komt tamelijk verlegen en gesloten is over. In haar boek zegt ze een paar keer dat ze door het leven gaat alsof het 'een merkwaardige droom' is. Die dag was ze bijzonder gereserveerd. Ze had me al gewaarschuwd dat ze niet over Julian wilde praten. 'Ik denk dat het haar minder materialistisch maakte,' zei ze uiteindelijk over zijn dood, en gaf aan dat het onderwerp daarmee was afgedaan. Enkele vriendinnen van Emma denken dat Julians zelfmoord kan hebben bewerkstelligd dat Emma in haar geest een duidelijke scheiding aanbracht tussen de sensualiteit en vrijheid die ze associeerde met haar vader en het buitenland, en de discipline en soberheid die ze associeerde met haar moeder en Engeland. Hoewel Emma als volwassene zelden over haar vader sprak, wist ze dat ze in Yorkshire altijd het meisje zou blijven wier vader zijn loopbaan begon als dienaar van het Britse rijk en als een los werkman in de hut van een keuterboer was gestorven. 'Ze had heel veel te verbergen, en daar slaagde ze bijzonder goed in,' zei een jeugdvriendin. 'Ze wist dat iedereen het zich altijd zou herinneren, maar dat niemand er ooit iets over zou zeggen.' Wat de reden ook geweest mag zijn, tegen de tijd dat Emma in 1982 een plaats kreeg aangeboden om kunst en kunstgeschiedenis te gaan studeren aan technische hogeschool van Oxford, lonkte Afrika al.

Voor iemand die weet waar hij kijken moet, is Afrika overal in Oxford aanwezig. Het is aanwezig in de glazen vitrines van het Pitt-Rivers Museum, het museum met de ijzeren constructie dat door de Victorianen werd gebouwd als tentoonstellingsruimte voor de gedroogde mensenhoofden en gevederde rariteiten van de volkeren die zij in contact wilden brengen met de Vooruitgang. Het is aanwezig in de geur van borax in het Queen Elizabeth House, de instelling waar enkele van de laatste Britse koloniale opleidingen werden gegeven voor het werd omgedoopt tot Centrum voor Ontwikkelingswetenschappen. Het is aanwezig in het vredige, met fraai pleisterwerk versierde godshuis van de quakers in St. Giles, waar enkele van de eerste vergaderingen over afschaffing van de slavernij werden gehouden. Het is aanwezig in het foeilelijke, uit bouwblokken opgetrokken hoofdkwartier van Oxfam, de organisatie die de honger in de wereld bestrijdt en tijdens de geallieerde blokkade van het bezette Griekenland door pacifisten uit Oxford werd opgericht en sindsdien is uitgegroeid tot de meest vermogende Britse internationale liefdadigheidsorganisatie. Oxford heeft de ethiek van dienstbaarheid aan de koloniën, die het een eeuw geleden uitdroeg toen Rudyard Kipling schreef over 'de ereschuld van de blanke', inmiddels aangepast aan de moderne tijd. Toch vertrekken jaarlijks nog tientallen afgestudeerden naar Afrika met wat omschreven zou kunnen worden als een moderne variant van diezelfde drang, de ambitie om Afrika te willen 'ontwikkelen', die nog altijd evenveel aangename hoop en gevoelens opwekt als de in het verleden geuite gelofte om Kiplings 'mindere rassen zonder wet' (Kipling) te dienen.

Emma ontdekte Afrika in Oxford via haar medestudenten aan de technische hogeschool. Oxford Polytechnic, een uit rode baksteen opgetrokken instituut in het voorstadje Headington, gold indertijd als een toevluchtsoord voor welopgevoede studenten die geen toegang hadden tot de meer prestigieuze universiteiten, laat staan tot de universiteit van Oxford zelf. Ze was zeventien en zat in haar eerste jaar toen ze naast een mededelingenbord van de universiteit Sally Dudmesh ontmoette, een blonde studente antropologie met een lief gezicht. Sally heeft een Brits paspoort, maar is opgegroeid in Afrika en beschouwt zich als een blanke Afrikaan. Tegenwoordig ontwerpt ze sieraden in Kenia, maar toen ik haar in 1997 voor het eerst ontmoette, bracht ze de zomer door in Engeland, zoals ze elk jaar doet. Ze zei dat Emma en zij zich meteen tot elkaar voelden aangetrokken, vooral toen Emma hoorde dat Sally iets met Afrika had. 'Ik had het gevoel alsof ik mijn eigen zus ontmoette,' herinnerde Sally zich. 'Ze was in die tijd heel artistiek. Ze droeg altijd heel exotische kleren. Er ging zo'n heerlijke kalmte van haar uit. Ze gleed gewoon een vertrek binnen.' Emma droeg een lange, dieprood fluwelen jas. Ze was bleek, had een hese fluisterstem en een sprankelende glimlach vol kattenkwaad. 'Ze stak de draak met rampen waar mensen in betrokken waren. Ze had een hatelijk soort humor en hield ervan om plezier te maken, om het ondeugende meisje uit te hangen.' De twee meisjes sloten een hechte vriendschap.

Sally woonde samen met Willy Knocker, een blanke Keniaan uit een bekende koloniale familie. Hij studeerde aan de School of Oriental and African Studies in Londen. Via Sally en Willy maakte Emma kennis met een kring van vrienden die allemaal gefascineerd waren door Afrika. Ze droegen Afrikaanse kleren en spraken over Afrikaanse politiek, terwijl ze hasj rookten en naar Afrikaanse muziek luisterden. Ze wilden extreem leven. Hoewel velen een koloniale of diplomatieke achtergrond hadden, verafschuwden ze allemaal het Britse kolonialisme en schreven ze het merendeel van de problemen waarmee Afrika worstelde er aan toe. Ze hadden het gevoel zich door hun romantische verhouding met Afrika op de een of andere manier te onderscheiden van het bekrompen en eentonige leven van de Engelse middenklasse. 'Het was gewoon een soort driestheid... een hang naar avontuur,' zei Sally toen ze probeerde uit te leggen waarom Emma en zij zich tot Afrika voelden aangetrokken. 'Afrika biedt een ongelooflijke vrijheid en een enorme ruimte, die je in Engeland niet vindt. In Engeland is alles zo onder controle. In Afrika voel je je geïntrigeerd, gefascineerd en heb je het gevoel dat je jezelf werkelijk kunt ontplooien. In Engeland heb je het gevoel dat je altijd in een bepaald keurslijf wordt gedwongen. Het was de hele tijd al duidelijk dat we uiteindelijk niet in Engeland zouden blijven. We waren geen gewone Engelse meisjes.'

Het huis van Sally en Willy was een ontmoetingsplaats voor andere jonge mensen die iets met Afrika willen. Tijdens een feestje in het begin van de jaren tachtig ontmoette Emma er Alastair en Patta Scott-Villiers. Patta – haar voornaam luidt officieel Henrietta, maar ze wordt al sinds haar jeugd Patta genoemd – studeerde samen met Willy in Londen internationale betrekkingen. Zij wilde met Alastair naar Soedan verhuizen zodra zij haar doctoraal had gehaald. Alastair en Patta waren een paar jaar ouder dan Sally en Emma. Alastair was gedrongen, had zandkleurig haar en een stompe neus. Zijn vader had bij Buitenlandse Zaken gewerkt en hij had een deel van zijn jeugd in Canada gewoond. Hij was brutaal en vriendelijk, een grenzeloos weetgierige kettingroker. Patta was meer gesloten en op haar hoede. Ze kwam uit een aristocratische familie, maar sprak daar nooit over. Ze had lichtbruin haar en een magnoliakleurig gezicht. Ze had zelden make-up op en droeg het liefst een spijkerbroek en een t-shirt. Net als zoveel andere vrienden van Emma leek zij zich buiten Engeland meer op haar gemak te voelen. In 1983 verhuisde ze met Alastair naar Soedan. Patta ging werken voor de internationale liefdadigheidsinstelling CARE. Alastair, die in Londen in antiek had gehandeld, ging mee in de hoop dat hij werk zou vinden wanneer hij eenmaal in Soedan was.

Het was precies het soort avontuur dat Emma en Sally aansprak. Emma kon in die tijd in Engeland haar draai al niet vinden. Tijdens haar vakanties had ze reeds verschillende Europese landen bezocht. In 1985 nam ze het grootste deel van het jaar vrij om samen met Bill Hall in een Robin Aiglon-vliegtuig naar Australië te vliegen. Hall was de zoon van een gerenommeerde hoogleraar te Oxford. Hij had zijn universitaire opleiding afgerond en werkte in de bouw toen Emma samen met een vriendin in het nabijgelegen dorpje Littlemore een huis van zijn ouders huurde. Hij was een forse, uiterst nauwgezette twintiger en een volleerd piloot. Hij had altijd al met zijn eenmotorige toestel naar Australië willen vliegen, waar hij familie had. Hij nodigde Emma uit met hem mee te gaan. In die dagen, toen er nog geen satellietnavigatie bestond, was het een veel riskantere onderneming dan tegenwoordig om met zo'n vliegtuigje helemaal over Europa en Azië te vliegen. Emma had geen verstand van vliegen en stortte zich op de organisatorische kant van de reis. Ze trof de maatregelen die nodig waren om hun reis te kunnen onderbreken en toog naar Londen om visa aan te vragen bij de ambas-

sades van een half dozijn landen. Het lukte haar bijvoorbeeld om de Saoedische ambassade over te halen hun een visum te geven, al hadden ze nooit
toestemming mogen krijgen Saoedi-Arabië binnen te komen, als man en
vrouw die samen reisden zonder dat ze familie van elkaar waren en zonder
dat ze met elkaar getrouwd waren.

Emma wist bij haar docenten gedaan te krijgen dat ze de luchtfoto's die
ze van plan was onderweg maken, als werkstuk voor haar doctoraal examen
mocht gebruiken. *The Oxford Times* schreef een artikel over het vertrek van
het tweetal. 'We zullen boven uiterst gevarieerde landschappen vliegen,
waaronder oerwoud, woestijn en oceaan,' vertelde Emma trots aan een verslaggever. Ze haalde kranten in Australië en India over om artikelen te schrijven over hun 48000 kilometer lange vliegreis. Een van hen nam een prachtige
foto van Emma en Hall in de cockpit. Hall kijkt op van een kaart, terwijl
Emma er met haar parels en kleurige jurk ronduit betoverend uitziet.

De reis voerde haar voor het eerst sinds zij met haar familie India in 1966
had verlaten, terug naar het land waar haar ouders zo gelukkig waren geweest. Hall herinnert zich dat het bezoek herinneringen boven bracht aan
haar vader en zijn dwaze koloniale fratsen. Toen Emma en Hall in de Tolly-
gunge Club in Calcutta verbleven, vertelde de manager hoe Julian ooit in
een vliegtuig had gezeten dat onderweg naar Calcutta verdwaald was. 'Lijkt
erop dat Emma's vader enigszins aangeschoten was. Hij stapte de cockpit
binnen, duwde de piloot opzij en vloog het toestel terug naar Calcutta,' herinnert Hall zich dat de man vertelde. Emma vierde haar eenentwintigste verjaardag in het voorgebergte van de Himalaya, niet ver van de plaats waar
haar grootouders ten tijde van het koloniaal bewind gestationeerd waren.
De reis bracht haar op de gedachte dat ze een leven kon leiden buiten de
grenzen van het alledaagse Engelse bestaan. En ze leerde allerlei nuttige zaken over kaarten en radio's.

Hall en Emma waren gewone vrienden, maar de moeder van Emma hoopte dat er tijdens de reis een diepere genegenheid zou opvlammen. Hall was
vriendelijk en betrouwbaar. Hij was het soort man dat zich kon veroorlo-
ven om mee te gaan in Emma's hang naar avontuur en haar toch de geborgenheid kon bieden waar Maggie zelf altijd zo naar had verlangd. Maar Emma wilde haar uitstapjes in andere culturen niet maken vanuit de veilige geborgenheid van het Westen. Toen ze Engeland verlieten, gaf Hall Emma een

rolletje bankbiljetten dat ze moest bewaren voor noodgevallen. Emma gaf al het geld meteen al in Luxor uit aan kleren. Hall verbleef het liefst in dure 'internationale' hotels, zoals het Hilton of Méridien, waarvan je zeker wist dat er airconditioning was en dat je schone lakens kreeg. Emma zwierf het liefst rond door achterafstraatjes en ging daar op zoek naar een eenvoudig pension dat door de plaatselijke bevolking werd bezocht. Gelukkig had Emma van haar vader het vermogen geërfd om zeer uiteenlopende soorten mensen te waarderen. Zij en Hall bleven goede vrienden tot lang nadat de reis voorbij was. Maar Emma verlangde naar een veel intensere ervaring. Zelfs de opwindende maar in wezen toch westerse levenswijze die vrienden als Sally en Willy er in Afrika op na wilden houden, was niet wat zij in gedachten had.

Emma voelde zich altijd al tot Afrikaanse mannen aangetrokken, hoewel ze in Yorkshire nooit veel Afrikanen kan hebben gezien. Ze voelde zich vooral seksueel tot hen aangetrokken. Ze vond zwarte mannen mooier dan blanke en grapte met haar vriendinnen dat de penis van een blanke man haar aan een 'grote slak' deed denken. Ze hield van de warmte van de Afrikaanse lach en van het ritme van Afrikaanse muziek. Ze zei vaak dat Afrikanen, ondanks al hun problemen, meer van het leven genoten dan westerlingen. Na haar terugkeer van de vliegreis in 1985 ging ze als serveerster werken in een trendy Indonesisch restaurant aan de weg naar het station van Oxford. Het restaurant was een trefpunt voor enkele van de meer swingende docenten aan de universiteit, vooral voor hen die zich specialiseerden in Azië en Afrika. Op een avond ving Emma toevallig op hoe Barbara Harrell-Bond, de Amerikaanse directeur van het nieuwe Studieprogramma voor Vluchtelingen van de universiteit, het er in Queen Elizabeth House met enkele andere docenten over had onder de studenten nieuwe vrijwilligers te werven. Een van de meest geanimeerde sprekers aan tafel was een lange, magere Afrikaanse man met lange vingers. Het was Ahmed Karadawi, de Soedanese mede-oprichter van het Studieprogramma voor Vluchtelingen en een scherpzinnig criticus van de westerse inspanningen voor hulpverlening in Afrika. Toen Emma Karadawi zijn maaltijd voorzette, beloonde hij haar met zo'n brede glimlach dat deze bijna te groot leek voor zijn gezicht. Terwijl ze naar hem terug grijnsde, viel Emma Harrell-Bond in de rede om zich als vrijwilliger voor het programma aan te melden.

De Afrikaanse vluchtelingenproblematiek en hongersnood hielden die zomer niet alleen in Engeland, maar ook elders in Europa en Amerika de aandacht gevangen. Ethiopië en Soedan werden geteisterd door de grote hongersnood van 1984-1985. In oktober 1984 hadden Emma en haar landgenoten gekeken naar de opnames van het in Noord-Ethiopië gelegen kamp voor hongervluchtelingen bij Korem, die televisiecorrespondent Michael Buerk mee terug had genomen voor het journaal van de BBC. Zoals de Ierse popzanger Bob Geldof later in zijn autobiografie *Is That It?* schreef, liet de documentaire van Buerk beelden zien van mensen 'die door hun honger zo verschrompeld waren, dat het wezens van een andere planeet leken'. Terwijl de beelden op het scherm verschenen, voorzag Buerk ze van commentaar op een toon van treurige verbolgenheid. 'Dageraad. Wanneer de zon door de felle kou van een nacht op de vlakte bij Korem dringt, onthullen haar lichtstralen een hongersnood van bijbelse omvang die zich nu, in de twintigste eeuw, voltrekt. Deze plek, zeggen de hulpverleners, lijkt van alle plaatsen op aarde nog het meest op de hel.' Geldof was die avond bezorgd en terneergeslagen thuisgekomen, omdat zijn nieuwste album was geflopt. Net als duizenden televisiekijkers merkte hij dat de uitzending over Ethiopië 'mijn beslommeringen in een afgrijselijk nieuw daglicht zette'.

Geldof beschreef de reactie die Buerks mistige beelden van verhongerende Ethiopiërs die onder haveloze dekens tegen elkaar waren gekropen, bij hem teweegbracht. 'Meteen vanaf de eerste seconde was duidelijk dat dit een drama was waarvan de wereld op de een of andere manier haar blik had weten af te wenden, tot het de omvang had bereikt van een internationale ramp. Wat kon ik doen? Ik kon wat geld sturen. Natuurlijk kon ik wat geld sturen. Maar dat leek niet voldoende. De gigantische omvang van de zaak schreeuwde immers om drastischer maatregelen. Buerk had het woord "bijbels" gebruikt. Een hongersnood van bijbelse proporties. Het had iets verschrikkelijks om je te bedenken dat we iets dergelijks tweeduizend jaar na Christus in een wereld van moderne techniek lieten gebeuren, alsof het vermogen van de mensheid om haar omgeving te beïnvloeden en beheersen nul komma niks was veranderd. We konden niet toelaten dat een zo gruwelijke ramp zich in deze tijd zou voltrekken zonder dat we er iets aan deden. We hadden het zover laten komen, en nu we wisten dat het zover gekomen was, zou het gelijk staan aan moord als we niet ingrepen. Ik zou geld sturen.

Ik zou meer geld sturen. Maar dat was niet voldoende. Om boete te doen voor elke betrokkenheid met deze misstand moest je iets van jezelf geven. Ik was met mijn rug tegen de muur gezet. Ik moest herroepen dat ik ermee instemde dat dit gebeurde.'

Met zijn morele verontwaardiging over de hongersnood in Ethiopië leverde Geldof een bijdrage om eerst Engeland en vervolgens de hele westerse wereld te prikkelen. Net als miljoenen andere jonge mensen kocht Emma de Band Aid-single *Do They Know It's Christmas?* die door Geldof werd geproduceerd ten bate van de liefdadigheidsinstelling die hij oprichtte om de slachtoffers van de hongersnood aan voedsel te helpen. Haar broer herinnert zich hoe ze in de zomer van 1985 totaal gebiologeerd door het Live Aid-concert van Geldof voor de televisie zat. Emma was zelf altijd goed geweest in het inzamelen van geld. Ze zat er niet mee anderen om geld te vragen; op een bepaalde manier genoot ze er zelfs bijna van. Als kind had ze enthousiast meegedaan met allerlei liefdadigheidscampagnes die werden gesponsord door het kinderprogramma *Blue Peter*. Ze vond het heerlijk om het gevoel te hebben met andere mensen samen te werken, en het gaf haar voldoening om te merken dat volwassenen werden gedwongen haar serieus te nemen wanneer ze het opnam voor een goede zaak. Geldof raakte het geweten van mensen over de hele wereld – Band Aid en Live Aid haalden uiteindelijk meer dan honderd miljoen dollar op, en het Live Aid-concert werd door circa 1,5 miljard kijkers in 152 landen bekeken –, maar vooral in Engeland vond hij veel weerklank. Zijn oproep om in verafgelegen landen hulp te bieden aan mensen die het een stuk minder goed hadden, riep zoveel herinneringen op aan de campagnes die Groot-Brittannië in het verleden had gevoerd, dat Geldof – tegenwoordig een multimiljonair en zakenman – door Britse journalisten tot op de dag van vandaag 'Sint Bob' genoemd wordt. Zijn oprechte betoog om de Ethiopiërs te helpen maakte in Emma, en in tal van haar leeftijdgenoten, het gevoel wakker dat ze iets kon doen, dat er in de wereld nog altijd plaats was voor idealisme, zelfs in de laatste jaren van de Koude Oorlog, waarin de belegen profeten van het kapitalisme, Margaret Thatcher en Ronald Reagan, geen groter visioen voor de toekomst leken te hebben dan geld verdienen en uitgeven.

In haar laatste jaar aan de technische hogeschool kreeg Emma een relatie met Ahmed Karadawi, de elegante Afrikaanse intellectueel met de stralende glimlach, die ze in het restaurant ontmoet had. Karadawi was getrouwd en achttien jaar ouder dan Emma. Hij kwam uit Kordofan, een dorre en voor grote delen uit zandvlaktes bestaande provincie in het noordwesten van Soedan. Hij keek met boosaardige spot naar de zelfgenoegzame westerse heisa rond Band Aid en Live Aid. Hoewel hij was geraakt door het oprechte enthousiasme van de jongeren die zich verdrongen om zijn hoorcolleges in Oxford bij te wonen, was hij van mening dat de westerse hulporganisaties waar deze jongeren voor gingen werken, drukker bezig waren om de vooroordelen van de mensen die hun geld gaven uit te buiten dan dat ze de behoeftige Afrikanen daadwerkelijk hulp boden. Karadawi was ad rem en hoffelijk. Hij kon je laten gieren van het lachen over de belachelijke vergissingen die de zelfingenomen *khawaja's* in Soedan maakten, en kon even vernietigend zijn over de onverschillige houding van de Soedanese regering tegenover menselijk lijden. In elk geval, zei hij altijd, kon geen enkel hulpverleningsprogramma een einde maken aan de burgeroorlogen die de oorzaak waren van de hongersnood in Ethiopië en Soedan. Dat konden alleen de mensen die daar woonden. Emma wist niets over Soedan en de Soedanese politiek. Ze zou er echter alles over leren van een ingewijde.

Bilad al-Sudan. Hoe loom gleden deze Arabische woorden uit Karadawi's mond, als een toverspreuk uit een Arabisch sprookje. Karadawi romantiseerde zijn ongelukkige land echter niet. Hij was de eerste die Emma vertelde van het Arabische gezegde 'Toen God Soedan maakte, lachte hij'. (Sommige Soedanezen zeggen dat God lachte van plezier, de meerderheid vermoedt echter dat de schepper zijn reusachtige schepping uitlachte.) Karadawi wist dat al tweeduizend jaar voordat de Arabieren het het Land van de Zwarten gingen noemen, Soedan het grensgebied was tussen het zuidelijke zwarte Afrika en de noordelijke culturen van het Midden-Oosten. Hij vertelde Emma hoe de oude Egyptenaren en de Israëlieten het land ten zuiden van Egypte aanvankelijk Cush noemden en later Nubië en Punt. De Grieken en Romeinen noemden het Ethiopië of het Land van de Mensen met de Verbrande Gezichten. Pas toen de moslims het in de Middeleeuwen veroverden, ging het de Soedan of kortweg Soedan, zoals het tegenwoordig over het algemeen wordt genoemd, heten. Van Karadawi hoorde Emma over de *Aethiopika*, een derde-eeuws Grieks verhaal over een Ethiopische prinses die op mysterieuze wijze werd geboren met een blanke huid, een Griekse opvoeding kreeg, en naar de oude Soedanese stadstaat Meroë moest reizen om de ware liefde te vinden en de troon die haar rechtelijk toekwam. Van Karadawi hoorde Emma dat de Nijl zijn oorsprong heeft in de Sudd, het grootste moeras ter wereld, en zich daarvandaan kronkelend een weg zoekt naar de woestijnen van Soedan en helemaal via Egypte naar de Middellandse Zee.

In de Oudheid markeerde de Sudd de grens van de bij de geografen bekende wereld. De Egyptenaren, de Grieken, de Romeinen en Arabieren stuurden expedities uit die moesten ontdekken waar de bron lag van de rivier die Egypte het leven schonk, maar het moeras verijdelde elke poging om erachter te komen. De bevolking van Soedan telde honderden etnische groepen, elk met haar eigen taal en gebruiken. Het noordelijke deel, dat ongeveer tweederde van het totale landoppervlak besloeg, was overwegend droog en dor. Het zuidelijke deel was daarentegen nat en lieflijk. Het zuiden kende welige weidegronden, vet vee en rivieren die krioelden van de vis. In het noorden – met uitzondering van het Nuba-gebergte – sprak de bevolking vrijwel overal Arabisch en was de islam de belangrijkste godsdienst. Ondertussen bleven de Nuba en de zuiderlingen – zoals Karadawi ze graag noemde – 'nobele spirituele gelovigen', die vasthielden aan hun Afrikaanse talen en religies. De strijd tussen de lichter gekleurde woestijnvolken, die werden aangetrokken tot het water, de slaven, het goud en ivoor van het zuiden, en de donkere volkeren uit het moerasgebied, die zich met geweld tegen indringers verzetten, was duizenden jaren lang bepalend geweest voor de geschiedenis van Soedan. De huidige Soedanese burgeroorlog was in sommige opzichten een voortzetting van dit oeroude conflict, zei Karadawi.

Net als de meeste mensen in Groot-Brittannië hoorde Emma pas tijdens de hongersnood van 1984-1985 over de gigantische vluchtelingenkampen in het oosten van Soedan langs de grens met Ethiopië. Karadawi legde echter uit dat er al lang voor de hongersnood Ethiopische vluchtelingen in Soedan waren geweest. De burgeroorlogen in Ethiopië hadden (net als die in Soedan) diepe wortels, en hetzelfde gold voor de spanningen tussen beide landen. Al sinds de Middeleeuwen leefde het christelijke Ethiopië in onmin met het islamitische Soedan, en het steunen van elkaars vijanden was altijd onderdeel van de strijd geweest. In 1961 had de VN Ethiopië de heerschappij gegeven over Eritrea, een voormalige kolonie van Italië, die deels islamitisch is en aan Ethiopië en Soedan grenst. Toen de Eritreeërs tegen Ethiopië in opstand kwamen, zetten ze met hulp van de Soedanese regering en haar Arabische bondgenoten basiskampen op in het oosten van Soedan. Omdat zij een internationale grens hadden overgestoken, vielen de Eritrese vluchtelingen en hun families onder bescherming van de Hoge Commissaris voor de Vluchtelingen van de VN (UNHCR), en kregen zij ook voedsel van de VN. Tegelijkertijd verleende Ethiopië asiel aan de opstandige heidenen en christenen uit het zuiden van Soedan. Ook Israël, de beschermheer van Ethiopië, gaf de rebellen in het zuiden van Soedan militaire steun om op deze manier de Arabische coalitie te verzwakken.

Karadawi was nog maar een kind toen Soedan onafhankelijk werd van Groot-Brittannië en de burgeroorlog in het zuiden uitbrak. De oorlog sleepte zich nog altijd voort toen hij in 1970 – direct na het behalen van zijn doctorsgraad aan de Universiteit van Khartoum – voor de UNHCR in de Eritrese kampen langs de oostgrens was gaan werken. De zuidelijke rebellen noemden zichzelf Anyanya (vergif) en gedroegen zich tegenover elkaar dikwijls even giftig als tegenover het leger van de noordelijken. De tactieken van het noordelijke leger leken in veel opzichten op die van de negentiende-eeuwse slavenhandelaren. Het leger opereerde vanuit garnizoenssteden die in het gebied lagen dat in handen was van de rebellen. Deze bases waren gevestigd op de plekken waar vroeger de door doornstruiken omheinde *zariba's* hadden gelegen, van waaruit de Arabische slavenjagers hun plaatselijke bondgenoten van wapens voorzagen en hen aanmoedigden gevangenen te maken. Ook nu nog deelden Arabische legerofficieren – net als toen – wapens aan geallieerde zuidelijke volken uit, en spoorden zij hen aan hun plaatselijke vijanden te belagen en hun vee, vrouwen en kinderen te roven. De zuiderlingen lieten zich gemakkelijk manipuleren, en het leek alsof er nooit een eind aan de gevechten zou komen. Tot een reeks gebeurtenissen plotseling een verandering in het klimaat teweegbracht. Legerofficier Jafaar Nimeiri (of Numeiry) nam in 1969 na een coup de Soedanese regering over en ging actief op zoek naar een manier om de oorlog te beëindigen. Israël concentreerde zijn wapenaanvoer vanaf dat moment op één enkele commandant van de zuidelijke rebellen, de uit de provincie Equatoria afkomstige Joseph Lagu, zodat hij de leider kon worden van een beweging die tot op dat moment hopeloos verdeeld was geweest.

Vanuit de kampen zag Karadawi toe hoe Nimeiri de Eritrese vluchtelingen gebruikte als een troef in een politiek spel dat in 1972 uiteindelijk uitmondde in een vredesovereenkomst tussen het noorden en het zuiden van Soedan. Toen Nimeiri Ethiopië, de beschermheer van de zuidelijke rebellen, onder druk wilde zetten, zorgde hij er eenvoudig voor dat het de Eritreeërs gemakkelijk werd gemaakt om wapens en voorraden – waaronder voedsel – te betrekken uit bevriende Arabische landen. Als hij Ethiopië voor zich wilde winnen, kneep hij de bevoorrading van de kampen af. In 1971 ging de bejaarde Ethiopische keizer Haile Selassie ermee akkoord als bemiddelaar op te treden in de gesprekken van Nimeiri met Lagu en de Anyanya. De zuidelijke leiders, die grotendeels onder Lagu verenigd waren, grepen de gelegenheid aan om vrede te sluiten. In 1972 ondertekenden zij en de regering het Verdrag van Addis Abeba, dat het zuiden gedeeltelijke autonomie verleende en een einde maakte aan zeventien jaar burgeroorlog.

Het Verdrag van Addis Abeba luidde een decennium in dat Karadawi zich herinnerde als een periode vol hoop en belofte. Soedan zou 'de graanschuur van het Midden-Oosten' worden. Nimeiri stemde ermee in de Camp David-verdragen tussen Egypte en Israël te steunen. De Verenigde Staten beloonden hem door Soedan na Egypte en Israël de meeste Amerikaanse buitenlandse steun te geven. De islamitische buurlanden van Soedan aan de overkant van de Rode Zee zwommen in het oliegeld. De regering van Nimeiri kon van het Internationaal Monetair Fonds, de Wereldbank en de Arabische Golfstaten meer dan twaalf miljard dollar lenen om haar ontwikkelingsprogramma's ten uitvoer te brengen. 'Het grootst' was destijds het parool. Soedan had een bevolking van slechts ongeveer 26 miljoen mensen en een landoppervlak zo groot als West-Europa. Het was het grootste land in Afrika, en het zou in alle opzichten van alles het grootste worden. Internationale zakenlieden gebruikten geld uit de Golfstaten om in Kenana, ten zuiden van Khartoum, de grootste suikerfabriek ter wereld te bouwen. Een Brits-Frans consortium haalde 's werelds grootste graafmachine naar Soedan en spendeerde 75 miljoen dollar aan de aanleg van het Jonglei-kanaal, dat deel uitmaakte van een reusachtig project om het water uit de Sudd te gebruiken voor de irrigatie van het noorden van Soedan en Egypte. Er waren veel dromen, maar aan het eind van het decennium waren de dromen – en het geld – verdwenen in de zakken van de vriendjes van Nimeiri en de westerlingen die de leiding hadden over het merendeel van de buitenlandse projecten. Ondertussen was de Soedanese bevolking opgezadeld met een schuld van tweemaal de omvang van het Soedanese bruto nationaal product.

De onweerstaanbaar verleidelijke lokstem van de rijkdommen van het zuiden luidde het begin in van het einde. Na de oliecrisis in het Westen in 1973 bracht George Bush – Richard Nixons ambassadeur bij de VN – op verzoek van Nimeiri's minister van Buitenlandse Zaken een bezoek aan Khartoum. Nimeiri had aanvankelijk socialistische sympathieën gehad en de Verenigde Staten hadden gedurende de eerste jaren dat hij aan de macht was enige afstand tot hem bewaard. Nu bracht Bush, een voormalige oliemagnaat uit Texas, de Soedanese regering op de hoogte van het feit dat satellietopnames die in het bezit van de regering van de Verenigde Staten waren, erop wezen dat er in het zuidoostelijke deel van het land olie zou kunnen worden gewonnen, vooral in de driehoek tussen Bentiu, Nasir en Malakal in het gebied van de Sudd. Bush noemde enkele Amerikaanse bedrijven die naar zijn zeggen bereid zouden zijn een dergelijk waagstuk ten uitvoer te brengen. In 1974 kreeg de Amerikaanse oliemaatschappij Chevron een vergunning om naar olie te zoeken in delen van het zuiden en zuidwesten van Soedan. Chevron tekende tevens een geheime overeenkomst voor de exploratie van het Kafi-Kengi-gebied, waar vlak bij de grens tussen Bahr el-Ghazal en Darfur uraniumvoorraden waren gevonden die konden worden gebruikt voor nucleaire wapens.

Het Midden-Oosten raakte net in de ban van wat de aanhangers van de politieke islam 'de islamitische bewustwording' noemen. Teleurgesteld in het falen van de onafhankelijkheid keerden jonge moslims zich tot de islam uit de behoefte aan een meer natuurlijke en authentieke regeringsvorm dan het uit het Westen geïmporteerde wereldse nationalisme. De politieke islam sloeg vooral aan in het noorden van Soedan, waar de belangrijkste politieke partijen al nauwe banden met de religieuze broederschappen onderhielden. Nadat zijn communistische bondgenoten hadden geprobeerd Nimeiri omver te werpen, zocht deze toenadering tot deze islamitische partijen. Ze hadden zich tegen zijn vredesovereenkomst met het zuiden verzet omdat de – zoals de overeenkomst het noemde – 'nobele spirituele religies' en het christendom uit het zuiden daardoor in de Soedanese grondwet werden gelijkgesteld aan de islam. Bovendien vonden ze dat de overeenkomst het zuiden te veel autonomie gaf. Ze waren driemaal tegen Nimeiri in verzet gekomen: in 1970, 1975 en 1976, de laatste twee keer met steun van Libië. De president had niet de kracht om de islamieten te blijven weerstaan. In 1977 nodigde hij hun leiders uit terug te keren uit ballingschap.

De islamitische politici drongen er bij Nimeiri op aan de Soedanese wetgeving – tot op dat moment een koloniaal samenraapsel van gewoonterecht, islamitisch en westers recht – in overeenstemming te brengen met de traditionele sharia (islamitisch recht). In hun ogen was het afdwingen van gehoorzaamheid aan de sharia het doel van een moslimregering. De zuiderlingen verzetten zich echter verbeten tegen elk voorstel om de sharia tot de basis voor de nationale wetgeving te maken. Het islamitisch recht kent hardvochtige straffen, zoals amputatie, steniging en geseling. Nog belangrijker was dat ongelovigen onder de sharia niet over gelovigen mogen heersen, zodat invoering van de sharia de hoogste politieke ambten op een effectieve manier ontoegankelijk zou maken voor niet-islamieten. Als 'volkeren van het boek' hebben christenen en joden onder de sharia minder burgerrechten dan moslims; volgelingen van de traditionele Afrikaanse religies hebben vrijwel helemaal geen rechten. Nimeiri schoof steeds verder op naar rechts. Hij benoemde Hassan al-Turabi, de leider van de Moslimbroederschap, tot minister van Justitie en startte een programma dat tot doel had het Soedanese rechtssysteem meer in overeenstemming te brengen met de wetten en de leefregels van de islam. Hij borg zijn safaripak weg en verscheen tijdens het vrijdaggebed steeds vaker in de moskee met het witte hoofddeksel en de *jallabiya* van de moslimgeleerde.

En toen vond Chevron in 1978 olie op een lokatie even ten noorden van het stadje Bentiu en net ten zuiden van de noord-zuidgrens in een door Nuer en Dinka bewoond gebied. De olieput bevond zich op een plek die in de taal van de Nuer 'doornboom' werd genoemd: Pan Thou. Volgens een besluit dat er in de ogen van argwanende waarnemers op duidde dat de Arabieren van plan waren de olie uit het zuiden op te eisen, sommeerden Chevron en de regering dat de Dinka deze plek – naar de Arabische naam voor dezelfde boom – Heglig zouden noemen. De exploitatie van het olieveld zou echter een stuk neteliger blijken te zijn dan de oliemaatschappij ooit had kunnen bevroeden. Volgens de bepalingen van het Verdrag van Addis Abeba zouden alle ontvangen baten van mineralen of andere delfstoffen die in de bodem van het zuidelijke grondgebied werden gevonden, toevallen aan de regionale regering van het zuiden. Liever dan dat te zien gebeuren, probeerden Nimeiri en zijn islamitische minister van Justitie in 1980 de grens tussen het noorden en het zuiden te verleggen, zodat het gebied waar de olie- en uraniumvoorraden lagen, onderdeel zou worden van een nieuwe noordelijke provincie die de regering de naam United gaf. In het zuiden braken rellen uit, en de president zag af van de plannen. De spanning en het wederzijdse wantrouwen bleef echter groeien.

In het gebied rond Bentiu, waar de olievelden lagen, vormden mannen van de Nuer een volksmilitie die ze Anyanya II noemden. In verschillende delen van het zuiden deden zich ongeregeldheden voor. Naar aanleiding van een meningsverschil over hun soldij kwam een bataljon zuidelijke soldaten die waren gelegerd in de stad Bor in 1983 in opstand tegen hun commandanten. Kolonel John Garang, een zwijgzame Dinka-legerofficier met een doctorsgraad van Iowa State University, werd naar Bor gestuurd om te bemiddelen. In plaats daarvan vluchtte Garang met de mannen van het 105de Bataljon over de grens naar Ethiopië. Vandaaruit riep hij de Soedanezen op om tegen de regering van Nimeiri in opstand te komen en zich aan te sluiten bij zijn zojuist gevormde SPLA. Ditmaal, zo zei Garang, zouden het zuiden en zijn bondgenoten niet strijden voor de onafhankelijkheid van het zuiden, maar voor een seculier, socialistisch Soedan. Enkele maanden later stelde Nimeiri een buitengewoon strenge versie van de sharia voor heel Soedan in. De burgeroorlog barstte weer in alle hevigheid los.

Ethiopië verwelkomde Garang en zijn opstandelingen, net zoals het in de jaren zestig de rebellen uit het zuiden van Soedan met open armen had ontvangen. De oorlogen en hongersnoden in Ethiopië waren een exacte afspiegeling van de oorlogen en hongersnoden in Soedan; dezelfde brommende cyclus van rampspoed had de burgeroorlog van dat land weer doen oplaaien. Gedurende een korte periode na de ondertekening van het Verdrag van Addis Abeba had de regering van Ethiopië de overhand gehad in haar strijd tegen de Eritrese rebellen. Tot het noorden van Ethiopië in 1973 door hongersnood werd getroffen. Een wereldwijd vertoonde uitzending van de BBC beschuldigde keizer Haile Selassie ervan dat hij had verzuimd de hongersnood serieus te nemen. De Verenigde Staten en Europa trokken de hulp in waarmee ze zijn regime hadden ondersteund. Een marxistisch militair regime kwam aan de macht en Soedan hervatte zijn steun aan Eritrea. Met Soedanese steun ontstond in de vluchtelingenkampen aan de grens al snel een heel scala van nieuwe Eritrese en Tigreaanse groeperingen die zich verzetten tegen de regering van Ethiopië

Net als voor de meeste Afrikanen stond het ook voor Emma's vriend Karadawi als een paal boven water dat je een bepaalde partij steunde, wanneer je de mensen die tot een van die strijdende partijen behoorden te eten en onderdak gaf. In zijn ogen was het feit dat de hulporganisaties van de VN zich erop beriepen dat ze neutraal waren een lachwekkende vertoning van westerse hypocrisie. In Soedan was een van de eersten geweest die erop hadden aangedrongen dat de regering de humanitaire instanties van de rebellerende groeperingen die in Eritrea en de aangrenzende provincie Tigre streden, officieel zou erkennen, zodat ze net als alle andere hulporganisaties fondsen konden werven en goederen konden importeren. In Oxford had Karadawi een zekere reputatie opgebouwd omdat hij er niet voor terugschrok om kritiek te leveren op alle partijen die bij de hulpverlening aan Soedan betrokken waren. Toen Karadawi en Emma elkaar in 1985 ontmoetten, weigerde president Nimeiri internationale steun te vragen, ook al gingen in het westen van Soedan duizenden mensen dood van de honger. Een journalist van de BBC vroeg Karadawi waar de schuld lag. 'Bij de regering,' antwoordde hij zonder enige aarzeling. Hij werkte op dat moment aan een proefschrift waarin hij stelde dat het Westen de hulpverlening aan vluchtelingen had omgevormd tot een zichzelf in stand houdende industrie die in Soedan dikwijls meer kwaad dan goed deed. Zijn collega Barbara Harrell-Bond verwerkte uiteindelijk veel van zijn inzichten in haar boek *Imposing Aid*. Alex de Waal, een studiegenoot van Karadawi in Oxford, is momenteel de bekendste Britse criticus van de humanitaire hulpverlening. De Waal zegt dat Karadawi hem heeft geïnspireerd. Zijn in 1997 verschenen boek *Famine*

Crimes: Politics and the Disaster Relief Industry in Africa heeft hij aan Karadawi opgedragen.

Karadawi kon urenlang op briljante wijze – altijd met een sigaret tussen zijn vingers – uiteenzetten wat de betekenis was van het islamitische begrip *barakat* (zegeningen), dat wil zeggen de rijkdommen en macht die als vanzelf alle vrome gelovigen ten deel vallen. In 1985 bracht een groep legerofficieren Nimeiri ten val. Ze weigerden echter de door hem ingevoerde sharia te herroepen. Het zou veel lastiger worden om de islamitische wetgeving af te schaffen dan om Nimeiri uit de weg te ruimen, voorspelde Karadawi. De islam, zei hij, was een geest die zou weigeren terug te keren in de fles. Hij legde uit dat fundamentalistische islamitische politici iedere moslim die zou proberen de islamitische wetgeving af te schaffen, ervan zouden beschuldigen een afvallige te zijn, wat een misdaad is waarop onder de sharia de doodstraf staat. Ondertussen bleef de afschaffing van de islamitische wetgeving een van de belangrijkste eisen van de zuidelijke rebellen. De officieren die de macht hadden gegrepen, wilden verkiezingen houden, maar Garang en zijn SPLA weigerden hieraan deel te nemen, tenzij er een grondwetgevende vergadering werd gehouden waarin zou worden bepaald welke plaats religie en 'nationaliteit' in Soedan zouden hebben. De officieren – overwegend conservatieve moslims – weigerden hierop in te gaan. Toen er in 1986 verkiezingen werden gehouden, behaalden de islamitische partijen de overwinning. Karadawi vertelde Emma dat dit waarschijnlijk betekende dat er voorlopig geen vredesbesprekingen zouden worden gehouden. '*Malesh*,' riep hij dan uit, de half-geamuseerde, half-verbitterde Arabische uitdrukking die zoiets betekent als 'Wat jammer nou!', maar die ook 'Wat vervelend voor je' en 'Pech' kan betekenen.

Karadawi stelde Emma voor aan een heleboel jonge Afrikanen die aan de universiteit van Oxford studeerden. De universiteit had in de koloniale tijd de opleiding van de elites uit de koloniën verzorgd, en als erfgenamen van deze traditie waren de Afrikanen die er nu studeerden, over het algemeen afkomstig van de meest geprivilegieerde families van hun land. Sommigen waren stamhoofd. De meesten hadden hoge posities in de regering of het leger bekleed of zouden die – mogelijk na de volgende staatsgreep – in de toekomst bekleden. In hun papers en seminars spraken ze over de ontwikkeling van de economie en over de noodzaak van democratie en het opbouwen van nationale instellingen. Tijdens de gesprekken die ze onderling voerden, spraken ze echter over macht als een familieaangelegenheid, een spel van intrige, eer en hebzucht. Zo was het toen ze werden geboren en zo zou het altijd wel blijven.

Emma was nooit geïnteresseerd geweest in ideologie, al had ze als studente aan de kunstacademie het conservatisme van haar vader verworpen. De linkse politieke denkbeelden die ze vertolkte, hadden rechtstreeks afkomstig kunnen zijn uit de kolommen van *The Guardian*. Ze voelde zich enigszins onzeker in de zeer intellectuele omgeving van het vluchtelingenprogramma. Karadawi verzekerde haar echter dat ze de vluchtelingen als kunstenares minstens evenveel had te bieden als de zogenaamde experts die altijd maar doormekkerden over 'vroegtijdige waarschuwingssystemen' en 'gecoördineerde planning'. Een vriendin herinnert zich dat hij tegen haar zei: 'De meeste vluchtelingen in Soedan kunnen niet lezen. Je kunt je tekeningen gebruiken om ze les te geven.' In ieder geval was het niet zo dat ze zich door een of ander politiek programma tot de wereld van Karadawi en zijn vrienden voelde aangetrokken. Het was eerder het grootse drama, het bijna shakespeareaanse besef dat achter de valse partijen en geleende ideologieën het karakter een doorslaggevende rol speelde. Een aantal mensen, van wie sommige met haar bevriend waren, zouden het lot van hele landen kunnen bepalen. Ze kon even vlot als iedereen meepraten over de noodzaak van vluchtelingenparticipatie en betrokkenheid van de basisgemeenschappen, maar haar vrienden geloven dat ze zich innerlijk in verrukking liet meeslepen door de verhalen over koningen en koninginnen, profeten en strijders, helden en schurken.

Karadawi sprak nooit over zijn relatie met Emma, maar iedereen bij het vluchtelingenprogramma wist dat ze een verhouding hadden. Toen Emma de luchtfoto's die ze tijdens haar reis met Bill Hall had gemaakt in de Poster Gallery in Oxford tentoonstelde, nodigde Karadawi al zijn vrienden uit om te komen kijken. Selma, Karadawi's echtgenote, was ongelukkig door hun relatie, maar ze hield haar gevoelens voor zich. Net als het grootste deel van Afrika is Soedan polygaam. Terwijl de mannen uit het noorden verwachten dat hun vrouw strikt trouw is, verkeren weinig Soedanese vrouwen in de positie om hetzelfde van hun man te eisen. 'Laten we maar zeggen dat de vrouw van Ahmed heel tolerant was,' lachte een Soedanese collega van Karadawi lankmoedig toen hem werd gevraagd hoe Selma op de affaire had gereageerd. En Karadawi was niet de enige Soedanees die voor Emma viel. Hamid el-Tayeb Zaroug ontmoette haar toen hij voor verlof in Oxford was. Zaroug, eveneens uit het noorden, was de regeringsfunctionaris die verantwoordelijk was voor de Ethiopische vluchtelingenkampen waar Emma Karadawi zoveel over had horen vertellen. Hij bleef haar schrijven toen hij naar Soedan was teruggekeerd.

Emma studeerde af in het voorjaar van 1986. Ze werkte korte tijd voor de opmaakafdeling van het Londense *Harper's & Queen*. De baan liep op niets uit. De mode-experts van het blad verwachtten dat de jongedames die zij inhuurden, de modieuze kleding zouden dragen die op de pagina's van *Harper's & Queen* werd geadverteerd. Emma weigerde iets anders te dragen dan de Indiase kaftans en grote houten armbanden die haar handelsmerk waren geworden. Toen Zaroug haar vroeg hem te vergezellen tijdens een werkbezoek aan de vluchtelingenkampen in Showak, besloot ze op zijn aanbod in te gaan. Ze had wat geld gespaard van haar baantje als serveerster. Eind 1986 schreef ze Zaroug dat ze een vlucht naar Khartoum had geboekt. Ze was van plan haar foto's voor de kinderen in de kampen tentoon te stellen. Alex de Waal herinnert zich nog hoe ze naar het appartement kwam dat hij in Oxford met zijn Eritrese vriendin deelde, en hem opgewonden vroeg haar te helpen om de bijschriften bij haar foto's in het Tigrinya te vertalen.

Zaroug schreef onmiddellijk terug. 'Ik heb [je] brief drie keer gelezen om er zeker van te zijn dat ik geen woord had gemist,' schreef hij. 'Jouw gezicht met die mooie glimlach zie ik steeds voor me... Je kunt je niet voorstellen hoe graag ik je wil zien, jij schat van een ongetemde kat die me in Groot-Brittannië zoveel heeft geleerd over hoe je pijn moet verdragen van degene die je bemint. Alles wat ik uit Engeland nodig heb, is dat ik Emma wil. Zeg haar alsjeblieft dat ze snel moet komen.'

'Er gaat van Soedan een magie uit die je – of het nu mee of tegen zit – hoe dan ook in haar macht krijgt,' vertelde Emma de verslaggever tijdens het interview dat hij haar afnam voor *The Warlord's Wife*, een documentaire die ITV in 1993 over haar leven maakte. 'Ik ken andere mensen die in de ban van dit land zijn geraakt. Het is geen mooi land. Het zijn de mensen die het zijn charme geven.' De beroemdste Brit die ooit voor de bekoringen van Soedan viel, was Charles George Gordon. In het verhaal over generaal Gordon zijn alle elementen van Soedans westerse eeuw in de kiem aanwezig. Als hij niet zo bevlogen was geweest en als hem niet zulke fantastische visioenen voor ogen zouden hebben gestaan, zou de westerse inmenging in Soedan waarschijnlijk nooit zo'n hooghartig, moraliserend karakter hebben gekregen. Als hij niet zo verblind was geweest – en deze verblinding is uiteindelijk ook zijn ondergang geworden – zou het werk van zijn opvolgers mogelijk veel meer tot stand hebben gebracht. Tot haar ontmoeting met Karadawi was Gordon voor Emma niet meer dan een naam die ze zich vaag herinnerde van school. In Soedan zou het verhaal van Gordon haar echter overal achtervolgen.

Het begon allemaal met de beweging tegen slavernij. In de negentiende eeuw, na vijfhonderd jaar slavenhandel tussen Afrika en Amerika, kwam het christelijke Westen plotseling tot inkeer. In een opmerkelijk korte periode ging men het knechten van mensen niet alleen als een onoorbare gewoonte zien, maar zelfs als een zonde, een doodzonde die overal ter wereld moest worden uitgebannen. Quakers en andere non-conformisten die in de achttiende eeuw de eerste campagnes voerden voor afschaffing van de slavernij, slaagden erin eerst het grootste deel van Engeland, daarna Europa en de paus, en ten slotte de Verenigde Staten ervan te overtuigen dat de Afrikaanse slavernij – een zeer wijd vertakte en eeuwenoude instelling, die Europa en haar koloniën zeer veel welvaart had gebracht – niet alleen slecht, maar zelfs verdorven was, een misdaad. Deze beweging – de voorloper van alle westerse mensenrechtenbewegingen – genereerde zoveel religieuze hartstocht dat Engeland, de rijkste en sterkste slavenmacht ter wereld, in 1807 de slavenhandel verbood, slechts twintig jaar sinds de beweging om de slavernij af te schaffen voor het eerst van zich had laten horen. Nog eens eenendertig jaar later bevrijdde Engeland de laatste slaven in de gebieden waar zij haar heerschappij uitoefende.

In Egypte had de verspreiding van westerse technologieën en kapitalisme een tegenovergesteld effect op de nog oudere slavenhandel tussen Afrika en het Nabije Oosten. Muhammad Ali van Egypte, de kedive of onderkoning van de Osmaanse sultan, was een van de eerste niet-christelijke heersers die Europese adviseurs in dienst namen en van de Europese technologie gebruik maakten om hun strijdmacht te hervormen. De vernieuwingen die hij doorvoerde, maakten hem al snel de machtigste heerser van het Midden-Oosten. Hij had echter voortdurend behoefte aan nieuwe rekruten. Egypte was voor de werving van soldaten sinds de Oudheid afhankelijk geweest van slaven uit Soedan. (De profeet Jesaja had in de zevende eeuw voor Chr. blijkbaar enkele Niloten ontmoet, en deze ontmoeting moet hem ertoe hebben aangezet zijn legendarische onheilsprofetie over de toekomst van het land uit te spreken.) In 1820 besloot Muhammad Ali een inval te doen in Soedan, slaven op te pakken en een leger te vormen dat alleen hem trouw zou zijn. 'U bent ervan doordrongen dat het doel van al onze inspanningen en onkosten erop is gericht dat wij negers in handen krijgen,' schreef hij in 1825 aan de bevelhebber van zijn troepen in Soedan. 'Toon alstublieft geestdrift in de uitvoering van deze kwestie.' De Egyptenaren – of 'de Turken', zoals de Soedanezen de indringers noemden, omdat Muhammad Ali praktisch gezien een vertegenwoordiger van het Osmaanse Rijk was – bouwden een fort op de plaats waar de Blauwe en de Witte Nijl samenvloeien en noemden het Khartoum. In 1840 slaagden de Egyptenaren er voor de eerste maal in de geschiedenis het gebied van de Sudd binnen te dringen. In de volgende decennia vond een ongeregelde menigte Egyptische, Turkse, Noord-Soedanese, Europese en Griekse handelaren zijn weg naar Khartoum. Zij kwamen naar het zuiden van Soedan om met de nieuwe, in Europa vervaardigde vuurwapens op slaven te jagen.

De slavenhandel was altijd de belangrijkste handel van Soedan. Oude Egyptische overleveringen uit het derde millennium voor Chr. spreken over duizenden slaven en runderen die in de verder naar het zuiden gelegen Afrikaanse landen werden buitgemaakt. Cush en Meroë zijn slechts de bekendste van de tientallen Soedanese koninkrijken die in de loop der eeuwen grote welvaart bereikten, doordat zij optraden als bemiddelaar in de slavenhandel tussen Egypte en de Afrikaanse landen ten zuiden van de Sahara. Soedan kent talloze etnische groeperingen, en al deze volken hebben elkaar door de eeuwen heen belaagd om gevangenen te maken. Vooral vrouwen en kinderen waren een geliefde buit. Soms werden de gevangenen opgenomen in de plaatselijke verwantschapsgroepen, soms ook verkocht, geruild of afgestaan als een vorm van belasting. Er vonden ook ingewikkelder transacties plaats, waarbij een verwantschapsgroep rechten kon laten gelden op een lid uit een andere groep. Zo kon een verwantschapsgroep een van haar leden aan een andere groep schenken als compensatie voor het feit dat men iemand uit die groep had gedood of omdat men vee van die groep had gestolen. Net als in andere Afrikaanse samenlevingen die weinig materieel bezit hebben, zijn mensen en vee in Soedan historisch gezien steeds de belangrijkste vorm van kapitaal geweest.

De Arabieren die zich in de Middeleeuwen over de woestijngebieden van noordelijk Soedan verspreidden, staken deze oude handel in een nieuw jasje. Ze brachten paarden mee en voerden tactische cavalerieoperaties uit, waardoor ze in het voordeel waren tegenover de plaatselijke bevolking. De noorderlingen hadden connecties met markten in het Midden-Oosten. En in hun eigen ogen was het volkomen legitiem wat zij deden. Volgens de traditionele islamitische opvatting behoren de heidense zwarte volken van het zuiden tot de *Dar al Harb*, het Huis van oorlog, waartegen de *Dar al Islam*, het Huis van islam, verplicht is om jihad te voeren. Islamitische rechtsgeleerden redeneerden dat het immoreel was een andere moslim tot slaaf te maken, maar dat slavernij de door de goddelijke voorzienigheid voorbestemde straf was voor wie het geloof niet aanhing. 'Het is bekend dat volgens de sharia de reden waarom het is toegestaan [anderen] te bezitten [hun] ongeloof is,' schreef Ahmad Baba, de gevierde rechtsgeleerde uit Tombouctou, in de zeventiende eeuw. 'En derhalve mag iedereen die een ongelovige aanschaft hem houden, maar niet in het omgekeerde geval.' Net als voor de christenen in het zuiden van de Verenigde Staten, die volhielden dat slavernij een instelling was die de barbaarse Afrikanen beschaving bijbracht, was de slavernij in de ogen van veel moslims voor de heidense zwarten een zegening omdat zij daardoor met de islamitische beschaving in aanraking kwamen. De koran spoorde moslims aan slaven vriendelijk te behandelen, en het was een religieuze traditie dat het vrijlaten van een slaaf die zich tot de islam had bekeerd, op de Dag des Oordeels in het voordeel van de slavenhouder zou werken.

Met de komst van de Turkse Egyptenaren en hun wapens in de negentiende eeuw trokken islamitische stammen als de Baggara met hun vee naar het zuiden om op zoek te gaan naar heidenen die zij konden overmeesteren. De slaven die zij vingen, ruilden ze voor goederen bij de kleine reizende handelaren die *jallaba* genoemd werden. De *jallaba* vervoerden de slaven naar Khartoum, Egypte en andere markten. Voor de noordelijke Soedanezen was de rampzalige belasting die de nieuwe heersers eisten, het belangrijkste resultaat van de Turks-Egyptische invasie. Voor de Niloten en andere stammen die in de met kreken doorkruiste moeraslanden van het zuiden woonden, was de komst van de *Turuk* een catastrofe die ze omschreven als 'de tijd toen de wereld bedorven werd'. Tot de komst van het vuurwapen hadden de Dinka, de Nuer, de Anuak, de Shilluk en de vele andere stammen van het drassige zuiden meer dan vijfduizend jaar in hun levensonderhoud voorzien door een combinatie van veehouderij, visvangst en graanbouw. Van al deze herdersvolken waren alleen de Shilluk, die het dichtst bij de gearabiseerde stammen van het noorden woonden, georganiseerd onder een koning of *reth*. De Dinka en de Nuer leefden hoofdzakelijk in natieloze samenlevingsverbanden die op verwantschapsbanden waren gebaseerd. Hun verwantschapsgroepen waren losjes samengevoegd tot clans, die op nog lossere wijze waren gegroepeerd tot stammen. De verwantschapsgroepen en de clans – en minder vaak ook de stammen – verenigden zich en vielen weer uiteen in overeenstemming met de voortdurend veranderende patronen van bondgenootschappen en vetes. Zolang de buitenwereld hen met rust had gelaten, had deze vorm van maatschappelijke organisatie, die geen hoogste leider kende, voor de Niloten uitstekend gefunctioneerd. Nu de slavenjagers in opmars waren, waren ze echter bijzonder kwetsbaar voor manipulatie door deze beter uitgeruste en georganiseerde buitenstaanders.

Vergezeld door bendes gewapende mannen bouwden de Europese en Arabische handelaren uit Khartoum forten langs de rivieren in het zuiden.

Vanuit deze *zariba's* sloten de handelaren bondgenootschappen met de sterkere lokale stammen door de zuiderlingen wapens en mannen te lenen om de dorpen van hun vijanden aan te vallen. In ruil daarvoor ontvingen de handelaren de helft van de buit. Aanvankelijk ruilden ze de gevangen mensen en het gevangen vee voornamelijk in voor ivoor. Uiteindelijk bleek de slavenhandel echter winstgevender dan de handel in ivoor. De *zariba*-handel opende voor de *jallaba* uit noordelijk Soedan nieuwe mogelijkheden. Velen begonnen een eigen handelsfirma en bouwden een eigen *zariba*-netwerk op. Soms beconcurreerden de Turks-Egyptische functionarissen de handelaren als het ging om het gevangennemen van slaven voor het Egyptische leger. Soms ook werkten ze met hen samen om hun zakken te vullen met de roofzuchtige en steeds winstgevender handel die de slavenmarkt van Khartoum al snel tot een van de grootste ter wereld maakte.

De westerse technologieën en het westerse kapitaal, die de kracht van Muhammad Ali waren geweest, werkten voor zijn opvolgers in hun nadeel. Omdat Egypte afhankelijk was van westers kapitaal, werd het op het moment dat in Europa de roep voor afschaffing van de slavernij opklonk, het mikpunt van westerse bemoeizucht. De afschaffing van de Atlantische slavenhandel maakte weliswaar een eind aan de zeer grove kapitalistische vorm van wereldheerschappij, maar het duurde niet lang of het deed een veel aantrekkelijker vorm van imperialisme ontstaan die gedreven werd door ethische principes, en waarvan de beweging voor afschaffing van de slavernij het boegbeeld was. De zegepralende evangelisten die de leiding hadden gegeven aan de campagne tegen slavernij in de Britse koloniën, zetten de Britse regering nu onder druk om de macht van de Royal Navy in te zetten voor een kruistocht die de slavernij overal ter wereld moest uitroeien. Tussen 1820 en 1870 hield de Royal Navy bijna 1600 schepen aan en werden 150000 voor Amerika bestemde Afrikaanse slaven bevrijd. Groot-Brittannië zette zijn marine ook in om het merendeel van de Afrikaanse kuststaten te dwingen een reeks verdragen te ondertekenen waarin de Atlantische slavenhandel werd uitgebannen. In dit klimaat duurde het niet lang voor de activisten die de slavernij wilden afschaffen, hun aandacht op Soedan en de islamitische slavenhandel richtten.

Europese reizigers hadden sinds de jaren dertig van de negentiende eeuw over de wreedheden van de Soedanese slavenhandel geschreven. In 1839 stuurde de Oostenrijkse zakenman Ignaz Pallme een schokkend verslag over een door de Egyptische regering geleide slavenrooftocht in het Nuba-gebergte in Kordofan naar een anti-slavernijgenootschap. Zijn relaas was zo schokkend dat het de missionarissen van het eiland Malta in 1848 inspireerde om in Khartoum de eerste moderne christelijke missiepost in Soedan op te zetten met het expliciete doel de slavernij te bestrijden. In de jaren zestig van de negentiende eeuw deed de Britse zendeling-ontdekkingsreiziger David Livingstone met zijn onthullingen over de gewelddadigheden en de wreedheden waarmee de Oost-Afrikaanse slavenhandel gepaard ging, de westerse verontwaardiging nog hoger oplaaien. Abolitionisten verkondigden al jarenlang dat het systeem van de vrije arbeid zoals het Europese kapitalisme dat kende, niet alleen ethisch juist was, maar dat het tevens een voorwaarde was voor materiële en technologische vooruitgang. Livingstone betoogde vol passie dat het feit dat Afrika zo achterbleef, grotendeels moest worden toegeschreven aan het gebruik van slavernij, en oogstte met deze uitspraak veel bijval. Livingstone stelde dat de Afrikaanse leiders de handel in hun medemensen pas zouden staken wanneer er een andere manier was waarop zij aan Europese geweren, stoffen en snuisterijen konden komen. Hij stelde dat Afrika alleen gered kon worden door de introductie van 'de drie c's': commercie, christendom en civilisatie. Zijn lezers interpreteerden de drie c's al snel als een oproep de wereld te onderwerpen.

Kedive Ismail, de kleinzoon van Muhammad Ali, begreep al snel dat de westerlingen die zichzelf tot wereldverbeteraars hadden uitgeroepen, een bedreiging voor zijn rijk konden vormen. Ismail had grote plannen om heel Egypte naar westers model te moderniseren. Hij opende het eerste operagebouw van Caïro en legde het Suezkanaal aan. Hiervoor maakte hij gebruik van Brits en Frans geld. Bij zijn troonsbestijging sloot hij de openbare slavenmarkt in Khartoum en vaardigde hij een verbod uit op de invoer van slaven vanuit het zuiden. De getuigenissen van missionarissen in Khartoum en van andere Europese waarnemers toonden echter duidelijk aan dat dit verbod alleen in naam was afgekondigd en dat de slavenhandel onverminderd doorging. Het kan zijn dat Ismail dezelfde morele bezwaren tegen de slavenhandel had als de abolitionisten – en enkele historici denken dat dit inderdaad het geval was –, de meerderheid van de Egyptische en Soedanese bevolking deelde deze gevoelens duidelijk niet. De afschaffing van de slavernij was een christelijke kruistocht. In de islamitische wereld is deze beweging nooit echt aangeslagen. Zoals de historicus Ehud R. Toledano schreef: 'In het Osmaanse rijk hebben de slavernij en de slavenhandel nooit echt ter discussie gestaan, noch op het politieke noch op het intellectuele vlak. Het was alsof de ene partij kwam binnenstormen, tot de tanden bewapend met ethische, economische, sociale en politieke argumenten en bezield door een sterk besef van rechtvaardigheid, terwijl de andere zich beschroomd afwendde, weigerde de dialoog aan te gaan en verklaarde dat er in wezen geen raakvlakken waren, dat zij niet dezelfde taal spraken en dat er geen referentiekader was op basis waarvan een echte discussie kon plaatsvinden.' De rechtvaardiging voor de slavernij, schrijft Toledano, 'baseerde men op het feit dat de slavernij door de islam was gesanctioneerd en op de onwankelbare overtuiging dat de islamitische wetgeving stoelde op een diepe betrokkenheid met de mens (*insaniyet*) en dat zij nooit haar goedkeuring zou hebben kunnen geven aan enig gebruik dat niet humaan, vol zorg en begaan was met het lijden van de zwakke en armoedige leden van de samenleving'.

In de ogen van de Soedanese slavenhouders waren de Egyptische maatregelen om de slavenhandel te verbieden de zoveelste verfoeilijke concessie aan de ongelovigen die ernaar streefden de islam te ondermijnen. Bijna alle functionarissen van Ismail in noordelijk Soedan waren persoonlijk bij de slavenhandel betrokken. Ismail zelf had enkele van de grote handelsfirma's in Khartoum toestemming gegeven om te opereren in het Boven-Nijlgebied. De maatregelen die de kedive tegen de slavernij had genomen, hadden betrekking op de verkoop van slaven. Het bezit van slaven was en bleef in Egypte en Soedan niet strafbaar. De meeste families in het noorden van Soedan bezaten ten minste één huisknecht. Ismail zelf bezat honderden mensen, net zoals de meeste van zijn familieleden en zijn ministers. Voor Ismail – die niet alleen graag bij de Europese mogendheden in de gratie wilde zijn, maar tegelijkertijd hoopte dat zij hem financieel zouden steunen bij de verwezenlijking van zijn nog grootsere plannen om de invloed van Egypte zich tot voorbij Soedan in het huidige Ethiopië en Oeganda te laten uitstrekken – zouden de tirades van Livingstone en anderen zeer onwelkom zijn geweest... ware het niet dat ze hem op een idee brachten: wanneer de afschaffing van de slavenhandel in de ogen van het Westen een legitieme ethische rechtvaardiging voor allerlei overnames en veroveringen was, waarom zou hij het dan zelf niet als een rechtvaardiging voor zijn militaire campagnes gebruiken?

Een van de gasten die in 1869 aanwezig waren bij de groots opgezette festiviteiten ter gelegenheid van de opening van het Suezkanaal, was de Britse ontdekkingsreiziger sir Samuel Baker. 'Baker van de Nijl', zoals hij genoemd werd, was enkele jaren eerder beroemd geworden toen hij en zijn vrouw een poging hadden gedaan om bij de bronnen van de Nijl te komen. (Ze hadden het mysterie niet volledig kunnen ontrafelen, maar het was hun gelukt de andere zijde van de Sudd te bereiken.) Baker had zich in afkeurende bewoordingen uitgelaten over de wijze waarop het leven in de gebieden die hij in Boven-Nijl langs de rivier de Sobat doorkruiste, door de slavenhandel werd ontwricht en getiranniseerd. De prins en prinses van Wales lazen zijn boek en waren vervuld van een diep afgrijzen; ook waren ze geprikkeld door de geruchten (die klopten) dat Baker zelf zijn Hongaarse vrouw op een Turkse slavenveiling had gekocht. Ze nodigden de Bakers uit om hen te vergezellen tijdens hun bezoek aan de festiviteiten in Suez. 'Het behoeft nauwelijks betoog dat de prins van Wales, die ten diepste de Britse principes vertegenwoordigt, bij aankomst in Egypte een zeer warme belangstelling toonde voor de onderdrukking van de slavenhandel,' schreef Baker later.

Kedive Isamil zag de bui al hangen. Tijdens een gekostumeerd bal nam hij Baker terzijde en deed hem een voorstel. Hij vroeg Baker om in ruil voor een maandelijks bezoldiging van tienduizend pond en de titel 'pasja' aan het hoofd van een troepenmacht naar Boven-Nijl terug te keren, het gebied officieel uit naam van Egypte te annexeren en een eind te maken aan de slavenjacht die Baker zo scherp veroordeeld had. (Omdat Egypte tot dan toe nog geen officiële claim op het zuiden van Soedan had doen gelden, hadden de Egyptische functionarissen in Khartoum steeds kunnen volhouden dat ze geen gezag hadden over de dingen die zich in het achterland afspeelden.) Baker aanvaarde deze missie vol enthousiasme. Binnen een jaar tijd maakten Lady Baker en hij opnieuw een reis stroomopwaarts langs de Nijl. Ditmaal reisden zij met negenenvijftig schepen en voerde Baker het bevel over zestienhonderd manschappen. De daaropvolgende twee jaar trokken de Bakers en hun mensen ploeterend stroomopwaarts door de nauwe engtes van de Nijl. Ze bonden de strijd aan met slavenhandelaren en hun lokale bondgenoten en hesen de Osmaanse vlag boven rivieren vol spattende en

knorrende nijlpaarden. Baker noemde de provincie die hij voor Egypte af-
paalde 'Equatoria'.

Als een bijdrage aan de daadwerkelijke afschaffing van de slavernij in Boven-Nijl, was de expeditie van Baker op zijn best gezegd vruchteloos. Voor de
Europeanen die hij op de expeditie had meegenomen, had hij voorraden bij
zich voor vier jaar. Van zijn Soedanese en Egyptische soldaten verwachtte hij
echter dat ze van het land zouden leven. Doordat hij zijn mannen toestemming gaf de graanvoorraden van de zuidelijke dorpen te plunderen, zo zeiden
sommigen beschuldigend, verergderde hij de de toestand alleen nog maar. De
veronderstelling dat één man die de leiding had over een kleine vloot, in staat
zou zijn in zijn eentje een einde te maken aan een duizend jaar oude handel,
was een absurde onderschatting van de hardnekkigheid van die handel. Het
plan was in feite zo onrealistisch – en de kedive moet dat geweten hebben –
dat het de Soedanese slavenhandelaren die vreesden dat hij daadwerkelijk van
plan was een einde aan hun handel te maken, moet hebben gerustgesteld. In
Groot-Brittannië had de campagne echter precies het gewenste effect. Hier
had het een sussende uitwerking op de agitatie tegen de slavernij. Doordat de
kedive een Engelsman had ingehuurd en hem voor de beproeving stelde een
eind aan de Soedanese slavenhandel te maken, werd de Britse trots gestreeld
en de ethische verontwaardiging tot bedaren gebracht. Onder koningin Victoria bereikte het Britse rijk het toppunt van zijn macht, en de Britten hadden er geen enkele moeite mee om te geloven dat een of twee Engelse heren
het met groot gemak konden opnemen tegen een stelletje barbaarse monsters.
Het beeld van de Britse officier die, slechts gewapend met zijn ethische superioriteit, hele volken van hun barbaarse gewoonten afbracht, was een leidmo-
tief van de Britse stuiversroman. Toen Bakers contract afliep, ging Ismail op
zoek naar een plaatsvervanger. Hij vond een Engelsman die reeds nationale
bekendheid had verworven in een van de stoutmoedige succesverhalen van
het imperium, te weten Charles George Gordon.

Als jong officier was Gordon enigszins een buitenbeentje geweest. Als een-
ling, die een hekel had aan de reglementen en restricties van het leger, had
hij zich overgegeven aan buitenissige religieuze bespiegelingen. Hij had ongewoon bleekblauwe ogen en fijne, bijna vrouwelijke gelaatstrekken. En toen
hij, eenendertig jaar oud, in staat was om van vreemdelingen gedaan te krijgen wat hij van hen wilde, maakte dit hem in de fantasie van Britse school-

jongens tot een ware held. Hij was in 1860 in China gelegerd toen hij onverwacht de leiding kreeg over het Chinese leger dat de Mantsjoe-dynastie
moest beschermen tegen de T'aip'ing-rebellen, een onduidelijke, quasi-chris-
telijke groepering die hervormingen in de landbouw wilde doorvoeren. Gordon reorganiseerde en trainde zijn 'Ever Victorious Army', en onder zijn bevel heroverde het de steden die de T'aip'ing-opstandelingen hadden veroverd.

De Britse pers beschreef elke stap van zijn militaire campagnes en gaf hem
natuurlijk alle krediet. 'Majoor Gordon verovert Soochow op 5 december'
kopte *The Times* op 22 januari 1864. In dit tijdperk van heldendom honger-
de het Britse lezende publiek naar verhalen waarin Britten door een persoonlijke heldendaad aantoonden hoe superieur zij waren ten opzichte van
andere volkeren. De kranten stonden vol verhalen over de manier waarop
'Chinese Gordon' heen en weer liep over het slagveld, een sigaar rokend en
met een wandelstok in de hand, en volkomen onverschillig over de kogels
die hem om de oren vlogen. Toen een van zijn mannen op de vlucht sloeg,
zou hij hem achterna zijn gerend, hem met zijn neus de andere kant op hebben gedraaid, hem hebben gedwongen te schieten en hem daarbij zijn eigen schouder als geweersteun laten gebruiken. Toen de burgeroorlog voorbij was, wilde Gordon in China blijven. Hij schreef zijn zus dat een Brits officier beter in het buitenland kon zitten dan thuis. 'In Engeland bekleden
wij slechts een onbeduidende positie, hier in China echter genieten wij aanzien.' Hij had zijn moeder echter beloofd naar huis te zullen terugkeren, en
nadat hij verschillende onderscheidingen en financieel aantrekkelijke aan-
biedingen had afgeslagen, verliet hij China eind 1864.

Terug in Engeland verveelde hij zich, vooral toen het ministerie van Oorlog hem de saaie taak gaf enkele nieuwe forten langs de Theems bij Gravesend te bouwen. Zijn excentrieke vroomheid irriteerde zijn meer orthodoxe
landgenoten. Hij had eindeloos veel geduld en was enorm gul tegenover de
straatboefjes in Gravesend, voor wie hij van zijn eigen geld een school oprichtte. Maar hij minachtte wat hij de 'holle leegte' van zijn eigen klasse
noemde. Uitnodigingen voor diners en soirees in Londen wees hij af. Hij
bleef liever thuis met zijn bijbel. In 1872 vroeg de eerste minister van Egypte Gordon of hij iemand kon aanbevelen om sir Samuel Baker op te volgen
als pasja van de gloednieuwe provincie Equatoria. Gordon hunkerde er al
sinds zijn jeugd naar om naar Afrika te gaan. Hij beval zichzelf aan.

Toen kedive Ismail hem de baan aanbood, vatte Gordon het bevel om de slavernij uit te roeien op als een christelijke roeping. Om Ismail te tonen dat hij 'zilver en goud niet als afgoden vereerde', sloeg hij de genereuze bezoldiging af die Baker dankbaar had opgestreken, en vroeg daarvoor in de plaats een wedde van slechts tweeduizend pond. 'Ik ben als Mozes, die de rijkdommen van Egypte verachtte,' schreef hij zijn zuster trots. Er zijn aanwijzingen dat hij aanvankelijk meende de Soedanese slavenhandelaars louter op kracht van zijn eigen karakter te kunnen overweldigen. 'Deze kwestie van de slavernij,' schreef hij vol zelfvertrouwen kort nadat hij in 1874 in Egypte was aangekomen, 'zal mij geen enkel probleem opleveren.' De eerste keer dat hij ooit een kameel besteeg, liet hij het dier zo hard draven dat hij zijn vierhonderd kilometer verderop gelegen bestemming drie dagen eerder bereikte dan de snelste karavaan er ooit over had gedaan. Voor zijn mannen uit reed hij het kamp van een slavenhandelaar binnen en hoopte de handelaar op deze manier ontzag in te boezemen voor zijn onverschrokkenheid.

Het is onduidelijk welk effect dit theater op de Soedanezen had. Gordon sprak slechts enkele woorden pidgin-Arabisch en schijnt nooit moeite te hebben gedaan om meer te leren. Arabisch lezen of schrijven kon hij helemaal niet. Zoals de historicus Douglas Johnson schreef: 'Hij was vrijwel geheel onbekend met de gebruiken van de Soedanezen en moest erop vertrouwen dat hij zich door het "lezen van de gezichten" van zijn Egyptische ondergeschikten en Soedanese onderdanen een oordeel over hun karakter kon vormen.' In Equatoria steunde hij op een staf van persoonlijk geselecteerde manschappen, die onder meer uit Amerikanen, Italianen, Fransen, Britten, Duitsers en Oostenrijkers bestond. Toen deze westerse collega's de een na de ander doodgingen of met malaria naar huis terugkeerden, raakte Gordon nog meer geïsoleerd. Hij sloot zichzelf op om zich in zijn bijbel te verdiepen. Het boek Jesaja was favoriet.

Terwijl hij het punt naderde waar de Witte Nijl en de Sobat samenvloeien, ontdekte Gordon al snel dat de slavernij veel dieper was geworteld dan hij had beseft. In de eerste maand nadat hij een fort had gebouwd om de scheepvaart te controleren, onderschepte hij een karavaan van driehonderd slaven. In de maanden hierna bevrijdde hij nog honderden andere slaven uit de boten op de rivier. Ze zaten dikwijls verborgen onder stapels hout of ivoor. Aanvankelijk leken zijn vastberaden inspanningen vrucht af te werpen. Gordon verwoestte een *zariba* langs de Bahr el-Zeraf. Nadat hij de slavenhandelaar die daar de leiding had gehad – de noordelijke Soedanees Nasir Ali – twee weken gevangen had gehouden, gaf Gordon hem het bevel op een plek langs de Sobat, Nor Deng genaamd, een nieuwe basis in te richten die tot doel had het verbod op slavernij af te dwingen. 'Hij is niet slechter dan de anderen,' schreef Gordon bij wijze van uitleg. Nasir Ali deed zoals hem was opgedragen en gaf zijn naam aan de *zariba* waar het stadje Nasir op zijn beurt zijn naam aan ontleent. Hoe meer Gordon over de Soedanese slavenhandel te weten kwam, hoe meer hij zich echter begon af te vragen of hij wel het goede deed.

De slaven die Gordon uit de boten op de rivier bevrijdde, verlieten zijn garnizoen dikwijls met grote tegenzin. Ze leken even bang te zijn om te worden gedood door het naburige volk van de Shilluk als om in gevangenschap als slaaf aan de Arabieren te worden verkocht. Enkele jaren eerder had het Anti-Slavernijgenootschap in Londen er bij de kedive op aangedrongen dat hij een rivierpolitie zou instellen die de schepen van de slavenhandelaren moest onderscheppen. De meeste slaven die de rivierpolitie bevrijdde, werden echter bij het Egyptische leger ingelijfd, zodat deze inbeslagname in de ogen van de Soedanese handelaren eigenlijk slechts een nauwelijks versluierde vorm van belasting was. De slavenjagers die zich niet meer op de rivieren vertoonden waar Gordon en zijn mannen patrouilleerden, verdwenen niet van het toneel. Ze zochten nieuwe landroutes om hun gevangenen te transporteren en lieten hen zonder voedsel of water door de woestijn marcheren. Het verkeer was voor de Europese consuls en zendelingen en missionarissen in Khartoum niet langer zichtbaar, maar de slaven hadden het zwaarder te verduren dan ooit. Gordon, die voor zijn komst naar Soedan een groot en kritiekloos bewonderaar van het Anti-Slavernijgenootschap was geweest, begon te twijfelen. 'Tot nog toe is het lot van de slaaf door uw inspanningen verslechterd,' schreef hij het genootschap. 'Ik weet zeker dat een arm kind dat door de brandende zandvlakten loopt zou zeggen: "O, ik wou dat die heren ons met rust hadden gelaten toen we per boot over de rivier werden vervoerd."'

Slaven deden in Soedan het werk dat in Engeland door bedienden en arbeiders werd gedaan. Volgens een schatting van Gordon zelf bestond tweederde van de Soedanese bevolking uit slaven en zou de afschaffing van de slavernij het land tweederde van zijn inkomsten kosten. De gearabiseerde stammen van Soedan hadden een hogere levensstandaard dan de Afrikaanse volkeren, en de meeste zwarten, zo begon Gordon te geloven, 'zouden er alles voor overhebben om slaaf te kunnen worden bij een welgestelde familie in Caïro.' (Deze denkwijze was wijdverbreid onder de slavenhouders; of de slaven zelf deze mening deelden is minder zeker.) Hoewel een moslim zijn dochter nooit aan een niet-moslim zou uithuwelijken, gaf de islamitische wet de slavenmeesters het recht hun slaven seksueel te gebruiken en waren de kinderen die uit een dergelijke verbintenis werden geboren vrij. Enkele van de beroemdste sultans en slavenjagers in Soedan hadden een moeder die slavin was. Zelfs de Afrikaanse volken die het meest onder de slavenhandel te lijden hadden, waren eraan gewend. Ze wisten niets over geld of arbeidsloon; buiten de familie en clan waarin ze waren opgegroeid, was slavernij de enige vorm van tewerkstelling die ze kenden. Om aan bedienden te komen moest Gordon zelf over zijn principes heen stappen en vier pond *durra* (graan) betalen voor twee Shilluk-jongens van negen en twaalf.

Gordon wist dat de Egyptische of Soedanese *mudirs* (vice-gouverneurs) die onder zijn gezag stonden, geen enkel probleem met de slavernij hadden. 'Heeft de kedive of de pasja ooit ook maar het minste tegen de slavenhandel ondernomen, behalve wanneer er van buitenaf druk op hen werd uitgeoefend?' schreef Gordon. 'Begint de slavenhandel weer niet helemaal overnieuw zodra deze druk wegvalt? Dit gebruik is in het gebeente van de mensen gegrift.' Keer op keer was hij genoodzaakt om disciplinaire maatregelen tegen zijn officieren te nemen, omdat ze de slaven die hij probeerde te bevrijden voor zichzelf inpikten en soms zelfs zover gingen de mannen die onder hun bevel waren gesteld als slaven te verkopen. Wanneer Gordon en zijn mannen naar dezelfde ellendige bootlading van Afrikaanse slaven keken, zagen ze heel verschillende dingen. Gordon zag roof en moord; de Egyptenaren en Soedanezen, zo had hij het gevoel, zagen een manier van leven die ze als onvermijdelijk hadden aanvaard en wellicht de mogelijkheid om wat geld te verdienen. 'Pas als de bomen mij gehoorzamen als ze mijn stem horen, dan zullen de stammen hun slaven vrijlaten!' schreef hij. En dat betrof dan nog de slaven die Gordon als slaaf kon herkennen, want, zoals hij al snel ontdekte, zijn ondergeschikten profiteerden vaak van zijn onwetendheid om vlak onder zijn neus handel te drijven. Ze beweerden bijvoorbeeld dat de Afrikanen over wie zij zich hadden ontfermd, hun eigen vrouwen en kinderen waren, en maakten gebruik van zijn karavanen om slaven vanuit het zuiden en westen naar Khartoum te vervoeren. 'De kedive geeft me in zijn brieven in tamelijk grove bewoordingen te verstaan dat ik een einde aan deze slavenhandel moet maken, terwijl je dan ziet dat zijn *mudirs* er zelf aan meedoen,' schreef hij in 1874 boos aan zijn zus.

Hij was verbitterd en teleurgesteld, niet alleen in de kedive en over het feit dat het hem niet was gelukt de handel te onderdrukken, maar ook in de abolitionisten in Londen, die leken te denken dat het een peulenschil was om in Soedan orde op zaken te stellen. Toen de kedive klaagde dat hij te veel geld uitgaf, diende Gordon zijn ontslag in, maar hij liet zich in 1877 toch weer vermurwen toen Ismail aanbood om hem gouverneur-generaal van het hele land te maken. In theorie gaf deze titel hem absoluut gezag over heel Soedan, een gebied van meer dan anderhalf miljoen vierkante kilometer dat zich uitstrekte van de Libische woestijn tot aan de regenwouden op de evenaar. Maar het lukte hem niet verandering te brengen in de verachtelijke, corrupte realiteit van de Egyptische bezetting. Het duurde dan ook niet lang of Gordon was opnieuw de wanhoop nabij. Wat hij ook deed, hij kon niet ontkomen aan het feit dat uitbuiting de belangrijkste reden voor de Egyptische aanwezigheid in Soedan was. Zijn ambtenaren namen steekpenningen aan en speelden onder één hoedje met de slavenhandelaren omdat ze in de slavenhandel niets kwaads zagen en verder bovendien weinig betaald kregen. (De tweeduizend pond waartoe Gordon zijn salaris met zoveel trots had weten terug te brengen, was nog altijd vele malen hoger dan het inkomen van welke Egyptische of Soedanese functionaris dan ook.)

Als gouverneur-generaal verbood Gordon zijn ambtenaren om bij de inning van belastingen de zweep van nijlpaardenleer te gebruiken. In de ogen van de Soedanezen was dit nieuwe beleid een teken van zwakte, en ze stopten met het betalen van belastingen. Gordon verving de Egyptische functionarissen, die in zijn ogen het corruptst waren, door Europeanen en Amerikanen. Carl Christian Giegler, de Duitser die leiding had gegeven aan de aanleg van een telegraafsysteem, werd plaatsvervangend gouverneur-generaal. De eenentwintig jaar oude Oostenrijkse officier Rudolf Slatin werd benoemd tot gouverneur van zuidelijk Darfur, een gebied zo groot als Engeland. Dr. Mohammed Emin, een ondoorgrondelijke Oostenrijkse arts, werd gouverneur van Equatoria. De nieuwe pasja's waren dan misschien wel even slecht op de hoogte van de dingen die zich om hen heen afspeelden als Gordon zelf, zé waren in ieder geval bekend met de westerse visie op goed bestuur. Maar zelfs met de beste wil van de wereld kon niet ontkend worden dat Soedan nog altijd niet over een adequaat transportsysteem, een betrouwbare postdienst en een politiemacht beschikte, en dat er vrijwel geen bestuursapparaat aanwezig was: eigenlijk waren er alleen de gouverneur-generaal en een handjevol pasja's die per kameel van hot naar haar draafden om ter plekke recht te spreken en de slavenkaravanen te bestoken.

De Britse correspondenten die over Chinese Gordon in Soedan schreven, zagen niets van dit alles. Voor hen, en voor hun lezers, was Soedan niet zozeer een concrete plek op aarde, maar eerder een magische spiegel waarin het heroïsche beeld weerkaatst werd dat zij van zichzelf en hun cultuur hadden. In deze sentimentele spiegel was Gordon ''s werelds grootste nog levende expert op het gebied van Soedan'. Door de hypnotiserende macht die hij over de 'geest van de inheemse bevolking' uitoefende, zo schreven de verslaggevers, had hij in een gebied zo groot als West-Europa 'vrede en een ordelijk bestuur' gevestigd. Gordon zelf was niet immuun voor dergelijke illusies. Als gouverneur-generaal kon hij nog altijd schrijven over zijn grootse plannen om de Soedanese slavenhandel te vermorzelen. 'Denk u eens in welk effect harde maatregelen op een overwegend islamitische bevolking zullen hebben wanneer ze op bruuske wijze door een christen ten uitvoer worden gebracht... maatregelen die iedereen zullen treffen. Wie zou dit durven volbrengen, indien hij de Almachtige niet achter zich had? Ik zal het ten uitvoer brengen.' Maar hij was pessimistisch over de mogelijkheden de slavernij ten einde te brengen. Het Anti-Slavernijgenootschap publiceerde een artikel waarin hij werd bekritiseerd omdat hij slaven had gekocht om als soldaat te dienen. Gordon brulde dat ze niet begrepen hoe zwak zijn positie was. 'Mensen denken dat je alleen maar hoeft te kikken en dat het dan is afgelopen met de slavernij... Ik heb manschappen nodig... Hoe moet ik ooit aan soldaten komen als ik het niet op deze manier doe? Als ik deze slaven niet koop, zullen ze, behalve wanneer ik hen op deze manier bevrijd, slaaf blijven. Als ze soldaat zijn, zijn ze echter van die schande bevrijd... Ik heb de gekochte slaven nodig om de slavenhandelaars te onderwerpen.' Hetzelfde jaar schreef Gordon zijn zus: 'Er zal in deze landen een eind aan de slavernij komen zodra je erin slaagt de inkt uit een met inktvlekken besmeurd vloeipapier te halen.'

Hij startte een furieuze klopjacht op de slavenhandelaren en hun leider, Suleiman, de zoon van Zubayr Pasja, een beruchte slavenhandelaar en de voormalige gouverneur van de provincie Bahr el-Ghazal. Zijn Italiaanse luitenant overwon Suleiman en liet hem executeren. Gordon draafde als een razende door Kordofan en Darfur, sliep in de open lucht op een Soedanees touwbed, en greep zo honderden slavenhandelaren in de kraag en bevrijdde duizenden slaven. Hij was er echter van doordrongen dat een nog veel groter aantal karavanen ontkomen was. Bij Shakka in zuidelijk Darfur moesten zijn kamelen zich een weg zoeken tussen de schedels van dode slaven. Woedend gaf Gordon de plaatselijke bevolking bevel honderden schedels op te stapelen als een gedenkteken voor de misdaden van de slavenhandelaren; ze gehoorzaamden zijn orders met kille vijandigheid. De slavenhandelaren die hij in handen kreeg, liet hij de kleren van het lijf rukken en geselen. Daarna liet hij ze gaan. 'Ik kan ze niet allemaal fusilleren!' jammerde hij in zijn dagboek.

Wat hij met de door hem bevrijde slaven aan moest, was een nog groter probleem. Wanneer hij ze midden in Darfur vrijliet, zouden ze opnieuw gevangen worden genomen of sterven van de honger en de dorst. 'Arme schepsels! Het spijt me zo dat ik hen niet kan terugbrengen naar hun eigen land, maar dat is onmogelijk.' Hij probeerde ze als 'echtgenotes' en dienaren onder zijn eigen manschappen te verdelen. Er braken gevechten uit over de manier waarop de slaven moesten worden verdeeld. Toen hij probeerde in zijn correspondentie met het thuisfront enige realiteitszin te laten doorklinken, joeg hij zijn humanitaire fans daarmee alleen tegen zich in het harnas. 'Een ontsnapte slaaf is als een ontsnapt schaap: hij is eigendom van degenen die hem of haar vindt,' schreef hij boos naar het Anti-Slavernijgenootschap nadat de activisten van deze vereniging van de kansel hadden geroepen dat het 'een vorm van medeplichtigheid met de slavenhouderij is' om gevluchte slaven aan hun eigenaar terug te geven. 'Men moet nagaan wat het beste is voor het individu, niet wat volgens de Europese opvattingen het beste zou zijn. De slaaf is degene die lijdt, niet Europa.' Maar Europa voelde zich wel degelijk gekwetst wanneer het in zijn goede intenties werd gedwarsboomd, en diep in zijn hart was ook Gordon een Europeaan, en hechtte hij meer belang aan het Europese oordeel dan hij wilde toegeven.

Lytton Strachey, een auteur uit de Bloomsbury-groep, schreef later in een beroemd geworden essay over Gordon: 'Ambitie was feitelijk zijn belangrijkste drijfveer – ambitie, niet het streven naar rijkdom of eretitels, nee, het streven naar roem en invloed, naar heerschappij over volkeren, en naar dat verheven en intense bestaan "daar waar de adem nimmer stokt – in de mond der mensheid".' Het kan zijn. Of misschien werd hij gewoon gekweld door droefgeestigheid. 'Ik verklaar dat wanneer ik daarmee een einde aan deze handel kon maken, ik bereid zou zijn me vanavond van kant te laten maken; maar toch, hoe ik me ook voor deze zaak inspan, ik heb nauwelijks enige hoop dat het ooit zover zal komen,' schreef hij op de weg terug uit Darfur. Nadat hij vier jaar gouverneur-generaal was geweest, kwam hij tot de conclusie dat 'ik het land niet op een voor mijzelf bevredigende manier heb kunnen besturen'. Hij schreef zijn zus 'zeer sterk naar de dood te verlangen'. Eind 1879 diende hij opnieuw zijn ontslag in. Ditmaal werd zijn aanvraag door de nieuwe kedive aanvaard.

In Engeland en in Europa raakte men er meer en meer van overtuigd dat de slavernij in Afrika alleen kon worden uitgeroeid wanneer het werelddeel direct onder Europees gezag werd gebracht. Net als kedive Ismail zag de Belgische koning Leopold II in de publieke ijver om de slavernij af te schaffen een mogelijkheid om in Afrika voor zichzelf een eigen rijk op te bouwen. Toen Gordon in 1880 in Engeland was teruggekeerd, nodigde Leopold hem uit naar Brussel te komen om te zien of hij er oren naar had aan deze onderneming deel te nemen. Waar het Leopold in Kongo in werkelijkheid om te doen was, was ivoor (en later rubber). Hij zou die krijgen, maar de volkeren die hij naar eigen zeggen wilde helpen, moesten hier een wel zeer hoge menselijke prijs voor betalen. Gordon, met veel andere Europeanen, liet zich echter inpakken door Leopolds humanitaire retoriek. Gordon schreef een vriend dat de Belgische koning 'alleen wenste een ellendig volk te helpen, de slavernij te onderdrukken en het christendom te bevorderen... allemaal onder een internationale vlag'. In 1884, nadat hij in Palestina een jaar lang bijbelonderzoek had gedaan, stond Gordon op het punt om zijn ontslag in te dienen bij het ministerie van Oorlog en het aanbod van Leopold te aanvaarden. Toen hoorde Engeland, dat Egypte in 1882 bezet had om een nationalistische opstand de kop in te drukken, onverwacht dat Egyptes zuidelijke rijk onder leiding van een mysterieuze islamitische heilige die zichzelf de 'mahdi' of 'hij die verwacht werd' noemde, tegen 'zijn regering' in opstand was gekomen. Ze vroegen Gordon om terug te keren.

In de vier jaar die verstreken waren sinds Gordons vertrek uit Soedan, had Mohammed Ahmed, de glimlachende zoon van een Arabische scheepsbouwer, bijna het hele noorden van Soedan achter zich weten te scharen in een opstand tegen 'de Turken'. Mohammed Ahmed vertelde zijn volgelingen dat de profeet Mohammed hem driemaal in een droom was verschenen om te zeggen dat hij de man was die, zoals sommige islamitische overleveringen zeiden, zou opstaan om de vijanden van de islam te bedwingen. Hij had de kentekenen van een profeet: een moedervlek op de linkerwang en een spleet tussen de voortanden. De mensen luisterden. In geen jaren was er een Soedanees opgestaan die het durfde op te nemen tegen de Turks-Egyptische overheerser met zijn angstaanjagende Remington-geweren en zijn kanonnen. Toen 'de Turken' echter een poging hadden gedaan om de mahdi in zijn woonplaats op het eiland Aba om het leven te brengen, waren zijn woedende volgelingen op de soldaten afgerend en hadden hen met hun lansen en speren doodgestoken. Deze nederlaag van het Egyptische leger, dat onoverwinnelijk had geleken, overtuigde veel godvruchtige moslims ervan dat God aan de zijde van de mahdi stond. In 1881 had de madhi een brief aan Gordons plaatsvervanger in Soedan en al diens *mudirs* geschreven, waarin hij waarschuwde dat 'wie mijn missie in twijfel trekt, niet in God of zijn profeten gelooft, en wie op vijandige voet met mij staat, een ongelovige is, en wie de wapenen tegen mij opneemt, verstoten wordt en in geen van beide werelden troost zal vinden'.

De mahdi beloofde de volksscharen die naar zijn prediking kwamen luisteren, dat als zij de goddeloze gebruiken van 'de Turken' – de kleren die ze droegen, de alcohol die ze dronken – zouden opgeven, hij de buitenlanders het land uit zou gooien en dat hij Egypte, Mekka en Constantinopel zou bevrijden. Een van de eerste bekeerlingen was Abdullahi al-Tashi, die afstamde van de Baggara, een volk van veehoeders en slavenhandelaren uit zuidelijk Kordofan en Darfur. De *jallaba* van de mahdi's eigen stam, de Danagla, en de naburige Jaalin sloten zich met duizenden aan bij zijn Ansarbeweging. Gehuld in met lappen bestikte witte kielen – als symbool voor hun deugdzame armoede – versloegen de Ansar in 1881 en1882 de Egyptische troepen die waren gestuurd om hen te onderdrukken. In 1883 veroverde het leger van de mahdi de stad El Obeid in Kordofan. De Europese nonnen en priesters van de missie in het nabijgelegen Nuba-gebergte werden in marsorde als gevangenen afgevoerd naar het kamp van de madhi.

In de ogen van de Europese waarnemers was de heerschappij van de mahdi wreed en primitief. Onder de Soedanezen was hij echter mateloos populair. Gordon en de andere Britse functionarissen, die de opstand toeschreven aan Egyptisch wanbestuur, onderschatten de religieuze aantrekkingskracht die uitging van de gelofte van de mahdi om de ongelovigen het land uit te gooien. Het leven in Soedan was – en is – zo hard dat het soms lijkt alsof de Soedanezen hun gedachten liever fixeren op de dood en het bovennatuurlijke – alsof de taal van dromen en visioenen de enige taal is die iedereen in het land verstaat. De mahdi preekte over de hemelse verrukkingen die in het verschiet lagen voor de deelnemers aan zijn jihad. Hij hield onder zijn troepen ook een ruwe discipline in stand. Wanneer zijn manschappen een stad veroverden, moesten zij hun buit afdragen aan een gemeenschappelijke schatkist. Alleen van mooie vrouwen mochten de mahdi en zijn mannen onbelemmerd genieten. In zijn kamp stonden de verschrikkelijkste straffen op drinken en roken. In dit opzicht beweerde hij, net als in alles wat hij deed, het voorbeeld van de profeet Mohammed te volgen.

Er waren tekenenen en waarschuwingen die in het voordeel van de mahdi uitpakten. In 1882 was er een komeet aan de hemel verschenen, een vooraankondiging van het feit dat de stad El Obeid in handen van de mahdi zou vallen. Elf maanden later zond de Egyptische regering tienduizend man onder bevel van kolonel William Hicks om de stad te heroveren. De Ansar brachten de Britse officier en zijn manschappen een vernietigende nederlaag toe en eigenden zich de kanonnen, machinegeweren en geweren van hun belagers toe. 'Niets had de woeste grandeur kunnen overtreffen van de triomfantelijke intocht van de mahdi in El Obeid na de strijd,' schreef Rudolf Slatin, de jonge Oostenrijker die door Gordon was benoemd tot gouverneur van zuidelijk Darfur. 'Wanneer hij voorbijkwam, wierpen de mensen zich voor hem in het stof en werd hij letterlijk aanbeden.' Slatin werd door zijn manschappen in de steek gelaten en had zich noodgedwongen moeten overgeven aan de Mahdi en zich tot de islam moeten bekeren. Emin, of Emin Bey, de andere Oostenrijker die door Gordon was aangesteld, zat nog altijd in Equatoria. Hij raakte daar hoe langer hoe meer geïsoleerd. De mahdi was klaar voor zijn opmars naar Khartoum.

De opstand in Soedan plaatste de liberale Britse regering voor een probleem dat moderne westerse regeringen ook goed kennen. Er was de regering in Londen minder aan gelegen om deze Afrikaanse ramp werkelijk te verhelpen, dan om de indruk te wekken dat zij iets deed om de ramp te verhelpen. Premier William Gladstone erkende openlijk dat hij totaal niets om Egyptes zuidelijke bezittingen gaf. Gladstone had een heimelijke bewondering voor de mahdi als nationalist. 'Ja, deze mensen strijden voor hun vrijheid en ze hebben gelijk dat ze hun vrijheid bevechten!' zei hij in het Lagerhuis toen erop werd aangedrongen dat hij actie zou ondernemen. Binnen zijn eigen Liberale Partij steunden velen de afschaffing van de slavernij en maakte men zich zorgen dat de mahdi een stroman van de Soedanese slavenhandelaren was. Toen zij werd gedwongen een uitspraak te doen, verklaarde de Britse regering er een voorstander van te zijn om alle Egyptische forten ten zuiden van Wadi Halfa te ontruimen. Dit was echter gemakkelijker gezegd dan gedaan. Duizenden Egyptenaren en enkele honderden Europeanen verbleven verspreid over het land in afgelegen, geïsoleerde posten. Hoe zouden zij Egypte kunnen bereiken zonder in handen van de mahdi te vallen, zoals met Hicks en de Europese missionarissen gebeurd was. De Britse gevestigde orde was het erover eens dat het niet de moeite waard was om Britse levens of middelen in te zetten voor de redding van Soedan. Tegelijkertijd wilde Engeland zijn gevoel voor fatsoen niet krenken door toe te laten dat mensen iets zou overkomen, vooral niet wanneer het om de blanke Europeanen ging die in feite onder haar bescherming stonden.

Midden in dit debat kwam *The Pall Mall Gazette*, een invloedrijke Londense krant, met een eigen oplossing: waarom zouden ze Gordon, de held, niet sturen om de Egyptische garnizoenen te bevrijden? 'We kunnen geen regiment naar Khartoum sturen, maar we kunnen een man sturen die reeds meerdere malen heeft bewezen dat hij onder vergelijkbare omstandigheden meer waard is dan een heel leger.' Op deze manier kon het probleem moeiteloos en zonder kosten worden opgelost. Het Britse publiek, dat jarenlang was gevoed met verhalen over Gordons aan het magische grenzende capaciteiten, ontving het idee van de krant met bijval. Zelfs koningin Victoria liet zich niet onbetuigd.

Gordon gedroeg zich alsof hijzelf evenveel geloof hechtte aan zijn eigen mythe als iedereen. Hoewel hij van mening was dat Khartoum tegen elke prijs moest worden verdedigd, aanvaardde hij de opdracht om de belegerde stad te evacueren. Op 18 januari 1884 vertrok hij naar Soedan. Hij vertrok zo overhaast dat het, zoals Strachey later schreef, bijna leek alsof hij steeds al naar Soedan had willen terugkeren. Vanuit Caïro reisde hij per trein naar het zuiden, naar het einde van de spoorlijn in Asyut. Hier ging hij aan boord van een zeilboot. Bij zijn vertrek uit Egypte verzekerde Gordon het groepje achterblijvers dat hem uitzwaaide en een behouden reis wenste, dat hij wist wat hij deed. 'Ik voel me prima, want ik zeg: Als God met mij is, wie kan of zal mij dan kwetsen?' Precies een maand nadat hij uit Londen was vertrokken, arriveerde hij per kameel in Khartoum. In zijn eerste redevoering vertelde hij de verzamelde menigte dat hij hen had gemist. 'Ik kom zonder soldaten, maar met God aan mijn zijde zal ik het kwaad uit Soedan verdrijven. Gerechtigheid zal mijn enige wapen zijn,' zei hij.

De menigte juichte en de jonge correspondent van *The Times* die met Gordon meereisde, was verrukt: 'In die verre stad aan de Nijl, waar de situatie enkele dagen tevoren ellendig, wanhopig en chaotisch was geweest, veranderde de komst van één edelmoedige Engelsman, resoluut, rechtvaardig en onbevreesd, vertwijfeling in hoop en rouw in vreugde.' Maar zonder wapens kon Gordon feitelijk weinig uitrichten. In de ogen van Slatin, die in het kamp van de mahdi gevangenzat, was Gordon in de greep van een rampzalig waanbeeld. 'Alleen al het feit dat hij zonder steun van een troepenmacht was gekomen, bewees dat hij voor het volbrengen van zijn taak op zijn persoonlijke invloed was aangewezen; voor iedereen die de situatie kende, was het echter overduidelijk dat persoonlijke invloed in dit stadium slechts een druppel in de oceaan was. [...] Had Gordon niet gehoord van de proclamaties van de mahdi, die na de val van El Obeid naar alle stammen waren gezonden? Wist hij dan niet dat deze proclamaties de hele bevolking opriepen zich in een heilige oorlog te verenigen tegen het gezag van de regering, en dat iedereen die geen gehoor aan deze oproep gaf, ervan werd beschuldigd de gehate Turk te steunen, en het geloof te hebben verraden, en daardoor niet alleen zijn geld en bezit zou verliezen, maar ook zijn vrouw en kinderen, en dat die tot slaaf van de mahdi en zijn volgelingen konden worden gemaakt? [...] Hoe zou Gordons persoonlijke invloed ook maar één moment kunnen opwegen tegen het persoonlijke belang van elke man, elke vrouw en elk kind in het van elke vorm van bestuur verstoken Soedan?'

Voor Gordon was het een erekwestie Soedan niet te verlaten voor hij de macht aan een of andere regering had overgedragen, hoe haastig die ook was samengesteld. Wanneer hij dat niet deed, zou dat betekenen dat hij erkende dat alle 'vooruitgang' die de laatste decennia was geboekt, verloren zou gaan. Gordon wist dat er in Soedan niet zoiets als een partij was die de afschaffing van de slavernij bepleitte. Iedereen die maar de minste macht had, was op de een of andere manier bij de slavenhandel betrokken; het enige verschil was de mate waarin. Toen hij echter probeerde een Soedanese coalitie bijeen te garen die stand zou kunnen houden tegen de mahdi – aanvankelijk door aan te kondigen dat zijn regering de slavenhouders ongemoeid zou laten en vervolgens door het voorstel te doen dat Egypte de beruchte Soedanese slavenhandelaar Zubayr Pasja tot zijn opvolger zou aanwijzen – haalde hij zich daarmee de woede op de hals van de Britse abolitionisten. 'Wat heeft zijn prestige voor nut, als hij dit soort maatregelen moet nemen?' mopperde een invloedrijk Londens dagblad. Gordon stelde dat Zubayr, de voormalige gouverneur van Bahr el-Ghazal, in ieder geval zou proberen de slavenhandel terug te dringen (in ruil voor een forse Egyptische toelage), terwijl de mahdi openlijk te kennen had gegeven dat de handel in zijn oude glorie moest worden hersteld. Het Anti-Slavernijgenootschap wees zijn voorstel echter af en noemde het 'een vernedering voor Engeland en een schandaal voor Europa.' Het was nog beter de slaven achter te laten in handen van de mahdi dan een smet te werpen op het Britse blazoen van eer door gemene zaak te maken met figuren van wie bekend was dat zij in slaven handelden. Het kabinet was bereid zijn veto over het voorstel van Gordon uit te spreken, maar de generaal bleef zijn standpunt met een spervuur van telegrammen verdedigen. Ten slotte mengde de mahdi zich in de zaak en maakte een einde aan de discussie. Op 10 maart stortten zijn troepen zich op de telegraaflijn ten zuiden van Khartoum en sneden de koperen draad door die onder het Egyptische regime met veel moeite was aangelegd. De verbindingslijn met de buitenwereld was afgesneden.

Als zij dat hadden gewild, hadden Gordon en de paar Europeanen die in de stad waren achtergebleven, kunnen ontkomen. De mahdi liet weten dat Gordon de vrije aftocht kreeg wanneer hij vertrok zonder strijd te leveren. Gordon weigerde echter om de Egyptische en Soedanese troepen die hem trouw waren gebleven, aan hun lot over te laten. In plaats daarvan probeerde hij te dienen als een soort menselijk schild om de Britten te dwingen zijn mannen te evacueren. Hij stuurde berichten naar Caïro met de waarschuwing: 'Ik zal niet uit Soedan vertrekken voordat iedereen die wil vertrekken daartoe de kans heeft gekregen, tenzij er een regering wordt aangesteld die deze taak van mij overneemt; wanneer er daarom een bode of brief komt waarin mij wordt bevolen om terug te komen, ZAL IK NIET GEHOORZAMEN, MAAR HIER BLIJVEN, MET DE STAD TEN VAL KOMEN EN VOOR GEEN ENKEL GEVAAR WIJKEN.' Heel langzaam en met grote tegenzin begon de Britse regering een expeditie uit te rusten die Gordon en zijn mannen moest bevrijden. Terwijl de druk van de belegering groter werd, zat Gordon in zijn paleis langs de Nijl al kettingrokend in zijn dagboek te schrijven en in zijn bijbel te lezen. Ze raakten door de voedselvoorraden heen. De stammen met wie hij een bondgenootschap had gesloten, lieten hem in de steek. Hij stuurde boten stroomafwaarts over de Nijl met de waarschuwing dat de stad niet lang meer zou standhouden. De mahdi overmeesterde de schepen en vermoordde de Britse commandant en de hele bemanning. Uiteindelijk restte er niets meer dan Gordons Don Quichot-achtige geloof dat hij in staat moest zijn de stad te redden. 'Ik ben bereid om voor deze mensen te sterven,' schreef hij, en toch is niet duidelijk of de Soedanezen voor wie hij meende zijn leven te moeten offeren er ook maar enig besef van hadden wat hij daar deed. In een laatste boze krabbel aan de Britse regering schreef hij: 'U laat niets van zich horen, hoewel u zeer veel geld hebt. C.G.G.' Hij stierf in de gevechten rond het paleis op 26 januari 1885, de dag waarop de troepen van de mahdi er eindelijk in slaagden Khartoum te veroveren.

Die middag kroop Gordons vroegere protégé Rudolf Slatin in het kamp van de mahdi uit zijn tent, toen hij gejuich hoorde opklinken. Drie slaafsoldaten van de mahdi marcheerden aan het hoofd van een lawaaiige menigte naar hem toe. Een van hen had een bloederige bundel in zijn hand. Toen de slaven Slatin naderden, bleven ze een moment lang staan. Ze grinnikten. Daarna vouwde de man die de bundel vasthield het bloedige pakketje open. Het bevatte het hoofd van Gordon.

'"Is dit niet het hoofd van uw oom, de ongelovige?" zei de soldaat. "En wat dan nog?" slaagde Slatin er nog in om uit te brengen. "Een dappere krijger, die gevallen is tijdens zijn dienst. Gelukkig is hij die gevallen is."'

De expeditie die was uitgezonden om Gordon te redden, arriveerde twee dagen later en werd door de troepen van de mahdi gemakkelijk teruggeslagen. 'TE LAAT!' schreeuwden de krantenkoppen toen het nieuws Londen bereikte. De Britten hadden Gordon de schuld van deze ramp kunnen geven. Hij had hij de situatie uiteindelijk volledig verkeerd ingeschat. Wanneer ze dat deden, zouden ze echter toegeven dat het Soedan in de spiegel helemaal niet het werkelijke Soedan was. Het was beter om de Britse regering het verwijt te maken dat zij niet in staat was geweest Gordon te bevrijden dan om te erkennen dat de oorlogen en hongersnoden in Soedan meer waren dan een toneel voor helden en verlossers uit het Westen. Koningin Victoria was buiten zichzelf van woede en voelde zich diep vernederd. 'Mr Gladstone en de regering *hebben* – de koningin *voelt het ontzettend* – het onschuldige, edelmoedige bloed van de heldhaftige Gordon op hun geweten,' schreef ze haar privé-secretaris. De leider van de hulpexpeditie kreeg aanvankelijk bevel 'korte metten te maken met de mahdi'. Toen de premier het parlement liet weten dat het circa 11,5 miljoen pond zou kosten om de mahdi te overwinnen, had dit echter een zeer ontnuchterende uitwerking. Alle Britse en Egyptische troepen werden uit Soedan teruggetrokken. Het land, zowel het noorden als het zuiden, werd achtergelaten voor de mahdi en, toen deze zes maanden later aan de tyfus stierf, aan zijn opvolger, kalief Abdullahi.

Dertien jaar lang verslonden Europeanen en Amerikanen een hele reeks memoires van gevangenen als Slatin, die uit gevangenschap waren ontsnapt om te beschrijven hoe Soedan verviel in stammenoorlogen, hongersnood en slavernij. Er werd beweerd dat vijf miljoen Soedanezen sneuvelden onder de mahdiya, zoals het regime van de mahdi en zijn opvolgers werd genoemd. Maar toen een conservatieve Britse regering in 1896 eindelijk het besluit nam om Soedan te heroveren, was dit niet om de slachtoffers van dit regime te redden. De regering wilde de Franse plannen met de Sudd verijdelen en het kostbare water van de Nijl voor Egypte veiligstellen. De Britse officieren die het plan van generaal Herbert Kitchener uitvoerden om via de Nijl op te rukken naar het zuiden, wilden echter Gordon wreken. Met hun nieuwe Maxim-machinegeweren en van magazijnen voorziene geweren konden ze beide doelen verwezenlijken tegen veel geringere kosten dan in 1884 gemaakt hadden moeten worden.

'Denk aan Gordon!' riepen ze in 1898 tijdens de Slag van Omdurman terwijl de Egyptische troepen de Soedanese strijders neermaaiden die te voet, te paard of rijdend op een kameel op hen afkwamen, gehuld in witte opgelapte kaftans, hun banieren wapperend in de wind. Er sneuvelden misschien wel tienduizend met speren bewapende Soedanezen in de gevechten buiten de doolhof van steegjes en moskeeën op de Nijloever tegenover de ruïnes van Khartoum, waar de mahdi zijn hoofdstad had gebouwd. De Britten vierden hun overwinning op het terrein waar ooit het paleis van Gordon had gestaan. Journalisten waarschuwden hun Britse en Amerikaanse lezers dat Engeland niet moest verwachten dat de inlijving van Soedan in het Empire enig materieel voordeel zou opleveren. De eer van Engeland was gered. 'De rehabilitatie van ons zelfrespect, dát is de grote trofee die we bij Khartoum hebben gewonnen, en is de prijs die we ervoor betaald hebben waard geweest,' concludeerde G.W. Steevens in *With Kitchener to Khartum*. 'Arm Soedan! Ellendig, dor Soedan! Tel ze allemaal bij elkaar op, de voordelen die je verzinnen kunt. En nog steeds kunnen zij de afgrijselijke ironie niet wegnemen: dat een halve generatie heeft gestreden voor een dergelijke woestenij... Soedan is een door God vervloekte wildernis, een leeg voorgeborchte van kwelling tot in de eeuwigheid.'

En toch: wat kon beter worden heropgebouwd dan een leeg voorgeborchte van kwelling? Misschien was het omdat Soedan werkelijk niets te bieden had dat de negentiende-eeuwse Britse kapitalisten voor zichzelf wilden hebben, maar er werd ruim baan gemaakt voor iedereen die zich voelde aangesproken door 's lands hallucinaties en visioenen, voor iedereen die genoeg had aan de spiegel. Voor Rudyard Kipling was Omdurman het uur van Engelands grootste glorie. Drie maanden na deze veldslag schreef hij het gedicht dat het imperialisme kenscehtsen zou: 'The White Man's Burden'. In dit gedicht riep hij de Amerikanen op zich bij Engeland aan te sluiten en

Neem op de ereschuld van de blanke:
Woeste oorlogen voor de vrede –
De hongermond te vullen,
En ziektes te bedwingen mede.

Nog altijd leggen de Britten afscheidsbriefjes en bloemen aan de voet van het peinzende standbeeld van de Martelaar van Khartoum aan de kade van de Theems in Londen. Over 'the white man's burden' hoor je weliswaar niet veel meer, maar woedende oorlogen voor vrede en de Britse en Amerikaanse plicht om de hongermond te vullen zijn in de media nog altijd aan de orde van de dag. In Khartoum wordt het grote treffen tussen Gordon en de mahdi op een andere manier herdacht. De in Oxford opgeleide achterkleinzoon van de mahdi, Sadiq el-Mahdi, is hoofd van de Ansar-sekte en leider van de grootste politieke partij in Soedan. Na de afzetting van president Nimeiri in 1986 werd Sadiq – zoals de Soedanezen hem noemen – tot premier gekozen. In 1987, het jaar waarin Emma McCune haar eerste bezoek aan Soedan bracht, kondigde Sadiq aan dat de verjaardag van de overwinning die zijn overgrootvader op de Britse held had behaald, een nationale feestdag zou worden. Op 26 januari kwam het publiek in grote drommen naar de openluchttheaters van Omdurman om te kijken hoe kinderen een toneelstuk opvoerden waarin de dood van Gordon werd uitgebeeld. Toen de Ansar hun speren door de Engelsman priemden – die in deze parodie een rood minirokje boven een zwarte broek met wijd uitlopende pijpen droeg – barstte hoog in de lucht vuurwerk los. Emma was vroeg genoeg gearriveerd om de festiviteiten bij te wonen, maar klaarblijkelijk interesseerde ze zich er niet voor. Wel schreef ze haar moeder verrukt over de Soedanese mannen met hun losjes om hun hoofd gewonden witte tulband en hun lange, loshangende kaftan, en over de hete bries die in Khartoum naar exotische kruiden geurde. Ze wilde meteen al blijven.

In zijn brief had Tayeb Zaroug, Emma's aanbidder, beloofd dat hij ervoor zou zorgen dat 'héél Showak je staat op te wachten'. Klaarblijkelijk had hij woord gehouden. Een vriend van Zaroug haalde Emma op het vliegveld van Khartoum op en bracht haar naar het administratief centrum van het vluchtelingenkamp in Showak, een kleine 250 kilometer ten oosten van Khartoum.

Vanuit Showak schreef Emma haar moeder dat de Soedanezen haar 'als een koningin' behandelden. Ze kreeg een eigen kamer met tuin in een oud Brits pension. Elke ochtend als ze de grote houten luiken voor haar ramen opende, ontvouwde zich voor haar een uitzicht op de wolkeloze woestijnhemel. Aan het einde van de dag verruilden Tayeb en de andere medewerkers van het vluchtelingenkamp hun in safari-stijl vervaardigde, grijze uniform voor een lange witte jallabiya en schoof ze bij hen aan onder een acacia in de tuin van de compound waarin het administratief centrum was gevestigd, om een gemeenschappelijk maal te gebruiken. Ze heeft nooit om mes en vork gevraagd, maar gebruikte net als de mannen het platte, pannenkoekachtige Soedanese brood dat *kisra* genoemd wordt, om de kruidige Soedanese ragouts op te lepelen. Na de maaltijd bleef ze met Zaroug soms buiten zitten. Ze dronken de illegaal gestookte drank *aragi*, en tuurden samen naar de sterren. De meeste mannen hadden hun gezinnen thuisgelaten toen ze naar Showak verhuisden, en het is in Soedan sowieso de gewoonte dat mannen en vrouwen gescheiden eten. Het deerde Emma echter niet dat ze de enige vrouw was. Ze vond het leuk. Als gast van de regering mocht ze niet koken, wassen, strijken, haar bed opmaken of ergens zonder begeleiding heen gaan. Ver weg van de veroordelende blikken van de Engelsen voelde ze zich vrij. Vrij om zo lang in bed te blijven liggen als ze wilde, om veel te laat op afspraken te komen, om zich vol te eten als ze daar zin in had. 'Je kunt echt precies doen waar je zin in hebt,' schreef ze haar moeder.

Showak was ontstaan langs de spoorweg die de Britten in de jaren twintig hadden aangelegd om katoen naar Port Sudan te vervoeren vanuit de vruchtbare landstreek van Gezira ten zuiden van Khartoum. Het was een sjofel stadje van Arabische gebouwen met platte daken en hier en daar een acacia. In de koloniale tijd hadden de Britten in de omgeving van Showak enkele katoenplantages gehad. (De Brits-Egyptische regering bedroop zichzelf met de winst van grootschalige landbouwprojecten.) Nu was de hulpverlening aan de vluchtelingen uit Ethiopië echter de belangrijkste industrie van het stadje geworden. De UNHCR had er zijn hoofdkwartier, net als de meeste particuliere westerse liefdadigheidsinstellingen die het oosten van Soedan als hun werkgebied hadden. Op de zandige, onverharde straten van het stadje zag je bijna meer glanzend witte Land Cruisers – de favoriete voertuigen van de hulporganisaties – dan ezels. In de regeringscompound waar

Emma logeerde, markeerden enkele tientallen punaises in een tegen de muur gehangen landkaart de lokatie van kampen in het woestijngebied tussen de oude spoorweg en de grens met Ethiopië. De kampen hadden namen als Um Rakuba (Moeder van Beschutting), Hakuma (Regering), Tawawa en Central One en Central Two.

In de jaren zeventig hadden etnische bevrijdingsbewegingen die streefden naar de omverwerping van de toenmalige communistische regering van Ethiopië, zich bij het Eritrees Volksbevrijdingsfront (EPLF) aangesloten. Het Volksbevrijdingsfront voor Tigre (TPLF), de Ethiopische Revolutionaire Volkspartij (EPRP) en het Oromo Bevrijdingsfront (OLF) claimden allemaal dat ze streden voor de vorming van een Ethiopische staat. Met hun duizelingwekkende benamingen droegen ze een ondoorgrondelijke mengvorm van marxistische, maoïstische en zelfs Albanese ideologieën uit. Het enige dat al deze strijders werkelijk met elkaar gemeen hadden, was het verlangen het volk van de Amhara, die Ethiopië eerst onder keizer Haile Selasssie en daarna onder kolonel Mengistu Haile Mariam hadden gedomineerd, de macht te ontnemen.

Achter de omheining van doornstruiken werden de vluchtelingen in het kamp in groepen verdeeld op basis van godsdienst, etniciteit en politieke voorkeur. Velen waren naar Soedan gevlucht tijdens de Ethiopische hongersnood van 1984-1985. Anderen waren tien jaar eerder gekomen vanwege de hongersnood die Ethiopiës noordelijke provincies Tigre en Wollo in 1973 trof. En nog weer anderen verbleven al sinds de jaren zestig in dit deel van Soedan. De Eritrese kampen, die het oudst waren, hadden de beste voorzieningen. In de loop der jaren was het sommige Eritreeërs gelukt om een lemen huis met plat dak en geverfde metalen deuren te bouwen, een kopie van de huizen van de Soedanezen die in deze regio wonen. In de Eritrese kampen kon je een of twee acacia's vinden. Over het algemeen vonden de vluchtelingen echter beschutting tegen de zon in de ronde, met riet gedekte *tukuls* die ze hadden opgetrokken uit leem, stokken en stukken plastic die ze van hulporganisaties kregen. De *tukuls* werden afgebakend door een kleine afrastering van doorntakken. In een *tukul* kon het verbazend gezellig zijn. Aan de muren hingen Ethiopische borduurstukjes en op de van blikken gemaakte houtskoolkachels stonden theeketels te prutttelen. Achter de kampen lagen de graven van de doden, een eindeloze uitgestrektheid van grafheuvels die langzaam oploste in de woestijn, helemaal tot aan Ethiopië, zo leek het. De Tigre en de Tigrinya-sprekende Eritreeërs, die christelijk waren, zetten een kruis bij hun graven. De islamitische Eritreeërs bedekten hun graven met doornstruiken. Het zand verzwolg beide met even grote onverschilligheid.

De kampen stonden bol van de politieke intriges. Iets wat in westerse ogen een zuivere daad van humanitaire hulpverlening was, werd in Showak altijd heel anders opgevat. Wanneer een hulporganisatie iets aan een kamp gaf, werd dat geïnterpreteerd als een doelbewuste poging om de etnische of politieke groepering te bevoordelen die in dat kamp de leiding had. Emma ontdekte al snel dat alle bevrijdingsgroeperingen door partijen in het buitenland werden gesteund en dat ze zelfs hun eigen buitenlandse groupies hadden. Er gingen altijd geruchten rond over geheime transacties en leveringen, en er was altijd wel iemand die met iemand afrekende. Zo hoorde ze op een gegeven moment fluisteren dat Saoedi-Arabië het EPLF een lading nieuwe AK-47's zou sturen die in een vrachtwagen onder zakken graan en melkpoeder verborgen waren. Een andere keer hoorde ze dat men gezien had dat een functionaris van de ambassade van de VS een onderhoud met leden van de Ethiopische Democratische Volksalliantie had gehad. En later hing in het stadje enkele dagen een groep Fransen met stoppelige kin rond die beweerden dat ze journalisten waren, maar van wie de Soedanezen vermoedden dat het geheim agenten waren die wachtten op het moment dat ze met het TPLF de grens met Ethiopië konden oversteken tijdens een van de geheime expedities van de rebellen.

De menselijke consequenties van al deze intriges waren voor Emma overal duidelijk zichtbaar. In elke derde of vierde *tukul* zat een jongeman die een arm of een been miste; in elke theeschenkerij kon ze wel een tafel vinden waar oorlogsveteranen zaten te roken en verhit in het Tigrinya of het Arabisch aan het debatteren waren. Na te hebben deelgenomen aan hevige gevechten in Ethiopië, kwamen de gewonden onder dekking van de duisternis weer terug naar Soedan. De volgende ochtend zag ze de gewonden met hun bloederige verband liggen op de stretchers waarmee hun kameraden hen uit de bergen hadden meegevoerd. In de kampen heersten allerlei ziekten – vooral malaria en tuberculose – en ook een dodelijke verveling. De Ethiopiërs mochten in Soedan niet werken. Desondanks hadden veel Ethiopiërs illegale baantjes in steden als Kassala, Gedaref en Khartoum. Er werden echter regelmatig zoekacties uitgevoerd – *kasha* genaamd – en als ze tijdens zo 'n controle werden opgepakt, konden ze naar de kampen worden teruggestuurd, als ze al niet in de gevangenis werden geworpen. De plaatselijke Soedanezen waren jaloers op de vluchtelingen, omdat deze gratis voedsel en medische zorg kregen. De kampen konden echter nauwelijks veilige vluchthavens worden genoemd. Van tijd tot tijd hoorde je het knallen van geweervuur. Rivaliserende facties moordden elkaars aanhangers uit. Onder de hongerige, verveelde mensen die in veel te dicht op elkaar gedrongen zaten, ontstonden ruzies met vaak dodelijke afloop.

Voor een bepaald soort *khawaja's* ging van Showak echter een des te grotere aantrekkingskracht uit, omdat het zo'n onwaarschijnlijke plaats was. (En in deze in zichzelf gesloten wereld kreeg Emma al snel haar plaats: vanaf het moment dat ze een voet buiten de compound zette waar het kampbeheer was gevestigd, werd ze overal waar ze heen ging door dansende kinderen gevolgd. Ze wezen naar haar en riepen: '*Khawaja! Khawaja! Khawaja!*' Haar nationaliteit en haar pro-Afrikaanse sympathieën hadden voor de vluchtelingen nauwelijks enige betekenis, net zoals hun eigen nationaliteit – de Ethiopische – en hun eigen politieke sympathieën – democratisch, marxistisch, royalistisch – vrijwel betekenisloos waren ten opzichte van hun dieper gewortelde etnische en religieuze banden. Voor hen was zij een blanke vrouw, niet meer en niet minder.) In de ogen van de westerlingen waren de vluchtelingen zo te beklagen, zo arm en zo totaal berooid dat het leek alsof bijna alles wat je voor hen deed, hen zou helpen. De nerveuze spanning, de kick, het gevoel van opwinding dat ze in een extreme situatie leefden, bood de ontwikkelingswerkers op zich al een excuus voor allerlei vormen van roekeloos gedrag, die in hun eigen land nooit zouden zijn getolereerd. Wat voor de vluchtelingen alledaags was, kon voor een buitenlandse hulpverlener heel spannend zijn. Net als overal in Afrika wendden de *khawaja's* zich hier voortdurend tot elkaar om met een glimlach te verklaren: 'Wist je dat mijn broer beurshandelaar is?', en dan tot wederzijdse tevredenheid vast te stellen dat zij aan een dergelijk lot hadden weten te ontkomen. En in het geval van Emma was er het allesoverheersende gevoel dat ze zich aan de Soedanezen verwant voelde, het gevoel dat ze in Soedan thuis was gekomen.

De westerlingen in Showak werden echter met achterdocht bekeken. In het nabijgelegen Tawawa-kamp ontmoette Emma enkele Ethiopische joden die een paar jaar eerder waren achtergelaten, toen het Israël was gelukt zo'n zestienduizend *falasha's* – zoals de Ethiopiërs hen noemen – als bij toverslag te evacueren. Het druiste tegen de openlijk verklaarde politiek van Soedan in om de joodse staat enige vorm van hulp te bieden, maar met hulp van de Amerikanen hadden de Israëli's genoeg geld kunnen uitdelen om in de directe omgeving van Showak meerdere malen een vliegtuig te laten landen en de Ethiopische joden aan boord te nemen. Ahmed Karadawi had er dikwijls op gewezen dat de kwestie rond de Ethiopische joden het zoveelste voorbeeld van de hypocrisie van het Westen was: de vs en de joodse liefdadigheidsinstellingen hadden driehonderd miljoen dollar bijeengebracht voor de financiering van Operatie Mozes, een van de meest dramatische Israëlische luchtbrugoperaties, en voor de zorg van de achtduizend Ethiopische joden die door deze operatie gered werden. Dit was tien keer het bedrag dat de Verenigde Staten op het moment dat de hongersnood op haar ergst was bijeen hadden gebracht om de 600000 in Soedan achtergebleven vluchtelingen hulp te bieden. Toen het nieuws van de *falasha*-affaire naar buiten kwam, werd deze in de Soedanese media afgeschilderd als een grove schending van de Soedanese soevereiniteit door samenzwerende zionisten, cia-agenten en humanitaire hulporganisaties. De publieke verontwaardiging had de val van Nimeiri versneld. Tijdens de hierna volgende openbare verhoren en onderzoeken verloren verschillende medewerkers bij de vluchtelingenkampen hun baan. In de ogen van de achterblijvers fungeerde alle commotie die de *khawaja's* over de hongersnood in Ethiopië maakten, als een rookgordijn dat het Westen aanlegde om zijn eigen belangen na te streven, zoals Israël hulp te bieden en de Sovjet-Unie zwart te maken.

Emma's Soedanese vrienden gingen ervan uit dat ze zonder probleem een baan bij een van de westerse hulporganisaties zou kunnen vinden. Zaroug en de anderen klaagden zonder ophouden over de arrogante jonge buitenlanders die de leiding hadden over een groot aantal vluchtelingenprogramma's. Net zoals in de negentiende eeuw de Victorianen hun plannen om de slavenhandel in Soedan af te schaffen eerder aan Gordon en Baker dan aan de Egyptenaren toevertrouwden, stelden de twintigste-eeuwse Amerikanen en Europeanen meer vertrouwen in hun eigen landgenoten dan in de Afrikanen als het ging om de verwerkelijking van programma's voor verbetering van de situatie in Afrika. Gefrustreerd door de in hun ogen inefficiënte en corrupte Afrikaanse regeringen, kanaliseerden zij een steeds groter deel van hun hulp door particuliere, niet-gouvernementele organisaties als World Vision en Oxfam. In veel gevallen werden de buitenlandse hulpverleners niet ingehuurd op grond van hun kennis van Afrika, maar omdat zij vertrouwd waren met de westerse opvattingen over wat er in Afrika moest gebeuren. In de jaren tachtig ging het om concepten als vrouwenrechten en 'ontwikkeling van de basisgemeenschappen'.

Voor de Soedanezen was het feit dat de westerse hulporganisaties liever een *khawaja* dan een Soedanees inhuurden om leiding te geven aan hun projecten, op zijn best een vorm van begunstiging van stamgenoten, en op zijn slechtst een neokoloniaal complot. In hun ogen waren deze Europeanen en Amerikanen met hun universitaire opleidingen schrijnend incompetent. Slechts een enkeling sprak een van de talen van Soedan of Ethiopië. Ze wisten zelden op welke manier de vluchtelingen in hun vaderland hadden geleefd en waren nauwelijks in staat om in de moorddadige politieke verwikkelingen in de kampen door te dringen. Bovendien schonden ze met hun kledij en hun muziek de plaatselijke mores.

Vrijwilligers die in hun moederland waren ingehuurd om voor ongeveer honderd dollar per maand voor organisaties als de Britse Voluntary Service Overseas (vso) te werken, leefden het dichtst bij de kampbewoners. Toch was hun jaarinkomen nog bijna het viervoudige van een gemiddeld Soedanees jaarsalaris, dat 360 dollar bedroeg. Wanneer ze wat meer ervaring hadden, konden de buitenlandse hulpverleners die het een plezierig leven vonden, echter promoveren naar beter betaalde banen bij gevestigde liefdadigheidsinstellingen als Oxfam, Concern of CARE. Aan de top van het kastestelsel van de hulpverlening stonden de hooggeplaatste vn-functionarissen en westerse diplomaten die verantwoordelijk waren voor de verdeling van de overheidsgelden die het hele systeem draaiende hielden. Ze bezochten de kampen slechts zelden, omdat ze volledig in beslag werden genomen door hun logistieke en administratieve werkzaamheden in Khartoum, waar ze in hun auto's met airconditioning heen en weer zoefden tussen hun kantoren en hun ommuurde villa's met koks en tuinlieden. De Verenigde Naties en de gespecialiseerde agentschappen van de vn, zoals de UNHCR en het

Kinderfonds UNICEF, zagen Soedan als een lastige standplaats. Vandaar dat deze hooggeplaatste westerse VN-functionarissen bovenop hun jaarsalaris van vijftig- tot honderdduizend dollar nog een vergoeding van honderd dollar kregen voor elke dag dat ze in het land verbleven. Om voor een dergelijke baan in aanmerking te komen, moest je over een universitaire graad in ontwikkelingsstudies of vluchtelingenproblematiek beschikken. De hulpverleners in Showak nodigden Emma uit om naar hun feesten te komen die ze vrijdagavond op de daken van de huizen hielden, maar omdat ze slechts een doctoraal in kunstgeschiedenis had en geen ervaring had in de hulpverlening, beschikte ze niet over de juiste kwalificaties om door hen te kunnen worden ingehuurd.

Nadat ze een maand in het oosten van Soedan had doorgebracht, staakte ze haar pogingen om werk te vinden in Showak en toog ze naar Khartoum. In de hoofdstad vond ze een tijdelijke aanstelling die werd bekostigd door de VSO. In een Italiaans kloosterschooltje gaf ze kinderen les in Engels en kunst. Aanvankelijk hoopte ze dat haar contract verlengd kon worden. Maar de uit zijn voegen groeiende hoofdstad van Soedan was heel anders dan Showak. Volgens haar moeder en haar vrienden is er daar iets gebeurd wat haar aanvankelijke bevlogenheid voor Soedan temperde. Het kon haar onmogelijk ontgaan dat de lucht hier veeleer naar dieseldamp dan naar exotische kruiden rook. En ze ging ook inzien dat het leven in Soedan niet alleen bekoorlijk maar ook zeer wreed kon zijn.

Ze hoorde over het Noord-Soedanese gebruik om meisjes 'te besnijden'. Wanneer een moslimmeisje vier jaar oud wordt, snijdt een vroedvrouw haar clitoris en al het omringende vlees weg. De vroedvrouw naait het overblijvende weefsel vervolgens aan elkaar, met uitzondering van een kleine opening die wordt vrijgehouden door een stokje in de vagina te steken. De operatie is bedoeld om de maagdelijkheid te beschermen, maar bezorgt de vrouwen martelende gezondheidsproblemen, om nog maar te zwijgen van het verlies aan seksueel genot. Toen de Britten over Soedan heersten, probeerden ze de besnijdenissen van meisjes te ontmoedigen door openbare voorlichting te geven. De Verenigde Naties hebben inmiddels verklaard dat het besnijden van meisjes een schending van de rechten van de mens is. Desondanks ondergaat bijna elk islamitisch meisje in Soedan de operatie. Emma's Soedanese vrienden beweerden het gebruik te verafschuwen, maar ze ontdekte dat hun zussen, vrouwen en dochters allemaal besneden waren. Ja, het was betreurenswaardig, erkenden ze, maar bijgelovige vrouwen weigerden het gebruik af te schaffen. Soedanese vrouwen waren openhartiger wanneer zij hun vroeg waarom ze hun dochters verminkten: geen Soedanese man zou ook maar overwegen om met een meisje te trouwen dat niet besneden was. Nee, nee, nee, lachten ze, een bruid moet *tahur* (zuiver, schoon) zijn; ze moet niet vuil zijn en stinken, en net als bij een ongelovige een clitoris tussen haar benen hebben hangen. En trouwens, het was algemeen bekend dat Soedanese mannen van een nauwe vagina hielden... nauw en droog. De vrouwen lieten Emma met hun handen zien hoe de mannen het graag wilden hebben. Emma lachte misschien met hen mee, maar inwendig was ze geschokt.

Ze bezocht de vluchtelingenkampen buiten de stad, waar zich honderdduizenden zuiderlingen hadden verzameld die voor de burgeroorlog waren gevlucht. Ze zag nu met eigen ogen waarom de Soedanese functionarissen in Showak zo dikwijls zeiden dat een heleboel Soedanezen wilden dat ze het geluk hadden gehad een Ethiopische vluchteling te zijn. De omstandigheden in deze kampen waren veel ellendiger dan wat ze in het oosten had gezien.

Haar vso-salaris stelde haar nauwelijks in staat om haar verblijf in een goedkoop pension te bekostigen. Ze schreef haar moeder dat ze niet meer in haar smoorhete kamer sliep, maar buiten op de binnenplaats waar ze in een touwbed naar vliegen en muskieten lag te meppen. De manier waarop de Soedanezen de vliegen negeerden en op hun ogen en mond lieten landen, vervulde haar met afschuw. Ze klaagde dat de mannen in het pension haar als een vrouwelijke bediende behandelden. Mogelijk stond ze bloot aan seksuele intimidatie, of erger. Volgens de Soedanese tradities is een vrouw die alleen reist, zonder de bescherming van haar man of van een mannelijk familielid, in seksuele zin beschikbaar. Emma vond het heerlijk om te flirten en seksuele spelletjes te spelen, maar ze behield zich het recht voor om nee te zeggen. Ze wilde in Soedan blijven, maar niet op deze manier. Drie maanden na haar aankomst vroeg ze haar moeder om een ticket voor haar terugreis naar Londen te boeken.

Aan boord van het vliegtuig ontmoette Emma Khalid Hussein al-Kid, alweer een academisch geschoolde, gehuwde Soedanese balling die wel haar minnaar wilde worden. Al-Kid was voormalig legerofficier en lid van de

Communistische Partij, dichter en een extatisch causeur. In Soedan waren de communisten de enige politieke partij uit het noorden die niet eiste dat Soedan een islamitische staat moest worden. Khalid vertelde Emma hoe hij in 1966 had geprobeerd leiding te geven aan een poging om de toenmalige parlementaire regering van Soedan omver te werpen. De regering had de Communistische Partij verboden en partijfunctionarissen gearresteerd nadat een Syrische communist die te gast was de islam in een toespraak belachelijk maakte. Khalid en zijn vrienden hadden teruggeslagen door te proberen de radiozender van Khartoum te overmeesteren en zo de regering omver te werpen. Hij eindigde elk verhaal altijd met de opmerking dat hij zo dronken was geweest dat het hem volledig ontging wat er eigenlijk allemaal precies gebeurde. Nadat hij verbannen was, had hij zijn doctoraal in de literatuur gehaald aan de universiteit van Reading in Engeland. Op het moment dat Emma hem ontmoette, was hij docent literatuurgeschiedenis.

Emma vertelde Khalid dat ze van plan was zo snel mogelijk naar Showak terug te keren. Dat bleek echter een stuk moeilijker dan ze had verwacht. In Londen wees de vso haar af voor een permanente aanstelling als docent in het oosten van Soedan. Toen hoorde ze dat Alastair Scott-Villiers, een oude vriend van Sally en Willy, een baan had gevonden als vertegenwoordiger van Band Aid in Soedan en voor zijn werkzaamheden tijdelijk in Londen verbleef. Ze benaderde Alastair met het voorstel om haar naar Showak terug te sturen met de opdracht daar een tijdschrift of bibliotheek op te zetten. Emma's vrienden bij het Soedanese vluchtelingencomité hadden haar verteld dat er een bibliotheek in het stadje moest komen. Er was in Showak geen enkel boek te vinden, en vooral boeken over vluchtelingen en ontwikkelingswerk werden node gemist. Verder waren er geen geluidsbanden met behulp waarvan de vluchtelingen en de kampbeheerders elkaars taal konden leren. Verder hadden ze zich laten ontvallen dat er een tijdschrift voor de vluchtelingen moest komen. Emma schreef haar vrienden bij het vluchtelingencomité om hun te vragen of ze uit hun naam zou proberen de financiering daarvan rond te krijgen. Ze antwoordden dat zij achter het plan stonden.

Als Emma iets kon, dan was het wel dat ze zich in korte tijd iets kon opzetten. Ze vloog In Londen van hot naar haar om informatie in te winnen over de kosten die de uitgave van een tijdschrift met zich mee zou brengen. Ze schreef alle mogelijke Britse tijdschriften aan met de vraag of ze op basis van vrijwilligheid als productieassistente voor hen kon komen werken om zo iets over het vak van uitgever te leren. Alastair werd door haar voorstel echter in verlegenheid gebracht. Vanaf het moment dat hij twee jaar eerder door een gelukkig toeval de baan bij Band Aid had gekregen, was hij door allerlei vrienden overstelpt met verzoeken om financiële steun voor het ene na het andere voorstel om projecten te beginnen in Soedan. En nu kwam Emma, een zeer jonge, zeer onervaren vrouw met een voorstel dat ze indiende uit naam van een Soedanese overheidsinstantie. Als de regering in Khartoum een bibliotheek in Showak wilde vestigen, waarom vroeg deze daar dan zelf niet om? Tot overmaat van ramp bleef Emma hoog opgeven over het feit dat ze al zo lang vrienden waren. Ze bleef in het kantoor van Band Aid in Londen rondhangen en hem smekend aankijken. 'Maar ik moet daar gewoon weer naar toe,' jammerde ze, zonder dat ze leek te beseffen dat het tegen de onuitgesproken ethiek van de hulpverlening was om toe te geven dat je het alleen maar deed om van huis weg te komen. Alastair droeg haar voorstel over aan de Ethiopische vluchtelingendeskundige Belay Woldegabriel.

Belay besloot Emma het geld niet te geven. Hij zei dat Band Aid, wanneer het een project wilde financieren dat onder leiding stond van het Soedanese vluchtelingencomité, de middelen rechtstreeks beschikbaar zou stellen aan het comité en niet door tussenkomst van een buitenlandse die hoegenaamd niets van het het vak van bibliothecaris of uitgever wist. Belay zei dat het door de geladen sfeer in de kampen onmogelijk was een tijdschrift te beginnen dat 'boven de politiek stond', zoals Emma beloofde. Zoals Alastair later herinnerde, hadden de kampen 'al kranten. Het EPLF gaf een krant uit, het OLF had een krant, en alle partijen organiseerden propagandacampagnes om de vluchtelingen tot hun gezichtspunten te bekeren. Het was daarom erg riskant om te midden van dit klimaat met een nieuwe uitgave te komen die voor iedereen bedoeld was en een einde aan de rivaliteit moest maken.'

Alastair en Belay hadden gelijk. De Soedanezen en Ethiopiërs waren altijd bijzonder wantrouwig tegenover *khawaja's* die de welvaart van het Westen zo graag achter zich lieten om bij de armen van Afrika te komen wonen. Klaarblijkelijk lokte een brief van Emma over haar plan om in Showak een tijdschrift te beginnen, het gerucht uit dat ze een spion was, en dit gerucht zou haar de rest van haar leven blijven achtervolgen. Wat er precies in de brief stond is onduidelijk, maar het had iets met de politieke kopstukken in de kampen te maken. Haar vriend Khalid al-Kid, die de brief had gelezen, verdedigde Emma. Hij zei dat ze in diskrediet was gebracht door vluchtelingen die in de veronderstelling verkeerden dat elke buitenlander die zich voor de Ethiopische politiek interesseerde in dienst was van een inlichtingendienst.

Belay Woldegabriel had nog een andere reden om Emma's voorgenomen terugkeer naar Showak te verijdelen. Ze waren minnaars geworden. Toen Emma besefte dat het haar toch niet zou lukken op korte termijn naar Soedan terug te keren, trok ze in bij Belay in zijn woningwetflatje in het oosten van Londen. De rijzige en bedaarde Belay maakte indruk op Emma's vrienden door zijn scherpzinnige opmerkingen en zijn kalme uitstraling van gezag. Voor zover zijn Britse collega's konden nagaan, waakte hij er zorgvuldig voor om betrokken te raken in politieke aangelegenheden, en toch leken de Ethiopische facties in de kampen allemaal zeer veel respect voor hem te hebben. Zelfs de familie van Emma vond Belay een leuke man. Maar hun verhouding was turbulent. Het lijkt erop dat Emma te kampen had met de vervreemding die zich zo dikwijls meester maakt van mensen die terugkomen uit een oorlog of van een plaats waar groot leed wordt geleden, hoewel Showak nog heel tam was in vergelijking met de dingen die ze later in het zuiden van Soedan zou meemaken. Ze bleef haar Engelse vrienden steeds maar weer vertellen over de afschuwelijke dingen die ze gezien en gehoord had, alsof ze hen wilde laten opschrikken uit hun zelfgenoegzaamheid. Ze verpestte een etentje bij haar moeder door plastisch te beschrijven hoe in Soedan vrouwen besneden worden. Zij en Belay arriveerden uren te laat bij het huis van haar oom en tante en ze vond hen heel kleinzielig omdat ze zich daaraan ergerden. Haar houding drong anderen in de verdediging. Haar vriendinnen verzekerden Emma dat ze ook hadden gereisd en dat ze hun niet de les hoefde te lezen over de armoede en het onrecht in de wereld. En achter dit verwijt school, althans voor enkele van hen, de verzwegen suggestie dat Emma het niet helemaal meende, dat ze Soedan en de Soedanese vluchtelingen gebruikte om zichzelf interessant te maken en dat het voor haar beter zou zijn wanneer ze de hele ervaring achter zich zou laten en verder ging met haar eigen leven.

Emma trok zich terug in de demi-monde van de Afrikaanse bannelingen in het oosten van Londen, een wereld van woningen met dunne muren en eenkamerappartementen waar het naar fenegriek en koriander rook, waar vermoeide vrouwen op slippers zoete thee serveerden aan mannen die over politiek debatteerden, terwijl de televisie op de achtergrond stond te schetteren en kleine kinderen in een slechtpassend schooluniform aan een salontafeltje met hun huiswerk zaten te worstelen. De vluchtelingen deelden Emma's fascinatie met de Hoorn van Afrika, maar op hun eigen manier stonden ze even sceptisch tegenover haar pas ontloken politieke bevlogenheid als haar oude vrienden. Het ging uiteindelijk toch om hun vaderland. Emma was verontwaardigd, beledigd zelfs, over de ellende die ze in de Ethiopische vluchtelingenkampen had gezien, terwijl ellende en kampen voor de vluchtelingen in Londen iets was waarmee ze al hun hele leven vertrouwd waren. Ze lieten haar een tijdje doorrazen, maar uiteindelijk kregen ook zij genoeg van haar emotionele tirades en wilden ze liever over iets anders praten. 'Ze was een mooi meisje om te zien,' zei een van hen, 'maar te bazig.'

In de zomer van 1987 ontdekte Emma dat ze zwanger was van Belay. Waarschijnlijk wilde ze het kind houden, maar ze kreeg een miskraam. Ze werd depressief, ziek, verloor gewicht. Ze kwam bijna niet meer thuis. Cocaïne snuivend danste ze in half-illegale Afrikaanse nachtclubs op Zaïrese muziek die afkomstig was van thuisopgenomen cassettes. Ze kreeg ruzie met Belay. Toen Khalid haar in september kwam opzoeken, vertelde ze dat ze al een tijdje te veel dronk en een heleboel hasj rookte. Khalid stuurde haar naar de Hodgkins om bij te komen, een hoogst intellectuele Britse familie die al generaties lang banden met Afrika en Soedan onderhield. Crab Mill, het huis van de Hodgkins in het dorpje Ilmington in de Cotswolds, was in de loop der jaren een toevluchtsoord geweest voor allerlei excentriekelingen. Dorothy Crowfoot Hodgkin, het briljante, vriendelijke 77-jarige hoofd van de familie was de enige vrouwelijke winnaar van de Nobelprijs in Groot-Brittannië. Haar dochter Elizabeth – of Liz, zoals haar vrienden haar noemden – werkte aan een proefschrift over Afrikaanse geschiedenis. De Hodgkins hielpen Emma zich over haar romance met Soedan heen te zetten.

Voordat Dorothy in 1964 voor haar werk in Oxford op het gebied van de röntgenkristallografie de Nobelprijs voor scheikunde had gewonnen, had ze een deel van haar jeugd in Soedan doorgebracht. Haar vader diende er van 1916 tot 1926 als onderwijscoördinator onder het Brits-Egyptisch bestuur. Haar moeder had een boek over de planten van Noord- en Midden-Soedan geschreven en Thomas Hodgkin – de inmiddels overleden man van

Dorothy, een schrijver en universitair docent met linkse sympathieën – was een van de eerste westerse intellectuelen met een welwillende houding tegenover het Afrikaanse nationalisme. In 1948 had Thomas Hodgkin een rondreis door Brits Afrika gemaakt en de koloniale autoriteiten advies gegeven over de wijze waarop zij een onderwijssysteem voor volwassenen moesten opzetten dat de Afrikanen op onafhankelijkheid zou voorbereiden. Net als Khalid was Thomas lid van de Communistische Partij geweest. Hij had een groot aantal helden van de Afrikaanse onafhankelijkheid leren kennen, onder wie Kwame Nkrumah uit Ghana. Liz Hodgkin had enkele jaren les gegeven op de Universiteit van Khartoum. Het grootmoedige internationalisme dat de familie Hodgkin altijd tentoon had gespreid, reikte tot in hun rustig voortkabbelende privé-leven. In Crab Mill stond de deur altijd open. Dorothy nodigde alle gasten die langskwamen uit zich zelf op te scheppen uit de pan met ragout die altijd op het fornuis stond te sudderen.

Dorothy en Liz waren aanvankelijk in verlegenheid toen Khalid, wiens vrouw zij goed kenden, hen in Crab Mill kwam opzoeken met een jonge Engelse vriendin in zijn kielzog, maar de Hodgkins waren er de mensen niet naar een oordeel te vellen over de seksuele mores van anderen. En het weekend waarin ze met Emma kennismaakten, werd een magische speling van de herfst in de Cotswolds, wanneer de bladeren allerlei gouden en dieprode kleuren aannemen. Emma en Dorothy spraken vier uur met elkaar. Ze hadden meer met elkaar gemeen dan wie ook voor mogelijk had kunnen houden. Dorothy's herinneringen aan de tijd dat ze van de villa van haar ouders in Khartoum, met zijn bananenbomen en weelderige rozentuin, naar de kille mistroostigheid van Engeland werd gestuurd, hadden veel weg van de verhalen die Emma over de jeugd van haar moeder had gehoord. In de vier jaren van de Eerste Wereldoorlog hadden Dorothy en haar zussen hun moeder slechts eenmaal en hun vader helemaal niet gezien. Aan het eind van het weekend waren de Hodgkins het erover eens dat Emma een 'verbazingwekkend interessant iemand' was. Toen Khalid opperde dat Emma een tijdje bij hun in Crab Mill bleef, leek dat niet zo zonderling meer.

Dorothy leed al enkele jaren aan een zeer pijnlijke vorm van jicht die maakte dat ze problemen had met lopen, om nog maar te zwijgen van allerlei andere dingen die ze zo leuk vond om te doen. Ze ging steeds minder vaak op reis voor de verschillende internationale wetenschappelijke en vredesorganisaties waar ze lid van was – vooral organisaties die zich sterk maakten voor de ontwapening van Oost en West. Margaret Thatcher, de Britse conservatieve premier, had in Oxford les van Dorothy gehad. Thatcher had zo-'n grote bewondering voor haar vroegere hoogleraar dat ze Dorothy's portret in Downing Street 10 aan de muur had hangen. Toen Emma in 1987 bij haar logeerde, probeerde Dorothy haar connecties met Thatcher en wetenschappers uit de Sovjet-Unie te benutten om de premier ervan te overtuigen dat Michail Gorbatsjov, de nieuwe leider van de Sovjet-Unie, werkelijk een andere koers wilde inslaan dan zijn voorgangers. Om dit te bewerkstelligen had ze huishoudelijke en secretariële hulp nodig. Liz was druk met het afronden van haar proefschrift en had derhalve niet veel tijd om te helpen. Toen Emma aanbood met het werk in de huishouding en in de tuin te helpen, namen beide vrouwen dit dankbaar aan.

Liz was zesenveertig, twintig jaar ouder dan Emma. Het politiek geëngageerde, strikt internationalistische milieu bij de Hodgkins had geen sterker contrast kunnen vormen met de provinciale, klassegebonden wereld van de landadel uit Yorkshire waar Emma in was opgegroeid. Toch werden Liz en Emma goede vrienden. Tot op de dag van vandaag denkt Liz met veel warmte en tederheid aan Emma terug. Liz begreep Emma's verlangen om zich voor een goed doel in te zetten. Als twintiger had ze zelf lesgegeven in Zambia en Soedan, en in 1973 was ze naar Noord-Vietnam gegaan om Engelse les te doceren en redactiewerk te doen voor Engelstalige publicaties. Ze raakte gedesillusioneerd in de vooruitzichten voor het socialisme in Vietnam, maar ze behield het van haar ouders en grootouders geërfde verlangen om zich voor de verbetering van de wereld in te zetten. Emma's ruimhartigheid ontroerde haar. 'Ze had het vermogen mensen heel dicht te naderen en te accepteren zoals ze waren, al was dat nog zo moeilijk,' vertelde Liz me tijdens een interview. 'Ze kon heel veel liefde geven en wist bij anderen heel veel liefde op te wekken.'

De twee maanden die Emma op Crab Mill doorbracht, waren een periode van rust en bespiegeling. Liz en Dorothy stelden niet te veel vragen, maar ze begrepen dat Emma op de een of andere manier van haar familie was vervreemd. Ze probeerden haar het gevoel te geven dat ze thuis was. Liz herinnert zich dat Emma een 'dochter des huizes' werd en dat ze enorme pannen vol ragout klaarmaakte met wortel en doperwten en grote hoeveelheden komijn voor de vele mensen die bij de Hodgkins op bezoek kwamen. In een brief aan Belay schreef Emma dat de winter die ze in Ilmington had doorgebracht, allerlei gelukkige herinneringen bij haar had opgeroepen aan haar vroege jeugd in Cowling Hall. 'Ik hou van een goed pak sneeuw. Het heeft iets puurs en stils. Toen we klein waren, kondigde de winter nieuwe avonturen aan: sleetje rijden, schaatsen, sneeuwpoppen maken en iglo's bouwen. Soms maakte een sneeuwstorm de wegen onbegaanbaar. De school ging dicht en we kregen een dag vrij.' Onder de goedaardige invloed van Liz en Dorothy raakte Emma ervan overtuigd dat ze een meer conventionele weg terug naar Afrika moest nemen. Ze schreef zich in voor Afrikaanse studies aan de School of Oriental and African Sudies in Londen.

Toen Liz haar proefschrift had voltooid, hielp Emma haar met het laatste gejaagde printen en fotokopiëren van het werkstuk. Beide vrouwen verhuisden eind 1987 naar Londen. Khalid vond voor Emma een deeltijdbaantje bij het Soedanese culturele centrum in Knightsbridge, waar ze verantwoordelijk was voor de administratie van studentenbeurzen. Emma moedigde Liz aan om naar een baan als onderzoeker bij Amnesty International te solliciteren. Ze vierden het samen toen Liz de baan kreeg. Toen Khalid zich ervan had vergewist dat Emma haar draai had gevonden, besloot hij de relatie te verbreken. Ze hadden tijdens hun romance een heerlijke tijd gehad, maar zoals Emma en hij later aan Liz vertelden, was hij niet bereid geweest zijn vrouw te verlaten en vond hij dat Emma meer verdiende dan alleen een maîtresse te zijn. Emma trok weer enige tijd in bij haar Ethiopische vriendje belay, maar uiteindelijk gingen ze voorgoed uit elkaar. Belay was te gesloten, vertelde Emma Liz. 'Ik begrijp Ethiopiërs niet zo goed als Soedanezen,' zei ze. 'Ik weet gewoon niet wat er in ze omgaat.'

Tien jaar nadien ging ik naar Engeland om te proberen Ahmed Karadawi en Khalid al-Kid op te sporen. Ik wilde hun vragen of Emma de Soedanezen inderdaad zo goed had begrepen als ze dacht. Karadawi was evenwel in 1995 aan longkanker gestorven en Al-Kid was overleden aan de verwondingen die hij in datzelfde jaar had opgelopen toen hij, op weg naar een Soedanese politieke bijeenkomst, in Londen door een auto werd aangereden.

Uiteindelijk bereikte ik Emma's promotor aan de School of Oriental and African Sudies. Michael Twaddle kon zich haar nog goed herinneren. 'Ze was een van de betere studenten die we hier hebben gehad,' zei hij. 'Een zeer oorspronkelijke persoonlijkheid.' Hij heeft haar nooit gevraagd waarom ze er zo op gebeten was om naar Soedan terug te keren. 'Nee, het is voor ons een gegeven dat we allemaal op de een of andere manier bezeten zijn,' zei hij. En hij was later ook niet verbaasd toen hij hoorde dat ze met een guerrillaleider was getrouwd en in de burgeroorlog verzeild was geraakt. 'Een aantal van onze studenten trouwt met gevaarlijke mensen. Mensen die bij Afrika betrokken raken, raken vaak in de afgrijselijkste dingen verzeild.'

DEEL II

Als God de mens voor zijn zonden zou straffen,
zou geen enkel wezen in leven blijven.
Koran 16:56

Dit is een mythe uit het Nijlgebied. Ooit was er een touw dat de hemel met de aarde verbond. Wie oud werd, klom langs het touw naar de hemel en werd daar weer jong gemaakt. Daarna klom hij weer naar beneden, naar de aarde. Op een dag klommen een hyena en een doerravogel langs het touw naar boven. Omdat God het karakter van deze twee bezoekers kende, gaf hij bevel dat ze nauwlettend in de gaten gehouden moesten worden en niet naar de aarde mochten terugkeren, omdat ze daar zeker voor problemen zouden zorgen. Desondanks lukte het hun op een nacht toch om te ontsnappen. Ze klommen langs het touw naar beneden. Toen ze vlak bij de aarde waren, sneed de hyena het touw door. Daardoor werd de verbinding tussen hemel en aarde verbroken. Sindsdien moet iedereen die oud wordt sterven, want de dingen die gebeurd waren, konden niet meer ongedaan gemaakt worden.

Wat gebeurd is, kan niet ongedaan gemaakt worden, maar in Soedan heb ik heel dikwijls het gevoel gehad dat het onmogelijk is om ervoor te zorgen dat de dingen die al eens eerder gebeurd zijn, niet voortdurend opnieuw gebeuren. De Brits-Soedanese schrijver Jamal al-Mahjoub zei ooit dat je om Soedan te begrijpen een kaart met overlegvellen nodig hebt, zoals tekeningen van het menselijk lichaam op doorzichtig papier die je vroeger in encyclopedieën aantrof. Wanneer je het bovenste vel met het label 'Soedan' omsloeg, zou je daaronder nog een hele reeks andere kaarten vinden. Een kaart met de talen bijvoorbeeld, en daaronder een kaart met de etnische groepen, en daaronder een kaart met de oude koninkrijken, tot, zoals al-Mahjoub schreef, 'duidelijk wordt dat het land helemaal niet één is, maar vele landen telt. Een samenstel van lagen, als een genenprint van ooit vloeibare herinneringen die de smeltkroes van het mogelijke inmiddels verlaten hebben en zijn uitgekristalliseerd, daartoe aangezet door de katalysator van het Europese koloniale avontuur.'

Ik heb vaak gedacht dat je eenzelfde soort gelaagde kaart nodig hebt om de Soedanese burgeroorlog te begrijpen. Bovenop heb je bijvoorbeeld een kaart van het politieke conflict: de noordelijke regering tegen de rebellen in het zuiden; en daaronder een laag met de religieuze conflicten – moslims tegen christenen en heidenen – en daaronder een kaart met alle sektarische onderverdelingen binnen die categorieën; en daaronder een laag met de etnische groeperingen – de Arabische en gearabiseerde volken tegenover de Niloten en de Equatorianen – elk met hun ontelbare onderverdelingen in clans en stammen; en daaronder een laag met de taalkundige conflicten; en daaronder een laag met de economische tegenstellingen: het meer ontwikkelde noorden dat weinig natuurlijke hulpbronnen bezit, tegenover het armere zuiden met zijn rijke afzettingen van mineralen en fossiele brandstoffen; en daaronder een laag met koloniale scheidslijnen; en daaronder een laag met de raciale tegenstellingen die verband houden met de slavernij. Enzovoort en zo verder, tot duidelijk zou worden dat de oorlog, net als het land, niet slechts één enkele oorlog is, maar een samenspel van allerlei grotere en kleinere conflicten: een gewelddadig ecosysteem dat in staat is eindeloos veel nieuwe redenen te genereren om voor te vechten, zonder dat er een moment komt waarop de oudere redenen ooit vergeten worden.

Niet dat ik hier enig benul van had toen ik in 1988 voor het eerst in Soedan arriveerde met in mijn hand een plastic tas vol krantenartikelen over de oorlog in Soedan, de oorlog in Ethiopië en de oorlog in het noorden van Somalië, de hele janboel waarin de Hoorn van Afrika indertijd verkeerde. Het was februari, de maand die de Nuer 'vuur' noemen. 'Welkom in de zevende kring van de hel,' zei de norse en zweterige Iraanse VN-persfunctionaris me bij wijze van begroeting. Ik was zevenentwintig jaar oud. Het was mijn eerste buitenlandse opdracht voor *The Atlanta Journal-Constitution*. De krant was zo stoutmoedig geweest een langetermijnproject te beginnen waarin de hongersnood in de Hoorn van Afrika onder de loep werd genomen. Ik was in het land om te schrijven over de massale hongersterfte die er volgens het Amerikaanse ministerie van Buitenlandse Zaken toe zou leiden dat tienduizenden mensen uit het door de Sovjet-Unie gesteunde Ethiopië naar Soedan zouden vluchten.

Ik wist dat Soedan zelf enkele jaren eerder door dezelfde hongersnood was getroffen waarmee Ethiopië in 1984-1985 te kampen had gehad. Mijn hotel in Khartoum, het Acropole, was het zenuwcentrum geweest van waaruit de hulpverlening werd gecoördineerd. In 1985 hadden er zoveel hulpverleners gezeten dat de journalisten het hotel het Paleis voor Noodhulp waren gaan noemen. Aan de muur van het kantoortje van het hotel hing een brief van Bob Geldof die de spot dreef met het imperium van de drie Griekse broers – de eigenaars van het hotel – plaagde met hun 'imperium'. Ik had niet het idee dat er op het moment dat ik aankwam nog veel in Soedan aan de hand was. Het land was in het begin van 1988 uit het nieuws verdwenen. Twee jaar eerder hadden de Verenigde Naties gewaarschuwd dat er in het zuiden een nieuwe hongersnood aan het ontstaan was. De achterkleinzoon van de mahdi, de democratisch gekozen eerste minister Sadiq al-Mahdi, reageerde door de speciale afgezant van de secretaris-generaal van de VN in Soedan het land uit te zetten en grote delen in het zuiden voor buitenlanders tot verboden gebied te verklaren. Ondertussen dreigden de rebellen in het zuiden dat ze alle vliegtuigen zouden neerschieten die boven hun grondgebied vlogen, ook de vliegtuigen die hulpgoederen vervoerden. Sindsdien leek de internationale pers de oorlogen en hongersnoden van Soedan te zijn vergeten.

De berichten in *The Sudan Times* kwamen voor mij dan ook als een grote verrassing. Deze krant, die werd geschreven door iemand uit het zuiden van Soedan en op goedkoop papier was gedrukt, werd elke ochtend tegelijkertijd met het fruit, de eieren en het graan bij het Acropole afgegeven. De lugubere, vetgedrukte koppen maakten melding van zulke onheilspellende rampen dat ik steelse blikken naar de andere gasten in de eetzaal wierp om te zien hoe zij op het ochtendnieuws reageerden.

TWEE MILJOEN MENSEN DREIGEN IN BAHR EL-GHAZAL TE VERHONGEREN

LEGER BESCHULDIGD VAN MARTELING BURGERS IN KURMUK EN GISSEN

VIER HULPORGANISATIES UIT HET ZUIDEN VERDREVEN

125000 MENSEN MET HONGERDOOD BEDREIGD NU VOORRADEN IN
    MALAKAL OPRAKEN

Niemand zag er geschrokken uit. Twee Soedanese bedienden uit de oude doos, compleet met tulband en lange blauwe kaftan, sloften over de zwartwitte parketvloer en schonken zwijgend koffie. De ventilatoren aan het plafond piepten en de gasten – een stuk of tien – spraken op gedempte toon met elkaar. De gasten bestonden voor het merendeel uit medewerkers van

Europese en Amerikaanse hulporganisaties, hoewel ik later ook enkele exotischer figuren ontmoette, zoals de stokoude Pool die uit zijn kamer de binnenplaats opliep en languit vooroverviel, poedelnaakt en stinkend naar illegale wodka, of de zwaarlijvige, gitzwarte Oegandees met zijn bloeddoorlopen ogen die me boven een bord spaghetti met vleesballetjes vertelde dat hij in Khartoum was om luchtdoelraketten te kopen. Schokkende verhalen over marteling en hongersnood, een beleefd verzoek de boter door te geven: die ontbijten in het Acropole maakten me voor het eerst bewust van de op een bizarre manier onweerstaanbare tegenstelling tussen Soedans hete en slaperige rust en de moordzuchtige gebeurtenissen die daaronder rimpelden.

Ik wilde direct naar de grens met Ethiopië vertrekken, maar journalisten mochten zonder toestemming van de regering niet buiten de hoofdstad reizen. Elke ochtend na het ontbijt meldde ik mij bij het ministerie van Buitenlandse Zaken, een armzalig, door wandelpaden omgeven gebouw van gewapend beton dat eruitzag als een spectaculair in verval geraakt Amerikaans motel. Ik bracht elke dag meestal ook een bezoek aan het ministerie van Informatie. De regering van Sadiq al-Mahdi dreigde alle Ethiopische vluchtelingen uit Soedan te verdrijven, wanneer de UNHCR de regering niet meer geld beschikbaar stelde voor het beheer van de vluchtelingenkampen. Voor ze bereid waren mij toestemming te geven voor mijn tocht naar het oosten, moest ik van de Soedanezen naar een lange reeks achtergrondverhalen luisteren over de vermeende krenterigheid van de UNHCR.

Het waren mooie mannen, de Soedanese functionarissen die achter gebutste metalen bureaus van hun hete, kruidige thee nipten, terwijl hun oogverblindende secretaresses voor de deur van hun werkkamer druk in de weer waren met het bestuderen van de henna patronen op hun handen en het los- en vastmaken van de lange witte sluiers die *taubs* worden genoemd. Het waren voor het merendeel noorderlingen, koperkleurige moslims met hoge jukbeenderen en lange, elegante vingers, die een zoetvloeiend Arabisch spraken. Slechts weinigen droegen de merktekens van de stammen of de insnijdingen die zo gebruikelijk zijn in het zuiden en het westen. Ik zat zo lang in hun kantoren te wachten en werd er zo moe van om naar hun wisselkoersdiscussies met de UNHCR te luisteren, dat ik vragen begon te stellen over de verhalen in *The Sudan Times*. Het viel me op hoe ze vragen over de oorlog in het zuiden met een zwaai van hun sjaal konden wegwuiven. '*Malesh*,' zeiden ze dan. 'Het is een heel triest en ingewikkeld probleem. Het blijft maar voortduren.'

De Soedanezen leken alles met dezelfde, van lichte melancholie en zelfspot doortrokken goede luim op te vatten. Ik kon zien waarom ze beroemd waren om hun charme. Ze onderbraken elke uitspraak over actie met het voorbehoud '*Inshallah*' (Als God het wil). Wanneer de elektriciteit zwak werd en uitviel — wat ten minste éénmaal per dag gebeurde — negeerden ze dat. De telefoons werkten bijna nooit. Ik reed rond in rammelende taxi's, liet briefjes voor functionarissen achter om een afspraak voor een afspraak te maken, maar verspilde bovenal mijn tijd. De regeringskantoren gingen om 8.00 uur open, maar vlak daarna hield iedereen pauze voor het ochtendgebed. Om 10.00 uur verdwenen ze dan voor een ontbijt van *ful* (bonenstoofpot). Om 13.00 uur was het tijd voor het middagmaal en de siësta. In theorie kwamen de werknemers om 16.00 uur terug om nog drie uur te werken. In de praktijk kwam het er meestal op neer dat ik al weer vroeg in de middag terug was in het Acropole. De officiële werkdag was dan voorbij.

Het hotel lag in het centrum van de oude Britse stad met haar brede lanen, die door lord Kitchener waren aangelegd na de Brits-Egyptische verovering van Soedan in 1889. Na de lunch maakte ik soms een wandeling langs de oude Britse spoorbaan en de grote bruine moskee waar enkele mannen in een gehavende *jallabiya* en met hun traditionele witte hoofddeksel meloenen en tandenstokers stonden te verkopen. Op de rails bij het station stond een rij lege veewagens te wachten, de deuren wijd open, dom gapend naar de Soedanese vrouwen die met hun sandalen en regenboogkleurige, transparante sluier als paradijsvogels door de middaghitte trippelden. Uit de ramen van het Britse ziekenhuis aan de overkant van de straat hing was te drogen en op het dak zaten poezen krols te jammeren. Het hoofdgebouw van het Acropole had oorspronkelijk deel uitgemaakt van een winkelgalerij. Aan de overkant van de straat was in een kantoorgebouw dat dateerde uit de tijd dat Soedan onafhankelijk werd een dependance van het hotel gevestigd. Een verlaten winkelplaza aan het eind van de straat lag vol lege plastic zakken. Het was duidelijk dat iemand ooit had verwacht dat er grote aantallen westerse bezoekers met harde valuta naar dit deel van de stad zouden komen. Deze persoon was echter reeds lang verdwenen.

De smoezelige etalages van de toeristenwinkeltjes in de winkelgalerij lagen vol ivoren voorwerpen. Wanneer er een stofstorm opstak, leken de zanderige straten wervelend ten hemel te stijgen, en versmolten de gebouwen met elkaar tot vormen uit een bruine droomwereld. De koloniale stad maakte een halfverlaten en verfletste indruk. Ze leek af te brokkelen en achteruit te treden voor het zand, net zoals de verder naar het noorden gelegen oude piramides in de woestijn waarover ik gelezen had. De regeringskantoren, de buitenlandse ambassades en de buitenlandse clubs lagen nog steeds op de zuidoever van de Blauwe Nijl, naast het herbouwde paleis van generaal Gordon. De drukte, de bouwwerkzaamheden en het leven van de metropool hadden zich echter verplaatst naar het aan de overzijde van de rivier gelegen Omdurman, de met lemen muren versterkte stad van de madhi, en naar Khartoum-Noord, de nieuwe buitenwijk waar de hulporganisaties en de rijke Soedanezen huizen bouwden achter met glasscherven gekroonde muren. Het eigenlijke Khartoum was rustig, zo rustig dat je er 's middags in de zinderende hitte kon staan en niets hoorde dan het geritsel van vuilnis in de straten.

Ik ging terug naar het Acropole en om onder de ventilatoren in de binnenplaats oude afleveringen van *The Sudan Times* te lezen, sigaretten rokend en nippend van de scherpe rode hibiscusthee die de Soedanezen *karkaday* noemen. Na een tijdje kwam een van de hulpverleners naar me toe en begon op gedempte toon tegen me te praten. Op deze manier kwam ik iets meer te weten over de oorlog in het zuiden. John Garang, de leider van het SPLA, was een Dinka, en de Dinka – veruit de grootste bevolkingsgroep in het zuiden – waren de hoofdmacht van de opstand. De elite van Khartoum voorzag de zuidelijke en westelijke stammen die op vijandige voet met de Dinka leefden, van machinegeweren en moedigden hen aan volksmilities te vormen en het vee en – volgens sommigen – zelfs de vrouwen en kinderen uit de Dinka-dorpen weg te roven. De beloning van de milities bestond uit de buit en – wanneer ze moslim waren – de belofte dat ze het paradijs zouden binnengaan. Er was een Arabisch gezegde dat de strategie van de noordelijke elite samenvatte: 'Gebruik een slaaf om een slaaf te vangen.' Het zuiden en de grensgebieden waren in handen van een groot aantal stammen en talloze milities: Baggara, Toposa, Murle, Fertit, Didinga, Ruf'aa, Nuer, Latuka, Acholi, en het was bijzonder lastig ze allemaal uit elkaar te houden. In het gebied woonden ook kleinere, zwakkere volkeren die helemaal geen wapens hadden, stammen als de Uduk, de Berti, de Bongo en de Moru. Zij waren slachtoffer van alle partijen. Want het SPLA maakte ook plundertochten in de gebieden die het zelf onder controle had, en daar waren er steeds meer van.

Er werd ook gevochten om modernere zaken: olie, water, uranium, en ook om onderwijs en de ongrijpbare 'ontwikkeling', die zo dikwijls werd beloofd maar nooit werd verwerkelijkt. De oorlog was uitgebroken naar aanleiding van allerlei gevoelens van wrok, en hoe langer de oorlog duurde, hoe meer hij om zich heen greep. Het was een smerig bedrijf van roof en wraak onder leiding van het leger, dat de daden van de volksmilities in het openbaar afkeurde, terwijl het in het geheim met hen samenwerkte. Sommige officieren verdienden een fortuin door met de handelaren in de gesloten garnizoenssteden van het zuiden samen te spannen om de prijs van het graan op te drijven en ebbenhout, ivoor, zeldzame dieren en alles wat maar waarde had het land uit te smokkelen.

De toestroom van vluchtelingen uit het zuiden was enorm. Ze arriveerden elke dag met honderden in de hoofdstad. Niemand wist precies hoeveel het er alles bij elkaar waren, maar volgens een schatting van de VN moesten het er rond de 700000 zijn. De meerderheid van de vluchtelingen bestond uit Niloten. Hun uiterlijk verschilde duidelijk van de Arabische noorderlingen: ze waren zo donker als een aubergine, beduidend langer dan de meeste noorderlingen – een groot aantal mannen en ook enkele vrouwen van de Niloten zijn meer dan een meter negentig lang – en hadden korter en sterker krullend haar, bijzonder hoge jukbeenderen en een patroon van littekens op hun gezicht. Op hun voorhoofd droegen de mannen de duidelijk herkenbare verhoogde stippen van de Shilluk of de parallel lopende littekens van de Nuer en enkele Dinka-volken. De onderste snijtanden waren weggehaald en velen hadden andere delen van hun lichaam met littekens versierd. Ze liepen met de lange, soepele gang van mensen die gewend zijn lange voetreizen te maken. Er werd me verteld dat ze in het zuiden weinig aan hadden gehad, afgezien van kralen en misschien een korte broek, maar hier in de Arabische hoofdstad droegen ze westerse afdankertjes. Ze vielen net zoveel op door hun stuurse manier van doen als door hun kleding. De Arabische kranten noemden hen 'verraders' en beschuldigden hen ervan ziekte, alcohol en prostitutie naar de stad te brengen. Omdat de zuiderlingen geen internationale grens waren overgestoken, konden ze geen aanspraak maken op bescherming van internationale organisaties als de UNHCR. De regering, die hen als een potentiële vijfde colonne van het SPLA zag, ontmoedigde particuliere hulporganisaties om in hun kampen te werken, al liet niet elke organisatie zich hierdoor afschrikken. Toen ik eenmaal had geleerd hoe ik de zuiderlingen kon herkennen, zag ik ze overal: stoffige jongetjes die voor het Acropole sigaretten verkochten, breedgeschouderde vrouwen die voor Arabische huizen in emmers kleren aan het wassen waren, en de statige Dinka-portiers voor het Hilton Hotel.

De regering en het SPLA voerden indertijd verwoede onderhandelingen na Sadiq al-Mahdi's campagnebelofte dat hij de sharia zou herroepen. Ondertussen stonden de Arabische kranten vol roddels over al-Mahdi's wens een coalitieregering te vormen met het Nationaal Islamitisch Front (NIF), de partij van de harde lijn waar zijn zwager, Hassan al-Turabi, lid van was. Al-Mahdi's flirt met het NIF, dat zich in zijn programma richtte op de vorming van een islamitische staat, riep twijfels op omtrent de oprechtheid van zijn belofte de sharia af te schaffen. De eerste zuidelijke vluchtelingen wie ik naar de oorlog vroeg, zeiden echter nauwelijks iets over de islam of het christendom. In plaats daarvan vertelden ze dat ze van hun land waren verdreven omdat de noorderlingen de olie wilden hebben die eronder zat. Een Amerikaan die voor Save the Children werkte, nodigde me uit met hem mee te gaan naar de vluchtelingenkampen buiten Khartoum. Meteen na het ontbijt klommen Bob en ik in zijn Land Cruiser en staken de brug over de Witte Nijl over naar Hillat Shook, een groot kamp aan de andere kant van Omdurman. Vanaf de brug zag ik de minaretten van Omdurman en ontwaarde ik de glanzende gouden koepel van het mausoleum van de mahdi. We reden door woonwijken die waren omgeven door muren die met behulp van glasscherven onbeklimbaar waren gemaakt, langs industrieterreinen, een kamelenmarkt, door een met vuilnis bezaaide woestijn. Aan de rand van de stad hield de weg op en reden we hotsend een vuile zandvlakte op. Uiteindelijk bereikten we een enorme vuilnishoop waar een wittige, chemisch ruikende nevel hing. Te midden van het vuil krioelde het van de mensen. Ze liepen rond tussen iglo-achtige hutten die van stukken karton, plastic platen en jute waren gemaakt. Dit was Hillat Shook.

We klommen uit de wagen en liepen over het gebroken glas en de verwrongen stukken metaal in de richting van de hutten. Enkele lange, schonkige mannen kwamen naar buiten, zwaaiden met hun armen en riepen ons iets toe. Bob zei dat ze Dinka spraken. 'Ik hoop dat ze niet dronken zijn,' fluisterde hij. De mannen trokken ons aan de arm mee naar een van de hutten. Ze roken inderdaad naar *merissa*, het plaatselijke bier, en ik vroeg me af hoe dat mogelijk was, omdat alcohol onder de islamitische wetgeving in Soedan verboden was. Ze leken echter vrij nuchter. Voor de hut leek een vrouw iets boven een brandende band aan het koken te zijn. Ondanks de afschuwelijke stank en het industriële afval was het een herkenbaar Afrikaans tafereel. Voor mijn verstedelijkte geest zag het kamp eruit alsof een avant-gardistisch kunstenaar opdracht had gekregen om uit giftige afvalmaterialen een Afrikaans dorp te scheppen. Ik hurkte neer en kroop achter een van de mannen aan de hut in. Het stonk naar poep, zweet en brandend rubber. Een naakte, oude man lag op de smerige vloer. Zijn ogen waren open, maar bedekt met een dik wittig vlies. Een naast hem neergehurkte vrouw in een fletse bloemetjesjurk sprak me smekend aan, terwijl ze haar gerimpelde handen verwrong. Ik begreep geen woord van wat ze zei.

Ik zag dat Bob buiten met een man stond te praten die een beetje Engels sprak. Het leek alsof Bob probeerde uit te leggen dat wij geen artsen waren.

Er klonk een gorgelend geluid uit de keel van de oude man. Zijn voet maakte een schokkerige beweging. Daarna bleef hij stil liggen.

De vrouw, die mij verwachtingsvol had aangekeken, begon te jammeren. Er dromden allerlei mensen de hut in. Ze stootten een boos gebrabbel uit. Ik kroop achteruit naar buiten, terwijl ik verontschuldigende gebaren maakte.

'Ik heb ze verteld dat je een journalist bent,' zei Bob toen ik weer buiten stond. 'Deze man wil wel met je praten.'

Opgelucht haalde ik mijn notitieblok te voorschijn. Aantekeningen maken was ten minste iets waar ik goed in was. Er stapte een uitgemergelde oude man naar voren, die was gehuld in iets wat een smerig wit nachthemd leek. Hij droeg een lange stok. De mannen die Bob en mij naar de hut hadden gesleurd, zetten enkele houten kratten neer waarop wij drieën plaats konden nemen. Omringd door een lawaaiige en steeds maar groeiende kring Dinka, begon de oude man zijn verhaal te vertellen. Een andere man probeerde het te vertalen. De oude man sprak met vuur en kracht, en stampte dikwijls met zijn stok op de grond om iets te benadrukken. De luisterende menigte riep telkens wanneer hij bij een belangrijke passage van zijn relaas was aanbeland allerlei bijzonderheden om zijn verhaal van meer details te voorzien. En de hele tijd hield de vrouw in de hut haar monotone gejammer aan. De rook van het vuur schroeide in mijn neus. Ik kreeg er hoofdpijn van. Het enige dat ik uit de vertaling kon opmaken, was dat de man en de anderen die in dit deel van Hillat Shook woonden, afkomstig waren uit het dorp Pariang in de provincie Boven-Nijl, niet ver van het olieveld Heglig. Het waren Dinka. Ze hadden veel koeien bezeten. Toen waren de Baggara-Arabieren tot tweemaal toe met geweren naar Pariang gekomen: het vorig jaar en twee jaar geleden. De Baggara reden op paarden en ezels. De regering had ze geweren gegeven. De Dinka hadden geen geweren. De Baggara schoten enkele mensen dood en namen anderen gevangen, vooral kinderen. De mensen die de tweede plundering op Pariang hadden overleefd, waren hierheen gekomen. De kinderen uit Pariang waren nooit teruggevonden.

Een man in de menigte riep: 'Chevron', en er klok een boos gemopper op. Terwijl ik het zweet van mijn gezicht veegde, vroeg ik de tolk wat de man had gezegd.

'Ze zeggen dat de *jallaba* voor Chevron hun land komen stelen. Chevron heeft op hun land olie gevonden, en de *jallaba* willen het hebben.'

Ik keek naar Bob.

Hij knikte. Pariang lag niet ver van Bentiu. Chevron, dat de olieconcessie in dat deel van Soedan bezat, had in 1978 voor het eerst commercieel interessante hoeveelheden olie in Bentiu gevonden. Het bedrijf had zijn werkzaamheden echter gestaakt nadat de zuidelijke rebellen in 1984 vier van zijn werknemers hadden vermoord. Een heleboel zuiderlingen beweerden dat de regering Arabische milities van wapens voorzag om de zuidelijke dorpen in die regio aan te vallen en het land schoon te vegen, zodat Chevron de exploitatie kon voortzetten. Het was echter onmogelijk om dergelijke beweringen te staven, daar de olievelden in het oorlogsgebied lagen en de regering buitenlandse journalisten zelden toestemming gaf deze gebieden te bezoeken.

Ik vroeg naar de omstandigheden in het kamp.

Iedereen begon te roepen. Ze hadden geen medicijnen, niet voldoende voedsel. Ze wezen op hun buik en draaiden de palm van hun hand smekend naar boven. De kinderen gingen dood aan diarree. Kinderen kregen honger en aten vuilnis. Een man trok me overeind van het krat langs een onduidelijke rij kartonnen keetjes. Daar! riep hij uit, en wees naar enkele kinderen die met stokken in de vuilnis liepen te porren. De rest van de menigte liep achter ons aan. Iemand wees naar een eenzame Arabier die op een ezel met een watertank door het kamp reed. Ze hadden geen ander water dan het water dat ze van een *jallaba* als hij konden kopen. De mensen stierven aan malaria, diarree, de mazelen, tuberculose en hersenvliesontsteking.

Ze haalden kommen vol *merissa* te voorschijn. De stemmen klonken omfloerst, bozer. Een man duwde de omstanders opzij, terwijl hij naar voren kwam lopen. Hij brulde en wees naar Bob en mij.

'Hij wil weten waarom de mensen in Groot-Brittannië en Europa die dit horen ons niet helpen. Jullie hebben een heleboel geld, maar jullie helpen ons niet.'

Het antwoord moest ik hem schuldig blijven.

De volgende ochtend ging ik naar het kantoor van Chevron. Ik wilde vragen wat er waar was van de verhalen over de aanvallen die ertoe hadden geleid dat de kampbewoners, naar ze me vertelden, uit Pariang verdreven waren. De Soedanese bewaker zei echter dat het gebouw gesloten was. Ik ging langs bij een Canadese journaliste die ik in het Acropole ontmoet had. Als er iemand was die alles over de machinaties van Chevron wist, dan was het Carol Berger wel. Ze was drie jaar correspondent voor de BBC geweest, tot ze Soedan werd uitgezet omdat ze het nieuws dat het basiskamp Rub Kona van Chevron was aangevallen wereldkundig had gemaakt. Een jaar later, toen Nimeiri was afgezet, keerde ze weer terug. Ze was lang en mager, had kort haar en blauwe ogen en trok enigszins met haar been. Ze was dol op Soedans ongerijmdheden, en had er ook al een heleboel gezien, aangezien ze verslag had uitgebracht van de meest recente hongersnood en van de laatste dagen van het regime van Nimeiri. Ze lachte toen ik haar vertelde geschokt te zijn over Hillat Shook. Wat zou ik ervan vinden, vroeg ze, als ik wist dat Hillat Shook afgezien van alle andere ellende ook nog eens een stortplaats van gevaarlijke stoffen was? Toen Carol in 1981 in Khartoum aankwam, bruiste het Chevron-gebouw van de activiteiten. In die dagen verwachtte de oliemaatschappij omstreeks 1986 een jaaromzet van 275 miljoen dollar te behalen. Maar nadat Nuer-rebellen vier werknemers van Chevron hadden vermoord, staakte het bedrijf zijn activiteiten. Op verzoek van Chevron, zei Carol, begon Nimeiri in het voorjaar van 1984 de Baggara-stammen in zuidelijk Kordofan te voorzien van automatische wapens om de olievelden veilig te stellen. Maar hierdoor waren de gevechten tussen de Baggara en de Nuer en de Dinka, die woonden in het gebied waar de olievelden lagen, alleen nog maar verder opgelaaid. Uiteindelijk vertelde Chevron de Soedanese president dat 'een of andere politieke regeling in Boven-Nijl' een voorwaarde was om de exploitatie van olie te kunnen hervatten.

Nimeiri had al zijn hoop op de olie gevestigd. Hij sloot in het geheim een overeenkomst met de Saoedische wapenhandelaar Adnan Khashoggi. Wanneer Khashoggi ervoor zou zorgen dat de zuidelijke militie die het SPLA uit Bentiu kon weren van wapens voorzien werd en een militaire opleiding kreeg, zou hij de helft van de opbrengsten krijgen die de regering voor de exploitatie van de olie in Soedan zou ontvangen. Khashoggi moest zijn milities samenstellen uit mensen van het Nuer-volk, die in de streek rond Bentiu een meerderheid vormden en traditionele vijanden van de Dinka waren. De deal met Khashoggi mislukte echter toen de Nuer het team kidnapten dat Nimeiri had gestuurd om met hen te onderhandelen. (Carol amuseerde zich kostelijk over deze onverwachte wending.) Nimeiri probeerde toen ruimte te maken voor onderhandelingen met het SPLA en liet weten dat hij SPLA-leider John Garang tot vice-president van Soedan en economisch bewindvoerder van het zuiden zou benoemen en zes van Garangs medestanders een regeringspost zou geven. Garang sloeg het aanbod echter af, en enkele maanden later werd Nimeiri tijdens een bezoek aan Washington door zijn generaals ten val gebracht. (De Verenigde Staten, die zich er van bewust waren dat Nimeiri steeds minder populair werd en genoeg hadden van zijn corruptie, deden niets om deze coup te verijdelen.)

Toen Sadiq al-Mahdi na de verkiezingen van 1986 aan de macht kwam, intensiveerde hij de wapenleveranties aan de milities van de Baggara, die bekendstaan als de *murahaleen*. De Baggara waren de belangrijkste medestanders in de opstand van de mahdi geweest en bleven nu ook diens achterkleinzoon trouw. Traditioneel weidden zij hun vee en paarden langs de rivieren de Bahr el-Arab en de Bahr el-Ghazal, die door het gebied van de olievelden stromen. In 1984 en 1985 zuiverden de Arabische Baggara het gebied rond Bentiu van al zijn inwoners. De Nuer die in de directe omgeving van Bentiu leefden, kregen te verstaan dat ze naar de streek ten zuiden van de Bahr el-Ghazal moesten vertrekken. De Dinka werden naar het noorden verdreven, zoals de mensen die ik in het kamp bij Khartoum had ontmoet. Het jaar daarop had het SPLA een aanval op de olievelden uitgevoerd en was het gebied in han-

den van de rebellen gevallen. Terwijl Carol en ik in Khartoum met elkaar zaten te praten, streden de *murahaleen* overal langs de rivier om zich meester te
maken van de weidegronden en de daaronder verborgen olie.

Er was de regering van Sadiq nog meer aan gelegen dat de exploitatie van
de olie op gang zou komen dan de regering van Nimeiri. Begin jaren tachtig
had Soedans jaarlijkse begroting voor bijna driekwart uit buitenlandse hulp
bestaan. Nu het einde van de Koude Oorlog in zicht was, begonnen de Verenigde Staten en andere welvarende mogendheden hun belangstelling voor
de Hoorn van Afrika te verliezen. De Amerikaanse steun aan Soedan was
gedaald van 350 miljoen dollar in 1985 tot rond de 72 miljoen dollar, en de
ambassade verwachtte dat het nog verder zou inkrimpen. Na alle excessen
van de jaren zeventig was Soedan het Internationaal Monetair Fonds meer
geld schuldig dan enig ander land ter wereld. Carol Berger was zeer teleurgesteld in de westerse diplomaten die geloof hechtten aan Sadiqs bombasti-
sche verklaringen over zijn plannen om Soedan tot ontwikkeling te brengen. Ze dachten dat hij een van hen was omdat hij in Oxford had gestudeerd,
zei ze. Volgens haar leek hij meer op de feodale leider van een islamitische
stam die zijn tijd grotendeels doorbracht met gekibbel over de manier waarop de rijkdommen van het land verdeeld moesten worden.

Sadiqs neef Mubarak al-Mahdi had niet zo lang daarvoor een heftige ruzie gehad met enkele hoge functionarissen van Chevron. Mubarak was Sadiqs grootste vertrouweling. Hij onderhield bovendien nauwe betrekkingen met kolonel Moammar Kaddafi, de president van Libië en een patroon
van Sadiq, die hem had geholpen verschillende gewapende opstanden tegen Nimeiri te ontketenen. Naar verluidt voerde Mubarak het beheer over
de fondsen die Kaddafi aan Sadiq ter beschikking had gesteld in verband
met de verkiezingen van 1986. Na zijn overwinning gaf Sadiq zijn neef een
nieuwe missie van levensbelang: hij moest zorgen dat Chevron opnieuw
naar olie ging boren. De Amerikanen weigerden dit echter op grond van het
feit dat hun personeel nog altijd gevaar liep door de aanwezigheid van de rebellen. De olieprijzen hadden een dieptepunt van 16 dollar per vat bereikt.
Zoals Norman Anderson, de Amerikaanse ambassadeur in Soedan, later
schreef, beschuldigde Mubarak de Amerikanen ervan dat zij de burgeroorlog als voorwendsel gebruikten om te wachten tot de olieprijs omhoog zou
gaan. Mubarak waarschuwde de Amerikanen dat als Chevron niet in het

zuiden wilde gaan boren, de Soedanezen op zoek zouden gaan naar een andere maatschappij om de olievelden bij Bentiu te exploiteren. Het Franse bedrijf Total bezat in het diepe zuiden bijvoorbeeld al grote concessies in de omgeving van de steden Bor, Kapoeta en Pibor. Misschien dat Total bereid zou zijn om te gaan boren. Chevron hield echter voet bij stuk. Het bedrijf had meer dan een miljard dollar in Soedan geïnvesteerd, maar, zoals Anderson schreef, het wilde zich niet 'weer tot een doelwit maken' of zich 'onder onzekere politieke en economische omstandigheden grote nieuwe uitgaven op de hals halen zonder dat het aannemelijk was dat deze investeringen zich zouden terugbetalen'. De al-Mahdi's kookten van woede, maar de olie bleef waar ze was.

Ik kende maar één persoon die Soedan voor haar plezier bezocht had. Ze was een vriendin uit Londen, die op bezoek was gegaan bij Patta Scott-Villiers, een klasgenootje van vroeger dat toevallig ook met Emma McCune bevriend was. Toen ik mijn vriendin opbelde om te zeggen dat ik naar Khartoum ging, zei ze dat ik eens langs moest gaan bij Patta en haar man Alastair, de vertegenwoordiger van Band Aid in Soedan. Toevallig had ik mijn eerste nacht in Soedan in een kamer van het Acropole doorgebracht die door Band Aid als kantoor werd aangehouden. Aan de muren hingen posters van Bob Geldof en prinses Diana. De vloer was bezaaid met vergelende, aan het echtpaar Scott-Villiers geadresseerde telegrammen over hongersnoden uit het verleden. Klaarblijkelijk waren ze al door de wol geverfd. Ik liet een berichtje voor Alastair en Patta achter, en werd een paar dagen later uitgenodigd om bij hen te komen eten. Toen Alastair me bij het Acropole kwam afhalen, was ik heel opgetogen. Ik had net gehoord dat ik toestemming had gekregen voor mijn reis naar de Ethiopische vluchtelingenkampen.

Wat herinner ik me van die avond? Een appartement dat iets minder leeg was dan de meeste andere – houten meubels moeten voor het merendeel worden geïmporteerd, en buitenlanders die niet van plan zijn lang te blijven, kopen meestal niet veel meer dan een paar stoelen en een bed –, de geur van kerrie, een paar Britse hulpverleners die op een bank een joint lagen te roken, de muziek van The Police die uit de cassetterecorder klonk en de vriendelijke glimlach van Patta toen ze uit het kleine keukentje te voorschijn kwam en haar handen aan een theedoek afveegde. Hoe Alastair en de anderen hartelijk moesten lachen toen ik vertelde dat ik was gekomen om de Amerikaanse berichten over de hongersnood in Ethiopië na te trekken. Hoe Alastair me later terzijde nam en vertelde dat de hongersnood waar ik naar op zoek was, zich niet in Ethiopië voltrok, maar meer dan 3500 kilometer verderop in de westelijke provincie Darfur, langs de Bahr al-Arab in het land van de Baggara... en dat dit de hongersnood was die door de Verenigde Staten werd doodgezwegen.

Safaha. Het was een fluistering, een woord op een rapport, anderhalve centimeter kriebelig cursiefschrift op een kaart die boven het bureau van Alastair hing, en toch zweer ik dat er een koude rilling over mijn rug liep toen ik die naam voor het eerst zag. Alastair en ik hadden het gehad over een bericht in *The Sudan Times* waarin gemeld werd dat in het stadje Wau duizenden mensen met de hongerdood werden bedreigd. De laatste buitenlandse hulpverlener, een Nederlandse arts, was een maand eerder uit het stadje geëvacueerd. Ik zei dat ik die verhalen geloofde, maar dat alles wat ik erover schreef weinig impact zou hebben als ik deze verhongerende mensen niet op basis van mijn eigen waarnemingen kon beschrijven. Of iets van die strekking. Alastair nam me onderzoekend op. Nu ik weet wat hij toen wist over de slachting die zich in Wau voltrok, kan ik me wel voorstellen wat hem door het hoofd ging. Maar hij zei niets. In plaats daarvan nam hij me mee naar een andere kamer. Je moet dit maar eens lezen, zei hij terwijl hij me een circulaire gaf. Het is een verslag van Oxfam uit zuidelijk Darfur dat deze week werd uitgedeeld tijdens een bijeenkomst van hulpverleners.

Ik las het snel door: Grote drommen wanhopige zuiderlingen trekken sinds december het zuiden van Darfur binnen. Hun komst houdt verband met de crisis in de veiligheidssituatie in en rond Wau... Vertrouwelijk: Tweederde van de kinderen in het voedingscentrum hebben MUAC-percentages van 60 en minder... MUAC staat voor 'muscle-upper arm circumference' (omtrek spiermassa bovenarm). Een MUAC van 60 procent was een door de hulpverleners gebruikte code om aan te geven dat tweederde van de kinderen bijna de helft van hun lichaamsgewicht had verloren.

Hoe zeg je het ook alweer... Safaha? vroeg ik.

Ja, zei Alastair en hij draaide de lamp zo dat ik de kaart van Soedan op de muur kon zien. Daar ligt het. Hij wees naar een klein vlakje met letters in de lege linkerbenedenhoek van de kaart, vlak naast de kronkelende lijn van een rivier. Safaha. Het ligt aan de Bahr el-Arab, de grens tussen het noorden en het zuiden van Soedan. Bahr el-Arab betekent Rivier van de Arabieren, maar de Dinka noemen haar de Kiir. In het verleden drenkten zowel de Dinka als de Arabieren hun vee bij Safaha, maar sinds ongeveer een jaar komen er berichten dat er bij Safaha gevochten wordt. Zijn vinger gleed over de kaart omhoog naar het stadje Ed Da'ein. Ongeveer een jaar geleden vond hier een slachting onder de Dinka plaats. Duizenden Dinka vonden de dood. Een bloedbad eigenlijk. Twee docenten aan de Universiteit van Khartoum hebben er een goed rapport over geschreven. Ze zeiden dat enkele van de Dinka die het bloedbad hadden overleefd, als slaven zijn verkocht.

Alastair deed het rapport van Oxfam terug in zijn map en reikte naar de schakelaar om het licht uit te doen.

Safaha ligt ten noorden van de scheidslijn, zei hij. Theoretisch gezien ligt het buiten het oorlogsgebied. Oxfam en de Belgische tak van Médecins Sans Frontières (MSF; Artsen zonder Grenzen, AzG) werken daar.

We gingen terug naar de woonkamer.

Maar, denk eraan: je hebt dit niet van mij, voegde hij eraan toe.

Patta riep iedereen om aan tafel te komen.

Het was voor mijn krant in Atlanta een ongewone en kostbare aangelegenheid om een verslaggever naar Afrika te sturen. Ik was er pas enkele maanden eerder in dienst gekomen en vreesde dat ik, als ik niet met een goed verhaal thuiskwam, de rest van mijn loopbaan zou moeten doorbrengen met het natrekken van de arrestantenregisters van de politie in de buitenwijken van de stad. Na vier dagen in het Ethiopische vluchtelingenkamp aan de grens had ik enkele van de ongelukkigste mensen ter wereld gezien. Ik had echter niet de indruk dat deze mensen aan het verhongeren waren. Ik nam me voor om naar Khartoum terug te keren en de tip die Alastair me had gegeven na te trekken. Een Brits quaker-echtpaar dat in hetzelfde overheidspension logeerde waar ik verbleef, gaf me het gevoel dat ik heel hard was geworden. Chris en Clare Rolfe waren dertigers. Hij had lichtbruin haar en een baard; zij had een timide glimlach die vanuit haar mondhoeken omhoog krulde. Hun bleke, open gezichten straalden eerlijkheid en mededogen uit. In hun goedkope katoenen kleren leken Chris en Clare Rolfe op Engelse hippies, maar in hen brandde hetzelfde religieuze vuur dat de quakers had gedreven die zich hadden ingezet voor de afschaffing van de slavernij. Ze verbleven met hun twee kinderen in Showak, de driejarige Tommy en de één jaar oude Louise. Ze spraken op gedempte toon, alsof zelfs hun stemmen in geweldloosheid getraind waren, en nuttigden hun vegetarische maaltijden alleen met hun kinderen in het pension. Ze wachtten op toestemming van de regering om in de kampen een zelfhulpproject te beginnen.

Voor ze naar Soedan kwamen, hadden Chris en Clare Rolfe drieënhalf jaar in Somalië gewerkt voor een quakerproject dat kleine zakelijke leningen verstrekte aan Somalische vluchtelingen uit het gebied van de Ogaden in Ethiopië. Clare vertelde me dat ze Tommy in Somalië ter wereld had willen brengen, maar dat het kantoor in Londen hen had weten over te halen om voor de bevalling naar Engeland terug te keren. Tijdens hun afwezigheid waren er in de Ogaden gevechten uitgebroken. Mohammed Siad Barre, de president van Somalië, had de vluchtelingen uit de Ogaden wapens gegeven om zijn Somalische vijanden te bevechten. Zijn vijanden namen wraak door de vluchtelingenkampen in de as te leggen. De quakers moesten hun leningenprogramma staken. De bedrijfjes die de Rolfes hadden helpen opbouwen, werden in de steek gelaten. Ik dacht dat ik, wanneer ik in de schoenen van de Rolfes zou staan, verbitterd zou zijn. Chris en Clare lieten zich echter niet ontmoedigen. Wanneer het hun ooit lukte de benodigde papieren van de regering te krijgen, zouden ze opnieuw beginnen met de Ethiopische vluchtelingen in Soedan.

Chris grinnikte terwijl hij beschreef hoe hij geduldig had geprobeerd zich een weg door de doolhof van de Soedanese vluchtelingencommissie te banen. De sereniteit van de Rolfes fascineerde me. Het maakte ook dat ik me ongemakkelijk voelde. Ik bleef me steeds maar afvragen hoe het kon dat ze nauwelijks teleurgesteld waren over alle jaren en al het geld dat ze in Somalië hadden verspild. Hoe was het mogelijk dat Clare haar kind liever in een vluchtelingenkamp op de wereld wilde zetten dan in Engeland? Ik vroeg me af wat de Somaliërs en Ethiopiërs van hen dachten. Terwijl de Rolfes de hele dag bij de vluchtelingencommissie zaten te wachten, paste een Egyptische kindermeid met een rond gezicht op hun kinderen. Ik hoorde Tommy dikwijls snotteren en jengelen in de kamer naast me. Zijn ogen waren merkwaardig opgezwollen. Het leek alsof hij ziek was. Toen ik op een ochtend naar de kampen vertrok, zag ik hem bij het hek van kippengaas zitten dat rond het smerige erfje naast het huis gespannen was. Hij zat tegen het hek gedrukt te huilen. Toen hij de deur hoorde, keek hij naar me omhoog. Zijn gezicht stond boos en was rood aangelopen. Het zweet droop ervan af. Hij deed vergeefse pogingen de vliegen die rond zijn ogen zwermden weg te wuiven. Het kindermeisje stond achter hem onaangedaan zijn zusje te wiegen. Ik voelde me om de een of andere duistere reden heel schuldig. Het was duidelijk dat deze jongen hier niet thuishoorde.

Later die dag vroeg ik de Soedanese beheerder die opdracht had gekregen me door de kampen rond te leiden, wat hij ervan vond dat de Rolfes hun kinderen naar Showak hadden meegenomen. Tenslotte lieten zelfs de Soedanese bureaucraten hun gezinnen thuis wanneer ze naar deze afschuwelijke plek kwamen.

'Wie kan ooit begrijpen wat jullie *khawaja's* doen?' lachte hij. 'Geloof me, alle Soedanezen zouden liever in Londen zitten!'

Ik nam een bus naar Khartoum en kreeg van Ushari Ahmad Mahmud, een van de auteurs, een exemplaar van het mensenrechtenrapport waar Alastair me over had verteld. Dr. Mahmud, linguïst aan de Universiteit van Khartoum, logenstrafte het cliché dat de Arabische noorderlingen allemaal onverschillig tegenover het lijden van de mensen in het zuiden stonden. Toen ik hem in zijn kantoor aan de universiteit ontmoette, beschreef hij met bedaarde precisie het bloedbad dat zich een jaar eerder in Ed Da'ein had voltrokken. Hij en Suleyman Ali Baldo, de mede-auteur van het rapport, schatten dat er in Ed Da'ein duizend Dinka vermoord waren, terwijl nog eens drieduizend Dinka-kinderen als slaven waren weggevoerd. Om informatie te verzamelen hadden Mahmud en Baldo een bezoek aan de stad gebracht. Na publicatie van het rapport hadden de Arabische kranten van Soedan hen uitgemaakt voor leugenaars en verraders. Beide mannen waren ondervraagd. Mahmud werd gevangengezet. Hij was pas kort geleden naar de universiteit teruggekeerd.

Ik nam het rapport mee naar het Acropole. Ed Da'ein, zo las ik, was een aan de spoorlijn gelegen stad met een bevolking van om en nabij zestigduizend mensen. De meesten behoorden tot de Rizeigat, een Baggara-stam van islamitische veehouders die zichzelf als Arabieren beschouwden. Het territorium van de Rizeigat grensde aan het land van de Dinka. In de negentiende eeuw waren het belangrijke slavenhandelaren geweest. Enkele jaren geleden had Sadiq al-Mahdi's minister van Defensie de Rizeigat en de Misseriya – een Baggara-stam in de naburige provincie Kordofan – automatische wapens en handgranaten gegeven. De regering beweerde dat de Baggara de wapens nodig hadden om zich tegen het SPLA te verdedigen. Mahmud zei dat ze de wapens gebruikten om in het land van de Dinka in het noorden van de provincies Bahr el-Ghazal en Boven-Nijl huizen en akkers plat te branden en vee te stelen.

In januari 1987 lokte een compagnie van het SPLA een militie van Rizeigat bij Safaha langs de Bahr el-Arab in een hinderlaag. In vreedzamer tijden was Safaha een handelspost geweest waar de Dinka en de Rizeigat handel dreven. Nu beweerden de zuiderlingen dat de Rizeigat-militie die zich bij Safaha had verzameld, het district Aweil in Bahr el-Ghazal aan de andere kant van de grens had geplunderd. Tijdens de aanvallen op Safaha doodde het SPLA honderdvijftig Rizeigat en nam het vierduizend runderen in beslag.

Al maandenlang waren duizenden Dinka-vluchtelingen via Safaha naar Ed Da'ein naar het noorden getrokken. Op 27 maart voerden de Rizeigat een vergeldingsactie uit door de Dinka-vluchtelingen onder vuur te nemen en een Dinka-kerk in Ed Da'ein in de as te leggen. Om in veiligheid te komen verzamelden de Dinka zich op het station van Ed Da'ein, waar een trein stond die de volgende dag naar de stad Nyala zou vertrekken. Nadat de Dinka aan boord van de trein waren geklauterd, staken de woedende Rizeigat de wagons in brand. Honderden Dinka die zich ophielden in de wagons die zich het dichtst bij het station bevonden, verbrandden of stikten. Met hulp van wat spoorwegpersoneel was het de Dinka in de andere wagons gelukt de trein in beweging te krijgen. Terwijl de trein vaart begon te maken, rende de Arabische meute door de stad en doodde en verminkte elke Dinka op haar pad. De politie sloot zich bij de aanvallers aan. De schuldigen werden nooit aangehouden en het was duidelijk dat de regering deze kwestie in de doofpot wilde stoppen. Maandenlang werd ontkend dat er ooit een bloedbad had plaatsgevonden. In juni kondigde de minister van Binnenlandse Zaken aan dat er in Ed Da'ein niet meer dan 183 mensen de dood hadden gevonden. De onderzoekers van de Universiteit van Khartoum stelden het aantal op meer dan duizend.

Mahmud en Baldo zeiden dat de militie van Rizeigat er een gewoonte van maakte Dinka vrouwen en kinderen in zuidelijk Darfur als dienaren, landarbeiders en seksslaven aan Arabische families te verkopen. 'Dat er kinderen, jonge meisjes en vrouwen van de Dinka gekidnapt worden, dat ze tot slaaf worden gemaakt, dat ze een belangrijke rol spelen in de economie van de Rizeigat en in andere delen van de samenleving en dat ze verhandeld worden voor geld, dat zijn allemaal vaststaande feiten,' zegt het rapport. 'Bovendien heeft het bestaan van de slavernij in deze regio ertoe geleid dat de Rizeigat zekere betekenis zijn gaan hechten aan het geloof dat de Dinka geen mensen maar dieren zijn. Alle psychologische barrières die hen ervan zouden hebben kunnen weerhouden hen te doden, zijn weggevallen – vandaar dat de slachting in Ed Da'ein kon plaatsvinden – zonder dat zij bang hoeven te zijn dat de regering, wier vertegenwoordigers aanwezig waren, vergeldingsmaatregelen zal nemen.'

In het rapport stond dat de Rizeigat de gevangen slaven naar Safaha voerden.

Ik schreef enkele verhalen over de Ethiopische vluchtelingen in Showak en zond ze met hulp van Carol Berger, die met een telex overweg kon, naar Atlanta. Een tijdje later begonnen de lampjes van de machine te branden en ratelde het apparaat een antwoord terug: DIT PRIMA, MAAR HOE MET HONGERSNOOD???

KOMT, KOMT, typte ik langzaam.

Waarom volstond het niet dat ik schreef over honderdduizenden vluchtelingen uit Eritrea, Tigre en Oromo die in de zandwoestenij van Soedan vastzaten in afwachting van het moment waarop de wervelwind van oorlog en hongersnood die hen uit hun thuisland had weggesleurd, weer zou gaan liggen? Dat er in het Tawawa-kamp kort geleden hersenvliesontsteking was uitgebroken en dat Tigre-kinderen zouden sterven als ze niet werden gevaccineerd? Dat er in de bergen met tanks en artilleriegeschut vanuit vaste stellingen strijd werd geleverd tussen het Eritrees Volksbevrijdingsfront en het Ethiopische leger, en dat op een dag een door granaatscherven gewond geraakte Amhara-deserteur die door de Eritreeërs om de een of andere reden naar Soedan was gedragen, voor mijn ogen op een stretcher doodging – zijn donkere fluwelen ogen plotseling grijs en glazig als de ogen van het schommelpaard waar ik als kind mee had gespeeld?

Ik kende het antwoord wel. Op dat moment in de geschiedenis, met nog een jaar te gaan tot de val van de Berlijnse Muur, was hongersnood in het Westen nog altijd een bijna mythisch geladen symbool. Vluchtelingenkampen, afschuwelijke armoede, ziekte, epidemieën, aids... we accepteerden het allemaal als betreurenswaardige en onvermijdelijke werkelijkheden van de derde wereld. Maar met massale hongersterfte lag dat anders. Bob Geldof had aangetoond dat hongersnood bij Amerikanen en Europeanen nog tot verontwaardiging kon leiden. Ze kochten kranten om erover te lezen. Er was te veel voedsel in de wereld. Het was gewoon gênant om te bedenken dat mogelijk duizenden Afrikanen van de honger aan het sterven waren terwijl wij onszelf volpropten, vooral omdat het een zuiver technische kwestie leek om weer wat vlees op de skeletten te krijgen die ons op de televisie getoond werden, en dat daarvoor niet veel meer nodig was dan het geld om graan te kopen en de knowhow om het te vervoeren. Met de andere tragedies van Afrika viel te leven, maar bij hongersnood werd een grens overschreden.

Ik vermoedde dat Amerikaanse lezers net zo geschokt zouden zijn als ze ontdekten dat de slavenhandel weer de kop op stak. Zoals Primo Levi datzelfde jaar schreef over de nazi-kampen, waarvan de overlevenden zo sterk leken op de van honger stervende Ethiopiërs: 'Hoeveel van de wereld van de concentratiekampen is dood en zal niet terugkeren, zoals de slavernij of de duelleercode? Hoeveel is al terug of zal terugkomen? Wat kan eenieder van ons doen, opdat uit deze wereld waarin overal gevaren op de loer liggen, in ieder geval deze dreiging kan worden weggenomen?'

IN DARFUR MISSCHIEN SLAVERNIJ, schreef ik.

De machine zweeg. Toen begonnen de lampjes weer te branden.

GOED, MAAR SNEL, was het antwoord.

Op de Amerikaanse ambassade leek niemand iets van Safaha te weten. De functionarissen van de twee hulporganisaties die er een post hadden, AzG-België en Oxfam, zwegen toen ik hun ernaar vroeg. Als de regering je toestemming geeft om naar Safaha te gaan, zijn we graag bereid je te laten zien wat we daar doen, zei de sproetige, roodharige landencoördinator van Oxfam uiteindelijk. Maar ik kan er nu niet over praten. Er is een garnizoen van het leger gevestigd en het gebied is daarom onderworpen aan strikte militaire geheimhouding.

Carol Berger had een reportage over het bloedbad in Ed Da'ein gemaakt die door de BBC werd uitgezonden en die voor Mahmud en Baldo aanleiding was geweest om een onderzoek in te stellen. Ik vroeg haar advies hoe ik in Safaha kon komen. Ze waarschuwde me dat ik het ministerie van Informatie niet recht op de man af om toestemming moest vragen. 'Laat het woord 'Safaha' nooit vallen,' zei ze. 'Zodra ze erachter komen dat je in Safaha geïnteresseerd bent, kun je het wel uit je hoofd zetten dat je ooit nog ergens naar toe.' Ik volgde haar suggestie op en vroeg om toestemming Nyala te bezoeken. Bij deze stad, zo'n vierhonderd kilometer ten noorden van Safaha, bevond zich de meest nabijgelegen luchthaven. Tijdens de laatste hongersnood hadden de Verenigde Staten een enorme noodhulpoperatie in Nyala opgezet. Ooit was de stad omringd door vruchtbare graslanden, maar deze waren nu in woestijn veranderd. De Soedanese regering schreef dit toe aan de droogte. Ik zei op het ministerie van Informatie dat ik wilde gaan kijken wat Oxfam en AzG deden om de in dit gebied wonende, kamelen houdende Arabische nomaden te helpen.

In het rapport van Oxfam had gestaan dat de instroom van Dinka in zuidelijk Darfur verband hield met de gebeurtenissen in Wau, de hoofdstad van Bahr el-Ghazal, de uitgestrekte provincie ten zuiden van Darfur die in de negentiende eeuw een vruchtbaar jachtgebied voor de strooptochten van de slavenjagers was geweest. Wau werd al meer dan een jaar belegerd door het SPLA. Het leger en de rebellen hadden de landroutes voor de transporten met hulpgoederen naar Wau afgesneden. De piloten weigerden om naar het zuiden te vliegen sinds een door de hulporganisaties gecharterd vliegtuig een jaar eerder boven de stad Malakal was neergeschoten. Er deden in Khartoum veel geruchten de ronde over wat er in Wau gaande was. In januari had de vice-gouverneur van Bahr el-Ghazal, een zuiderling, een bericht naar de premier gestuurd. 'Op dit moment sterven burgers in de dorpen door de honger,' schreef hij. 'In Wau-Stad is een tekort ontstaan aan alle noodzakelijke voedselvoorraden, zoals graan.' Hij drong erop aan dat er voedsel werd gezonden om 'een afschuwelijke menselijke tragedie af te wenden'. Er was geen graan gestuurd. Enkelen fluisterden dat Abu Garun, de legercommandant van Wau, een psychopaat was; anderen zeiden dat hij gewoon zijn orders uit Khartoum opvolgde. Volgens zeggen zou de burgerbevolking slachtoffer zijn geworden van allerlei gruweldaden die onder zijn leiding werden gepleegd, waaronder kruisiging. Er werd gemeld dat er gevechten waren uitgebroken tussen de Dinka-politie en wildbeheerders uit Wau en een door de regering bewapende militie van Fertit, een zwart-Afrikaanse stam. Carol Berger had politieverslagen gekregen waaruit bleek dat de Fertit per dag gemiddeld tien Dinka vermoordden. Achter veel namen van de slachtoffers stond 'cultus', wat inhield dat hun lichaam op rituele wijze in stukken was gesneden en dat de ingewanden waren uitgerukt. Naar verluidt zouden de Fertit ook Dinka-vrouwen en -kinderen kidnappen en als slaven aan de Baggara verkopen. Op kerstavond had een Soedanese legereenheid een bijzonder walgelijke slachting aangericht. Honderden Dinka zouden met een machinegeweer zijn neergemaaid en in de rivier zijn gegooid die door Wau stroomt.

In oktober 1987 werden de Amerikaanse hulporganisatie World Vision en nog drie andere hulporganisaties Wau uit gezet. Dick en Carol Steuart, het echtpaar dat voor World Vision in Wau gewerkt had, waren afkomstig uit Clarkston in Georgia. De Steuarts waren ervan beschuldigd dat ze de BBC hadden verteld dat er in Wau honderdzestig tot tweehonderd Dinka waren vermoord. Amerikaanse diplomaten vertelden me dat het leger hun radiozender had weggehaald en hen op allerlei manieren had bedreigd. Ze zeiden dat er bijna geen voedsel meer in Wau was. Ik wilde proberen de Steuarts te vinden, maar ze hadden het land al verlaten. Een maand voor ik in februari 1988 was aangekomen, was een piloot van UNICEF met een speciale missie naar Wau gevlogen om de laatste buitenlander op te halen die er nog was achtergebleven, een arts die voor AzG-Nederland werkte. Een andere Nederlandse arts, een vrouw, had eerder uit Wau weten te ontkomen door mee te liften met een legerkonvooi dat in Zaïre bier en sigaretten ging kopen. Zij was nu in Khartoum. Volgens zeggen was ze helemaal kapot van wat ze had meegemaakt, had ze mogelijk zelfs een zenuwinzinking gehad. Ik ging naar het huis met het zinken dak van AzG in Khartoum om te kijken of ze met me wilde praten.

Ik vond haar wiegend in een schommelstoel op de schaduwrijke veranda van de oude bungalow, een witjes en lusteloos uitziende vrouw met kringen onder haar ogen en bleek, verschoten haar. Een Dinka-jongen met blote voeten hurkte naast haar op een houten krat. Hij droeg een keurig versteld hemd en een korte broek. De kin van de Nederlandse begon enigszins te trillen toen ik haar vroeg naar de verhalen over honger en moord die druppelsgewijs uit Wau naar buiten kwamen. De hulporganisaties waren uit Wau verbannen in verband met 'schendingen van de openbare veiligheid'. Wat was er precies gebeurd?

De hulpverleenster schommelde in haar stoel. Ze keek me niet aan.

Ik vertelde haar dat ik begreep dat de hulpverleners uit Wau bang waren om te praten over wat ze hadden gezien, na alles wat er met World Vision was gebeurd. Maar was nu niet het moment aangebroken om de afweging te maken of de ze er niet beter aan zouden doen te vertellen wat er aan de hand was in plaats van te blijven en te proberen verlichting te bieden voor de schade die werd aangericht? Ons gesprek zou volledig vertrouwelijk zijn...

De Nederlandse viel me in de rede.

Je hebt gelijk, het heeft nu geen zin meer om in Wau te blijven als we toch geen voedsel hebben... Ach, zei ze. Haar stem beefde even.

Ik heb besloten om iets te doen, zei ze. Ze nam de magere zwarte hand van de jongen in de hare. Dit is Marial.* Zijn ouders zijn dood. Ik heb hen

---

* Ik heb de naam van de jongen veranderd. (Noot van de auteur)

gekend... De dingen die je over de situatie in Wau hebt gehoord, daar ga ik met jou niet over praten. Op dit moment wacht ik tot de regering deze jongen een uitreisvisum geeft. Ik neem hem mee naar Amsterdam. Ik wil weg uit dit... dit... dit... – ze zocht naar het juiste woord – uit dit *vervlóékte* land en ik neem hem mee naar Europa.

Ze stond op.

Het is iets... het is het enige zuivere wat ik kan doen. De rest is allemaal troebel. Zelfs al zou ik het je vertellen, wat voor verschil zou dat maken? Het spijt me dat ik je niet helpen kan. Het is niet vanwege Artsen zonder Grenzen. Het is vanwege de jongen. Ik kan zijn uitreisvisum niet op het spel zetten. Trouwens, wanneer je een tijdje in dit land bent, zul je merken dat het niet zo eenvoudig is om de waarheid te achterhalen.

Ze glimlachte, een geforceerde grimas die maakte dat ze er nog vermoeider uitzag dan tevoren. Ze draaide zich om en liep naar binnen. De jongen volgde haar, stil als een schaduw. De hordeur sloeg achter hen dicht. Ik hoorde alleen nog het gezoem van vliegen.

Er verstreek weer een week. Ik kreeg toestemming om naar Nyala te gaan. Ik toog enthousiast naar Carol Berger om het te vertellen. Ze zou die middag een bezoek brengen aan de schitterende oude villa van Sadiq al-Mahdi in Omdurman voor een verhaal over de Soedanese economie. Ze nodigde me uit met haar mee te gaan. Ik vond het nogal vreemd en hilarisch om gewoon even bij de eerste minister aan te wippen, maar Carol beweerde dat zoiets in Soedan een heel normale gang van zaken was. Uiteindelijk deden de telefoons het niet en konden we niet bellen om een afspraak te maken! zei ze lachend. Dat gaf de doorslag.

We namen een van Khartoums kleine oude gele taxi's en reden daarin hortend en stotend over de brug naar Omdurman langs de versterkingen die de aanhangers van de madhi hadden gebouwd om de Britten het hoofd te bieden. Toen we de villa van Sadiq al-Mahdi bereikten, wilde de deur van de auto niet opengaan en moest Carol door het raam naar buiten klimmen om hem van buitenaf te openen. Het was geen erg waardige entree, maar de gardesoldaat liet ons desondanks toch binnen. Hij voerde ons een lange trap op en zei dat we in de vestibule moesten wachten. Op de overloop hing een fraai olieverfschilderij van een man met tulband die in volle galop met getrokken zwaard voortjakkerde door de woestijn. Ik vermoedde dat het een portret van de mahdi was. Het bezorgde me een kleine rilling. Voor de eerste maal vroeg ik me af hoe het moest zijn om te worden grootgebracht als de afstammeling van een islamitische Messias. Was het eigenlijk wel zo vreemd, vroeg ik me af, dat het vormen van een islamitische regering voor Sadiq een veel grotere prioriteit had dan de beëindiging van de oorlog of de wederopleving van economie. De gardesoldaat kwam terug en zei: 'De eerste minister speelt tennis met de Wereldbank.' Ook daarom moesten we giechelen.

Nadat we een hele tijd hadden zitten wachten, knalde de deur van de hal open en trad Sadiq naar binnen. Hij droeg witte tenniskleding en was nog bezweet van het spel. Hij was een zeer elegant uitziende man, met halfgeloken, donkere ogen, een lange neus en een grijzend sikje. 'Het spijt me, maar ik heb slechts een minuutje voor u,' verontschuldigde hij zich tegenover Carol. Ze nam haar vragen over de economie snel door, terwijl hij zijn gezicht met een handdoek afveegde. Zijn Engels was voortreffelijk. Na haar interview stelde Carol mij voor.

Deborah vertrekt morgen naar Darfur, zei ze.

Ik wil een bezoek aan Safaha brengen, voegde ik hier plotseling aan toe, terwijl ik mijn ogen op zijn gezicht gericht hield. Het leek onvoorstelbaar dat deze hoffelijke tennisspeler mij zou verbieden de reis te maken. Ik wilde zien hoe hij op de naam Safaha zou reageren.

Wat interessant, zei hij overdreven beleefd. Ik kon niet uitmaken of hij ooit al eens van deze plek gehoord had. Hij streek langs zijn sikje.

Wanneer u terug bent, zei hij, moet u me daar maar eens alles over komen vertellen.

Oxfam had een Soedanese administrateur in Nyala. Zijn naam was Adam. Hij droeg een witte *jallabiya* en het traditionele witte hoofddeksel. Achter zijn oor had hij een balpen gestoken. Hij kwam overeind achter zijn bureau en nam mijn handen in de zijne. '*Al-hamdillallah* – daar is mijn excuus!' zei hij, terwijl hij mij lachend een plastic stoel toeschoof. 'Alles als ik me maar niet met deze papierwinkel hoef bezig te houden.'

Ik was opgelucht. Pierre, de Belgische functionaris van AzG in Nyala, had me lang niet zo hartelijk ontvangen. Toen ik hem vertelde dat ik naar Safaha wilde gaan, had hij me zelfs verzocht het gebouw van AzG te verlaten. Terwijl hij zijn handen door zijn blonde krulhaar streek, zei Pierre dat het Soedanese leger de Belgische artsen van AzG had verboden om in Safaha foto's te maken. Het leger zou hen weg kunnen sturen, wanneer het hen ervan verdacht een westerse journalist te hebben geholpen in Safaha te geraken. Adam leek echter beduidend minder zenuwachtig dan zijn Europese collega. Terwijl hij zich achterover liet vallen in de stoel tegenover me, verzekerde hij me dat Oxfam graag bereid was me naar Safaha te brengen. Ik moest alleen zorgen dat ik een vergunning van de politie kreeg. Over een paar dagen ging er trouwens een stafmedewerker naartoe. Ik zou met hem mee kunnen rijden. Oxfam had een voedselprogramma in Safaha lopen. De politie schatte dat er sinds februari dertigduizend Dinka door Safaha waren getrokken. Elke dag arriveerden er nog honderden. Ja, hun toestand was erbarmelijk. Oxfam had niet genoeg voedsel om iedereen te eten te geven. Velen waren gestorven. Het was tragisch.

'Waarom gaan ze juist naar Safaha?' vroeg ik.

Adam haalde mistroostig de schouders op. In het zuiden had je die oorlog tussen John Garang en de regering. En de droogte.

Ik vroeg wat er waar was van de geruchten dat Dinka-kinderen als slaaf verkocht werden.

'Slaaf is wel een heel groot woord,' antwoordde Adam. Hij leek pijnlijk getroffen te zijn. 'Een weerzinwekkend woord. Er woedt een oorlog in het land. Sommige van die stammen, zoals de Dinka en de Rizeigat, hebben traditionele gebruiken die voor buitenstaanders soms moeilijk te begrijpen zijn. Ze kennen een gebruik dat ze "verpanden" noemen: in een periode van hongersnood geeft een arm gezin een kind aan een rijkere familie. De rijkere familie betaalt voor het kind. Het kind doet huishoudelijk werk, krijgt te eten. Wanneer de tijden beter worden, kunnen de ouders hun kind terugkopen... Het mag u vreemd in de oren klinken, maar wanneer mensen honger lijden, zijn ze tot alles in staat om zichzelf en hun familie in leven te houden.'

Hij bracht me naar de wachtkamer. Er zat een gespierde man met een donkere huidskleur. Hij droeg een spijkerbroek en een zonnebril, had zijn armen en benen over elkaar geslagen en zat onderuit gezakt in een plastic tuinstoel. Aan de littekens op zijn voorhoofd te zien, was hij een Dinka.

Ah, hier is Gaudensio, zei Adam terwijl hij de Dinka opnam. Hij is degene die je zal meenemen naar Safaha.

Inshallah, zei ik.

Ja, *inshallah*, beaamde Adam.

Op het politiebureau – een witgekalkt, vierkant gebouwtje – nam een geüniformeerde beambte met een enorm afro-kapsel mijn aanvraag voor een vergunning om naar Safaha te reizen zonder commentaar in ontvangst. 'Kom over een paar dagen maar terug,' zei hij.

Adam had me verteld dat ik mensen die via Safaha naar het noorden waren getrokken, kon aantreffen in het kamp Abu Jiira. In plaats daarvan nam de taxichauffeur me mee naar een goederentrein die stilstond op de rails in de woestijn.

'Dinka, Dinka,' bleef hij herhalen, terwijl hij druk knikte en naar de veewagens wees. 'We vinden ze hier.'

We stapten uit en liepen door het zand naar de trein waar alles stil was. Terwijl we dichterbij kwamen, klommen er zuiderlingen uit de trein om ons te begroeten. Een van hen, een vrouw in een te grote katoenen jurk, sprak een beetje Engels. Ze zei dat ze het op een missieschool geleerd had. Haar naam was Mary Awatch. Ze zei dat de Dinka het jaar daarvoor in de roestende trein aan het bloedbad in Ed Da'ein ontsnapt waren. Zelf woonde ze in de derde wagon van voren. Ze had vanuit het geopende raam van diezelfde wagon moeten zien hoe een man twee van haar kinderen dood had geschoten, toen die tijdens het bloedbad probeerden om naar binnen te klauteren. Een ander kind – een meisje – was ze in de verwarring van de aanval uit het oog verloren. Ze had haar nooit meer teruggezien.

De vijftig Dinka in de trein leidden een teruggetrokken bestaan, zei ze. Ze waren bang voor de Arabieren die in de nabijgelegen dorpen woonden. De Arabieren gaven hun werk, als waterdrager of als tafelbediende, maar ze wisten dat men een antipathie tegen hen had. Ze kregen wat kleren en een beetje voedsel van de katholieke missie in de stad, maar ze leden honger, heel veel honger. Ze hoopten dat ze op de een of andere manier genoeg geld konden verdienen om naar Khartoum te gaan. Mevrouw Awatch liet me een groot litteken zien en zei dat ze het had opgelopen toen een man in Ed Da-'ein haar met een mes naar had gestoken. 'In de trein is het beter dan in Ed Da'ein,' zei ze. 'In Ed Da'ein zouden ze een Dinka vermoorden.'

Ik dacht na over Ed Da'ein. Van alle gruweldaden die in 1987 in Soedan gepleegd waren, was het bloedbad in Ed Da'ein als enige gedocumenteerd. Mahmud en Baldo zeiden dat ze hun rapport hadden geschreven om 'te laten zien dat de overlevenden van het bloedbad behoefte hebben aan onmiddellijke steun' en om 'een beroep te doen op de publieke opinie, zowel lokaal als internationaal, om druk uit te oefenen en een oproep te doen het Soedanese gebruik af te schaffen om mensen als slaaf te verhandelen'. Over het bloedbad was gedebatteerd in het parlement en er was aandacht aan besteed in de internationale pers en in de Soedanese kranten. Het Amerikaanse ministerie van Buitenlandse Zaken had het genoemd in zijn jaarlijkse rapport over de mensenrechtensituatie. Iedereen die maar zijdelings met Soedan te maken had, kende alle bijzonderheden. Al die woorden... en toch... dit was wat het allemaal had opgeleverd: een bewegingloze trein, vastgelopen in de woestijn.

De taxichauffeur en ik liepen verder door het zand in de richting van een groepje hutten met kegelvormige rieten daken, dat we in de verte konden zien liggen. De Dinka in de trein hadden gezegd dat de Arabieren uit dit dorp hen soms in dienst namen. De Arabieren waren kameelhoeders die uit de provincie Kordofan naar Nyala waren gekomen nadat ze hun dieren tijdens de grote hongersnood van 1984-1985 waren kwijtgeraakt. Op dit uur van de dag hadden de vrouwen van het dorp het rijk alleen. Ze fladderden heen en weer in hun blauwe en dieprode sluiers. Een gezette vrouw, Bakhita Adam geheten, leek hun leidster te zijn. Ik wilde haar vragen wat ze over de Dinka dacht, maar het leek me beter om deze kwestie omzichtig te benaderen. Daarom vroeg ik haar te beschrijven hoe een gewone dag eruitzag.

De vrouw giechelde om de vraag. De taxichauffeur vertaalde haar antwoord. 'Ze wordt wakker, ze maakt het huis schoon, ze geeft de kippen te eten. Ze wast kleren. Ze maakt het eten klaar, ze koopt etenswaren. Ze gaat op bezoek bij haar buren. Ze maakt het avondeten.' Ze had een Dinka-bediende die voor de familie gierst fijnstampte. Het meisje was elke dag ongeveer vijf uur bezig om het graan fijn te stampen dat de familie voor consumptie nodig had. Ze nam haar enorm veel werk uit handen, maar mevrouw Adam zei dat ze haar niet mocht, geen enkele Dinka trouwens. Ze wilde dat het provinciaal bestuur de trein ergens anders zou neerzetten.

'Waarom?' vroeg ik.

De lach was van haar gezicht verdwenen. Ze verwrong haar koffiebruine gezicht tot een lelijke frons. 'Omdat ze lelijk en zwart zijn,' zei ze.

Toen ik aan een lange tafel in de soek van Nyala geitenragout zat te eten, ontmoette ik een Soedanese journalist die voor een van de kranten uit Khartoum werkte die door het Nationaal Islamitisch Front werden gepubliceerd. Ik had over het NIF gelezen. De partij, die werd geleid door Hassan al-Turabi – de zwager van Sadiq en Nimeiri's voormalige minister van Justitie – was een van de islamitische partijen van de harde lijn. Al-Turabi en de meeste andere leden van het NIF waren lid van de Moslimbroederschap, de oudste van de moderne bewegingen die zich tot doel stelden de islamitische wet in de islamitische wereld in te voeren. De broederschap, die in 1928 was opgericht, had de Egyptenaren opgeroepen de Britten uit hun land te zetten en het Egyptisch-napoleontische rechtsstelsel te vervangen door de sharia. Vandaar uit had de broederschap zich uitgebreid naar Soedan, Koeweit, Palestina, Libanon en elders. Terwijl het ene na het andere land zich van het kolonialisme bevrijdde, bleef de broederschap haar oproep herhalen om de sharia opnieuw in te voeren. 'Islam is een natie en een godsdienst in één', was een leuze. 'Geen grondwet, maar de koran,' luidde een andere. Ik vroeg de journalist waarom de Moslimbroederschap zo hardnekkig vasthield aan de eis dat het Soedanese rechtsstelsel alleen op de sharia moest zijn gegrondvest.

Hij wilde het me graag uitleggen. De islam, vertelde me hij tussen enkele happen door, was een totaalsysteem, dat elk aspect van het leven bestreek. Dat waren de Soedanese islamieten vergeten toen ze zich door de Britten hadden laten overhalen om religie tot een privé-aangelegenheid te maken, tot iets wat buiten het domein van de staat viel. De islam is sharia – of het 'rechte pad' – ging hij verder, en de Soedanezen zouden geen volwaardige moslims zijn zolang ze niet in een staat leefden die zich tot doel stelde de sharia af te dwingen. De islam was een eenheid, en daardoor was het voor moslims onmogelijk hun eigen wetten en leefregels uit te kiezen; het geloof moest in zijn totaliteit worden geaccepteerd, anders was het fout. Vandaar dat geen enkele moslim zich tegen de sharia kon verzetten. Wie dat deed, was een afvallige. Jonge mensen zoals hij wendden zich tot het NIF, omdat het de enige partij was die bereid was zich sterk te maken voor de islam en in opstand te komen tegen het Westen en de westerse ongelovigen. Corrupte politici als Sadiq al-Mahdi beweerden wel moslim te zijn, maar in feite stonden ze in dienst van het Westen. Alleen het NIF was vastbesloten een Soedanese staat te vormen met de heilige koran als grondwet. 'Democratie, socialisme, nationalisme... al die van buitenaf ingevoerde systemen hebben gefaald,' concludeerde hij, met zijn arm zwaaiend om zijn woorden kracht bij te zetten. 'Het is tijd dat we terugkeren naar onze eigen traditie: de islam.'

'Maar wat is dan de positie van de zuiderlingen en de andere Soedanezen die geen moslim zijn en het ook niet willen worden?' vroeg ik. 'Wat voor ruimte is er voor hen in een islamitisch land?'

'Islam is de enige bindende kracht die we in Soedan hebben,' zei hij langzaam. 'Zonder de islam zijn we niet meer dan een stelletje stammen.'

Wat was er zo verkeerd aan 'een stelletje stammen' te zijn?

De journalist staarde me aan met een kille blik. 'Het verbaast me niets je zoiets te horen zeggen,' zei hij. 'Dat is precies wat de Britten zeiden toen ze hier waren. Ze sloten het zuiden van het noorden af en nodigden christelijke missionarissen uit om erheen te gaan en de zuiderlingen te leren de islam te haten. Ze verboden de zuiderlingen Arabische kleren te dragen en de Arabische taal te spreken. Ze veranderden het zuiden in een menselijke dierentuin.'

Ik had de indruk dat hij boos werd. 'De zogenaamde hulpverleners die momenteel in het zuiden tweedracht zaaien, maken deel uit van dezelfde christelijk-zionistische samenzwering tegen de islam,' zei hij. Het NIF maakte zich geen illusies over de taak die het op zich had genomen. 'Jullie, kruisvaarders, denken dat jullie de opmars van de islam in Afrika kunnen stuiten, maar jullie hebben het mis,' grijnsde hij. 'Je komt er nog wel achter. De islamitische revolutie begint in Soedan, en zal zich van hieruit over de hele wereld uitbreiden.'

Ik wist toen nog niet dat 'kruisvaarder' een algemene islamitische scheldnaam voor westerling was, en ik – als een soort agnostisch christen – was te overdonderd over het feit dat hij me zo noemde om nader in te gaan op zijn voorspellingen omtrent de islamitische revolutie. 'Maar niemand beweert toch dat Soedan een christelijk land moet worden,' stamelde ik. 'Wat de zuiderlingen zeggen, is dat een seculiere staat een garantie kan bieden voor alle religies...'

De journalist viel me in de rede. 'De seculiere staat ís een christelijk concept... een christelijk complot om te voorkomen dat de moslims tot een volledige realisatie van de islam komen,' zei hij fel. 'Het zijn de missionarissen geweest die de zuiderlingen deze ideeën ingegeven hebben, van wie ze deze dingen op school geleerd hebben.'

'Ja,' ging hij verder, 'John Garang is een "missionarissenkind". Jullie zijn de schuld van al deze oorlogen.'

Natuurlijk was de Amerikaanse priester in de lage, witgekalkte rooms-katholieke missiepost in Nyala het niet met hem eens. De priester wees erop dat de Rizeigat in Darfur hun wapens net zo goed gebruikten om de Fur – een islamitisch volk – aan te vallen als om de heidense en christelijke Dinka aan te vallen. Religie is een nuttig masker voor hebzucht, zei hij, maar in Soedan bood het geen bescherming aan iemand die zich wilde verdedigen tegen een sterkere stam die eropuit was zijn land, dieren of vrouwen weg te roven. De noorderlingen zouden de zuiderlingen hoe dan ook aanvallen, zelfs als zij zich tot de islam zouden bekeren. Het christendom was niet het probleem waarmee het zuiden te kampen had. De meeste zuiderlingen waren trouwens toch geen echte christenen. Ze noemden zichzelf alleen christen omdat ze wisten dat de noorderlingen nog bevooroordeelder waren tegenover heidenen dan tegenover de Volken van het Boek. De zuiderlingen dachten ook dat de *khawaja's* eerder bereid zouden zijn hen te steunen in hun strijd tegen het noorden als ze zeiden christen te zijn. Ze hadden elke bondgenoot nodig die ze konden krijgen. Je hoefde geen christen te zijn, zei hij, om te weten dat in Soedan niemand schone handen had.

'Het is te gemakkelijk,' zo ging hij verder, 'om de Baggara overal de schuld van te geven.' Ook zij werden gemanipuleerd door de politici en handelaren uit Khartoum. Voor de in de jaren zeventig door de Wereldbank en de Arabieren gefinancierde projecten om een landbouwindustrie op te zetten, hadden zij delen van hun weidegronden moeten inleveren. Een van deze projecten, even buiten Nyala, werd de Ontwikkelingsmaatschappij voor de Westelijke Savannen genoemd. Uit naam van de vooruitgang had deze maatschappij de Baggara gebieden toegewezen waar men voor de watervoorziening afhankelijk was van motorpompen. De buitenlandse hulp was op dat moment teruggelopen en de regering beschikte niet over de middelen om brandstof voor de pompen te kopen. Nu zaten de nomaden zonder water voor hun vee. Tijdens de hongersnood van 1984-1985 hadden de Baggara meer dan een miljoen runderen verloren. De Umma-partij gaf de Baggara wapens en zei dat ze hun kuddes moesten aanvullen met vee van de Dinka. Was het werkelijk zo verbazingwekkend dat ze op dit aanbod ingingen? 'Het trieste is dat wanneer het SPLA terugslaat,' concludeerde de priester, 'het de Rizeigat en de Misseriya zijn die de klap moeten opvangen, niet Khartoum.'

De priester leende me een van zijn Dinka-studenten om voor mij in het kamp Abu Jiira te tolken. De mensen in het kamp kropen te voorschijn uit hetzelfde soort van plastic golfplaten gemaakte, iglovormige *tukuls* als ik in Hillat Shook gezien had, maar ze leken nog magerder en radelozer dan de mensen bij Khartoum. Enkele van hen huiverden zichtbaar toen ik de naam Safaha liet vallen. 'Ze zijn allemaal door Safaha getrokken om hier te komen,' antwoordde de Dinka-student toen ik vroeg waarom ze zo angstig waren. 'Het is daar erg gevaarlijk. De Rizeigat zitten daar. Als je geld hebt, kun je er wegkomen. Als je geen geld hebt, kun je er niet wegkomen.'

'Zijn er mensen bij die hun kinderen verkocht hebben?' vroeg ik.

De catechumeen zei streng: 'In dit leven verkoopt niemand zijn baby. Ze hebben hun baby's aan rijke mensen uitgeleend – uitgeleend – snap je?'

'Welke rijke mensen?' Ik moest de eerste nog ontmoeten.

'Baggara. Tussen Safaha en Ed Da'ein hebben ze rijke Baggara gevonden. Zo komen ze aan geld voor hun voedsel en levensonderhoud, en weten ze zeker dat hun baby's in leven blijven.'

Klaarblijkelijk vormden de boeren en de nomaden van de Baggara, die gesteund werden door internationale hulpacties, het relatief rijkere deel van de lokale bevolking.

Een kleine, getaande vrouw begon te spreken met de hoge *tik-tok*-klanken van de Dinka-taal. 'Haar naam is Amaow Akok. Ze had een zoon, Akol geheten. Ze heeft hem in Safaha voor vijftig pond verhuurd. Ze kent de naam niet van de Baggara die haar het geld hebben gegeven.'

De vrouw wreef over haar buik en hield smekend haar hand op.

'Ze heeft honger,' zei de catechumeen.

Ik herinnerde me de Iraanse persfunctionaris die had verklaard dat Khartoum de zevende kring van de hel was. Ik begon te denken dat de hel voor de mensen die gedoemd waren om in Soedan te leven, uit nog wel meer dan zeven kringen moest bestaan.

Ik ging elke dag naar het politiebureau. Ik logeerde nu buiten Nyala bij de Ontwikkelingsmaatschappij voor de Westelijke Savannen, waar de priester me over had verteld. Het was een nauwelijks bewoond dorp, met bakstenen huizen en keurige opritten die rechtstreeks uit een Engelse voorstad naar de woestijn leken te zijn overgevlogen. Een Britse ingenieur die er woonde, had me uitgenodigd bij hem te komen logeren. De politie vertelde me dat ik van de veiligheidsdienst van het leger toestemming moest krijgen om naar Safaha te gaan. Een officier van deze dienst vertelde me botweg dat ik er niet heen mocht. Maar nadat ik een dag of tien bij de politie thee had zitten drinken, werkte ik een van de agenten zo op zijn zenuwen dat hij me een soort stempel gaf. Ik nam het direct mee naar Oxfam. Gaudensio en zijn chauffeur pikten me de volgende ochtend op toen het nog donker was. We reden in zuidoostelijke richting langs een oude Britse spoorlijn de woestijn in.

Vlak na zonsopgang hoorden we gezang. Een lange man die om zijn schouder een korte mantel had gebonden en in zijn hand een wandelstok had, liep zingend in onze richting. Hij leek een figuur uit de bijbel, en terwijl hij dichterbij kwam, zag ik dat hij zich had behangen met allerlei klein amuletten en talismans. We hielden halt om te ontbijten en gaven de wandelaar wat water. Hij liep weer verder de woestijn in, nog altijd zingend. Ik had het gevoel dat ik enkele eeuwen in de tijd terug was gegaan.

We reden hobbelend en stotend langs vele kilometers doornstruiken. Afgezien van de spoorweg was er geen teken van menselijke inspanning te zien. We zagen ook geen dieren, met uitzondering van een baviaan en een aantal gazellen. Waar waren ze gebleven? Uiteindelijk vroeg ik het aan Gaudensio. Hij had naast me liggen snurken, tot hij wakker schrok doordat de auto een enorme schok maakte. Hij tilde zijn donkere bril omhoog. 'Alle dieren zijn weggerend naar Centraal-Afrika,' zei hij langzaam, voor hij weer in slaap sukkelde. Uiteindelijk zagen we enkele acacia's in de verte en niet lang daarna reden we tussen verfomfaaide groepjes lange, broodmagere mensen, die onder de bomen zaten of lagen. Aan de littekens op het voorhoofd van de mannen en aan het feit dat de vrouwen blootshoofds gingen en hun bovenlijf soms ontbloot hadden, kon ik zien dat het Dinka waren.

Gaudensio werd wakker en wees door het raam naar de mensen. 'Deze mensen komen uit Safaha,' zei hij. Ik vroeg me af wat zijn positie was. Hij was zelf een Dinka, een van de kleine geletterde minderheid. Hij had me verteld dat hij uit de streek rond Wau kwam. Hij had in zijn jeugd bij een missiepost op school gezeten en had les gehad van de paters van Verona. Door zijn baan bij Oxfam had hij de unieke kans zijn familie en zijn volk te helpen. Maar toen hij me bij de Westerlijke Savannen kwam ophalen, had hij naar illegale *aragi* geroken. Tijdens ons ontbijt pakte hij een blikje en begon weer te drinken. Hij moest toch weten dat hij elk vooroordeel van de islamieten over de ongelovigen bevestigde. Deed hij het om uiting te geven aan zijn woede en frustratie over het benarde lot van de Dinka, of kon het hem gewoon allemaal niets schelen?

Vlak bij Ed Da'ein kregen we motorpech. We besloten de nacht in de stad door te brengen. Het viel me op dat Gaudensio in de auto bleef zitten en de Arabische chauffeur in Ed Da'ein het woord liet doen. Ik bleef ook in de auto zitten en bestudeerde de Rizeigat door het raam. Ze waren geweldig knap om te zien: rijzige, zwaargebouwde mannen met hoge jukbeenderen, een chocoladebruine huid en ietwat schuin staande, bijna Tataarse ogen. In de negentiende eeuw hadden de Rizeigat de door Gordon aangestelde gouverneur Rudolf Slatin opgepakt en niet ver hiervandaan gevangengehouden. Onder hen bevonden zich nu de moordenaars die het jaar daarvoor de familie van de Dinka in de trein buiten Nyala hadden doodgeschoten, neergestoken en verbrand. Ik vroeg me af hoe de smetteloze witkatoenen kaftans en wervelende tulbanden er die dag hadden uitgezien. Gaudensio speelde ongelukkig met het blikje tussen zijn vingers. Ed Da'ein maakte hem onrustig.

Nadat de chauffeur was teruggekomen, reden we langzaam verder door het stadje. De lemen bakstenen van de gebouwen in het stadscentrum maakten plaats voor omheinde compounds van riet en toen, net uit het zicht van de kegelvormige rieten daken van de stad, zagen we een groep van ongeveer vijfhonderd Dinka onder een groepje bomen zitten. Toen onze truck hen naderde, renden sommigen naar ons toe. Ze droegen gescheurde restanten van westerse en Arabische kleding. Toen ik uit de truck stapte, slaakte een uitgemergelde oude man met een lange wandelstok een kreet. Hij rende naar me toe. Hij huilde en sprak gejaagd in het Dinka.

'Wat zegt hij?' vroeg ik terwijl zich een acuut gevoel van onbehagen van me meester maakte.

Gaudensio trok zijn gezicht in een boosaardige grimas. 'Hij is hun stamhoofd. Hij zegt: nu hij jouw blanke gezicht heeft gezien, weet hij dat er hulp gekomen is.'

Ik schaamde me, alsof ik de oude man door mijn aanwezigheid misleid had. Hij dacht dat ik de voorhoede was... Waarvan? Een hulporganisatie? Een koloniale strijdmacht? Ik wist echter dat ik helemaal niets of niemand achter me had staan. Ik kon de mensen in het zand zien liggen. Ze leken te zeer verzwakt om te staan. Ik haalde mijn blocnote te voorschijn en begon vragen te stellen. Het waren Dinka uit Aweil. Ze waren naar Safaha gekomen om voedsel te zoeken, maar er was hier niets. Ze hadden betaald om door vrachtwagens uit Safaha te worden weggebracht. De vrachtauto's hadden hen hier drie dagen geleden afgezet. Ze hadden geen geld meer om nog verder te gaan. De overheid had hun verboden de stad binnen te gaan, nadat inwoners hadden geklaagd dat de Dinka in de omgeving van hun huizen urineerden. Ze hadden geen voedsel, geen water en geen onderkomen. Twee van hen waren de dag ervoor overleden.

Ik had nooit eerder zoveel zieke, angstige mensen gezien.

Het stamhoofd zei iets waarop iedereen met een droefgeestig instemmend gebrom reageerde. Ik keek naar Gaudensio.

'Hij zei: "We zijn uit het zuiden weggegaan omdat we daar dreigden dood te gaan. Het lijkt erop dat we hier nu alsnog zullen sterven."'

Ik vroeg het stamhoofd of er mensen in de groep waren die hun kinderen aan de Rizeigat hadden verhuurd. Voor het stamhoofd kon antwoorden, dromden vijf tot tien mensen om me heen en riepen 'ik' en 'ik heb mijn kind verhuurd'. Het stamhoofd zwaaide opgewonden met zijn armen. Hij zei dat hij tijd nodig had om de namen van alle kinderen die verhuurd waren te verzamelen. Als we morgen terugkwamen, zou hij ons een complete lijst geven. Hij huilde nog altijd. Ik kon zelf ook wel huilen. Door daar aanwezig te zijn had ik hem valse hoop gegeven. Hij leek te denken dat we, als hij ons een lijst gaf, in staat zouden zijn de kinderen terug te halen. Ik vroeg of het goed was als ik wat rondliep. Ik pakte mijn camera en liep naar de bomen waar het grootste deel van de mensen was neergezegen. Het stamhoofd en zijn mannen volgden mij op enige afstand.

De zon begon onder te gaan. De gestalten die tegen de zilverkleurige bast van de bomen leunden, baadden in lavendelblauw zonlicht. De mensen leken niet méér te bezitten dan de gewatteerde dekens die ze tussen de boomstammen hadden opgehangen om wat schaduw te krijgen, en enkele kalebassen en plastic jerrycans. Ze waren allemaal broodmager. Het was duidelijk dat enkele van hen op sterven na dood waren. Ik zag een oudere man en een skeletmagere jongen een eindje verderop onder een eigen boom zitten. De jongen zat in de schoot van de man en staarde met een lege blik de woestijn in. Zijn sleutelbeen stak zo ver naar voren dat het was alsof het als een ring om zijn nek lag; de huid over zijn door zijn vel stekende ribbenkast was gerimpeld als die van een oude man. Zachtjes wreef de man water over de enorme, knobbelachtige knieën en knokige schenen van de jongen. Het water zat in een oude jerrycan die naast hem stond en waarvan de bovenzijde was weggesneden. Met oneindig geduld doopte hij zijn hand in het water, bracht het naar de benen van de jongen en doopte daarna zijn hand weer in het water, terwijl hij zachtjes tegen hem sprak. Ik stond aan de grond genageld door medelijden en ontzetting. Gaudensio kwam naast me staan en fluisterde in mijn oor als een Dinka-Vergilius: 'De jongen is aan het doodgaan. De vader probeert hem verkoeling te geven voor zijn pijn, zodat hij gemakkelijker kan sterven.' Ik graaide in mijn rugzak en vond mijn portefeuille. Ik had ongeveer zevenhonderd Soedanese pond bij me. Het had een tegenwaarde van ongeveer zeventig dollar.

Gaudensio draaide zich weg. 'Je kunt hun beter niet al je geld geven. Je zult in Safaha nog veel schrijnender gevallen zien,' zei hij.

Ik nam een foto van de vader die zijn stervende zoon met water besprenkelde. Daarna gaf ik het oude stamhoofd vijfhonderd pond en liep ik snel terug naar de truck.

De volgende dag zetten we onze reis voort. Het land werd groener. Er groeiden meer bomen en lang gras. We zagen nu af en toe kuddes vee met lange hoorns die in de liervorm waren gedraaid waarin de Dinka, naar ik had gelezen, de hoorns van hun koeien in wrongen. De runderen namen in de Dinka-cultuur en -religie een centrale plaats in. Deze Dinka-runderen waren nu echter eigendom van de Rizeigat. We stopten bij een dorpje van vierhoekige rieten huizen dat Nabagia heette. Een aantal knappe Rizeigat-meisjes met lang gevlochten haar had water gehaald bij een dorpspomp – ongetwijfeld een schenking van de Ontwikkelingsmaatschappij voor de Westelijke Savannen. Ze kwamen in hun gele en roze sluiers rondom me staan, raakten mijn haar aan en lachten hun grote witte tanden bloot. Terwijl ik foto's van de meisjes aan het maken was, liep een stel stamgenoten met automatische wapens naar de chauffeur toe. Ze spraken hem op dringende toon toe in het Arabisch. Toen hij instemde met hetgeen ze tegen hem gezegd hadden – wat het ook was –, sloegen ze hem op de rug en sprongen achter in de truck van Oxfam. Ze lachten en zaten onderling druk te praten. Ze begroetten me met een redevoering vol dankbetuigingen. Klaarblijkelijk dachten ze dat ik de baas was die het had goed gevonden dat ze een lift kregen. Ik hoorde verschillende malen het woord *abid* vallen. Ik wist dat dat 'slaaf' betekent, maar dat het ook als een vernederende term werd gebruikt om zuiderlingen aan te duiden. Gaudensio stond achter me en keek kwaad in de richting van de nieuwe passagiers.

'Wat zeggen ze?' vroeg ik hem.

'Ze gaan naar de politie in Safaha om te klagen dat een slaaf die ze daar gekocht hebben is weggelopen,' zei hij met opeengeklemde kaken. 'De jongen was een Dinka. Ze zeggen dat ze hem de avond ervoor geslagen hebben, maar niet hard.'

We stapten weer in de truck en reden zwijgend verder. Het was 28 maart 1988.

De chauffeur maakte plotseling een scherpe bocht en we hotsten een heuvel af naar een met riet begroeide open vlakte. Gaudensio draaide zich naar me toe, grijnzend als een gekgeworden toeristengids. 'Safaha,' riep hij uit, en met zijn grote hand gebaarde hij in de richting van het veld dat zich onder ons uitstrekte.

Ik had er al zoveel over gehoord en zoveel over nagedacht, en toch zag het er anders uit dan ik had verwacht. Het leek op een landschap van Jeroen Bosch, een panorama van bijna onmenselijke gestalten en de meest vreemdsoortige taferelen te midden van een bijna pastoraal landschap: een naakt kind dat onder een wolkeloze hemel in een plas urine lag, een dikke kraag vliegen rond zijn ogen en neus... Dinka-vrouwen die in een geknielde houding verwoed bezig waren met het vlechten van riet... Het knokige achterwerk van een oude man, dat naar buiten stak door zijn gescheurde tabbaard, terwijl hij zich met een wandelstok moeizaam voortsleepte over een met gras overgroeid pad... Een Rizeigat-handelaar met een tulband als een slagroomtoef op zijn hoofd die door een menigte mensen heen liep en een lange zweep liet knallen. En op de achtergrond het kwetteren van vogels.

De Land Rover kwam tot stilstand voor een rieten hut waar het logo van Oxfam op prijkte. Gaudensio en de chauffeur sprongen naar buiten. Ik volgde langzaam, overmand door het gevoel dat ik een zonderlinge droom was binnengestapt. De Rizeigat-mannen hadden zich uit de achterbak laten tuimelen. Ze glimlachten en bedankten iedereen in zorgvuldig uitgesproken Arabisch. In de verte hoorde ik mensen kreunen. Uit de Oxfam-hut kwamen twee Afrikaanse mannen te voorschijn. Ze droegen westerse kleding en waren ergens tussen de twintig en dertig jaar oud. Ze waren korter en steviger gebouwd dan Gaudensio. Hun gelaatstrekken waren platter en breder en ze hadden enorme afro-kapsels. Gaudensio zei dat ze uit Centraal-Afrika kwamen. Iedereen schudde elkaar de hand. Het leek alsof ze op ons hadden zitten wachten. Ik keek op mijn horloge. Het was even voor de middag.

'Ga terug de auto in,' zei Gaudensio. 'Het is tijd voor de distributie.'

Hij hield de deur voor me open. De twee andere mannen klommen in de laadbak van de Land Rover. We reden een paar honderd meter door het kamp, tot aan de modderige oever van de bruingroene Bahr el-Arab. Aan de overkant stonden grote drommen afgepeigerde mensen, sommige gehuld in vodden, andere naakt, te wachten tot ze aan de beurt waren de rivier over te steken. Op hun schouders droegen ze naakte kinderen, van wie de huid in groteske plooien van hun buik naar beneden hing. Andere knokige gestalten lagen uitgestrekt in de modder. Enkele mensen waren al bezig om door de tot hun middel reikende rivier naar de andere oever te waden. Nadat ze die waren opgekropen, gingen ze in de rij staan voor twee geüniformeerde politieagenten die onder een klein scherm aan een klaptafeltje zaten. Gaudensio legde uit dat de politie daar alle nieuwkomers registreerde.

Ik stapte de truck in. De verschrompelde mensen kwamen in drommen om me heen staan en begonnen in het Dinka te jammeren. Ik liep naar een groep nieuwkomers die achter de registratieplek ineengestort waren en monotoon lagen te kreunen. Het waren er ongeveer twintig. Het waren vrouwen met verlepte borsten en kleine jongens die hun gezicht in hun handen geborgen hadden. Gaudensio volgde me onwillig. 'Vraag ze wat er gebeurd is,' eiste ik.

Ze verdrongen zich om me heen, nog nat van de rivier, klagend en huilend. De jongens staken hun armen uit en trokken hun vuile en gescheurde kleren omhoog om hun blauwe plekken en brandwonden te laten zien. Ik kon de striemen niet van de littekens onderscheiden die hun hele lichaam bedekten. Wat zeiden ze? Ik probeerde de vertaling van Gaudensio boven het kabaal te verstaan. De jongens zeiden dat ze uit Marial Bai kwamen, een dorp in de omgeving van Aweil. Hun vee was gestolen, hun dorp platgebrand en ze hadden niets te eten. Alle dorpen in de omgeving waren verlaten. Ze hadden drie dagen gelopen. De vorige avond had de Rizeigat-militie ze in het bos aan de overkant van de rivier overvallen. De jongens zeiden dat de leden van de militie hen met een zweep hadden geslagen en hen hadden verbrand. Ze hadden ook zeven kinderen en een vrouw meegenomen.

Ik was de namen van deze kinderen aan het opschrijven toen Gaudensio gebaarde dat ik mijn aantekenboekje moest opbergen.

'De politie kijkt naar ons,' zei hij. 'Safaha is een Rizeigat-kamp. De mannen die de kinderen van deze mensen hebben meegenomen, zijn hier nu waarschijnlijk aanwezig.'

Achter hem zag ik drommen mensen die 's ochtends de rivier waren overgestoken en nu in afwachting van voedsel met hun uitgemergelde lijven waren neergehurkt onder het meedogenloze witte oog van de zon. Een van de mannen uit Centraal-Afrika liep, terwijl hij een joint rookte die zo dik was als een sigaar, tussen de menigte door om de kinderen van hun familie te scheiden. Ze moesten zich in een aparte rij opstellen. Een groot deel van de kinderen had zoveel gewicht verloren, dat hun hoofd er kolossaal en onnatuurlijk uitzag. De chauffeur en de andere man uit Centraal-Afrika openden een van de reusachtige juten zakken die we met de Land Rover vanuit Nyala hadden meegenomen. De zak zat vol wollen truien. De kinderen die nog genoeg kracht hadden om overeind te blijven staan, wachtten gehoorzaam terwijl de mannen van Oxfam de rij afliepen. Het was een hele worsteling, maar ze wurmden een warme, jeukerige, slecht passende trui over het hoofd van elk kind. In mijn gedachten doemde het beeld op van oude dames die in Engeland op een koude dag bij het licht van een gaslamp wollen truien en wanten aan het breien waren voor het winkeltje van Oxfam in de hoofdstraat. Wat zouden die ervan vinden als ze hun handwerk nu zouden zien?

'Waarom moeten ze een trui aan?' vroeg ik Gaudensio.

'Omdat ze die niet hebben,' zei hij, alsof dat een geldige verklaring was. Hij was bezig nog meer zakken en dozen uit te laden. Het leek volslagen onzinnig om iemand in deze hitte een trui aan te doen, maar misschien moesten de kleren de kinderen op de een of andere manier behoeden voor de islamitische vhekel aan naaktheid. Later hoorde ik dat veel van de truien eindigden op het hoofd van de Dinka-mannen. De mouwen werden samengeknoopt, en op die manier ontstonden de meest interessante hoofdtooien.

Op enkele meters afstand van de Land Rover klonk plotseling geschreeuw op. Honderden hongerende Dinka renden naar de chauffeur die zakken, blikken en dozen met voedsel en zeep opende. Er kwam een politieagent aanlopen. Hij zwaaide met een lange zweep en riep in het Arabisch tegen de mensen dat ze in een rij moesten gaan staan.

'Geef elke vrouw er een,' zei Gaudensio tegen me, terwijl hij een doos met stukken zeep voor me op de grond liet neerploffen. De vrouwen drongen zich al op met kalebassen en oude plastic jerrycans. Ik werd overmand door de geur van natte, ongewassen lichamen. Het was de bedoeling dat de hulpverleners elke pas gearriveerde vrouw een ondiep, dertig centimeter breed mandje vol sorghum, een kop bakolie en een stuk zeep gaven. Omdat elke dag vijfhonderd mensen de rivier overstaken, was dit het enige wat de medewerkers van Oxfam voor de nieuwkomers konden doen. De Dinka-stamhoofden in het kamp werden geacht het onderhoudsrantsoen dat zij in bulk van Oxfam kregen, te verdelen onder de circa twintigduizend mensen die al in Safaha aanwezig waren. Er waren echter zoveel nieuwkomers, die allemaal naar voren opdrongen en allemaal om voedsel smeekten, dat enkele van de mensen die al langer in het kamp verbleven, zich in de verwarring bij de menigte nieuwkomers aansloten en ook een portie voedsel opeisten. Dat maakte ik in ieder geval op uit de woedende reactie van de medewerkers van Oxfam, die de hele operatie stillegden en pas door wilden gaan op het moment dat iedereen die voor de tweede keer iets kwam halen vertrokken was. Tijdens de opwinding viel een oude Dinka-vrouw stuiptrekkend neer. Haar hoofd en voeten sloegen tegen de grond en er droop schuim uit haar mond. Niemand besteedde er enige aandacht aan. Toen de distributie hervat werd, werd ze bijna onder de voet gelopen.

Gaudensio liep op en neer langs de rij en noteerde de naam van iedereen die voedsel zou krijgen. Er waren echter zoveel mensen met dezelfde naam dat het zinloos was zo'n lijst bij te houden. Op de plek waar de kinderen nog altijd op een trui stonden te wachten, had een jonge blanke man met een verwilderde haardos en een zeer donkere zonnebril zich bij de medewerkers van Oxfam gevoegd. Hij woog de kinderen met behulp van een weegschaal die aan een boomtak was opgehangen. Hij noteerde het gewicht van elk kind, zijn bezigheden voortdurend onderbrekend om het zweet van zijn bril weg te vegen. Gaudensio zei dat de man een van de artsen van AzG-België was. Hij zocht kinderen die hij kon meenemen naar een speciaal voedingscentrum dat AzG op de heuvel naast het legerkamp had ingericht. De kinderen moesten half zoveel wegen als normaal was voor hun leeftijd om voor opname in het centrum in aanmerking te komen.

Al het voedsel en de truien waren uitgedeeld. Ik ging achter op de Land Rover zitten. Mijn hoofd bonsde. Het was verschrikkelijk heet. We reden langzaam terug door het kamp. De lucht was mistig door de rook van de kookvuren. Aan weerskanten van ons zaten en lagen duizenden mensen op rieten matten verspreid over de open vlakte naast de rivier. Het geheel zag eruit als een reusachtige picknick van skeletten. Verderop zag ik enkele in een witte kaftan gehulde leden van de militie lopen. Ze droegen automatische geweren en voerden een paar Dinka-meisjes met ontblote bovenlijven naar een soort steegje met rieten hutten waar een groot aantal Rizeigat-mannen leek rond te lopen. De truck zwenkte opzij om te voorkomen dat we een verschrompeld jongetje, dat in het stof naast een vrouw op de grond lag, zouden raken. Ik dacht aan de bevende Nederlandse uit Khartoum. Het is het enige zuivere wat ik kan doen, had ze gezegd. 'Stop,' zei ik plotseling, en ik herhaalde het nog eens, luider nu. Ik voelde me belachelijk omdat ik nog nooit van mijn leven iemand een bevel had toegeroepen, maar ik zei het opnieuw: 'Stop!'

De truck stopte. Ik klom eruit en liep terug naar de plek waar de kleine jongen lag. Hij haalde bijna geen adem meer en was nauwelijks in staat om met zijn enorme ogen te knipperen om de vliegen die rond zijn hoofd zwermden weg te jagen. Uit zijn gezwollen buik staken twee spichtige beentjes. De broodmagere vrouw naast hem spande zich in om overeind te gaan zitten, maar viel toen hijgend achterover. De adem piepte in haar longen. Gaudensio haalde me in. Waarom is dit kind niet in het voedingscentrum? hoorde ik mijzelf op hoge toon vragen. Gaudensio haalde zijn schouders op en zei tegen de vrouw iets in het Dinka. Ze gaf zelf geen antwoord, maar een andere vrouw, die ons vanaf een dichtbij liggende mat gadesloeg, begon te spreken.

Uiteindelijk antwoordde Gaudensio: 'De moeder van het kind is heel erg ziek. Ze heeft mogelijk een longontsteking. Ze heeft geen familie die de jongen naar het voedingscentrum kan brengen.'

'Wíj kunnen hem brengen,' zei ik. 'We kunnen ze allebei naar het voedingscentrum brengen.' Gaudensio haalde opnieuw de schouders op. Hij riep iets naar de chauffeur, die met de Land Rover langzaam achteruitreed naar de plek waar we stonden. Er kwam een menigte om ons heen staan. Een paar mannen tilden de moeder op en legden haar in de brits van de truck. Toen ik naast haar in de laadbak ging zitten, legden ze de jongen in mijn armen. Hij voelde aan als een heet, papierachtig bundeltje botjes. Zijn ogen waren gesloten, maar onder de over zijn schedel gespannen huid zag ik een ader kloppen. Telkens wanneer de truck heen en weer schudde, was ik bang dat hij iets zou breken. We reden de heuvel op en parkeerden voor een langgerekte, rechthoekige strohut. Voor de hut stond een Land Cruiser van AzG. De hut was aan drie zijden omgeven door een groot U-vormig afdak van gevlochten riet. Het zat er vol met vrouwen en kinderen. Dit was het voedingscentrum.

Ik klom uit de truck, de jongen nog steeds in mijn armen dragend. De arts die ik eerder bij de voedseldistributie gezien had, kwam uit de hut naar buiten terwijl hij zijn mond afveegde.

'Sorry,' zei hij, terwijl hij het kind van mij overnam. Hij sprak met een zwaar Vlaams accent. 'We zaten net te lunchen,' zei hij. 'Mijn naam is Eric Hendrickse.'

Ik stelde me voor en vertelde dat ik journalist was.

Dr. Hendrickse legde de jongen in een andere in een boom opgehangen weegschaal. Er was hier nog een andere journalist, zei hij. Een Brit. Ze hebben hem gisteren gearresteerd. De politie brengt hem vandaag naar de gevangenis in Nyala.

Ik dacht hierover na terwijl Hendrickse het gewicht van de jongen noteerde. Hij woog 4,2 kilo. De moeder zat nu overeind in de laadbak van de truck en was in staat om te spreken. Hendrickse ondervroeg haar, terwijl Gaudensio tolkte. Ze zei dat de jongen drie jaar oud was en dat hij Atot heette. Hij was drie jaar oud en woog zo weinig. Was dat mogelijk?

De brildragende arts die ik de kinderen bij de rivier had zien wegen, kwam uit de hut naar buiten met een aluminium beker met warme melk. Hij stelde zich voor als Koen Henkaert en bracht Atots moeder en de jongen naar het voedingscentrum. Ik liep achter hen aan. Hij hurkte naast de moeder van Atot neer en deed met gebaren voor hoe ze de jongen de melk te drinken moest geven. De Dinka-vrouwen in het midden van de ruimte begonnen zich er nu mee te bemoeien. Ze stootten de moeder aan en gebaarden dat ze de jongen de melk moest geven. Maar ze was te ziek en zakte onderuit op de grond. Uiteindelijk nam een van de vrouwen de beker en begon de jongen daaruit te drinken te geven. Tot mijn verrassing opende hij zijn ogen en begon hij te drinken, eerst langzaam, toen met kleine slokjes.

Ik vroeg Henkaert of hij dacht dat Atot het zou halen. Hij haalde de schouders op en ging overeind staan. Wie zou het zeggen? Het was een goed teken dat hij dronk. Maar slechts weinig kinderen haalden het wanneer de moeder niet sterk genoeg was om ze te eten te geven. Vandaar dat het voedingscentrum de regel hanteerde dat elk kind moest worden vergezeld door een volwassene. De kinderen in het centrum moesten elke drie uur gevoed worden. Het was voor Henkaert en Hendrickse ondoenlijk om alle 264 kinderen zelf te voeden. En zelfs als ze daartoe wel in staat waren geweest, ze hadden niet voldoende voedsel om nog meer kinderen op te vangen en het was beter om het te bewaren voor de kinderen die een grotere kans hadden om te overleven. En dat waren de kinderen die iemand hadden om voor ze te zorgen.

Hendrickse onderbrak hem om te vragen of ik wilde lunchen.

Het leek beschamend om tussen deze verhongerende mensen te gaan zitten eten, maar ik had honger en dus volgde ik hem naar de AzG-hut. Er stonden geen meubels. Op de vloer van aangestampte aarde lagen alleen dekens en kleren, een paar rugzakken en een petroleumbrander waarop een bruine ragout stond te koken. Hendrickse smakte een deken op de grond en schepte ragout in een stel tinnen borden. Hij reikte mij een van de borden aan en begon te eten. Ik schepte de ragout op mijn lepel en proefde ervan. Je moest er stevig op kauwen en het zat vol kraakbeen. Wat is het? vroeg ik.

Gazelle, antwoordde Henkaert. Hij lachte om de uitdrukking op mijn gezicht. We hebben het op de markt gekocht.

Ik was verbaasd dat er in een hongerkamp als dit een markt was. Wie had hier iets te verkopen?

De artsen lachten opnieuw, bitter. O, maar in Safaha was alles te koop: doerra, geitenvlees, stof, mensen zelfs. Voor iemand die geld heeft, mompelde Henkaert, is Safaha een winkelparadijs.

Hendrickse viel hem in de rede. Eigenlijk was hij zelf nooit naar de markt geweest. Het leger had hun verboden het voedingscentrum te verlaten. Ze mochten alleen naar de rivier gaan wanneer daar s middags voedsel werd uitgedeeld. Ze moesten hun Soedanese staf erop uitsturen om voedsel te kopen. Maar ze hadden over de markt horen vertellen.

Ze zagen er verwilderd en ongeschoren uit. Geen wonder, dacht ik, als ze elke drie uur tweehonderd kinderen te eten moeten geven. We zaten gedrieen een minuut lang te kauwen. Toen vroeg ik of ik bij ze in de AzG-hut kon blijven. Ik bood aan om ze te helpen. Ze vonden het goed, zolang ik maar zorgde dat ik niet in de problemen raakte. Probeer in godsnaam geen slaaf te kopen, kreunde Henkaert afkeurend. Daarvoor hebben ze die andere journalist opgepakt.

Welke andere journalist? vroeg ik.

Hij was een Brit, meer wisten ze niet. Hoe hij in Safaha beland was en wat hij hier te zoeken had, konden ze me niet vertellen. Op een dag was hij bij het voedingscentrum verschenen. Hij had een heleboel fotos gemaakt. Toen ze dat zagen, hadden ze hem weggejaagd. Kort daarna hoorden ze dat hij was gearresteerd.

Henkaert maakte instantkoffie met melk uit blik. Ik bood hem en Hendrickse enkele van mijn Amerikaanse sigaretten aan. We lagen op de dekens voldaan te inhaleren. De sigaretten smaakten beter dan de gazelle. Het voelde heerlijk om mn buik vol te hebben. Feitelijk, zo had ik het gevoel, was het me nog nooit zo opgevallen hoe heerlijk het eigenlijk was om je buik volgegeten te hebben.

In de namiddag gingen Gaudensio en ik naar de politie om ons te laten registreren. Hun bureau bestond uit een kaarttafeltje onder een doornige boom. Terwijl de agenten in hun vouwstoeltjes mijn paspoort bekeken, kwam er een vrachtwagen vol soldaten aanrijden. Het bleek dat de soldaten een baardloze blanke man met stekelhaar en helder blauwe ogen bewaakten. Ik schatte dat de gevangene ergens tussen de twintig en vijfentwintig jaar oud was. Hij leek niet bang te zijn. Hij zwaaide naar me en vroeg in het Engels om een sigaret. Hij was de Britse journalist waar de artsen me over hadden verteld.

Ik liep naar de vrachtwagen en gaf hem een paar Marlboro's. Hij zei dat hij niet alleen journalist was, maar ook onderzoeker voor het Anti-Slavernijgenootschap in Londen. De politie had hem geen vergunning willen geven. Uiteindelijk had hij een handelaar betaald om hem mee te nemen. Die had hem geholpen om in contact te komen met de handelaren op de markt. Hij wilde een slaaf kopen. Een andere handelaar uit Ed Da'ein, een grote dikke kerel, had gezegd dat hij de zaak zou afhandelen. Hij zou voor veertig pond een zevenjarige jongen kopen en daarvoor een commissie van vier pond krijgen. Het was allemaal geregeld, maar toen had de militie van de Rigeizat er lucht van gekregen en nu had de politie hem verteld dat hij werd weggevoerd naar de gevangenis van Nyala op beschuldiging van een poging om een slaaf te kopen.

De klootzakken hebben al mijn notitieboekjes en mijn film ingepikt, zei hij. Hij trok een sigaret uit mijn pakje en stak hem aan. Vind je het goed als ik er een paar uit haal? Ik heb de mijne allemaal aan deze kerels hier gegeven.

Ik zei dat hij het hele pakje mocht houden.

Hij stak het snel weg in zijn overhemd.

Ik was nog bezig om de dingen die hij had gezegd tot me door te laten dringen. Je werkt voor het Anti-Slavernijgenootschap? Dezelfde organisatie waar Gordon steeds naartoe had geschreven? vroeg ik. Met zijn lef en zijn vrijpostigheid leek hij zo uit de tijd van Gordon te komen. Ik had de gevangenis van Nyala gezien. Er zat een raam in waar ijzeren staven voor zaten. Ik geloofde niet dat ik zo opgetogen zou zijn wanneer ik daarheen gevoerd werd. Maar hoe zit het nu met dat "verpanden"? vroeg ik. De mensen die ik in Abu Jiira heb geïnterviewd, zeiden dat ze hun kinderen alleen maar aan de Baggara uitleenden.

Ja, daarom is het ook krankzinnig dat ik ben opgepakt. Ik heb namelijk heel duidelijk gezegd dat ik de jongen naar het buitenland zou meenemen en dat de handelaar hem me nog steeds graag wilde verkopen. Ik heb hem gezegd dat ik de jongen nodig had om mijn huis in Engeland schoon te maken!

Hij lachte hardop, blijkbaar vanwege het bespottelijke idee dat hij een slaaf nodig zou hebben om zijn huis schoon te maken. Daarna sprak hij op gedempte toon. Safaha is een doorvoerplaats, fluisterde hij. Ten zuiden van hier worden door de Rizeigat dorpen platgebrand, mensen geroofd en vermoord. Dit is de plek waar de militie de buit verdeelt: het vee en de slaven. Alle dorpen waar je op de weg van Ed Da'ein langs bent gereden, zitten vol slaven.

De chauffeur van de legertruck startte de motor. De soldaat die met de politieagenten had staan praten, brulde een bevel in het Arabisch.

Tijd om te gaan, zei de onderzoeker die de slavernij aan de kaak wilde stellen. Samen met de soldaten klom hij al weer terug in de laadbak van de vrachtwagen.

Waar is de markt? riep ik.

Hij gebaarde met zijn duim in de richting van het steegje waarin ik de soldaten eerder die dag de Dinka-meisjes had zien wegleiden.

In de veiligheid van de hut van de artsen krabbelde ik in mijn aantekenboekje hoe mijn gesprek met de journalist die slaven zocht, was verlopen. De politie had niets gezegd, maar ze hadden mijn paspoort achtergehouden. Ik moest oppassen dat ze me niet zagen terwijl ik aantekeningen maakte. Het kon me niet schelen. Ik had het gevoel dat elk moment dat ik hier was, voor eeuwig in mijn gedachten gegrift zou staan. En toch, wat me na al die jaren nog het meest is bijgebleven, is het gevoel dat ik van de ene ondoorgrondelijke situatie in de andere terechtkwam, het gevoel alsof ik in een droom zat waaruit ik onmogelijk ontwaken kon. Die avond leerde Henkaert me in het voedingscentrum hoe ik water aan de kook moest brengen en dat moest mengen met poeder om de hete melk te maken, en hoe ik de kinderen het door de VN verstrekte middel tegen uitdroging moest toedienen. De kinderen dreigden uit te drogen omdat ze diarree hadden. Toen het brouwsel gereed was, goten we het in metalen emmers. Eens in de zoveel uur pakten we de emmers en een petroleumlamp en schepten de melk in de kalebassen en bekers terwijl we langs de rijen vrouwen en kinderen liepen die buiten onder het afdak zaten. Ik herinner me dat de vrouwen, terwijl ze hun bekers ophielden, me vanuit de schaduw toefluisterden: 'Zuster, zuster, alstublieft.' Bij het licht van de maan leken ze nog meer op skeletten, op levende lijken. En natuurlijk waren er gestalten die niet fluisterden. In de ochtend vonden we ze terug als levenloze lichamen.

Wanneer we het voedsel hadden uitgedeeld, strekten de artsen en ik ons uit op de dekens in de hut. Hendrickse toverde een fles *aragi* te voorschijn. Hij had voor AzG in Ethiopië gewerkt en het kamp in Korem gezien, waarvan BBC-correspondent Michael Buerk met monotone stem had gezegd: 'Deze plek, zeggen de hulpverleners, lijkt van alle plaatsen op aarde nog het meest op de hel.' Hendrickse fluisterde: 'Het is hier nog veel erger dan alles wat ik in Ethiopië gezien heb. Hoger sterftecijfer...'

'Hoeveel zijn er gestorven?'

Henkaert ging geïrriteerd overeind zitten. 'Hoe moeten wij dat weten? We hebben toch al gezegd dat we geen toestemming hebben het voedingscentrum te verlaten.'

'Hier in het voedingscentrum is het sterftecijfer hoger dan wat we in Ethiopië registreerden,' ging Hendrickse verder. 'We kunnen er alleen naar raden hoeveel mensen ginder in het kamp zijn doodgegaan. Niemand kan het precies zeggen, zelfs de politie niet. Er arriveren en vertrekken zoveel mensen dat zelfs de politie niet weet wie hier allemaal zitten.' (Een Amerikaanse historicus die later probeerde een schatting te maken van het aantal mensen dat in 1988 in het zuiden van Soedan is gestorven, kwam tot de slotsom dat die lente een op de tien mensen in Safaha was overleden.)

Hendrickse en Henkaert waren opgeleid om hersenoperaties uit te voeren, maar hier in Safaha mochten ze alleen emmers eten uitdelen aan kinderen. Iedereen zou dit werk hebben kunnen doen, maar niemand anders deed het. AzG had geprobeerd in Nyala Soedanese werknemers in dienst te nemen, maar ze konden niemand vinden die naar Safaha wilde gaan. Het leger verwachtte blijkbaar dat het SPLA elk moment kon aanvallen. De artsen hielden het niet voor onmogelijk dat de legercommandant de hulporganisaties had uitgenodigd om naar Safaha te komen om een dergelijke aanval af te wenden. Verder hadden ze er echt geen flauwe notie van waarom ze toestemming hadden gekregen om hiernaartoe te komen. Als het SPLA een aanval zou uitvoeren, zouden de Rizeigat die naar alle waarschijnlijkheid vergelden door een slachting aan te richten onder de Dinka-vluchtelingen verderop in het noorden. Oxfam had met het leger een contract afgesloten dat alle vluchtelingen met legertrucks naar veiliger lokaties buiten Nyala vervoerd zouden worden, maar de hulporganisatie had de daarvoor noodzakelijke voertuigen en de brandstof niet kunnen kopen. De Arabische handelaren die hier de touwtjes in handen hadden, verdienden in Safaha meer geld dan ze van Oxfam voor hun trucks zouden krijgen. Het duurde nog maar een paar weken voor de regens kwamen en de savannen zouden veranderen in een uitgestrekte modderzee. Als Oxfam niet snel regelde dat er trucks kwamen, moesten de vluchtelingen te voet vertrekken. Ze zouden dan zijn overgeleverd aan de genade van de Rizeigat-militie. De broodmagere kinderen die door de artsen gevoed waren, zouden een dergelijke mars zeker niet overleven.

Vandaar dat veel ouders weigerden met hun kinderen mee te gaan naar het voedingscentrum, legden de artsen uit. Ze konden het zich niet permitteren daar tijd voor vrij te maken. In plaats van rond te hangen in het voedingscentrum konden de ouders werken – een mat vlechten bijvoorbeeld – en nog een paar piaster extra sparen om uiteindelijk een plaatsje op een van de vrachtwagens van de Rizeigat te kunnen bekostigen.

'Wij willen eerst de kinderen te eten geven, omdat die het zwakst en het onschuldigst zijn,' zei Hendrickse. 'Dit druist echter in tegen de Afrikaanse opvatting. De Afrikanen zullen de volwassenen – de sterksten – het eerst te eten te geven, omdat die de meeste kans hebben te overleven. De Afrikaanse ethiek is gebaseerd op schaarste, de onze op overvloed. En toch hou je juist op een plaats als deze vast aan het idee dat je de onschuldigen moet beschermen, omdat de sterksten zonder uitzondering de grootste slechteriken zijn... dat moeten ze wel zijn, onder zulke omstandigheden.'

Het was donker. Ik haalde mijn slaapzak te voorschijn en schudde hem uit. Er viel een schorpioen op de grond. Henkaert doodde het beest en hield hem tegen het licht. Hij was giftig, zei hij, en om een of andere reden vonden Hendrickse en ik dit verschrikkelijk grappig. Als je door dat beest was geprikt, zouden we geen tegengif hebben gehad. We lachten tot we erbij omvielen. Een tijdlang overstemde ons gelach het geluid van de duizenden mensen die buiten de hut aan het hoesten en kokhalzen waren, een aanzwellende kakofonie die zo luid en diep in alles doorklonk dat ze uit het binnenste van de aarde leek op te stijgen.

'Opportunistische infecties,' zei Hendrickse, toen hij zag dat ik was opgehouden met lachen en naar het trieste rumoer luisterde. 'Longontsteking, bronchitis, diarree... daar gaan de meesten aan dood als ze eenmaal door de honger verzwakt zijn.'

Uit het kamp klonk bassend gebrul en dronken gebral op.

Ze zijn aan het neuken... De militie neukt de Dinka-meisjes, kreunde Hendrickse. Henkaert trok een deken over zijn hoofd. Ik vroeg me af wie er in een oord als dit nu aan seks kon denken. Maar natuurlijk zinderde alles van de seks: van de Rizeigat die tussen de rijen Dinka-vrouwen met ontblote bovenlijven doorliepen, tot het magnetisme dat voelbaar was tussen mij en deze Belgische artsen. Misschien werd het opgewekt door het naakte besef dat wij voedsel hadden en de anderen niet. Of misschien was het de afschuwelijke angst. Het is heel merkwaardig met dit soort kampen, zei Hendrickse. Hoe minder voedsel er is en hoe meer lichamen je 's ochtends vindt... hoe meer er geneukt wordt. We lagen alle drie te luisteren naar het geroep en gekreun dat uit de richting van de markt kwam. Uiteindelijk krabbelde Henkaert overeind en brak de sfeer van het moment. Het is weer tijd om eten rond te brengen, zei hij.

De volgende ochtend zei Henkaert: 'Als je wilt weten hoeveel mensen er dood zijn gegaan, waarom ga je dan niet bij de graven in de kampen kijken? Ze bedekken ze met doornstruiken.' Toen ik die dag in het kamp rondliep, telde ik vele tientallen met doorntakken overdekte grafheuvels. Gaudensio regelde voor mij een interview met vier Dinka-stamoudsten in de hut van Oxfam.

De stamoudsten hadden lange wandelstokken en droegen een trui van Oxfam op het hoofd. 'De *jallaba* willen ons land en onze koeien... daarom maken ze ons dood,' zeiden ze. De oudsten zeiden dat er in de dorpen al veel mensen waren vermoord en van de honger waren omgekomen voor ze aan de lange tocht naar Safaha waren begonnen. Terwijl ze zich met een uiterste inspanning van hun krachten naar het kamp voortsleepten, zeiden ze, hadden wilde dieren de kinderen en bejaarden die te zwak waren om door te lopen, gedood en opgegeten. Die ochtend had ik bij het voedingscentrum een jongen van ongeveer negen jaar oud gezien, waarvan Hendrickse zei dat hij een hyena-aanval had overleefd. De hyena had de rechterkant van het gezicht van de jongen weggescheurd, met inbegrip van de neus en een oog. Hij liep geheel naakt door het voedingscentrum rond en droeg slechts een sjaal die rond zijn hoofd was gewonden om de wond te bedekken.

In eerste instantie had het kamp een volkomen chaos geleken. Maar na een verblijf van ongeveer een dag besefte ik dat er een bepaalde ordening in zat, een ordening die des te strakker was omdat ze door paniek was ingegeven. Vanaf het eerste harde ochtendlicht tot zonsondergang was elke vluchteling die overeind kon komen aan het werk. De sterkste vrouwen liepen voortdurend weg om het hoge, gele riet af te snijden dat in de omgeving van het kamp groeide. Bij hun terugkomst droegen ze het in grote bundels op hun hoofd. Andere vrouwen zaten in het zand onder fragiele, van riet gevlochten schermen en vlochten met het riet grote vierkante matten. Ze verkochten die aan de Rizeigat-handelaren, die de matten in het noorden doorverkochten. De noorderlingen gebruikten de matten om hun vierkante hutten mee te maken. Een vrouw deed er een dag over om een mat te vlechten. Ze kreeg er een Soedanese pond voor, ongeveer tien dollarcent. Wanneer een vrouw vijftig matten had gemaakt en verkocht, kon ze de handelaar die de matten van haar gekocht had, de vijftig Soedanese pond teruggeven die hij ervoor had betaald. Daarna liet hij haar met een vrachtwagen uit Safaha vertrekken. Haar kinderen mochten gratis met haar mee... als ze er niet te veel had. De handelaren waren de hele dag bezig met de matten op te halen en ze een voor een op de trucks te laden. Aan het eind van de middag begonnen ze de trucks ook vol te laden met mensen. Vijftig of zestig vluchtelingen reden tegelijkertijd weg op een stapel matten die ze zelf gevlochten hadden.

Wie niet sterk genoeg was om riet te snijden of te vlechten, kon nog op een andere manier wegkomen: door zijn kinderen te verkopen. Voor seksueel aantrekkelijke meisjes werd het meeste geld geboden. Daarna kwamen kleine kinderen. De artsen zeiden dat de prijs voor een gezonde jongen van acht of negen, die op geiten of koeien kon passen, in februari maar liefst driehonderd pond had bedragen. De prijs was nu gedaald tot vijftig pond, exact de prijs voor een rit naar Ed Da'ein. De politie registreerde de transacties in een groot boek dat op hun kaarttafel onder de boom lag, zogezegd om te garanderen dat de ouders hun kind konden terugkopen tegen het dubbele van de prijs die zij ervoor hadden ontvangen. De ongeletterde Dinka zetten hun vingerafdruk in het boek ten teken dat ze akkoord waren. Ik vroeg me af hoe ze hun kinderen ooit zouden terugvinden, aangezien ze niet konden lezen en schrijven en binnen niet al te lange tijd uit Safaha zouden vertrekken. Gaudensio snoof toen ik vroeg wat het politieregister ooit voor zin kon hebben. 'De politie zorgt er op die manier gewoon voor dat ze hun aandeel van de Rizeigat krijgt,' zei hij.

Ik was weggebleven uit de buurt van de keetjes waar volgens de Britse slavenspeurder de transacties plaatsvonden. Toen het moment naderde dat de vrachtwagens met de matten zouden vertrekken, zag ik enkele broodmagere Dinka-ouders wat kinderen in de richting van de keetjes leiden. Een van de vrouwen liep schuchter naar mij toe. Ik had eerder die dag glimlachend naar haar dochter gekeken, een naakt hummeltje dat er gezonder uitzag dan de meeste kinderen in dit akelige oord. Ze trok aan mijn mouw en zei iets met smekende stem.

'Ze wil weten of je haar dochter wilt kopen,' zei Gaudensio.

Een eindje verderop stonden enkele soldaten in een greppel. Ik was bang dat ze me ervan zouden beschuldigen dat ik probeerde een slaaf te kopen wanneer ik zou vragen hoe duur het meisje was, maar ik wilde meer te weten komen over de manier waarop het systeem werkte. 'Vraag haar wat zo'n jong kind zou moeten opbrengen,' zei ik tegen hem.

Gaudensio sprak tegen de vrouw in het Dinka. De moeder liet zich in het stof vallen, klemde haar handen rond mijn enkels en jammerde iets in het Dinka. Wat zei ze? De soldaten keken nu zeker in onze richting. Mijn hart bonkte van angst en schaamte. Ik graaide in mijn rugzak om haar wat geld te geven. '*La, la, la,*' bleef ik zeggen. 'Nee, nee.'

'Ze zegt dat het kind nog zal groeien,' zei Gaudensio. De uitdrukking op zijn gezicht ging schuil achter zijn zonnebril.

'Zeg haar dat we het kind niet kunnen kopen!'

Ik gaf haar honderd pond. Toen ik de biljetten in haar hand drukte, liet ze me los. Ze huilde van dankbaarheid, haar gezicht besmeurd met vuil en tranen. Ik ging snel in de Land Rover zitten voor de andere ouders me konden bereiken. Terwijl ik in de cabine van de truck zat, probeerde ik te bedenken wat ik doen kon. Ik had nog maar zo'n honderd Soedanese pond over. Maar ik had travellerscheques in Amerikaanse dollar. Zouden de Rizeigat-handelaren travellerscheques aannemen? Ik pijnigde me met deze vraag. Ik had genoeg geld om te zorgen dat ten minste een paar honderd mensen hier weg konden komen. Maar dan zouden ze in Ed Da'ein stranden... ook niet echt een veilige haven. En de handelaren zouden de prijs voor de duizenden die achterbleven verhogen. Nee, daarmee zou niemand gediend zijn. De Dinka drukten hun gezichten tegen de ramen van de auto. Hun geroep kon ik nu ten minste niet horen. Nu begreep ik waarom Gaudensio voor het kleine stukje van de hut naar de plek waar het voedsel werd uitgedeeld steeds liever de truck nam dan ging lopen.

In de derde nacht stierf de moeder van Atot. De hele nacht gaf ik Atot zelf te eten. Het leek alsof hij elke keer een beetje meer uit mijn beker dronk. Ik blijf hier en zal hem net zo lang melk geven tot hij er weer bovenop is, nam ik me voor. Maar voor de zon opkwam, hoorden de artsen en ik het geronk van een legertruck. Hij hield halt voor de hut. We hoorden voetstappen en zagen het schijnsel van een lamp. 'Ik kom voor de vrouw,' zei een mannenstem.

Het was de kampcommandant, majoor Hussein Hamid. Hij vertrok naar Nyala. Hij zei dat ik met hem mee moest gaan.

Ik stamelde dat ik mijn spullen moest pakken. Mijn gedachten waren bij Atot. Als ik zou vragen of ik hem mee mocht nemen, zou ik er vrijwel zeker van worden beschuldigd dat ik probeerde een kind te stelen. Trouwens, zijn zus bevond zich ergens in het kamp. Ik kon hem niet weghalen bij zijn familie. Ik herinnerde me de woorden van de Nederlandse in Khartoum: Het is het enige zuivere wat ik kan doen. Was het in dit land mogelijk ook maar één zuiver ding te zien, vroeg ik me af.

'Je blijft Atot toch wel eten geven?' vroeg ik Henkaert.

'Natuurlijk,' zei hij. Zijn gezicht was grauw van uitputting.

Ik klom in de cabine van de legertruck en nam plaats naast Hussein Hamid.

De rit terug naar Nyala duurde veertien uur. Ergens onderweg voelde ik opeens een stekende pijn achter mijn ogen en daarna in mijn ingewanden. Ik zakte in elkaar op mijn stoel. Ik had het gevoel dat er een vulkaan in mijn ingewanden uitbarstte. 'Stop alstublieft,' zei ik met schorre stem. Toen de truck grommend tot stilstand kwam, sprong ik uit de cabine. Een moment lang keek ik over mijn schouder. Een stuk of tien met AK-47's gewapende soldaten stonden rechtop in de laadbak en keken nieuwsgierig mijn kant op. De gezichten van de majoor en zijn chauffeur, die zichtbaar waren achter de ramen van de cabine, tolden voor mijn ogen. Zo te zien keken ze bezorgd. Mijn tanden klapperden. Wat vreemd om in de verzengende zon te staan en het gevoel te hebben dat je aan het doodvriezen bent. Er was nog geen grashalm waar ik me achter kon verbergen. Ik liet mijn jeans zakken, hurkte neer en liet de inhoud van mijn darmen in het zand exploderen.

Op een of andere manier lukte het me om terug in de truck te klauteren. Iedereen zweeg. Toen stelde majoor Hamid me een vraag.

Is iedereen in Amerika rijk?

Nee, niet iedereen, antwoordde ik terwijl ik mijn ogen tot spleetjes kneep om me te verweren tegen het stekende zonlicht dat door het raam naar binnen viel. Sommige Amerikanen zijn rijk, sommige zijn arm.

Heeft iedereen een wc in zijn huis? wilde hij weten.

Ja, zei ik. Bijna iedereen.

Waarom zeg je dan dat jullie niet rijk zijn? Hamid lachte en lachte en sloeg met zijn handen op zijn knie. Het duurde een paar minuten voor ik doorhad wat er zo grappig was, maar toen moest ook ik lachen. Het leek zo'n absurde luxe, een wereld waarin iedereen een wc met spoelbak had. In heel Nyala was maar één plaats waar zo'n wc stond: de Ontwikkelingsmaatschappij voor de Westelijke Savannen. Tijdens mijn verblijf bij de Westelijke Savannen was ik niet zonder kritiek geweest, maar ik zwoer nu dat ik er nooit meer één kwaad woord over zou zeggen, als het me maar zou lukken er terug te komen.

De majoor vertelde dat de politie van Safaha wilde dat hij me naar de gevangenis zou brengen. Ik had niet het goede stempel in mijn paspoort. De politie had radiocontact met Nyala gehad en te horen gekregen dat ik wist dat ik geen toestemming had me daar op te houden. Maar toen we bijna in Nyala waren, leek de majoor van gedachten te veranderen. Hij vroeg me waar ik heen wilde gaan.

De Ontwikkelingsmaatschappij voor de Westelijke Savannen, fluisterde ik.

Natuurlijk, zei Hamid. Zijn tanden staken fonkelend wit af tegen zijn gezicht. De compound van de *khawaja*.

Hij vertelde de chauffeur hoe hij rijden moest. Opnieuw dook het wonderbaarlijke Engelse voorstadje in de woestijn op. Ik wees naar de woning van de ingenieur. Zijn bediende, Abdul, rende naar buiten en staarde met opengevallen mond naar de truck. Majoor Hussein beval hem mijn rugzak naar binnen te dragen. Toen we afscheid namen, liet de majoor me beloven dat ik hem wanneer ik me beter voelde in het stadje zou komen opzoeken om kennis te maken met zijn vrouw en kinderen. Tranen van dankbaarheid vulden mijn ogen. Ik had het gevoel dat ik mijn leven aan hem te danken had. *Al-hamdillallah*, mompelde ik. *Inshallah*.

De truck van de majoor reed weg. Ik strompelde het huis in, wankelde de badkamer binnen, ging op de koele witte tegels naast de wc van de ingenieur liggen en verloor mijn bewustzijn. De koorts hield een paar dagen aan. Er kwam een Belgische arts langs. Hij gaf me een injectie en zei dat ik tyfus had. Aan het eind van de week lukte het me uit bed te komen. Ik nam het vliegtuig naar Khartum en daarna een ander vliegtuig naar Kenia. Korte tijd later was ik in Nairobi, in een hotelkamer, en probeerde te bedenken wat ik schrijven zou. Mijn hoofd deed nog altijd pijn. Ik krabbelde een paar woorden op het briefpapier van het hotel: 'Er zijn plaatsen die zo triest zijn dat onze geest met walging vervuld raakt wanneer wij proberen het te begrijpen.' Het was een begin.

De artikelen die ik over Safaha schreef, behoorden tot de eerste berichten die in het Westen werden gepubliceerd over wat in Soedan later werd aangeduid als de hongersnood van 1988. Er zijn buiten Soedan tegenwoordig niet veel mensen meer die zich deze hongersnood nog herinneren. Hij is in het Westen nooit echt tot het publieke bewustzijn doorgedrongen. Dit houdt gedeeltelijk verband met het feit dat de Verenigde Staten en hun bondgenoten er geen behoefte aan hadden om een hongersnood in een kwetsbare maar bevriende Afrikaanse democratie tot een nieuwsitem te maken. Maar met het verstrijken van de maanden stuurden hulpverleners en verslaggevers als als Carol Berger en Jane Perlez van *The New York Times* tientallen berichten die bevestigden dat tienduizenden zuiderlingen die naar het noorden waren

gevlucht om een veilig heenkomen te zoeken in plaatsen als Abyei, El Mei-
ram, El Muglad en Babanousa van de honger omkwamen. Uiteindelijk zou
de hongersnood volgens een schatting van de vn 250000 zuidelijke Soedanezen het leven kosten. In een later verschenen rapport van J. Millard Burr,
geschreven in opdracht van het Amerikaans Comité voor Vluchtelingen,
werd gesteld dat dit aantal eerder rond de 500000 moest liggen. Net als zoveel andere dingen in Soedan zal de waarheid over het exacte aantal mensen
dat tijdens deze hongersnood het leven verloor, wel nooit bekend worden.

Emma was een van de weinige westerlingen aan wie het nieuws over de hongersnood niet voorbijging. Ze studeerde in 1988 af aan de School of Oriental and African Studies in Londen en bevond zich derhalve in het middelpunt van wat haar vriend Alex de Waal, de criticus van de hulpverleningsorganisaties, de 'Humanitaire Internationale' noemde: de westerse hulpverleners, mensenrechtenpropagandisten, diplomaten, journalisten en missionarissen, die van buitenlandse rampen hun werk hadden gemaakt. Door haar baantje bij het Soedanees Cultureel Centrum had ze inmiddels enkele mensen leren kennen die uit het zuiden van Soedan kwamen. Ze had gezien met wat voor minachting sommige Arabischsprekende diplomaten uit het centrum de zuiderlingen behandelden en gehoord dat ze hen achter hun rug soms *abid* (slaaf) noemden. Haar vrienden Sally en Willy woonden nu in Nairobi. Via hen had ze gehoord dat Alastair iets te maken had gehad met een clandestien voedseltransport vanuit Kenia naar delen van het zuiden van Soedan die voor buitenlanders lange tijd gesloten waren geweest. Van de zuiderlingen die ze ontmoette, hoorde ze over het 'knekelspoor', dat zijn naam te danken had aan de skeletten die overal verspreid lagen langs de honderden kilometers lange wegen waarover de hongerende zuiderlingen de vluchtelingenkampen in Ethiopië probeerden te bereiken. De hongersnood van 1988 maakte in Emma de activiste wakker.

Ze begon te ageren dat de Britse regering stelling moest nemen tegen de steun van premier Sadiq al-Mahdi aan de met de regering geallieerde milities, zoals de Rizeigat, die het zuiden plunderden. Liz Hodgkin werkte voor Amnesty International, waar ze inzage had in de rapporten over zuiderlingen die in de vluchtelingenkampen rondom Khartoum werden vastgehouden en gemarteld. Emma en zij sloten zich aan bij het kersverse Soedanees Comité voor Vrede en Verzoening. Enkele Britse leden van het comité waren in de jaren zeventig en tachtig als vrijwilliger naar Soedan gegaan om er les te geven. Net als Emma waren ze in de ban van het land geraakt. Ze probeerden zo goed en zo kwaad als het ging de kost te verdienen door voor groeperingen en nieuwsbrieven te werken die zich op Afrika richtten. Ze woonden vergaderingen bij waarin de vraag aan de orde werd gesteld hoe de publieke aandacht voor de hongersnood in het zuiden van Soedan kon worden opgewekt. Ze schreven brieven naar parlementsleden en naar kranten en probeerden hen over te halen de vrede te steunen.

Michael Wolfers, een goede vriend van de familie Hodgkin, was ook lid van het comité. Wolfers is een van die mensen op wier grafzerk zou moeten staan: IK HAD LIEVER IN AFRIKA GEWOOND. Hij was vroeger Afrika-correspondent voor *The Times* geweest en had ook enige tijd voor de socialistische regering van Mozambique gewerkt. 'Afrika is mijn leven,' zei hij vaak, en dat meende hij ook. In vergelijking met door de wol geverfde oude Soedangangers als Wolfers was Emma een beginneling. Haar persoonlijkheid en uitstraling maakten echter dat ze haar als vanzelfsprekend in hun midden opnamen. 'Ik herinner me haar niet als een politiek analist,' zei Wolfers. 'Ik kan me niet herinneren dat ze bijzonder uitgesproken opvattingen had. Wat me nog het duidelijkst voor ogen staat, is hoe mooi ze was.'

Gillian Lusk, de redacteur van *Africa Confidential*, was ook lid van het comité. Gill was een vriendin van Carol Berger. Ze had jarenlang in Soedan doorgebracht, eerst als onderwijzeres en later als journaliste, en ze woonde nu alleen in Greenwich, een paar straten verwijderd van de kerk waar – zoals ze bezoekers uit Soedan graag vertelde – generaal Gordon was gedoopt. Gill was onder de indruk van Emma's oprechtheid en van haar betrokkenheid met Soedan: 'Ze leek me iemand die zich heel boos kan maken wanneer mensen onderdrukt worden.' Emma's bevlogenheid met Soedan herinnerde Gill aan haar eigen jonge jaren. Gills kantoor lag niet ver van het Soedanees Cultureel Centrum. Emma en zij zochten elkaar soms op om iets te gaan drinken en om brieven te schrijven aan Sadiq al-Mahdi en John Garang, aan de leiders van Soedanese politieke partijen en aan de kleine mensenrechtengroeperingen in dit land. Samen schreven ze een pamflet over de vooruitzichten van vrede in Soedan. Gill herinnert zich dat Emma altijd bereid was om te gaan collecteren of om typewerk te doen. 'Ze was geen zeikerd. Als ze zei dat ze iets zou doen, deed ze het ook.' Natuurlijk hadden de Soedanese diplomaten van het Cultureel Centrum een bloedhekel aan westerse groeperingen als het Comité voor Vrede en Verzoening, die zich in hun ogen met zaken bemoeiden die hen niet aangingen. Gill Lusk en Liz Hodgkin zeggen dat Emma zich daardoor uiteindelijk zo ongemakkelijk voelde dat ze ontslag nam.

Enkele leden van het vredescomité waren ervan overtuigd dat de Verenigde Staten en Europa voldoende invloed hadden om de Soedanese regering te dwingen vrede te sluiten met het zuiden, als ze maar wilden. Uiteindelijk betaalden westerse donateurs nog altijd zo ongeveer de helft van de periodieke uitgaven van de Soedanese regering. Nu de Sovjet-Unie uiteenviel, kon de regering zich voor steun alleen nog tot het Westen wenden. In 1988 zweeg de regering van president Ronald Reagan echter over de hongerramp die zich in Soedan aan het voltrekken was. De verkiezing van George Bush aan het eind van dat jaar leek een signaal dat het politieke klimaat zou gaan veranderen. Bush bleek verrassende connecties met Soedan te hebben. In de jaren zeventig had hij Amerikaanse oliemaatschappijen geholpen contact te leggen met de regering van Nimeiri. Als vice-president had hij Soedan tijdens de hongersnood van 1985 bezocht in verband met een inspectie van het Amerikaanse noodhulpprogramma. Al in de herfst van 1988 had Julia Taft, het hoofd van het Amerikaanse Bureau voor Hulpverlening bij Buitenlandse Rampen, minister van Buitenlandse Zaken George Schultz aangezet tot een hardere opstelling tegenover de regering van Sadiq al-Mahdi door hem de televisiebeelden te tonen die NBC in het zuiden van Soedan gemaakt had van kinderen die eruitzagen als skeletten. De Soedanese regering had zich verzet tegen de inspanningen van hulporganisaties om in het zuiden voedsel af te leveren. Nog geen week nadat Bush was ingezworen, kondigde Washington aan dat het de bevolking in het zuiden van Soedan voedsel zou geven, of dat de regering nu aanstond of niet.

Soedan reageerde onmiddellijk. Zodra zij werd gedwongen te kiezen tussen een hulpactie van de VN – waar zij althans voor een deel nog zelf controle over zou kunnen uitoefenen – en directe Amerikaanse steun aan de opstandige gebieden, trad de regering van Sadiq in onderhandeling met UNICEF om een hulpprogramma te starten dat – voor de eerste keer in de geschiedenis van de VN – beide partijen van een burgeroorlog hulpgoederen en voedsel zou leveren. (Verlamd door de Koude Oorlog mengden de Verenigde Naties zich tot het eind van de jaren tachtig zelden in burgeroorlogen. De organisaties van de VN stelden zich op het standpunt dat elke vorm van erkenning van rebellerende groeperingen een schending was van de soevereiniteit van de lidstaat.) De noodhulpactie zou de naam Operation Lifeline Sudan (OLS) krijgen. Hoewel deze actie voor velen te laat kwam, was ze een enorme overwinning voor de 'Humanitaire Internationale' die de hongersnood in Soedan aan de kaak had gesteld.

De coalitie die de hongersnood wilde bestrijden, wist dat het geven van hulpgoederen en voedsel alleen niet voldoende was om een einde aan de hongersterfte in Soedan te maken. In 1988 had de Democratische Eenheidspartij (DUP), een van Soedans traditionele islamitische partijen, een vredesovereenkomst met het SPLA getekend. Daarin waren beide partijen overeengekomen dat de invoering van het islamitisch recht zou worden opgeschort tot het land een grondwetgevende conferentie kon beleggen over de rol van religie in een verenigd Soedan. Het NIF van Hassan al-Turabi verzette zich fel tegen deze overeenkomst en hield vol dat er voor het islamitische noorden ten aanzien van de sharia geen compromis mogelijk was. Sadiq had geprobeerd het verdrag te saboteren door het NIF te lijmen en een zeer weifelende houding aan te nemen ten aanzien van besprekingen met het SPLA. Een maand nadat president Bush zijn nieuwe harde lijn tegenover de regering had kenbaar gemaakt, stelde het Soedanese leger de premier echter voor een ultimatum: ofwel er zou binnen een week een stap naar vrede worden gezet door een begin te maken met de ontwapening van de milities, ofwel er zou een staatsgreep volgen. Sadiq capituleerde. Zijn Umma-partij vormde een coalitieregering met de Democratische Eenheidspartij. Ondanks protesten van het NIF besloot het parlement de invoering van het islamitisch recht op te schorten. Emma en haar vrienden waren dolblij. De vrede leek binnen handbereik.

Emma was al maanden aan het sparen om bij Sally en Willy op bezoek te gaan. Willy werkte in Kenia als hulpverleningsadviseur en Sally ontwierp sieraden. In maart 1989 vloog Emma naar Nairobi. Kenia was met zijn koele, vochtige hooglanden altijd een tegenpool geweest van het grimmige Soedan. In de koloniale tijd hadden de Britten het buitenlanders verboden om in Soedan land te kopen, maar in Kenia hadden ze duizenden hectares grond ter beschikking gesteld aan blanke kolonisten. Vooral de White Highlands bij Nairobi waren bijzonder populair geworden bij aristocraten en eigenzinnige miljonairs die zich tot het blauwgroene landschap en de spectaculaire fauna voelden aangetrokken. Omstreeks de eeuwwisseling probeerden deze lieden, die Europa waren ontvlucht, in Kenia op min of meer feodale wijze te leven. Hun 'Happy Valley', even buiten Nairobi, werd even beroemd om de losbandige levenswijze van zijn bewoners als om zijn imposante villa's. De Deense schrijfster Karen Blixen verhoogde het mystieke aura nog toen ze in 1937 haar ode aan het blanke aristocratische ideaal *Out of Africa* publiceerde. Kenia was sinds 1963 onafhankelijk, maar toen Emma in 1989 in Nairobi aankwam, was dit nog altijd de blanke hoofdstad van Oost-Afrika. De oorlogen die dit deel van Afrika teisterden, hadden Kenia nog ongemoeid gelaten. De Keniaanse telefoons werkten gewoon, de wegen waren geasfalteerd en het land had een bloeiende toeristenindustrie. De westerse persbureaus gebruikten Nairobi als basis, net als de snelgroeiende industrie voor noodhulpverlening.

Sally was verrukt over het feit dat haar beste vriendin in Nairobi was. Ze nam Emma overal mee naartoe en stelde haar aan iedereen voor. Het centrum van Nairobi, met zijn lage bungalows en zijn opzichtige Aziatische moskee, had de oude koloniale atmosfeer nog behouden. Te midden van de oude gebouwen verrees echter steeds meer uit bouwblokken opgetrokken hoogbouw. Buiten het centrum woonden de meeste stadsbewoners in sloppenwijken die zich als paddestoelen over de hellingen hadden verspreid en waar blanke Kenianen zich maar zelden waagden. Hun leefwereld beperkte zich hoofdzakelijk tot de winkelwijk en de heerlijk geurende blanke voorsteden als Langata en Karen, dat vernoemd was naar de schrijfster van *Out of Africa*. Emma en Sally doften zich op en spraken af om wat te gaan drinken in het uit de koloniale periode stammende Norfolk Hotel. Daarna gingen ze dansen in de Florida 2000, een disco die daar om de hoek lag. Of ze gingen dineren in Langata, waar Willy en Sally woonden.

Willy en Sally stelden Emma voor aan natuurkenners, hulpverleners, kunstenaars en journalisten. Onder hen bevonden zich enkele van de opvallendste jonge mensen van blank Afrika. Willy's ouders woonden nog steeds in Kenia, in een huis vol gangen en trappen vlak bij Mombasa. Willy was een buitenmens. Hij had deelgenomen aan een trek van de Masai; hij wist hoe de elandantilope zich gedroeg en hoe je een geit boven een open vuur moest roosteren. Tot Willy en Sally's vriendenkring behoorden de kunstenaar David Marrian en zijn echtgenote lady Emma Marrian, de Italiaanse schrijfster en documentaire-filmmaakster Francesca Marcian, de – Sally's woorden –

'adembenemend knappe' kunstenaar Tonio Trzebinski, wiens moeder, Erroll Trzebinski, een boek had gepubliceerd over de beruchte 'White mischief'-moord op Lord Erroll in 1941, dat in belangrijke mate had bijgedragen aan de verbreiding van de legende van Happy Valley, en de jonge Douglas-Hamiltons, wier vader, Iain Douglas-Hamilton, leiding had gegeven aan de beweging om de Keniaanse olifant te redden en wier Italiaanse moeder, Oria, was opgegroeid in een art deco palazzo naast het Naivasha-meer.

De levensstijl die de in Kenia wonende buitenlanders er in de jaren tachtig op na hielden, stond in geen vergelijk tot de weelderige levenswijze van de vroegere bewoners van Happy Valley, maar toch leefden ze te midden van een pracht en praal die in Londen, Parijs of Washington onmogelijk zou zijn geweest. De stank van houtskoolvuurtjes zweemde in de lucht, maar verder was het heel goed mogelijk om te leven in de waan dat de sloppenwijken van Nairobi even ver van de villa's van Langata of Karen als van Europa of Noord-Amerika verwijderd lagen. Door het eindeloze Afrikaanse wachten – op een vergunning, een visum, een reparatie, tot machines gearriveerd waren – kon het leven hier een ongehaaste gemoedelijkheid krijgt die men in het Westen bijna vergeten was. Tijdens de party's in Nairobi speelden Emma en haar gastvrienden badminton op dikke tapijten van kikuyu-gras of namen een duik in het met bougainvilles overhangen zwembad in de achtertuin terwijl ze zich vermaakten om de capriolen van apen en wrattenzwijnen. Bedienden brachten koele drankjes op patio's met uitzicht over de Ngong-heuvels. Tijdens het diner snoven ze in de badkamer om beurten een lijntje cocaïne en roddelden ze over wie met wie naar bed ging. In de weekeinden beconcurreerden ze elkaar in het organiseren van de meest avontuurlijke safari. Met de trein waren Mombasa en de stranden niet ver, en veel in Kenia wonende buitenlanders hadden daar een boot of een zomerhuis.

Enkele van hen waren in Kenia geboren. Anderen waren gekomen uit sensatiezucht en om hun moederland te ontvluchten. Het was een erekwestie om grote risico's te nemen, om de westerse cultuur van veiligheid te minachten. Ze beslopen groot wild. Ze waren dol op sporten als deltavliegen en parachutespingen. Ze feestten de hele nacht door, namen dan een vliegtuigje van deze of gene en vlogen naar de top van een berg om olifanten in een meer te zien zwemmen. Ze probeerden voortdurend op de top van de golf te surfen, waren continu op zoek naar extreme ervaringen en het maakte deel uit van hun erecode om nooit en te nimmer genoegen te nemen met middelmatigheid. Tonio Trzebinski, een schilder die een gepassioneerde affaire met Sally had, haalde graag een uitspraak van de kunstenaar Francis Bacon aan, die het motto van de groep werd: 'Het leven is zo volstrekt zinloos dat we net zo goed kunnen proberen er iets bijzonders van te maken.'

Het was een extatische manier van leven die Maggie McCune, toen ze een paar jaar later in Kenia op bezoek kwam, onmiddellijk en enthousiast als 'koloniaal' herkende. Maar de jongere generatie blanken had reeds lang de droom losgelaten om in Kenia een vermogen op te bouwen. Ze hadden gezien wat er na de onafhankelijkheid met blanke boerderijen en bedrijven was gebeurd. In plaats daarvan speelden ze direct in op de fantasiebeelden die het Westen van Afrika had. Sommigen organiseerden safari's voor rijke toeristen. Anderen maakten foto's, schreven boeken of maakten films waarin de mensen en dieren van het werelddeel bejubeld werden. Sommigen gingen werken in de hulpverleningsindustrie. Anderen raakten betrokken bij natuurbehoud. Of, als ze journalist waren, schreven artikelen over westerlingen die al dit soort dingen aan het doen waren.

Dit nam evenwel niet weg dat het steeds kleiner wordende legertje westerlingen het doelwit was van zeer sterke Afrikaanse haatgevoelens. 'Veiligheid' was een voortdurend punt van zorg. Door Afrika te 'helpen' verdienden de blanken veel meer geld dan welke Afrikaan dan ook, een kleine elite uitgezonderd. En van dat geld huurden ze beschutte villa's die waren afgezet met scheermesjesprikkeldraad, ijzeren poorten en elektrische hekken die bewaakt werden door gewapende bewakers. Maar de angst bleef. Het was heel goed mogelijk dat hun Keniaanse koks, tuinlieden en bewakers samenspanden met de politie en de bendes die volgens de geruchten inbraken plaagden in de blanke compounds. Tegen de deuren van hun slaapkamers waren metalen platen bevestigd, zodat binnendringers hen niet met *panga*-kapmessen in bed dood konden steken. Iedereen kende wel iemand die door dieven was vermoord. De wetenschap dat zij hun buitenissigheid mogelijk met de dood zouden moeten bekopen, maakte de opwinding alleen nog maar groter.

Alistair en Patta waren van Khartoum naar Nairobi verhuisd. Ze werden op alle feesten uitgenodigd, maar werden te veel in beslag genomen door Operation Lifeline om zich met evenveel overgave in het sociale leven te storten als sommige anderen uit de groep. In maart 1989 gaf Sadiq de Verenigde Naties eindelijk toestemming voedsel naar de gebieden te vliegen die in handen waren van het SPLA. Hij tekende ook een overeenkomst om het islamitisch recht op te schorten. Het kostte bijna evenveel moeite om John Garang, de zich afzijdig houdende leider van het SPLA, over te halen ermee in te stemmen dat de VN onder de hongerende bevolking in zijn gebied voedsel zouden uitdelen als om de medewerking van Sadiq te krijgen. Op het eerste gezicht zou je denken dat het voor Garang alleen maar gunstig was dat hij op deze manier door de VN erkend werd. Maar net als Sadiq moest hij de voor- en nadelen van elke zet grondig afwegen in de context van het regionale schaakbord waarop hij speelde.

Garangs beschermheer, de Ethiopische kolonel Mengistu, was tegen Operation Lifeline gekant. Mengistu vocht voor zijn leven. Zijn eigen beschermheer, de Sovjet-Unie, zeeg ineen. In het noorden van Ethiopië hadden rebellerende Tigre met de separatistische Eritreeërs een front gevormd en de hele noordelijke provincie Tigre bezet. Mengistu bestookte de konvooien met hulpgoederen die vanuit Soedan naar Tigre reden. Hij was bang dat Operation Lifeline een precedent zou scheppen en dat de VN hulp zouden verlenen aan andere rebellen die zich verzetten tegen regimes die in het Westen niet populair waren, zoals zijn eigen regime. Op een bepaald moment hield Mengistu Garang voor dat hij moest kiezen tussen militaire steun uit Ethiopië of hulpverlening van de VN.

Na een reeks militaire overwinningen leek het succes Garang echter toe te lachen. Hij wist dat de Ethiopische dictator het SPLA bijna net zo hard nodig had als het SPLA hem. In het zuiden van Ethiopië fungeerden de Soedanese rebellen nagenoeg als Mengistu's persoonlijke bezettingsleger. Bovendien hielden ze Ethiopische volken als de Oromo in de gaten, die tegen Mengistu in opstand zouden kunnen komen. Het SPLA won in Soedan ondertussen niet alleen terrein op het platteland, maar behaalde ook overwinningen op garnizoenssteden als Kapoeta, Torit, Bor en Nasir. Mengistu's waarschuwingen in de wind slaand, zond Garang zijn 'minister van Buitenlandse Zaken', de voormalige hoogleraar techniek Lam Akol, om de onderhandelingen met de VN af te ronden die nodig waren om Operation Lifeline van de grond te krijgen. Op 1 april 1989, bijna een jaar nadat ik in de truck van majoor Hussein Hamid uit Safaha was weggereden, vertrok het eerste VN-vliegtuig vanuit Lokichokio naar het zuiden van Soedan, naar de gebieden die in handen waren van de rebellen. Enkele weken later kondigde Garang een eenzijdig staakt-het-vuren aan met de Soedanese regering.

In de opwindende periode dat Operation Lifeline werd opgezet, logeer-de Emma op de VN-campus die te midden van een weelderig landschap even buiten Nairobi lag. Ze ontmoette hier Vincent O'Reilly, de geestige, zwart-harige Ier die de leiding over de operaties van OLS in het zuiden zou krijgen. (Operation Lifeline verplichtte zich evenveel hulpgoederen naar het noor-den als naar het zuiden van Soedan te brengen.) Ze hoorde van Alastair en Patta over de halfgeheime missie die ze voor AzG-Nederland hadden uitge-voerd om te onderzoeken wat de situatie was in Ler, een Nuer-dorp achter de linies van het SPLA, toen de hongersnood het grootst was. 'Op de gezich-ten van de mensen stond een uitdrukking van ontroostbaar verdriet en he-vige schrik... alsof ze volledig verdoofd waren door de gruwelen van de ja-renlange oorlogen en het voortdurende lijden dat ze hadden doorgemaakt,' schreef Patta later.

Deze eerste ontmoetingen met het SPLA – of de SPLM (Sudan People's Liber-ation Movement), zoals de rebellen de beweging graag noemden – gaven en-kele westerse hulpverleners het gevoel alsof ze een grot binnenliepen die werd bevolkt door nachtelijke wezens die schuw waren voor het licht. In hun kam-pen in Ethiopië hadden de rebellen vrijwel geheel zelf kunnen bepalen wat ze met het voedsel en de hulpgoederen deden die ze ontvingen. Hoewel de UNHCR probeerde in de gaten te houden wie eten kreeg, mochten de VN-func-tionarissen de kampen na het invallen van de duisternis niet meer betreden. De hulpgoederen en voedselvoorraden die bestemd waren voor de circa 200000 Soedanezen die in het kamp bij Itang verbleven, werden ook gebruikt voor de bevoorrading van de militaire trainingskampen en hoofdkwartieren die het SPLA in de nabijgelegen kampen van Bonga en Bilpam had opgezet. Peter Adwok Nyaba, een voormalig officier van de rebellen, heeft een boek geschreven over de jaren waarin hij deel uitmaakte van het SPLA. Nyaba zegt dat de hooggeplaatste officieren het grootste deel van het voedsel en de ove-rige goederen inpikten. In ruil daarvoor lieten ze de burgers uit de vluchte-lingenkampen voor de rebellen werken als lastdragers en dienaren.

Net als de rebellerende Eritrecërs en Tigre in Soedan had het SPLA een ei-gen hulporganisatie – Sudan Relief and Rehabilitation Association (SRRA) – die, althans in naam, was opgezet om hulp te bieden aan de burgerbevolking. De groep was berucht om haar onbekwaamheid en verduisteringsprak-tijken. Al voor Operation Lifeline in het leven werd geroepen, hadden Band Aid, Oxfam en Save the Children geprobeerd het SRRA westerse inzichten bij te brengen over de manier waarop een financiële administratie dient te worden bijgehouden en het SRRA ook zover te krijgen dat de hulpgoederen aan mensen die níet aan de gevechten deelnamen werden uitgedeeld. Het experiment liep uit op een totaal fiasco, maar het gaf de functionarissen van de hulporganisaties wel inzicht in hoe ver Garang en zijn kompanen zou-den gaan om de absolute controle te houden over het geld dat de rebellen bereikte. Toen Band Aid en de andere organisaties het SRRA ongeveer 60000 dollar gaven om de huur en de telefoonrekeningen van zijn kantoor in Nai-robi te betalen, verdween het geld naar een rekening op een bank in Addis Abeba. De leiding van het SRRA was in handen van Richard Mulla, een ad-vocaat uit Equatoria. De hulporganisaties bleven er bij Mulla voortdurend op aandringen dat hij de misstanden zou voorleggen aan John Garang en zijn belangrijkste handlangers. Mulla voelde hier echter weinig voor. Het SPLA was op dat moment verwikkeld in een meedogenloze strijd om de ver-overing van Equatoria en de verhoudingen tussen de mensen van Mulla en de Dinka waren slecht. Uiteindelijk legde hij Garang echter toch de klacht voor die de buitenlanders aan de orde wilden stellen.

Het duurde enkele weken voor Mulla en de hulporganisaties uit Addis Abeba bericht kregen. Toen kwam het bevel dat Justin Yaac, een kalende, peer-vormige Dinka-gynaecoloog die tot de vertrouwelingen van Garang be-hoorde, uit Ethiopië zou komen om Mulla te vervangen. Tijdens een be-spreking tussen Mulla en Yaac liepen de emoties hoog op. Toen Mulla na af-loop wegreed, dook er uit het niets een vrachtwagen op die zijn auto van de weg reed. De Equatoriaan liep door het ongeluk ernstige verwondingen op aan zijn hoofd. Toen de functionarissen echter een klacht indienden bij de Keniaanse politie, werd Mulla gearresteerd wegens het doen van valse be-schuldigingen. De westerlingen slaagden erin hem uit de Keniaanse gevan-genis te krijgen, maar tegen die tijd was hij inmiddels bereid ontslag te ne-men. Onder druk van het Westen stuurde Garang Lam Akol naar Nairobi om de zaak bij te leggen. Mulla werd de woordvoerder van de rebellen in Londen en Yaac keerde terug naar Ethiopië.

Emma liet zich door dergelijke intriges niet afschrikken; integendeel, ze werd erdoor gefascineerd. Ze smeekte Alastair en Patta Scott-Villiers haar te helpen een baan bij Operation Lifeline Sudan te vinden. Na enkele weken ging ze terug naar Londen, maar ze begon direct plannen te maken om voorgoed naar Kenia terug te keren. Tegen haar docenten op de School of Oriental and African Studies vertelde ze dat ze er veldwerk wilde doen voor haar doctoraal over het vluchtelingenvraagstuk. Een van de projecten waarvoor zij zich bij het Soedanees Comité voor Vrede en Verzoening had ingezet, was het inzamelen van geld voor het opzetten van een nieuwsbrief waarin allerlei informatie over Soedan werd bijeengebracht. Op 10 juni hadden vertegenwoordigers van het SPLA in Addis Abeba een ontmoeting met de Soedanese regering om de vredesvoorwaarden te bespreken. Alles leek erop te wijzen dat de oorlog weldra voorbij zou zijn. Enkele leden van het comité wilden de plannen voor de *Sudan Update*, zoals het blad moest gaan heten, daarom maar laten varen. Emma wist ze zover te krijgen om de uitgave toch gewoon door te laten gaan.

Het eerste nummer verscheen in juni 1989. Sindsdien is de *Sudan Update* tot op de dag van vandaag zonder onderbreking verschenen. De vrede die zo aanlokkelijk dichtbij had geleken, werd op het laatste moment toch weer ondermijnd. Op 30 juni 1989, een dag voordat het Soedanese parlement de islamitische rechtspraak zou opschorten en vier dagen voordat Sadiq al-Mahdi een persoonlijke ontmoeting met Garang zou hebben, werd de regering zonder bloedvergieten door een groep onderofficieren omvergeworpen. De leiders van de coup proclameerden een 'Revolutie voor Nationale Redding'. Al snel bleek dat zij protégés waren van Hassan al-Turabi en het Nationaal Islamitisch Front. Het Soedanese experiment met democratie was voorbij. De oorlog, die in de ogen van al-Turabi altijd de status van een jihad had gehad, laaide weer op.

Emma keerde eind augustus terug naar Nairobi. Ze was vijfentwintig jaar oud. Ze zou nooit meer in Engeland wonen.

De baan die Alastair en Patta Scott-Villiers voor Emma vonden, was het geesteskind van Peter Dalglish, een Canadese advocaat die het echtpaar uit Khartoum kende. Dalglish was afgestudeerd aan Stanford University en had een veelbelovende loopbaan in de advocatuur opgegeven nadat hij in 1984 in Ethiopië een kamp had bezocht met mensen die voor de honger op de vlucht waren geslagen. (Nadat hij het kamp had gezien, zo vertelde hij me, had hij besloten 'dat de wereld best met een bedrijfsrechtadvocaat minder toe-kon'. Toen hij zijn partners van het advocatenbureau in Halifax echter ver-telde dat hij zijn baan opgaf om naar Afrika te gaan, had een van hen de sug-gestie gedaan dat hij zich misschien eens door een psychiater moest laten nakijken.) Dalglish ging voor UNICEF in Soedan werken. In 1986 leerde hij enkele straatkinderen kennen die in Khartoum voor het Acropole Hotel aan het bedelen waren. Veel kinderen waren afkomstig uit het zuiden van Soe-dan. Ze woonden in dozen en leefden op vuilnishopen. In de ogen van de politie waren ze schorem en criminelen. Dalglish schreef later dat de men-sen naar de kinderen spuugden en ze 'apen' en 'slaven' noemden. De jonge advocaat maakte zich woedend over het geweld waaraan de kinderen wer-den blootgesteld en over de armoede waarin ze leefden. Om ze te helpen richtte hij de liefdadigheidsinstelling Street Kids International (SKI) op. Alis-tair was in die tijd de vertegenwoordiger van Band Aid in Khartoum. In het Acropole stelde George Patagoulatos hem voor aan Dalglish. Alastair gaf Band Aid het advies de financiële middelen beschikbaar te stellen voor het eerste voorstel van SKI, de oprichting van een technische school voor straat-kinderen. Een maand later gaf Bob Geldof toestemming om Dalglish 50000 dollar te geven om zijn school op te zetten.

Na zijn vertrek uit Khartoum wist Dalglish in 1988 een bevriende Ameri-kaanse piloot over te halen om hem naar Ler te vliegen, het Nuer-stadje dat Alastair en Patta enkele maanden eerder voor AzG-Nederland bezocht had-den. Samen met zes Nuer-kinderen bracht hij zes dagen door in een verlaten woonboot op de Witte Nijl, vlak naast een nijlpaardenfamilie. Op de twee-de dag waren ongeveer achthonderd naakte jongens opgedoken die in lan-ge en zwijgende colonnes langs de oever van de rivier liepen. 'Achter ons is de dood,' had een van de jongens tegen Dalglish gezegd. De jongens vertel-den dat de volksmilities van de Baggara hun dorpen in Bahr-el-Ghazal in brand hadden gestoken. Ze hadden honderden kilometers gelopen om Ler te bereiken en moesten nog meer dan honderdvijftig kilometer afleggen voor ze hun bestemming zouden bereiken: de vluchtelingenkampen aan de andere kant van de grens met Ethiopië. Onderweg waren sommige jongens door landmijnen in stukken gereten of door krokodillen opgegeten. Som-migen hadden alle hoop verloren en simpelweg geweigerd om nog verder te lopen. 'Terwijl ik toekeek hoe de uitgeputte jongens strompelend de rivier inliepen, jammerlijke pogingen deden om jongere broertjes en beste vrien-den door de ontzagwekkende stroming te trekken en dan weggleden onder het oppervlak, kreeg ik een ellendige openbaring,' schreef Dalglish jaren la-ter. 'Op mij rustte nu de verantwoordelijkheid om te getuigen van de gru-welen die de Soedanese regering en de rebellen elfjarige kinderen aandeden.'

De scholen in het zuiden waren al zes jaar gesloten. De jongens vertelden Dalglish dat ze naar de vluchtelingenkampen gingen omdat ze daar naar school konden. Maar Dalglish wist dat de kans groter was dat het SPLA ze in het rebellenleger zou opnemen. Tijdens zijn verblijf in Khartoum was hij ervan overtuigd geraakt dat er voor kinderen uit het zuiden in het Arabische noorden geen toekomst was. Hij besloot dat SKI moest proberen om te zor-gen dat deze kinderen thuis in het zuiden naar school konden gaan. In Nai-robi stelde Dalglish samen met Patta een voorstel op hoe SKI onder be-schermheerschap van Operation Lifeline Sudan de lagere scholen in het zui-den weer zou kunnen opknappen en van lesmateriaal voorzien. Het project had zowel een politiek als een praktisch doel: Dalglish hoopte dat de scho-len een haven van stabiliteit zouden worden waar de kinderen beschermd werden tegen de krachten die hen de oorlog wilden inzuigen. Toen de toe-zegging kwam dat UNICEF het programma zou financieren, stelde Patta voor aan Dalglish om Emma voor dit werk aan te nemen.

Emma greep het aanbod met beide handen aan. 'Zonder opleiding heb-ben deze kinderen geen toekomst,' zei ze vaak. In september schreef ze haar studiebegeleider dat ze haar doctoraal voor ten minste één jaar wilde uitstellen. Dalglish vertelde dat ze zo'n duizend dollar per maand zou gaan verdienen. Van UNICEF kreeg ze een Toyota Land Cruiser, een verouderde stencilmachine en een typemachine. Het was haar taak om in het door de rebellen bezette Kapoeta, een stadje ongeveer honderd kilometer ten noorden van de grens, een kantoor van SKI te openen. In november 1989 reisde ze voor de eerste keer af naar het zuiden. Door de dikke kunststof ramen van het VN-vliegtuig zag ze kuddes giraffen en gazellen over de open grasvlaktes rennen. Ze was opgetogen en tegelijk een beetje bang. Later schreef ze dat ze het gevoel had 'aan het eind van de wereld' te zijn beland.

Kapoeta was ongeveer achttien maanden voor Emma's komst in handen gevallen van het SPLA. Langs de toegangsweg naar de stad hadden de rebellen een bord geplaatst waarop in het Engels en het Arabisch te lezen stond: 'Welkom in de bevrijde stad Kapoeta.' Op een ander bord van het SPLA stond: 'Eendracht maakt macht, tweedracht breekt kracht.' Maar de plaatselijke bevolking, de Toposa, ervoer de aanwezigheid van het SPLA bepaald niet als een bevrijding en was verre van eensgezind in haar steun aan de rebellen. Het met doornstruiken begroeide land van de Toposa was als een van de laatste streken in het zuiden van Soedan onder Brits bestuur komen te staan. Net als de Dinka en de Nuer waren de Toposa herders met een smal bekken en lange benen, die hun haren met behulp van koeienmest in de uitzonderlijkste vormen wrongen. Van het leger hadden de Toposa machinegeweren gekregen om tegen het SPLA te vechten. Het was algemeen bekend dat jonge Toposa-mannen, die zich voor de gelegenheid insmeerden met olie en vet en niets anders aan hun lijf droegen dan een koperen oorring en een om hun schouders gegespte AK-47, overvallen pleegden op de vrachtwagens van de hulporganisaties en op de konvooien van de rebellen die vanuit Kenia naar het noorden kwamen. En de Toposa gebruikten hun machinegeweren eveneens om vlak over de grens in Kenia vee te roven. Toen ik in 1988 in Kenia was, had ik een vergeefse poging gedaan om met een van de weinige hulporganisaties die in Soedan actief waren, mee te gaan naar Kapoeta. De Kenianen hadden de Soedanese grens echter afgesloten, nadat de Toposa Lokichokio hadden geplunderd en honderdtien mensen hadden vermoord. 'De Toposa hebben onrust onder de mensen gestookt,' vertelde een jonge soldaat van het SPLA me laconiek toen ik hem naar bijzonderheden van de aanval vroeg. 'Dat is bij hen een oude traditie: mensen lastigvallen.'

Voor de Toposa en de andere volkeren uit de omgeving was Kapoeta onder het bewind van het SPLA hetzelfde *zariba*-achtige vestingplaats als in de tijd dat het Soedanese leger er de scepter zwaaide, en het Britse leger voordien. Net als de Noord-Soedanese en Britse troepen dat vroeger deden, trokken door Dinka geleide bataljons uit Kapoeta naar de dorpen van de Toposa om daar bij wijze van belasting graan en vee te stelen. In de omgeving van Kapoeta zocht het SPLA op het grondgebied van de Toposa in het geheim naar goud. De relatie tussen de rebellen en de koppige Murle, die ten noordoosten van de Toposa leefden, was al niet veel beter. En dit gold ook voor hun relatie met de Acholo en de Didinga, die in het zuidwesten aan weerszijden van de Oegandese grens leefden. De stad zelf bestond uit niet veel meer dan de resten van enkele koloniale gebouwen en een verlaten Arabische markt. Een Nederlandse journalist, een van de eerste buitenlanders die Kapoeta bezochten nadat de stad in handen van het SPLA was gevallen, liet me foto's zien van een Dinka-dokter die met een ouderwets scheermes patiënten opereerde in wat ooit een ziekenhuis was geweest. De arts had de journalist gesmeekt om bij zijn volgende bezoek een handzaag mee te nemen, zodat hij grotere amputaties kon uitvoeren. Achter raketlanceerinrichtingen en geschutsemplacementen voor machinegeweren bewaakten soldaten van het SPLA op blote voeten de puinhopen van de stad.

Emma nam haar intrek in een betonnen huis vol kogelgaten met een dak van golfplaten, dat door de VN geclaimd was voor *khawaja's* die in Kapoeta werkten. De temperatuur schommelde steeds rond de 50°C. Een voormalige Burmese overheidsfunctionaris, Mynt Maung, was de residerende projectleider van de VN in Kapoeta. Een vroegere collega vertelde dat Maung in Kapoeta 'als een jong hondje' achter Emma aanliep. Het zuiden van Soedan had geen eigen geldeenheid, maar in Kapoeta ontwikkelde zich een kleine markt waar ontwikkelingswerkers eten konden krijgen in ruil voor zout en zeep. Het gebied buiten de stad was bezaaid met landmijnen. In 1987 reed een televisieploeg van Thames Television na een interview met John Garang op de terugweg vanuit Kapoeta op een landmijn. De regisseur van de ploeg werd uit de wagen geslingerd en stierf in de armen van een collega.

Het was bijna angstaanjagend, zo geïsoleerd lag het. Maar voor Emma begon hier de ontdekking van een heel nieuwe wereld. Het was haar taak om papier, pennen, boeken en krijtjes te distribueren, zodat overal in de pro-

vincie Equatoria scholen konden worden opgericht. Vanuit Kapoeta doorkruiste ze de Nilotische vlakte, hotsend over de in onbruik geraakte en over-
groeide zandwegen om haar goederen af te leveren op de plaats van bestemming. (Het zuiden was verdeeld in drie provincies Equatoria, Bahr el-Ghazal en Boven-Nijl. In Bahr el-Ghazal werd nog te zwaar gevochten om er
een school te kunnen openen en Operation Lifeline had van het SPLA nog
geen toestemming gekregen om scholen te openen in Boven-Nijl). In het
hele zuiden van Soedan – een gebied zo groot als Frankrijk en Groot-Brittannië samen – was Emma's Land Cruiser een van de weinige voertuigen,
en hij deed het ook nog niet eens altijd. Al in de eerste week van haar verblijf in Soedan kregen zij en Maung, toen ze vanuit het Imatong-gebergte
terugreden naar Kapoeta, een auto-ongeluk. Maung zat achter het stuur. De
wagen sloeg over de kop. Gelukkig bleef Emma ongedeerd en had Maung
slechts een schrammetje.

Voor de zuidelijke bevolking, zo ontdekte Emma, kwam de vraag naar
onderwijs direct na die naar medicijnen. De hulpeloosheid die zich van deze mensen meester maakte wanneer ze geconfronteerd werden met de
mysterieuze machten van 'papier', leidde tot een gevoel van minderwaardig-
heid ten opzichte van de mensen in het noorden. Door de contacten met de
islam en met de landen rond de Middellandse Zee kende het noorden een
oude, zij het niet heel diepgewortelde traditie van geletterdheid. Als onderdeel van hun religieuze scholing leerden de meeste jongens in het noorden
in ieder geval het Arabische schrift. In het zuiden waren vaardigheden als lezen en schrijven echter tot de negentiende eeuw volledig onbekend geweest.
De Shiluk hadden gelachen om de gewoonte van de eerste missionarissen
om 'stukjes papier vuil te maken'. Pas na de onafhankelijkheid ging het merendeel van de zuidelijke bevolking de waarde van geletterdheid inzien. Op
dat moment hadden slechts enkele duizenden van de vele miljoenen zuiderlingen op de zendingsscholen leren lezen en schrijven. Slechts enkele van
deze 'missionarissenkinderen' hadden na de lagere school doorgeleerd. Hoewel de kleine geletterde elite niet door het volk was gekozen, rustte de verantwoordelijkheid om het zuiden de moderne wereld binnen te leiden toch
volledig op hun schouders.

Na het vertrek van de Britten had de noordelijke regering zich tegen deze 'zendingskinderen' gekeerd. Volgens haar vormden de geschoolde zuider-

lingen een bedreiging voor de islam. De zendingsscholen werden staatsscholen. Er werd voortaan geen les meer gegeven in het Engels, maar in het Arabisch. Deze maatregelen waren er mede de oorzaak van dat de gestudeerde zuiderlingen – door de Nuer en Dinka 'de kinderen van de rode buitenlanders' genoemd – tegen het noorden in opstand kwamen. De oorlogen waarin ze hun volk meesleurden, brachten het onderwijs in het zuiden echter grotere schade toe dan welke boosaardige maatregel van de noordelijke regering dan ook. Anderhalve eeuw nadat de wereld van papier de papyrusmoerassen van Soedan was binnengedrongen, kon minder dan één op de twintig zuiderlingen lezen. Dit gebrek aan geletterdheid werd nu gezien als een enorme handicap. Scholen, zo schreef een VN-functionaris later, hadden in de ogen van de bevolking een 'bezwerend, bijna ritueel belang' gekregen. 'In het district Bor vragen kinderen niet om eten, ze vragen om potloden,' vertelde Emma een verslaggever.

Emma kwam er al snel achter dat de Land Cruiser haar in een land zonder wegen niet ver zou brengen. Als ze de mensen wilde vinden, moest ze te voet naar de dorpjes gaan. De Niloten, die van seizoen tot seizoen met hun langhoornige vee meetrokken, kenden geen steden. Van november tot maart of april leefden ze op de grasvlakten in de omgeving van de rivieren. Van april tot oktober, wanneer de regens kwamen, de rivieren overstroomden en de grazige vlaktes in zompige moerassen veranderden, woonden ze in hogergelegen nederzettingen in huizen met kegelvormige rietdaken. De vrouwen en ouderen verbouwden doerra, aardnoten, pompoenen, maïs en okra, terwijl de jonge mannen het vee hoedden in de herderskampen aan de rand van de ondergelopen laagvlakte.

Poëzie en liederen zijn de belangrijkste kunstvormen van de Niloten. Ze zingen vooral graag over hun koeien. Voor de Dinka en de Nuer is geen onderdeel van deze dieren te onbeduidend om het te bezingen. De Amerikaanse schrijfster Terese Svoboda die in de jaren zeventig Nuer-gedichten verzamelde, vertelt dat alles het onderwerp van een lied kon zijn: van de kleur van het vee, hun karakter of de kwaliteit van hun melk, tot de afmetingen van hun testikels. De nomadische Niloten zijn niet alleen voor melk en vlees van hun koeien afhankelijk. Ze geloven ook dat mensen en koeien een 'eenheid' vormen. Ze offeren vee om boete te doen voor menselijke zonden en om een huwelijk te bezegelen. Dergelijk kostbaar bezit is bron voor onenigheden. Een Nuer-gezegde luidt: 'Er zijn meer mensen gedood vanwege de koe dan om welke andere reden ook.' Bij zijn initiatie kreeg een man zijn eerste os. De enige echte manier om opgenomen te worden in de gemeenschap van de Niloten was door vee te betalen om een van hun vrouwen te huwen en lid te worden van een verwantschapsgroep. Een vader kon geen rechten doen gelden op een kind dat was geboren bij een vrouw aan wier familie hij geen koeien had betaald.

Doordat Emma bereid was om erop uit te gaan en lopend van het ene naar het andere dorp te trekken, dwong ze ontzag af bij de bevolking. De meeste *khawaja's* waren bang om te scheiden van hun auto's en hun vliegtuigen. Een Dinka-vrouw herinnert zich later dat de mensen over Emma begonnen te 'kwetteren': 'Deze mevrouw is anders... zo spraken de mensen over haar.' Wanneer ze met een rugzak vol schoolattributen in een dorp of een herderskamp aankwam, spuugden oudere mensen bij wijze van begroeting op haar hoofd. Kinderen, hun lijven ingewreven met as om de muskieten te weren, dansten om haar heen terwijl ze hun Engels op haar uitprobeerden: 'Good morning! Good evening! I love you!' Jonge mannen, de gezichten geplooid door een ingewikkeld patroon van littekens en het haar oranje geverfd met de urine van runderen, spietsten in de rivier met hun speer een vis en boden haar die te eten aan. Trotse moeders gaven hun kinderen met handgeklap opdracht haar een kom warme melk te brengen. Ze noemden Emma de Grote Vrouw uit Klein-Brittannië. Ze was zo'n noviteit dat de Soedanezen op de muren van hun met leem aangestreken hutten tekeningen maakten van Emma in haar minirokje.

Emma kwam erachter dat uit veel dorpen de jongens naar Ethiopië gestuurd werden om zich bij de rebellen aan te sluiten. De ouders hoopten dat hun zoon in een vluchtelingenkamp het onderwijs zou krijgen dat hij in het zuiden van Soedan ontberen moest – het onderwijs dat in hun ogen de sleutel tot de levensstijl van de *khawaja's* was. De volkeren in het zuiden van Soedan kenden de traditie dat jongens van huis gestuurd werden om te leren een krijger te worden. De gedachte dat het SPLA hun jongens ook in het gebruik van wapens trainde, was voor hen daarom lang niet zo schokkend als voor westerlingen. Ook het gegeven dat jonge kinderen het dorp moesten verlaten om naar school te kunnen gaan, was niet nieuw: in de koloniale periode hadden de jongens uit het zuiden na de basisschool vaak honderden kilometers moeten reizen om een kostschool te kunnen bezoeken. Maar eigenlijk wilde bijna iedereen niets liever dan dat de jongens in hun eigen dorp naar school konden.

De zuiderlingen accepteerden weliswaar dat jongens die de initiatieleeftijd gepasseerd waren, bereid moesten zijn om voor hun volk te vechten, maar het stond hen niet aan dat het SPLA bataljons samenstelde uit soldaten van verschillende etnische achtergronden en ze stationeerde in delen van het land waar ze geen familie hadden. De lokale bevolking koesterde een wrok tegen de 'vreemdelingen' van andere stammen die door het SPLA gestuurd waren om over hen te heersen; ze wilden beschermd worden door 'de zonen uit onze eigen streek'. (Het SPLA zegt dat het een zuidelijk leger wilde vormen dat boven de stammentegenstellingen en etnische verschillen zou staan. De voormalige SPLA-officier Peter Adwok Nyaba zegt dat de rebellenleiders ook wilden voorkomen dat hun manschappen een band zouden krijgen met de lokale bevolking, zodat deze de autoriteit van het SPLA ter discussie zou kunnen stellen.) De mensen wisten ook dat de kindsoldaten vaak honger leden als ze onder een commandant stonden met wie ze geen bloedband hadden. Nyaba rapporteerde later dat in 1988 circa drieduizend jongens uit het Nuba-gebergte die met de rebellen in Ethiopië in kamp Gambella trainden, door honger of ondervoeding waren gestorven, nadat de verantwoordelijke officier het voor hen bestemde voedsel verkocht had. En ook in het vluchtelingenkamp Dimma waren volgens Nyaba honderden jonge rekruten door verwaarlozing gestorven.

De dorpsbewoners wilden dat Operation Lifeline de scholen in het zuiden zou heropenen, zodat ze hun jongens niet meer naar Ethiopië hoefden te sturen. Emma en UNICEF hoopten ook dat meer meisjes toestemming zouden krijgen naar school te gaan nu er in de plaatselijke gemeenschappen meer scholen werden opgezet. Slechts weinig families waren bereid om hun dochters naar Ethiopië te sturen. Ze wisten dat er een grote kans bestond dat meisjes die niet beschermd werden, werden opgepakt en tot 'vrouw' gemaakt... zonder compensatie voor het inkomen dat de familie daardoor derven moest. Meisjes die bij hun trouwen vee voor de familie opleverden, waren te kostbaar om op het spel te zetten. De moeders hadden hun hulp nodig bij het water halen, bij het koken, bij het vlechten van manden en bij het verzorgen van de kleinere kinderen. De ouders lieten hun dochters echter dikwijls wel naar school gaan in hun eigen dorp, zolang hun huishoude-lijke taken hierdoor maar niet in het gedrang kwamen.

Dalglish was bang geweest dat Operation Lifeline onderwijzers uit Ke-nia zou moeten gaan halen, maar Emma ontdekte dat er meer dan genoeg geletterde zuiderlingen waren die les wilden geven in ruil voor een maande-lijkse toelage van zeep en zout. Samen met de Duitse projectcoördinator van UNICEF stelde Emma een startpakket samen dat alles bevatte wat een gemeen-schap nodig had om een eigen school te beginnen. Een van de grootste ob-stakels voor de geletterdheid in het zuiden was het gebrek aan boeken die in de zuidelijke talen gedrukt waren. Iemand in Nairobi ontdekte dat de mis-sionarissen en zendelingen die een generatie eerder uit het gebied verdreven waren, nog de originele drukplaten bewaarden die ze gemaakt hadden voor de uitgave van een leesboek voor kinderen in het Dinka, dat de titel *Het hu-welijk en de koe* droeg. Emma liet het boek opnieuw drukken en gaf het aan haar leraren. Ze achterhaalde andere oude boeken in het Nuer, het Bari en het Latuka. Ze verzamelde houten munitiekratten en betaalde timmerlie-den om er bureaus en stoelen voor haar scholen van te maken. Ze las alle boeken over dorpsonderwijs op het Afrikaanse platteland die ze in Nairobi kon vinden, en bestelde meer boeken uit Engeland.

In samenwerking met het SRRA organiseerde Emma cursussen en ze haal-de leerkrachten uit heel Equatoria om hieraan deel te nemen. Voor de cur-sussen regelde ze matrassen, petroleumlampen, pannen, boeken en schrijf-materiaal. De onderwijzers leerden hoe ze de nieuwe lesboeken moesten ge-bruiken en hoe ze een onderwijsplan moesten opstellen. Ze woonden lezingen bij over gezondheid en immunisering die gegeven werden door art-sen en verpleegkundigen van de VN. Van de onderwijzers werd verwacht dat ze naar hun dorp terugkeerden om daar op hun beurt nieuwe onderwijzers te werven en op te leiden. In minder dan een jaar tijd woonden ongeveer 22000 deelnemers de lessen bij die door Operation Lifeline en SRRA geor-ganiseerd werden.

Het waren primitieve scholen. In de meeste gevallen bestonden ze slechts uit een onderwijzer en enkele kinderen, gezeten onder een boom. Toen ik in 1990 een van deze scholen in Nasir bezocht, woonde ik met gekromde te-nen een Engelse les bij. De onderwijzer wees naar zijn oren en riep: 'Zeg mij na! "These are my eyes."' Dalglish was ingenomen met de verslagen die Emma naar Toronto faxte en waarin ze opsomde welke goederen ze had gedistribueerd. Hij vertelde me later dat ze 'precies wist hoeveel potloden ze aan elke school had uitgedeeld'. Barry Sesnan, een vooraanstaand, Brits onderwijskundige met jarenlange ervaring in het zuiden van Soedan schreef naar aanleiding van een bezoek aan deze scholen echter een woedend rapport waarin hij fel tegen het programma van leer trok, omdat de successen aan oppervlakkigheden werden afgemeten. Barry Sesnan beklaagde zich erover dat de leerkrachten van Emma veel te veel tijd besteedden aan de boekhouding van potloden en te weinig aan lesgeven. 'Er waren geen cijfers over het onderwijs dar er werd gegeven,' schreef Sesnan. 'Er waren geen cijfers over het aantal dagen dat er daadwerkelijk les werd gegeven, over het aantal leerlingen dat in de klassen zat, over de hoeveelheid leerstof die de leerlingen zich binnen een gegeven periode hadden eigengemaakt, over de efficiëntie waarmee ze leerden. En natuurlijk is juist dat het waar het in het onderwijs allemaal om gaat.' Critici beschuldigden de rebellen ervan dat ze het aantal schoolgaande kinderen en de hoeveelheid behandelde leerstof overdreven. En ze beschuldigden Emma ervan dat ze de dingen die de rebellen haar wijsmaakten, veel te snel voor waar aannam.

Maar de gewone zuiderlingen waren dolblij met haar werk. Een vrouw die Elizabeth heette, verliet haar ruim vijftig kilometer verderop gelegen dorp om in Nasir voor de VN te gaan werken, zodat haar zesjarige zoontje les kon krijgen op de school die Emma daar had opgezet. Nadat ze de hele dag voor de bezoekers van de VN graan had gestampt, vis had schoongemaakt en water had gekookt, probeerde ze bij het licht van een petroleumlamp tot diep in de nacht uit een lesboek van haar zoontje te leren lezen. In Kapoeta zaten de kinderen van Emma's school op rotsblokken in een verlaten gebouw. Lual Agoth, een broodmagere jongen die zelf dacht dat hij dertien jaar oud was, was een typisch voorbeeld: om bij de school te komen was Agoth meer dan driehonderdvijftig kilometer komen lopen vanuit een dorpje in de omgeving van Aweil in Bahr el-Ghazal. Voordat Agoth zijn dorp verliet om zich aan te sluiten bij een groep jongens die naar het zuiden liep, had hij tegen zijn moeder gezegd: 'Moeder, ik kan hier niet mijn dood gaan zitten afwachten. Ik ga op zoek naar eten en een opleiding.'

Emma had al heel snel door wat de politieke implicaties van haar nieuwe rol waren. Zij en de VN hielpen de rebellen om hun achterban van een zeer gewenste dienst te voorzien. De geschiedenis van het onderwijs in het zuiden stond bol van de controverses. Daardoor werd zelfs de keuze van de lesboeken al een twistpunt. Khartoum was namelijk van mening dat de tegenstelling tussen noord en zuid versterkt werd wanneer de kinderen in plaats van Arabisch hun eigen taal of Engels leerden lezen. Emma was te nieuw om de grotere vraag te stellen of het wel zin had om de zuiderlingen te vragen zoveel vertrouwen te stellen in een westers onderwijsstelsel dat was ontworpen om mensen voor te bereiden op een economie en een bureaucratie waarvoor hun landsdeel de middelen niet had om die in stand te houden. 'Ik zie voor het zuiden van Soedan geen enkele toekomst wanneer de bevolking niet is opgeleid,' verklaarde ze in 1991 ernstig tegenover een verslaggever. 'Anders zullen ze hier altijd van de hand in de tand leven.' Door het onderwijsproject werd haar bevlogenheid met Soedan nog vergroot. 'Het was gewoon een onontgonnen gebied dat haar heel veel kansen bood,' zei Sally Dudmesh. 'Ze had die ongelooflijk invloedrijke baan. Het leek wel of ze de minister van Onderwijs was! Ik denk dat ze ontdekte dat ze daar iets met die macht kon doen. Ze kon er een interessant leven leiden.'

Ze had macht, en in een oorlog waarin al werd gevochten om een koe, een paar oude laarzen of een zak graan, waren zijzelf en haar scholen ook een doelwit. Het SPLA hield haar nauwlettend in de gaten. Om er zeker van te zijn dat ze niets zou zien wat de rebellen voor haar verborgen wilden houden, werd ze op haar uitstapjes buiten Kapoeta telkens vergezeld door drie gewapende lijfwachten. Ze mocht de schoolattributen afgeven en de salarissen om de onderwijzers te betalen, zolang de scholen en de jongens maar onder strikt toezicht van het SPLA bleven. Emma kon goed opschieten met haar collega bij het SRRA, Ajith Akuei Awan, een schonkige jonge Dinkaman met een vlotte glimlach. Maar haar openhartigheid trok al snel de aandacht. 'Emma viel vanaf het eerste moment op. Ze was bereid om voor de mensen in Soedan te sterven. Ze aarzelde niet om heel gevaarlijke gebieden binnen te gaan. Ze was dapperder dan alle andere hulpverleners. En ze schrok er nooit voor terug om over de politiek van het zuiden van Soedan te praten. Ze kwam heel openlijk voor haar mening uit,' zei David Oduho, een Zuid-Soedanese adviseur van Operation Lifeline.

De bevelhebber van zuidelijk Equatoria, de stugge en achterdochtige Kuol Manyang Juk, had niets op met Emma's openhartigheid en vrijmoedige optreden. Hij bezorgde veel mensen de rillingen. Volgens zeggen was hij de inspiratiebron geweest voor het lied dat het SPLA alle rekruten leerde, wanneer die hun militaire training met succes hadden afgerond, en dat begon met de regel: 'Zelfs je eigen moeder, geef haar de kogel!' Het verhaal ging dat Kuol Manyang Juk zelf zijn eigen moeder had doodgeschoten. Hij was een Twic-Dinka en familie van John Garang. Hij was afgestudeerd aan de Universiteit van Khartoum en had veel geheimen. Verslaggevers noemden hem 'de slager van Equatoria'. Onder zijn gevangenen bevond zich bisschop Paride Taban, die hij ervan beschuldigde 'de vijand eten te hebben gegeven', omdat hij in Torit voedsel van hulporganisaties had uitgedeeld toen de stad door regeringstroepen bezet werd gehouden. Tegen een correspondent die per se had willen weten hoeveel mensen tijdens een van zijn aanvallen gesneuveld waren, zei hij dat hij niet zo erg in het aantal slachtoffers geïnteresseerd was. 'Oorlog is oorlog.' Emma kwam voor het eerst in aanvaring met Kuol Manyang Juk als gevolg van haar gewoonte te blijven rondrijden na het ingaan van de avondklok. Op haar meisjesachtige manier probeerde ze de rijzige commandant voor zich in te nemen door hem te vertellen wat ze allemaal deed om bij hem in de streek scholen te bouwen. Hij was niet onder de indruk. Hij gaf haar botweg te verstaan dat ze te doen had wat hij haar opdroeg, en dat ze anders uit Soedan gegooid zou worden... of nog erger.

Enkele maanden later mondde hun ruzie uit in een complete vete. Het was Emma opgevallen dat pientere jongens die tijdens een schoolbezoek haar aandacht hadden getrokken, bij een volgend bezoek soms niet meer aanwezig waren. Toen ze hun ouders vroeg waarom dat was, leken deze bang te worden en wilden ze niet zeggen waar de jongens naartoe waren gegaan. In maart 1990 ontdekten Emma en enkele andere hulpverleners bij toeval de door de zon verbleekte ruïnes van de Italiaanse missiepost Palataka, gelegen in een veld van reuzenriet op nog geen vijftig kilometer ten zuidoosten van Kapoeta. Tot hun verbazing en ontzetting troffen ze in de verlaten missiegebouwen circa vierduizend tien- en elfjarige jongens aan. De jongens zeiden dat de rebellen de missiepost als een school hadden ingericht. Emma wist dat Palataka niet op de lijst van scholen stond die ze moest bevoorraden. De jongens zaten onder het vuil en zagen er ongezond uit. Ze krabden zich omdat ze onder de luizen en de mijten zaten. Ze droegen vodden. In de oude bakstenen gebouwen die ze hun slaapzalen noemden, krioelde het van de ratten. De hulpverleners zagen dat ze op de vloeren vuren hadden aangelegd om te koken en dat ze sliepen op handgemaakte touwbedden. De dekens waren aan flarden gescheurd en smerig. De jongens hoedden een kudde van enkele duizenden stuks vee, maar zeiden dat ze in de naburige dorpen om voedsel moesten bedelen. Ze zongen een lied dat naar de mening van Emma hun ellende weerspiegelde:

O, moedertje van me,
Ik wil je gaan verlaten.
Ik ga naar school, ja,
Zing maar niet meer voor me.

De jongens kwamen uit alle delen van Soedan. Ze verstomden toen de hulpverleners vroegen of ze ook militaire training kregen. Terwijl Emma en de andere hulpverleners met de jongens stonden te praten, verschenen er enkele gewapende mannen die zeiden dat ze weg moesten gaan.

Palataka lag slechts enkele kilometers ten zuiden van Kuol Manyang Juks kamp in Torit. Emma reed erheen om de bevelhebber te vragen wat de jongens daar in de missiepost deden. Als Palataka een echte school was, waarom was haar dat dan niet verteld? Waarom waren de jongens naar een plek gestuurd die zo ver van hun huis lag? Dit druiste in tegen het hele principe van het onderwijsplan, dat erop gericht was om te zorgen dat de kinderen in hun eigen dorpsgemeenschap naar school konden gaan. Toen Emma het kamp bereikte, zat Kuol met zijn lijfwachten voor zijn *tukul* een maaltijd van *kisra* en geitenragout te nuttigen. Toen hij hoorde wat Emma wilde, stopte hij met kauwen en staarde haar met een ijzige blik aan. Ze had zich niet met die jongens te bemoeien, zei hij. Het waren weesjongens die het SPLA onder zijn hoede had genomen. Als ze de jongens potloden en papier wilde geven, kon ze die bij hem achterlaten. Hij zou wel zorgen dat het bij de jongens terechtkwam. Verder moesten de hulpverleners uit Palataka weg blijven. Als ze dat niet deden, kon hij niet voor de gevolgen instaan. En zonder Emma verder nog een blik waardig te keuren zetten Kuol en zijn lijfwachten hun maaltijd voort.

Emma vertrok boos en verward. Toen ze Ajith vroeg wat hij van deze jongens wist, keek hij haar niet in de ogen. Hij leek zijn hoofd te laten hangen.

Hij zei dat Kuol Manyang Juk zelf de leiding over Palataka had, en dat Emma noch hij er iets aan kon doen. Emma en de andere hulpverleners trokken de conclusie dat Palataka een geheim rekruterings- en trainingskamp van kindsoldaten voor het SPLA was. In de volgende maanden ontdekten ze nog meer van dit soort kampen in Equatoria. Medewerkers van Operation Lifeline in Nairobi namen de kwestie op met het kantoor van John Garang in Addis Abeba. Aanvankelijk reageerde het SPLA niet op hun vragen. Daarna lieten de rebellen de VN weten dat Palataka gesponsord werd door de door Garang zelf opgezette organisatie Friends of African Children Educational Foundation, ofwel FACE. In het 'Nieuwe Soedan', zo zeiden de rebellen, zou FACE een heleboel scholen zoals Palataka gaan beheren. De leerlingen in de scholen van FACE betaalden de kosten van hun opleiding en leerden voor zichzelf te zorgen door vee te hoeden en gewassen te verbouwen voor het bestuurlijke apparaat van de rebellen. Als Operation Lifeline FACE boeken en ander materiaal wilde schenken, was dat uitstekend. Feitelijk had Garang dit zelfs aanbevolen. Verder dienden de *khawaja's* Palataka en andere SPLA-scholen met rust te laten.

Terwijl haar superieuren met Garang ruzieden over de 'scholen' van FACE, bleef Emma de dorpelingen die ze ontmoette, uithoren over Palataka. Ze kwam erachter dat veel kinderen in Palataka helemaal geen wees waren. Het bleek zelfs dat enkele van de jongens die op haar scholen in Equatoria vermist werden, bij hun ouders waren weggehaald en onder dwang naar Palataka afgemarcheerd. Veel runderen die door de jongens in Palataka gehoed werden, had Kuol Manyang Juk zich als schadeloosstelling toegeëigend in rechtszaken. De hoogste commandanten van het SPLA gebruikten het vee nu om te trouwen met de plaatselijke vrouwen. Emma was razend dat Palataka nog erger was dan een legerkamp: het was een dwangarbeiderskamp waar kinderen als slaven moesten zwoegen, zodat de bevelhebber en zijn makkers een comfortabel leventje konden lijden. Ze werd emotioneel wanneer ze over de scholen van FACE sprak, en haar stem begaf het. 'Alles wat ze produceren, gaat naar de beweging,' fluisterde ze op dramatische toon. De kwestie van de kindsoldaten werd haar persoonlijke missie.

Khartoum werkte Operation Lifeline nu nog meer tegen dan de rebellen. Hassan al-Turabi en het NIF hadden vanaf het eerste ogenblik afwijzend tegenover de overeenkomst gestaan die Sadiq met de VN gesloten had over een hulporganisatie die aan weerszijden van de grens actief zou zijn. De islamitische regering zei dat de rebellen door deze operatie te veel soevereiniteit zouden krijgen. De regering gaf aan dat ze bereid was om het zuiden onafhankelijkheid te geven, als ze in ruil daarvoor de vrije hand kreeg om in het islamitische noorden de islamitische wetgeving in te voeren. Maar Garang bleef erbij dat de rebellen zich niet van het noorden wilden afscheiden. In plaats daarvan hield hij vast aan de eis dat er een seculiere grondwet voor heel Soedan moest komen waarin garanties voor etnische en religieuze minderheden waren opgenomen. Dit standpunt was voor de moslimfundamentalistische regering onduldbaar, omdat de regering van een islamitische samenleving geen andere taak had dan de goddelijke wetgeving in te voeren. Vanaf 1989 begon ze te dreigen dat ze elk vliegtuig zou neerschieten dat zonder toestemming uit Lokichokio vertrok. In een patroon dat tot op de dag van vandaag voortduurt, begon de Soedanese luchtmacht met het bombarderen van de centra van de hulpverleningsorganisaties waar zich grote aantallen zuiderlingen verzameld hadden die op zoek waren naar voedsel. Een maand nadat Emma in Equatoria arriveerde, bombardeerden gevechtsvliegtuigen de steden Torit en Bor. Tientallen mensen vonden de dood.

Boven het Nuer-stadje Lerz ag Emma voor het eerst een Antonov-bommenwerper. Er waren zo weinig mechanische geluiden in Soedan dat je de toestellen altijd al lang van tevoren kon horen naderen voor je zag hoe ze dreunend door de hemel aan kwamen glijden, en er stonden zo weinig gebouwen dat je meestal wel kon raden wat hun doel was. De onderwijzer met wie ze die dag op pad was, zei dat Khartoum nooit een *khawaja* zou durven bombarderen. Voor de zekerheid verborg Emma zich toch maar onder een boom. Niet lang daarna werden Emma en enkele andere hulpverleners in Bor door een ander bombardement verrast. Weggedoken in een modderige loopgraaf hoorden ze hoe de bommen om hen heen insloegen. Toen ze uit hun schuilplaats te voorschijn kropen, zagen ze bloedende lichamen. Er waren vijf mensen gedood. Van andere mensen hadden de bommen de armen en benen afgerukt. De gewonden gilden het uit. Het medisch team van het SPLA was verdwenen. Een van de hulpverleners, een Amerikaan die in Vietnam had gevochten, klom in een VN-voertuig en begon in een uitzinnige woede-aanval almaar rondjes te rijden. Emma bleef kalm. Ze leek bijna opgewekt. Ze ging naar de jonge Indiase chirurg Bernadette Kumar, de enige vertegenwoordiger van de VN in Bor, en bood aan om haar met de gewonden te helpen. Via de radio stuurde ze het bericht dat er een VN-toestel gestuurd moest worden om hen te komen ophalen. Ze hielp met het begraven van de doden. Het bombardement van Bor had haar iets geleerd wat ze nog niet van zichzelf wist: ze was goed in oorlog.

In Bor sloot Emma vriendschap met Bernadette Kumar, de vrouw die haar intiemste vriendin zou worden in het zuiden van Soedan. Zo op het oog hadden Emma en Bernadette weinig met elkaar gemeen. De chirurg was klein van stuk, had dik zwart haar en donkere ogen; naast Emma leek ze nog kleiner dan ze al was. Ze stamde uit een voorname Indiase familie, was een uitmuntende student geweest en sprak vloeiend een aantal talen. Hoewel ze net als Emma van het avontuur hield, had ze een geordende geest en respecteerde ze de regels. Maar ook ditmaal overwon Emma's gave om vriendschap te sluiten alle persoonlijke en culturele verschillen. Toen ik tien jaar later telefonisch contact had met Bernadette Kumar in Beijing, waar ze met een Noorse diplomaat getrouwd was en voor UNICEF werkte, herinnerde ze zich Emma nog vol warme genegenheid: 'Wanneer Emma in de buurt was, hadden we altijd pret. We kregen op een bepaalde manier een sterke emotionele band met elkaar, zoals vrouwen die krijgen, vooral op zo'n plek zoals daar, waar je echt helemaal op jezelf wordt teruggeworpen.'

Volgens zeggen was Bernadette, net als Emma, bijzonder dapper. Ondanks de herhaalde bombardementen weigerde ze Bor te verlaten. Ze woonde in haar eentje met een kat in een oud Brits huis met een golfplaten dak, en was voortdurend bezig met het opereren van gewonden. De Soedanezen verwonderden zich erover dat zo'n klein mens de kracht had om hun lange lichamen op haar geïmproviseerde operatietafel te sleuren en granaatscherven te verwijderen, ledematen af te snijden of de ogen van de overledenen dicht te drukken. 'Het was een zeer emotionele periode in mijn leven,' vertelde Bernadette Kumar me. 'Ik ben er nog steeds niet overheen. Het vergde alles van je, slokte je volledig op en het deed veel pijn om elke dag zo dicht bij de dood te zijn. En toch heb ik nooit zo'n waardering voor het leven gevoeld als daar.'

Zonder acht te slaan op de bommen zoefde Emma regelmatig in haar Land Cruiser naar Bor. Na een lange dag van operaties trof de uitgeputte arts bij thuiskomst Emma aan, die met een sigaret in de ene en een fles *aragi* in de andere hand op haar zat te wachten. De twee vrouwen deelden een maal van spaghetti uit blik en voerden eindeloze gesprekken over de situatie in het zuiden. Emma's imitaties van hun collega's of van de officieren van het SPLA die ze kenden, bezorgden Bernadette binnen de kortste keren de slappe lach. 'Emma, je bent gék,' zei de medicus, maar ze had het gevoel dat Emma's bezoekjes haar hielpen om haar verstand niet te verliezen. In de ogen van Bernadette leek haar halfgare Engelse vriendin de onbezonnen personificatie van de kracht van het leven zelf. *Khawaja's* werden geacht na zonsondergang binnenshuis te blijven, opdat ze niet voor spionnen zouden worden aangezien. Maar Emma deed waar ze zin in had. Ze reed 's avonds rond in haar auto, grappend over de landmijnen en lachend over wat ze tegen de rebellen gezegd had bij de laatste wegversperring die ze onderweg was gepasseerd. 'Emma wist precies wat ze wilde,' zei Bernadette. 'Ze was koppig. Ze had maling aan structuur, aan regels.'

Emma maakte er geen geheim van dat ze zich aangetrokken voelde tot de rijzige Nilotische mannen. Het gerucht ging dat zij en Ajith, haar collega van het SRRA, een verhouding hadden. Ze vertelde Bernadette over de affaires die ze met andere officieren van de rebellen had gehad. Ze droomde ervan het racisme door romantische liefde te overwinnen. Ze wilde het stempel dat haar blankheid op haar drukte, van zich afgooien – 'van zichzelf een brug maken tussen zwart en blank,' aldus Bernadette – en op die manier een soort mystieke eenheid met Soedan aangaan. Ze vond dat de andere hulpverleners, die voortdurend kritiek hadden op de Soedanezen, door racisme beïnvloed werden, of ze dat nu wel of niet in de gaten hadden. Ze was zich sterk bewust van de indruk die de hulpverleners op de Soedanezen maakten, hoe afschuwelijk zelfingenomen ze konden zijn, hoe superieur in hun onnozelheid. Ze ergerde zich hier mateloos aan. 'Ze haatte het snobisme van de Europeanen... Daar wilde ze echt tegen ingaan,' herinnerde Bernadette zich. 'Ze ging met een man naar bed om haar gelijk te bewijzen.' Tegen de chirurg zei ze dat ze zichzelf met de strijd van de zuidelijke Soedanezen identificeerde.

Bernadette zei dan: 'Echt, Emma, dat kan ik niet begrijpen.'

Emma antwoordde dan eenvoudig: 'In mijn hart ben ik Soedanees.'

Haar onbekommerde houding tegenover seks schokte en verrukte Bernadette, die net als Emma op een nonnenschool had gezeten. Emma kreeg haar altijd aan het giechelen met een van haar rauwe grappen en haar favoriete zinnetje: 'Je weet wat ze zeggen: meisjes uit het nonnenklooster zijn altijd het ergst.' Maar de arts maakte zich zorgen over het medische risico dat Emma met haar seksuele avontuurtjes nam. Het zuiden was zo geïsoleerd dat aids nog niet veel kans had gehad om zich in het land te verspreiden, maar veel officieren van de rebellen hadden in Ethiopië of Kenia gewoond, en daar greep de ziekte snel om zich heen. 'Ik zei: "Emma, het enige dat ik tegen je zeg, is dat je vanuit medisch oogpunt op je veiligheid moet letten. Als je condooms nodig hebt, kan je ze zo van me krijgen."' Emma lachte alleen maar. Ze noemde Bernadette een puritein. Soms, als ze in een fantasievolle bui was, mijmerde ze over haar voorkeur om meer dan één minnaar te hebben. 'Weet je, ik hou op mijn eigen manier van elk van hen.'

Bor was een dampig, beschimmeld oud garnizoensplaatsje in het moerasgebied waar de Witte Nijl eindigde. Tijdens het regenseizoen verdween de rivier volledig in een warboel van riet en waterlelies, waar het wemelde van de krokodillen. Omdat dit de streek was waar in 1983 de opstand was uitgebroken die tot de vorming van het spla had geleid, was Bor een van de meest geliefde doelwitten voor de bombardementen van de regering. Het was ook een goede plek om een indruk te krijgen hoe geheel anders de burgeroorlog eruitzag wanneer je er van onderaf naar keek. Alle grote ideologische en religieuze vraagstukken gingen op lokaal niveau op in een even mistige als meedogenloze toestand.

Neem bijvoorbeeld de opstand van Bor. De leiding van het spla schilderde deze opstand af als het begin van zijn strijd voor een verenigd, seculier en democratisch Soedan. De mensen uit Bor herinneren zich het gebeuren echter als een ruzie tussen twee majoors van zuidelijke afkomst en hun Arabische commandant over een plan om slagtanden van olifanten, luipaardenvellen en lokaal gewonnen goud illegaal naar Khartoum te vervoeren en daar te verkopen. De regering deed vaak geringschattend over de claim dat het spla het zuiden zou vertegenwoordigen en noemde het een Dinka-beweging. In Bor kon Emma echter zien dat het Dinka-karakter een zeer relatief begrip was. De Jieng, zoals de Dinka zichzelf noemen, waren verdeeld in meer dan zestig clans en vele honderden verwantschapsgroepen. Hun dialecten verschilden zo veel van elkaar dat het voor een Dinka uit Bahr el-Ghazal dikwijls moeilijk was om een Dinka uit Bor te begrijpen. Omdat er weinig wegen waren en ze niet over moderne communicatiemiddelen beschikten, wisten ze weinig van elkaar. Voor gewone zuiderlingen was zelfs de clan iets abstracts: ze identificeerden zich in de eerste plaats met hun verwantschapsgroep en met hun *wut* (herderskamp).

De zuiderlingen werden dikwijls meer in beslag genomen door hun eigen vetes dan door de grotere vraagstukken van de burgeroorlog. Tijdens Emma's verblijf in Kapoeta waren de Dinka verdeeld over de vraag hoe ze moesten optreden tegen een man uit Bor, Paul Kon Ajith, die beweerde een christelijke profeet te zijn. Hij trok naakt door het zuiden met alleen een kruis en riem rond zijn middel, terwijl hij rinkelde met een bel en op een trommel sloeg. Hij vertelde de mensen dat de christelijke God hem in een droom bevolen had om alle houten palen en heilige symbolen van de Dinka-religie te verzamelen en te verbranden op een plaats buiten Bor die hij Zion noemde. Hij zei dat dit offer op de plaats Zion het geschenk zou zijn dat 'gebracht werd voor de Heer' zoals dat zevenentwintig eeuwen eerder door de bijbelse profeet Jesaja was voorspeld. Als de zuiderlingen acht zouden slaan op zijn woorden, zouden vrede en welvaart terugkeren. Als ze zijn woorden in de wind sloegen, waarschuwde hij, zou God hen echter straffen. Commandant Kuol Manyang Juk lachte om de profeet. Maar de christenen en niet-christenen in het district begonnen ruzie te maken over de vraag of de Dinka hun heilige speren en trommels moesten verbranden, zoals de profeet bevolen had.

Over haar eigen vete met Kuol deed Emma erg luchtig. 'Hij is gewoon boos op me omdat ik niet met hem naar bed ga,' zei ze spottend tegen Bernadette Kumar. Deze was net zo ontdaan over de toestand van de jongens in Palataka als Emma, maar ze was bezorgd dat haar vriendin niet besefte hoe gevaarlijk het kon zijn om in een oord als zuidelijk Soedan een bevelhebber als Kuol tegen je in het harnas te jagen. Ze was bang dat haar romantische fantasieën Emma zouden beletten om te zien hoe bot en meedogenloos de rebellen waren. 'Ze leefde in een kunstmatige zeepbel,' zei ze. Bernadette wist dat mannen als Kuol Manyang Juk het ware gezicht van de rebellenbeweging waren, ondanks alle SPLA-retoriek over democratie en het 'Nieuwe Soedan'.

De verovering van Equatoria door het SPLA had Kuol de absolute heerser over de provincie gemaakt. In feite had alleen John Garang zelf, die familie was van Kuol, de macht om invloed uit te oefenen op diens beslissingen. Garang, die strikte controle hield over de buitenstaanders die de beweging financieren, had als enige de macht om Kuols toevoer van wapens en voorraden af te snijden. Op dezelfde manier konden alleen Mengistu en de andere buitenlandse beschermheren van Garang diens gezag ter discussie stellen, omdat hij 'van hen at' en zij de enigen waren die de macht hadden om zijn toestroom van geweren en munitie af te snijden.

Bernadette Kumar was in het voorjaar van 1989 naar Soedan gekomen om een dokter te vervangen die door de rebellen beschuldigd werd van het stelen van een heilig luipaardenvel. De man had drie maanden lang in een diepe kuil gevangengezeten voordat de Franse medische hulporganisatie die hem had uitgezonden, het SPLA kon overhalen hem vrij te laten. Bernadette probeerde Emma te overreden om de situatie in Palataka aan haar superieuren van Operation Lifeline over te laten. Maar Emma wilde niet luisteren. 'Ze nam niet de vereiste voorzichtigheid in acht,' zei Bernadette. 'Ze kon bij vlagen heel roekeloos zijn.'

Het gevaar en het gevoel van dreiging konden in het zuiden ondraaglijk zijn, maar in tegenstelling tot de zuidelijke Soedanezen hadden de medewerkers van Operation Lifeline een ontsnappingsmogelijkheid. Wanneer de bommen begonnen te vallen of wanneer Soedan hun gewoon te veel werd, konden de *khawaja's* via de radio vragen of er een VN-vliegtuig naar het zuiden kon worden gestuurd om hen op te pikken en naar hun basiskamp in Lokichokio terug te brengen. Loki was in 1989 nog niet de 'vijfsterren vakantieboerderij, compleet met zwembad en restaurant' waar de buitenlandse verslaggevers tien jaar later de spot mee zouden drijven. De bezoekers van Loki sliepen op veldbedden in legertenten. Ze douchten in de buitenlucht met water dat door de zon verwarmd was, en aten in een gemeenschappelijke eetzaal. Vanuit westers gezichtspunt was het een tamelijk primitieve manier van leven, maar de Soedanezen zagen dit heel anders. Een SPLA-commandant die Loki dat jaar bezocht, beschreef dit later voor de mensenrechtenorganisatie African Rights. 'Toen ik de VN-compound in Loki zag, was het overdonderend,' zei de commandant. 'Wanneer mensen het over de hemel hebben... De hemel is de plek waar je geniet van het leven. [...] Wanneer je iets koels wil drinken, pak je het. Wanneer je iets warms wil drinken, pak je het. Sommige mensen genieten van de hemel. Er zijn ook mensen die genieten van de oorlog die wij in het zuiden van Soedan voeren, en daar treur-

de ik over want er gaan honderden mensen dood.' Zuid-Soedanezen als deze commandant veronderstelden dat hulpverleners als Emma alleen hun zakken kwamen vullen. Ze zeiden dikwijls dat als dergelijke mensen naar Soedan wilden komen, ze in hun eigen samenleving wel mislukt moesten zijn.

Vanuit Loki vloog Emma naar Nairobi. Ze bracht elke maand enige tijd
in de Keniaanse hoofdstad door. Ze moest erheen om de rapporten die ze
op haar door zonne-energie gevoede laptop schreef over potloden en schoolborden die ze bij de verschillende scholen had afgeleverd, naar Peter Dalglish door te faxen. En ze moest haar voorraden aanvullen. Soms logeerde
ze bij Roo, de zus van Willy. Sally en Willy waren al meer dan een jaar eerder
uit elkaar gegaan, maar waren desondanks goede vrienden gebleven. Willy en
Emma raakten innig met elkaar bevriend en er was zelfs sprake van een huwelijk. Eind 1989 zegde Emma haar plannen af om met de kerst naar haar
moeder in Engeland te gaan, zodat ze de feestdagen met Willy's familie aan
de kust kon doorbrengen. Emma's moeder duimde dat het wat zou worden.
Ze vond Willy een leuke jongen en dacht dat hij een stabiliserende invloed
op Emma zou kunnen hebben. Maar het Afrika van Willy, het Afrika van de
Europese expats, was niet het Afrika waartoe Emma zich in haar diepste wezen voelde aangetrokken; dat was een ander Afrika, een Afrika waar de paden
minder waren afgebakend, waar alles minder besloten en beschut was. Nadat
Willy een groot deel van de kerstvakantie op safari was geweest en hij Emma bij zijn familie had achtergelaten, gingen de twee met ruzie uit elkaar.

Peter Dalglish ontmoette Emma eindelijk tijdens een van de bezoeken
die hij regelmatig vanuit Toronto aan Nairobi bracht. Hij stond voor het
Fairview Hotel toen ze in Willy's met modder bespatte Land Rover kwam
aanrijden. Terwijl ze haar lange benen loom naar buiten stak, vertelde Emma hem met een ondeugende glimlach dat de wagen Brutus heette. Haar
nieuwe baas stond versteld van haar zwier en enthousiasme voor het werk.
'Ze was bijzonder mooi, opvallend, fel, onafhankelijk,' herinnert Dalglish
zich. Dalglish, ongetrouwd en slechts een paar jaar ouder dan Emma, was
meteen smoorverliefd. Hoe kon het ook anders, zei hij later met zelfspot;
Emma was omgeven door de prachtigste verhalen. Dalglish zag in haar een
verwante geest die, net als hij, bereid was het materialisme, dat zo'n groot
deel van hun generatie verlamd had, af te wijzen. 'Een heleboel mensen die
nu even oud zijn als Emma wonen in Londen en rijden rond in Range Ro-

vers van veertigduizend pond,' zei hij. 'Emma interesseerde zich niet voor dat soort dingen. Ze was heel erg begaan met het lot van anderen. Ze had duidelijk een oprechte belangstelling voor kinderen. Ze wilde de kinderen helpen.' Ze betoverde Dalglish met verhalen over haar escapades. Ze nodigde hem uit om met haar en Willy te gaan kamperen. Ze keken naar flamingo's en zwommen naakt in een meer buiten Nairobi.

Het werk dat Emma had verricht, maakte op Dalglish nog meer indruk dan haar flair. Met geld van UNICEF en met hulp van de hulporganisatie van de rebellen hadden Emma en Ajith honderd scholen geopend in gebieden waar al zeven jaar lang geen officieel onderwijs meer was gegeven. Ze hadden tientallen onderwijzers weten over te halen om naar het zuiden terug te komen. Ze was gestoken door schorpioenen en gebeten door ratten en had meedogenloze rebellencommandanten getrotseerd, en toch was ze nog steeds vrolijk. Dalglish had veel hulpverleners gekend, maar schreef dat Emma de meest bijzondere was die hij ooit ontmoet had. Eind 1990 nam ze hem mee op rondrit langs enkele schooltjes in de rimboe. Hun eerste halteplaats was Kapoeta. Hier was een doofstomme weesjongen die Kachinga heette. Emma dacht dat Kachinga's gehoor hersteld zou kunnen worden wanneer hij de juiste medische behandeling kreeg. Ze had een walkman meegenomen om Kachinga's oren te testen. Ze deed de jongen de koptelefoon op en draaide het volume geleidelijk hoger. Dalglish zei later dat hij nooit het moment zou vergeten waarop Kachinga zijn eerste muziektonen hoorde: huilend van geluk maakte de jongen een sprong in de lucht.

Dalglish was een amateur-classicus en tijdens die trip, terwijl hij en Emma achter in een vrachtwagen hotsend voortreden over een weg waar mijnen lagen, raakten ze in gesprek over de *Ilias*. Deed deze wereld van krijgers Emma niet denken aan de heldentijd van Griekenland? Was al dit gepraat over eer, lotsbestemming en vetes niet rechtstreeks afkomstig uit het grote epos? En wat dacht Emma over de voorkeur van Achilles voor een kort maar spectaculair leven in plaats van een lang, saai leven?

O ja, op dit punt was Emma het helemaal met hem eens. Ze verkoos het lot van Achilles boven dat van gewone stervelingen.

Omstreeks deze tijd had ze Riek Machar al ontmoet.

DEEL III

De rook uit armzalige geweren stinkt als uitlaatgassen.
Meisjes haten de geweren zoals zij
de varaan haten. De dans is bedorven
zelfs al houdt iedereen ritme.
Meisjes haten de geweren zoals zij
de varaan haten.

Daniel Cuol Lul Wur, 'Paraderend met mijn geweer',
uit *Cleaned the Crocodile's Teeth: Nuer Song*, 1985

Toen ik de eerste keer uit Soedan terugkwam, had ik het gevoel alsof ik een toverdrank had gedronken of was ingewijd in de geheime riten van een of andere cultus. In vergelijking met mijn ervaringen in Soedan leek alles in Atlanta kleurloos en onbelangrijk. Gelukkig liet de redactie me in 1988 lange tijd schrijven over de hongersnood en over het feit dat Washington deze nog altijd niet had erkend. Het was niet zo dat ik alleen maar de dramatiek miste. Ik had ook het gevoel dat de dingen die ik in Soedan schreef, daadwerkelijk iets uithaalden. Toen ik nog in Kenia was, nam *The Sudan Times* de artikelen over die ik over Safaha had geschreven, en werd ik door de BBC over de situatie daar geïnterviewd. Enige tijd later hoorde ik dat Oxfam erin was geslaagd alle 20.000 mensen uit Safaha weg te halen. De persfunctionaris van de hulporganisatie vertelde me dat het leger na het verschijnen van mijn artikelen plotseling de trucks beschikbaar stelde die Oxfam nodig had om hen te vervoeren. Hij zei dat ik levens had gered door de erbarmelijke situatie aan het licht te brengen waarin de Dinka verkeerden. Van anderen hoorde ik dat Sadiqs regering zeer boos op mij was. Ik kreeg een anonieme brief waarin ik met de dood werd bedreigd. Het gaf me een gevoel van macht: nog nooit eerder had ik ook maar iemand van wat dan ook gered. Het duurde echter niet lang of Soedan staarde me aan met een doodshoofd dat al mijn heldhaftige fantasieën volkomen ineen deed schrompelen.

'Khartoum zei je? Zeiden ze vanochtend op de radio niet dat daar een hotel is opgeblazen?' Ik herinner me nog altijd de ijzige schok die door me heen ging toen een arts me tijdens een consult vertelde dat er een bomaanslag op het Acropole was gepleegd. Dertien jaar later, in de gruwelijke herfst van 2001, beginnen de Amerikanen kennis te maken met de onheilspellende kieteling van de angst. Ze zijn weer bezig, denken we terwijl we snel naar ons televisietoestel lopen om het laatste nieuws te horen over weer een vliegtuigkaping, de nieuwste miltvuurinfectie, het laatste neergestorte vliegtuig. Zodra je tot de ontdekking komt dat je vijanden hebt, is het bijster eenvoudig om die overal te zien. Ikzelf voelde die brandende angst dertien jaar geleden voor het eerst, toen ik vanuit de dokterspraktijk terug snelde naar de krant. Daar las ik hoe een man een rugzak vol handgranaten de eetzaal van het Acropole in had geslingerd, dat zeven mensen waren gedood en zeventien anderen gewond waren geraakt, terwijl enkele andere gewapende mannen de Sudan Club aan het eind van de straat hadden beschoten. De club was een overblijfsel uit de Britse koloniale tijd, compleet met vergelende foto's van de jonge koningin Elizabeth II en een zwembad, waar Carol Berger en ik vaak naartoe waren gegaan om een glaasje te drinken. Onder de slachtoffers, zo hoorde ik, was een Brits gezin: Chris en Clare Rolfe en hun twee kinderen, Tommy en Louise.

Zij waren het quaker-echtpaar uit Showak. De avond voor ik vanuit Khartoum naar Nairobi vertrok, had ik ze nog in de eetzaal van het Acropole ontmoet. Ze vertelden dat ze uit het oosten waren teruggekeerd om de ambtenaren in de hoofdstad ertoe te bewegen toestemming te geven voor hun leningenproject in de Ethiopische vluchtelingenkampen. Het nieuwsbericht vermeldde dat ze van de regering een vergunning hadden gekregen en dat ze dit op het moment dat de 'bom' afging aan het vieren waren. De ontploffing had het hoofd van een van de kinderen afgerukt. In een ziekmakende roes herinnerde ik me het woedende, paars aangelopen gezicht van de kleine Tommy dat ik die dag in Showak achter het hek gezien had en de irritatie die ik voelde omdat hij maar almaar bleef huilen. Waarom hadden de Rolfes hun kinderen ooit meegenomen naar Soedan, vroeg ik me weer af. Ik voelde een sterke aandrang om te huilen, maar mijn ogen waren droog. Een merkwaardig bijverschijnsel van de eerste reis naar Soedan was dat ik nog een hele tijd daarna niet kon huilen.

De plegers van de aanslag, die al snel gearresteerd waren, hadden een verklaring afgegeven waarin ze zeiden dat ze Palestijnen waren die een terroristische campagne tegen Groot-Brittannië en de Verenigde Staten voerden. Ze beschuldigden de gasten van het Acropole ervan 'hun humanitaire werk als een dekmantel voor spionage te gebruiken'. In een ander persbericht zeiden ze dat ze voor 'de cellen van de Arabische fedayeen' werkten en staken ze een zeven pagina's lange tirade af over de politieke en economische omstandigheden in Soedan, waarin het Acropole en de Sudan Club 'nesten van buitenlandse spionnen' genoemd werden. De Amerikaanse ambassade in

Khartoum beweerde dat de terroristen voor Abu Nidal werkten en dat Libië achter de aanslag zat. Zelfs als dat klopte, zo vroeg ik me af, zouden er misschien toch ook enkele Soedanese partijen bij de aanslag betrokken zijn geweest? Het was bekend dat de Umma-partij van Sadiq zeer nauwe banden met het Libië van Kaddafi onderhield. De islamitische pers van Soedan noemde de de westerse hulpverleners steevast 'spionnen' en 'missionarissen'. De daders van de aanslag waren Soedan binnengekomen met een geldig Soedanees visum. De Libyan Arab Holding Company bevond zich om de hoek van het Acropole. Onderweg naar het ministerie van Informatie was ik dikwijls langs het kantoor van dit bedrijf gelopen. Volgens de Amerikaanse ambassade stond de Libische directeur bekend als een terrorist. Hij was bovendien een intieme vriend van Sadiqs neef Mubarak al-Mahdi, de man die tot taak had ervoor te zorgen dat Chevron de exploitatie van de olievelden zou hervatten. Als iemand een boodschap had willen afgeven aan de lastige *khawaja's* die probeerden te verhinderen dat de opstandige bevolking uit de gebieden langs de Bahr el-Arab werden verdreven, dan was het Acropole een logische plek om dit te doen.

Ik bleef maar denken aan de op fluistertoon gevoerde conversaties in het Acropole over de slachtingen die in het zuiden werden aangericht, aan de gesloten en angstige gezichten van hulpverleners als de Nederlandse arts in Wau. Merkwaardig genoeg waren de Rolfes hun eerlijke en open gelaatstrekken nooit kwijtgeraakt. Zij waren zo ongeveer de enige *khawaja's* die ik in Soedan ontmoet had die zich op geen enkele manier voor de burgeroorlog hadden geïnteresseerd.

In maart 1989 ging ik kijken welke schade de explosie in het Acropole had aangericht. Er nestelden nu vogels tussen de verbrijzelde dakspanten van de binnenplaats waar het echtpaar Rolfe en hun kinderen aan stukken gescheurd waren. De Soedanese eigenaar van het pand leek geen belangstelling te hebben om het op te knappen, zodat het een onofficieel gedenkteken bleef voor een nooit verklaarde oorlog. De familie Patagoulatos had het hotel aan de overkant heropend. De broers en hun echtgenotes leken echter een stuk ouder te zijn geworden, alsof de explosie hen van hun levenskracht had beroofd. Een van de vrouwen vertelde dat ze steeds probeerde te voorkomen om haar auto voor het verwoeste gebouw te parkeren en dat ze zelfs niet meer naar gebouw keek, omdat alle gruwelijke herinneringen aan die dag dan weer boven kwamen: de man die met de fatale rugzak langs het kantoortje rende, de explosie, de stukken menselijk vlees en de spetters bloed op de trap, het gegil van haar stervende medewerkers en klanten...

Ik was naar Khartoum gekomen om verslag te doen van de persconferentie waarin bekend zou worden gemaakt dat Sadiq al-Mahdi met UNICEF een overeenkomst had bereikt over de start van Operation Lifeline Sudan. Omdat de regering me onmiddellijk na aankomst onder huisarrest plaatste, zat ik de meeste tijd in het hotel. Op het ministerie van Informatie beschuldigde een woedende regeringswoordvoerder mij ervan dat ik het jaar daarvoor zonder vergunning naar Safaha was gereisd, dat ik vanuit mijn thuisbasis in Atlanta een samenzwering tegen Soedan had opgezet, dat ik uitspraken van functionarissen van hulporganisaties had verdraaid enzovoort. Hij beweerde zelfs dat er in de plastic klem van de donkerrode geldbuidel die ik om mijn nek droeg, een microfoontje verborgen zat. Toen ik van zenuwachtige verbijstering luid moest lachen, plofte hij bijna uit elkaar van woede. Ten slotte beval hij dat ik naar mijn hotel moest gaan en daar moest blijven.

Er moest een collega van de krant aan te pas komen om over mijn vrijlating te onderhandelen. Het resultaat was dat ik het land werd uitgezet. De nacht voor mijn vertrek glipte ik het hotel uit om naar een feest te gaan dat georganiseerd werd door een aantal hulpverleners van de Ierse organisatie Concern. Het was een van die stoffige avonden in Khartoum, wanneer over de hele stad een verstikkend heet sluier van bruin stof lijkt te liggen. De hulpverleners waren op het dak aan het dansen op de muziek die uit een gettoblaster schalde. Ik maakte hier en daar een praatje, tot ik iemand zag staan die ik herkende. Hij stond op enige afstand van de anderen in zijn eentje whisky te drinken en te kijken hoe de dansers door het stof sprongen. Het was Pierre, de jonge medewerker van AzG-België in Nyala, die me niet had willen helpen toen ik naar Safaha wilde gaan. Hij zag me staan en gebaarde dat ik naar hem toe moest komen.

Hij had al die maanden in Darfur gezeten. In zijn ogen stond een verwilderde en verbitterde blik. Hij was ook heel erg dronken. Zo, dus je bent terug, zei hij, en maakte een vaag, raadselachtig gebaar naar de duisternis voorbij het dak. Je bent terug, en wat ga je nu doen?

Ik zei dat ik helemaal niets ging doen, dat de regering me over zes uur op een vliegtuig naar Nairobi zou zetten.

Hij leek me niet te horen. Het gaat nog steeds door, fluisterde hij. Precies zoals toen jij er was. Safaha en alles.

Ik begreep het niet goed. Maar, zei ik, ik dacht dat het jullie gelukt was om alle mensen uit Safaha weg te voeren.

Hij maakte een ongeduldig gebaar. Ja... zodat ze buiten Nyala konden creperen, zei hij bot. Daarna rechtte hij een moment lang zijn rug. Dat was niet eerlijk, corrigeerde hij zichzelf. Het was goed geweest om de mensen naar een andere lokatie te vervoeren. Het was in ieder geval iets. Maar daarmee was nog niets veranderd aan de omstandigheden die ertoe hadden geleid dat de Dinka hun dorpen hadden verlaten en naar Safaha waren getrokken. Na hun aankomst in Nyala was er voor hen helemaal niets veranderd. In de ogen van de plaatselijke bevolking waren ze nog steeds verraders en ongelovigen. De kinderen die ze in Safaha verkocht hadden, waren nog altijd als slaven in handen van de Rizeigat. De Dinka van Safaha waren trouwens slechts een eerste golf van vluchtelingen geweest. Na hen hadden honderdduizenden hongerende zuiderlingen de steden van westelijk Soedan overspoeld. In kampen verspreid over zuidelijk Darfur en Kordofan waren tienduizenden Dinka aan de genade van de milities overgeleverd. Tijdens hun tochten door de woestijn hadden hulpverleners de lijken van zuiderlingen zien liggen. Ze hadden gezien hoe Arabieren de Dinka afvoerden om ze op hun eigen boerderijen te werk te stellen. Wie er iets van durfde te zeggen, dreigden ze het land uit te zetten.

Maar hoe zit het dan met Operation Lifeline Sudan? vroeg ik. Tijdens de persconferentie waar officieel werd bekendgemaakt dat er een overeenkomst was gesloten, had Sadiq gesproken over corridors van vrede, die zouden worden ingesteld om te zorgen dat de hulpgoederen de ontheemde zuiderlingen zowel in het noorden als in het zuiden zouden kunnen bereiken.

Pierre lachte. Weet je dan niet dat de woorden van de Soedanezen een soort vogeltjes zijn? Ze zijn prachtig, maar ze vliegen weg, omhoog, hoog de hemel in, en je kunt ze niet pakken...

Hij zweeg en keek me aan. Ze geven het een andere naam, zei hij, maar ze gaan gewoon door met de dingen waar ze mee bezig waren.

Vergeet Operation Lifeline, hield ik vol. Maar hoe zit het met die vredesovereenkomst die de gematigde islamitische partijen zeer binnenkort met het SPLA afsluiten? Het sturen van noodhulp was in het gunstigste geval een halve maatregel. Wanneer er vrede komt, kunnen de Dinka in ieder geval terug naar hun woonplaats.

Pierre snoof. Hoe kom je erbij dat het noorden vrede zou willen? De handelaren, de generaals en de milities verdienen allemaal veel te veel geld aan de oorlog om er een einde aan te maken. De slaven, de dierenvellen, het uranium... ze handelen in allerlei illegale goederen. En daar komt nog bij dat er olie zit. De noorderlingen denken dat ze door hun Arabische bloed boven alles en iedereen verheven zijn. Tegelijkertijd weten ze echter dat ze in de ogen van de Arabieren van het Midden-Oosten smerige honden zijn. Mensen als Hassan al-Turabi kunnen niet wachten tot ze wat van het oliegeld krijgen toegestopt dat de Saoedi's voor hen beheren. En als ze dat dan hebben, zullen ze de wereld eens laten zien wie de echte moslims zijn... de moslims uit het land van de mahdi!

Maar als de Verenigde Staten en de Europese Gemeenschap de geldkraan voor Sadiqs regering echt dichtdraaien, dan moeten de noorderlingen wel vrede sluiten...

Pierres gezicht vertrok tot een meesmuilend grimas. Het echte geld in Soedan komt uit het Golfgebied – van de overschrijvingen van de Soedanezen die daar werken – en wordt beheerd door het NIF. De regering van Sadiq wordt weggeblazen als een kaartenhuis. Daar doet het Westen helemaal niets aan. Dacht je werkelijk dat het de Verenigde Staten – of België – iets kan schelen wat er met deze mensen gebeurt? Het enige dat de donateurs willen, is dat de Soedanezen het spelletje meespelen, dat ze ons wat graan laten uitdelen, zodat onze politici goede sier kunnen maken bij de brave mensen aan het thuisfront. Ik ga elke keer naar die vergaderingen hier in Khartoum. Ik zeg tegen de donateurs: De Soedanezen zeggen het één en doen het ander. Voor hen is het een spelletje om ons voor de gek te houden. Ze zeggen dat we toestemming hebben om naar een bepaalde plek toe te gaan. Wanneer we er dan aankomen, beletten ze dat we ons werk kunnen doen. Ik vertel dat er duizenden mensen aan het sterven zijn. Die kerels van de ambassades kijken me alleen maar aan. Ze willen het gewoon niet weten.

Hij grinnikte toen wrang. Zelfs al zouden de donateurs het willen weten, wat konden ze dan doen? We hebben tenslotte al eens eerder geprobeerd dit oord te koloniseren.

Daarna sleurde hij me mee om te dansen en zong op een krankzinnige nood-lottige manier mee op *Everybody Wants to Rule the World*, het lied van Tears for Fears dat zo populair was onder de hulpverleners.

Welcome to your life
There's no turning back.
Even while we sleep
We will find you acting on your best behaviour
Indecision after vision
Everybody want to rule the world.

Welkom in dit aards bestaan
Er is geen weg terug.
Zelfs wanneer we slapen,
Zullen we zien dat je je uiterste best doet,
Besluiteloos wat te doen na een visioen,
Iedereen wil over de wereld heersen.

Een delegatie van het Amerikaanse Congres die Soedan bezocht, hielp me aan een nieuw visum, zodat ik enkele weken later alweer in het land terug was. En vlak daarna kreeg Soedan een nieuwe regering, die bewees dat Pierre gelijk had.

In Washington werd al enige tijd verwacht dat er een militaire coup zou worden gepleegd. Omdat de Soedanese generaals klaagden over de voort-gang van de oorlog in het zuiden, was Sadiq gedwongen geweest om met het SPLA te onderhandelen. De staatsgreep waardoor hij op 31 juni 1989 ten val kwam, werd echter niet door de top van het leger gedragen, maar door het middenkader. En het werd al snel duidelijk dat niet Washington, maar de sluwe Hassan al-Turabi en zijn Nationaal Islamitisch Front erachter za-ten. Aan het hoofd van de muitende officieren stond de kalme, zichzelf weg-cijferende Omar al-Bashir. Deze kolonel was gelegerd geweest in El Muglad, het voormalige hoofdkwartier van Chevron en van de Misseriya-militie die ervan werd beschuldigd de dorpen van de Nuer, de Dinka en de Nuba in het gebied rond de olievelden te plunderen. Het was bekend dat al-Bashir en zijn handlangers met de fundamendalistische moslims sympathiseerden.

Het NIF van al-Turabi schaarde zich al snel achter de 'Revolutie voor Nationale Redding', zoals de officieren hun opstand noemden.

Het Westen had al-Turabi onderschat. Hij had vooruitstekende tanden en een schrille giechellach, maar hij was schrander en vastberaden. Bovendien was hij al voor een groot deel geslaagd in zijn opzet om het zuiden te verbrijzelen, zich de zuidelijke olie toe te eigenen, banden te smeden met anti-westerse islamisten in andere delen van de wereld en een islamistische revolutie te financieren.

Hassan al-Turabi werd in 1932 geboren als zoon van een islamitische rechter. In 1955, toen hij aan de Universiteit van Khartoum studeerde, had hij geholpen met de oprichting van de plaatselijke afdeling van de Moslimbroederschap. Later had hij een beurs gekregen om rechten te gaan studeren aan de Universiteit van Londen. Daarna had hij aan de Sorbonne zijn doctorsgraad gehaald. Halverwege de jaren zestig was hij terug in Soedan, waar hij intensief betrokken raakte in de islamistische politiek en zich volledig wijdde aan de taak om de financiële situatie en de organisatie van de beweging te verbeteren. In de jaren zeventig sloot hij in Saoedi-Arabië vriendschap met prins Mohammed al-Faisal, de belangrijkste mecenas voor islamistische organisaties van de hele Saoedische koninklijke familie. Hij leerde ook twee andere moslimbroeders kennen, de Palestijnse wetenschapper Abdullah Azzam en de blinde Egyptische predikant sjeik Omar Abdel-Rahman. De drie mannen wilden een 'Islamistische Internationale' vormen, een tegenhanger van het internationale communisme en het kruiperige westerse humanitarisme, vertegenwoordigd door hulpverleners en journalisten, die in hun ogen de voorhoede vormden van de 'samenzwering van zionisten en kruisvaarders'.

Als eerste zetten zij een onafhankelijk islamitisch bankwezen op. In Soedan gaf president Nimeiri al-Turabi toestemming om met financiële steun van de Saoedische prins de Faisal Islamic Bank op te richten. De bank vroeg bij leningen geen rente, maar bracht in plaats daarvan een aandeel van de winst in rekening. De bank trok inleggers aan onder de Soedanese moslims die in het Golfgebied werkten. Het bedrag dat zij gezamenlijk overmaakten, was groter dan de som van alle salarissen die in Soedan werden uitbetaald. De bank inde bij haar klanten ook *zakat*, de door de islam voorgeschreven weldadigheid, en sluisde dit geld door naar een netwerk van islamitische organisaties die door de Moslimbroederschap en haar vrienden waren opgericht. 'Het is niet al te overdreven om te zeggen dat Soedan in die jaren gewoon verhandeld werd,' schrijft Alex de Waal. Tegelijkertijd begon de broederschap uiterst langzaam en met veel geduld de Soedanese regering te infiltreren, met name het rechtswezen en het leger. 'Toen ze Soedan in hun zak hadden,' gaat De Waal verder, 'kwam de Moslimbroederschap tot de conclusie dat zij het recht hadden het land te besturen.'

De belangen van al-Turabi lagen ver buiten de grenzen van Soedan. In de jaren tachtig stortte hij zich in de jihad tegen de Russische bezetting van Afghanistan. Zijn oude vriend Abdullah Azzam was naar de Pakistaanse grensstad Peshawar gegaan om leiding te geven aan de campagne van de broederschap die moslims van over de hele wereld opriep naar Afghanistan te komen om daar tegen de Sovjets te strijden. Al-Turabi bezocht Peshawar ten minste zesmaal om zijn steun aan te bieden. Verder hernieuwde hij zijn contacten met Omar Abdel-Rahman, die in 1985 in Peshawar opdook nadat hij drie jaar in Egyptische gevangenissen had doorgebracht omdat hij ervan werd beschuldigd goedkeuring te hebben verleend voor de moord op president Anwar Sadat. Nadat de Sovjets zich in 1989 uit Afghanistan hadden teruggetrokken, spoorde al-Turabi moslims aan om de jihad niet te staken, maar om overal ter wereld te blijven strijden voor islamitisch bestuur.

Later dat jaar greep de partij van al-Turabi, het NIF, in Soedan de macht. Volgens Yossef Bodansky, de voormalige voorzitter van de speciale Commissie voor Terrorisme en Onconventionele Oorlogvoering van het Amerikaanse Congres, nodigde al-Turabi in 1991 de Moslimbroederschap uit om Soedan in ruil voor substantiële financiële steun voor zijn bewind te gebruiken als 'een springplank naar andere Arabische en Afrikaanse landen'. Khartoum schafte de visumplicht voor moslims af. Het duurde niet lang of enkele van de bekendste radicalen uit de islamitische wereld verhuisden naar Soedan. Onder hen waren Omar Abdel-Rahman, Carlos 'de Jakhals', Abu Nidal en Osama bin Laden. Bin Laden, de zoon van een Saoedische bouwmagnaat, had ervoor gezorgd dat de Saoedische steun terechtkwam bij Azzams organisatie voor ondersteuning voor strijders van de jihad. Na de dood van Azzam in 1989 reorganiseerde Bin Laden, die al-Turabi kende en bewonderde, de organisatie van Azzam en doopte haar om tot al-Qaeda (de Basis). Op uitnodiging van het NIF begon hij in Soedan land en bedrijven op te kopen.

Ondertussen stelde de nieuwe islamitische regering van Soedan de start van Operation Lifeline uit. De staat van beleg werd afgekondigd, de vakbonden werden ontbonden, de steun voor de Baggara-milities werd opgevoerd en honderden dissidenten werden gearresteerd. Ook verdubbelde de regering de druk op Chevron om de exploratie van de olievelden in de omgeving van Bentiu te hervatten.

Een van Emma's favoriete verhalen was hoe ze Riek Machar Teny-Dhurghon ontmoet had. Ik zal het hier vertellen zoals ik het van haar vrienden
gehoord heb. Maar voor ik eraan begin, moet ik zeggen dat Riek niet knap
is op de manier waarop zoveel Nilotische mannen knap zijn. Hij is lang,
maar tussen de rijzige Nuer valt hij nauwelijks op. Hij heeft aanleg om dik
te worden en kleine donkere ogen. Maar om de befaamde uitspraak van Margaret Mitchell over Scarlett O'Hara aan te halen: Wie in de ban was van zijn
charme, merkte deze onvolkomenheden nauwelijks op. Tussen zijn voortanden heeft hij de spleet die sommige Soedanezen zien als het kenmerk van de
profeet. Westerlingen vinden zijn warme en innemende manier van doen dikwijls onweerstaanbaar. Allang voor zij hem ontmoette, had Emma over de
commandant van het SPLA horen spreken. Iedereen wist dat 'Dr. Riek', zoals de Soedanezen in het zuiden hem uit trots en ontzag voor zijn titel noemden, de hoogst opgeleide Nuer was onder de leiders van de rebellen. Net als
John Garang, Hassan al-Turabi en Sadiq al-Mahdi had Riek zijn graad in
het buitenland gehaald, in zijn geval aan de technische hogeschool van Bradford in Yorkshire, het graafschap waar Emma was opgegroeid. Net als Kuol
Manyang Juk, Emma's onverzoenlijke tegenstander, was Riek een zonecommandant. In tegenstelling tot de onverbiddelijke en achterdochtige Kuol had
hij, naar men zei, echter een bijzondere genegenheid voor de *khawaja's*. In
Ler, zijn geboorteplaats en het bestuurlijke hoofdkwartier van het SPLA in
Boven-Nijl, deed hij volgens zeggen dikwijls veel moeite om buitenlanders
uit te nodigen om bij hem in zijn versterkte compound over politiek en filo-
sofie te komen discussiëren.

Alastair had Emma verteld hoe hij Riek ontmoet had tijdens zijn reis naar
Ler in 1988, toen hij voor AzG-Nederland een geheime missie had ondernomen om vast te stellen hoe ernstig het gebied achter de linies van de rebellen door de hongersnood was getroffen. Hoewel Alastair in Ler een heleboel leed had gezien, was hem opgevallen dat de inwoners een veel zelf-

verzekerder indruk maakten dan de angstige inwoners van enkele andere streken die hij in het door de rebellen bezette gebied had bezocht. Toen hij en
zijn collega's aan Riek werden voorgesteld, had de commandant hen onmiddellijk uitgenodigd in zijn gebied een hulpverleningsprogramma te starten. Riek bleef volkomen rustig toen ze hadden geopperd dat het voedsel
waarschijnlijk het snelst naar Ler kon worden getransporteerd wanneer het
met schepen vanuit het noorden naar het zuiden werd vervoerd. De leden
van het team waren zo onder de indruk van het ontspannen zelfvertrouwen
dat de commandant uitstraalde, dat ze er bij AzG-Nederland op hadden
aangedrongen in Ler een ziekenhuis op te zetten.

Emma wilde haar onderwijsprogramma uitbreiden naar het gebied dat
onder gezag van Riek viel. De SPLA-leiding weigerde echter toestemming te
geven om haar werkterrein uit te breiden buiten de grenzen van Equatoria.
De hulpverleningsorganisatie van de rebellen had geweigerd onderwijzers
uit Boven-Nijl toestemming te geven om aan Emma's onderwijstrainingen
in Torit en Bor deel te nemen. Het SRRA had ook geweigerd haar toestemming te geven om vrij door Boven-Nijl rond te reizen. Emma had gehoord
dat veel Nuer-ouders hun zoons nog altijd naar de in Ethiopië gelegen 'kinderkampen' bij Tiang en Panyido stuurden. Ze vermoedde dat de rebellen
probeerden te verhinderen dat Operation Lifeline Sudan in Boven-Nijl dorpsscholen zou openen, omdat die dan concurrentie zouden gaan vormen voor
de Ethiopische kampscholen waar zij kindsoldaten rekruteerden. Toen ze
hoorde dat Riek Machar aanwezig zou zijn op een hulpverleningsconferen-
tie die in januari 1990 in het Pan Afric Hotel in Nairobi werd gehouden, besloot ze erheen te gaan om te kijken of ze hem er kon spreken. Ze had met
hem een hartig woordje te wisselen over de kansen die gemist waren voor
het opzetten van scholen in het zuiden. Maar alles wat ze over Riek Machar
gehoord had, zei haar dat ze hem leuk zou vinden. Mogelijk had ze nog sterkere voorgevoelens. 'Al voor ze hem ontmoet had, wist ze dat ze met hem
naar bed zou gaan,' zegt haar vriendin Emma Marrian.

Het Pan Afric, een vervallen, groezelige toren van glas en beton die uit de
gloriedagen van het pan-Afrikaanse nationalisme dateert, lag precies tegenover het Fairview. Het had echter een geheel andere ambiance dan het hotel waar de hulpverleners hun intrek plachten te nemen. Toen Emma door de
lobby van het Pan Afric liep, passeerde ze de bar waar achter wolken sigaret-

tenrook vermoeid uitziende Afrikaanse prostituees rondhingen. Ze bleef af en toe in de schemerig verlichte hal staan om een Soedanese kennis te vragen of ze Riek Machar kende. Uiteindelijk vond ze iemand die bij Riek op school had gezeten en bereid was haar naar de conferentiezaal te brengen waar Riek een discussie over hulpverleningsvraagstukken voorzat. Ze ging op een stoel ergens achter in de zaal zitten en bereidde zich voor op een lange zit.

De stem van Riek Machar heeft een honingzoete, snorrende klank. Emma zou later zeggen dat ze vond dat hij een fluwelen stem had. In zijn hand liet hij de ebbenhout-met-ivoren stok ronddraaien die het merkteken is van een Afrikaans stamhoofd. Hij droeg een olijfgroen uniform met helderrode epauletten en een rode baret. Emma zag dat de zuiderlingen in het zaaltje zich inspanden om zijn antwoorden op te vangen. Toen de bijeenkomst eindelijk was afgelopen en Rieks schoolvriend hem aan Emma voorstelde, liet ze zich overrompelen. Riek hield haar hand lang in de zijne en keek haar recht in de ogen. Over zijn gezicht breidde zich een langzame glimlach uit, die de spleet tussen zijn voortanden onthulde. Zijn blik leek haar te verzwelgen. Emma stamelde dat ze veel over hem had gehoord. Met zijn zachte, prikkelende stem antwoordde hij ook al een heleboel over haar te hebben gehoord.

Goed voorbereid zette Emma uiteen dat er behoefte was aan dorpsscholen, vertelde ze hoe de jongens in de Ethiopische vluchtelingenkampen werden gedwongen om in het leger van de rebellen mee te vechten, en zei ze dat ze zijn bescherming nodig had. Riek luisterde bedaard toe, terwijl hij met zijn vingers op de conferentietafel trommelde. Later vertelde ze dat ze al verliefd op hem was nog voor ze uitgesproken was. Toen ze eindelijk zweeg, stond Riek op en knipte met zijn vingers naar zijn lijfwachten. Laat ons alleen, zei hij zacht, en hij stuurde iedereen naar buiten, zodat hij en Emma alleen in het zaaltje achterbleven. Daarna ging hij weer zitten. Hij strekte zijn benen voor zich uit en leunde voorover over de tafel, terwijl hij Emma aankeek en met zijn vingers over zijn korte snor streek.

Wat jij zegt, is heel interessant voor mij, zei hij. Ongeveer een jaar geleden stuurde John Garang bericht dat er in de vluchtelingenkampen goede scholen waren voor de kinderen die daarheen wilden gaan. Dat leek me een nobel idee. In de bevrijde gebieden startte ik een campagne om de kinderen aan te sporen om in de vluchtelingenkampen naar school te gaan. Ik stimuleerde dit in het gebied dat onder mijn commando staat en in de naburige zones. In de bevrijde gebieden waren geen scholen. Wij hadden sinds de oprichting van het SPLA vijf jaar verloren. We moesten de verloren tijd inhalen. Daarom stuurden we veel kinderen naar Ethiopië.

Nu vertel jij dat Operation Lifeline in de bevrijde gebieden scholen wil openen. Dat is een nieuwe ontwikkeling. Je zegt ook dat de kinderen in de vluchtelingenkampen niet naar school gaan. Als dat waar is, is dat verkeerd. Nu jij het onder mijn aandacht hebt gebracht, zal ik uitzoeken wat er aan de hand is. Tot dat moment kun je met het SRRA samenwerken om in Nasir scholen te heropenen. Nasir is mijn nieuwe hoofdkwartier.

Hij reikte over de tafel om een stuk papier te pakken en schreef een vrijgeleidebrief. Daarna zette hij met een harde knal het officiële SPLA-stempel op het papier en signeerde het vervolgens met zijn volledige naam: RIEK MACHAR TENY-DHURGHON.

Hier, zei hij terwijl hij haar het document overhandigde.

Emma was diep onder de indruk. Deze lange man met zijn zachte stem deelde haar dromen over de kinderen van het zuiden, dacht ze. Met één enkele handtekening had hij de hele provincie Boven-Nijl voor haar opengesteld. Hierdoor zouden duizenden kinderen naar school kunnen gaan. Bovendien was hij zo eerlijk te erkennen dat het SPLA verantwoordelijk was voor de campagne om jongens naar Ethiopië te sturen en probeerde hij niet, zoals de andere rebellen, het te doen voorkomen dat de zuidelijke ouders zelfstandig de beslissing hadden genomen hun zoons naar de kampen in Ethiopië te sturen. Hij had zoveel vertrouwen in haar dat hij een onderzoek zou instellen naar de rapporten waarin zij had geschreven over de jongens die werden opgeleid om mee te vechten in het leger van de rebellen. Ze kon nauwelijks geloven dat ze zo succesvol was geweest. Ze zei later dat ze alleen nog 'dank u' had kunnen stamelen.

Riek keek haar aan. Over zijn gezicht speelde een flauwe glimlach. Dus ze was in zijn volk, de Nuer, geïnteresseerd, zei hij, terwijl hij naar voren leunde. Had ze misschien ook de boeken van E.E. Evans-Pritchard gelezen?

Natuurlijk kende Emma de Britse antropoloog die de Nuer in de jaren dertig had bezocht en een klassiek geworden etnografische trilogie over dit volk had geschreven. Ze moest echter erkennen dat ze geen letter van *The Nuer: A Description of the Modes of Livelihood and Political Institutions of a Nilotic People* had gelezen, en *Kinship and Marriage Among the Nuer* of *Nuer*

Religion al helemaal niet. Er woonde in Equatoria slechts een zeer gering aantal Nuer en ze had er haar handen meer dan vol aan om te lezen over de Dinka, de Toposa, de Murle en al de andere volkeren in haar district. Ze was nu boos op zichzelf dat ze op Riek was afgestapt zonder ten minste Evans-Pritchard te hebben ingekeken. Willy en Alastair hadden zijn boeken gelezen. Nu wekte ze de indruk het type hulpverlener te zijn dat ze verachtte, het soort dat de Soedanezen vertelde wat ze moesten doen zonder de minste moeite te nemen om zich ook maar enigszins in het land te verdiepen.

Nee, maar dat zal ik doen, beloofde ze.

Riek glimlachte nog eens met een langzame grijns en trok zijn wenkbrauwen op.

Dat moet je zeker doen, antwoordde hij. Daar staat alles in wat je over mijn volk moet weten.

Emma vertelde haar vrienden later dat ze aan de manier waarop hij haar had aangekeken kon zien dat hij haar haar domheid niet zou aanrekenen. Ze begon zich op haar gemak te voelen, en vroeg hem naar bijzonderheden over hemzelf en zijn familie. Aan de oppervlakte handelde hun gesprek nog altijd over de verordeningen van het SPLA en over de gebruiken van de Nuer, maar de verborgen gevoelens die ze voor elkaar ontwikkelden, trokken hen in een heel andere, elektriserende richting. Het toeval had gewild dat hij gestudeerd had op een plek die niet ver aflag van de plaats waar zij in Yorkshire was opgegroeid. Dit trof hen beiden als iets opmerkelijks. Als hij maar een paar jaar langer in Engeland was gebleven, zei Emma plagend, had het heel goed kunnen zijn dat zij namens het Soedanees Cultureel Centrum hem zijn beurs zou hebben uitgekeerd.

Het was laat geworden. Rieks lijfwachten stonden buiten te wachten. Emma raapte al haar moed bij elkaar. Ze vroeg Riek of hij de volgende dag met haar naar de bibliotheek wilde gaan om de boeken van Evans-Pritchard te lenen. Hij zei lachend dat het goed was. Ze hebben de bibliotheek echter nooit bezocht. Nu ze naast deze goed opgeleide en wereldse vrijheidsstrijder stond, moet Emma zich hebben afgevraagd wat de stoffige oude Evans-Pritchard haar nog had kunnen vertellen. Beiden noemden hun ontmoeting in het Pan Afric later liefde op het eerste gezicht. Emma's moeder schrijft dat ze nog diezelfde nacht met elkaar naar bed gingen. Voor Emma kwamen in Riek alle lijnen samen die haar naar Soedan trokken.

Het is me opgevallen dat iedereen die over Riek Machar spreekt, als in een reflex toegeeflijk begint te glimlachen, ook mensen die hem haten, en zelfs degenen die hem liever dood zouden zien. Riek is zo'n innemende persoonlijkheid en heeft zo'n goedaardige uitstraling dat het moeilijk is geen sympathie voor hem te voelen. Pas later voel je de peilloos diepe trots die achter zijn jongensachtige pruillip schuilgaat. Bij wijze van grap noemen de Soedanezen hem de Bill Clinton van Soedan. Deze vergelijking is niet zo vergezocht als ze misschien lijkt. Niet alleen omdat Riek net als Clinton de verafgode zoon van een sterke moeder én een onverbeterlijke versierder is. Riek is een man die leeft om bewonderd te worden, een man die nooit alleen wil zijn, een man die er een hekel aan heeft om nee te zeggen. Hij voelt jouw pijn, terwijl hij bezig is je ondergang te beramen. In 1952 kwam hij, zoals hijzelf zegt, als 'een politiek dier' ter wereld als het zesentwintigste kind van een van de stamhoofden van het dorp Ler. In de taal van de Nuer betekent het woord *riek* 'de paal die een huis of schrijn overeind houdt'. Het kan ook 'problemen' betekenen.

In de tijd dat Riek opgroeide, was Ler nog een dorpje midden in de Sudd geweest. De bijenkorfvormige hutten waren opgetrokken uit leem en riet, en rondom het dorp stond een palissade van maïsstengels. Het eerste geluid dat jongens als Riek 's ochtends hoorden, was het gekraai van een haan; het laatste geluid dat ze 's nachts hoorden, was het gekwaak van kikkers. De dagelijkse kost van de dorpelingen bestond uit sorghumpap en melk, soms op smaak gebracht met wat urine van een koe. Om te koken en om zich warm te houden legden ze vuren aan met behulp van de gedroogde uitwerpselen van de runderen. De mannen plooiden hun haar tot de meest wonderlijke kapsels door het met koeienmest in te smeren; de vrouwen droegen niet meer dan een lendendoek van koeienhuid. Op het ritme van de seizoenen trokken ze met hun vee van het dorp naar de hoger gelegen weidegronden. Ze hadden geen elektriciteit, geen sanitair en geen telefoon. Dat hebben ze trouwens nog steeds niet. Zowel toen als nu waren ze in oorlog. Maar in die dagen hadden ze in ieder geval hun land nog.

Riek behoort tot een nieuwe generatie Nuer. Hij is een zwarte *Turuk* die is opgeleid om te regeren over een volk dat traditioneel geen regering had gekend. Met de meeste andere zuiderlingen hadden de Nuer gemeen dat ze samenleefden in een toestand van, zoals Evans-Pritchard het noemde, 'gestructureerde anarchie'. Hun leiders – of de 'stieren van de kudde' – hadden gezag, omdat de mensen ontzag voor hen hadden. Geen enkele Nuerman erkende echter een ander als zijn meerdere. De bloedwraak was het belangrijkste instrument dat de mensen ervan moest weerhouden een misdrijf te begaan. Alleen door te laten zien dat hij en zijn verwanten op een gewelddadige manier wraak zouden nemen wanneer iemand ook maar de minste inbreuk op hun rechten maakte, kon een Nuer afdwingen dat anderen hemzelf en zijn vee met respect behandelden. Onverschrokkenheid was de mannelijke deugd die bij hen het meeste ontzag afdwong. 'Ze liepen statig rond, alsof ze de heersers der aarde waren. En in hun eigen ogen waren zij dat inderdaad ook,' schreef Evans-Pritchard. 'Het respect dat zij voor elkaar tonen, staat in sterk contrast met de verachting waarmee ze alle andere volkeren bejegenen.'

De Nuer stonden bekend als woeste krijgers, die zich van andere volken alles toe-eigenden waar zij hun zinnen op hadden gezet, of het nu ging om vee, vrouwen of kinderen. Ze hadden op de Dinka een groot deel van het moerasland veroverd waar zij nu woonden. Ze werden door hun buren gevreesd, vooral door kleinere jager- en landbouwvolkeren als de Uduk. Het duurde tot in de jaren twintig voor de Britten erin slaagden de Nuer volledig te onderwerpen. Om dit te bereiken waren meedogenloze militaire campagnes nodig geweest. De Nuer waren – en zijn – verdeeld in stammen, segmenten, secties en steeds kleinere eenheden tot de verwantschapsgroepen en families aan toe. Daarbinnen zijn ze met elkaar verbonden door steeds nauwere bloedbanden en door de eigendomsbanden (van vee) om elkaar tegen aanvallers te beschermen. De stam van Riek is bekend als die van de Dok-Nuer. De Lou-Nuer wonen in het gebied ten oosten van Ler, rond Waat, en de Jikany-Nuer wonen in clusters langs de rivieren de Pibor en de Sobat in de omgeving van Nasir en aan de andere kant van de grens in Ethiopië. Over het algemeen verzetten de Nuer zich tegen buitenstaanders. De Dok-Nuer hadden echter de traditie om samenwerking te zoeken.

De Nuer geloven in een almachtige God die soms met mensen communiceert door tussenkomst van mindere godheden die ze 'geesten van de lucht' noemen. Dergelijke geesten van de lucht nemen bezit van een individu en spreken de taal van de profeten, die ook de taal van de poëzie is. De grootvader van Riek was een van de uitverkorenen. De geest die van hem en zijn broer bezit had genomen, werd Teny genoemd. Sindsdien had zijn familie zich steeds Teny-Dhurghon genoemd. De gave om voorspellingen te kunnen doen grenst zo dicht aan de waanzin dat de Nuer soms even afwachten om te zien of iemand die visioenen heeft misschien krankzinnig is. Teny bracht de familie van Riek weinig geluk. Een oudoom van Riek sneuvelde in 1883 tijdens gevechten met de Egyptenaren. De kudde van Rieks grootvader verkommerde nadat deze door een andere profeet was vervloekt. Daarna had Teny bezit genomen van een neef die volgens de historicus Douglas Johnson 'seks had met vrouwen om genezen te worden van zijn goddelijkheid, tot de woedende echtgenoten hem grepen en zijn penis afsneden'. In de jaren twintig verliet Teny de clan van Riek en nam bezit van Buom Diu, een Dok-Nuer die niet met hen verwant was.

In die tijd leden de Dok veel honger en was hun vee dikwijls ziek. De geest van Buom Diu zei dat ze hun onderlinge strijd moesten staken. In plaats daarvan moesten ze hun krachten bundelen om het vee te roven van de Dinka die ten zuiden van hen leefden. De Britse kolonialen hadden Ler nog niet onder hun bestuur gebracht, maar tijdens een dansfeest had Buom Diu hun komst voorspeld: 'Kinderen, ik zal jullie een man brengen die jullie zullen verloochenen. Ik zal jullie een man brengen die jullie zullen moeten gehoorzamen. Hij zal jullie slaan met een stok.' Precies zoals hij voorspeld had, bracht de Britse districtsbestuurder voor het land van de Nuer, kapitein V.H. Fergusson, hen enige tijd later een bezoek. De profeet nodigde Fergusson uit de Dok-Nuer samen met hem te besturen. 'Het land is van jou,' zei hij. 'Ga waarheen je wilt en doe wat je wilt, en jij en ik zullen als broeders over dit volk heersen.' Fergusson, die veel over het oorlogszuchtige karakter van de Nuer gehoord had, was natuurlijk zeer ingenomen met dit aanbod. Hij gaf Buom Diu een officiële aanstelling: hij benoemde hem tot regeringsstamhoofd.

De Britten gaven regeringsstamhoofden het gezag om recht te spreken en het recht om bij wijze van boete vee te vorderen. Rieks vader werd plaatsvervangend stamhoofd. In de jaren dertig had Buom Diu het Zendingsgenootschap der Anglicaanse Kerk toestemming gegeven even buiten Ler een school en een ziekenhuis te bouwen. Na de Tweede Wereldoorlog namen de Amerikaanse presbyterianen, die zich reeds hadden ontfermd over de Nuer aan de overzijde van de rivier de Sobat, de zendingspost in Ler over. Slechts weinig ouders lieten hun kinderen naar de zendingsschool gaan. De Niloten meenden indertijd dat scholen een slechte invloed op hun kinderen hadden. Jongens die naar school gingen, zeiden ze, groeiden op om 'gieren te worden die om niemand anders geven dan zichzelf'. Het gezin van Nyadak, Rieks moeder, vormde echter een uitzondering op deze regel. Riek vertelde dat het geheel aan haar te danken is dat hij momenteel geen veehoeder is.

Nyadak was de derde van de vijf vrouwen van Rieks vader. Uiterlijk verschilde ze niet van de andere vrouwen uit het dorp. Zij en haar kinderen woonden met de andere vrouwen en kinderen van haar man bij elkaar in een groep. Wanneer ze voedsel voor haar man en zijn vrienden klaarmaakte, knielde ze op de grond om het naar hen toe te brengen. Als ze ziek werd, vroeg ze haar man een rund te offeren, zodat ze weer beter zou worden. Nyadak had echter een neef op wie ze mateloos trots was. Deze had op school gezeten en was een van de eerste Nuer die naar de Universiteit van Khartoum was gegaan. Eind jaren vijftig was hij een van de leiders van de Anyanya-opstand. Nyadak zag dat de opleiding aan de zendingsschool haar neef kansen had geboden waarop zelfs haar man – die toch stamhoofd was – geen aanspraak kon maken. Alleen mensen die hun schoolopleiding hadden voltooid, kwamen in aanmerking voor een overheidsaanstelling en voor het salaris dat daarmee te verdienen was. Alleen zij kenden immers, zoals de Nuer het zeggen, 'de manier van de overheid' en konden de *Turuk* aanspreken in zijn eigen 'taal van het papier'. Op dezelfde manier konden alleen mensen die een diploma hadden gehaald en in staat waren om het zuiden naar het buitenland toe te vertegenwoordigen, naar de top van de rebellenbeweging opklimmen. Haar oudste zoon had geen belangstelling om te gaan studeren, maar Nyadak was vastbesloten haar twee jongere zoons een opleiding te laten volgen.

In tegenstelling tot veel andere Nuer stond Rieks vader niet geheel afwijzend tegenover 'de dingen van de *Turuk*'. Zijn gezin behoorde tot de eerste mensen in Ler die uitvindingen als een blikopener en vensterruiten uitprobeerden. Hij berustte erin dat Nyadak vastbesloten was om haar zoons naar school te sturen. Nyadak liet Riek en zijn broer tot presbyteriaan dopen – iets wat de ouders van jongens die naar school gingen volgens een Amerikaanse zendeling die in de jaren vijftig lesgaf in Ler, gewoonlijk deden 'omdat ze onmogelijk konden weten waarin het geheim van de blanke man gelegen was' – en wist te bewerkstellingen dat Rieks oudere zus trouwde met een van de eerste Nuer die tot presbyteriaans predikant was gewijd. Toen Riek slaagde voor het toelatingsexamen van de middelbare school van Atar en er geld nodig was om het schoolgeld te betalen en kleren te kopen, reisde Nyadak in haar eentje naar Khartoum om in een vluchtelingenkamp bier te brouwen tot ze voldoende verdiend had om alles te betalen wat hij nodig had. Haar zoons beloonden haar vastberadenheid door hun opleiding met succes te doorlopen. Riek studeerde af aan de Universiteit van Khartoum. Later won hij beurzen om in Groot-Brittannië te gaan studeren, eerst aan de universiteit van Strathclyde en later aan de technische hogeschool van Bradford. Zijn broer werd hoogleraar diergeneeskunde in Egypte. Ze waren de enige van de 31 kinderen van hun vader die naar school gingen.

Riek was pas elf jaar oud toen zijn moeder en vader hem op een grote, op hout gestookte stoomboot naar Atar stuurden, een stad die ongeveer honderdvijftig kilometer verderop in het land van de Shilluk lag. Omdat hij studeerde aan het 'huis van de geschriften', onderscheidde Riek zich op duizend manieren van de meeste andere Nuer-jongens. In de slaapzaal van de school sliep hij voor het eerst met dekens onder een muskietennet. Terwijl zijn oudere broers en neven – bedekt met niet meer dan een laag as om zich tegen de insecten te beschermen – met het vee van de familie langs de rivieroevers en over de weidevelden rondzwierven, leerde Riek een kaki korte broek en een hemd te dragen en stil te zitten op een stoel. De jongens in de herderskampen hoorden over de mysterieuze natuur van God naast wie de mensen, zoals de Nuer zeiden, niet meer dan 'zwarte mieren' waren. Riek leerde dat Jezus Christus zijn vriend was. De andere Nuer-jongens leerden door welke zonden iemand de wraak van God over zich afriep, en wanneer en op welke manier je vee moest offeren om dit weer ongedaan te maken. Riek leerde dat het rituele dierenoffer geen enkele betekenis had en dat zijn volk onderontwikkeld was. De andere Nuer-jongens leerden dat het taboe was om vogels of vogeleieren te eten. Riek leerde dat het tragisch en onzinnig was dat de mensen in een land waar honger heerste geen vogels of vogelproducten aten. De andere jongens leerden alles over wraakneming en bloedvetes. Riek leerde dat de Nuer, net als alle andere volkeren ter wereld, voortaan onder een regering in een natiestaat moesten leven met op papier geschreven wetten. Andere jongens aten hun maaltijden uit een kalebas die op de grond stond. Schooljongens als Riek moesten leren met mes en vork uit geëmailleerde kommen te eten.

Wanneer hij vakantie had, moest de zus van Riek – die met de presbyteriaanse predikant was getrouwd – erop letten dat Riek niet in de herderskampen bleef rondhangen en net als de meeste andere Nuer-jongens verzuimde naar school terug te keren. Riek zei dat zijn zus, die zelf analfabeet was, erop was gebrand dat hij goed zou leren omdat 'zij zag wat een opleiding betekende en dacht dat het goed zou zijn een broer te hebben die hetzelfde niveau had als haar echtgenoot'. Toen Riek beter Engels ging spreken en plezier begon te krijgen in, zoals hij dat zelf noemde, 'de sensatie van het lezen en schrijven... te weten wat anderen hebben geschreven en van andere mensen kennis te ontvangen', kreeg zijn zus het een stuk gemakkelijker. Riek begon eer te scheppen in het feit dat hij in staat was 'woorden op papier te spietsen'. Op school leerde hij over de 'vooruitgang' en hij leerde dat hij, als lid van de voorhoede die een schoolopleiding had genoten, tot taak had de Nuer die vooruitgang te brengen.

Toen het moment was aangebroken waarop de andere Nuer-jongens van zijn leeftijd hun mannelijkheid bewezen door volkomen bewegingloos te blijven liggen terwijl een oudere man de zes parallelle merktekens, *gaar* geheten, met een mes in hun voorhoofd sneed, was Riek niet van de partij. Het was een daad waaruit zeer grote opstandigheid sprak. Door de initiatie werden de jongens een *wut*, een 'stier van de kudde'. Voortaan maakten ze deel uit van de traditionele strijdersgroep die leiding gaf aan de plundertochten, die het dorp verdedigde en het recht had om seks te hebben en vee te offeren. Pas op de dag waarop haar zoon werd geïnitieerd, mocht een moeder in plaats van het voorvoegsel *Nya* (dochter van) het eervolle voorvoegsel *Man* (moeder van) gebruiken. De zendelingen van wie Riek les kreeg, waren echter geen voorstander van dit gebruik. Ze vonden de operatie barbaars en gevaarlijk, en waren van mening dat dergelijke naar de identiteit van de stam verwijzende merktekens een belemmering vormden voor de ontwikkeling van een nationaal bewustzijn. De Nuer hadden een aanduiding voor de volwassen maar niet-geïnitieerde mannen die door de zendings-school werd afgeleverd. Ze noemden hen 'stierjongens', een term die uit-drukt met wat voor een ongemakkelijk gevoel de gemiddelde Nuer keek naar deze mannen die nog niet volledig man waren. De stierjongens had-den iets glibberigs, alsof ze niet helemaal te vertrouwen waren. Ze hadden de ethische code van hun volk niet aanvaard. Riek en zijn ouders waren er echter van overtuigd dat in de nieuwe, verwende wereld die de vreemdelin-gen naar de Sudd hadden gebracht, de stierjongens de dienst zouden uitma-ken en niet de traditionele stieren van de kudde.

Riek vertelde me dat het zijn vader was geweest die had besloten dat het voor hem beter was als hij de merktekens van de stam niet zou dragen. Om-dat hij zo goed kon lezen en schrijven, zo zei hij, dachten zijn ouders dat hij naar alle waarschijnlijkheid in de stad zou komen te leven, midden tussen mensen uit veel verschillende stammen, die hem zouden kunnen aanrekenen dat hij de merktekens van de Nuer droeg. Riek had naar het huis van een fa-milielid kunnen vluchten en kunnen eisen dat hij de merktekens zou krijgen. Dat is wat andere Nuer-jongens traditioneel deden als hun vader zei dat ze nog te jong waren om te worden geïnitieerd. Riek vluchtte echter niet van huis. Onder invloed van hun onderwijzers waren veel schooljongens als hij de *gaar* gaan verachten. Lul Kuar Deng, een stierjongen die begin jaren ne-gentig in Nasir voor Riek werkte, vertelde me dat het aanbrengen van de lit-tekens 'nonsens' was. (Lul Kuar Deng wilde ook dat het dragen van kleding een van de eerste prioriteiten zou worden in het 'Nieuwe Soedan' van het SPLA. Hij zei dat mensen die geen kleren wilden dragen daartoe moesten worden gedwongen, omdat 'naaktheid zeer slecht is'.) Het is vrijwel zeker dat Riek het met deze zienswijze eens was. Toen hij voor het SPLA zonecommandant van westelijk Boven-Nijl werd, verbood hij de *gaar* zelfs.

Tijdens de burgeroorlog, die gedurende heel Rieks jeugd zou voortwoe-den, maakte de noordelijke regering jacht op stierjongens en andere zuider-lingen die een opleiding hadden gehad. Wanneer ze in handen van de rege-ring vielen, werden ze gedood. De regering verklaarde dat de missionarissen en zendelingen de geest van de jongemannen uit het zuiden hadden vergif-tigd en hen tegen de islam en het noorden hadden opgezet. Rieks moeder en anderen als zij geloofden echter dat de *jallaba's*, de Arabische noorderlingen, gewoon wilden dat de 'zwarte volken' van het zuiden onontwikkeld bleven.

Toen Soedan halverwege de jaren vijftig onafhankelijk werd, waren er in het zuiden slechts twee middelbare scholen. Tijdens de burgeroorlog werd een van deze scholen in verband met de gevechten van Rumbek overgeplaatst naar Omdurman. De onvermoeibare Nyadak stuurde Rieks jongere broer, die veertien was, naar Ethiopië om onder de bescherming van haar neef, de leider van de Anyanya-opstand, te gaan studeren. Tegelijkertijd stuurde ze de zestienjarige Riek naar de Rumbek-school in Omdurman. Rieks vader stierf in 1971. Zijn zoon bleef echter in Omdurman en haalde er zijn diploma in 1972, het jaar waarin de rebellen en de regering het verdrag van Addis Abeba tekenden, waarmee een einde kwam aan zeventien jaar oorlog. Het jaar daarop was hij een van de eerste honderd zuiderlingen die na het einde van de oorlog tot de Universiteit van Khartoum werden toegelaten.

Riek specialiseerde er zich in werktuigbouwkunde. Zijn interesse was echter altijd meer uitgegaan naar de politiek dan naar het bouwen van werktuigen. Deze eerste generatie zuiderlingen die een universitaire opleiding volgden, wilde de diploma's halen die nodig waren om een positie bij de overheid te kunnen krijgen. In het zuiden, waar de toch al niet bijzonder florissante ondernemingen doorgaans in handen van Arabische en Griekse handelaren waren, golden politiek en oorlogvoering als de traditionele instrumenten om rijkdom en macht te vergaren. Terwijl de andere Nuer-jongens zich oefenden in het gebruik van de speer als middel om de omvang van de kudde van de clan te vergroten door vee bij buurvolken weg te roven, leerden schooljongens als Riek liederen waarin ze zongen hoe ze hun pennen zouden gebruiken 'als een speer voor hun volk'. Een van Rieks eerste herinneringen betrof een buurman die in de burgeroorlog had meegevochten en weer in Ler was teruggekeerd. Hij had een arm verloren en liet Riek de stomp voelen. Rieks moeder had er nooit een geheim van gemaakt waarom ze hem naar school stuurde. Ze wilde dat hij, net als haar neef, een groot man zou worden. Toen Riek werd geschorst omdat hij zijn klas een lied over de onafhankelijkheid van het zuiden had laten zingen, kocht ze voor hem als beloning zijn eerste broek. 'Vanaf de middelbare school,' vertelde Riek me later, 'was ik een politiek activist. Ik woonde nauwlettend alle colleges bij, maar na college nam ik deel aan politieke activiteiten.'

De vrede had de leider van de rebellen, een familielid van Riek, weinig goeds gebracht. Hij had een baantje bij de overheid kunnen vinden, maar bracht er weinig van terecht. Door zijn jarenlange verblijf in de jungle was hij wat hij aan de universiteit had geleerd weer vergeten. Hij had er een hekel aan orders van Arabieren te moeten aannemen. Hij dronk veel. Op momenten waarop hij verondersteld werd aan het werk te zijn, was hij dikwijls in een café in Omdurman te vinden. Daar foeterde hij op de *jallaba's*. Gedurende een deel van zijn studietijd woonde Riek in het huis van deze neef. Het feit dat zijn neef aan de drank was geraakt, maakte hem droevig en beschaamde hem. De grote man die zijn moeder hem aldoor tot voorbeeld had gesteld, was een mikpunt van spot geworden. Riek zag in zijn neef een typisch voorbeeld van de teleurstellingen en de tekortkomingen van het verdrag van Addis Abeba. Hij nam zich ook stellig voor nooit te gaan drinken.

De zuiderlingen die aan de universiteit studeerden, waren afkomstig van een groot aantal verschillende stammen en volkeren. Sommigen hadden tijdens de oorlog als vluchteling in het buitenland gezeten. Anderen waren in Soedan gebleven. Het enige dat ze werkelijk met elkaar gemeen hadden, was het feit dat ze uit de islamitische partijen werden geweerd en niet waren behept met de vooringenomenheden die het politieke toneel in het noorden domineerden. Riek en enkele uit het zuiden afkomstige studenten vormden een politieke partij die het zuiden vertegenwoordigde en die ze het Afrikaans Nationalistisch Front noemden. Deze partij stelde zich op het standpunt dat de rebellen met het sluiten van het verdrag van Addis Abeba een vergissing hadden begaan. De overeenkomst had de zuidelijke bevolking beroofd van de kans om zich voor of tegen een verbond met het noorden uit te spreken en al helemaal niet in de gelegenheid gesteld invloed uit te oefenen op de samenstelling van de regering van het land. 'Het was niet meer dan een overeenkomst tussen elites, die zij niet aan het volk hadden voorgelegd,' vertelde Riek later.

In de tijd dat Riek nog aan de universiteit studeerde, hoorde hij over een Dinka-officier die de teleurstelling over de vredesovereenkomst met de zuidelijke studenten deelde. Deze officier was John Garang, de latere SPLA-leider. Hij was zo'n tien jaar ouder dan Riek en had de jaren zestig als vluchteling in het socialistische Tanzania doorgebracht. Hij had daar op de middelbare school gezeten met Yoweri Museveni en Paul Kagame, de latere guerrillaleiders van Oeganda en Rwanda. Later had hij met een beurs gestudeerd aan Grinnell College, een school voor alfawetenschappen in Iowa in de Verenigde Staten. Onmiddellijk na zijn afstuderen in 1971 had Garang zich bij de rebellen van Anyanya aangesloten. Voor hij veel had kunnen uitrichten, had Joseph Lagu, de leider van de Anyanya-beweging, echter het verdrag van Addis Abeba getekend. Garang was bijzonder teleurgesteld en was zo onbezonnen om onder de andere officieren van het rebellenleger een bericht rond te sturen waarin hij hen opriep de wapenstilstand niet te eerbiedigen. De officieren, van wie enkele vele jaren ouder waren dan Garang, waren verbluft over het lef van dit 'kind van de rode buitenlanders', dat leek te denken dat zijn opleiding hem het recht gaf om hen te commanderen. Kapitein John Garang, foeterden ze, moest eens goed op zijn nummer gezet worden. Ze zeiden hem dat hij net als iedereen de wapens moest neerleggen.

Toen de vrede een feit was, koos Garang ervoor dienst te nemen in het Soedanese leger. Zoals Riek opmerkte, was dit 'een ongebruikelijke keuze'. Zuiderlingen met een opleiding kozen indertijd namelijk meestal niet voor het leger, maar wachtten hun kans af om in dienst te komen bij de civiele overheid. De carrière van Garang verliep echter voorspoedig. Uit erkenning voor zijn talenten stuurden zijn noordelijke superieuren hem in 1977 naar het Amerikaanse opleidingsinstituut voor officieren in Fort Benning in Georgia. Later wist hij gedaan te krijgen dat het leger zijn verblijf in de Verenigde Staten verlengde, zodat hij aan de Universiteit van Iowa zijn graad in de landbouwkunde kon behalen. Deze successen veranderden echter niets aan zijn opvatting dat het verdrag van Addis Abeba in geen enkel opzicht een oplossing bood voor de werkelijke tegenstellingen tussen noord en zuid. 'Dr. John', zoals de zuiderlingen hem nu noemden, was een man die alleen maar koppiger werd wanneer hij tegenstand ondervond. In het Soedanese leger legde hij zijn oor welwillend te luister bij voormalige zuidelijke rebellen van lagere rang die zich beklaagden over de manier waarop ze in het nieuwe, geïntegreerde leger werden behandeld. In Khartoum organiseerde hij kleine bijeenkomsten met zuiderlingen die verontwaardigd waren over de wijze waarop Nimeiri het verdrag schond. Op een avond nodigde een vriend, afkomstig uit Bor – het district waar Garang vandaan kwam –, Riek uit om mee te gaan naar het theehuis waar een van deze bijeenkomsten werd gehouden.

In het theehuis zat een groep zuidelijke mannen rond kleine tafeltjes over politiek te praten. Garang was in die tijd magerder dan hij nu is, maar hij had hetzelfde puntige sikje en dezelfde katachtige ogen. De discussie over de vraag of het zuiden de oorlog moest hervatten, hing nauw samen met de vraag of het zuiden beter af zou zijn als het onafhankelijk was van het noorden. Garang benaderde het vraagstuk vanuit een heel nieuwe invalshoek. Het zuiden moest ophouden het noorden als een ondeelbare menigte *jallaba's* te zien, zei hij. Het merendeel van de noorderlingen was door de elite in Khartoum bijna evenzeer van zijn rechten beroofd als de zuiderlingen. Alleen werden zij er door hun religieuze overtuiging van weerhouden om hiervoor uit te komen. Het zogenaamde probleem van het zuiden was feitelijk een probleem van Khartoum.

Hij wees erop dat het antwoord op de vraag of Soedan een Afrikaans of een Arabisch land was, helemaal afhing van de manier waarop je ernaar keek. Tweederde van de zesentwintig miljoen inwoners van Soedan was moslim, maar slechts iets meer dan een derde was Arabier. Ongeacht of ze nu wel of geen moslim waren, de meeste Soedanezen waren Afrikanen met een donkere huidskleur. En toch waren de rijkdommen van het land vrijwel allemaal in handen van de nakomelingen van een handvol Arabieren, die voor het merendeel uit het Nijldal afkomstig waren. Tegelijkertijd was deze Arabische elite ervoor verantwoordelijk dat de zwarte Afrikaanse meerderheid verdeeld was en dat de zwarte Afrikanen elkaar onderling bevochten. De oplossing voor de problemen van Soedan, zei Garang, lag niet in het bereiken van onafhankelijkheid voor het zuiden, maar in de invoering van een grondwet en in de aanstelling van een regering die garandeerden dat elke Soedanees gerechtigheid en burgerrechten kreeg. En dit ideaal zou pas verwezenlijkt kunnen worden, wanneer de zuiderlingen zich bewust werden van hun eigen Afrikaanse identiteit.

Garang was een doortastend en imponerend spreker. In een land waar het merendeel van de bevolking niet in staat was verder te kijken dan de etnische en religieuze banden, benaderde hij de dingen vanuit de invalshoek van de sociale en economische verhoudingen. Zijn analyse maakte indruk op Riek. De jonge Nuer ergerde zich echter aan Garangs hooghartige houding. Een van de vele tegenstellingen die de zuiderlingen verdeeld hielden, was de vraag of iemand tijdens de burgeroorlog thuis was gebleven of naar het buitenland was gevlucht. Zuiderlingen die in de vluchtelingenkampen waren opgegroeid en in het buitenland een opleiding hadden gehad, keken soms neer op degenen die in Soedan waren achtergebleven. In hun ogen waren de achterblijvers onderontwikkeld en niet militant genoeg. Riek vond Garang een typische repatriant: hoogdravend en zelfingenomen, maar zonder veel kennis met de Soedanese werkelijkheid. Zo stond Garang erop met andere zuiderlingen Engels of Dinka te spreken, terwijl iedereen in de hoofdstad het Arabisch als lingua franca gebruikte. 'Tussen diegenen van ons die in Soedan zijn opgeleid en degenen die in het buitenland naar school zijn geweest, met name in Oost-Afrika, en diegenen van ons die naar school zijn gegaan, die in Soedan zijn opgeleid, bestaat een klein verschil,' zei Riek later. 'De Soedanese samenleving is open. Heel open. Maar Garang...' Hij haalde zijn schouders op. 'Hij is niet zo open.'

Het lijkt erop dat Garang nauwelijks oog had voor de jonge Nuer-student. Rieks onbekommerde levensstijl strookte niet met de aristocratische afstandelijkheid die Dinka-leiders als Garang cultiveerden. Riek had zijn moeders droom dat hij een groot man zou worden echter niet opgegeven. Achter zijn glimlach ging altijd een grote ambitie schuil. In 1977 slaagde hij met lof aan de Universiteit van Khartoum en won hij een heleboel van de prijzen die dat jaar voor werktuigbouwkunde te verdienen waren. Na zijn afstuderen bood de universiteit hem een baan aan als onderwijsassistent. In 1979 werd Riek beloond met de kans op het meest begeerde diploma: een buitenlandse graad zoals Garang had. De jongen die de eerste 'hemelkano's' in Ler had zien landen, vloog enige tijd later in een van deze toestellen over de zee naar Schotland om management en productietechnieken te gaan studeren aan de technische hogeschool van Strathclyde.

Met zijn glimmende ronde gezicht en benen die te lang waren voor zijn broek, zag Riek die in de herfst van 1979 op Strathclyde arriveerde, er niet echt uit als de afstammeling van een beroemd krijgersvolk. Het koude, regenachtige, uit steen opgetrokken Schotland leek op geen enkele plek waar hij ooit geweest was. Riek paste zich echter snel aan. Zijn Engels was zo goed dat hij de speciale taalcursus kon overslaan en direct zijn intrek kon nemen bij de anderen in de studentenflat. Met de typische trotse onverschrokkenheid van Niloten weigerde hij zich te laten imponeren door de rijkdommen en de technologische macht van het Westen. 'Ik had er zoveel over gelezen en gehoord dat het me niet verbaasde,' beweerde hij later. 'Ik had geen last van een cultuurschok.' Plichtsgetrouw doorliep hij alle onderdelen van het curriculum, waaronder ook een stage bij een Schotse whiskyfabriek. Maar hij ging nooit helemaal op in de Britse cultuur. Van begin af aan bleef hij meer in de Soedanese politiek geïnteresseerd.

Het zuiden van Soedan was onrustig en ongelukkig. Nadat er in 1978 olie ontdekt was, had Chevron even buiten Rieks geboortedorp een grote basis aangelegd. De Amerikanen die er de leiding hadden, besteedden nauwelijks enige aandacht aan de plaatselijke Nuer-notabelen. In plaats daarvan wendden zij zich, wanneer zich een probleem voordeed, steeds rechtstreeks tot Khartoum. Riek schreef zijn eerste politieke artikel voor een periodiek voor politieke ballingen. In het stuk veegde hij de vloer aan met minister van Justitie Hassan al-Turabi in verband met diens pogingen om de provinciegrenzen zodanig te verleggen dat de olievondsten niet langer onder de jurisdictie van de regionale assemblee van het zuiden vielen. Riek beschikte over vertrouwelijke informatie die betrekking had op Nimeiri's intriges om de olievelden in handen te krijgen. Thomas Kuma, een van zijn docenten op de middelbare school van Atar, was in de assemblee de afgevaardigde voor Bentiu, de stad die midden in het oliewingebied lag. Vanaf het moment dat Riek als een bange en magere elfjarige jongen in Atar was aangekomen, had Kumar zich als een vader over hem ontfermd. Hun relatie was nog hechter geworden toen Kuma na de burgeroorlog zijn baan had opgegeven en in de politiek was gegaan. Kuma gaf Riek het goede voorbeeld toen hij in 1971 naar Groot-Brittannië vertrok om aan de Universiteit van Leeds zijn doctoraal te halen. Riek had in zijn jeugd nog met de kinderen van Kuma gespeeld. Toen Kuma na zijn studie in het buitenland terugkeerde, maakte Riek opnieuw kennis met een van Kuma's dochters. Angelina was pas dertien jaar oud, maar Riek kon zien dat ze later de perfecte vrouw voor hem zou zijn.

Thomas Kuma en zijn vrouw hadden de ongebruikelijke beslissing genomen niet alleen hun zoons maar ook hun dochters naar school te sturen. Veel Nuer-meisjes wilden niets te maken hebben met stierjongens als Riek, die de kenmerken van de stam niet droegen. Door haar opvoeding zou Angelina echter alleen genoegen nemen met een man die gestudeerd had. Net als Riek maakte ze deel uit van de klasse van goed opgeleide zuiderlingen die bezig waren de sociale mores van het Westen over te nemen. Op kostschool in Kosti had ze kennisgemaakt met het christendom en met 'papier'.

Haar Engels was minstens even goed als dat van Riek. Deze zou haar nooit een uitbrander hoeven geven omdat ze met niet meer dan haar onderbroek aan naar buiten liep, zoals de eerste Nuer-predikant in Ler was overkomen toen hij zijn ongeletterde jonge vrouw haar eerste stel *Turuk*-kleren had gegeven. En evenmin zou hij Angelina hoeven uitleggen hoe politiek en bestuur werkten. Haar vader had zijn kinderen naar verkiezingsbijeenkomsten meegenomen waar Nuer in gevechtsformatie heen en weer renden en oorlogsliederen zongen ter ere van hun kandidaat, en ook naar geheime vergaderingen waar werkelijk besluiten werden genomen. 'We wisten er alles van, zelfs de akelige dingen,' herinnerde ze zich.

Maar Angelina was niet alleen ontwikkeld en intelligent, ze was ook verbluffend mooi. Ze had de bouw van een danseres en het uiterlijk van een kat: lange, slanke benen, een rechte rug, hoge jukbeenderen en enigszins schuine ogen. Haar moeder kwam uit een dorp in de omgeving van Dolieb Hill, de plek waar de eerste Amerikaanse missiepost in Soedan gevestigd was. Via die kant van haar familie was ze verwant aan dezelfde prominente christelijke Shilluk-familie als Lam Akol, de pienetere jonge docent die Riek aan de Universiteit van Khartoum had leren kennen. Onder de familie van haar vader was een groot aantal jongens die vroeger bij zendelingen en missionarissen op school hadden gezeten en nu in de zuidelijke regering opklommen. Wanneer hij met Angelina trouwde, zou Riek zowel politiek als persoonlijk een waardevol bondgenootschap sluiten.

Riek mocht de taal van de Nuer dan misschien niet zo heel goed meer beheersen en minder bedreven zijn in het werpen van speren en in de jacht, hij blonk uit in de kunst een vrouw het hof te maken. Hij dong naar Angelina's hand volgens de traditionele wijze van de Nuer: door haar buitenissige complimenten te maken en door gedichten voor te dragen waarin hij haar eerde. In de taal van de Nuer wordt gezegd dat een vrouw 'instemt' met de man die ze trouwt. De Nuer-uitdrukking 'met iemand instemmen' was volgens de vroege missionarissen de term die het Engelse werkwoord 'to love' het dichtst benaderde. Angelina stemde in met Riek toen ze nog een tiener was. Haar vader eiste echter dat ze eerst de middelbare school afmaakte voor ze met hem mocht trouwen.

Haar vader stelde nog een voorwaarde aan hun huwelijk: Angelina zou Rieks enige vrouw zijn. Het was bekend dat Riek van vrouwen hield. Hij had al een dochter bij een andere vrouw. Toen Angelina verontwaardigd reageerde, omdat Riek al had beloofd monogaam te zullen zijn, waarschuwde haar vader haar dat ze alle mogelijke voorzorgsmaatregelen zou moeten treffen om haar echtgenoot ervan te weerhouden met een andere vrouw thuis te komen. 'Mannen zullen altijd misbruik maken van culturele verworvenheden,' waarschuwde hij. Kuma stond erop dat Riek, naast de traditionele Nuer-bruidsschat die hij voor Angelina moest betalen, zijn gelofte van monogamie in de katholieke kerk zou afleggen. Van alle christelijke kerken werd de katholieke kerk namelijk geacht de monogamie het striktst te handhaven. 'Niet dat het enig verschil maakte,' lachte Angelina vele jaren later bitter.

De oudsten van de twee families ontmoetten elkaar vele malen om de hoogte van de bruidsschat vast te stellen. Daarna was het de taak van Rieks vader om in de kudde van de familie de vereiste vijftig runderen te vinden. Voor de meeste Nuer was een huwelijk eerder een proces dat zich geleidelijk voltrok dan één grote gebeurtenis. Een jonge Nuer-vrouw ging doorgaans bij de familie van haar echtgenoot wonen, wanneer haar eerste of soms zelfs haar tweede kind geboren was. Moderne jonge mensen als Riek en Angelina hadden echter geen tijd voor dergelijke conventies. Toen Riek in 1981 uit Schotland terugkwam om te trouwen, had men hem een promotieplaats aangeboden aan de technische hogeschool van Bradford in Yorkshire. Het lukte hem om Kuma over te halen Angelina met hem mee naar Groot-Brittannië te laten gaan.

Angelina was pas achttien jaar oud. Haar hele leven had ze over Engeland gehoord. Nu kreeg ze de kans het te zien. Als ijverig studente hoopte ze biochemie te kunnen studeren. Na drie of vier jaar, zo dacht ze, zouden Riek en zij met titel en al naar Soedan terugkeren. Het echtpaar vertrok aan het einde van de zomer naar Engeland. Toen ze door familie en vrienden werden uitgezwaaid, kon Angelina in de verste verten niet bevroeden dat het meer dan twintig jaar zou duren voor ze dit groene land waar alles om vee draaide en dat tot dan toe haar hele wereld had uitgemaakt, weer zou terugzien.

Zelfs voor degenen die het verdrag van Addis Abeba steunden, was het inmiddels duidelijk dat de vrede niet lang meer stand zou houden. Al sinds 1975 waren er in de streek van westelijk Boven-Nijl, waar Riek en Angelina vandaan kwamen, Nuer-mannen geweest die naar het oerwoud terugkeerden om tegen de regering te vechten. Toen Riek nog aan de Universiteit van Khartoum studeerde, had hij zuiderlingen gezien die op straat slaags waren geraakt met noorderlingen die hen, naar zij zeiden, zonder respect hadden behandeld. In 1981 en 1982 werden de migrantenarbeiders door de regering en masse Khartoum uit gezet. Eind 1983 deserteerden kolonel Samuel Gai Tut en majoor William Abdullah Chuol, twee bekende Nuer-officieren, om zich bij muitende soldaten aan te sluiten die zich in Ethiopië verzamelden. De deserteurs noemden zich Anyanya II en zeiden dat ze eisten dat het zuiden van Soedan volledig onafhankelijk zou worden. Enkele neven van Riek sloten zich bij de opstandelingen aan.

Toen hij in Bradford studeerde, wilde Riek iets doen om de Nuer-rebellen te steunen. Met enkele tientallen anderen begon hij na de colleges bijeenkomsten te organiseren in het kleine appartement waar Riek en Angelina woonden. Ze noemden zichzelf het Soedanees Revolutionair Congres en vaardigden manifesten uit waarin het initiatief van Anyanya II werd toegejuicht. Als de Britse medestudenten aan Bradford Riek en zijn Soedanees Revolutionair Congres al opmerkten, dan lieten ze zich daar hoogstwaarschijnlijk spottend over uit. In de ogen van gewone westerlingen kunnen Afrikaanse bevrijdingsgroeperingen met hun stellige abstracties en hun primitief gedrukte pamfletten absurd kinderlijk lijken. Andere buitenlanders waren echter juist op zoek naar mannen als Riek, mannen die bereid waren hun leven in de waagschaal te leggen om tegen de Soedanese regering te vechten.

Een van hen was de Libische kolonel Moammar Kaddafi, die indertijd Sadiq al-Mahdi steunde tegen Nimeiri. Riek vertelde dat eind 1983, toen hij bezig was met de afronding van zijn studie, een geheim 'contact' in Groot-Brittannië had geregeld dat hij en zijn Soedanees Revolutionair Congres in Tripoli een ontmoeting hadden met de Libische leider. Hij wilde de naam van deze contactpersoon niet noemen, maar in 1998 maakt de Britse magnaat Tiny Rowland me duidelijk dat hij waarschijnlijk de man is geweest die deze trip voor Riek heeft mogelijk gemaakt. 'Mijn lieve, ik ben al veertig jaar nauw betrokken bij de ontwikkelingen in Soedan,' bulderde de lange, zilverblonde voorzitter van de Lonrho Corporation vanuit zijn landhuis in Buckinghamshire waar ik hem op een avond toevallig aan de telefoon kreeg. 'Ik kende ze allemaal... Ik was met iedereen bevriend.'

Tiny Rowland werd in 1917 in Brits-Indië geboren. Zijn vader was een Duitser en zijn moeder was van Brits-Nederlandse komaf. Na de Tweede Wereldoorlog emigreerde Rowland naar Rhodesië. Hij was een van de eerste westerlingen die zakelijke kansen zagen in de Afrikaanse dekolonisatie. De meeste westerse investeerders waren bang om in Afrika te investeren als ze niet door een koloniale regering beschermd werden. Tegelijkertijd beschikte slechts een zeer gering aantal Afrikanen over de middelen of de bekwaamheden om leiding te geven aan de ondernemingen die de kolonialen achterlieten. Rowlands oplossing bestond eruit de rebellen die hard op weg waren de leiders van de nieuwe onafhankelijke Afrikaanse staten te worden met financiële middelen bij te staan. In ruil voor het geld, de vriendschap en allerlei persoonlijke diensten die Rowland hun bewees, boden Afrikaanse politici zijn Lonrho Corporation tegen absolute bodemprijzen contracten en concessies aan voor de exploitatie van land en minerale grondstoffen. Nog belangrijker was dat ze waarborgden dat Lonhro gevrijwaard bleef van de beslagleggingen en nationalisaties die na het uitroepen van de onafhankelijkheid werden doorgevoerd en voor andere blanke ondernemingen de ondergang betekenden. In de tijd dat hij Riek in de jaren tachtig ontmoette, was Rowland erin geslaagd om Lonrho van een verlieslijdende onderneming die actief was in de mijn- en landbouwsector om te vormen tot een vanuit Londen opererend concern van 4,7 miljard dollar dat verspreid over heel Afrika theeplantages, goudmijnen en luxehotels exploiteerde. De Britse premier Edward Heath noemde Rowland het 'lelijke gezicht van het kapitalisme'. Hij was echter zonder enige twijfel de invloedrijkste zakenman van Afrika. Zelf schreef hij zijn successen allemaal toe aan zijn persoonlijke contacten met de vaak dictatoriale leiders van het continent.

Rowland had een zwak voor Soedan. Zichzelf onderbrekend door luide lachsalvo's vertelde hij vaak hoe hij president Nimeiri in 1971 had gered toen er een poging werd gedaan hem ten val te brengen. Toen hij hoorde over de coup, had Rowland zes Soedanese officieren die Nimeiri trouw waren gebleven, in Engeland op het vliegtuig naar Libië gezet. Met toestemming van Kaddafi hadden ze het Soedanese leger daarvandaan via de radio toegesproken en Nimeiri gered. (Kaddafi had ook geholpen door twee van de samenzweerders die zich op dat moment in Libië bevonden, te laten executeren.) Als beloning voor zijn steun had Nimeiri Rowland tot exclusief inkoopagent voor de Soedanese regering in Groot-Brittannië benoemd. Ook gaf hij Rowland en Lonrho het contract om met Koeweits geld bij Kenana aan de Witte Nijl 's werelds grootste rietsuikerplantage aan te leggen. 'Nimeiri zei tegen me: "Je kunt elk stuk van Soedan krijgen dat je hebben wilt, als je daar voor mij suiker gaat verbouwen",' zei Rowland dan. Omstreeks 1980 was Lonrho's aandeel in Kenana echter tot minder dan twee procent geslonken. Rowland en Kaddafi hadden ruzie met Nimeiri gekregen. Zijn belangstelling voor Soedan had Rowland echter nooit verloren.

Een van de manieren waarop Rowland zijn invloed wist te behouden, bestond uit het verlenen van geheime gunsten voor de westerse inlichtingendiensten. Een van de directeuren uit de begintijd van Lonrho was vroeger in dienst van MI5 geweest, en Rowland pochte dikwijls over de contacten die hij met deze dienst onderhield. Hij schepte ook op over de nauwe contacten die hij onderhield met het Amerikaanse ministerie van Buitenlandse Zaken en de CIA. Volgens een van zijn biografen was Rowland door een functionaris van de Amerikaanse ambassade aan John Garang had voorgesteld; een andere biograaf zegt dat David Kimche van de Mossad de Britse zakenman als zijn contactpersoon met de Soedanese rebellenleider gebruikte. Rowland bewees de regering-Reagan en directeur van de CIA William Casey jaren achtereen diensten door steun op te bouwen voor Jonas Savimbi's strijd tegen de door de Sovjet-Unie gesteunde regering in het olierijke Angola. In 1985 zette Rowland de financiële constructie op waardoor Israël in het Iran-Contra wapens-voor-gijzelaarsschandaal Oak-luchtafweerraketten aan Iran kon verkopen. Tiny Rowland kon een geheim bewaren. De flamboyante miljonair had er geen enkele moeite mee om in het openbaar de hand te schudden van de meest weerzinwekkende individuen. Daardoor werd hij een bruikbaar instrument voor regeringen en zakenlieden die – om redenen die door Rowland zelf meestal met de nodige minachting werden afgedaan als 'de hypocrisie van het establishment' – persoonlijk liever op de achtergrond blijven. Ondertussen gebruikte Rowland zijn contacten met spionnen om zijn zakelijke belangen te bevorderen.

In de jaren tachtig was het uit glas en chroom opgetrokken Metropole Hotel van Lonrho in Londen een belangrijk trefpunt voor Afrikaanse politici. Er werd verteld dat Rowland in elke kamer en elke telefoon afluisterapparatuur had ingebouwd. Dat kon echter niet verhinderen dat alle ministers en bevrijdingsgroeperingen er toch wel heen gingen. In de bar van de lobby deelden Oegandese guerrilla's hun tafel met de in donkere pakken gestoken kaderleden van het Afrikaans Nationaal Congres, terwijl ze van een laatste biertje genoten voor ze vertrokken om aan een militair trainingskamp in Libië deel te nemen. (Onder de beschermelingen van Rowlands patroon Kaddafi bevonden zich indertijd de Liberiaanse krijgsheer en latere president Charles Taylor en de uit Sierra Leone afkomstige rebel Soday Fankoh. Taylor en Fankoh zijn verantwoordelijk voor de afgrijselijkste gruweldaden van de jaren tachtig en negentig.) Commando's van de Renamo, de guerrillabeweging die zich verzette tegen het officiële gezag in Mozambique, kregen er thee geserveerd, terwijl de echtgenotes van Keniaanse politici het resultaat van hun winkelexpedities met elkaar vergeleken. Tiny Rowland betaalde hun rekeningen bij het Metropole en daartegen konden de meeste van hen geen weerstand bieden, of ze nu wel of niet werden afgeluisterd . 'Je kon hier iedereen uit Afrika ontmoeten,' herinnerde een Oegandees politicus zich tien jaar later in het hotel met een vlaag van nostalgie. 'Het was goddomme net een vredescongres.'

Van tijd tot tijd gaf Rowland zelf acte de présence. In een van zijn smetteloze Savile Row-pakken schreed hij dan tussen de voddige menigte door met op zijn gezicht een ondoorgrondelijk glimlachje. Af en toe bleef hij even staan om handen te schudden met een bezoeker op wie zijn oog was gevallen. 'Mijn beste vriend, hoe gaat het met Rebecca?' vroeg hij in zijn afgemeten, bekakte accent aan de met ontzag vervulde man op wie hij zijn aandacht richtte. Hij had namelijk de gave van de politicus om niet alleen de namen van de mensen die hij ontmoette te onthouden, maar ook die van hun familieleden en vrienden. 'En hoe is het met de kleine Lucy? En met Simon?' En terwijl hij vol medeleven zijn hoofd schuin hield, vroeg hij daarna of hij verder nog iets kon betekenen voor zijn goede vriend uit Angola, Zimbabwe of Soedan. Had hij een extra hotelkamer nodig die hij als kantoor kon gebruiken? Of hulp om een goede Britse kostschool voor een van zijn kinderen te vinden? Of geld om een overzeese reis te betalen? De naam van een immigratie-advocaat?

Begin jaren tachtig was nog niet algemeen bekend welke banden Rowland met Kaddafi en de rebellen in het zuiden van Soedan onderhield. Hij vertelde me echter dat Kaddafi hem indertijd had gevolmachtigd om in zijn naam op te treden. Rowland maakte er geen geheim van dat hij politici over de hele lengte en breedte van het Afrikaanse continent financiële steun verleende. Een voormalige Zambiaanse minister van Buitenlandse Zaken beschreef eens hoe Rowland vanuit een raampje van zijn privé-vliegtuig naar beneden keek, waar Afrika zich onder hem uitspreidde, en tevreden opmerkte: 'Er is daar beneden geen president die ik niet zou kunnen kopen.' Rowland kon zich de studentengroepering van Riek niet speciaal herinneren. 'Lieve kind, ik heb zoveel nationale bevrijdingsbewegingen gesteund. Ik heb honderdvijftig miljoen pond in nationale bevrijdingsbewegingen gestokcn,' vertelde hij me. Het is echter zeer waarschijnlijk dat het Rowland was, omdat hij dit soort dingen indertijd voor Kaddafi arrangeerde. 'Ik was een van de oprichters van de SPLM. Ik leverde al hun uniformen... laarzen, de hele reutemeteut. Ik heb er nog een pakhuis vol mee liggen... Ik heb twintig of dertig miljoen pond van mijn eigen geld in de SPLM gestoken.'

Rowland was ook een vriend en vroegere zakenpartner van Adnan Khashoggi. Nadat Chevron zijn werknemers in 1984 uit de olievelden van Boven-Nijl had teruggetrokken, zei Nimeiri tegen Khashoggi dat hij de concessie kon krijgen als het hem zou lukken een Nuer-militie uit te rusten en te trainen die ervoor zou zorgen dat het gebied niet in handen viel van het SPLA. Toen dit Khashoggi niet lukte, had Nimeiri zich wanhopig tot Rowland gewend. Deze liet John Garang weten dat hij vice-president van Soedan kon worden als hij zijn opstand staakte. Maar Garang weigerde. 'Garang is een uiterst lastige kerel,' verzuchtte Rowland vele jaren later.

In 1983 wilde ook Kaddafi's bondgenoot, de Ethiopische kolonel Mengistu Haile Mariam, dat de burgeroorlog in Soedan weer zou oplaaien. De Ethiopische dictator was echter niet bijster enthousiast over het zojuist gevormde Anyanya II. De Nuer-leiders van deze beweging wilden dat het zuiden zich van Soedan zou afscheiden. Mengistu was hier geen voorstander van. Hij had al genoeg problemen met de Eritrese afscheidingsbeweging die actief waren in het gebied langs de grens met Soedan. Bovendien zou het visioen van een onafhankelijk Zuid-Soedan de Nuer in de Ethiopische provincie Gambella op ideeën kunnen brengen. De koloniale grenzen waren het enige dat Afrika sinds de onafhankelijkheid met rust had gelaten, en Mengistu wilde dat dit zo zou blijven. En toen waren kolonel John Garang en het 105de Bataljon in 1983 naar Ethiopië gevlucht, na in Bor een opstand te hebben ontketend. Garang was iemand aan wie Mengistu steun kon geven: Garang was een Dinka, en er waren in Ethiopië geen Dinka. Net als Mengistu was Garang een legerofficier met marxistische ideeën. En het mooiste was nog dat hij niet opriep tot de onafhankelijkheid van Zuid-Soedan. In plaats daarvan zei hij dat hij van Soedan een socialistische eenheidsstaat wilde maken die op dezelfde leest geschoeid zou zijn als Mengistu's eigen regime in Ethiopië.

De twee mannen sloten een hechte vriendschap. Mengistu stemde ermee in dat hij alle leveranties van wapens en voorraden die voor de Soedanese rebellen bestemd waren via Garang zou laten lopen. Op deze manier zou de Dinka-kolonel in feite tot leider van de verzetsbeweging uitgroeien. Toen de Nuer-leiders van Anyanya II weigerden hun eis tot de onafhankelijkheid van het zuiden op te geven en zich aan het leiderschap van Garang te onderwerpen, leende Mengistu zijn veiligheidstroepen aan Garang om een verrassingsaanval op Anyanya II uit te voeren. In Gambella werden honderden Nuer gedood. Anyanya II koesterde nu een grotere wrok tegen Garang dan tegen het noorden. Om aan wapens te komen om zich te wreken koos Anyanya II opnieuw de kant van de regering.

De schermutselingen tussen Garang en Anyanya II voltrokken zich buiten het zicht van de wereldpers, die nauwelijks in staat is het ene Afrikaanse land van het andere te onderscheiden. De kwestie stelde Kaddafi en andere partijen die Nimeiri onder druk wilden zetten echter voor een probleem. Het grootste deel van de olievelden lag op het grondgebied van de Nuer. De aanval die tot gevolg had gehad dat Chevron zijn werkzaamheden staakte, was uitgevoerd onder leiding van Anyanya II. En nu was Nimeiri onderhandelingen aan het voeren met de leiders van Anyanya II die afkomstig waren uit het gebied rond Bentiu. Wanneer het Nimeiri lukte om met hen een afzonderlijke overeenkomst te sluiten, zou de vrede in het land van de Nuer mogelijk hersteld worden en zou Chevron zijn werkzaamheden kunnen hervatten. Op die manier zou Nimeiri aan het geld kunnen komen dat hij nodig had om aan de macht te blijven. Kaddafi had een aantal Nuer nodig die uit het gebied van de olievelden kwamen en bereid waren om samen met Garang de strijd tegen de regering aan te binden. In het Soedanees Revolutionair Congres van Riek vond de Libische dictator wat hij zocht.

In september 1983 stuurde Kaddafi Riek en zijn medestudenten vanuit Tripoli per vliegtuig naar Addis Abeba om Garang te ontmoeten. Veel Nuer wilden niets te maken hebben met een door Dinka geleide beweging die, zoals zij dat zagen, hun bloedverwanten in Anyanya II vermoordde. Riek en zijn organisatie voelden zich echter aangetrokken door Garangs moderne denkbeelden. Ze wilden zich losmaken van de traditionele stammenloyaliteit, en aan hun veel geprezen westerse opleiding konden ze enig gezag ontlenen om dit te doen. Toen zij ermee instemden om onder leiding van Garang de Soedanese Volksbevrijdingsbeweging (SPLM) te vormen, was dit voor hem en voor de mensen die hem steunden een belangrijke overwinning. Het was ook het begin van Rowlands rol als kwartiermeester van het SPLA. In die rol had Rowland alleen Mengistu zelf nog boven zich staan. Riek keerde terug naar Groot-Brittannië om zijn proefschrift te voltooien en zijn zaken te regelen. Een Britse verzekeringsmaatschappij had hem een baan aangeboden, maar dit aanbod legde hij zonder aarzeling naast zich neer. Eind 1984 keerde hij terug naar Addis Abeba.

Angelina had haar plannen om een universitaire opleiding te volgen al uitgesteld toen ze zwanger werd van Teny, de eerste van de twee kinderen die geboren werden voor Riek vertrok om aan de oorlog deel te nemen. Mimi kwam iets meer dan een jaar later ter wereld. Angelina stond nu voor het vooruitzicht dat ze in Groot-Brittannië zou achterblijven, helemaal alleen in een vreemd land met de zorg voor een peuter en een zeven maanden oude baby. Omdat het SPLA geen salarissen betaalde, moest ze een uitkering aanvragen. Ze wist dat zij en haar kinderen het in Bradford veel beter hadden dan haar familie in het zuiden van Soedan, maar toch kon ze moeilijk veinzen dat ze zich verheugde op het moment op Rieks vertrek. Zoals Riek zich lachend herinnerde: 'Angelina was niet... nou, ze was er niet vóór. Ze ontdekte alleen dat ik echt onvermurwbaar was!' Riek luisterde heel geduldig naar alles waarover Angelina zich zorgen maakte en deed vervolgens wat hem goed leek. 'Het lukt toch nooit om Riek op andere gedachten te brengen,' verzuchtte Angelina vele jaren later. 'Misschien dat hij daarom zo vaak met dingen wegkomt.' Zowel de familie van Angelina als die van Riek was het met hem eens dat het zijn plicht was zich bij de opstand aan te sluiten. In hun ogen was het voor hem veel eervoller een guerrilla te worden dan om bij een verzekeringsmaatschappij te gaan werken. 'Ze had niet echt een keuze,' gaf Riek toe. Hij had twee kleine kinderen, maar hij was er nooit van uitgegaan dat hij een belangrijke rol in hun opvoeding zou spelen. 'In onze samenleving is de moeder het sterkste element,' zei hij. 'In onze samenleving, waar een man vijf gezinnen kan hebben, draagt de moeder de verantwoordelijkheid voor de kinderen.' Net zo min als Angelina verwachtte hij dat de oorlog meer dan enkele jaren zou duren.

Als Riek nog enige illusies koesterde over het karakter van de beweging waar hij zich bij had aangesloten, dan werden die in de sombere hoofdstad van Ethiopië al snel verdreven: zij was autoritair en gewelddadig. Toen hij in de winter van 1984 in Addis Abeba arriveerde, had de Ethiopische hongersnood zijn volle omvang bereikt. Op straat werden dikwijls met kogels doorzeefde lichamen gevonden. Niemand durfde te vragen waar die vandaan kwamen. John Garang had een buik gekregen en zijn amandelvormige ogen stonden killer dan ooit. Garang stond bij Mengistu in de gunst omdat hij zijn weldoener tot voorbeeld nam en diens marxistische jargon vol overtuiging nabauwde. In navolging daarvan spraken de zuidelijke Soedanezen die rondhingen in het groezelige SPLA-kantoor in het 'Super Markt'-winkelcentrum van Addis Abeba, elkaar aan met 'kameraad' en schreven ze marxistische preken waarin de 'reactionaire bourgeoisie' van Khartoum werd gehekeld. Stilzwijgend hoopten ze dat Garang wel wijzer was dan in dit soort lariekoek van de *Turuk* te geloven. Ze gingen ervan uit dat zijn uitspraken over een verenigd, democratisch Soedan slechts holle retoriek was die bedoeld was om internationale steun te krijgen, en dat hij – net als de meeste andere zuiderlingen – ook wel wist dat de *jallaba's* de macht nooit met het zuiden zouden willen delen. In hun ogen duidde de SPLA-slogan 'Wij weten wat we willen' op verhulde wijze op het ware doel dat de beweging nastreefde: onafhankelijkheid voor het zuiden van Soedan. Omdat Garang zich echter nooit blootgaf en nooit toegaf dat zijn stellingname tegen afscheiding slechts geveinsd was, wisten ze niet zeker wat hij werkelijk dacht.

Addis Abeba was een slangenkuil, maar toch slaagde Riek erin Garangs vertrouwen te winnen. Niet lang nadat Riek eind 1984 in de Ethiopische hoofdstad was gearriveerd, benoemde Garang de innemende jonge Nuer tot zijn bureauchef. Het feit dat Riek hem trouw was gebleven in de periode dat Garang zijn Nuer-rivalen binnen Anyanya II had uitgeschakeld, zal hierbij een rol van doorslaggevende betekenis hebben gespeeld. Riek had de Nuer-leiders aangeschreven en er bij hen in alle oprechtheid op aangedrongen dat zij zich met Garang zouden verzoenen. Terwijl Riek nog in Engeland zat, was Samuel Gai Tut echter door SPLA-commandant Kerubino Kyuanin Bol toen hij op weg was naar een vredesoverleg in Ethiopië in een hinderlaag gelokt en gedood. Om te laten zien wat er zou gebeuren met iedereen die weigerde zich aan Garang te onderwerpen, zou Kerubino zijn mannen hebben bevolen het lichaam van de Nuer elke dag tachtig zweepslagen te geven tot het zou beginnen te ontbinden. Ondertussen executeerde het SPLA in de trainingskampen een heleboel Nuer op verdenking dat ze verraders waren. Om hun vermoorde stamgenoten te wreken slachtten de Nuer in Soedan duizenden Dinka-jongeren af die zich in Ethiopië wilden aansluiten bij het SPLA en op weg daarheen toevallig het land van de Nuer doorkruisten.

Later dat jaar verdween Benjamin Bol in Ethiopië. Bol was een populaire Dinka-politicus die Riek in Londen had leren kennen. Naar verluidt verdween hij na een onenigheid met Garang die op een handgemeen was uitgelopen. In Engeland vroeg de echtgenote van Bol de Britse antropoloog John Ryle een onderzoek in te stellen naar wat er met haar man was gebeurd. Als vertegenwoordiger van het SPLA zocht Riek Ryle op in diens hotel in Addis Abeba. Hij vertelde Ryle dat Bol een natuurlijke dood was gestorven. Toen hij Garang verslag deed hoe het vraaggesprek met Ryle was verlopen, zo vertelde Riek me later, zei Garang 'dat de man was gestorven aan een leverstoornis, wat volslagen onzin was'. Als Riek indertijd al heeft geweten dat het verhaal niet klopte, dan zei hij daar niets over tegenover Ryle.

In 1985 stuurde Garang Riek eindelijk naar de grens om in het vluchtelingenkamp bij Gambella een militaire training te krijgen. Nadat Riek de opleiding had voltooid, gaf de SPLA-leider hem het bevel over een brigade van 3000 man. Riek kreeg de opdracht om met zijn brigade naar het meer dan 1500 kilometer verderop in het zuiden van Kordofan gelegen Nuba-gebergte te marcheren. 'Ik moest bepalen welke route ik met hen zou afleggen, regelen dat ze te eten kregen, al dat soort dingen,' herinnerde Riek zich. Voor de eerste keer, zei hij, had hij er profijt van dat hij management en strategische planning had gestudeerd. Terwijl de manschappen van de andere commandanten van de honger omkwamen, lukte het Riek de zijne in leven te houden.

De Nuba waren een van de Afrikaanse groepen in het noorden van Soedan die het gevoel hadden dat ze door de Arabische regering werden uitgebuit. Sinds er olie was ontdekt in de grensstreek tussen het grondgebied van de Nuba en dat van de Nuer en de Dinka, hadden de Baggara steeds brutaler aanvallen op de dorpen van de Nuba uitgevoerd. Verder had de regering beslag gelegd op grote delen van hun gemeenschapsgronden en die aan Arabische landbezitters gegeven om er commerciële boerderijen op te vestigen. Riek en zijn mannen namen enkele *murahaleen* van de Baggara gevangen en gebruikten hen om te onderhandelen over een plaatselijke vredesregeling. Later ging hij ermee akkoord dat de stamhoofden van de Baggara hun dieren in het gebied van de Nuer lieten grazen, op voorwaarde dat ze belasting aan het SPLA betaalden. Op deze manier bleef westelijk Boven-Nijl gespaard voor de ergste plunderingen van de Baggara, die in Bahr el-Ghazal in 1988 tot hongersnood leidden. In 1986 veroverden troepen van Riek zijn geboortestad Ler. Hij maakte het tot het hoofdkwartier van zijn bestuur.

Wanneer het SPLA een gebied veroverde, riep het zich meteen uit tot de wettige regering. De plaatselijke commandant van de rebellen behield zich het recht voor de bevolking belastingen op te leggen, boetes van hen te vorderen en hun onderlinge geschillen bij te leggen. In theorie werden Riek en zijn medecommandanten geacht hun bestuur uit te oefenen volgens de militaire code van het SPLA. In de praktijk konden ze doen wat ze wilden, zolang ze er maar voor zorgden dat hun gebied onder controle van het SPLA bleef. Garang begunstigde mensen als Riek die een goede opleiding hadden gehad. De plaatselijke bevolking was dikwijls echter lang niet zo onder de indruk van de stierjongens en hun titels als de SPLA-leider. De antropologe Sharon Hutchinson kreeg van iemand te horen dat mannen die de merktekens niet droegen, 'niet honderd procent volledig Nuer' waren. In de negentiende eeuw had Ngungdeng, een van de beroemdste profeten van de Nuer, gewaarschuwd dat ze op een dag door 'zwarte *Turuk*' zouden worden overheerst. Aanvankelijk meenden de Nuer dat de door de Britse overheid aangestelde stamhoofden de zwarte *Turuk* waren. Nu zagen ze het SPLA en zijn stierjongens als de laatste vervulling van de profetie.

De politieke ideeën die Riek op school had geleerd, hadden geen enkele betekenis voor de gemiddelde Nuer, wiens geest volledig in beslag werd genomen door de werking van het bovennatuurlijke. Zelfs voor Riek leken begrippen als 'grondwet' en 'vrije-markteconomie' steeds abstracter te worden. De macht van het spla kwam uit de loop van het geweer, een ding van de *Turuk*. 'Wat we ook in de stad willen creëren, het heeft geen wortels,' zei Riek later meesmuilend. 'Misschien dat het na generaties wortels zal hebben. Maar wat wij, de dorpskinderen uit dorpsscholen, in de steden tot stand hebben gebracht, is nog pas een begin.'

Riek zag zichzelf als een filosoof-koning die zijn volk verlichting bracht. Veel zuiderlingen, met name de stamhoofden in wier plaats het spla trad, zagen hem en de rest van de rebellen als een nieuwe groep onderdrukkers die er op hun eigen wijze evengoed opuit waren de Nucr-cultuur te vernietigen als de noorderlingen. 'Het spla werd geleid door knapen die de merktekens niet droegen,' vertelde een Nuer-onderwijzer uit Waat. 'Ze waren een systeem aan het opzetten dat de mensen niet kenden. Ze hadden geen respect voor de mensen. De Nuer werden gedwongen zich bij hen aan te sluiten... Ze waren liever gebleven wie ze waren.' In Groot-Brittannië had Riek altijd gedaan alsof het weinig te betekenen had dat hij van een krijger-profeet afstamde. Maar in Soedan begon hij dit spirituele gezag uit te buiten. Toen hij niet alleen de *gaar* had verboden, maar ook het traditionele trekken van de onderste snijtanden van de kinderen (iets waardoor ze, naar men dacht, minder op hyena's zouden lijken), zo vertelde hij Sharon Hutchinson, hadden de profeten van westelijk Boven-Nijl hem gewaarschuwd dat 'onze goden deze wet zullen verwerpen'. Riek had hun fel toegebeten dat hij meer over de goden wist dan zij: 'Ik heb ze gezegd dat ik deel uitmaak van de goden omdat ik een van hun afstammelingen ben, en dit is mijn bevel!'

Hij gebruikte zijn religieuze gezag om de spirituele bijgelovigheid te ontzenuwen die zijn soldaten ervan weerhield andere Nuer aan te vallen die weigerden het spla te gehoorzamen. Voor de komst van de vreemdelingen hadden de Nuer met speren en knuppels gevochten. Ze geloofden dat er, wanneer een Nuer-man een andere man met zijn vechtspeer doodde, een mystieke verbintenis tot stand kwam tussen de overwinnaar en de man die sneuvelde. Zoals Hutchinson schreef, dacht men dat het 'verbitterde' bloed van de gesneuvelde man op het moment dat hij stierf in de overwinnaar binnendrong. Als de overwinnaar at of dronk voor hij had deelgenomen aan het ritueel dat bedoeld was om dit 'bloed der wrake' te bevrijden, zou hij zeker sterven aan een hoogst gevaarlijke en besmettelijke vorm van rotting die *nu-*

eer wordt genoemd. Zelfs wanneer de overwinnaar van *nueer* was gezuiverd, lag er – zoals men zei – nog altijd een 'bot' tussen zijn familie en de familie van de gesneuvelde. Dit bot verhinderde dat zij 'tot in de eeuwigheid' met elkaar zouden kunnen eten of seksuele gemeenschap zouden kunnen hebben. Door een zoengave van een overeengekomen aantal runderen te doen en door speciale verzoenrituelen op te voeren kon de familie van de overwinnaar de familie van de gesneuvelde er eventueel toe brengen om van actieve wraakneming af te zien. Het bot zelf kon echter niet worden verwijderd. Het bleef bestaan zolang er iemand was die het zich herinnerde. Evans-Pritchard noemde *nueer* 'het belangrijkste denkbeeld van de Nuer dat onze denkbeelden over zonde benadert'.

Door de komst van het geweer waren deze ethische regels vertroebeld geraakt. 'Terwijl de kracht waarmee een speer zijn doel treft direct voortkomt uit de botten en pezen van degene die de speer werpt, ligt de kracht waarmee een geweer doel treft op zeer merkwaardige wijze geheel in het geweer zelf besloten,' schrijft Hutchinson. 'Niet alleen hadden kogels (*dei mac*, letterlijk: de kalveren van een geweer) de neiging er eerder vandoor te gaan zonder dat dit de bedoeling was, maar wanneer ze eenmaal waren afgevuurd, was het moeilijk en dikwijls zelfs onmogelijk hun baan – en dientengevolge hun fatale uitwerking – nauwkeurig te volgen.' Tot het moment waarop Riek en het SPLA op het toneel verschenen, hadden de Nuer van westelijk Boven-Nijl de kwestie opgelost door mensen die door een geweerkogel waren gesneuveld net zo te behandelen als iemand die door de bliksem werd getroffen: hun verwanten kochten geestvrouwen bij wie ze kinderen verwekten, zodat de gestorven mannen door hun kinderen konden leven. Ze brachten vee-offers ter ere van de overledenen, maar het gebeurde resulteerde niet in een vete met degene die hun verwanten had gedood.

Riek besloot dat hij zijn mannen van dit bijgeloof moest afbrengen. Een gewelddadige dood die het gevolg was van de burgeroorlog, zo hield hij zijn mensen voor, had geen consequenties op het spirituele vlak. Het was niet nodig dat zijn mannen de rituele aderlating ondergingen die was bedoeld om hen van *nueer* te zuiveren, ongeacht of ze nu iemand met een speer of met een geweer hadden gedood. En het was ook niet nodig om te zorgen dat de doden een geestvrouw kregen. Hutchinson, die over dit onderwerp een gesprek met Riek voerde, vreesde dat Rieks radicale opvattingen enkele van de sterkste ethische denkbeelden zouden uithollen waardoor de Nuer aan elkaar waren verbonden.

De manier waarop de Nuer beslissingen nemen, is zeer tijdrovend en zeer omslachtig. Wanneer een van de mannen voorstelt om iets op een bepaalde manier te doen, mogen alle andere mannen hierover hun mening geven of een tegenvoorstel doen. Elke man moet net zo lang kunnen praten als hij wil. De redevoeringen kunnen soms uren doorgaan. Ze praten over het vee uit hun jeugd, over de uitspraken van de profeten, over wat ze de dag tevoren tijdens het avondmaal hebben gegeten en over alles wat maar in hen opkomt. Wanneer iemand ook maar het minste gevoel heeft dat hij niet serieus wordt genomen of dat hij wordt gekleineerd, valt het hele plan in duigen en kan het zelfs uitmonden in een gevecht. Zeer weinig buitenstaanders kunnen het geduld opbrengen om een hele Nuer-vergadering uit te zitten. Riek was er echter een meester in dergelijke besprekingen naar zijn hand te zetten. Met schijnbare oplettendheid luisterde hij naar redevoeringen waar geen eind aan leek te komen. Terwijl hij vriendelijk glimlachend naar de grootste opscheppers bleef luisteren, dwong hij de groep heel langzaam in de richting waar hij heen wilde, tot de aanwezigen – die het gevoel hadden dat hun eergevoel recht was gedaan – akkoord gingen met datgene wat hij hun van meet af aan had voorgehouden. 'Hij spreekt niet met opgeheven vinger,' legde een Nuer me uit. 'Riek is goed en vredelievend... Hij is er niet op uit iemand te doden.'

Tijdens de ene na de andere eindeloos durende bijeenkomst hield Riek de Nuer voor dat het voor hen geen enkele zin had elkaar te blijven bevechten. Er lag een bot tussen de Nuer van Anyanya II en Garang. Maar Riek was ook een Nuer en hij, niet Garang, leidde het SPLA in westelijk Boven-Nijl. In 1987 kozen enkel Nuer-politici de kant van het SPLA. In maart 1988 sloot generaal-majoor Gordon Kong, de leider van Anyanya II, zich aan bij het SPLA. Tweederde van de troepen van Anyanya II volgde hem. De verzoening werd op de radio van het SPLA aangekondigd met een lied dat volgens zeggen door de profeet Ngungdeng was gezongen:

Nuer en Dinka
Zelfs als jullie elkaar haten
Zal er een tijd komen dat jullie mij als je vader erkennen

Als onderdeel van de overeenkomst werden de Nuer-commandanten Kong en Riek beurtelings – maar niet permanent – lid van het opperbevel van het SPLA. De verzoening had directe gevolgen voor de plannen voor de ontwikkeling van de olie-exploitatie. Omdat Chevron inzag dat het zijn werkzaamheden onmogelijk kon voortzetten wanneer de Nuer daar met vereende krachten verzet tegen zouden bieden, begon de Amerikaanse oliemaatschappij in 1988 met de ontmanteling van de boorinstallaties bij Bentiu. Begin 1989 vielen de steden Nasir, Waat en Akobo in handen van de rebellen. Met uitzondering van de steden Bentiu en Malakal was het grootste deel van oostelijk Boven-Nijl nu in handen van het SPLA. Riek had een zeer belangrijk aandeel in deze overwinning gehad. Hij kreeg de alleenheerschappij over noordelijk en westelijk Boven-Nijl en de meer dan een miljoen inwoners. Zijn troepen hadden duizenden mensen vermoord, maar hij was erin geslaagd de Nuer één te maken en te organiseren. Zijn mannen begonnen te spreken over een andere profetie die zij aan Ngungdeng toeschreven. Ze zeiden dat Ngungdeng had voorspeld dat een 'man zonder merktekens uit het westen zal komen om jullie te leiden'. Volgens sommige versies van het verhaal zou deze man linkshandig zijn. Riek droeg de merktekens niet, hij was linkshandig en afkomstig uit westelijk Boven-Nijl. Men begon erover te spreken dat Riek mogelijk de verlosser van de Nuer was wiens komst Ngungdeng had aangekondigd.

Na vier jaar in de rimboe te hebben doorgebracht, was Riek toe aan een korte vakantie. Lam Akol, een verre neef van Angelina, had in Nairobi Justin Yaacs positie als hoofd buitenlandse betrekkingen voor het SPLA overgenomen. Najaar 1989 bood Lam Akol aan voor Riek te regelen dat hij Angelina en de kinderen voor het eerst sinds 1984 zou kunnen opzoeken. Toen haar man eind 1989 naar Kenia terugkeerde, was Angelina zwanger van hun derde kind. Enkele weken later ontmoette Riek Emma in het Pan Afric Hotel.

Riek Machar was te lang weg geweest om zich door zijn trouwgeloften te laten weerhouden een affaire te beginnen met deze jonge, aantrekkelijke hulpverleenster. Andere, zorgvuldig geheim te houden overwegingen vormden een groter obstakel. Riek en enkele andere commandanten van het SPLA beraamden een opstand tegen John Garang. De wereld was aan het veranderen, en het leek erop dat Garang geen gelijke tred kon houden met de ontwikkelingen. De Sovjet-Unie viel uiteen. In Midden- en Oost-Europa verdween het communisme snel terrein. Het door de Sovjets gesteunde regime van kolonel Mengistu, de beschermheer van het SPLA, kon eveneens elk moment ten val komen. Hele Ethiopische bataljons gaven zich over aan rebellen uit Eritrea en Tigre. In het zuiden van het land werden de vluchtelingenkampen van het SPLA aangevallen door het Oromo Bevrijdingsfront. De drie groeperingen die zich keerden tegen Mengistu, werden door de Soedanese regering gesteund. De rebellen uit het zuiden van Soedan dreigden hun Ethiopische vluchthavens en hun belangrijkste wapen- en voedselleverancier te verliezen.

De nieuwe fundamentalistische regering van Soedan had verklaringen afgelegd waarin de indruk werd gewekt dat de leiders eventueel bereid waren de oorlog te beëindigen door het zuiden zijn afscheiding te geven. Op die manier, zeiden de islamitische fundamentalisten, zou de islamitische meerderheid in het noorden onbelemmerd de sharia kunnen invoeren. Garang weigerde echter zelfs maar te onderzoeken wat hun aanbod precies inhield. Het leek alsof het de oude revolutionair aan ideeën ontbrak om de huidige situatie naar zijn hand te zetten. In plaats daarvan bleef hij dezelfde afgezaagde slogans herhalen waarin hij zijn aanhangers opriep door te vechten tot Soedan in zijn geheel bevrijd zou zijn en dan een seculiere democratie in te stellen. Garangs officieren begonnen zich af te vragen of hij er zelf nog in geloofde wanneer hij zei dat ze moesten doorvechten tot de *jallaba's* hun droom van een islamitische staat zouden opgeven. Al de oude praatjes over Garang begonnen weer de ronde te doen: hij was een verwende balling die

Soedan niet begreep. Sommigen gingen zelfs zo ver dat ze zeiden dat hij de oorlog liever gaande hield, dan zichzelf in een onafhankelijk zuiden aan de democratie te onderwerpen.

Lam Akol, de 'minister van Buitenlandse Zaken' van het SPLA, bracht deze klachten voor het eerst onder de aandacht van Riek toen deze op weg naar Londen Addis Abeba aandeed. Lam Akol haalde Riek en twee andere commandanten over om Garang te vragen een vergadering van het opperbevel van het SPLA bijeen te roepen. Lam Akol was vaag over wat hij precies tegen Garang wilde zeggen. 'We vertelden hem dat de Berlijnse Muur was gevallen,' vertelde hij me later. 'We vertelden hem in algemene termen dat we ons beleid moesten herzien, dat we zagen dat er fouten werden gemaakt.' Ze vroegen Garang duidelijk te maken waar ze voor vochten. 'Het SPLA had er geen duidelijk beeld van waar we voor streden. Het was onduidelijk of het ons om de sharia ging, of om olie, of om water, of om de vorming van politieke partijen, of om Arabisch te leren, of dat we eigenlijk bedoelden: We willen geen islam.' In wezen vroegen de commandanten Garang of hij nauwkeurige kon beschrijven hoe hij een einde aan de oorlog dacht te maken.

Garang was in zijn wiek geschoten. Lam Akol en Riek zijn het erover eens dat hij ze zou hebben laten fusilleren als dit enkele jaren of zelfs maanden eerder was gebeurd. Nu Mengistu echter met de dag zwakker werd, kon de SPLA-leider er niet meer van uitgaan dat hij op steun uit Ethiopië kon blijven rekenen. In plaats daarvan startte hij onder de aanhangers van het SPLA een fluistercampagne tegen Riek en Lam Akol. 'Hij begon dingen te zeggen als: "Ze zeggen dat alle gevangenen moeten worden vrijgelaten",' herinnerde Lam Akol zich. 'Waarop mensen tegen ons zeiden: "Dat is onverantwoordelijk... Jullie zijn zeker niet goed wijs." Terwijl we in werkelijkheid alleen hadden gevraagd om een onderzoek in te stellen en een vonnis uit te spreken over iedereen die we gevangen hielden.' Toen Riek in Londen aankwam, gaf hij openlijk uiting aan zijn verbolgenheid over de arrogante manier van doen van Garang.

Ook Rieks oude vriend Tiny Rowland begon zijn geduld met Garang te verliezen. Toen ik Rowland vroeg waarom hij de rebellenleider had laten vallen, wees hij de suggestie van de hand dat het iets met geld te maken had. 'De zakelijke kant interesseert me niet,' bulderde hij door de telefoon. 'Wat me interesseert, zijn de mensen. Ik heb geprobeerd Garang over te halen om mee te doen. Ik zei tegen hem: "Je moet vrede sluiten. Je bent een oude man aan het worden."' Rowland wist echter heel goed dat de persoon die in Boven-Nijl een politieke regeling kon treffen zodat de boringen konden worden hervat, op een zeer forse beloning kon rekenen. De islamitische regering had gezegd dat zij in ruil voor vrede bereid was akkoord te gaan met de afscheiding van het zuiden. Volgens Rowlands biograaf Tom Bower deed Rowland in 1989 ten minste tweemaal een poging om president Omar al-Bashir en Garang bij elkaar te brengen om over een regeling te spreken. Maar Garang bleef bij zijn standpunt dat al-Bashir en zijn handlangers niet te vertrouwen waren. Rowland gaf Riek de presidentiële suite van het Metropole, met roomservice en een buitenlijn, die hij onbeperkt mocht gebruiken. Toen Riek in Nairobi terugkeerde, was het onder de rebellen een publiek geheim dat Garang en hij ruzie met elkaar hadden.

Riek zette deze intriges voor een nacht van zich af om deze met Emma in het Pan Afric door te brengen. De volgende dag vertrok hij naar Zaïre, waar het SPLA en de regering vredesbesprekingen hielden onder auspiciën van het Amerikaanse ministerie van Buitenlandse Zaken. De gesprekken liepen vast toen de regering weigerde in te stemmen met een bijeenkomst voor het opstellen van een nationale, op een 'meerpartijendemocratie' gebaseerde grondwet en zich bovendien weigerde terug te trekken uit de garnizoenssteden in de door de rebellen bezette gebieden ten noorden van de Bahr el-Ghazal, Bahr el-Arab en de Sobat, met inbegrip van de olievelden van Pariang en Unity aan de overkant van de rivier bij Bentiu. Toen Riek terugkeerde, stuurde Garang hem naar het afgelegen gebied in de omgeving van Malakal. Zeven maanden lang hadden Emma en hij geen contact met elkaar. 'Ik vroeg in het kantoor van het SPLA in Nairobi of ze Emma nog hadden gezien en of ze naar mij had gevraagd, maar niemand wilde ons met elkaar in contact brengen,' vertelde hij later tegen haar vriendin, de journaliste Madeleine Bunting. 'Een blanke vrouw en een commandant van het SPLA werden niet geacht contact met elkaar te hebben.'

Emma, die tot over haar oren verliefd was, dacht natuurlijk dat het aan haar lag. Het hele jaar vond ze excuses om naar plaatsen te vliegen waar de Nuer-commandant zich volgens haar inlichtingen zou bevinden, maar tegen de tijd dat ze er aankwam, was hij steeds alweer vertrokken. Ze schreef brieven naar Riek, maar kreeg geen antwoord. Ze vertelde haar vriendinnen wat ze voor hem voelde en zei tegen Bernadette Kumar dat de commandant van Boven-Nijl haar 'ontzag inboezemde'. Zelfs Kuol Manyang Juk wist dat ze smoorverliefd was op Riek. Op een dag reden Bernadette en Emma vanuit Kapoeta terug naar Bor. Onderweg werden ze aangehouden door een groep met AK-47's bewapende tienersoldaten van het SPLA. De soldaten vroegen bruusk naar hun reisvergunning en zeiden dat ze onder arrest stonden. 'Jullie vergunningen zijn ongeldig,' verklaarden ze. Het was een absurde beschuldiging. Van de zenuwen barstten Bernadette en Emma in lachen uit. Uiteindelijk wisten ze de soldaten te bewegen navraag te doen bij hun gezagvoerders. Zij bleven ondertussen in de Land Cruiser wachten. Bernadette herinnert zich dat 'Emma als een bezetene zat te roken. Ze bleef maar zeggen: "Kuol Manyang zit hierachter. Hij wil me gewoon te grazen nemen."' Uiteindelijk lieten de soldaten de vrouwen gaan, maar Emma zei tegen haar vriendin dat Kuol Manyang Juk haar aan het sarren was omdat hij wist dat ze verliefd was op Riek.

Eind mei 1990 vroeg de Mossad aan Tiny Rowland om hulp bij de onderhandelingen over de vrijlating van twee Israëlische agenten die in een Ethiopische vluchtelingenkamp gevangenzaten en door de Soedanese regering tot de doodstraf veroordeeld waren. Rowland had een gesprek met president al-Bashir en slaagde erin de vrijlating van het tweetal te bewerkstelligen. Rowland heeft nooit gezegd wat hij al-Bashir in ruil voor de spionnen beloofde, maar hij liet doorschemeren dat het iets met de stopzetting van Israëlische steun aan het SPLA te maken had. 'President al-Bashir wist dat mij er veel aan gelegen was een vredesovereenkomst tussen zijn regering en het zuiden tot stand te brengen,' zei hij met de nodige terughoudendheid. 'Hij is een vriend en wist dat hij me vertrouwen kon.' Veel Soedanezen geloven dat Rowland op dat moment het besluit nam een coup tegen Garang te steunen om de SPLA-leider te dwingen vrede te sluiten met de regering van al-Bashir.

Lam Akol en Riek begonnen andere officieren te polsen om te zien of die een poging om Garang ten val te brengen zouden steunen. In december 1990 vloog Lam Akol naar Addis Abeba voor een onderhoud met Peter Adwok Nyaba, een Shilluk-officier van het SPLA. 'Nadat we elkaar begroet hadden, zag ik dat Lam verhit was, ontzettend opgewonden, opgetogen,' schreef Nyaba later. Lam Akol kwam meteen ter zake. 'Garang heeft ons allemaal belazerd,' zei hij tegen Nyaba. 'Hij heeft laten zien dat hij een dictator is. Het is tijd dat hem duidelijk wordt gemaakt dat het genoeg is.' Nyaba, een geo-loog die wrok tegen Garang koesterde omdat de rebellenleider hem aan de zijlijn had gezet nadat een verwonding hem invalide had gemaakt, beloof-de dat hij zijn best zou doen om de steun van de Shilluk te krijgen. Nyaba schrijft dat Lam Akol zich had ingebeeld dat híj de leider van de coup zou worden, maar dat hij hem overreedde Riek tot leider te benoemen om zo te proberen de steun van de Nuer te krijgen.

Een jaar na zijn ontmoeting met Emma ontmoette Riek de Britse auteur John Ryle in Nasir. Ryle was hier om een rapport te schrijven voor Save the Children-UK. Riek zweeg tegenover Ryle over de aanleiding voor hun vori-ge onderhoud, de moord op de politicus Benjamin Bol. In plaats daarvan vroeg hij of Ryle de hulpverleenster Emma McCune kende. Het geval wilde dat Save the Children een deel van het onderwijsprogramma financierde, en dat Emma en Ryle enkele weken eerder samen vanuit Kapoeta naar Kenia waren gereden. Toen Ryle zei dat hij Emma inderdaad kende, vroeg Riek of hij haar een bericht wilde doorgeven. Toen Ryle opsteeg uit Nasir, had hij een vierregelig briefje van Riek op officieel SPLA-papier bij zich, waarin de Nuer Emma uitnodigde naar Nasir te komen om 'onderwijskundige proble-men met betrekking tot de zones die onder mijn bevel staan' te bespreken.

Direct nadat ze Rieks briefje had ontvangen, vloog Emma met een VN-toestel naar Nasir. Tegen de tijd dat het vliegtuig landde, was Riek echter al-weer vertrokken om een of andere mysterieuze missie uit te voeren. De te-leurstelling was groot. Na enkele dagen te hebben gewacht, keerde Emma terug naar Nairobi. Hier begon ze als een waanzinnige de radiofrequenties van het SPLA af te zoeken om te horen of er al nieuws was over Rieks terug-keer in Nasir. Uiteindelijk stuurde Riek over de radio een bericht dat hij te-rug was. Ze vloog terug tot aan Loki. De regering had inmiddels onverwacht een vliegverbod op Nasir ingesteld. Driemaal werd Emma ingeroosterd om te vertrekken en driemaal werd de vlucht geannuleerd. Dol van frustratie wendde ze zich tot Willy Knocker met een roekeloos plan.

Zij en Willy waren elkaar steeds blijven ontmoeten. Nog maar kort tevo-ren had hij haar opnieuw ten huwelijk gevraagd. Nu deed ze een dringend beroep op hem om met haar naar Nasir te rijden. Ze zei dat hij haar moest helpen om te reageren op de oproep van de zonecommandant van het SPLA: de hele toekomst van de kinderen van Boven-Nijl kon ervan afhangen! De goed berijdbare weg die de hulpverleners gebruikten om vanuit Kenia naar Soedan te rijden, eindigde in Kapoeta. Nasir lag dan vierhonderdvijftig kilometer ten noordwesten van Kapoeta. De weg erheen voerde door een moerasgebied. In het begin van de burgeroorlog waren er zoveel mijnen op en langs de zandwegen naar de voormalige garnizoensstad gelegd dat al in geen jaren iemand meer had geprobeerd hier te rijden. Het was waanzin om het te proberen, maar dit was precies waar Emma Willy toe wilde overhalen. Misschien trok het avontuur hem aan, of misschien dacht hij dat hij haar door zijn vertoon van moed eindelijk voor zich zou kunnen winnen. Hoe het ook zij, hij ging ermee akkoord haar naar Nasir te brengen.

Ze vertrokken in zijn Land Rover vanuit Kapoeta en reden in noordwestelijke richting door Bor. Ze doorkruisten uitgestrekte open savannen waar giraffen, antilopen en gazellen graasden. Ze kampeerden en bedreven de liefde onder een helder stralende sterrenhemel. Misschien begon het voor Willy inderdaad te lijken op de 'beste safari ooit' die Emma hem volgens haar moeder had beloofd toen ze hem meelokte op deze reis. Kort nadat ze het land van de Nuer binnenreden, begon er echter van alles mis te lopen. Even buiten de stad Waat van de Lou-Nuer bereikten ze het Nuer-dorpje Weideang. In de jaren negentig van de negentiende eeuw was de profeet Ngungdeng hier in een trance geraakt waarin zijn god hem had bevolen de Nuer op te dragen een enorme grafheuvel aan te leggen en daar al het kwaad van de wereld in te begraven. Honderden werkers werkten vier jaar aan de voltooiing van de heuvel. Eenmaal gereed had hij een hoogte van twintig meter en was hij verfraaid met de slagtanden van olifanten. Ten oosten van de heuvel stond een grote vijgenboom. Ngungdeng noemde hem de Boom der Goede Dingen. Een boom aan de westkant van de grafheuvel noemde hij de Boom der Kwade Dingen. In 1928 bestookten de Britten de heuvel met bommen en machinegeweren om de zoon van de profeet, in wie ook goddelijke machten huisden, te straffen voor het feit dat hij tegen de koloniale regering in opstand was gekomen. Ze doodden Ngungdengs zoon en lieten zijn lichaam aan de Boom der Kwade Dingen hangen. Vijftig jaar lang lag de heuvel er verlaten bij, maar vanaf het moment dat het gebied in handen van het SPLA was gevallen, hadden de aanbidders hem weer opgebouwd en versierd met olifantenslagtanden die de slagtanden moesten vervangen die door de Britten gestolen waren. Emma en Willy lieten pakjes zout achter op de grafheuvel, maar dit offer bracht hun geen geluk. Voorbij Weideang raakten ze verdwaald in een acaciawoud. Het kostte hun drie dagen om zich een weg naar buiten te hakken en de Sobat te bereiken. Toen ze door de rivier naar de overkant waadden, wachtte Riek hen op in Ulang. Hij zei dat ze de eersten waren die hier in acht jaar tijd naartoe waren gereden.

Riek wierp een blik op Willy, wendde zich tot Emma en vroeg: 'Waarom heb je hem meegenomen?'

Ze stuurde Willy weer terug naar de andere kant van de rivier om de Land Rover op te lappen.

Riek nodigde Emma uit in zijn *tukul*. Terwijl hij haar liet plaatsnemen op een touwbed, vertelde hij haar waarom hij haar gevraagd had om te komen. Na hun ontmoeting in het Pan Afric, zei hij, was hij gaan nadenken over wat ze gezegd had over de jongens in Ethiopië. In april had hij een onderhoud gehad met John Garang. Hij had Garang gevraagd of het waar was dat de kinderkampen in Panyido en elders eigenlijk rekruteringscentra waren. 'Waarom krijgen die kinderen een militaire training?' zou hij volgens eigen zeggen gevraagd hebben. Garang had geantwoord dat de jongens die hun militaire opleiding met succes hadden afgerond naar school konden gaan. Ondertussen vormden de jongens in de kampen de toekomstige reserve voor het SPLA.

Riek vertelde Emma dat het antwoord van Garang hem niet aanstond.

Na zijn onderhoud met Garang was hij naar Itang gegaan. Daar had hij tegen de Nuer-kampbeheerder gezegd dat hij moest ophouden de jongens een militaire training te geven. Riek liet zich erop voorstaan dat de beheerder zijn bevel had opgevolgd, ofschoon deze een vurig aanhanger van Garang was. Dat was het. Dat was de reden dat hij Emma had laten komen: om haar te vertellen dat hij een eind had gemaakt aan de trainingen die haar zoveel zorgen baarden. Hij wilde haar ook laten weten dat ze met hem en het SRRA mocht samenwerken om niet alleen in Nasir maar in heel Boven-Nijl scholen te openen.

Emma was verrukt. Deze 'held', zo vertelde ze later aan vrienden, had zich haar angst en haar vermoedens over het lot van de kinderen aangetrokken en de machtige leider van het SPLA ermee geconfronteerd. En toen Garang had toegegeven dat de kinderen een militaire training kregen, had hij bevel durven geven daarmee op te houden. Ze had het gevoel dat ze alleen door haar zorgen aan Riek voor te leggen meer voor de kindsoldaten van zuidelijk Soedan had bereikt dan Operation Lifeline in vele maanden van politiek heen-en-weergeschuif had weten te bewerkstelligen. Deze dappere, gevoelige rebellencommandant gaf haar hoop voor de toekomst van dit tragische land. Dit ging in ieder geval door haar hoofd terwijl ze het nieuws van Riek op zich liet inwerken.

De volgende twee dagen onderhielden de twee zich met elkaar in Rieks *tukul*, terwijl Willy in de Land Rover kampeerde. Toen het moment was aangebroken waarop Emma moest vertrekken, liet Riek haar weer plaatsnemen op het touwbed. Hij had de gewoonte zijn gasten recht in de ogen te kijken. Ditmaal moet hij Emma een paar minuten hebben aangestaard voor hij begon. Hij vroeg haar of ze iets van de heuvel van Ngungdeng en de Nuer-traditie van profetieën wist.

Ze zei dat ze er iets van wist.

Wist ze dat was voorspeld dat een linkshandige Nuer-leider zonder merktekens op een dag met een blanke vrouw zou trouwen?

Nee.

Met zijn linkerhand reikte Riek naar de hand van Emma. 'Ik ben die man,' zei hij. 'Zal jij die vrouw zijn?'

Later vertelde ze dat het haar diep had geraakt, alsof het noodlot haar met een vinger had aangewezen. Maar ze gaf niet onmiddellijk toe aan haar gevoelens. Ze zei hem dat ze erover zou nadenken.

Op de terugreis met Willy uit Nasir zweeg ze grotendeels. Rieks verhaal over de profetie en zijn relaas over de kampcommandant die hij gesommeerd had de training van de kindsoldaten te staken, gaven haar het gevoel dat zij door het lot naar hem werd toegetrokken. Toen ze Kongor bereikten en hun kamp begonnen op te slaan, zei ze Willy kortaangebonden dat ze hem iets moest vertellen. Ze hield niet meer van hem. Ze was verliefd op Riek.

Riek Machar zei niets over de profetie toen ik hem vroeg op welke manier hij Emma ten huwelijk had gevraagd. Andere ontwikkelde Nuer grinnikten toen ik vroeg of ze ooit iets hadden gehoord over een voorspelling dat een leider van de Nuer met een blanke vrouw zou trouwen. 'Het kan best zijn dat Riek dat gezegd heeft, maar die profetie bestaat niet,' vertelde een Nuer me. Sally Dudmesh, aan wie Emma het hele verhaal over Rieks aanzoek verteld had, dacht dat het liefde, gewoon zuivere liefde was waardoor Emma en Riek zich tot elkaar voelden aangetrokken: 'Ze vond het gewoon heerlijk om bij hem te zijn.' Een Amerikaanse journalist die hen allebei goed kende, zei dat het de seks was: 'Riek was een enorme seksuele krachtcentrale.' Liz Hodgkin zei dat Emma haar had gezegd dat ze zich wel eens de vraag stelde of ze op Riek verliefd was geworden als hij geen 'belangrijk persoon' was geweest. 'Ik denk dat ze een keizerin wilde zijn,' zei een andere Britse hartsvriendin. Een SPLA-kameraad van Riek haalde hun gemeenschappelijke belangstelling voor computers en popmuziek aan. Toen ik Riek vroeg waarom hij met Emma wilde trouwen, reageerde hij alsof het antwoord zo voor de hand lag dat het onnodig was het uit te spreken. Hij trok zijn wenkbrauwen op en lachte luid. 'Waarom trouwt een man met een vrouw?' riep hij uit terwijl hij zijn handen omhoogstak omdat mijn vraag weer zo'n typisch voorbeeld van de onnozelheid van de *khawaja's* was.

DEEL IV

'Ze noemen het "mijn oorlog",' vertelde Man Gac me, *'dat ik hem veroorzaakt had, maar er was niets dat ik bedorven had, niets dat ik in mijn hoofd kan terugvinden, dat me te binnen schiet. Er is, voor zover ik weet, niets dat ik bedorven heb.'*
Eleanor Vandevort, *A Leopard Tamed,* 1968

Emma liet de coördinator van de projecten van Operation Lifeline Sudan weten dat ze naar Nasir zou verhuizen. Hij was teleurgesteld en verbaasd. Ze had in Kapoeta zoveel goed werk gedaan dat hij het zonde vond dat ze wegging. Emma voerde echter vol passie aan dat ze, wanneer ze naar Boven-Nijl ging, mogelijk in staat zou zijn om scholen te openen, zodat kon worden voorkomen dat duizenden jongens werden gedwongen zich bij de rebellen aan te sluiten. Met tegenzin stemde de coördinator ermee in haar een poging te laten wagen. De regentijd was juist begonnen toen het vliegtuig van de VN Emma afzette bij de ruïnes van de Amerikaanse presbyteriaanse zendingspost.

Het gebied was pas kort voor buitenlanders opengesteld en had nog een versuft en dromerig karakter, alsof het nog steeds niet helemaal was ontwaakt uit het isolement en geweld van de voorafgaande zes jaar. Er waren al allerlei vreemde dingen gebeurd met de *khawaja's* daar. Een zwaarlijvige Amerikaanse verpleegster in een boomstamkano die over de Sobat naar Nasir terugpeddelde nadat ze enkele dorpen had gevaccineerd, kreeg last van een afschuwelijke pijn in haar buik. De kramp folterde haar zo verschrikkelijk dat haar bezorgde collega's de kano naar de wal stuurden om te zien wat ze voor haar konden doen. Tot hun verrassing – en vanzelfsprekend ook tot die van haarzelf – bracht ze daar in de modder een jongen ter wereld. De verbijsterde hulpverleners slaagden erin de arts naar Nasir terug te brengen. Hier aangekomen vroegen ze per radio om een vliegtuig. Aan het uiterlijk van het kind te zien moest de vader een Soedanees zijn. De verpleegster heeft echter niemand verteld hoe de vader heette, en hield vol dat ze niet had geweten dat ze zwanger was. Nadat ze in het ziekenhuis van Nairobi weer op krachten was gekomen, nam ze de baby mee naar Amerika. Later keerde ze in haar eentje terug naar Afrika.

Het incident herinnerde enkelen aan een noodlottige affaire tussen een blanke vrouw en een Zuid-Soedanese man in Nasir. In de jaren twintig had de eerste ongehuwde blanke vrouw die naar de Amerikaanse presbyteriaanse zendingspost was gestuurd, de vergissing gemaakt een jonge Shilluk-bekeerling aan te moedigen haar het hof te maken door middel van gedichten en liederen, en misschien nog wel meer. In de ogen van de Soedanezen was er veel voor een huwelijk te zeggen. Om te beginnen zou het de Amerikanen toegang geven tot de Zuid-Soedanese samenleving die ze naar eigen zeggen zo graag wilden. De koloniale en de zendingsautoriteiten waren echter geschokt. De Amerikanen verklaarden de vrouw krankzinnig en stuurden haar naar Zwitserland. Haar geliefde werd naar Malakal gebracht en gevangengezet. Jaren later vond ik in de Rhodes-Bibliotheek in Oxford een aantekening van een Britse bestuursambtenaar die honend van het incident gewag maakte: 'De vrijer van juffrouw T. versmacht in de gevangenis van Malakal. De Amerikanen zeggen dat ze uit een pleeggezin naar hen toe was gestuurd, alsof dat zou verklaren waarom iemand rondhangt met een naakte wilde.'

De eerste die mij over dit eigenzinnige meisje vertelde, was James Mut Kueth, de zachtaardige jonge presbyteriaanse predikant van Nasir. Ik ontmoette hem toen ik de stad eind jaren negentig bezocht. Ik had de vergissing gemaakt enkele chocoladerepen naar Nasir mee te nemen. Natuurlijk was de chocola al zacht geworden tegen de tijd dat het vliegtuig landde. Er had zich een groepje giechelende kinderen verzameld om te zien wat de hemelkano ditmaal zou meebrengen. Ik probeerde de repen aan de kinderen te geven. Ze reageerden echter niet. In plaats daarvan keken ze angstig naar de met vetvlekken besmeurde paarse pakketjes. Uiteindelijk kwam de eerwaarde Kueth kijken wat er allemaal aan de hand was. De predikant zei dat niemand in Nasir ooit een reep chocola had gezien. De kinderen keken hem verwachtingsvol aan. Klaarblijkelijk hadden ze het gevoel dat het zijn herderlijke taak was deze buitenlandse voorwerpen aan een test te onderwerpen. Al zijn moed bij elkaar rapend verwijderde Kueth de wikkel van een reep melkchocolade en beet er een klein stukje af. Twintig paar ogen keken toe hoe hij de chocolade in zijn mond liet smelten en toen doorslikte.

We wachtten wat hij zou doen.

Hij likte zijn lippen af en slikte nogmaals. Tenslotte gaf hij zijn mening over chocolade: 'Het is zoet... als een ui.'

De eerwaarde Kueth droeg de zes parallelle littekens van de *gaar* op zijn voorhoofd, maar omdat hij een christelijke predikant was, bleef hij een zwarte *Turuk*. Hij liep over straat in een dichtgeknoopte babyblauwe katoenen herenpyjama met marineblauwe biesjes, en hij woonde met zijn gezin in het vervallen en dakloos betonnen huis dat ooit eigendom was geweest van de Amerikaanse zendelingen. Ik zat vaak op zijn veranda, wachtend tot de rebellen me ergens naartoe zouden brengen, en zag hoe de tinten van de rivier en het verdronken land van uur tot uur veranderden. Vroeg in de ochtend drenkte de hemel de rivier in blauw en nam het lange gras van de vlakte een bleke, doorschijnend groene kleur aan. Naarmate het warmer werd, verbleekte het strak blauwe zwerk tot het een harde witte kleur kreeg. De rivier werd grijsgroen en het gras nam een bijna bruine kleur aan. Aan het eind van de middag begon een oranje flikkering over de vlakte te dansen en door de weerkaatsing van de zon in de rivier leek het alsof er onder water een vuur brandde. Ten slotte zou de vuurzee een steeds donkerder kleur aannemen, tot hij paars werd. Gedurende een flakkerend halfuur baadde het hele landschap dan in de meest onwerkelijke tinten van lavendel en violet. Ik heb nooit iets mooiers gezien dan de zonsondergang in Nasir.

In mijn ogen was het gewoon een raadselachtig mooi landschap, maar predikant Kueth vertelde dat de plaatselijke bevolking veel meer dan alleen maar de glorie van de natuur zag wanneer zij naar de rivier keek. De Jikany-Nuer, zei hij, geloofden dat de moeder van God op de bodem van de rivier woonde. Voor hen symboliseren de witte pelikanen, de gekuifde kraanvogels, de bespikkelde gieren en de duizenden andere grote vogels die van de rivier leefden, Kwoth, of 'Geest', de almachtige God van wie de Nuer zeiden dat hij was als de wind of de lucht: overal maar nergens zichtbaar. Wanneer ik daar op de veranda van Kueth zat, voelde de tijd even plat en onbeweeglijk aan als de vlakte die zich voor ons uitstrekte. En onwillekeurig moest ik eraan denken dat enkele van de oudste menselijke fossielen slechts een paar honderd kilometer verder naar het zuiden in Kenia waren gevonden. De predikant vertelde me dat de Nuer geloofden dat de boom-waaruit-de-mensheid-afkomstig-was nog altijd ergens in een ander deel van Soedan stond. Hij voegde eraan toe dat het zuidelijke deel van Soedan onderdeel uitmaakte van de bijbelse hof van Eden.

Ik trok mijn wenkbrauwen op.

'Ja hoor,' zei de predikant, terwijl hij de King James-bijbel die op zijn schoot lag, oppakte en Genesis 2 opsloeg. 'Kijk maar, hier staat geschreven dat de hof gevoed wordt door vier rivieren.'

Hij zette zijn vinger op de bladzijde en begon hardop te lezen: '"De naam van de eerste is Pison: deze stroomt om het gehele land Chawila, waar het goud is..." Je weet dat we hier in het zuiden van Soedan goud hebben. Welnu, Pison is de Witte Nijl. 'En de naam van de tweede rivier is Gichon: deze stroomt om het gehele land Ethiopië.' Gichon is de Blauwe Nijl, die uit Ethiopië komt.'

Hij grinnikte zachtjes in zichzelf. 'Ja,' zei hij, terwijl hij de bijbel sloot en in zijn plastic stoel achteroverleunde om weer uitzicht te krijgen over de Sobat, 'we bevinden ons hier in de hof van Eden.'

Ik was geen bijbelgeleerde, en Nasir zag er in mijn ogen zeker niet uit als het paradijs. Maar je kon je gemakkelijk voorstellen dat de mensheid hier voor de eerste maal de zonde en de dood had geproefd. Schertsend zei ik dat er in Nasir zeker genoeg giftige slangen waren om voor de hof van Eden te kunnen doorgaan. In twee dagen tijd had ik twee zwarte mamba's gezien en onze tolk had ons gewaarschuwd dat we 's nachts niet naar buiten moesten gaan, omdat hij bang was dat we op een pofadder zouden stappen.

Kueth knikte ernstig. 'Vandaar dat wij de zendelingen meteen geloofden toen ze ons vertelden hoe de slang Eva in verleiding had gebracht. Wij Nuer hebben altijd al geweten dat slangen iets goddelijks hebben. Daarom maken we ze niet graag dood.'

Er heerste in Nasir zo'n rust en het was er zo stil dat het bijna mogelijk was de oorlog te vergeten die ons allen hier naartoe had gebracht. Soms voelde ik hoe ik tegen de slaap moest vechten, wanneer ik naar de gemeenplaatsen luisterde die Lul Kuar Duek en andere SPLA-officieren debiteerden wanneer ik vroeg waarom ze aan de oorlog meededen. We hadden allemaal het vermoeden dat de toekomstige winsten uit de exploratie van de olievelden het verborgen motief van de beweging moest zijn. We slaagden er echter nooit in de kaderleden van het SPLA zover te krijgen dit toe te geven. Ja, we vechten voor de olie, zeiden ze dan. En daarna draaiden ze de hele riedel weer af. We vechten voor alle rijkdommen van het zuiden! We vechten voor onderwijs! We vechten omdat de Arabieren niet toestaan dat wij ons ontwikkelen! We vechten voor Jezus! Ik had het gevoel dat de noorderlingen beter wisten wat ze met deze oorlog wilden bereiken. In het dorp Rok-Rok, dat aan de Sobat ligt, ontmoette ik een Nuer die me vertelde dat hij wist waarom het leger zijn dorp Toryat met de grond gelijk had gemaakt, zijn broer had doodgeschoten en zijn gezin van veertien personen van hun land verdreven had. Hij zei dat ze de olie wilden hebben die eronder zat. 'De *jallaba's* willen de olie hebben,' zei hij. 'Als de *jallaba's* hier weg gaan, zijn we rijk.'

Er hing in Nasir iets verwachtingsvols in de lucht, alsof iedereen in afwachting was van het moment waarop er iets zou gaan gebeuren. Kueth liet me de passage uit Jesaja 18 zien waarvan de Amerikaanse zendelingen de Nuer hadden geleerd dat dit op hen sloeg: 'Wee het land van vleugelgegons aan de overzijde der rivieren van Ethiopië...' Hij legde uit dat de 'snelle gezanten' die volgens Jesaja zouden komen, de zendelingen waren. Hij zei dat God de Nuer en de overige volken in het zuiden met oorlog en hongersnood had gestraft omdat ze zich niet snel genoeg of echt volledig tot het christendom bekeerden. Hij zei gezien te hebben hoe de profetie zich had voltrokken in de jaren die voorafgingen aan de verovering van Nasir door het SPLA. 'Hier zegt Jesaja dat er een grote hongersnood zou zijn, en dat de vogels en de dieren uit het woud zich voeden met de lichamen van mensen. Dat heb ik allemaal gezien. Er dreven zelfs lijken mee op de stroom van deze rivier. Er dreven gewoon lijken voorbij. Je kon het lichaam van een grote man zien, en je zag dat het door gieren was aangevreten. Zelfs zo dat je bijna moest huilen. Maar Jesaja zegt dat het niet het einde van de wereld is. Het is niet de Dag des Oordeels.

Jezus is onze door God gestuurde geneesheer. Als wij allemaal vertrouwen zouden hebben in God, konden we niet ziek worden. We zouden de kleding hebben. Nu hebben we al deze problemen. Maar als we op God vertrouwden, zouden we op de wereld geen problemen hebben.'

Een paar dagen later ontmoette ik Emma toen ze op het punt stond om uit Nasir weg te gaan. Ze was naar Nasir gevlogen in een van haar vruchteloze pogingen om Riek te vinden, maar hij zat ver weg aan het front bij Malakal. Ze leek zich in Nasir al merkwaardig thuis te voelen en ik benijdde haar, al zou ik niet hebben kunnen uitleggen waarom.

HOOFDSTUK 18

Steeds minder *khawaja's* bleven nog in Soedan. Het leek alsof de koloniale periode het hoogtepunt van een grote westerse vloedgolf was geweest, die nu weer langzaam in zee terugvloeide. De stroom westers geld en westerse mensen die Afrika eerder in de eeuw had overspoeld, droogde nu weer op. En op de droogvallende gronden bleven de scheepwrakken en het drijfhout achter. In augustus 1990 waren Iraakse troepen van president Saddam Hoessein Koeweit binnengevallen. Koeweit en het naburige Saoedi-Arabië riepen de hulp in van de Verenigde Staten. De Verenigde Staten begonnen in Saoedi-Arabië een enorme troepenmacht op te bouwen. Washington stelde Saddam Hoessein een ultimatum: of hij trok zich voor 16 januari 1991 uit Koeweit terug, of hij zou de consequenties moeten aanvaarden. Tot grote woede van de Saoedi's en de Amerikanen koos de islamistische regering van Soedan partij voor Irak en tegen de coalitie. Hassan al-Turabi verkondigde dat de Saoedische koninklijke familie heiligschennis pleegde door ongelovigen uit te nodigen het heilige land van de profeet Mohammed te verdedigen. Volgens de grondregels van de islam, zei hij, dienden de moslims het dispuut tussen Irak en Koeweit onderling op te lossen.

De Verenigde Staten en de Europese Gemeenschap reageerden door het kleine beetje non-humanitaire hulp dat Soedan nog kreeg stop te zetten. Tegelijkertijd waarschuwden westerse hulporganisaties dat in het westelijk deel van het land een nieuwe hongersnood ophanden was. Een Ethiopiër die voor Operation Lifeline Sudan werkte, vertelde me: 'Een nieuwe kerst, een nieuwe hongersnood. Ik denk dat de honger de belangrijkste aanleiding voor contact tussen dit gebied en de buitenwereld zal zijn.' De Soedanese regering beweerde dat het Westen gewoon probeerde een tijdelijk 'tekort in de voedselvoorziening' te gebruiken om Soedan een hak te zetten, omdat het land partij had gekozen voor Irak. Omdat de Soedanese regering me geen toestemming gaf om naar Darfur en Kordofan te reizen, kon ik echter niet bepalen of ze de waarheid vertelde. Voor ons – de *khawaja's* in Khartoum – verstreek de kerstperiode dat jaar als een soort hallucinatie: we wachtten het moment af waarop de oorlog in het Golfgebied zou uitbreken en vroegen ons af hoeveel Soedanezen er in het westen van het land van de honger aan het creperen waren, zonder dat we in staat waren enige invloed op deze ontwikkelingen uit te oefenen.

Al-Turabi's welwillende houding tegenover het seculiere Irak was extra verwonderlijk, omdat iedereen wist dat de NIF-regering volledig afhankelijk was van rijke islamistische geldschieters in Saoedi-Arabië en andere Golf-staten. Ik was indertijd een profiel van een van al-Turabi's aanhangers aan het schrijven, de innemende jonge fundamentalist Ahmed Kamal al-Din. 'Maar Saddam Hoessein is toch een slechte moslim,' bleef ik tegen al-Din herhalen. Gewoonlijk wuifde hij dergelijke vragen vriendelijk glimlachend weg. 'Maak je maar geen zorgen, er komt geen oorlog.' Op een keer zei hij echter: 'De koninklijke familie van Saoedi-Arabië is nog erger dan Saddam. Saddam geeft ten minste toe een slecht moslim te zijn. De al-Sauds preten-deren de leiders van de hele islamitische wereld te zijn, maar feitelijk zijn ze niet meer dan een stelletje hypocrieten.'

'Maar wat doen jullie als de Saoedi's en de Koeweiti's de geldkraan voor Soedan dichtdraaien... of nog erger: als ze alle Soedanezen die in hun land werken, het land uitzetten?'

'Dat is in de handen van Allah,' antwoordde Kamal al-Din.

Het leek alsof hij in een wereld van visioenen en nachtmerries leefde, die voor mij onzichtbaar waren. 'We leven nog niet in een islamitisch paradijs, maar het gaat de goede kant op,' kon hij dromerig zeggen. Ik moest denken aan de geselingen en de amputaties, aan de oorlog en de hongersnood, en schudde mijn hoofd. Of hij stak een tirade af tegen het Westen dat met zijn vrije seksuele moraal Soedan in gevaar bracht. Alsof seks het probleem van Soedan was! Ik was er echter zeker van dat de geslepen en pragmatische al-Turabi nooit zo'n hachelijke stelling tegenover de Saoedi's zou hebben be-trokken als hij niet nog over een geheime troef beschikte.

Ik besloot de minister van Financiën te interviewen, een van al-Turabi's naaste bondgenoten en mede-oprichter van de Faisal Islamic Bank. Het kan-toor van Abdel Rahman Hamdi was gevestigd in het witte, in Osmaanse stijl gebouwde presidentiële paleis met groene luiken dat de Britten op de ruï-nes van het paleis van Gordon hadden laten verrijzen. Hamdi vertelde me dat zijn familie in de negentiende eeuw onder het Turks-Egyptische bewind vanuit Egypte naar Soedan was gekomen. Hij was een imposante man met een lange neus, een bril met draadmontuur en slimme ogen met zware oogleden. Hij begroette me in een smetteloze witkatoenen *jallabiya* en het traditionele witte hoofddeksel. Na wat onsamenhangend heen-en-weergepraat over het tekort in de voedselvoorziening – 'ze zijn een industrie, die non-gouvernementele organisaties, en ze profiteren van ons lijden' – en de Saoedi's – 'wij zijn een regering van principes en in dit geval zullen we ons principieel moeten opstellen' – vroeg ik hem wat er naar zijn idee moest gebeuren om een eind te maken aan de oorlog in het zuiden. 'We hebben John Garang laten weten dat we bereid zijn om te praten,' zei de minister. 'Alles is bespreekbaar, behalve de sharia.'

'Maar John Garang zegt juist dat de sharia ter discussie moet worden gesteld, als het zuiden een onderdeel van Soedan moet blijven uitmaken. Het zuiden is niet islamitisch en wil niet onder sharia leven.'

Hamdi maakte een minachtend gebaar met zijn hand. 'Hij mag het zuiden hebben als hij dat zuiden wil.'

'Werkelijk?' vroeg ik. Ik had nog geen enkele Soedanese regeringsfunctionaris openlijk horen verklaren dat het noorden bereid was het zuiden zijn eigen koers te laten bepalen. Aan de muur achter de minister hing een grote landkaart. Ik wees ernaar. Waar zou hij de scheidslijn tussen het noorden en het zuiden trekken?

Hamdi stond op. Snel en vastberaden trok hij een horizontale lijn over de kaart. De lijn volgde niet de oude grens tussen noord en zuid langs de Bahr el-Arab en de Bahr el-Ghazal. De lijn die hij trok, liep een groot aantal centimeters ten zuiden daarvan, net onder de olievelden. Hij had buitengewoon veel lef.

'Maar dan maken de olievelden geen deel meer uit van het zuiden,' protesteerde ik.

Hamdi lachte me bijna schalks toe en zuchtte. 'Ja,' zei hij, en liet zich met een zware plof in een grote leren stoel vallen. 'Dat is een probleem.'

'We willen dat Chevron zijn werkzaamheden hervat. Zelf zijn ze daar niet bijster happig op,' ging de minister verder. 'Er zijn enkele van hun mensen doodgeschoten, maar dat is niet de werkelijke reden waarom ze niet zijn teruggekomen. In Angola zijn twintig van hun werknemers doodgeschoten en ze zitten daar nog steeds. Nee, er is iets anders aan de hand... De Amerikanen en Britten voeren momenteel oorlog tegen ons. Maar dat maakt niet uit. Er zijn andere maatschappijen in ons geïnteresseerd. We zijn met hen in gesprek.'

'Maar er is toch geen maatschappij die bereid is om naar olie te boren zolang de oorlog voortduurt?'

'Het zou alleszins logisch zijn deze oorlog te beëindigen,' stemde Hamdi in. 'Tussen ons en de vrede staan alleen persoonlijke en politieke hebzucht. John Garang wil niet dat de kwestie in het zuiden wordt opgelost. Hij wil de hoogste leider van Soedan worden. De politieke overtuiging van dit land zal echter nooit toestaan dat hij de hoogste leider wordt, en wel om dezelfde reden' – de minister glimlachte onbevangen en leunde naar voren, alsof hij me wilde zeggen er geen doekjes meer om te winden – 'dat Jesse Jackson nooit de hoogste leider van de Verenigde Staten van Amerika zal worden.'

Hij zuchtte weer. 'Maar de zuiderlingen aanvaarden dit niet. Ze hebben een droom die hen blind maakt voor de feitelijke situatie. Ze blijven doorvechten, al wijst alles erop dat dit geen enkele zin heeft. Maar goed, enkele van hen weten beter. We zijn met hen in gesprek. John Garang heeft niet iedereen in het zuiden in zijn macht. De Nuer zijn er ook nog.'

Ik veronderstelde dat hij op Anyanya II doelde, de met de regering geallieerde Nuer-militie, en dat hij van onderwerp was veranderd. Pas veel later realiseerde ik me dat Hamdi de eerste was die een tipje van de sluier had opgelicht over de plannen die de regering met het zuiden had.

De Amerikaanse ambassade waarschuwde de Amerikanen en Europeanen in Soedan dat ze gevaar zouden kunnen lopen wanneer Saddam Hoessein niet reageerde op het door Washington gestelde ultimatum en de Verenigde Staten gedwongen zouden zijn Irak te bombarderen. De Amerikaanse ambassadeur wees erop dat terroristische groeperingen uit het hele Midden-Oosten in Khartoum een vrijhaven hadden gevonden. Kamal al-Din hield vol dat de Verenigde Staten het allemaal overdreven. Hij wuifde alles weg: de bedreigingen tegen de *khawaja's*, het tekort in de voedselvoorziening in westelijk Soedan, de gruweldaden die de Irakezen volgens de Koeweiti's zouden hebben gepleegd. 'Waarom is jouw regering zo bang voor de islam?' vroeg hij me en schudde zijn hoofd langzaam in schijnbaar ongeloof. 'Er komt geen oorlog met Irak. En er komt geen hongersnood.' Een minister verzekerde me beleefd: 'Amerikanen en Europeanen zijn in Soedan volkomen veilig.'

Maar ik verblijf in het Acropole en kon daar dus niet zo zeker van zijn. De rechtszaak tegen de vijf Palestijnen die het hotel in 1988 hadden aangevallen, sleepte zich nu al tweeënhalf jaar voort. In december had de zaak een climax bereikt die aan het licht bracht wat voor vijandigheid er schuil ging achter de sluwe dubbelzinnigheid van het officiële standpunt van de NIF-regering. Een jaar eerder had een islamitische rechter de familie van Chris en Clare Rolfe en een Britse onderwijzer die bij de aanval om het leven was gekomen, voor dezelfde keuze gesteld als de Soedanese slachtoffers: ofwel zij accepteerden smartengeld ter compensatie voor het verlies van hun familieleden, ofwel ze lieten de plegers van de aanslag executeren. Voor de Soedanezen was dit een redelijke keuze. Voor de Britse ouders van pacifistische quakers als de Rolfes was het echter onaanvaardbaar. De Britse families smeekten het hof om tot een compromis te komen door het smartengeld dat hun toekwam te gebruiken om de daders in de gevangenis vast te houden. De rechter was echter onvermurwbaar.

De families van de Soedanese slachtoffers kozen ervoor het smartengeld aan te nemen. (Van de ene op de andere dag bleken de Palestijnse vluchtelingen, die zeer waarschijnlijk helemaal geen geld van zichzelf hadden, over duizenden dollars te beschikken om de families van de slachtoffers te betalen.) De Britse families, die weigerden het geld aan te nemen, kregen niets. Twee dagen na Kerstmis werden de daders vrijgelaten. Het hof barstte in juichen uit. De rechter feliciteerde de zojuist vrijgelaten gevangenen met het feit dat ze er zo goed af waren gekomen.

In het Acropole heerste een trieste stemming. Saddam Hoessein weigerde zich uit Koeweit terug te trekken. Op 15 januari werd ik samen met de rest van de nog in Khartoum verblijvende westerlingen naar Kenia geëvacueerd. Tot ieders verrassing was de zo gevreesde oorlog in het Golfgebied al na enkele weken voorbij. De Amerikanen blaakten van een nieuw zelfvertrouwen. Het land leek over het 'Vietnamsyndroom', dat er de oorzaak van was geweest dat het had vermeden in buitenlandse oorlogssituaties verstrikt te raken, te zijn heen gegroeid. Voorlopig was Soedan vergeten. Khartoums beslissing om partij te kiezen voor Saddam Hoessein zou echter verstrekkende gevolgen hebben: eerst voor het zuiden van Soedan en daarna voor de rest van de wereld.

De pro-Irakese houding van Soedan was voor Chevron de druppel die de emmer deed overlopen. Met de toezegging van de regering-Bush dat de verliezen voor de belasting zouden mogen worden afgeschreven, liet Chevron de Soedanese regering weten dat het zijn werkzaamheden in Soedan niet zou hervatten. In Saoedi-Arabië en elders gingen militante islamisten als Osama bin Laden, die vernederd en bevreesd waren door wat zij *al-azama* – 'de crisis' met Irak – noemden, er ondertussen toe over om al-Turabi en het NIF te belonen voor het feit dat zij zo moedig stelling hadden genomen tegen het Westen en zijn corrupte bondgenoten in het Golfgebied. De Soedanese regering had de oorlog tegen het zuiden al enkele jaren lang een jihad genoemd. Op 25 april 1991 riep al-Turabi tijdens een conferentie alle islamisten overal ter wereld op om samen met hem de wijdvertakte 'samenzwering van zionisten en kruisvaarders' aan te vallen. De Golfoorlog, zo hield de Soedanese leider zijn gasten voor, had stellig bewezen dat conservatieve Arabische regimes – zoals die in Saoedi-Arabië en Koeweit – niet meer dan marionetten van het ongelovige Westen waren. De groep die voor de conferentie bijeen was gekomen, stemde in met de instelling van een permanente raad. Het doel van deze raad, aldus al-Turabi, was 'het opstellen van een wereldomvattend plan van aanpak om het tirannieke Westen aan te vechten en te trotseren, omdat Allah ten gevolge van de absolute materialistische macht niet langer in onze wereld kan blijven.' Veteranen van de oorlog tegen de Sovjets in Afghanistan begonnen met honderden tegelijk het noorden van Soedan binnen te stromen. Bin Laden was sinds 1989 in zijn privé-vliegtuig, een Gulfstream G-8, heen en weer gevlogen naar Soedan. In 1991 vertrok hij uit Saoedi-Arabië naar Khartoum. Al-Turabi gaf hem een overvloedig onthaal en kondigde aan dat 'de grote islamitische investeerder' voortaan lid zou zijn van het NIF. In ruil hiervoor kondigde Osama bin Laden aan dat hij de partij van al-Turabi vijf miljoen dollar zou schenken.

Vanaf eind maart 1991 kregen de toplieden in het vn-hoofdkwartier in Nairobi een reeks dringende berichten van Emma in Nasir. Als vertegenwoordigster van Street Kids International mocht zij in noodgevallen gebruik maken van de radiozender van de vn. Net als andere hulpverleners was ze gewaarschuwd uiterst voorzichtig te zijn met wat ze zei, omdat de islamitische regering alle radioberichten uit het zuiden onderschepte. En nu plotseling, in een spervuur van steeds geagiteerder berichten, liet ze weten dat honderdduizenden hongerige Soedanese vluchtelingen uit Ethiopië wegvluchtten en terugliepen naar het zuiden van Soedan. Khartoum, zei ze, bombardeerde de vluchtelingen terwijl ze langs de rivier de Sobat naar het noordwesten liepen. Op 14 en opnieuw op 15 mei hadden oorlogsvliegtuigen ook Nasir en het hier gelegen ziekenhuis gebombardeerd. Zesendertig mensen waren gedood. Tientallen waren gewond. Op bijna hysterische toon eiste ze dat de vn een luchtbrug zouden opzetten om voedsel en andere hulpgoederen naar Nasir te brengen. Ze riep de vn zelfs op een vredesmacht te sturen om de vluchtelingen te beschermen.

Volgens de afschriften meldde ze op 30 mei over de radio: 'Alle vluchtelingen zijn nu geëvacueerd behalve [die uit] Dima. Vluchtelingen uit Itang zijn verdeeld in twee groepen. Een kwart van de bevolking is op weg naar Pochalla. Driekwart trekt richting Nasir. [...] Gisteren zijn vijfhonderd Uduk in Jekau aangekomen. Er zullen er nog vijftigduizend volgen die over de hoofdweg komen. Naar verwachting zullen ze vanaf vandaag in Jekau arriveren. Al deze mensen zullen vanaf zaterdag in Nasir aankomen. De repatrianten hebben geen voedsel of bezittingen bij zich in verband met hun overhaaste vertrek.'

De volgende dag vroeg ze om meer bevoorrading: 'Op 30 mei 1991 zijn volgens de berichten vijftienduizend vluchtelingen in Jekau aangekomen. Dit aantal zal naar verwachting snel groter worden. We hebben tot nu toe nog helemaal geen voedsel of hulpgoederen ontvangen. Is het niet mogelijk tweemaal per dag naar Nasir te vliegen zodat we in ieder geval enige voorraden hebben voor we hier totaal onder de voet worden gelopen. Volgens de berichten komen er met de vluchtelingen ook enkele gewonden uit de oorlog mee. Kunnen deze alstublieft geëvacueerd worden als ze in Nasir aankomen?'

Enkele uren later stuurde ze opnieuw een radiobericht, ditmaal nog dringender: 'Vanavond zijn vijftigduizend vluchtelingen uit Jekau naar Nasir vertrokken. Zullen naar verwachting 2 juni 1991 arriveren. Dit is pas de eerste groep van tweehonderdduizend die nog volgen. Bombardementen hebben onder de vluchtelingen paniek veroorzaakt. Hoe eerder de politieke beslissing wordt genomen om de vluchtelingen te beschermen, hoe beter. Autoriteiten vragen VN-vredesmacht om de veiligheid van de vluchtelingen in de regio te garanderen. Voedselsituatie is wanhopig. Organiseer alstublieft voedseldropping omdat er geen voedsel, herhaal geen voedsel, in Nasir is om de mensen te eten te geven. Doe het alstublieft snel.'

De berichten van Emma maakten de mensen van Operation Lifeline woedend: woedend op haar, woedend op het SPLA, woedend op de westerse donateurs en woedend op zichzelf. Op 21 mei, toen Ethiopische rebellen naar Addis Abeba oprukten, was Mengistu eindelijk ten val gekomen en het land ontvlucht. Hoewel er geen bijzonderheden bekend waren, verkeerde Ethiopië in een chaos. Hetzelfde gold nu voor het zuiden van Soedan. Zeven jaar lang had de regering van Mengistu het SPLA gebruikt om de lokale bevolking in de Ethiopische provincie Gambella te onderdrukken. De bevolking was nu klaar om zich te wreken op het SPLA en zijn aanhangers in de vluchtelingenkampen in het zuiden van Soedan. Met hulp van het Soedanese leger viel het Ethiopische Oromo Bevrijdingsfront op 26 mei het vluchtelingenkamp bij Gambella aan. Het spervuur van de artillerie was te horen in het vijfendertig kilometer verderop gelegen Itang. Liever dan de vluchtelingen te laten kiezen tussen vluchten of afgeslacht worden, besloot het SPLA de volgende dag om Itang te evacueren. Andere kampen zouden niet lang daarna volgen. Door de val van de Ethiopische dictator zouden uiteindelijk 350000 vluchtelingen uit het zuiden van Soedan vanuit hun schuilplaats in Ethiopië naar Soedan worden teruggedreven.

De vluchtelingen marcheerden net de grens over toen de regens de zuidelijke graslanden in een moeras van modderpoelen veranderden. Omdat er geen voedsel of zuiver drinkwater was, werden tienduizenden mensen met de dood bedreigd. Vincent O'Reilly, het hoofd van de zuidelijke sector van Operation Lifeline, en andere hulpverleners wisten nog niet waarom het SPLA had bevolen dat de vluchtelingen naar Soedan moesten terugkeren. Men vermoedde echter dat de rebellen simpelweg controle wilden houden over de burgers en over de humanitaire hulpgoederen die dankzij hen binnenkwamen. Wat de rebellen zich niet leken te realiseren, was dat de Verenigde Naties zonder toestemming van Khartoum niet één zak graan mochten weggeven zodra de vluchtelingen zich eenmaal binnen de grenzen van Soedan bevonden. En als de regering de vluchtelingen al aan het bombarderen was, dan was het niet erg aannemelijk dat zij ermee zou instemmen hun voedsel te geven.

Het was een gespannen situatie. De medewerkers van Operation Lifeline vreesden dat Emma met via de VN-radio uitgezonden berichten, die veel weg hadden van overduidelijke propaganda voor de rebellen, de kleine kans die er was geweest om de vluchtelingen hulp te kunnen bieden om zeep had geholpen. Zij wisten dat de berichten slechts een herhaling waren van informatie die het SPLA haar gegeven had. Uit zichzelf kon Emma onmogelijk weten hoeveel mensen zich honderdvijftig kilometer verderop bij Jekau, een dorpje aan de grens met Ethiopië, aan het verzamelen waren, waar ze heen gingen of waar ze zouden kunnen aankomen. Bovendien waren de vluchtelingen waar Emma het over had volgens het internationale recht technisch gezien geen 'vluchteling' meer. Er zaten veel rebellen bij die zojuist met hun families de grens waren overgestoken, en naar hun moederland terugkeerden. Het zou toch al een nachtmerrie zijn geworden om toestemming van Khartoum te krijgen om deze mensen hulp te bieden, en ze waren bang dat Emma het er niet eenvoudiger op maakte.

De historicus Douglas Johnson, een van de medewerkers van het Wereldvoedselprogramma bij wie de berichten uiteindelijk terechtkwamen, herinnerde zich later: 'Emma gaf aantallen door alsof ze in staat was geweest ze te verifiëren en voegde er geen eigen kwalificaties aan toe (bijvoorbeeld: "opgegeven wordt een aantal van x" of "ongeverifieerde melding van x"). We wisten allemaal dat de aantallen in twijfel zouden worden getrokken (dat werden ze altijd) en het was belangrijk dat we in onze berichtgeving meteen vanaf het begin zo zorgvuldig mogelijk waren.' Johnson en anderen ergerden zich nog meer toen de Soedanese regering de lokaties die Emma in haar berichten genoemd had, begon te bombarderen – met inbegrip van de plekken waarvan ze ten onrechte had gemeld dat zich daar vluchtelingen bevonden – en zo liet zien elk woord van haar berichten te hebben opgevangen.

Het feit dat het SPLA zijn militaire bases in Ethiopië was kwijtgeraakt en dat de toevoerlijnen waren weggevallen, was voor Khartoum een enorme overwinning, die de regering niet snel uit humanitaire overwegingen uit handen zou geven. Functionarissen van Operation Lifeline waren bang dat Emma's roep om een 'politieke oplossing' – hoe belachelijk die ook mocht zijn, daar hij afkomstig was van een bijzonder laaggeplaatste hulpverleenster die geen enkel gezag had – Khartoum zou sterken in de overtuiging dat hulpverleners in het zuiden van Soedan probeerden het Westen ertoe aan te zetten om ten gunste van de rebellen over te gaan tot een militaire interventie. Dit leek volkomen uit de lucht te zijn gegrepen, tot de Verenigde Staten enkele maanden daarvoor een interventie hadden gepleegd ten behoeve van de uit Irak verdreven Koerden. Vanaf dat moment zwol de stroom geruchten aan dat Washington, overmoedig door de successen in Irak, van plan was in het zuiden van Soedan een soortgelijke actie ten uitvoer te brengen.

Vincent O'Reilly wist niets van Emma's relatie met Riek Machar, maar toen hij – zoals hij het later noemde – 'deze krankzinnige berichten uit Nasir' begon te ontvangen, ging hij navraag doen. Wat deed ze daar eigenlijk in Nasir? Toen hem verteld werd dat ze het kantoor van Street Kids International van Kapoeta naar Nasir had verhuisd, stuurde hij Emma een streng bericht dat zij niet bevoegd was om waar dan ook naartoe te verhuizen en dat ze bij de eerste gelegenheid naar Kapoeta diende terug te keren. Er waren de laatste tijd meer klachten over Emma binnengekomen: dat ze niet aanwezig was bij het merendeel van de vergaderingen over het onderwijsprogramma en dat ze zelfs al vóór de uittocht van vluchtelingen uit Ethiopië de VN-radio had gebruikt om berichten ten behoeve van het SPLA door te geven. O'Reilly zei later dat hij niet wist wat er aan de hand was, maar dat hij begon te vermoeden dat Emma 'niet helemaal neutraal' was.

O'Reilly en anderen ontdekten echter al snel dat Emma de omvang van de ramp niet had overdreven. En ze konden haar en zelfs het SPLA nauwelijks verantwoordelijk houden voor het feit dat Operation Lifeline niet op de uittocht uit Ethiopië was voorbereid. Al maandenlang was duidelijk dat de regering van Mengistu uiteen zou vallen. Riek en andere hooggeplaatste functionarissen van het SPLA hadden Operation Lifeline herhaaldelijk gewaarschuwd dat ze van plan waren de kampen te sluiten op het moment dat de Ethiopische regering daadwerkelijk zou vallen. In oktober 1990 hadden medewerkers van Operation Lifeline plannen gemaakt om over de weg konvooien naar het gebied langs de grens met Ethiopië te sturen om voorraden van voedsel, zaden, gereedschap en visgerei aan te leggen. De konvooien waren echter nooit uit Kenia vertrokken. Khartoum weigerde de VN toestemming te geven om de vrachtwagens in het droge seizoen van 1991 naar het zuiden te sturen. Door de regens konden de trucks in mei nog onmogelijk vooruitkomen. Vanaf dat moment kon er alleen nog voedsel worden afgeleverd door een luchtbrug in te stellen, en dat was duur en inefficiënt.

Dat het zo lang duurde voor Operation Lifeline in actie kwam, was gedeeltelijk een gevolg van het feit dat de Amerikanen bezwaar hadden gemaakt dat er in Soedan voor de vluchtelingen ook maar enige voorziening zou worden getroffen, omdat het naar hun mening beter was als ze in Ethiopië bleven. De Verenigde Staten had de Ethiopische rebellen gesteund die met succes tegen Mengistu in opstand waren gekomen. Medewerkers van de Amerikaanse ambassade in Addis Abeba waren druk bezig om het vertrek van de dictator en de overname door de rebellen te regisseren. Ze bleven volhouden dat de Zuid-Soedanezen in Ethiopië veilig waren. Zelfs nadat de Soedanezen uit de kampen vertrokken waren, bleven Amerikaanse functionarissen in Addis Abeba de berichten tegenspreken dat de kampen geëvacueerd waren en trokken ze de opgegeven vluchtelingenaantallen voortdurend in twijfel. Die lente had het Amerikaanse ministerie van Buitenlandse Zaken voor het eerst toestemming gegeven dat een team van functionarissen uit Washington een bezoek zou brengen aan het door de rebellen gecontroleerde zuiden van Soedan om de humanitaire situatie daar te beoordelen. De Amerikanen arriveerden op 18 mei per vliegtuig in Nasir, slechts enkele dagen voor de enorme toestroom uit Ethiopië de stad zou bereiken, en voorkwamen daarmee een bombardement door regeringsvliegtuigen. In Nasir had Tom Brennan, teamleider van het Amerikaans Bureau voor Internationale Ontwikkelingshulp, een merkwaardig gesprek met Riek, op grond waarvan Riek – duidelijk ten onrechte – concludeerde dat het SPLA militaire steun zou krijgen van de Verenigde Staten, als het maar niet werd geleid door Garang. Verder had Brennan de rebellen afgeraden de kampen in Ethiopië te sluiten. Zonder Amerikaanse steun vonden vn-functionarissen het nauwelijks de moeite waard om te proberen Khartoum onder druk te zetten om toestemming te geven voor het opzetten van een hulpoperatie voor Soedan.

Vincent O'Reilly stuurde Alastair en Patta Scott-Villiers naar Jekau om te zien of de berichten van Emma juist waren. Zoals het echtpaar later in een artikel voor het blad *Disasters* schreef, keken ze op 29 mei vanaf de oever van de rivier toe hoe vijftienduizend mensen vanuit het kamp bij Itang in Ethiopië Soedan binnenliepen. De Nuer zeiden van zichzelf altijd dat ze in de ogen van God niet meer dan kleine zwarte mieren (*cok*) waren. Die dag 'zagen ze er werkelijk uit als duizenden mieren die terugliepen naar Soedan', zei Ian Lethbridge, een Australiër die voor UNICEF werkte en met Patta en Alastair naar Jekau was gereisd. 'Het was werkelijk ongelooflijk om te zien.' Tot drie dagen daarvoor was Itang het grootste vluchtelingenkamp in Ethiopië en een van de grootste ter wereld geweest. Nu was het kamp verlaten. Alle 150000 kampbewoners – overwegend Nuer – marcheerden nu naar het noorden. In de loop van de komende paar weken zouden circa 130000 van hen in Nasir aankomen.

Het SPLA heeft een film over deze exodus gemaakt. In de film zie je vrouwen die in Itang aan het inpakken zijn. De camera zwenkt langzaam langs de scholen en winkels van het kamp. Alles bij elkaar ziet het kamp er permanenter en bewoonbaarder uit dan Nasir of de andere spooksteden van zuidelijk Soedan. Een knappe jonge SPLA-officier in een olijfgroen uniform en zijn giechelende vrouw poseren voor de vierkante rieten hut die hun woning is geweest; een groepje grinnikende jongens in een versleten sportbroek roept elkaar opgewonden toe. Babbelende vrouwen stapelen enorme bundels op hun hoofd en de hele processie zet zich zingend in beweging. Wanneer de duisternis invalt, zetten ze hun kamp op aan de oever van de Sobat. Kleine groepjes jongens leggen kookvuren aan. Een paar dagen later doen duizenden mensen hun kleren uit om de rivier over te steken. Ze maken vlotten voor de mensen die te klein of te zwak zijn om naar de overkant te waden. Hier kruipen ze omhoog tegen de modderige oever van de Sobat. Sommige kinderen vallen telkens weer terug in het water. Het gebeurt zo vaak dat je bijna gaat denken dat de film hapert, maar nee, zo moeilijk was het gewoon.

Tussen Jekau en Nasir werden de colonnes vluchtelingen door Soedanese vliegtuigen gebombardeerd. Gewapende bandieten stalen hun kookgerei en kleding. De jonge Britse journalist Tarquin Hall die naar Nasir vloog, beschreef hoe de vluchtelingen eruitzagen op het moment dat ze in de stad samenkwamen: 'Op de zuidelijke oever van de Sobat lagen, zover het oog reikte, groepjes broodmagere mensen die tegen elkaar waren gekropen, verspreid over de gebarsten, door de zon gebakken aarde. Skeletachtige gedaanten kropen op handen en voeten door het landschap, te verzwakt om te staan. Om zich tegen de zon te beschermen bedekten de repatrianten hun lichaam van top tot teen met een mengsel van as en modder. Door dit goedje nam hun huid een doodse grijze tint aan, zodat ze eruitzagen als lijken die het moment afwachtten dat ze in een massagraf zouden worden begraven.'

Emma's vriendin Bernadette Kumar was in Bor toen O'Reilly haar over de radio sommeerde om naar Nasir te gaan. Het echtpaar Scott-Villiers, Ian Lethbridge en Douglas Johnson waren er al. Bij de hulpverleners van de VN voegden zich al snel een stuk of twintig andere buitenlanders die voor allerlei hulporganisaties werkten. Onder hen waren enkele mensen die slechts tijdelijk in dienst waren, zoals Charles Villiers, de jongere broer van Patta, en Giles Thornton, een Brit die op zijn motorfiets een tocht door Afrika aan het maken was. De hulpverleners zetten hun kamp op met behulp van koepels van muskietengaas en zetten de vluchtelingen aan het werk door ze latrines te laten aanleggen en de in de rivier drijvende lijken te laten begraven. Duizenden vluchtelingen zaten op de modderige oevers van de rivier op voedsel te wachten. De lijken en het ongezuiverde afvalwater van de vluchtelingen hadden het water van de Sobat verontreinigd. Mensen die ervan dronken, werden geveld door een dodelijke variant van diarree. Hevige stortregens daalden op hen neer, terwijl ze in hun eigen uitwerpselen lagen. Bezoekende journalisten doopte het stuk tussen Nasir en Jekau 'de moerassen van de hel'. 'De gezondheidssituatie was onvoorstelbaar,' herinnerde Bernadette Kumar zich. 'We waadden door de modder. Er was geen schoon water. Er waren geen latrines. We liepen reëel gevaar dat er cholera zou uitbreken. Het was een hel.'

Te midden van deze chaos zwierf Emma rond in een lange rok. Ze droeg kaplaarzen en leek vervuld van een mysterieus geluk. Aanvankelijk sloeg niemand er acht op wanneer ze de nacht niet in het VN-kamp doorbracht.

Midden in alle verwarring werd O'Reilly's instructie dat ze naar Kapoeta moest terugkeren vergeten; Bernadette en de anderen hadden alle hulp nodig die ze konden krijgen. Operation Lifeline had nog steeds maar heel weinig voedsel en medicijnen om aan de vluchtelingen te geven. De hulpverleners deelden alle energierijke proteïnebiscuits uit die ze in hun Twin Otter – het enige vliegtuig waarover ze konden beschikken – van Khartoum naar Nasir mochten vervoeren. De regering weigerde echter toestemming te geven voor de extra vluchten die nodig waren om alle verzamelde vluchtelingen een dagelijks rantsoen van graan te kunnen uitdelen. De landingsstrook van Nasir was te zompig om er met een zwaarder transportvliegtuig te landen, en de vluchtelingen aten in snel tempo de eetbare wilde planten op die in de omgeving van de verlaten stad groeiden. In het gekibbel over de transportvluchten voerde Khartoum steeds weer aan dat er in Nasir niet-geïdentificeerde westerse hulpverleners aanwezig waren die handelden in strijd met de richtlijn dat Operation Lifeline neutraal moest blijven. De VN-functionarissen in Nairobi wezen deze aantijgingen van de hand als typische paranoia van het NIF. Het duurde echter niet lang voordat elke buitenlandse hulpverlener in Nasir wist dat Khartoum in ieder geval gelijk had ten aanzien van een van de hulpverleners: Emma leefde openlijk met Riek samen in een huisje met rieten dak dat hij vijftien kilometer verderop langs de rivier in zijn militaire compound in Ketbek voor haar had laten bouwen.

Emma's vrienden gingen naar Ketbek om te proberen haar op andere gedachten te brengen. Het was nog tot daaraan toe een affaire te hebben met een onderwijzer of hulpverlener uit het zuiden van Soedan, maar het was heel iets anders om tijdens een enorme noodsituatie te gaan hokken met de plaatselijke SPLA-commandant. De belangrijkste reden waarom Khartoum weigerde akkoord te gaan met het opvoeren van de voedselleveranties aan Nasir, was dat Operation Lifeline de rebellen hielp. Zelfs Alastair Scott-Villiers was ervan beschuldigd dat hij te nauwe banden met Riek onderhield, omdat hij van tijd tot tijd naar Ketbek ging om daar bij de commandant van het SPLA te eten. De positie van de Verenigde Naties tegenover de regering van Soedan zou er niet bepaald mee gediend zijn wanneer men zag dat een medewerker van Lifeline met Riek naar bed ging. Khartoum had ook geklaagd dat niet-geïdentificeerde hulpverleners de vluchten van de VN gebruikten om brieven voor de rebellen mee te nemen. Emma was de meest aannemelijke verdachte. 'Moet je horen, je begeeft je op steeds gevaarlijker terrein,' waarschuwde een vriend. 'Dit is helemaal niet zo'n geweldig idee, niet voor jou en niet voor hem.' Emma luisterde bedaard toe. Ze voerde niets aan om haar standpunt te verdedigen, maar de mensen die haar op haar gedrag aanspraken, voelden hoe de afstand tussen hen en haar groter werd.

Ian Lethbridge was benoemd tot teamleider van de hulpoperatie in Nasir. Hij was van mening dat Emma's romance haar neutraliteit in het geding had gebracht. Enkele andere hulpverleners klaagden erover dat Riek en zijn mannen op de hoogte waren van alles wat besproken werd tijdens de vertrouwelijke VN-vergaderingen waar Emma aanwezig was geweest. Lethbridge stelde voor dat de andere buitenlandse hulpverleners Emma op een afstand zouden houden. Bernadette Kumar weigerde echter haar vriendin doelbewust te mijden. Volgens Bernadette was het gevaarlijker als de medewerkers van het VN elkaar gingen belasteren dan als Emma toegang had tot het VN-kamp. Emma was naar haar toegekomen om haar in vertrouwen te vertellen dat Riek haar ten huwelijk had gevraagd. Zoals Emma daar met gekruiste benen op haar slaapzak had gezeten, had ze in de ogen van de arts heel kwetsbaar geleken. Ze zei dat ze nog niet had besloten of ze met Riek wilde trouwen, maar vertelde Bernadette dat 'het ditmaal anders was', en nodigde haar uit om naar Ketbek te komen om kennis te maken met de commandant.

Om in Ketbek te komen moest je met een kano of motorboot ongeveer vijftien kilometer de rivier af varen. Langs de oevers ontwaarde je de gewapende silhouetten van SPLA-soldaten. Soms stonden ze op één been in dezelfde ooievaarachtige houding die de schrijver Claudius Ptolemaeus er in de Oudheid toe had gebracht de moerassen ten zuiden van de Nijl 'het land van de eenbenige mensen' te noemen. Rieks hoofdkwartier lag verborgen achter een hoge palissade van maïsstengels waar overal machinegeweren stonden opgesteld. Hijzelf en Gordon Kong, de vroegere leider van Anyanya II, hadden enkele *tukuls* voor zichzelf aan de voorkant, terwijl het gros van de soldaten achter op het terrein sliep. Riek werd voortdurend omringd door een gevolg van met kalasjnikovs gewapende lijfwachten. In een speciale *tukul*, die dienst deed als zijn kantoor, lag een *Goed Nieuws* bijbel duidelijk zichtbaar op de tafel die hij als bureau gebruikte. Op de muur achter de tafel was een slang geschilderd. Riek deed heel erg zijn best om hoffelijk te zijn tegenover Bernadette Kumar. Hij begoochelde haar met de grijnslach die de spleet tussen zijn voortanden onthulde, en sprak met haar over boeken en muziek. Ze had het gevoel dat de commandant een positieve indruk op de vrienden van Emma wilde maken, en dat roerde haar. Hij leek haar een 'zeer warme, zeer diplomatieke en zeer elegante' persoonlijkheid. En toch was er iets aan hem dat ze niet helemaal vertrouwde.

Zittend naast Riek, haar arm om de zijne geslagen, keek Emma trots glimlachend naar de arts. Onwillekeurig glimlachte Bernadette naar haar terug. Naderhand zei Bernadette: 'Ik heb tegen haar gezegd: "Als puntje bij paaltje komt, moeten we elkaar steunen. Je bent nog altijd dezelfde."' Later zei ze: 'Ik wilde Emma nemen zoals ze was. Ze was rebels.'

Het kan zijn dat Emma meer over de kritiek inzat dan ze liet blijken. Ze nam in ieder geval een beslissing. Minder dan twee weken nadat de buitenlandse hulpverleners in Nasir waren aangekomen, kwam ze naar het VN-kamp om Bernadette op te zoeken. De arts was niet aanwezig. Ze werkte die dag, net als alle andere, buiten in de regen tussen de vluchtelingen. Het ene moment hield ze toezicht op een registratie, het volgende moment deelde ze stukken plastic uit. Het leek alsof elke dag nieuwe rampspoed bracht. Tientallen journalisten waren vanuit Nairobi naar Nasir gevlogen om foto's van de stervende vluchtelingen te maken, op de voet gevolgd door personeel van westerse ambassades. Allemaal wilden ze persoonlijk van Bernadette horen hoe het met de gezondheidssituatie was gesteld. Ondertussen moest ze haar werkzaamheden voortdurend onderbreken voor de pas aangekomen hulpverleners die haar bestookten met vragen over wat ze moesten of konden doen.

Vanuit het kamp stuurde Emma het bericht dat ze de arts dringend nodig had. Omdat ze dacht dat Emma ziek was, haastte Bernadette zich terug naar de tent van haar vriendin, die er gezond en wel lui naar muziek uit haar walkman zat te luisteren. Toen ze de kleine donkerharige arts kordaat op zich af zag lopen, sprong Emma overeind. Ze deed haar oortelefoontjes uit en zwaaide opgewekt. Verbijsterd zwaaide Bernadette terug. Emma liep naar haar toe en nam de handen van de arts in de hare. Ze stuiterde bijna van onderdrukte opwinding.

'Raad eens?' fluisterde ze opgetogen.

Bernadette wachtte.

'Ik ben verliefd, en ik heb een beslissing genomen. Ik ga trouwen... hier in Nasir! En ik wil dat jij m'n bruidsmeisje bent.'

Bernadette had het gevoel alsof ze door de bliksem werd getroffen. Dit was de meest onbezonnen daad van alles wat Emma ooit gedaan had. Afgezien van de schade die Emma's positie als hulpverlener door een dergelijke verbintenis zou oplopen, wist iedereen dat Riek Machar al getrouwd was. Ze liet haar vriendin plaatsnemen op een houten kist en haalde diep adem. Terwijl ze probeerde haar gedachten te ordenen, zei ze tegen Emma dat ze overhaast handelde. Waarom moest ze met Riek trouwen? In hemelsnaam, het zou zelfs niet wettig zijn. En hoe moest het met Rieks vrouw Angelina in Engeland?

Emma stak een sigaret op en luisterde, terwijl ze de rook langzaam uitblies, alsof die de bezwaren die Bernadette aanvoerde als even zoveel lastige vliegen zou verdrijven. Met een dromerige uitdrukking op haar gezicht mijmerde ze: 'Je weet toch wel dat je, als je twaalf bent, steeds droomt over de man met wie je gaat trouwen?'

Bernadette knikte.

Emma nam nog eens lange trek van haar sigaret. Doelde ze misschien op de koude winters in Yorkshire, toen ze zich warmde aan het verhaal van Duimelijntje die op de rug van een zwaluw uit het zonloze noorden naar een warm land vloog, waar ze met een prins trouwde en de prinses werd van zijn volk? Of had ze eindelijk haar meisjesachtige fantasie opgegeven om op Cowling Hall aan de arm van haar vader in het wit te trouwen? Ze ging verder: 'Welnu, dit is niet zoals ik het me had voorgesteld, maar mijn hart zegt me dat dit is wat ik wil.'

Bernadette zag dat alles wat ze verder zou aanvoeren om Emma van haar voorgenomen huwelijk af te brengen, aan dovemans oren zou zijn gericht. Ze vond Emma roekeloos en was bang voor het gevaar dat Emma zich op de hals haalde. Tegelijkertijd had ze groot ontzag voor Emma's moed om vast te houden aan een liefde waarvan beiden wisten dat ze er een grote prijs voor zou moeten betalen. Ze ging ermee akkoord haar bruidsmeisje te zijn.

Emma trok plotseling een ernstig gezicht. 'Er is nog iets wat ik je wilde vragen. Kan ik van jou kleren lenen voor de trouwerij? Ik heb hier niets leuks.'

Bernadette kreeg een lachstuip. Ze sloot haar vriendin in de armen en veegde de tranen uit haar ogen. 'Emma, je bent hartstikke gek. Alsof jij ooit iets van mij zou passen!'

Twee dagen later, op 17 juni, hoorde de rest van het dorp dat Riek en Emma gingen trouwen. Patta, die een voedseltransport had georganiseerd, werd ook aangemonsterd als bruidsmeisje. Terwijl Ian Lethbridge tegensputterde – 'Dit is onaanvaardbaar. Jullie mogen geen VN-boot gebruiken om ernaartoe te varen' –, renden Patta en Bernadette rond tussen de met onkruid begroeide ruïnes van Nasir om wilde bloemen te plukken voor Emma's bruidsboeket. De feestgangers vertrokken per Land Rover vanuit Nasir naar Ketbek, maar de modder was zo diep dat het voertuig kwam vast te zitten en ze de laatste drie kilometer naar de kerk moesten lopen. Emma liep voorop door de modder en zong *Get Me to the Church on Time*. Ze had haar donkere haar kort geknipt. Ze was lichtelijk verbrand, had sproeten en was mager als een windhond. De lange, sneeuwwitte katoenen omslagdoeken die Ethiopische vrouwen rond hun middel en over hun schouder droegen, had ze altijd prachtig gevonden. Ze had er ergens een met een kleurig borduurde rand gevonden, die ze tijdens haar huwelijk kon dragen. Bernadette en Patta liepen achter haar. Ze droegen de omslagdoek alsof het een sleep was. 'Wanneer Emma liep, had ze dezelfde lome, gracieuze gang als de Soedanezen,' herinnerde Patta zich later. Een van de soldaten van Riek marcheerde naast hen in camouflagepak. Tegen de tijd dat ze de kerk bereikten, zaten ze alle vier tot aan hun knieën onder de modder. Op een kiekje staan ze ongelooflijk te grinniken.

De dienst werd gehouden in een klein, uit leem opgetrokken kapelletje met rieten dak. De jonge pastor James Mut Kueth met zijn kindergezicht leidde de dienst. Een van Rieks adjudanten, die voor de gelegenheid een doorgestikte roze badjas had aangetrokken, las luidop voor uit de bijbel. Op het allerlaatste moment realiseerde de groep zich dat Riek geen ring had om aan Emma te geven. Snel haalde Patta een zilveren ring te voorschijn die Alastair tijdens een vakantie in India voor haar had gekocht. Patta herinnert zich hoe de enorme rode zon wegzonk in de rivier de Sobat op het moment dat ze uit het kerkje naar buiten kwamen. Een Nuer-koor was aan het zingen en speelde op trommels. 'Het was gewoon zo mooi,' zuchtte Bernadette. Ze vond het een fraai gebaar dat Emma en Riek weigerden een trouwfeest te vieren. 'Ze zeiden: "Dat vieren we wel als we voldoende voedsel hebben om iedereen hier te eten te geven."' Kueth herinnert zich het vreemd te hebben gevonden dat Riek geen enkele koe aan Emma's familie hoefde te betalen. Verder, zo zei hij, 'was het een heel gewone huwelijksplechtigheid. Iedereen was heel blij.'

Lam Akol trad op als Rieks getuige, maar hij was niet erg blij. De uittocht van de vluchtelingen had ervoor gezorgd dat de risico's van het dodelijk gevaarlijke spel dat hij en Riek met Garang speelden alleen maar groter was geworden. Ze hadden gehoopt Garang tijdens een bezoek aan Itang te kunnen laten arresteren door een Nuer in de Ethiopische veiligheidstroepen. Nu Itang verlaten was, kon dit plan niet meer ten uitvoer worden gebracht. Ze waren verwikkeld in verwoede en geheime pogingen om andere SPLA-commandanten voor hun zaak te winnen. Verder was Lam Akol een manifest aan het schrijven met als titel 'Waarom Garang weg moet'. John Garang wist dat ze iets in hun schild voerden. Als hij nu een aanval zou uitvoeren, waren de 130000 vluchtelingen die bij hun kamp in Nasir waren neergestreken, ten dode opgeschreven. Het was van groot belang dat Riek en Lam Akol erin slaagden enkele belangrijke Dinka-officieren over te halen hun kant te kiezen. Wanneer dat niet lukte, zou het grootste zuidelijke volk achter Garang blijven staan, die zelf ook een Dinka was. Vanuit het gezichtspunt van de samenzweerders was de nuttigste bijkomstigheid van de VN-operatie dat ze hierdoor in staat waren om te communiceren met commandanten in andere delen van Zuid-Soedan. Normaal gesproken waren de rebellen geïsoleerd, niet alleen van de rest van de wereld, maar ook van elkaar. De jonge buitenlandse hulpverleners die van en naar Nasir heen en weer vlogen, hadden er echter nooit bezwaar tegen om een of twee brieven voor hun vrienden van het SPLA af te geven. En nu de westerse televisiecamera's op de vluchtelingen in Nasir waren gericht, kon Garang moeilijk oprukken en hen verpletteren zoals hij iedereen had verpletterd die zijn gezag in twijfel trok. Op 17 juni waren Lam Akol en Gordon Kong in de uit leem opgetrokken *tukul* van Gordon de laatste cijfers over de troepenverhoudingen aan het doornemen, toen Riek en Emma plotseling opdoken. Ze liepen hand in hand en giechelden. 'We gaan vanmiddag trouwen,' had Riek gezegd.

Lam Akol kon zijn oren nauwelijks geloven. 'Ik was geschokt,' zei hij over Rieks beslissing om precies op het moment dat ze hun complot aan het uitbroeden waren, te gaan trouwen. 'Vanaf toen wist ik dat we in de problemen zaten.' Hij keek Riek en Emma, die lachten als twee dwazen, strak aan. Hij probeerde zich in bedwang te houden, maar inwendig was hij hevig ontzet. Hij kende Emma slechts heel oppervlakkig – 'Zij kende mij beter dan ik haar,' formuleerde hij het zelf – en wat hij van haar wist, sprak niet echt in haar voordeel. Hij kende ten minste nog één andere officier van de rebellen die met haar naar bed was geweest. Hij kon zich precies voorstellen wat Garang zou zeggen wanneer hij hoorde dat Emma een Britse spion was, een geheim agent, een hoer die werd betaald om tweedracht in de beweging te zaaien. 'Hoe geloofwaardig zijn we wanneer dit onze first lady is?' dacht hij verbitterd. Lam Akol was nog ernstiger verontrust over wat Rieks aankondiging hem vertelde over de man met wie hij de samenzwering had opgezet. Welke leider zou zich in zulke gevaarlijke tijden als nu ooit in een liefdesavontuur storten? Vooral een romance met een vrouw als Emma... een *khawaja* met een reputatie! Hoe kon hij zo onverantwoordelijk zijn een dergelijke stap te zetten, een stap die voor zijn kameraden zulke vergaande gevolgen had, zonder de moeite te nemen daar met hen overleg over te plegen? 'Riek was de hoogstgeplaatste officier aan onze zijde. Ik wist dat zijn huwelijk met Emma, die binnen het SPLA een goede bekende was, ons in een kwaad daglicht zou zetten. Ik begreep nu dat hij uiteindelijk toch niet zo bijzonder democratisch was ingesteld. Ik begreep nu dat Riek een onverantwoordelijke kerel was.'

Lam Akol zat met nog een ander probleem. Als Riek geen overleg had gevoerd met de andere samenzweerders, hoe waarschijnlijk was het dan dat hij Angelina geraadpleegd had? Volgens een Nuer-gebruik moet een man zijn eerste vrouw om toestemming vragen voor hij weer opnieuw trouwt. Als hij tegen haar wil trouwt, heeft ze het recht een scheiding aan te vragen. Lam Akol was verre familie van Angelina. Ten minste een van de andere samenzweerders, Taban Deng Gai, de voormalige kampbeheerder van Itang, was een neef van haar in de eerste lijn. Haar vader was een politicus met een trouwe achterban in Bentiu, het district dat in de olievelden een sleutelpositie innam. Door met Emma te trouwen zou Riek enkele invloedrijke Nuer tegen zich in het harnas kunnen jagen en dat precies op het moment dat ze alle bondgenoten nodig hadden die ze konden krijgen. 'En hoe zit het met je vrouw... Weet je vrouw hiervan?' wilde Lam weten.

Beide mannen keerden zich naar Riek om te horen wat hij zou zeggen.

Riek bleef vrolijk glimlachen. Maar toen hij antwoordde, was zijn stem zacht en heel dreigend. 'Ja, en ze heeft er geen enkel probleem mee,' zei hij.

Lam was er niet zeker van of hij loog. Emma, die er nooit enige blijk van had gegeven een talenwonder te zijn en slechts enkele woorden Arabisch en

Nuer sprak, had de vraag waarschijnlijk niet begrepen. Ze glimlachte nog steeds toen Riek haar hand pakte en haar de *tukul* uit leidde. Riek zei later: 'Ik wist dat men in het SPLA een xenofobe houding had en dat elke blanke voor een spion werd gehouden. Sommige mensen vertelden me dat het een dwaze beslissing was om met Emma te trouwen. Ik volgde echter de stem van mijn hart.'

Het huwelijk kwam de overige hulpverleners voor als een van die surrealistische voorvallen die altijd lijken plaats te vinden op het moment dat er ergens een ramp gebeurt. Iedereen die op het feest aanwezig was, herinnert zich de macabere carnavalsstemming die zomer in Nasir. 'Het was alsof alle barrières waren weggevallen,' zei een van de hulpverleners. De functionarissen van de VN waren voortdurend met de rebellen aan het kibbelen over het aantal vluchtelingen dat zich in Nasir ophield. De vluchtelingen verdwenen in de jungle, waarschijnlijk omdat ze naar hun familie terugliepen. De mannen van Riek bleven er echter op aandringen dat Operation Lifeline dezelfde hoeveelheid voedsel naar Nasir moest blijven sturen. De jeugdige Giles Thornton bedacht een manier om vast te stellen hoeveel vluchtelingen er nog in de omgeving aanwezig waren. Hij nam twee houten planken, bevestigde daarop twee bij de enkels afgesneden kaplaarzen, en gebruikte deze 'waterski's' vervolgens om heen en weer te skiën over de Sobat, die krioelde van de krokodillen. Iedereen rende naar de oever om te zien hoe hij voorbijjeesde. Thornton stelde dat hij met zijn hobby de andere hulpverleners beter in staat stelde de vluchtelingen te tellen. Meer orthodoxe collega's beschuldigden hem ervan brandstof te verspillen aan een roekeloze poging om op het water de bink uit te hangen. Charles Villiers viel in de rivier. Patta sprong haar broer achterna de rivier in en werd gebeten door een pofadder. Ze lag twee dagen lang bijna in een coma. Daarna kwam ze plotseling weer bij en ging ze weer aan het werk. En er waren die zomer nog andere romances in Nasir. In de koortsachtige atmosfeer ging meer dan één huwelijk aan duigen.

Om de zoveel dagen hoorden de hulpverleners het gedreun van de Antonovs. Ze doken dan weg in de modderige kuilen die dienst deden als schuilkelder. In deze kuilen wemelde het van de slangen. De hulpgoederen arriveerden slechts met grote tussenpozen en wanneer ze werden afgeleverd, moest er binnen de kortste tijd een voedseldistributie worden georganiseerd. De clanhoofden hadden tot taak de sorghum van de VN volgens een ingewikkeld kaartsysteem aan ongeveer duizend mensen uit te delen. Het was de bedoeling dat het hoofd van elke familie voor elk familielid een kop vol graan ontving. Er heerste echter altijd verwarring, en wanneer iedereen urenlang onder een verzengende zon in de rij had staan wachten, braken er soms gevechten uit over het exacte aantal kinderen van de man die aan de beurt was. Af en toe stapte iemand op een van de landmijnen die waren gelegd in de jaren tachtig, toen er om de stad werd gestreden. Op een keer stond het hele kamp toe te kijken hoe het VN-vliegtuig de voedselvoorraad voor een hele dag in de rivier dropte.

Wanneer je op televisie met ernstige waardigheid wordt aangestaard door verhongerende Rwandezen, Somaliërs of Bosniërs, krijg je de indruk dat de kampen waar ze verblijven een soort massale ziekenhuizen onder de blote hemel zijn. Het lijkt alsof ze volledig worden bevolkt door uitgemergelde kinderen die in de rij staan te wachten op voedsel dat door heroïsche hulpverleners wordt uitgedeeld. De bezeten opwinding die in dergelijke kampen heerst, wordt door de televisie niet in beeld gebracht. Op dit soort plaatsen treedt macht onverholen naar voren. Alles draait erom wie er te eten heeft en wie niet. De hulpverleners proberen dit te maskeren, proberen de mannen met de geweren zover te krijgen dat ze althans doen alsof ze zichzelf niets gunnen, zodat de kinderen en vrouwen in ieder geval iets te eten krijgen. De mannen spelen het spel een tijdje mee, maar daarna valt het masker af. De sterksten eten altijd het eerst. Vervolgens zien de hulpverleners zich voor de volgende vraag gesteld: Wanneer doen we meer kwaad, wanneer we de mannen met de wapens te eten geven, of wanneer we de anderen allemaal van de honger laten omkomen? In Nasir was deze vraag eerder dan gewoonlijk aan de orde, omdat er minder voedsel was om uit te delen. En al snel begonnen enkele hulpverleners zich de vraag te stellen waar Emma stond... aan de kant van de vluchtelingen of aan de kant van Riek?

In de reglementen van Operation Lifeline Sudan was strikt bepaald dat het voedsel van de VN alleen aan burgers mocht worden uitgedeeld, niet aan soldaten. Riek had met deze richtlijn ingestemd. Hij vond het goed dat controleurs van het Wereldvoedselprogramma overdag toekeken hoe de clanhoofden zorgvuldig de porties afmaten die elk gezin kreeg toebedeeld. De

hulpverleners hoorden echter dat de rebellen 's nachts langsgingen bij degenen die overdag voedsel hadden gekregen en afpakten wat ze nodig hadden.
(Peter Adwok Nyaba bevestigt dat op een dergelijke manier voedsel werd
ingevorderd. 'Zelfs wanneer de westerse inspecteurs die toezicht hielden op
de voedseldistributie heel strikt waren, en alleen overdag hulpgoederen aan
de burgers uitdeelden, kwam het SPLA het voedsel 's nachts confisqueren.')
In de ogen van de Soedanezen was het feit dat de rebellen voedsel invorder-
den niet per se onethisch. De meeste vluchtelingen waren op een of andere
manier aan de manschappen van het SPLA verwant, en traditioneel hadden
vrouwen en kinderen de plicht om dat wat ze hadden met hun vaders en
broers, hun neven en zoons te delen. En al waren de soldaten geen familie,
het SPLA had zijn manschappen geleerd hun wapens te gebruiken om te zorgen dat de plaatselijke bevolking ze aan voedsel hielp. 'Jullie hebben je kalasjnikov... dat is jullie moeder, jullie vader, jullie voedsel,' zou Garang hebben gezegd tegen de soldaten die hun opleiding in de trainingskampen van
het SPLA hadden voltooid.

Het probleem werd voor een deel door Rieks extraverte houding veroorzaakt. In andere delen van zuidelijk Soedan wisten de *khawaja's* vaak maar
zo weinig over de lokale bevolking en de plaatselijke politiek dat ze slechts
konden raden wat er met het uitgedeelde voedsel gebeurde. In Nasir hadden de buitenlandse hulpverleners Riek echter persoonlijk leren kennen.
Terwijl ze in Nasir naast de landingsstrook op een voedseldropping stonden
te wachten, hadden ze met Riek en Lam Akol de tijd gedood. Ze waren naar
Ketbet geweest om samen *kisra* te eten. En nu was een van hun collega's met
hem getrouwd. Zo kwam het dat ze Rieks kok en Rieks chauffeur herken-
den, toen die zich voor een rantsoen in de rij opstelden alsof ze vluchtelingen waren. Ze kenden de namen van zijn soldaten en wisten wie van hen
een aantal zakken achterhield wanneer ze het graan van een VN-voedseldrop-
ping gingen ophalen. En ze waren niet bang Riek te vertellen wat ze gezien
hadden. In eerste instantie reageerde Riek met allerlei dubbelzinnige uitspraken. Wie bleef aandringen, werd weggestuurd. Op een dag verscheen
er op de landingsstrook een nerveuze jonge veearts, die op Riek begon te
foeteren omdat hij twee motorboten van de VN gevorderd had en zijn mannen erop uit had gestuurd om voor zichzelf en zijn luitenants vis te vangen.
Lam Akol had de man onmiddellijk persona non grata verklaard en hem bevel gegeven met het eerstvolgende vliegtuig uit Nasir te vertrekken.

Emma hield zich bij zulke confrontaties op de vlakte. Wat ging er in haar om? Riek zei dat ze, wanneer ze alleen waren, probeerde uit te leggen wat de *khawaja's* dwarszat: 'Ze nam het heel vaak voor hen op.' Hij zei dat hun onderlinge discussies ertoe leidden dat Emma enkele richtlijnen had opgesteld die tot doel hadden de betrekkingen tussen de rebellen en de hulpverleningsorganisaties te reglementeren, en dat deze richtlijnen door Operation Lifeline later overal in het zuiden van Soedan werden gebruikt. (Functionarissen van Operation Lifeline zeggen dat Emma niets met de totstandkoming van deze richtlijnen te maken heeft gehad.) Emma was in de zomer van 1991 net getrouwd. Het was alleen maar logisch dat ze haar nieuwe echtgenoot het voordeel van de twijfel gaf. Naar alle waarschijnlijkheid keek ze daarbij naar iemand als Giles Thornton, die – net als prins Charles – in Gordonstoun op school had gezeten. Door haar achtergrond wist ze, op een manier waarop Riek dat nooit zou weten, hoe geprivilegieerd Thornton was en hoeveel regels van de VN Thornton zelf overtrad wanneer hij stoned werd en VN-dieselolie gebruikte om te gaan waterskiën. Ze moet zich hebben afgevraagd waar hij het lef vandaan haalde om kritiek te hebben op Riek die, zoals ze vaak zei, 'zijn hele leven heeft opgegeven om voor zijn volk te vechten'.

Haar collega's hadden echter de indruk dat ze partij had gekozen voor het andere kamp. Wanneer Emma een vergadering van hulpverlenende organisaties bijwoonde, spraken de andere aanwezigen steeds minder vrijuit, uit angst dat ze Riek zou doorvertellen wat ze zeiden. Emma, die de vijandigheid voelde, kwam steeds minder vaak opdagen. En dit leidde er weer toe dat de VN-functionarissen zich begonnen af te vragen of ze haar werk voor Street Kids International nog wel deed. Ze zagen haar dikwijls journalisten door het kamp rondleiden, alsof ze Rieks persoonlijke persofficier was. 'Ze was geen collega meer,' zei Wendy James, de vrouw van Douglas Johnson. 'Ze vertegenwoordigde de macht.'

Wendy James, een sociaal-antropologe aan de Universiteit van Oxford, was eind juli naar Nasir gekomen om voor de VN een rapport te schrijven over misschien wel de ellendigste groep vluchtelingen: de circa twintigduizend mensen uit de provincie Blauwe Nijl die enkele kilometers buiten Nasir dicht opeengepakt zaten op de oever van de Sobat. De meeste van hen waren Uduk, een klein maar duidelijk te onderscheiden volk, waarvan de zevenduizend jaar oude taal tot de oudste van Afrika behoort. De Uduk woonden altijd enigszins ten noorden van de Nuer in het gebied waar de provincie Blauwe Nijl aan Ethiopië grenst. James had in de jaren zestig bij de Uduk gewoond en twee boeken over hen geschreven, voordat ze in de jaren tachtig door de burgeroorlog uit hun thuisland verdreven waren. Sinds ze in 1983 haar laatste bezoek aan de Uduk had gebracht, waren ze door verschillende gewapende groeperingen opgejaagd door heel Soedan en Ethiopië. De NIF-regering had geprobeerd hun vroegere grondgebied de islamiseren en Osama bin Laden toestemming gegeven een grote boerderij te kopen in de omgeving van de stad Damazine in het zuiden. Bin Laden verbouwde er sesam en pinda's en leidde er islamitische strijders op. De Saoedische magnaat legde ook een honderddertig kilometer lange weg aan van de stad Kurmuk naar Damazine. Deze weg werd door het leger gebruikt om het gebied tegen het SPLA te verdedigen.

De ontheemde Uduk hadden bescherming gezocht bij de rebellen in Itang. De angst voor hun buren, de Niloten – die zij de Dhamkin noemden –, hadden ze echter niet verloren. Vooral voor de Nuer, altijd al de gruwelijkste vijanden van de Uduk, waren ze bang. In de jaren nadat de Uduk uit Soedan waren verdreven had James zonder succes geprobeerd weer in contact te komen met haar Uduk-vrienden. Toen ze hoorde dat ze deel uitmaakten van de twintigduizend vluchtelingen uit Blauwe Nijl die waren neergestreken bij Nor Deng, was ze er zeer op gebrand hen te ontmoeten.

Wendy James was verbijsterd toen Emma – die ze kort ontmoet had in het Fairview Hotel in Nairobi – in het VN-kamp opdook om haar welkom te heten in Nasir. Emma droeg een grote hoed en touwsandalen. Als een echte dame uit de deftige kringen van Yorkshire begon ze James te vragen wat ze van plan was in haar rapport voor de VN te schrijven. James voelde er weinig voor deze vraag te beantwoorden. Ze had het gevoel dat Emma haar probeerde uit te horen. Ze liet er niets van blijken, maar inwendig was de antropologe zeer verbolgen over het feit dat de indruk werd gewekt dat zij toestemming van een andere, jongere *khawaja* moest krijgen om met mensen te kunnen praten die ze al meer dan twintig jaar kende. 'Het gevoel haar gast te zijn stond me niet aan,' zei ze.

Toen James de volgende dag in Nor Deng aankwam, was ze geschokt over de omstandigheden die ze daar aantrof. Nor Deng was overstroomd en het wemelde er van de muskieten. De Uduk hadden alleen stukken plastic die ze over zich heen konden trekken, en ze waren heel erg ondervoed. Velen waren ziek. Het hoofd van Rieks veiligheidsdienst wilde James eerst geen toestemming geven om bij haar vrienden te overnachten. Hierdoor begon ze zich af te vragen of het SPLA soms iets te verbergen had. Ze kwam er al snel achter dat dit inderdaad het geval was. De Uduk vertelden dat de rebellen hen tegen hun wil in Nor Deng vasthielden. Het jaar dat ze in Itang hadden doorgebracht, was een van de verschrikkelijkste gedurende al hun omzwervingen geweest. De Nuer-kampbeheerders hadden de Uduk gedwongen voor het SPLA te werken en hun niet voldoende te eten gegeven. Zoals James later schreef, herinnerden zij zich Itang als 'een plaats – en een tijd – van de dood, waar vier of zelfs vijf mensen in één kuil werden begraven'. Toen de rebellen hun hadden bevolen dat ze uit Itang weg moesten, hadden de Uduk hun eigen weg willen gaan. In plaats daarvan hadden de rebellen hen echter gedwongen – sommigen met het geweer in de aanslag – om met de anderen stroomafwaarts mee te gaan naar Nasir. Kort na hun aankomst in Nasir hadden enkele Uduk een nieuwe poging gedaan om naar hun thuisland in de provincie Blauwe Nijl te vertrekken. Rieks mannen hadden hen echter tegengehouden en gesommeerd naar Nor Deng terug te keren. De VN hadden bepaald dat de Uduk als eersten voedsel moesten krijgen, maar na een verblijf van meer dan zes weken in het kamp gingen ze nog altijd dood van de honger. James zag dat ze pythons en waterslakken aten. Ze zeiden dat ze hun VN-rantsoen al in geen elf dagen ontvangen hadden.

Emma nam vaak journalisten mee naar Nor Deng om te laten zien in wat voor trieste toestand de Uduk verkeerden. De journalisten namen foto's van de zieke en stervende stamleden. Daarna schreven ze hoe dringend noodzakelijk het was dat Operation Lifeline Sudan meer voedsel naar Nasir zou sturen. Wendy James begon te vermoeden dat Riek de Uduk als menselijk lokaas gebruikte om te zorgen dat de hulporganisaties hulpgoederen bleven sturen. Ze drong erop aan dat Riek de Uduk naar een plaats zou laten vertrekken waar ze hun eigen voedsel konden verbouwen. Hij kwam echter met allerlei uitvluchten. Ze verwachtte dat Emma haar zou steunen, maar Emma sprak geen woord. 'Emma wilde het niet weten,' herinnerde ze zich. 'Ik kreeg het gevoel dat Emma er ook in betrokken was.'

James besprak dit alles met haar echtgenoot. Douglas Johnson geloofde dat het SPLA een al even duister spel speelde met de circa twaalfhonderd hongerige jongens in Nasir. Het ging gedeeltelijk om jongens die afkomstig waren uit de zogenaamde kinderkampen, zoals Panyido in Ethiopië, waarvan de functionarissen van Operation Lifeline geloofden dat het eigenlijk militaire trainingskampen van het SPLA waren. In het jargon van de VN werden deze jongens 'minderjarigen zonder begeleiding' genoemd. Na de uittocht uit Ethiopië waren er ongeveer tweeduizend in Nasir beland, terwijl nog eens tienduizend van hen ongeveer 240 kilometer zuidelijker bij Pochalla aan de rivier de Akobo waren terechtgekomen. Verslaggevers noemden de jongens al snel 'de zoekgeraakte jongens', maar in feite werden ze niet vermist; ze waren eerder pionnen in een ingewikkeld spel. De vraag wie deze 'minderjarigen zonder begeleiding' waren en hoe het kon dat ze met het SPLA rondzwierven, behoorde tot de meest omstreden vraagstukken van de hele hulpverleningsinspanning in Soedan. Dit was het vraagstuk waarover Emma in Torit ruzie had gekregen met Kuol Manyang Juk. Dit was het vraagstuk waarmee ze Riek tijdens hun eerste ontmoeting had geconfronteerd. Het werd voor Emma en de andere hulpverleners al snel een twistpunt of Riek werkelijk zoveel van Garang verschilde als zij geloofde.

In Ethiopië had de UNHCR besloten de jongens in de kinderkampen als oorlogswezen te beschouwen. De organisatie had speciale scholen en voedselprogramma's voor hen opgezet. Maar in Nasir werd duidelijk dat althans nog een deel van de jongens familie had. In Soedan zijn kinderen een waardevol bezit. Wanneer de ouders van een kind overleden zijn, zullen zijn tantes, ooms, grootouders, broers en allerlei ander familieleden het kind graag terughebben. Direct na aankomst in Nasir waren zo'n achthonderd Nuer-jongens verdwenen naar de in de omgeving wonende Jikany-clans. Riek had de overige twaalfhonderd jongens tot 'wees' bestempeld en hen ondergebracht in een eigen kamp tegenover zijn hoofdkwartier in Ketbek. Velen waren Dok-Nuer die afkomstig waren uit de omgeving van Ler, waar Riek zelf vandaan kwam. Geen journalist kon bij hem op bezoek gaan zonder dat hij de jongens te zien kreeg. En het was een trieste vertoning. De meeste jongens waren tussen de tien en dertien jaar oud. Toen ze in Nasir aankwamen, was hun conditie nog redelijk goed geweest, maar in Nasir verslechterde hun gezondheid snel. Binnen enkele maanden meldden de VN dat het ondervoedingspercentage in het minderjarigenkamp van vier tot vijfendertig was gestegen. 'De kinderen werden zwak, depressief en in zichzelf gekeerd,' schreef een functionaris later. Net als de Uduk hadden de jongens speciale rantsoenen moeten krijgen. De hulpverleners zagen echter dikwijls dat ze onrijp fruit, ongemalen graan en wilde bladeren aten. En net als de Uduk gingen de jongens de een na de ander dood.

UNICEF had aanvankelijk energierijke biscuits voor de jongens gestuurd. De biscuits verdwenen echter steeds in de rugzakken van de mannen van het SPLA, die erop uit werden gestuurd om de biscuits te verzamelen op de plek waar het vliegtuig zijn lading dropte. UNICEF was daarna een speciaal proteïnerijk voedsel gaan sturen, Unimix genoemd. De Unimix werd afgeleverd in speciale voedselpakketten van oranje plastic. Het moest zeer voedingsrijk zijn, maar ook de Unimix bleef verdwijnen. De jongens mochten dan officieel worden aangeduid als 'minderjarigen zonder begeleiding', ze werden voortdurend begeleid door een paar honderd volwassen 'toezichthouders'. Het commando van de rebellen stond erop dat deze mannen het voedsel aan de jongens uitdeelde. De SPLA-dokter die de jongens in de gaten hield, vertelde Johnson echter onder vier ogen dat de mannen de Unimix voor zichzelf opeisten.

Tijdens een onderhoud van Riek en Lam Akol met Johnson maakten zij hun onvrede kenbaar over het feit dat UNICEF had besloten geen energierijke biscuits meer naar het kamp van de minderjarige jongens te sturen. Lam Akol beweerde dat er jongens doodgingen ten gevolge van de overschakeling op Unimix. Emma was ook aanwezig, maar mengde zich niet in de discussie. Johnson schrok enorm, en niet alleen van Riek. Het was tenslotte Emma's taak om voor de jongens op te komen. Ze beweerde nog altijd voor Street Kids International te werken. Ze was voortdurend in het kamp van de minderjarigen aanwezig, waar ze schoolborden en krijtjes uitdeelde aan de 'toezichthouders'. Nog niet zo lang geleden had ze een tent voor de jongens gevonden die groot genoeg was om als school te dienen. En ten overstaan van journalisten bleef ze de internaten van het SPLA zwart maken. Slechts enkele weken voor de uittocht uit Ethiopië had ze een Canadese verslaggever van *The Toronto Star* een tip gegeven over de jongens in Palataka. Ze had Paul Watson in vertrouwen verteld dat het SPLA in Palataka jongens van school haalde en inzette als minderjarige soldaten. Maar nu haar echtgenoot hier meer dan duizend minderjarigen vasthield onder omstandigheden die minstens even slecht waren als die in Palataka, hield ze al haar kritiek voor zich. 'Ze was met veel ophef ten strijde getrokken om voor de kinderen in de bres te springen,' zei Johnson, 'maar toen de dingen uit de hand begonnen te lopen, verzuimde ze om stelling te nemen.'

Enige tijd later togen enkele andere hulpverleners naar de lemen hut in Ketbek die Riek als kantoor gebruikte. Ze wilden hem spreken over de jongens. Zoals gebruikelijk was Emma er ook. Terwijl ze zaten te praten, overhandigde de bediende van Riek hun enkele gebakken broodballen, die de Soedanezen *mendazi's* noemen. Het viel hen op dat het helder oranje plastic bord er precies eender uitzag als de borden uit de voedingspakketten die ze aan de jongens hadden uitgedeeld. Een van de hulpverleners complimenteerde Riek met de buitengewoon smakelijke *mendazi's*.

Riek knikte trots. 'O, die zijn met Unimix gemaakt,' zei hij.

Buitenlandse hulpverleners durfden nauwelijks Emma te vragen waarom ze niet meer deed voor de jongens in Nasir. Een incident dat zich enige tijd later voordeed, laat echter zien hoe ze zou hebben gereageerd. Ongeveer een jaar nadat Riek de hulpverleners had uitgenodigd de van Unimix gemaakte *mendazi's* te eten, schreef *The Times* dat Emma en Riek voor de jongens bestemde Unimix aten. Emma was woedend. In een brief aan een vriendin noemde ze het artikel 'absurd'. Bij verschillende gelegenheden zei ze dat het noodzakelijk was begrip te hebben voor de tradities van de Niloten en voor het feit dat de jongens volgens de traditionele opvatting van de Nuer krijgers in opleiding waren. Ze wees erop hoe hypocriet het van het Westen was om het SPLA te veroordelen omdat het tienerjongens ronselde. Het Britse leger had tot voor een eeuw immers precies hetzelfde gedaan, plezierde het haar ter afsluiting van haar betoog te zeggen. Na haar huwelijk nam ze een kritischer houding aan tegenover *khawaja's* – en daarbij maakte ze geen uitzondering voor zichzelf – die meenden een oordeel over de Soedanezen te mogen uitspreken. Omdat ze geen van de lokale talen sprak, vertrouwde ze volledig op Riek bij het interpreteren van de dingen die ze rondom zich zag gebeuren. Gezien zijn weloverwogen voorkeur om conflicten te vermijden zal hij haar vermoedelijk hebben verteld wat hij dacht dat zij wilde horen.

Emma was niet geneigd te twijfelen aan haar eigen houding of positie. Van nature was ze een actievoerder, een vechter. Deze natuurlijke neiging om partij te kiezen combineerde ze met een typisch westers idealisme. En dat was des te navranter, omdat dit idealisme totaal misplaatst was in deze Afrikaanse burgeroorlog. Emma liet zich niet zozeer inspireren door een politiek visioen, als wel door het ideaalbeeld van een romantische liefde. Ze was verliefd op het beeld dat ze van de liefde had en op het idee zichzelf daaraan op te offeren. De les die Emma uit de scheiding van haar ouders en de zelfmoord van haar vader lijkt te hebben getrokken, was niet dat romantische liefde een zeer broos onderkomen is, maar dat een leven zonder liefde zo koud en grijs is dat het nauwelijks de moeite waard is om geleefd te worden. In haar boek geeft Emma's moeder toe dat ze nooit 'werkelijk gepassioneerd verliefd' op Emma's vader is geweest. Maggie McCune wijt de mislukking van haar huwelijk gedeeltelijk aan de kille houding die zijzelf tegenover haar man aannam. 'Omdat hij op zoek was naar de vleiende woordjes en naar de liefde, die voor hem het meest wezenlijke deel van het leven waren, en hij die bij mij niet vond, ging hij die elders zoeken.' Zou Emma deze verklaring voor de tragedie die zich in het gezin had afgespeeld in zich hebben opgeslagen en hebben besloten al het mogelijke te doen om haar eigen leven een andere wending te geven? Maggie was onder andere getrouwd om aan haar eigen onbezonnen en dramatische moeder te kunnen ontsnappen. Misschien probeerde Emma wel dit patroon op de een of andere merkwaardige manier in tegengestelde richting te laten draaien: als Maggie de liefde had opgegeven voor een geborgenheid die vals bleek te zijn, dan zou Emma haar veiligheid opgeven voor een liefde die ze met blinde passie trouw zou blijven. Als haar moeder niet trouw genoeg was geweest, dan zou Emma de verbintenis die ze was aangegaan nooit versagen. Als haar moeder niet had willen geloven in liefde op het eerste gezicht, dan zou Emma er het stralende voorbeeld van worden. Als het leven van haar moeder eng en bekrompen had geleken, dan zou Emma zich volledig voor het leven openstellen en genieten van een onbesuisde vrijheid. Wat Emma zichzelf ook voorhield, haar vrienden hadden de indruk dat haar loyaliteit begon te verschuiven. Ze was nu eerst en vooral trouw aan Riek en de zaak waar hij voor stond, en niet langer aan de kinderen voor wie ze ooit zo dapper in de bres was gesprongen.

In de zomer van 1991 waren er in Nasir tal van *khawaja's* die niet al te hard over Emma wilden oordelen omdat ze verzuimde aan te dringen op handhaving van het humanitaire principe. 'Ik kon er wel inkomen dat ze dacht dat ze het allemaal heel mooi kon combineren door met Riek te trouwen,' zei een Amerikaanse missionaris. 'Ik vond het niet vreemd dat Emma, gepassioneerd als ze was, zou denken: Misschien is hij de man die ervoor zorgt dat er vrede komt en misschien is dat het avontuur. In mijn optiek zijn dat geen beslissingen waarvoor er bij iemand een schroefje los moet zitten. Iedereen die daar aanwezig is, maakt deel uit van de oorlog. Sommige hulpverleners denken dat dit voor hen niet opgaat. Ik vind dat een gruwelijke misvatting. Emma stond niet op die manier in het leven. Ze zag dingen veel dieper.'

Iedereen wist dat er aan de hulpverlening haken en ogen zaten die, wanneer ze onder de loep werden genomen, net zo min tegen kritiek bestand zouden zijn als romantische liefde. Het was in Soedan ongelooflijk moeilijk om vast te stellen wat de harde feiten waren. Misschien waren de overige vluchtelingen in Nasir gezonder dan de Uduk en de minderjarige jongens omdat zij het geluk hadden dat er in de omgeving familie woonde die voedsel met hen deelde. Of misschien lag de schuld bij de Verenigde Staten en hun bondgenoten omdat die Khartoum niet hadden gedwongen de Verenigde Naties toestemming te geven zoveel voedsel naar Nasir te brengen dat iedereen ruim voldoende te eten had. En het was zeker niet de eerste keer dat het SPLA erop werd betrapt het voedsel van Operation Lifeline in te pikken. In 1989 had John Garang zelfs een delegatie van het Amerikaanse Congres tijdens een werkbezoek aan hem proteïnerijke biscuits van de VN laten opdienen. ('Ze zijn best te eten,' vertelde een van de congresleden me luchtig nadat ze uit Torit waren teruggekeerd.) Vandaar dat de hulpverleners Rieks *mendazi's* maar opaten en er het beste van hoopten. Het had geen enkele zin om ruzie met hem te gaan maken over Unimix als ze niet bereid waren om uit principiële overwegingen weg te gaan, en dat waren ze niet.

De hulpverleners die al het langst meedraaiden, waren de eersten om te erkennen dat het niet eenvoudig was om in een noodsituatie zoals die zich in Nasir voordeed goed en kwaad uit elkaar te houden. Zou je bijvoorbeeld niet kunnen stellen dat de Verenigde Naties, doordat ze volhielden dat kinderen onschuldig zijn en daardoor meer recht op voedsel hebben dan volwassenen, wellicht onbedoeld het SPLA aanmoedigden om de 'minderjarigen zonder begeleiding' te laten verhongeren in de hoop dat ze daardoor meer hulpgoederen zouden krijgen? En de hulpverleners hadden zelf toch ook voldoende te eten. Khartoum hield de voedseldroppings voor de vluchtelingen regelmatig tegen, maar de aanvoer van hun eigen voedsel kwam daardoor niet in gevaar. (En toen dat later dat jaar toch een keer gebeurde, trok Ian Lethbridge alle buitenlandse medewerkers uit het gebied terug.) Deze discrepantie maakte dat enkele mensen zich niet erg gemakkelijk voelden, vooral wanneer er slechts een beperkte graanvoorraad was en de hulpverleners meer dan honderdduizend vluchtelingen op half rantsoen moesten zetten. Maar wees nou eerlijk, een maaltijd smaakt ontzettend goed na een dag die om vijf uur 's ochtends begint, pas eindigt als de nacht is ingevallen en in de tussentijd is gevuld met talloze frustraties. Wie kon het de *khawaja's* kwalijk nemen als ze nog een extra portie ingeblikte vis namen? Stel je maar eens voor wat ze zouden kunnen eten wanneer ze gewoon thuis waren. Toegegeven, er gingen kinderen dood. Maar als de hulpverleners niet op kracht bleven, zouden er nog meer sterven. Wat stelden de ethische kwesties die werden aangeroerd doordat Emma een broodbal van Unimix at nu eigenlijk voor wanneer je ze vergeleek met de vraagstukken die werden opgeworpen door keurige politici en televisieverslaggevers die naar Soedan vlogen in toestellen die gecharterd waren voor een bedrag waarvoor Nasir een week lang te eten had gehad? En zo bleef men in het VN-kamp maar discussiëren, tot de ouwe rotten – die het in andere kampen allemaal al eens eerder gehoord hadden – het bijna uitgilden van verveling. In hun ogen was Emma's overtreding slechts een heel klein stukje van een veel grotere en veel afgrijselijker puzzel. Toen ze eind juni Nasir verliet om een bezoek te brengen aan Nairobi, wensten ze haar het allerbeste.

Emma's moeder werkte bij een Londense investeringsbank toen Emma haar opbelde vanuit Ethiopië. Gewoonlijk bracht Emma elke zomer enkele weken in Engeland door, maar dit jaar had ze haar bezoek al drie keer uitgesteld. 'Ik moet je wat vertellen,' zei ze. Haar stem klonk heel ver weg. 'Ik ben getrouwd.'

'Met wie?' vroeg Maggie McCune overdonderd. Het was de eerste keer dat ze erover hoorde, maar Emma zei alleen maar dat haar man een Soedanees was. Waarschijnlijk voelde ze haar moeders geschokte afkeuring. In ieder geval had ze de telefoon plotseling opgehangen. Maggie bleef aan haar kant van de lijn achter en herinnerde zich hoe boos haar eigen moeder was geweest toen ze had aangekondigd dat ze in India met een onbekende man wilde trouwen. Toevallig was Willy Knocker op bezoek in Engeland en belde hij Maggie de volgende dag op. Hij kon haar vertellen dat Emma met een guerrillaleider was getrouwd.

In Nairobi wist Sally Dudmesh alles over Riek. Ze was de eerste aan wie Emma verteld had over de profetie en over Rieks aanzoek. Emma was niet de enige uit hun kringetje die zijn leven volledig op zijn kop had gezet vanwege een grote passie. Sally's verloofde, Tonio Trzebinski, had Sally bijna even drastisch laten vallen als Emma Willy. Sally was in Londen een trouwjurk aan het kopen toen een wederzijdse vriendin, Anna Cunningham-Reid, haar had opgebeld. Anna zei dat ze bij haar man wegging, zodat zij en Tonio samen verder konden. Anna vertelde *Vanity Fair* later dat ze zich onbedwingbaar tot Tonio aangetrokken voelde nadat ze hem en zijn zus op een dag in Nairobi tijdens de lunch ontmoet had. Enkele weken later stak Tonio met zijn boomstamkano aan wal bij een nieuwjaarsfeest waar Anna en haar echtgenoot ook waren. Anna's man was door een duizendpoot gebeten, en lag diep te slapen. 'Om vier uur 's ochtends,' zei Anna, 'ging Tonio voor de hele goegemeente staan en zei: "Ik weet exact wat deze vrouw nodig heeft." Hij nam me bij de hand... trok me de bosjes in en bedreef de liefde met me.' Anna kreeg haar scheiding, en trouwde in 1991 in Californië met Tonio. Voor Emma bij Riek in Nasir ging wonen, had Sally haar gesmeekt: 'Pas nou op dat je niet overhaast naar Soedan gaat en met hem trouwt.'

Emma logeerde altijd bij Sally wanneer ze in Nairobi was. Toen Sally thuiskwam op de avond van Emma's aankomst, liep ze naar het logeerkamertje waar haar vriendin lag te slapen. Ze zag de stralende glimlach op Emma's gezicht en raadde wat er gebeurd was. 'O mijn God,' riep ze. 'Je hebt het gedaan, is het niet? Waarom kon je niet wachten?'

'Dat kon ik gewoon niet,' zei Emma gelukzalig, en vertelde in geuren en kleuren hoe de bruiloft verlopen was.

Sally was geschokt en bezorgd om haar vriendin, al liet ze dat niet blijken. De rest van Emma's vrienden was echter vol bewondering. Tijdens een dineetje later die week dromde iedereen om Emma heen om te horen over haar huwelijk in 'de moerassen van de hel'. Het leek alsof Emma ze met haar waaghalzerij allemaal had afgetroefd. 'Het leek gewoon zo ontzettend romantisch en geweldig,' zei een televisieverslaggever. 'Het was zo onwerkelijk. Haar moeder zal, denk ik, wel "Och hemel!" gedacht hebben, maar wij vonden allemaal dat ze net een figuur uit een film was.'

Toen Emma naar Nasir terugkeerde, vloog Sally Dudmesh met haar mee om Riek te ontmoeten. Ze vond de nieuwe echtgenoot sympathiek, maar Nasir vond ze 'echt vreselijk'. Ze liep rond door Rieks kamp in Ketbek in het beduusde ongeloof dat haar vriendin, die van het mondaine leven en van kunst hield, werkelijk van plan was daar te gaan wonen. 'Ze had het heel druk met wat ze deed, en het was daar gewoon verschrikkelijk,' vertelde ze me later. 'Er zaten overal muskieten. Het enige dat er te beleven viel, was naar die enorme rivier kijken, en je kon er zelfs niet in zwemmen vanwege de krokodillen. Natuurlijk kon ze met de auto bijna nergens heen en het was werkelijk heel onaangenaam om in de hitte te gaan lopen. Het was afschuwlijk om in die hitte te leven. Het eten was ronduit smerig. En de toiletten... bah! Er was letterlijk geen sociaal leven.'

Sally vroeg zich af waarom Emma er in hemelsnaam wilde blijven. En toen, zei ze, 'raakten we in gesprek over die hele politieke toestand. Ze deden niets anders dan over politiek praten. Het is gewoon verslavend... Je wilt steeds meer weten. Toen kon ik de energie zien. Ze was er zo opgewonden van, terwijl ze erover zat te praten. Dat was waarschijnlijk waarom ze het zo geweldig vond. Ze hield van Riek, maar ze hield ook van de politiek.'

Toen Emma in juli naar Engeland ging, kon iedereen zien dat ze verliefd was. Op een feest maakte ze een spectaculaire entree in een jurk van Ghost die een paar honderd pond moet hebben gekost. 'Wie is die prachtige vrouw in het zwart?' vroegen de gasten. Ze vond het heerlijk om te antwoorden dat zij de echtgenote van een Afrikaanse guerrillaleider was. ('Werkelijk?' had een oudere dame geantwoord. 'Welk regiment?') Ze genoot van de aandacht en bewondering, en zei tegen een vriendin dat ze wilde dat ze de reacties van de mensen die ze over haar huwelijk vertelde, op video kon opnemen. En toch waren er reeds enkelen die zich aan haar ergerden.

Emma wist dat ze niet Rieks enige vrouw was. Het leek er zelfs op dat ze het leuk vond haar Britse vrienden en familieleden te choqueren door hun te vertellen dat ze een polygaam huwelijk was aangegaan, en ze grinnikte bij de gedachte wat de nonnen van haar oude school in Richmond hiervan zouden vinden. Bij aankomst in Engeland had ze ook geprobeerd Angelina op te bellen. Blijkbaar was haar verteld dat het een jongere Nuer-vrouw betaamde dit te doen. Misschien was deze toenadering oprecht gemeend, of misschien was het een vorm van culturele travestie, het Britse equivalent van de praatjes van het SPLA over democratie en mensenrechten. Maar Angelina weigerde Emma te ontmoeten. Rieks eerste vrouw was geenszins van plan te berusten in het, zoals Emma het steeds weer omschreef, ongelooflijk pragmatische Nuer-systeem van polygamie. ('Je hoeft nooit bezorgd te zijn dat je man een buitenechtelijke affaire heeft,' vertelde ze twee jaar later nog altijd even enthousiast aan een verslaggever van ITV. 'Je komt alles meteen te weten.') Ondanks zijn verzekering tegenover Lam Akol had Riek Angelina niet om toestemming gevraagd voor zijn huwelijk met Emma. In plaats daarvan had hij haar na de huwelijksvoltrekking een brief geschreven waarin hij haar liet weten dat hij opnieuw getrouwd was. Angelina was des duivels over de manier waarop ze was behandeld.

Er waren inmiddels zeven jaar verstreken sinds Riek uit Engeland naar Soedan was vertrokken. Voor Angelina en haar kinderen waren het zeven zware jaren vol strijd geweest. Zeven jaren waarin ze bij overheidsinstanties voor loketten in de rij had moeten staan om geld bij elkaar te scharrelen voor levensmiddelen en om de kachel brandende te houden. Zeven jaren waarin ze 's avonds, wanneer de kinderen naar bed waren, in haar eentje de afwas had gedaan en kleren had gewassen. In al die jaren had ze Riek slechts iets meer dan een maand gezien. Ze voelde zich vaak eenzaam. 'Het is alsof je leven in de wachtstand is gezet,' vertelde ze me later. 'Soms huil je jezelf 's nachts in slaap, maar dan moet je er toch weer uit om te zorgen dat de kinderen op tijd naar school gaan, en zo sleept je leven zich voort.' Toen ik haar ontmoette, waren zij en de kinderen van Bradford naar een verre voorstad van Londen verhuisd. Ze woonden op de begane grond van een merkwaardig huis, dat de vorm had van een miniatuurkasteel. (Angelina vertelde me dat een bekend architect tijdens een rage in de jaren twintig een hele reeks van dit soort kasteelachtige huizen had gebouwd.) Binnenshuis was de sfeer toekomstgericht en gedisciplineerd. Rieks kinderen waren keurig aangekleed. Ze maakten hun huiswerk in een kamer met stapelbedden. Wanneer ze klaar waren, keek Angelina hun opdrachten na. Bij de glimmend gepoetste tafel stond een boekenkast vol schoolboeken en encyclopedieën. De muren van de woonkamer waren versierd met fotoportretten van Riek, Angelina en de kinderen in nette kleren. Elke foto was tijdens een van Rieks zeldzame bezoeken aan Engeland genomen.

In 1990, toen Riek Emma het hof maakte met zijn verhalen over de profetie, had Angelina – helemaal alleen in een Brits ziekenhuis – door middel van een keizersnede het leven geschonken aan hun derde kind, een jongen die de naam Timmy kreeg. Riek had Timmy nog nooit gezien. Toen Angelina hoorde dat hij de belofte om nooit een tweede vrouw te nemen had gebroken, voelde zij zich 'afgrijselijk'. 'Ik had het gevoel alsof ik al mijn jaren had vergooid.' Ze wilde Riek om een scheiding vragen op grond van het feit dat hij haar geen toestemming had gevraagd, maar ze werd hierin niet gesteund door Rieks Nuer-vrienden en familie. 'Natuurlijk kan Riek met meer dan één vrouw trouwen,' schamperde Rieks neef. 'Zijn grootvader had honderdvijftig vrouwen!' Dezelfde neef had tegen Angelina gezegd dat ze blij mocht zijn dat haar man iemand had gevonden die in de jungle voor hem zorgde. Een andere man vroeg haar waarom ze zo'n punt maakte van iets wat in Soedan per slot van rekening toch heel gebruikelijk was. 'Wacht maar hoe jij je voelt wanneer je vrouw een extra man mee naar huis neemt, zodat jullie haar met elkaar kunnen delen,' had Angelina vinnig geantwoord. Uiteindelijk had Rieks eerste vrouw besloten Emma te negeren. 'Ik nam haar niet serieus,' zei ze. 'Ik beschouwde haar niet echt als zijn echtgenote. Welke priester zou hen met elkaar in de echt verbinden, als Riek al met mij is getrouwd?' Emma, zei ze, was een *lam*, dat wil zeggen een concubine wier kinderen geen aanspraak kunnen maken op de kudde van hun vader.

In het openbaar was Emma, tot grote ergernis van haar moeder, vol lof over de polygamie van de Nuer. 'Kijk maar hoeveel er hier in Groot-Brittannië gescheiden wordt en hoeveel mensen overspel plegen,' zei Emma na terugkeer in Soedan tegen een journalist. 'Bijna iedereen. Hier komt dat allemaal niet voor.' Haar opmerkingen verbitterden Angelina, die werkelijk moest leven volgens de Nuer-tradities waar Emma zo'n bewondering voor zei te hebben. 'Het was dapper van Emma dat ze probeerde in contact met mij te komen, omdat het de taak van de eerste vrouw is het leven van de tweede vrouw tot een hel te maken – en vice versa,' zei ze. Ze merkte daarbij op dat het Nuer-woord voor 'bijvrouw' ook 'jaloezie' betekent. 'Wie wil nu zijn echtgenoot delen?' In de privé-gesprekken die ze met haar vriendinnen in Engeland voerde, gaf Emma echter blijk van meer conventionele gevoelens ten aanzien van Rieks relatie met zijn eerste echtgenote. Angelina was tenslotte een buitengewoon knappe vrouw en slechts een jaar ouder dan zijzelf. 'Ze hebben niets meer met elkaar,' vertelde ze. 'Alleen kan een Nuerman niet meer van zijn vrouw scheiden als zij drie kinderen van hem ter wereld heeft gebracht.'

Ondanks de kille houding van Angelina leek Emma in de zomer van 1991 te sprankelen van geluk. Ze ging op bezoek bij alle vrienden en familieleden die ze sinds haar vertrek uit Engeland in 1989 niet meer had gezien. Ze liet hun foto's zien van haar huwelijk in Nasir en vermaakte hen met verhalen over hoe je je in Soedan schorpioenen, slangen en spinnen van het lijf moest houden. Ze beschreef de tedere liefdesbrieven die Riek haar schreef, en giechelde om grappen over pasgehuwden. Met een haar kenmerkend gemak keerde ze terug in het Engelse leven. In de middagen speelde ze tenniswedstrijden die eindeloos lang duurden, en in de avond kleedde ze zich om om naar het theater te gaan. Haar zus Erica keurde haar huwelijk af. Emma probeerde de relatie met Erica weer glad te trekken door haar uit te nodigen om mee te gaan op een reisje naar Spanje. De twee brachten een ontspannen vakantie door aan het strand. Daarna ging Emma naar Notting Hill in Londen, waar ze logeerde bij John Ryle, de auteur en antropoloog die in februari 1990 Rieks bericht aan haar had doorgegeven.

Op de ochtend van 30 augustus stond de telefoon van Ryle roodgloeiend. Allerlei mensen wilden Emma spreken. De BBC had aangekondigd dat Riek Machar John Garang ten val had gebracht. 'Hooggeplaatste bevelhebbers in het rebellerende Soedanees Volksbevrijdingsleger hebben hun leider, kolonel John Garang, aan de kant gezet. De coupplegers zeggen dat vrede de eerste prioriteit moet zijn, zelfs wanneer dat ten koste moet gaan van iets dat vroeger ondenkbaar zou zijn geweest: de acceptatie van een verdeeld Soedan,' had de BBC meegedeeld. 'De man die zegt dat hij de leiding over het SPLA heeft overgenomen, is Riek Machar.' Bij Riek hadden zich de commandanten Lam Akol en Gordon Kong aangesloten, vervolgde de BBC. Toen Emma het bericht eindelijk met eigen oren te horen kreeg, luisterde ze toe hoe haar echtgenoot de man veroordeelde die de laatste zeven jaar zijn superieur was geweest en leiding aan het SPLA had gegeven.

'John Garang heeft in zijn eentje op een buitengewoon dictatoriale, autoritaire manier leiding gegeven aan de beweging,' vertelde Riek de BBC in een interview. 'Hij heeft onze mensen onderdrukt, gekrenkt en vernederd. Hij heeft deze beweging veranderd in een oorlogszuchtige organisatie die een waar schrikbewind voert. Hij heeft zelfs geprobeerd onze eigen kinderen te manipuleren, hen als kindsoldaat voor het leger te ronselen.'

Emma leek totaal overdonderd. De coup leek voor haar als een totale verrassing te komen. Het was het weekend van het carnaval van Notting Hill en in de straten rond de woning van Ryle krioelde het van de mensen. Emma bleef binnen en belde iedereen op wier naam haar te binnen schoot om te horen of die haar meer konden vertellen. Zij op haar beurt werd onder andere gebeld door Angelina, die het bericht van de BBC had gehoord en zich dodelijk ongerust maakte omdat ze wist dat niet alleen Riek maar ook veel van haar mannelijke familieleden bij de coup betrokken zouden zijn. Op stugge toon zei ze tegen Emma: 'Ik bel u alleen om te horen of u nog nieuws heeft over mijn man.' Emma zei dat ze haar over een paar minuten zou terugbellen. Later belde ze Angelina terug om te zeggen dat ze met iemand in Nairobi had gesproken die zojuist uit Nasir was teruggekeerd en had gezegd dat alles goed ging.

Terwijl ze de ene na de andere sigaret opstak en voortdurend aan het bellen was, lukte het Emma te reconstrueren wat er precies was gebeurd. Het leek erop dat de samenzweerders er eind augustus achter waren gekomen dat Garang van plan was het opperbevel van het SPLA voor een vergadering bij elkaar te roepen en dat hij Lam Akol en Riek tijdens die vergadering wilde arresteren. De twee mannen hadden besloten dat het tijd was om tot actie over te gaan. Op 28 augustus hadden ze alle eenheden van het SPLA een bericht gestuurd, waarin ze hen opriepen Garang ten val te brengen. Tegelijkertijd hadden ze een hulpverlener die naar Nairobi ging, gevraagd een envelop mee te nemen voor de correspondent van de BBC aldaar. De envelop bevatte een oproep waarin dertien punten werden aangevoerd om in het SPLA vernieuwingen door te voeren op basis van de mensenrechten en de democratie. Zij noemden dit hun Verklaring van Nasir. Toen de BBC-correspondent naar Nasir vloog, vertelde Riek dat hijzelf, Lam Akol en Gordon Kong de oude doelstelling van het SPLA lieten varen om de islamitische regering van Soedan omver te werpen en daarvoor in de plaats een seculiere, democratische regering in te stellen. Ze betoogden dat het tijd werd om onder ogen te zien dat het Afrikaanse zuiden en het Arabische noorden twee afzonderlijke naties waren. Ze eisten niet langer dat de eenheid bewaard zou blijven. In plaats daarvan wilden ze dat het zuiden onafhankelijk werd. Ondertussen was Garang nog in leven. Hij maakte het goed. Bernard Kouchner, de Franse minister van Gezondheid en Humanitaire Actie en mede-oprichter van Médecins Sans Frontières, had op dezelfde dag dat de BBC Rieks aankondiging had uitgezonden, een bezoek aan Kapoeta gebracht. Kouchner zei dat het er nog altijd veel van weg had dat Garang 'de touwtjes stevig in handen had'. Garangs plaatswaarnemer hield in Nairobi een persconferentie waarin hij verklaarde dat Garang nog altijd de leider van het SPLA was.

Tegenover John Ryle en de anderen die haar opbelden, hield Emma vol dat zij niets had geweten van 'de afsplitsing' zoals men de aankondiging van Riek en Lam Akol ging noemen. Riek heeft mij ook verteld dat Emma er inderdaad niets mee te maken had. Toch leek het melodrama Emma goed te doen, en velen bespeurden haar invloed in Rieks taalgebruik wanneer hij

Garang aanviel omdat hij kindsoldaten in zijn leger inlijfde. Ze was duidelijk trots op het feit dat Riek openlijk stelling nam tegen Garang. Het staat vrijwel vast dat ze reeds lang wist dat er iets ophanden was. Voor ze uit Nasir vertrok, had ze tegenover Bernadette Kumar laten doorschemeren dat er tijdens haar afwezigheid ingrijpende gebeurtenissen zouden kunnen plaatsvinden. In Engeland had ze in alle stilte een ontmoeting met enkele Soedanese ballingen gehad. Na het bericht van de BBC reed ze met Bona Malwal, een prominente Dinka-journalist en politicus, die niet lang daarvoor in een nieuwsbrief kritiek op Garang had uitgeoefend, naar Ilmington om een bezoek te brengen aan Liz Hodgkin. 'Ze sprak met mij een heleboel keer over de redenen waarom ik me bij Riek en Lam moest aansluiten,' herinnerde Bona Malwal zich. 'Ze probeerde echt me daartoe over te halen.' Ondertussen gingen John Garang en zijn getrouwen ervan uit dat Emma het brein achter de couppoging was.

Op 4 september vloog Emma terug naar Nairobi. Ze wist dat het gevaarlijk zou zijn, maar ze was vastbesloten om hoe dan ook naar Nasir terug te keren. Het SPLA had een kamp in Lokichokio, ruim twaalf kilometer van het basiskamp van Operation Lifeline Sudan. Het kamp was in handen van de mannen van Garang. Op dezelfde dag dat Emma in Nairobi aankwam, kidnapten ze een Shilluk-apotheker uit Nasir die een workshop over gezondheidszorg bijwoonde die Bernadette in het OLS-kamp georganiseerd had. De Verenigde Naties en de Keniaanse regering protesteerden, maar de rebellen weigerden de apotheker vrij te laten. Enkele dagen later pakten de manschappen van Garang een vrouw uit Nasir op die in het ziekenhuis van het Rode Kruis in de omgeving van Loki verbleef. De vrouw werd pas vrijgelaten nadat het Rode Kruis had gedreigd het ziekenhuis te sluiten.

Op 5 september kwam het ten zuiden van Nasir tot een treffen tussen de troepen van Riek en die van Garang. Na een korte vuurgevecht grepen de strijders van beide partijen de gelegenheid aan om vee van de burgerbevolking te roven. Op 6 september arresteerde een SPLA-kapitein die Garang trouw was gebleven zijn bevelvoerend officier in Pariang, de plek waar zich een olieveld bevond en dat in hetzelfde gemengde Nuer- en Dinka-gebied lag waar de zuiderlingen vandaan kwamen die ik in 1988 in Hillat Shook had ontmoet. Elke dag kwamen er nieuwe berichten over oorlogshandelingen langs de moerasachtige helling van de hoger gelegen gronden die door de

Nuer en de Dinka van Boven-Nijl werden bewoond: dorpsbewoners waren door de troepen van Riek bij Pok Tap in de rug geschoten, een gevecht bij Duk Faiwil, een veeroof bij Duk Fadiat...

Emma ontdekte dat ze in de straten van Nairobi werd achtervolgd door mannen van Garang. Op 9 september verstuurde Garang over de radio het bericht dat de *Turuk* achter Rieks en Lam Akols plan zaten om hem ten val te brengen. 'Rieks huwelijk met de blanke buitenlandse hulpverleenster maakte deel uit van dit complot... Als Riek een tweede vrouw wilde, waarom was hij dan niet getrouwd met een van de zeer mooie, jonge meisjes uit Bentiu, waar hij vijf jaar had doorgebracht? Waarom was hij dan met een oude blanke vrouw getrouwd die hij pas kort daarvoor had ontmoet?' Op Wilson Airport in Nairobi lukte het Emma aan boord te stappen van een VN-toestel dat naar Loki vloog. Maar daar sleurde een VN-veiligheidsbeambte haar uit een vliegtuig dat naar Nasir zou vertrekken. Emma kende de veiligheidsbeambte. Ze had in de eetzaal vaak met hem aan dezelfde tafel gezeten. Nu leek hij kil, vijandig zelfs. Dit was geen romantisch avontuur, beet de man haar toe. Garang had haar ervan beschuldigd de scheuring binnen het SPLA te hebben bekokstoofd, een scheuring die weldra in een bloedige stammenoorlog zou uitmonden. De VN moest elke schijn van partijdigheid voorkomen. Operation Lifeline had zijn medewerkers reeds teruggeroepen uit het gebied waar gevochten werd. Als ze per se naar Nasir wilde terugkeren, moest ze maar een andere manier zien te vinden om er te komen.

Emma was verbijsterd. Vol ongeloof vertelde ze haar vrienden later dat ze zich niet had gerealiseerd dat de actie van Riek tot gevolg zou kunnen hebben dat Operation Lifeline haar als een blok aan het been zou gaan zien. Tegenover de veiligheidsbeambte voerde ze aan dat in het VN-kamp in Nasir nog tientallen buitenlandse hulpverleners waren achtergebleven. Ze zei dat ze nog altijd de vertegenwoordiger van Street Kids International was, en dat ze het recht had zich bij de andere hulpverleners te vervoegen. De man liep weg om per walkietalkie overleg te voeren met zijn superieuren. Toen hij terugkeerde, was hij nog onverbiddelijker dan tevoren. Het enige officiële kantoor van SKI bevond zich in Kapoeta, zei hij. En de de VN-vluchten naar Kapoeta waren voorlopig opgeschort. Hij adviseerde haar naar Nairobi terug te keren en tot nader order daar te blijven.

Emma liep zwijgend weg. De veiligheidsbeambte zag dat er tranen in haar ogen opwelden. Ze stak een sigaret op om zichzelf te kalmeren. Tot dat moment had ze de toestellen van de VN bijna als haar eigen kleine luchtvloot beschouwd. Ze kende alle piloten bij naam en vroeg regelmatig hoe het met hun kinderen ging. De toestellen van de VN waren echter niet de enige die op het zuiden van Soedan vlogen. Sommige liefdadigheidsorganisaties hadden ervoor gekozen om onafhankelijk van Operation Lifeline te blijven. En bovendien had je nog zendelingen en de missionarissen die naar het zuiden vlogen. De laatste jaren waren verschillende christelijke groeperingen begonnen met het opkopen van zwarte slaven die door de met de regering gelieerde Baggara-milities zouden zijn gevangengenomen – ondanks waarschuwingen van de VN dat dergelijke 'bevrijdingen' de milities alleen maar aanspoorden om nog meer mensen gevangen te nemen. De christeljke 'bevrijders' huurden voor tienduizend dollar per trip hun eigen chartervluchten om naar Bahr el-Ghazal te vliegen. Ook journalisten en politici huurden van tijd tot tijd toestellen om naar het zuiden te gaan. Hetzelfde gold voor het SPLA en mensen die de rebellen steunden, zoals Tiny Rowland.

Het duurde enkele dagen, maar op de een of ander manier wist Emma te achterhalen dat een van deze particuliere chartervluchten naar Nasir vloog en lukte het haar de andere passagiers zo ver te krijgen dat ze haar meenamen. Op 23 september bereikte ze eindelijk Ketbek. Riek zegt dat ze rechtstreeks naar zijn *tukul* liep om hem ter verantwoording te roepen. 'Je moet echt wat meer rekening met mij houden,' zou ze tegen hem gezegd hebben. 'Ik loop dezelfde risico's als jij, en ik wil weten waar je mee bezig bent.'

Hij zegt toen te hebben gedacht dat ze bedoelde dat hij haar in het complot had moeten betrekken. Hij beweert dat het de laatste keer is geweest dat hij ooit heeft geprobeerd iets voor Emma verborgen te houden.

'Tegen jou zal hij zéker liegen,' zei Lam Akol bijna bewonderend nadat ik hem had verteld wat Riek had gezegd over zijn belofte om niets meer voor Emma verborgen te houden. Hij was nog altijd boos op Riek vanwege de blunders die deze volgens hem had gemaakt in de dagen nadat ze hun beslissende radiobericht met de oproep om John Garang ten val te brengen de ether in hadden gestuurd. Om te beginnen, zei hij, had Riek niet direct kenbaar moeten maken dat ze bereid waren om met de regering in Khartoum over vrede te spreken. Daardoor had hij noordelijke tegenspelers als Sadiq al-Mahdi van zich vervreemd en, zoals Lam zei, 'deze lui hebben zoveel invloed dat ze de dingen heel moeilijk kunnen maken'. Met andere woorden: de noorderlingen die wilden dat het zuiden bleef doorvechten, versterkten hun steun aan Garang. Het stelde Garang ook in de gelegenheid de samenzweerders ervan te beschuldigen dat Khartoum hen in zijn macht had. (Of hij en Riek inderdaad al volledig in Khartoums macht waren, was iets waar Lam Akol verder niet op inging.)

In plaats daarvan had Riek moeten vasthouden aan de opzettelijk vaag gehouden formulering dat ze 'zelfbeschikking voor het zuiden' eisten, zoals ze voor hun Verklaring van Nasir waren overeengekomen. Maar de man van de BBC was nog niet naar Nasir gevlogen en had de microfoon nog niet onder Rieks neus gehouden, of hij had eruit geflapt dat ze vrede wilden sluiten en dat het SPLA zich niet tot taak moest stellen heel Soedan van het islamitische fundamentalisme te bevrijden, maar alleen het zuiden. 'Hij was gewoon niet te stoppen,' zei Lam vol afgrijzen. De slimme, sluwe Lam kookte van frustratie. Zijn handen jeukten om de leiding over de beweging over te nemen, maar dat was onmogelijk omdat hij van de betrekkelijk kleine stam van de Shilluk afkomstig was. Hij moest de leiding van zijn complot aan Riek overlaten, om dezelfde reden dat Garang gedwongen was geweest om Riek te promoveren. Als er geen Nuer in de top van een organisatie zat, zouden de Nuer niet volgen, en zonder de Nuer zou de opstand niet ver komen.

En zelfs met de Nuer raakte de opstand tegen Garang in de problemen. Door pech, verkeerde timing of een verkeerde inschatting was het Riek en Lam Akol niet gelukt zich de openlijke steun van een Dinka-commandant te verwerven. Volgens Peter Adwok Nyaba had alleen de SPLA-eenheid in het district Bentiu — waar Riek zelf vandaan kwam — gereageerd op de oproep om Garang ten val te brengen. Over het algemeen was de onvrede onder de opstandelingen groot. Slechts enkelen hadden echter enige reden om te geloven dat Riek en Lam beter zouden zijn dan Garang, en veel Dinka vermoedden dat ze nog erger zouden zijn.

Garang kwam snel in actie om zijn steun te consolideren. Op 30 augustus, tijdens een vergadering van het opperbevel van het SPLA, vertelde de kaalhoofdige voorzitter dat Tiny Rowland en het Nationaal Islamitisch Front de couppoging van Riek en Lam steunden. Dat is de situatie, zei hij op zijn ijzige toon. De *jallaba's* zeiden dat ze bereid waren ermee in te stemmen wanneer het zuiden zich zou afscheiden. In werkelijkheid wilde de Soedanese regering profiteren van het feit dat het SPLA na de val van Mengistu verzwakt was en proberen de rebellen tegen elkaar op te zetten, zodat ze elkaar uit de weg zouden ruimen. De *jallaba's* hadden hem benaderd met een zogenaamd vredesaanbod. Hij was er niet op ingegaan. En daarom hadden ze zich tot Riek en Lam Akol gewend.

De redenen waarom Garang niet op het aanbod van de regering was ingegaan, waren de volgende: hij vertrouwde het NIF niet, en al had hij het NIF vertrouwd, dan nog geloofde hij niet dat deze partij politiek gezien sterk genoeg was om een duurzame overeenkomst te sluiten, ook werkelijk ten uitvoer te brengen. Alleen een grondwetgevende vergadering zou daar werkelijk toe in staat zijn. Elke vrede die met deze regering werd afgesloten, zou een slechte vrede zijn. Ze zou ertoe leiden dat de noordelijke bondgenoten van het SPLA — Afrikaanse volkeren als de Ngok-Dinka, de Nuba en de volkeren uit het zuiden van Blauwe Nijl, om nog maar te zwijgen van de traditionele islamitische politieke partijen die zich voor het moment aan de zijde van het SPLA hadden geschaard om verzet te bieden tegen het NIF — met een zojuist versterkte islamitisch fundamentalistische regering komen te zitten. Bovendien zou een dergelijke vrede niet stand houden. De Arabieren die in deze regering de dienst uitmaakten, zouden de rijkdommen uit het zuiden nooit vrijwillig opgeven, daar kon je zeker van zijn. Het enige dat ze werkelijk wilden doen, was 'een slaaf gebruiken om een slaaf te vangen': ze probeerden verdeeldheid onder de zuidelijke volken te zaaien en hen te overheersen, zodat zij hun land konden exploiteren.

Riek en Lam Akol dachten dat ze de *jallaba's* te slim af waren geweest, maar feitelijk hadden ze zich door de sluwe *jallaba's* en hun Britse bondgenoten laten inpakken, ging Garang verder. Hij, John Garang, zou wel proberen ze tot bezinning te brengen. De commandanten moesten zich niet laten verleiden om vrede te sluiten met het noorden enkel en alleen omdat ze door hun munitie heen raakten en Ethiopië ze niet meer kon bevoorraden. De Ethiopiërs waren niet de enige *Turuks* ter wereld. In juni en juli had Garang een bezoek gebracht aan de Verenigde Staten en Europa. Hij had nog enkele troeven in handen. Hij beheerste de goudmijnen bij Kapoeta. Hij kon het goud uit Kapoeta verkopen om wapens te kopen. In andere delen van het zuiden die onder zijn gezag waren gebleven, bevonden zich andere waardevolle grondstoffen die hij verkopen kon: teakhout, bijvoorbeeld, en zeldzame dieren. Ondertussen stelde hij hen voor de keuze: wilden zij zich uitleveren aan de *jallaba's* of wilden ze blijven doorvechten?

De commandanten, zo werd mij verteld, zeiden dat ze door wilden blijven vechten.

Daarna hadden de door hun lijfwachten geflankeerde mannen elkaar stilzwijgend opgenomen en zich afgevraagd wie van hen werkelijk meende wat hij had gezegd en wie niet. Sinds mensenheugenis kenden de zuidelijke Soedanezen slechts één manier om te zien of iemand wel of niet aan hun kant stond: de merktekens van de stam werden zo diep in het hoofd van de jongens gekerfd dat ze – zoals buitenlanders vaak opmerkten – zelfs nog zichtbaar waren in de schedels van de overledenen. Deze denkbeelden over solidariteit op grond van het feit dat men Afrikaan, zwart of christen was, of dat men tot een minderheid behoorde, waren afkomstig van de *khawaja's* en hun Soedanese navolgelingen. Op dit voor het zuiden zo onheilspellende moment begonnen veel zuiderlingen zich af te vragen of de banden van het bloed en het vee eigenlijk toch niet de enige waren die telden.

Terwijl John Garang zijn commandanten inlichtte over de positie van Tiny Rowland, was de voorzitter van Lonrho Corporation op deze zwoele augustusdag ook onderwerp van gesprek tijdens een heel andere vergadering die werd gehouden in een restaurant ergens in Parijs. Adnan Khashoggi, de geslepen Saoedi-Arabische sjacheraar die in de jaren zeventig had geprobeerd de Soedanese olieconcessie in handen te krijgen door te proberen de Nuer over te halen een afzonderlijk vredesverdrag met het noorden te sluiten, vertelde een prominente Libiër over enkele fabelachtige kansen die zich wederom in Soedan zouden aandienen. Het was bekend geworden dat Chevron zijn investering van een miljard dollar zou opgeven. Volgens de berichten zouden de Amerikanen hun concessie verkopen voor een fractie van wat zij er zelf voor hadden betaald. Het was sinds jaren niet zo aantrekkelijk geweest om in de olie te gaan. De wereldprijs was van 16 dollar per vat in 1988 gestegen tot 22 dollar in 1991. Het probleem was echter nog altijd hetzelfde: om de olie op een serieuze manier te kunnen exploreren moest het SPLA op de een of andere manier worden geneutraliseerd in het gebied waar de olievelden lagen.

Tiny Rowland gaf financiële steun aan Riek en Lam Akol, maar de prijs van de aandelen van Lonrho was de laatste tijd gedaald. Khashoggi vertelde de Libiër, Mohammed Obedi, dat het bedrijf contanten nodig had. Obedi had als bemiddelaar enkele commerciële transacties voor Kaddafi geregeld. Khashoggi stelde voor een joint venture op te zetten tussen Lonrho en Latfico, (Libyan Arab Foreign Investment Company). In september hadden Obedi en Khashoggi een ontmoeting met Rowland om de hoofdlijnen van een mogelijke overeenkomst te bespreken. Obedi zei later tegen *The Times* dat de belangen van Lonrho in Soedan ter sprake waren gekomen en ook het aandeel van vijfenveertig procent dat het bedrijf in de Ashanti-goudmijnen van Ghana had.

Er waren nog twee zakenlieden die de ontwikkelingen in Boven-Nijl nauwlettend in de gaten hielden. Lutfur Rahman Khan was een Pakistaan die al meer dan tien jaar eerder naar Vancouver was verhuisd. Tegen Madelaine Drohan van *The Globe and Mail* vertelde hij dat zijn vader officier in het Pakistaanse leger was. Khan voegde hieraan toe dat 'vrienden van zijn vader' hem in 1991 hadden laten weten dat Chevron zich weldra uit Soedan zou terugtrekken. Tegen mij vertelde hij later dat zijn oom, een Pakistaanse diplomaat, hem hierop had geattendeerd. Hij zei dat zijn oom hem had aangemoedigd om met Soedanese functionarissen in Washington in gesprek te komen over de mogelijkheden om in Soedan olie te exploreren. Khan, wiens nieuwsgierigheid door deze berichten werd aangewakkerd, ging naar Khartoum, waar de NIF-regering voor hem een bezoek aan de olievelden arrangeerde. Khans analisten hadden hem laten weten dat alleen al uit de olievelden Haglig en Unity driehonderd miljoen vaten ruwe olie te winnen zouden zijn. Khan zei dat hij tegen de Soedanezen had gezegd 'dat we een poging zullen doen de noodzakelijke middelen bijeen te brengen om dit project van de grond te krijgen. Als het ons lukt om de financiering rond te krijgen, kunnen we beginnen.'

Blijkbaar had Hassan al-Turabi vertrouwen in Khan. De leider van het NIF had ervoor gezorgd dat alle belangrijke onderdelen van de Soedanese energie-industrie in handen waren van NIF-getrouwen. Andere zakenlieden beweerden dat het NIF Kahn bevoordeelde omdat hij lid was van de Moslimbroederschap. Khan reageerde schamper op deze beschuldiging. 'Ik had geen contact met welk broederschap dan ook. Dollars bepalen de koers die ons bedrijf voert.' Hij erkende echter dat zijn religieuze connecties hadden geholpen om het vertrouwen van de regering te winnen. 'Voor hen was het nog een extra geruststelling dat ik een Canadese moslim ben.' Hoewel Khan niet over financiële middelen of operationele expertise beschikte, gaven functionarissen van het NIF Chevron permissie zijn seismografische gegevens uit de regio aan Khan te laten zien en begon hij een zakenplan uit te werken. In november 1991 richtten Khan, zijn broer en twee andere van oorsprong Pakistaanse zakenlieden een Canadese oliemaatschappij op. Het bedrijf kreeg de naam State Petroleum.

Adolf Lundin, een Zweedse projectontwikkelaar voor de exploratie van mijnen en olievelden, snuffelde ook rond op de Soedanese olievelden. Lundin had geen islamitische connecties, maar ging prat op het feit dat hij bereid was met ongure overheden zaken te doen. 'Wanneer je vandaag de dag nog grote afzettingen wilt vinden, moet je naar landen gaan die niet populair zijn,' vertelde hij een verslaggever. Zijn International Petroleum Corporation (IPC) was al enkele jaren actief in de Hoorn van Afrika. Begin 1991 bezette Egypte de Driehoek van Halaib, een omstreden stuk land aan de Egyptisch-Soedanese grens, nadat Soedan IPC toestemming had gegeven om in dit gebied proefboringen te doen. Net als State Petroleum van Khan had IPC zijn thuisbasis in Vancouver. Er zijn aanwijzingen dat ook IPC de beschikking had over de seimografische gegevens van Chevron. In de weken voorafgaande aan de couppoging van Riek en Lam Akol sloot het bedrijf een overeenkomst met Khartoum over de exploratie van het voormalige olieveld van Chevron bij Delta Toker. In november tekende IPC met de nieuwe regering van Ehtiopië vervolgens een overeenkomst over de exploratie van een andere voormalige concessie van Chevron, die in de provincie Gambella langs de Soedanese grens lag, niet ver van de vluchtelingenkampen die het SPLA in mei had verlaten.

Terwijl Tiny Rowland de publiciteit zocht met dramatische uitspraken over de beëindiging van de Soedanese burgeroorlog, bleven de twee nieuwkomers uit Vancouver diep in het duister verborgen. Lang nadat Rowland van het toneel was verdwenen, zouden Khan en Lundin echter nog profijt trekken van hun eerdere overeenkomst met de NIF-regering om de olievelden in het zuiden van Soedan te exploreren.

In tegenstelling tot de VN-medewerkers in Loki heetten Emma's buitenlandse vrienden in Nasir haar hartelijk welkom toen ze eindelijk terugkeerde. Khartoums beslissing om ongeveer twee weken lang al het vliegverkeer naar Nasir stil te leggen, had ervoor gezorgd dat er in het VN-kamp een ongewoon saamhorigheidsgevoel was ontstaan. Khartoum had zelfs de voedseltransporten voor de buitenlandse hulpverleners stilgelegd, zodat Ian Lethbridge zich gedwongen zag een kortstondige evacuatie af te kondigen. Toen ze in Nasir terugkeerden, ontdekten de hulpverleners dat de sterfte en ondervoeding onder de overgebleven vluchtelingen tot schrikbarende hoogte gestegen waren. Ze wisten dat het hun schuld niet was, maar vonden het verschrikkelijk om in Loki te moeten wachten tot het vliegverbod weer zou worden opgeheven, terwijl de vluchtelingen in Nasir gewoon doodgingen van de honger. Rieks retoriek over mensenrechten greep hen aan. Misschien had Emma steeds gelijk gehad en was het SPLA en niet Riek verantwoordelijk geweest voor alles wat in de loop van de zomer verkeerd was gelopen. Wat Riek over het SPLA zei – dat het een in het geheim opererende dictatoriale organisatie was die geen duidelijke doelstelling had en als een parasiet op de verarmde bevolking van het zuiden leefde – was precies wat de meeste hulpverleners dachten. Maar tot op dat moment waren de buitenlandse hulpverleners, net als de zuiderlingen zelf, gedwongen geweest om te kiezen tussen Garang en de islamitische fundamentalisten die het in de noordelijke regering voor het zeggen hadden. En nu was hier de echtgenoot van Emma, die de gelegenheid bood om zich van beide partijen te bevrijden. 'Het was alsof iedereen nu rondrende en zei: "We zijn nu allemaal democraten!"'

Aanvankelijk leek Emma te denken dat ze haar werk voor het schoolprogramma kon voortzetten alsof er niets veranderd was. Voor ze naar Engeland vertrok, faxte ze Peter Dalglish vanuit Nairobi een lang rapport over haar veldwerk. 'Er stond in: Ik heb dit gedaan en zoveel gedistribueerd en, P.S. drie weken geleden ben ik tijdens een korte plechtigheid in zijn dorp met Riek Machar getrouwd,' herinnert Dalglish zich. Een dergelijk joviaal zelfvertrouwen was typisch voor Emma, en Dalglish liet zich er zo door overtuigen dat zijn eerste impuls was om hierin met haar mee te gaan. Garang was echter al woedend op Operation Lifeline en de hulporganisaties omdat ze de muiterij zouden hebben mogelijk gemaakt. 'Mijn bestuur was ertegen,' vertelde hij me. 'Ze zeiden dat het zuiden van Soedan al enorm gepolitiseerd was. We kunnen niet hebben dat een van de vertegenwoordigers van onze organisatie met een commandant uit de regio getrouwd is.' Emma's vrienden hadden haar zelfs al vóór de afsplitsing gewaarschuwd dat Street Kids International haar niet in dienst zou houden als ze met Riek trouwde, maar ze was gewoon blind voor het voor de hand liggende feit dat haar humanitaire werk en de oorlog van haar echtgenoot op gespannen voet met elkaar stonden. Toen ze hoorde dat Dalglish van plan was haar te ontslaan, besloot ze naar Nairobi te gaan om hem op te bellen. Riek had gezegd dat het nooit bij hem was opgekomen dat Emma haar baan zou kunnen kwijtraken omdat ze met hem getrouwd was. Hij moedigde haar aan de dingen met haar baas te bespreken. Omdat hij wist dat langs de Dinka-Nuer-grens ten westen van Nasir zware gevechten waren uitgebroken, kan het ook zijn dat hij vreesde voor haar veiligheid wanneer ze in het zuiden zou blijven.

Ze kreeg toestemming om onder een pseudoniem per vliegtuig uit Nasir te vertrekken. (Net als Rieks factie inspecteerde ook de factie van Garang de passagierslijst van elke VN-vlucht, en werd er een klacht ingediend telkens wanneer een van zijn vijanden toestemming kreeg om met een VN-vliegtuig mee te vliegen.) Toen ze ditmaal in Loki arriveerde, had het hoofd van de VN-veiligheidsdienst persoonlijk voorbereidingen voor haar aankomst getroffen. Nadat hij had geregeld dat ze de volgende ochtend vroeg onder een andere naam kon vertrekken, gaf hij extra Keniaanse paramilitairen bevel die nacht rondom het kamp wacht te houden. Hij stelde Emma een betonnen *tukul* ter beschikking en liet de toegang door een schildwacht bewaken. Het hoofd van de veiligheidsdienst kende Emma als de vrolijke en bevallige vrouw uit de eetzaal van de VN. Ze maakte ditmaal een 'vermoeide en in zichzelf gekeerde, misschien zelfs getraumatiseerde' indruk. Misschien was ze bang geworden door het nieuws over de gevechten of terneergeslagen over het vooruitzicht dat ze haar baan zou kwijtraken. Misschien zat het haar gewoon dwars dat ze niet welkom was. Hij herinnert zich nog hoe opgelucht hij zich voelde toen de nacht zonder ongeregeldheden was verstreken en Emma onderweg was naar Nairobi. Zodra ze vertrokken was, stuurde hij een bericht naar Nairobi om nog eens te benadrukken dat haar in de toekomst geen toestemming meer mocht worden gegeven om met VN-toestellen te vliegen of om in VN-kampen te verblijven.

Vanuit Nairobi telefoneerde Emma naar Dalglish. Haar chef erkende dat hij zich ernstig afvroeg of ze haar werk voor Street Kids International nog wel voort zou kunnen zetten nu ze met Riek was getrouwd. Emma bracht hiertegen in dat hij een beslissing nam die op uiterst summiere informatie gebaseerd was. Voor hij haar haar congé gaf, moest hij zelf naar Soedan komen om met eigen ogen te zien wat ze allemaal deed. Nu Riek de kindsoldaten van het SPLA zou vrijlaten, zou ze meer scholen dan ooit tevoren kunnen openen. Voor Dalglish was de verleiding groot om hierop in te gaan, maar hij moest toch nee zeggen. Namens het bestuur liet hij Emma in een fax weten dat haar contract in de herfst niet verlengd kon worden op grond van het feit dat Street Kids International zijn onpartijdigheid moest handhaven.

De stap die het bestuur zette was volkomen voorspelbaar, maar Emma was woedend. Ze belde Dalglish nogmaals op en zei: 'Je ontslaat me omdat ik op iemand verliefd ben geworden. Dat vind ik heel min.' Daarna schreef ze hem een brief om hem ertoe te bewegen de beslissing te heroverwegen. 'Ik wist dat mijn huwelijk niet gemakkelijk zou zijn, maar wat moest ik anders doen? Je kunt niet overal gaan rondkijken, een ideale situatie opzoeken en dan tegen jezelf zeggen: nu wil ik verliefd worden.' Dalglish antwoordde met een brief waarin hij de Perzische dichter Omar Khayyam aanhaalde. Hij herinnert zich: 'Ik schreef haar [een brief] met [een gedicht] over hoe de bewegende hand van de tijd schrijft [en wanneer hij geschreven heeft, verder beweegt]. Ken je dat gedicht? Maar goed, wat ik wilde uitdrukken was dat gedane zaken geen keer nemen. Ik was werkelijk aangedaan door haar brief. Ik was echt gekwetst. Ik moest huilen. Ze beschuldigde me ervan dat ik haar verraden had, en dat ik de kinderen had verraden.' Ook Riek herinnert zich nog hoe woedend Emma was. 'Het had zeer beslist een grote klap voor haar, omdat het een goede bron van inkomsten was,' zei hij. 'En ze was woedend over het gedrag van Peter, omdat hij haar een of ander dwaas gedicht had gestuurd.'

De zevenentwintigjarige Emma begon het volle gewicht van de afwijzing van de leiding van Operation Lifeline Sudan te voelen, maar dit had enkel tot gevolg dat ze nog meer volhardde in haar verzet. Ze had geen inkomen meer, maar had genoeg gespaard om het enige tijd te kunnen uitzingen. Ze mocht niet meer mee met de vluchten van de VN, maar op een of andere manier lukte het haar toch om naar Nasir terug te keren. Tegen vrienden vertelde ze dat VN-piloten haar soms aan boord lieten glippen, ondanks de bevelen dat dit niet mocht. Eenmaal aangekomen zette ze zich volledig in voor de zaak waar Riek voor streed. Als ze bang was, liet ze dat niet blijken. Alle energie waarmee ze zich voor de scholen had ingezet, ging nu naar de beweging van Riek. De VN had het schoolprogramma een typemachine en een stencilmachine geschonken. Emma zat nu op een oude munitiekrat in de hut met de twee kamers die ze met Riek deelde, en gebruikte beide machines om de proclamaties en manifesten van Riek in elkaar te flansen en te vermenigvuldigen. Tijdens Rieks politieke bijeenkomsten was zij voortaan zijn notulist. Ze gebruikten de overgebleven schoolborden om de lijnen van de te volgen strategie aan Rieks rebellenfactie uit te leggen.

In tegenstelling tot Riek begreep Emma heel goed wat voor invloed de westerse pers kon uitoefenen op het beleid ten aanzien van een land als Soedan, waar Europa en de Verenigde Staten enkele tastbare belangen hadden. Ze sloeg haar adresboek open en begon de journalisten te benaderen die ze als hulpverleenster en ook daarvoor al in de Londense vredesgroepen had ontmoet. Ze nodigde hen uit om naar Nasir te komen en haar en Riek te interviewen. Ten overstaan van iedereen die het maar wilde horen, maakte ze Garang zwart. 'Hij is een monster, een tiran, een moordenaar,' riep ze uit. 'Je hebt er geen idee van hoeveel mensen hij vermoord heeft, hoeveel hij er gevangenhoudt.' Het gevaar leek de elektriciteit tussen haar en Riek alleen nog maar te vergroten. Aan een vriend vertelde ze dat het 'een ongelooflijke kick gaf' om nadat ze de liefde hadden bedreven op te staan en dan aan de grondwet voor een onafhankelijk Zuid-Soedan te gaan werken.

Iemand had Emma een bruin met witte pup gegeven. Rieks soldaten noemden hem 'Come On', omdat Emma het dier altijd toeriep dat hij haar moest volgen. Met Come On aan haar zijde, voer ze elke ochtend in een boomstamkano naar Nasir. Daar ontbeet ze in het VN-kamp, keek vervolgens de passagierslijsten door om te zien wie er vertrok en wie er zou arriveren. Wanneer er journalisten of officiële bezoekers kwamen, was ze in de buurt om ze te begroeten en mee te nemen naar Ketbek voor een ontmoeting met Riek. Hania Sholkamy, een Egyptische antropologe die door UNICEF was ingehuurd om de omstandigheden in het kamp van de minderjarige jongens te onderzoeken, was een van die bezoekers. Sholkamy vloog in oktober naar Nasir met een jonge Britse journaliste die Emma nog uit Londen kende. De journaliste was heel opgetogen dat ze Emma mocht interviewen. De avond van hun aankomst in Nasir vertelde ze Sholkamy op een met ontzag vervulde fluistertoon alles over Emma's huwelijk. De volgende ochtend kwam Emma naar het VN-kamp om de twee vrouwen op te zoeken. Ze zag er zo betoverend uit dat Sholkamy zich bijna gevleid voelde dat ze werd uitgenodigd om mee te gaan naar Ketbek. 'Ze zag er geweldig uit, met haar grote kaplaarzen en een schitterende sarong,' zei Sholkamy. In de VN-motorboot koersten ze naar het SPLA-kampement. Duizenden lange, magere vluchtelingen kwamen langs de rivieroever staan om te zien hoe ze met een vaartje voorbijvoeren. '*Khawaja! Khawaja!*' riepen de kinderen. Emma leek het niet op te merken. Ze sprak op een zachte, dwingende toon over de aanvallen die Garang uitvoerde op Riek. Sholkamy dacht hoe opwindend het voor Emma moest zijn om dit te doen in plaats van gewoon ontwikkelingswerk.

Om de *tukul* van Emma te bereiken moesten ze langs een dichte rij gewapende tienerjongens die op hun voorhoofd de merktekens van de Nuer droegen. In een gedeelte van de compound stond een oude tank. Overal zaten mannen hun geweren schoon te maken. Ergens in een hoek stond een vrouw met ontbloot bovenlijf graan fijn te stampen, terwijl een andere vrouw boven een vuur van rundermest pap aan het koken was. De jonge soldaten begroetten Emma verlegen, terwijl de bezoeksters de omgeving met opengevallen mond opnamen. 'God, Emma, dit is zo opwindend,' herhaalde de journaliste uit Londen keer op keer.

In Emma's *tukul* gingen de twee vrouwen op haar metalen bed zitten. Ze wilde hun vertellen over Garangs plannen om de jongens in het zuiden van

Soedan uit te buiten en over de jongens die door Kuol Manyang Juk in de verlaten missiepost bij Palataka werden vastgehouden. Ze suggereerde dat de journaliste eens een bezoek aan Palataka moest brengen en een artikel moest schrijven over de rekruteringskampen die Garang zijn FACE-scholen noemde. 'Het zijn soldatenfabrieken – de kinderen leren er alleen de cultuur van het geweer kennen!' Ze vertelde hoe het Latuka-volk, dat in de omgeving van Torit leefde, zijn jongens de bergen in had gedreven om te voorkomen dat ze werden gedwongen zich bij het rebellenleger aan te sluiten. (De toon die Emma aansloeg bleef niet zonder effect. Enkele maanden later trok een journaliste naar Palataka en schreef een artikel waarin de jongens beschreven werden als 'gehuld in lompen en blootsvoets, met strakke gezichten en gedesoriënteerd'.) Emma's gedrevenheid en oprechtheid maakten indruk op Sholkamy. Ze had het gevoel dat Emma werkelijk om de kinderen en om het zuiden van Soedan gaf.

Het bezoek van een andere journalist bleek nog waardevoller. Richard Ellis van *The Sunday Times* uit Londen bezocht Emma in het najaar van 1991. In een lang artikel met als ondertitel '"De blanke vrouw" geeft jawoord aan guerrillaleider' noemde Ellis Emma's huwelijk met Riek een hyperromantisch verhaal dat zo uit een bouquetreeksroman zou kunnen komen. Hij beschreef het gat in de grond dat ze in Ketbek als wc gebruikte, het nummer van *Vogue* met het artikel over 'tweed dat je móét hebben' dat ze bij haar bed bewaarde, en het zonnepaneel dat ze 's avonds gebruikte om te lezen en dat, zoals hij beschreef, duizenden muskieten, motten en krekels aantrok. Ze vertelde hem dat ze op een nacht was wakker geworden en ontdekte dat er een rat aan haar voorhoofd zat te knagen. Ze zei dat ze door een schorpioen was gebeten en amoebedysenterie had opgelopen. Ze liet hem de modderige kuil zien die ze tijdens de bombardementen als schuilplaats gebruikte, en biechtte met charmante zelfspot op dat zij de eerste was die in de kuil dook wanneer er een Antonov aan de horizon verscheen. 'Ik ben niet zo heel dapper,' voegde ze daaraan toe.

Het artikel meldde dat Riek en Garang om het leiderschap van het SPLA streden, en dat Garangs factie Emma ervan beschuldigde een Britse spion te zijn. 'Ze wuift het weg als een belachelijke aantijging, maar wordt zeer fel wanneer ze haar afkeur uitspreekt over de tactiek van Garangs SPLA, dat onder andere vijftigduizend jongens die niet ouder zijn dan zeven jaar bij hun ouders heeft ontvoerd en samengedreven in "scholen" waar ze een militaire opleiding krijgen,' schreef Ellis. Emma erkende dat haar huwelijk haar vijanden had opgeleverd, maar het gevaar dat hieraan was verbonden, wimpelde ze weg met galante zelfverzekerdheid. 'Er loopt een aantal mensen rond dat mij graag een kogel door het hoofd zou jagen. Ik weet echter zeker dat het zo'n vaart niet zal lopen,' vertelde ze Ellis. Het enige wat ze in Nasir miste, waren 'de bioscoop en het theater, en af en toe een lekker malse steak'. 'Ik ben zeer gelukkig,' zei ze. 'Ik wist precies waar ik aan begon. Wanneer je op iemand verliefd bent, kan je alles doorstaan.'

Het artikel, dat over de volle breedte van de voorpagina van een van de katernen van de krant werd geplaatst, compleet met een foto van Rieks met patroongordels omhangen soldaten en een foto van Emma die met blote schouders en Come On aan haar zijde in een kano zit, veroorzaakte in Engeland een ware sensatie. 'Liefde bloeit op te midden van de kogels in Soedan,' schetterde de kop. De hulpverleners in Nasir die het artikel onder ogen kregen, waren minder geamuseerd. Het regenseizoen liep op zijn eind. Soedans seizoen van koelte en vrede zou weldra plaatsmaken voor de droge koortsachtigheid van de oorlog. SPLA-leden waren in een gestolen boot van het Rode Kruis de Witte Nijl opgevaren om in de omgeving van Ler een aanval uit te voeren op de mannen van Riek. Er kwam een stroom van geruchten op gang over Dinka-commandanten die in het gebied dat onder hun bevel stond de Nuer-officieren aan het vermoorden waren. In Nasir waren al verschillende mensen verdwenen. Volgens Peter Adwok Nyaba begonnen Rieks commandanten vroeg in september met het executeren van officieren die de breuk met Garang afkeurden. Omstreeks dezelfde tijd begon een Dinka-kapitein die contactpersoon was geweest tussen de hulpverleners en de rebellen, te vertellen dat hij voor zijn leven vreesde.

Michael Manyon Anyuang was een van die steeds zeldzamer wordende mannen uit het zuiden die eigenlijk veel beter waren toegerust om in vredestijd dan in oorlog te leven. Vroeger was hij als rechter aan een rondgaande rechtbank verbonden geweest, en hij sprak uitstekend Engels. Hij was buitengewoon opgetogen toen Douglas Johnson hem enkele boeken over de rechtssystemen van de Nuer en Dinka toestuurde. Als SPLA-officier die verantwoordelijk was voor de coördinatie van de hulpverlening in Nasir, vertoefde hij elke dag onder de hulpverleners, de Sobat op en af varend in zijn vn-motorboot, tolkend, vluchtelingen tellend en inspecties uitvoerend van de uit de vn-vliegtuigen gedropte goederen. Tijdens een van deze tochtjes deelde Michael in vertrouwen mee dat hij zich zorgen maakte om zijn vrouw en kinderen. Nadat het spla uit Ethiopië was verdreven, was het ook terechtkomen in Pochalla, een streek ten zuiden van Nasir die Garang trouw was gebleven. Michael was bang dat Garang wraak zou nemen op zijn gezin, omdat hij bij Riek en Lam Akol in Nasir was gebleven. Hij zou graag naar hen toe gaan. Hij vroeg de hulpverleners of ze wilden proberen zijn vrouw en kinderen in Pochalla op te zoeken en te achterhalen waar ze zich bevonden.

Michael kwam 's avonds steeds vaker naar het vn-kamp en bleef herhalen dat hij zich 's nachts tussen de Nuer- en Shilluk-officieren niet veilig voelde. Hij was dikwijls dronken, en daarom namen de buitenlandse hulpverleners zijn angsten niet serieus. 'Och Michael, wat zou er kunnen gebeuren?' vroegen ze hem schertsend. 'Zoals de zaken er nu voor staan, woon je toch al praktisch in het vn-kamp.' Op de avond van 23 september, de dag dat Emma in Nasir was teruggekeerd, kwam Michael niet opdagen. Niemand schonk er veel aandacht aan. Het kwam wel vaker voor dat kaderleden van het spla zonder enige uitleg wegbleven. Ze waren overgeplaatst of vertrokken naar huis in verband met een noodgeval in de familie. Normaal gesproken moest je maar geloven wat de rebellen erover los wilden laten. Michael was echter de contactpersoon tussen de hulpverleners en de rebellen geweest. Zonder hem hadden ze niemand die kon vertellen hoe de autoriteiten dachten over de vluchtelingenvraagstukken die zich dagelijks aandienden. Ze deden navraag. Aanvankelijk kregen ze geen antwoord. Daarna vertelde het hoofd van Rieks veiligheidstroepen dat Michael betrapt was toen hij probeerde een landmijn in het vn-kamp te leggen.

Het was een volkomen absurde aanklacht. Er werd een gecodeerd bericht naar Vincent O'Reilly in Nairobi gestuurd: Michael is gearresteerd. Wat moeten we doen? O'Reilly stuurde Alastair Scott-Villiers en een aantal andere hulpverleners naar Rieks kampement om te protesteren. Emma was er ook. Ze was op Michael gesteld en leek het verschrikkelijk te vinden om te horen dat hij was gearresteerd. Maar Riek liet zich niet vermurwen. 'Kijk eens, jullie kennen deze mensen niet echt,' herhaalde hij steeds tegenover de westerlingen. 'In deze moeilijke tijden kan je beste vriend je vijand blijken te zijn.' Riek ging er uiteindelijk mee akkoord dat Alastair de volgende ochtend om acht uur een onderhoud mocht hebben met Michael. Het opgegeven tijdstip kwam en verstreek echter zonder enig teken van Michael Manyon Anyuang. Om tien uur stuurde Riek een bericht naar het VN-kamp, waarin hij zich verontschuldigde voor de vertraging en liet weten dat men zich niet ongerust moest maken. Vier uur later bracht een soldaat de hulpverleners naar een tot ruïne vervallen koloniaal huis aan de rivier. De soldaten wilden niet dat ze Michael onder vier ogen spraken, en ze konden zien dat hij een heel eind moest hebben gelopen om bij het huis te komen. Hij zat onder het vuil, hij zweette en zijn ogen puilden uit hun kassen van angst.

De *khawaja's* waren volkomen lamgeslagen. Ze werkten geen van alle voor het Internationale Rode Kruis, maar probeerden wat naar hun idee een standaardvragenlijst voor krijgsgevangenen was af te handelen. Kreeg Michael te eten? Wilde hij graag zijn wetboeken hebben? Michael was echter te bang om te antwoorden, en zelfs in de oren van de hulpverleners klonken de vragen merkwaardig irrelevant. Er was iets duisters en machtigs aan de hand waarvan ze voelden dat ze niet het vermogen hadden om het te stoppen. Nadat ze de verzekering hadden gekregen dat ze Michael de volgende dag opnieuw zouden mogen opzoeken, waren de VN-functionarissen weer vertrokken. De volgende dag was Michael echter verdwenen. Ze hebben hem nooit meer teruggezien. Toen ze bij Riek protesteerden, werd hij woedend. Hij beschuldigde hen ervan een crimineel te willen ontvoeren die was betrapt op het plaatsen van landmijnen. Amnesty International rapporteerde later dat Michael zes maanden na zijn arrestatie was geëxecuteerd. De Uduk vertelden Wendy James dat Michael en een andere Dinka-officier in april 1992 werden vermoord. De Uduk hadden 's nachts drie geweersalvo's gehoord. De volgende ochtend waren de gevangenen dood. Ze vertelden haar ook te hebben gehoord dat in juli 1992 twee Dinka-verplegers en achtentwintig Nuba-soldaten in Nasir waren geëxecuteerd.

Emma leek even verbijsterd en ontdaan over de arrestatie van Michael als de anderen. Ze had met de VN-functionarissen mee willen gaan om hem te bezoeken, maar ze hadden ervoor gekozen om alleen te gaan. Riek vertelde me later dat de moord op Michael en de verplegers het moeilijkste nieuws was dat Emma te verwerken kreeg in de periode dat ze in Nasir bij elkaar woonden. Hij zei dat Emma en hij de schoten ook hadden gehoord. 'Ze kende hen,' vertelde hij me. 'Ze wist dat er geen enkele reden was waarom ze moesten sterven.' Had ze gehuild of was ze woedend geworden? Riek zweeg erover, en hij is de enige die het weet. Ze had hem voortdurend met vragen over deze zaken bestookt, zei hij, en hij was het met haar eens geweest. Zoals hij me op zijn redelijke manier verklaarde: 'Wanneer je weet dat een vrouw gelijk heeft, wat kan je dan doen?' Bij de herinnering aan de moordpartij klakte Riek bedroefd met zijn tong.

Hij zei dat dit het werk was geweest van een saboteur die voor Garang werkte en 'ons had willen afschilderen als mensen die zich niet om mensenrechten bekommeren'. Hij voegde hieraan toe dat de man later naar Ethiopië was ontsnapt en zodoende zijn gerechte straf ontlopen was. Hij zei dat hij, nadat hij en Emma de schoten hadden gehoord, zijn officieren voor een stafvergadering bijeen had geroepen en tegen hen had gezegd: 'Dit is walgelijk. Als jullie zulke dingen gaan doen, reken dan maar niet op mij.'

Ik vertelde Lam Akol wat Riek me over de dood van Michael Manyon Anyuang had verteld. Hij vond het een zeer vermakelijke geschiedenis. Michael was inderdaad 's nachts geëxecuteerd, zei Lam, en wel op bevel van Riek. Het was mogelijk dat Emma en hij de schoten hadden gehoord. Als dat het geval was, zou Riek – dat leek Lam wel zeer aannemelijk – alle verantwoordelijkheid voor de moord ontkend hebben. 'Riek zal alles zeggen om aan de macht te blijven,' zei hij. Lam Akol zelf vertrok in september naar Nairobi. Na de pogingen van enkele kerkelijke groeperingen om verzoenende gesprekken tussen hem en Garang op gang te brengen handig te hebben gepareerd, had Lam in Nairobi wat hij zelf noemt zijn 'eerste serieuze ontmoeting' met functionarissen van de noordelijke regering. Tiny Rowland 'faciliteerde' de vergadering, zegt hij. 'Hij vroeg ons: 'Zijn jullie bereid met de regering in gesprek te gaan?' We wisten wat we wilden, dus we waren niet bang om het gesprek aan te gaan.' (Riek zegt dat hij er geen flauw idee van had dat Lam die herfst een ontmoeting had met de regering, net zoals Lam zegt dat hij er geen idee van had wat Riek in Nasir aan het doen was.) Peter Adwok Nyaba, die met hen in het complot zat, zegt dat Rowland omstreeks deze tijd financiële middelen van de NIF-regering begon over te hevelen naar de 'factie van Nasir', zoals de mensen de groep van Riek en Lam Akol waren gaan noemen.

Als Emma al iets van deze intriges wist, liet ze daar niets van blijken. Wat de moord op Michael aangaat, misschien accepteerde ze Rieks verklaring en liet ze het daarbij. Of misschien heeft ze, zoals Riek suggereert, de kwestie nooit op een bevredigende manier kunnen oplossen, maar geprobeerd de herinnering eraan uit haar gedachten te bannen. 'Het draaide allemaal om de doelstellingen,' zei Riek vaag toen ik hem vroeg hoe Emma omging met de gevechten tussen de facties. 'Vóór 1991 maakten we allemaal deel uit van het SPLA. En de mensenrechtenschendingen... ze zag er enkele. Dat mensen moesten worden gedood, dat kon ze niet begrijpen... Maar hoe daar een eind aan gemaakt moest worden, dat was de vraag.' In het openbaar koos ze de kant van Riek, wat hij ook deed. 'Je zag hoe ze zich op een totaal nieuwe manier manifesteerde. Het ging erom de hakken in het zand te zetten, en alles te ontkennen,' zei een vriend. 'Hoe meer je haar het vuur aan de schenen legde en hoe meer ze zag dat dit helemaal verkeerd ging lopen, hoe meer ze de dingen begon te ontkennen.'

Eind 1991 schreef Emma haar moeder dat ze 'gelukkig en ontspannen' was sinds ze bij Riek in Nasir terug was gekeerd. Er was in het land van de Nuer een nieuwe profeet opgestaan. Wut Nyang – de naam betekent 'krokodillen-man' – was een kalme, bedaard sprekende jongeman die, aldus Emma, zeer veel angst en ontzag inboezemde. Hij woonde ten westen van Nasir op het eiland Zeraf in een zone die tussen het gebied van het SPLA en dat van de regeringstroepen in lag. Wut Nyang beweerde dat Deng – dezelfde god die via Ngungdeng had gesproken – bezit van hem had genomen. In een brief aan een vriendin noemde Emma hem 'een fascinerende figuur, jong (achter in de twintig) en ongeletterd, maar met een zeer scherp inzicht in de plaatselijke politieke verhoudingen'. Wut Nyangs god had hem de macht gegeven vloeken over mensen uit te spreken. Emma beschreef hoe dat in zijn werk ging: 'Tijdens een redevoering die ik bijwoonde, sprak hij erover hoe slecht het is om te stelen. Alle aanwezige dieven moesten openlijk een bekentenis afleggen, anders zou er iets verschrikkelijks met hen gebeuren. En eerlijk waar, er kwamen mensen naar voren. Sommige van hen zeiden dat ze al aan het sterven waren. Enkele dagen nadien werd een stamoudste die ons vis-net zou hebben gestolen, door een slang gebeten. Hij stierf ter plekke.'

De god die bezit had genomen van Wut Nyang, gaf in het najaar van 1991 het bericht door dat de Nuer onmiddellijk moesten stoppen elkaar te bevechten. Vroeger deden de Nuer dat steeds door met vereende krachten tegen de Dinka ten strijde te trekken. De profeet spoorde de factie van Nasir aan om met alle Nuer gezamenlijk een bondgenootschap aan te gaan met de door de regering gesteunde bataljons van Anyanya II, die nog altijd in Bentiu gelegerd waren. Rieks functionarissen begonnen bij de mensen in herinnering te roepen dat Riek linkshandig was en dat Ngungdeng had voorspeld dat een linkshandige man de Nuer naar de overwinning zou leiden. Op 9 oktober namen Rieks troepen het dorp Kongor in. Ze namen grote aantallen runderen gevangen en doodden talloze Dinka die in de dorpen in de omgeving woonden. In een grote stoet trokken de strijders vanuit Kongor terug naar Ketbek. Onderweg zongen ze oorlogsliederen en dansten ze in formatie. Emma organiseerde een overwinningsfeest ter ere van de troepen. Ze zong met trillende jubelstem met de Nuer-vrouwen mee toen er een os als offer met een speer door het hart werd gestoken. 'Ze was een zeer goede vrouw,' herinnert een Nuer zich die in die tijd een kameraad van Riek was.

De geheime besprekingen die Lam Akol met de regering voerde, begonnen vruchten af te werpen. Khartoum hield de transporten van de hulpgoederen van Operation Lifeline naar het gebied van Garang tegen, terwijl het toeliet dat een met graan gevulde VN-boot voor het eerst in acht jaar vanuit de stad Malakal – die in handen van de regering was – naar Nasir voer. Riek beweerde niet te weten waarom de regering Operation Lifeline wel toestemming had gegeven om voedsel naar zijn gebied te verschepen en niet naar dat van Garang, en de hulpverleners waren zo wanhopig om de vluchtelingen uit Ethiopië te eten te geven dat ze geen vragen stelden hoe dit mogelijk was. Riek stond er echter op dat het schip enkele kilometers buiten Nasir ontscheept zou worden door Taban Deng Gai, het hoofd van Rieks veiligheidstroepen, en zijn soldaten. Begin 1992 arriveerde een tweede boot met hulpgoederen. De Uduk vertelden Wendy James later dat ze bevel hadden gekregen om honderdvijftig mannen te sturen om de soldaten van Riek te helpen het graan op vrachtwagens te laden. Nadat dit was gebeurd, hadden de hongerige Uduk geen toestemming gekregen om op de wagens te klimmen. In plaats daarvan waren Rieks mannen over het zandspoor naar Nasir weggereden en vervolgens via een omweg naar Ketbek. 'Ze reden met hun vrachtwagens het oerwoud in naar de plek waar ze hun huizen hadden gebouwd en daar laadden ze het graan uit,' vertelde Dawud Hajar. 'De Dhamkin groeven grote kuilen in de grond, en de zakken graan werden in deze kuilen opgestapeld.' De bewakers van de boot en de chauffeurs van de vrachtwagens, zei hij, waren 'afkomstig uit Nasir – de mensen van Riek Machar... Het woord van Riek Machar wordt hier gehoorzaamd. Hij is een machtig man.'

Ten westen van Nasir, in Rieks geboortestad Ler, zagen Nederlandse artsen hoe vliegtuigen zonder herkenningstekens mysterieuze pakketten dropten die bestemd waren voor de troepen in Nasir. De *khawaja's* mochten van Rieks mannen tijdens de droppings niet naar buiten komen. De vliegtuigen kwamen echter uit het noorden, en de hulpverleners vermoedden dat de pakketten wapens en munitie van de regering bevatten die bedoeld waren voor de groep van Riek.

Garang was erin geslaagd een beroemde Nuer-commandant in zijn opperbevel te behouden. Om te laten zien dat zijn ruzie met Riek en Lam Akol een persoonlijk en ideologisch karakter had en niet op stammentegenstellingen was gebaseerd, stuurde Garang deze Nuer, William Nyuon, naar het noorden om de opstand van Riek en Lam Akol neer te slaan. In oktober viel een bataljon onder bevel van William Nyuon westelijk Boven-Nijl binnen, Rieks geboortestreek. Nyuons mannen hielden het gebied een week lang bezet. Riek liet de profeet Wut Nyang over de radio een bericht uitspreken waarin hij alle Nuer smeekte niet hun eigen volk aan te vallen. Daarna zetten Rieks troepen de tegenaanval in. Onder leiding van Wut Nyang begon een menigte die bestond uit strijders van Anyanya II, SPLA-soldaten uit Nasir en dorpsmilities van de Nuer, aan een opmars naar het zuiden. Riek gebruikte alle symbolen van de Nuer-godsdienst en -tradities om de mensen aan zijn zijde te krijgen.

De Nuer die onder bevel van de profeet stonden, hadden hun lichaam ingesmeerd met witte as en witte doeken om hun schouders geslagen. Deze maatregelen moesten hen beschermen tegen kogels. Ze noemden zichzelf Jiech Maor – het Witte Leger – naar de witte kleur van hun speren. Ze streden volgens traditie in eenheden per leeftijdsgroep samengesteld uit mannen die gezamenlijk de *gaar* hadden ontvangen. Het was indrukwekkend om te zien hoe ze onder het scanderen van oorlogsverzen die beschreven hoe gruwelijk ze konden vechten, voorwaarts marcheerden. Ze dreven Garangs mannen helemaal terug tot aan Bor, de geboortestad van hun leider.

Hier begon de moordpartij pas goed. Hier hadden de Nuer de kans om wraak te nemen voor alle grieven die ze in de loop van de oorlog hadden opgekropt. Hier konden ze eindelijk een daad stellen als vergelding voor alle 'botten' die onder het oppervlak van het eensgezinde optreden van de rebellen verborgen waren geweest: de leiders van Anyanya II die in 1980 door het SPLA waren vermoord, het vee dat het SPLA van de Nuer had gevorderd, de manier waarop de Nuer-stamhoofden door de opstandige stierjongens gekleineerd waren, de lokale ruzies tussen Dinka en Nuer die weidegronden of visrechten met elkaar deelden... ze zouden de wapens van Khartoum gebruiken om de Dinka van Bor dit alles betaald te zetten.

Het was niet alleen dat John Garang en verschillende andere leiders uit de top van het SPLA, onder wie Kuol Manyang Juk, uit het gebied rond Bor afkomstig waren. De Nuer waren ook jaloers op het voedsel en de goederen die Operation Lifeline aan de Dinka in Bor had gegeven. Zoals de profeet Wut Nyang opmerkte: 'De mensen zeggen dat de familie van John Garang zeer veel voedsel heeft ontvangen.' De gewone Nuer begrepen niet dat Bor meer voedsel kreeg omdat er een weg naartoe liep, terwijl het grootste deel van het land van de Nuer slechts met een vliegtuig bereikt kon worden. Een plan van het Rode Kruis om per schip graan over de Witte Nijl van Bor naar Ler te vervoeren verergerde hun boze vermoedens slechts. Het Rode Kruis kocht en vervoerde voor veel geld een prachtig nieuw Europees schip naar Bor. Zodra het arriveerde, weigerde Khartoum echter het Rode Kruis toestemming te geven om het te gebruiken. De hulpverleners probeerden de Nuer uit te leggen dat het de schuld van de regering was dat de boot ongebruikt aan wal bleef liggen. De Nuer verdachten de Dinka uit Bor er echter van dat ze een truc hadden uitgehaald, waardoor zij hun deel van het buitenlandse voedsel en de hulpgoederen misliepen. Toen Garangs troepen het reeds lange tijd niet gebruikte schip in beslag namen en het – nadat Riek en Lam hadden bekendgemaakt dat ze tegen Garang in opstand kwamen – gebruikten om de Witte Nijl op te varen en een aanval op Ler uit te voeren, werden de Nuer nog bozer.

Er zijn mensen die beweren dat de profeet had gezworen dat elke Nuerman die zich niet bij het Nuer-leger aansloot, zou sterven aan een ziekte of door krokodillen zou worden opgegeten. Anderen zeggen dat Wut Nyang het Witte Leger ophitste met beloftes over het vee en de vrouwen van de Dinka.

Omdat de aanvallers geweren gebruikten en de slachtoffers geen Nuer waren, meenden zij dat zij geen morele smet op zich zouden laden wanneer ze hun tegenstanders doodden. Het merendeel van hen bestond uit dorpelingen die waren gelokt met het vooruitzicht op wraak en buit. Maar wat hun motieven ook waren, ze begonnen een slachtpartij tussen de Nuer en de Dinka die tot op de dag van vandaag voortduurt.

De Ier Dan Eiffe was een voormalige priester die voor de liefdadigheidsinstelling Norwegian People's Aid was gaan werken. Eind september 1991 was hij in zijn auto onderweg naar Bor. Hij was bijna in Mongalla toen hij plotseling duizenden Dinka zag die over de zandweg in zijn richting renden. 'Ik kon mijn ogen niet geloven,' herinnerde Eiffe zich jaren later. 'Ze zeiden dat de Nuer naar het zuiden waren gekomen en hen vermoordden. Er lagen overal lijken. De mensen kropen uit de rimboe, naakt, verward, geëmotioneerd. Ik stopte en stapte uit de auto. Ik droeg een soort Iers boezeroen. Ik deed hem uit en legde hem over enkele lichamen. Toen ik later terugkwam, pikten er gieren aan de lijken. Sommige mensen waren gewurgd, sommige mannen waren vastgebonden en verbrand. Overal lagen kadavers van runderen en lijken van mensen. De Nuer hadden het vee dat ze niet mee konden nemen doodgeschoten. Ik zag een knap meisje, naakt en verbrand. Deze prachtige vrouwen... er werd me verteld dat ze hen hadden vermoord nadat ze eerst onderling ruzie hadden gemaakt over de vraag wie ze mochten verkrachten. "Laten we hen liever doden dan er onderling ruzie over te maken."'

Die avond droeg Eiffe kalebassen met water af en aan naar de stervende Dinka langs de weg ten zuiden van Bor. 'Ze zeiden dat de Nuer nog altijd in Bor zaten. Het leek alsof de Nuer door hekserij bezeten waren. De ene menigte stroomde toe na de andere. Ze zeiden dat de Nuer riepen: "We zullen jullie, Dinka, je eigen bloed laten drinken." Het was alsof ze betoverd waren.' Eiffe maakte foto's. Hij reed naar het zuiden, naar Torit, waar hij aan boord van een VN-vliegtuig stapte. Hij wilde in Nairobi vertellen wat er gebeurde. Toen hij het hoofdkwartier van Operation Lifeline bereikte, bleek het echter zeer moeilijk de VN-functionarissen te overtuigen van de omvang van de slachting.

Eiffe vond dat vooral de buitenlandse hulpverleners die de voorafgaande zomer bij Riek in Nasir hadden doorgebracht, moeilijk te overtuigen waren.

Net als iedereen in het zuiden van Soedan wist Eiffe dat Emma met Riek getrouwd was. Hij had het gevoel dat niet alleen zij, maar ook enkele andere
hulpverleners uit Nasir, Riek en Lam Akol er – misschien onbewust – toe hadden aangezet om in opstand te komen, zonder dat ze er enig idee van hadden
wat ze losmaakten. En nu, dacht hij, wilden ze de gevolgen van hun inmenging niet erkennen. 'Ze waren volkomen naïef. Midden in een zeer gevaarlijke situatie waren ze een spel aan het spelen.' Tot op dat moment was Eiffe,
die getrouwd was met een Dinka-vrouw bij wie hij een tweeling – twee jongens – had, het eens geweest met alles wat Riek en Lam over het SPLA zeiden.
'Ik was een tamelijk serieuze criticus van het SPLA, maar dit heeft me verwond.'
Hij hield Riek persoonlijk verantwoordelijk, omdat het grootste deel van de
strijdmacht die een aanval had uitgevoerd op Bor uit Nuer had bestaan.

Voor het oprukkende leger van de Nuer vluchtten meer dan honderdduizend Dinka weg uit het zuiden. Het duurde niet lang of Operation Lifeline
kon geen vergadering voor de hulpverlenende organisaties meer houden
zonder dat de rebellerende facties elkaar over en weer beschuldigingen naar
het hoofd slingerden over wat er gebeurd was bij Bor. De groep van Riek begon persberichten uit te vaardigen in de trant van: 'Bor veroverd, grote overwinning'. De VN had zijn stafmedewerkers al weken eerder geëvacueerd,
toen de gevechten net begonnen waren. Er werd besloten dat Alastair Scott-
Villiers samen met enkele functionarissen van particuliere hulporganisaties
en vertegenwoordigers van de beide rebellerende groeperingen de situatie
ter plekke zou gaan inspecteren. Ze vlogen naar Loki en zetten koers naar
het noorden. Zodra ze de provincie Equatoria binnenreden, bevonden ze
zich midden in een zee van Dinka-vluchtelingen: mensen die krijsten en
jammerden over wat de Nuer hadden aangericht. Toen ze in hun Land Cruiser Jemeza naderden, een dorp ten zuiden van Bor, werd het echter stil op
de weg. 'Er hing een zware stank in de lucht. Er was helemaal niets... De
enige levende wezens die je zag waren... ja, buizerds... en loslopende honden. Echt óveral zag je dode runderen liggen, dode mensen, mensen die
ondersteboven in de bomen hingen,' vertelde Alastair me later. Ze moesten
steeds van de weg af om de verspreid liggende lijken en kadavers te ontwij-
ken. Ze zagen drie kinderen die aan elkaar waren vastgebonden en van wie
de hoofden waren ingeslagen. Ze zagen vrouwen van wie de ingewanden uit
hun lichaam hingen. Alastair nam foto's. In Bor smeulden de hutten nog

na. In het ziekenhuis waar Bernadette Kumar ooit had geopereerd, moesten ze hun gezicht bedekken om nog adem te kunnen halen. Er lag een lichaam van een soldaat weg te rotten en de vloeren waren bezaaid met de kadavers van vee. Overal op de grond zagen ze door de regering verstrekte identiteitsplaatjes van Nuer liggen. Rieks nieuwe bondgenoten van het aan de regering gelieerde Anyanya II hadden blijkbaar te veel haast gehad om te merken dat ze die verloren waren.

Garangs troepen hadden de stad zojuist opnieuw ingenomen. De *khawaja's* hoorden geweervuur. Een SPLA-soldaat kwam dreigend op Alastair toelopen. 'Dit hebben júllie teweeggebracht,' zei hij. De medewerkers van de hulporganisaties maakten rechtsomkeert en reden terug naar Loki. Alastair was geschokt. In Nairobi nam iemand van Operation Lifeline hem terzijde en deed het voorstel dat hij in verband met zijn eigen veiligheid een korte vakantie zou nemen. 'Je moet er geen onderdeel van worden,' waarschuwde hij. Patta Scott-Villiers wierp een blik op de foto's die haar man in Bor had gemaakt en besloot dat ze niet naar Nasir terug wilde. 'Ik had het gevoel dat iedereen die daarmee in verband was te brengen, in moreel opzicht gigantisch in de problemen kwam,' zei ze later.

Dan Eiffe had video-opnames gemaakt. Hij overwoog de beelden aan Emma te laten zien, die – naar hij had gehoord – in Langata bij Sally Dudmesh logeerde en daar op nieuws wachtte. Eiffe had zonder succes geprobeerd de pers in Nairobi voor de slachting bij Bor te interesseren. Hij geloofde dat dit voor een belangrijk deel samenhing met het feit dat een groot aantal reporters met Emma bevriend was. 'Er was een journalistieke kliek en onder hen was zij als de koningin onder de bijen,' vertelde hij me. 'Ik stond op het punt haar de beelden toe te sturen, maar ik heb het niet gedaan. Ik dacht alleen: arme vrouw. Ik wilde niet degene zijn die haar op deze manier met deze gruweldaden zou confronteren.' Emma had rondverteld dat de oorlog tussen Riek en Garang bijna voorbij was. 'Ze kwam steeds weer naar me toe en zei dan: "Hé, moet je horen... weet je, straks zitten we in Bor, en... weet je wel... zodra Bor is gevallen, hebben we de oorlog gewonnen, omdat dat de plek is waar Garang vandaan komt,"' herinnerde een vriend zich. Toen hij uit Bor terugkwam, liet Alastair zijn foto's wel aan Emma zien. 'Bekijk deze maar eens,' zei hij, terwijl hij de zwart-witbeelden op tafel gooide. Gespannen als een kat griste Emma ze van de tafel en keek de hele stapel vluchtig door. Er waren foto's bij van een dood kind, van buizerds die aan het lichaam van een naakte man vraten, van grote drommen Dinka die de weg afliepen. Even snel als ze de foto's had opgepakt, legde ze ze weer neer.

'Wat zijn dit?' vroeg ze ongeduldig. 'Wat ik wil weten is... hebben we gewonnen?'

Het was geen overwinning, niet voor Riek en voor niemand anders. Het werd bekend als het Bloedbad van Bor, maar in werkelijkheid was het eerder een reeks overvallen en massaslachtingen. Volgens een latere schatting van Amnesty International vonden in bijna twee weken tijd tweeduizend mensen de dood. De Nuer roofden ook duizenden runderen van de Dinka, die – als een wel zeer zwartgallige vorm van gerechtigheid – bleken te zijn besmet met de runderpest. Het gestolen vee infecteerde de kuddes van de Nuer en de Shilluk, zodat meer dan twee miljoen mensen hun middel van bestaan kwijtraakten en het zuiden wederom ten prooi viel aan hongersnood. Achteraf bezien zijn de meeste waarnemers het er echter over eens dat het Bloedbad van Bor het punt was waarop de opstand van Riek en Lam Akol onherroepelijk het karakter van een stammenoorlog kreeg. Na Bor keerden prominente Dinka die overwogen hadden zich bij de factie van Nasir aan te sluiten, zich tegen Riek en Lam. En elke Nuer die in door het SPLA gedomineerd gebied achterbleef, vreesde voor zijn leven. Een uit het zuiden van Soedan afkomstige student in Egypte, herinnerde zich later dat de Nuer- en Dinka-studenten elkaar op zijn school in de eetzaal met messen te lijf gingen, toen ze hoorden wat er in Bor was gebeurd. Toen het nieuws over de moordpartij binnendruppelde in Kakuma, een vluchtelingenkamp bij Narus aan de Keniaanse grens, braken er overal gevechten uit. De Verenigde Naties dienden de Nuer en de Dinka uit elkaar te houden. 'Zelfs de kinderen probeerden elkaar te vermoorden,' herinnerde een hulpverlener zich. Uiteindelijk moesten de VN in Kakuma twee kampen openen: een voor de Nuer en een andere voor de Dinka.

Waarom had Riek het laten gebeuren? 'Het liep uit de hand' was de verklaring die hij me jaren later gaf, hoewel hij indertijd precies het tegenovergestelde zei. 'De gevechten bij Bor zijn niet uit de hand gelopen,' zei hij tegen Scott Peterson van *The Daily Telegraph*. 'Ik kon precies bepalen hoever de troepen gingen.' Peter Adwok Nyaba vertelt een heel ander verhaal. 'Er waren helemaal geen troepen,' schrijft hij in zijn boek. 'De meerderheid van Rieks "leger" bestond uit officieren die geen soldaten hadden om bevel over te voeren. De enige strijders waren gewapende burgers, het Witte Leger,' de met as bedekte stamgenoten van Wut Nyang. Al in augustus had Garang Riek en Lam bespot omdat ze in Nasir slechts 'een heleboel vluchtelingen en een paar lijfwachten achter zich hebben staan'. In werkelijkheid was het SPLA van Garang niet veel beter getraind dan het Witte Leger. Maar Garang kon enige macht over zijn commandanten uitoefenen door te reguleren hoeveel munitie ze kregen. Degenen die zijn orders niet opvolgden, kregen geen munitie meer, voor zover ze geen kogel in de rug kregen. De wapens van de Nuer waren daarentegen afkomstig uit Khartoum, en Khartoum stelde ze zelf ter hand aan individuele bevelvoerders om er op die manier voor te zorgen dat de wanorde onder de mannen van Riek zo groot mogelijk zou zijn. Net als de bevelhebbers van Riek kregen ook Wut Nyang en Anyanya II wapens van de regering. President Omar al-Bashir had nauw met Anyanya II samengewerkt in de tijd toen hij als commandant in Muglad diende. Mogelijk drong de regering er bij al-Bashirs oude vrienden bij de Nuer op aan om zich voorgoed van de Dinka te vervreemden. Ook Wut Nyang werd door de regering van voedsel en goederen voorzien. En onder de aanhang van alle drie de groepen bevonden zich talloze Nuer die om persoonlijke redenen vastbesloten waren om zich op het SPLA te wreken.

Zelfs nu is het nog moeilijk een Nuer te vinden die Riek Machar, of zelfs de profeet Wut Nyang, de schuld voor het bloedbad geeft. 'Riek was niet verantwoordelijk, Wut Nyang was niet verantwoordelijk – de stamoudsten zijn de enige partij die ervoor verantwoordelijk kan worden gehouden,' zei Samuel Tut Paul, een Nuer-onderwijzer die afkomstig was uit de streek van de Lul-Nuer, waar een groot deel van het Witte Leger gerekruteerd werd. 'De druk kwam van onderaf. Het Witte Leger bestaat uit heel gewone mensen die in hun *luak* [veestal] wonen. Toen het SPLA kwam en deze kerels die de merktekens van de stam niet droegen, deze Dinka, boven de Nuer stelden, werd dit door hen als een enorme inbreuk ervaren. Het SPLA vormde een stelsel dat bij de mensen geheel onbekend was. Zelfs al gaven ze alles wat ze hadden aan het SPLA – hun graan en hun vee –, dan nog werden hun dochters door deze jongemannen verkracht, nadat ze hun zoons onder dwang hadden gerekruteerd voor het leger van het SPLA.

Het was verkeerd omdat zij hun woede over het SPLA op gewone mensen ver-haalden,' zei Samuel Tut Paul.

Riek moedigde het Witte Leger aan om naar Bor te gaan, hoewel hijzelf in Nasir bleef. Misschien was hij verlamd door de profetieën van Wut Nyang, misschien wilde hij gewoon een overwinning behalen. Toen Scott Peterson niet lang na het bloedbad naar Nasir vloog, verwelkomde Riek hem met een brede grijns op zijn gezicht. Zoals altijd lag zijn *Goed Nieuws* bijbel duide-lijk zichtbaar op tafel. Peterson vroeg hem hoe het zat met de profetieën van Ngungdeng. De voorspelling dat er een man zonder merktekens uit het westen zou komen om de Nuer aan te voeren, was zo wijdverbreid dat zelfs journalisten erover gehoord hadden. Riek lachte de vraag weg. 'Ik ben voor niemand een messias. Als ze dat zeggen, zeg ik: nee. Het is geen religieuze oor-log die we hier aan het vechten zijn,' zei hij met, zoals Peterson later schreef, 'in zijn stem een geoefende nederigheid. De afscheiding van het noorden zit bij hen in het bloed. [Mijn strijders] vechten voor een hoger doel, niet voor stambelangen.'

Op een foto die Peterson tijdens het interview nam, ziet Riek er ontspan-nen, onverschillig, ja zelfs triomfantelijk uit. Hij leunt achterover, een arm hangt over de rug van zijn stoel, de andere ligt naast enkele documenten op zijn bureau. Peterson had de indruk dat Riek beide kaarten wilde spelen: op het ene ogenblik verwierp hij de trouw aan de stam als iets wat in 'een an-der tijdperk' thuishoorde en het volgende ogenblik schepte hij op dat hij de eerste Nuer nog moest zien die hem niet steunde. Hij beweerde dat hij zich 'in verlegenheid' gebracht voelde, omdat er in Bor 'zoveel burgers in het kruis-vuur terecht waren gekomen'. Maar hij liet hier vrijwel meteen een dreige-ment op volgen: 'Als de stamverbondenheid een rol speelt, of zou spelen, zouden de Nuer alle Dinka afmaken.'

Voor Lam Akol, die geheel in beslag werd genomen door de hectisch ver-lopende besprekingen in Nairobi, was het Bloedbad van Bor het begin van het einde. 'Alles waartoe we hadden opgeroepen, ging aan duigen,' vertelde hij me. 'Toen de mensen gezien hadden dat het Witte Leger dezelfde status als ons leger had, was het met de discipline gedaan. Je kunt mensen niet mo-tiveren door hekserij. Daar is Riek op vastgelopen. Hij begon als een man die een revolutionaire omwenteling teweeg wilde brengen, maar hij werd gewoon de zoveelste Nuer-leider.' Een Amerikaanse missionaris die Riek goed kende, gelooft dat Riek zichzelf net zoveel als anderen voor de gek probeerde te houden over wat er nu werkelijk in Bor was gebeurd. 'Hij denkt dat hij zich overal uit kan praten,' zei hij. Een voormalige Nuer-commandant stelde het zo: 'Riek is zwak. Hij leeft in een droomwereld.'

'In de persoon van Riek zijn twee karakters verenigd,' zegt Peter Adwok Nyaba. 'Achter de façade van de glimlachende en vriendelijke Riek bevond zich een andere Riek Machar, die zonder enig mededogen bevel gaf de Dinka-officieren in Nasir te vermoorden. Riek deed het voorkomen dat hij geen deel had aan al deze misdrijven, maar er is niemand gestraft voor de moorden die in Nasir vlak onder zijn ogen plaatsvonden.' De kans dat Rieks beschermheer Tiny Rowland een vredesovereenkomst tot stand zou kunnen brengen die voor het hele zuiden goud, was verkeken. Zoals de Dinka-journalist Bona Malwal het later stelde: 'Tiny gooide een lijntje uit, maar de vis die hij ving was te klein in vergelijking met het aas dat hij gebruikt had.' Vanaf dat moment was het voor Khartoum de beste strategie om het zuiden verdeeld te houden en een afzonderlijke vredesregeling met de Nuer te treffen.

Ondertussen dwaalde tussen de rokende ruïnes van Bor de naakte christelijke prediker rond die de Dinka gewaarschuwd had dat ze door een catastrofe zouden worden getroffen wanneer ze geen acht zouden slaan op de woorden van Jesaja. Hij sloeg op zijn trommel en rinkelde met zijn bel. 'Jullie, mensen!' riep Paul Kon Ajith. 'God heeft gesproken, en jullie hebben niet geluisterd! Nu heeft hij de Nuer en hun tovenaar gezonden om jullie te straffen. Let op mijn woorden: tot het moment waarop de Dinka onze schrijnen voor de *jak* aan God aanbieden op de plaats die Zion wordt genoemd, zullen wij keer op keer worden gestraft, en zullen wij "een uiteengedreven en kaalgeplukt volk" blijven, "een uitgemeten en onder de voet gelopen natie, waarvan de aarde de rivieren heeft bedorven".'

DEEL V

*Doe wat je moet doen, en wens jezelf geluk wanneer je iets
opmerkelijks en buitenissigs hebt gedaan en de monotonie
hebt doorbroken van een tijdvak dat op fatsoen is gesteld.*
Ralph Waldo Emerson, 'On Heroism', in *Emerson's Essays*

Ik was in het Carter Center in Atlanta toen ik van het bloedbad hoorde. Jimmy Carter bemiddelde sinds 1988 tussen de betrokken partijen om tot een overeenkomst te komen die een einde aan de Soedanese burgeroorlog moest maken. In 1989 had de voormalige president van de Verenigde Staten besprekingen geleid tussen de regering van Omar al-Bashir en het SPLA. Deze besprekingen waren geëindigd in een impasse. In februari 1992 nodigde Carter beide partijen uit naar het Carter Center voor een conferentie over de oplossing van conflicten. Ik deed verslag van de conferentie voor *The Atlanta Journal-Constitution*. Bij een van de zittingen ontmoette ik Bona Malwal, de voomalige redacteur van *The Sudan Times*. Bona vroeg of ik wilde zien wat Rieks mannen in Bor hadden aangericht.

Ik zei dat ik dat wel wilde.

Bona opende zijn aktetas en gaf me een videoband. Ik nam de band mee naar beneden, naar een lege kamer waar een televisietoestel en videorecorder stonden. Ik stopte de band in het apparaat en begon te kijken.

De camera gleed schokkerig en onhandig over het lichaam van een man die met uitgespreide armen en benen languit op de grond lag. Ik zag maden en vliegen menselijk vlees eten, een koe die door haar ogen gestoken was. Mogelijk was het de film die Dan Eiffe had gemaakt. De opnames hadden iets amateuristisch. De beelden deden me duizelen.

Ik ging op zoek naar Moses Akol, de broer van Lam. Moses, een glimlachende man met een glimmend rond gezicht, was in het dagelijks leven medewerker van een onderzoeksbureau voor beleidsontwikkeling in Alameda (Californië). Op de conferentie vertegenwoorde hij echter de SPLA-factie van Riek en Lam Akol. Hij kende de video van Bona Malwal en wimpelde alle aantijgingen af met de vlotte verzekering dat Riek en Lam niet verantwoordelijk waren voor wat er op de band te zien was. 'Het is afschuwelijk, natuurlijk. Maar de band laat niet echt zien wie het gedaan heeft.'

Wat hij zei, was helemaal waar. Maar nadat ik de opnames had gezien, was ik niet meer jaloers op Emma.

Het was voor Emma een verschrikkelijke tijd. Iedereen had het over de monsterlijke misdaden die de Nuer in Bor hadden begaan. Emma was haar baan kwijt en nu begon ze ook veel vrienden kwijt te raken. De zuidelijke Soedanezen die Garang steunden, waren de eersten die het contact met haar verbraken. De Dinka-onderwijzers en andere Dinka die ze in Equatoria had leren kennen, probeerden haar zoveel mogelijk te ontlopen. Sommigen jouwden haar woedend uit wanneer ze haar toevallig in de winkelwijk van Nairobi ontmoetten. Ze voerde heftige discussies met Willy Knocker en verschillende andere westerse vrienden die vervuld waren van afschuw over de slachtpartij die in Bor was aangericht. Sam Kiley, de kale, openhartige correspondent van *The Times* in Nairobi, liet Emma een aantal foto's van Bor zien, die zijn krant te gruwelijk voor publicatie vond. 'Nu zie je wat die klotige held van je heeft aangericht,' zei hij boos tegen haar.

Ze weigerde het te accepteren. Ze bestookte Kiley en anderen met allerlei argumenten die Riek van alle blaam zuiverden: de troepen van Garang hadden overdreven hoeveel slachtoffers er in Bor waren gevallen, het merendeel van de moorden was gepleegd toen de hoofdmacht van het SPLA de stad heroverde, en het was oorlog, en in oorlogstijd verloren onschuldige mensen het leven. Kiley had Emma in Nasir leren kennen omstreeks de tijd dat ze met Riek trouwde. Toen ze in Nasir ging wonen, vond hij haar 'een knappe en intelligente Engelse meid, die een bourgeois droom tot vervulling bracht'. Een andere Britse vriend herinnert zich de consternatie die Emma veroorzaakte met haar koppige weigering om te erkennen dat zich in Bor gewoon een menselijk drama had voltrokken. 'Een groot aantal van ons werkte in het zuiden van Soedan, en we werden allemaal in de lastige omstandigheid geplaatst dat iemand met wie we bevriend waren en met wie we in het verleden over dit soort dingen konden praten, ons plotseling vertelde dat het Bloedbad van Bor helemaal niet had plaatsgevonden, dat het een verdichtsel was dat door iemand uit zijn duim was gezogen.' Emma bleef Riek zo hardnekkig trouw dat enkele medewerkers van Operation Lifeline Sudan haar Lady Macbeth begonnen te noemen en achter haar rug 'Weg, vervloekte smet – weg, zeg ik' fluisterden, wanneer ze naar het VN-hoofdkwartier in Nairobi kwam om te bepleiten dat Nasir meer hulp moest krijgen.

Sam Kiley kon het niet over zijn kant laten gaan. Op de hem kenmerkende botte manier maakte hij Emma duidelijk dat het toch wel hoogst onwaarschijnlijk was dat de mannen van Garang de dood van de Dinka die op de videoband te zien waren op hun geweten hadden, omdat Dan Eiffe de beelden in september op video had opgenomen, enkele weken voordat het SPLA Bor heroverde. Hij zei dat de moord- en plunderpartijen van Bor geen gewone incidenten waren, maar dat ze waren uitgevoerd op een schaal die het zuiden niet meer had gekend sinds de plundertochten van de Baggara die tot de hongersnood van 1988 hadden geleid. De Nuer hadden een miljoen stuks vee geroofd en tienduizenden Dinka-vluchtelingen waren nog altijd bang om naar huis terug te keren. Zoals een Amerikaanse missionaris later schreef: de aanval op Bor 'ging gepaard met een wreedheid die erop wijst dat het de bedoeling was de economie van de Dinka van Bor, de maatschappelijke structuur van de bevolking en daarmee de wil om te overleven in één klap volledig te ontwrichten'. Bevend van woede ontkende Emma alles. Kily en zij kwamen ten slotte overeen nooit meer over zuidelijk Soedan te discussiëren. In de ogen van Kiley was dat de enige manier waarop hij met haar bevriend kon blijven.

Anderen kwamen tot dezelfde conclusie, zonder haar ooit rechtstreeks te hebben geconfronteerd. Wanneer iemand de rol die Riek in Bor had gespeeld ter discussie wilde stellen, verstarde Emma's gezicht. 'En wat weet jij nu helemaal over het vechten van een jungleoorlog?' zei ze dan. 'Hoe zou jij een dictator als Garang uit de weg willen ruimen? Hoe zou jij soldaten en burgers die zich vele honderden kilometers verderop bevinden, onder controle houden wanneer je niet over een radiozender of gemotoriseerde voertuigen beschikt?' Ze bleef net zo lang doordrammen totdat iedereen – met uitzondering van degenen die zich nooit door wie dan ook zouden laten overtuigen – wegging met het gevoel een sul en een onnozele hals te zijn. 'Ze verdedigde hem door dik en dun,' vertelde Sally Dudmesh me later. 'Ze geloofde dat de dingen die Riek deed volkomen rechtvaardig waren.' Een andere vrouw vertelde: 'Emma kon zichzelf verschrikkelijk goed verdedigen. Je liet je – eerlijk gezegd – nogal door haar intimideren. Ze kon je het gevoel geven dat de dingen waarover jij je druk maakte weinig betekenis hadden... ze kon maken dat je jezelf heel... nou ja, heel gewoontjes voelde.'

Als de regering-Bush ooit heeft overwogen Riek Machar en Lam Akol te steunen – zoals Riek en anderen volgens eigen zeggen hadden opgemaakt uit de woorden van de Amerikaanse functionarissen die Nasir in mei hadden bezocht –, dan veranderde Washington van gedachten nadat er in de pers berichten verschenen over het Bloedbad van Bor. Garang nam echter geen enkel risico. Na het bezoek van de Franse minister van Gezondheid en Humanitaire Actie Bernard Kouchner aan Torit in augustus bracht de leider van het SPLA in het geheim een bezoek aan Parijs. Hier had hij een ontmoeting met de zoon van president François Mitterrand, die het Franse beleid in Afrika bepaalde, en met functionarissen van de oliemaatschappij Total, die de nooit ontwikkelde concessie voor de exploratie van olie in het door het SPLA bezette Equatoria bezat. Garang keerde terug in de wetenschap dat hij op Franse steun kon rekenen.

Om zich te wreken voerden de troepen van Garang tegenaanvallen uit. Omdat Riek in Nasir geïsoleerd zat, kon hij zich voor wapens alleen tot Rowland en de regering in Khartoum wenden. In januari 1992 tekende Lam Akol in Frankfurt een overeenkomst met de regering, waarin werd voorzien in een 'overgangsperiode' van nationale eenheid. Gedurende deze periode zou het zuiden binnen een federaal kader met het noorden verbonden blijven. De regering liet echter nauwelijks blijken dat de uitgesproken wens om in vrede met het zuiden te leven voor haar enige betekenis had. In 1992 werd een fatwa uitgevaardigd waarin de status van iedereen die tegen de regering in opstand kwam omschreven werd: 'Een oproerling die eerst moslim was, is nu een afvallige; een niet-moslim is een ongelovige die als een vestingwal de verspreiding van de islam belet; de islam verleent iedereen het vrije recht beide te doden.'

Het verwoeste stadje Nasir bleef even traag en stil als tevoren. Vluchten reigers cirkelden door de lucht, krokodillen lagen te zonnen op de modderige oevers van de Sobat. De betrekkingen tussen het VN-kamp en de rebellen waren weer teruggevallen tot het gebruikelijke niveau van wederzijds wantrouwen. Bernadette Kumar was Ian Lethbridge opgevolgd als teamleider. De Indiase arts keek nog altijd uit naar Emma's dagelijkse bezoekjes. Maar met Riek maakte ze nu voortdurend ruzie over vluchtelingenaantallen, over dieselolie en voedselvoorraden die waren verdwenen, en over oneindig veel andere dingen. Khartoum had het vliegverkeer naar gebieden die niet in handen van Riek waren volledig lamgelegd. Garang was woedend over het feit dat Operation Lifeline had besloten de medewerkers van Rieks eigen hulpverleningsprogramma te erkennen als de vertegenwoordigers van de nieuwe, onafhankelijke hulporganisatie, de Relief Association of Southern Sudan (RASS). Het bericht dat Riek van Khartoum wapens kreeg om tegen het SPLA van Garang te vechten, vergrootte bij veel hulpverleners alleen maar de afkeer die ze voor hem voelden, die des te intenser was doordat ze zich schuldbewust herinnerden hoe intiem ze die zomer met hem en Emma waren geweest.

Emma hervatte de publiciteitscampagne waarin ze Garang aanviel omdat hij kindsoldaten rekruteerde. In hun Verklaring van Nasir hadden Riek en Lam Akol de aandacht gevestigd op de duizenden jongens uit de SPLA-kampen die na de val van Mengistu uit Ethiopië naar Soedan terugkeerden. Tijdens het bezoek dat Bernard Kouchner ten tijde van de afsplitsing aan Soedan bracht, haakte de Franse minister op deze kwestie in; hij laste een trip in om tienduizend jongens in de leeftijd van acht tot achttien jaar te zien, die uit het Panyido-kinderkamp in Ethiopië kwamen en uiteindelijk in het kamp bij Pochalla waren beland. Na afloop van zijn bezoek had de minister Garang geïrriteerd door hem te vragen of hij de jongens opleidde om ze bij zijn rebellenleger in te lijven. In een flits van openhartigheid kaatste Garang terug dat hij niet genoeg wapens bezat om soldaten van de jongens te maken. 'Waarom zou ik wapens aan jongens van zes jaar geven, als ik niet eens wapens kan geven aan mannen van dertig die al een opleiding hebben gehad?' Maar Emma en de VN-functionarissen wisten dat zelfs ongewapende jongens als sjouwers of bedienden nuttige diensten konden bewijzen. Emma wendde zich tot de journalisten en mensenrechtenactivisten die ze uit Londen kende om ervoor te zorgen dat het oog van de wereld op de jongens in de kampen van Garang gevestigd bleef. 'Ik heb gezien hoe heel jonge kinderen in kleine strijders werden veranderd, zo goed als gehersenspoeld werden om mee te vechten, en het is zo ontzettend fout,' zei ze tegen Richard Ellis van *The Sunday Times*. 'Die jongens hebben het toch al zo moeilijk. Ik móét er gewoon wat over zeggen... er móét een einde aan komen.'

Ondertussen bleef Hania Sholkamy, de Egyptische antropologe, in Nasir om te bezien wat er moest gebeuren met de circa twaalfhonderd jongens die onder gezag van Riek stonden. Het Internationaal Comité van het Rode Kruis (ICRC) had zich over de jongens bij Pochalla ontfermd en hun voedsel, water, kleding en onderwijs gegeven. Emma stelde dat het ICRC voor de jongens in Nasir hetzelfde moest doen. Uiteindelijk, zo verklaarde ze, had Riek de jongens in Nasir uit het leger van Garang bevrijd, terwijl de jongens in Pochalla gewoon werden klaargestoomd om als kindsoldaat in Garangs leger te worden ingelijfd. Ze beschuldigde de VN en het Rode Kruis ervan dat ze niet de moed hadden om het tegen Garang op te nemen. Het ICRC mestte de jongens in Pochalla alleen maar vet, zodat Garang ze kon gebruiken wanneer hij ze nodig had, zei ze. 'Garang geeft in zijn eigen geschriften aan dat hij het gebruik van kinderarbeid in zijn FACE-scholen goedkeurt! En nu zitten hier duizend jongens die Riek uit de handen van Garang heeft gered... en het ICRC geeft ze helemaal niets!'

Ze nodigde Sholkamy uit om bij de jongens in Ketbek te verblijven en met eigen ogen te zien hoe ze daar leefden. Omdat ze zo dicht bij het hoofdkwartier van Riek woonde, werd de antropologe tijdens haar verblijf in het kamp ook een heleboel van Emma en Riek gewaar. De jongens in het kamp leken Emma te aanbidden, en zij leek oprecht veel van hen te houden. Maar de Egyptische merkte ook dat het voor Emma enorm belangrijk was dat Sholkamy instemde met haar standpunt dat Riek de jongens had gered. 'Voor het voortbestaan van deze splintergroepering was het van wezenlijk belang om het publiek te laten geloven dat deze jongens wees waren,' vertelde ze mij. 'Ze had een heel verhaal over hoe de slechte communisten de jongens in Ethiopië hadden gevangengehouden, hoe Garang ze daarna bij zijn leger had ingelijfd en hoe de slechte noorderlingen de jongens vervolgens hadden gebombardeerd. Niets van dit verhaal was volledig waar, en tegelijkertijd was niets volledig onwaar. Ik denk dat juist deze complexiteit voor Emma bedreigend was. Ze moest aantonen dat Riek niet zo was als Garang, omdat hij anders gewoon een verrader zou zijn.'

Emma kende veel van de jongens bij naam en kon Sholkamy vertellen wat ze hadden meegemaakt en wat hun probleem was. De jongens noemden haar Emma Riek en liepen haar overal achterna. Toen de plaatselijke bevolking klaagde dat de jongens in het nabijgelegen bos hout kapten om houtskool te maken voor hun kookvuren, nam Emma het voor de jongens op. Ze voer tegen Sholkamy uit over de weigering van de VN om in het jongenskamp buiten Ketbek fatsoenlijke scholen op te zetten. De tent die Emma hun had gegeven om als schoollokaal te gebruiken, was tijdens de regentijd in elkaar gezakt, de jongens hadden geen lesboeken en geen papier om op te schrijven. (De plaatselijke jongens en meisjes kwamen nog altijd naar het geïmproviseerde schooltje op het terrein van de voormalige missiepost in Nasir. Maar het schooltje in Nasir kon de honderden jongens die in het kamp voor minderjarigen buiten Ketbek woonden, niet herbergen.) Ze liet nooit na om bezoekende missionarissen en zendelingen of vertegenwoordigers van liefdadigheidsinstellingen te vragen de jongens enkele boeken en gebruikte kleren te schenken. 'Als het om de minderjarige jongens ging, dan zei ze altijd precies hoe ze het wilde hebben,' zei Sholkamy. Over één ding was iedereen het eens: de jongens waren er uiterst belabberd aan toe.

Een steeds opnieuw terugkerende koorts had hun aantal uitgedund, tot het Bernadette Kumar lukte om vast te stellen wat het was en de Verenigde Naties tetracycline stuurden. Emma zei dat Operation Lifeline niet genoeg voedsel stuurde om de jongens te eten te geven; de VN-medewerkers zeiden dat de volwassen 'toezichthouders' van de jongens nog steeds het voedsel stalen dat voor de jongens bedoeld was. Ze leden verder aan malaria, tyfus en tuberculose. Ineengedoken naast de krakkemikkige strooien hutten die ze voor zichzelf in de modder hadden opgetrokken, zagen de jongens er bang en bedroefd uit. De muskietennetten die UNICEF had gestuurd, waren verdwenen; de grote tent die Emma hun had gegeven om als kampschool te dienen, was gescheurd en lekte. Sholkamy hield de rebellen niet volledig verantwoordelijk voor alles wat er met de jongens mis was. Haar werk in andere oorlogsgebieden had haar geleerd dat het voor kinderen en hun ouders vaak een rationele beslissing was om zich bij een leger aan te sluiten. In oorden als zuidelijk Soedan was het nu eenmaal een triest feit dat de kindsoldaten vaak beter te eten kregen dan de andere kinderen.

Ze ergerde zich aan de sentimentele westerse opvatting dat de jongens hulpeloos en onschuldig waren. Slechts enkele VN-medewerkers spraken Nuer of Arabisch. Sholkamy had het gevoel dat het beeld dat de meeste van hen van Soedan hadden, vertekend was door persoonlijke en politieke vooroordelen, zoals bij Emma het geval was. De westerse hulpverleners koester-

den in Sholkamy's ogen een bijna komische achterdocht tegenover de islamitische regering. Omdat ze uit Egypte kwam en moslim was, leken ze te
denken dat zij op een of andere manier bij de duistere transacties van Riek
en Lam met de regering betrokken was. De antropologe vond dat de westerlingen blind waren voor het feit dat het zuiden van Soedan historisch gezien
niet alleen in conflict was geweest met het noorden, maar ook samenwer-
kingsverbanden had gekend. Zuiderlingen die toenadering tot het noorden
zochten, konden daarom niet zonder meer voor verrader worden uitgemaakt.
Ze vond dat Emma, die haar dikwijls uitnodigde om naar de *tukul* te komen
die ze met Riek deelde, de neiging had om alles heel erg zwart-wit te zien,
al was het dan niet altijd op dezelfde manier als de andere *khawaja's*: 'Daardoor
belandde ze in een lastig parket. Iedereen kon immers zien dat niemand daar
een engel of een duivel was.'

Riek was, zoals altijd, behaagziek en innemend. Hij vertelde Hania Sholkamy over zijn broer die in Alexandrië woonde. Hij maakte indruk op haar
met zijn 'perfecte Egyptisch-Arabisch' en zijn kennis van het Egyptische openbare leven en de politiek. Toch bespeurde ze dat deze kant van Riek, de kant
die zich thuisvoelde in de Arabische cultuur en de islam, Emma een ongemakkelijk gevoel leek te geven. Toen ze op een keer gedrieën bij elkaar zaten, begon Riek te vertellen over Angelina en zijn kinderen in Londen. In januari
1992 hadden de presbyteriaanse ouderlingen in Nasir Riek berispt omdat hij
een tweede vrouw had genomen. De presbyteriaanse kerk in Soedan stond weliswaar toe dat gewone mannelijke presbyterianen meer dan éénmaal trouwden, maar Riek was een ouderling, en ouderlingen werden geacht het goede
voorbeeld te geven door monogaam te blijven. Riek deed het incident af als
het werk van een aantal mopperende kerkleden. Sholkamy plaagde hem door
te zeggen dat de islam zo slecht nog niet was: onder het islamitisch recht zou
hij met nog twee andere vrouwen mogen trouwen. Riek lachte snaaks, maar
Emma verstijfde en veranderde het gespreksonderwerp. 'Ze kon dat niet goed
hebben,' herinnerde Sholkamy zich.

Emma vatte haar rol als belangrijkste vrouw van Nasir ernstig op. Ze liet
de op blote voeten lopende tienersoldaten van Ketbek zaden planten die ze
had verzameld en gedroogd van de groenten die met de maaltijden voor de
vn-medewerkers naar Ketbek kwamen. 'Ze was vastbesloten de soldaten zover te krijgen dat ze hun kalasjnikovs zouden neerleggen en aan het boeren

zouden gaan,' zei Sheila Murfitt, een van de hulpverleners in Nasir. Er kwamen hele delegaties vrouwen uit verafgelegen Nuer-dorpen om haar over hun geschillen te vertellen en te vragen of ze haar invloed op Riek ten gunste van hen wilde aanwenden. De vrouwen, die gehuld waren in kleurige doeken, kwamen wanneer ze Nasir bereikten met opgeheven hand aanlopen om die tegen de hand van Emma te kletsen. Emma doorliep alle begroetingsrituelen van de Nuer en ging dan in een plastic stoel onder een acacia zitten. De vrouwen hurkten neer op de grond voor haar, en legden uit wat hun probleem was. Als het kon, loste Emma de kwestie zelf op. Lukte dat niet, dan beloofde ze dat ze hun geschil aan Riek zou voorleggen om tot een vergelijk te komen. Ze had haar minirokjes allang verwisseld voor de veel waardiger sarong en een tulband, maar in haar *tukul* bewaarde ze nog altijd Britse modebladen en een fles wodka. Sholkamy had bewondering voor de manier waarop Emma erin slaagde om zo stijlvol en met zoveel vertoon in de wildernis te leven. 'Ze leed een prettig leven. Ze straalde niet uit dat ze er van alles voor op had moeten geven. Dat kon ik wel waarderen.'

Emma leek volledig mee te draaien in de militaire en politieke aspecten van Rieks strijd. Wanneer ze niet in het jongenskamp aan de andere kant van de rivier was of met de vrouwen overlegde, was ze met haar oude stencilmachine in de weer om voor Rieks groep allerlei pamfletten en documenten te vermeerderen. Ze veinsde niet langer dat ze zich gebonden achtte aan de humanitaire ideologie van de hulpverleners. 'Ze waren een politiek team,' zei Hania Sholkamy. 'Ze maakte deel uit van de strijd. Ze haalde fel uit naar Garang en zei dat hij haar belasterd had en dat hij een dictator was.' Ze berustte erin dat Riek militaire maatregelen tegen zijn vijanden nam. Sholkamy zei dat ze in Ketbek gevangenen had gezien die vastzaten in een gat in de grond dat met een eenvoudig houten deksel werd afgesloten. Als zij ze zag, dan heeft Emma ze ook gezien. 'Ik kan me niet voorstellen dat ze aan geheugenverlies leed of door Riek werd bedrogen. Laten we zeggen dat ze er niet wars van was om te winnen.'

Hania Sholkamy kreeg het gevoel dat Emma, ondanks het feit dat ze zich oprecht zorgen maakte over het lot van de jongens in het minderjarigenkamp, zich stellig had voorgenomen om elk aspect van hun geschiedenis te negeren dat Riek in een kwaad daglicht stelde. Emma hield vol dat de jongens wees waren, terwijl ze in feite geen wezen waren. 'Ze waren gerekruteerd voor het leger.' In Itang waren ze niet alleen naar school gegaan, maar hadden ze ook een militiaire training gekregen. 'Feitelijk was er een civiel en een militair aspect. Maar de hele kwestie was politiek gezien enorm beladen. Iedereen had een verhaal over de jongens. En ondertussen konden de jongens geen kant op.' De familie van enkele jongens kwam hen 's avonds in het geheim opzoeken. Sholkamy zag hoe ze bij het licht van de maan over de rivier kwamen aanpeddelen. De jongens en hun familie maakten fluisterend afspraken over wanneer ze weer bij elkaar zouden komen. Soms gaven de jongens voedsel aan hun familie. Sholkamy ontdekte dat de volwassen 'toezichthouders' die er door de hulpverleners van werden beschuldigd het voedsel van de jongens te stelen, vaak familie van de jongens waren. Het was een onderdeel van de Nuer-cultuur dat jonge kinderen volwassen mannen te eten gaven. Net als Douglas Johnson merkte ook Sholkamy in de hut van Riek en Emma de helder oranje bekers en borden van UNICEF op. Ze was niet van plan deze overtreding van de reglementen van Operation Lifeline hoog op te nemen. "Yanni, ze zijn allemaal familie van elkaar,"vertelde ze me. Sommige hulpverleners beoordeelden alles naar hun eigen westerse maatstaven, zo van: dit zijn de burgers en dat zijn de soldaten. Maar zo zat het niet in elkaar.' Het was haar echter niet ontgaan hoe goeddoorvoed Emma en Riek waren in vergelijking met de jongens, die soms – zoals ze zelf had gezien – probeerden visnetten te vlechten van touw dat afkomstig was van uitgerafelde UNICEF-dekens en afgedankte graanzakken.

Sholkamy deed Operation Lifeline de aanbeveling om de jongens naar hun geboortestreek terug te sturen – ze waren overwegend afkomstig uit het district Bentiu – maar Riek voerde de ene na de andere reden aan waarom de jongens niet konden vertrekken. Hij redeneerde dat de VN in het district Bentiu eerst scholen moest hebben opgezet voor de jongens daar geherhuisvest konden worden. Anders, zei hij, zou John Garang ze weer naar zijn leger kunnen lokken met de belofte dat ze in het Rode Kruis-kamp in Pochalla onderwijs en voedsel zouden krijgen. Sholkamy had de indruk dat hij probeerde tijd te rekken. Operation Lifeline weigerde echter hem het vuur na aan de schenen te leggen. Ondertussen kwijnden de jongens weg en bleven Sholkamy en andere hulpverleners hun dagvergoeding opstrijken.

Naarmate de tijd verstreek, raakte de antropologe steeds meer teleurgesteld in alle volwassenen in Nasir. 'Er voltrok zich een menselijk drama, en het leek alsof hun poging om dit te verhelpen, verzandde in politiek,' vertelde ze me. Ze had in Irak en Libanon al eerder met kinderen gewerkt. In Nasir had ze echter voor het eerst enkele mensen leren kennen die de beslissingen namen. Ze zei dat ze het net een terrarium vond, waarin ze precies kon zien hoe de kinderen door iedereen om hen heen tegelijk gebruikt en genegeerd werden. 'In Soedan kon ik de poppetjes zien die deze situatie in stand hielden. Iedereen was aanwezig – de mensen aan de top en de mensen die het slachtoffer waren – en ik zag de lijnen die hen met elkaar verbonden. In Irak en de andere plaatsen waar ik had gewerkt, had ik Saddam Hoessein bijvoorbeeld nooit ontmoet. Het was om eerlijk te zijn verontrustend dat Riek en Emma zulke charmante en vriendelijke personen waren en dat ze tegelijkertijd voor deze situatie verantwoordelijk waren.'

De hulpverleners, die geacht werden neutraal te zijn, waren geen haar beter. Sholkamy vond dat iedereen werd aangetast door de verfoeilijkheid van de realiteit van de macht. De neiging van de westerlingen om zichzelf als 'de bestrijders van het kwaad' te zien, stuitte haar tegen de borst. 'We zaten er allemaal omdat we daar baat van zouden hebben bij het verdere verloop van onze carrières,' zei ze. 'Ik heb nooit gezien dat iemand ook maar iets opofferde. Iedereen trok er op de een of andere manier profijt van.' En dat was precies waarom het zo schokkend was. Het was zoals de Soedanezen het verwoordden: iedereen 'at' doordat de jongens vastzaten in het kamp aan de overkant van de rivier van het kampement van Riek en Emma. 'Kinderen raken erin verstrikt, ze sterven en verliezen hun hele toekomst, terwijl iemand anders daar beter van wordt. Ik vond het zo verschrikkelijk dat ik dit werk daarna nooit meer heb gedaan, omdat ik zoiets echt nooit meer wilde meemaken,' vertelde ze me later.

In februari 1992 ging Riek uiteindelijk akkoord met het plan om vierhonderdvijftig jongens in Nasir toestemming te geven naar Ler terug te keren. Hania Sholkamy ging terug naar Egypte. Haar rapport werd keurig in de archieven opgeborgen, en onderging daarmee hetzelfde lot als die hele vracht officiële studies die over de 'zoekgeraakte jongens' zijn geschreven. Riek en de VN soebatten nog lange tijd over wat er met de resterende achthonderd jongens moest gebeuren. Riek beweerde dat enkele van de jongens die naar Ler waren teruggebracht, rechtsomkeert hadden gemaakt en naar Nasir waren teruggelopen. Hij zei dat ze terugkwamen omdat de VN in Ler nog altijd geen school voor hen hadden gebouwd. In antwoord hierop voerden VN-functionarissen aan dat Garang en Riek nog zoveel rondom Ler vochten, dat AzG-Nederland nauwelijks in staat was er het ziekenhuis draaiende te houden. Hoeveel moeilijker zou dat niet zijn voor een school. Maar als de zaak er zo voor stond, antwoordde Riek op zijn beurt, kon UNICEF in Nasir een school bouwen. Twee jaar later zaten in Nasir nog altijd circa achthonderd jongens op een beslissing te wachten. 'Het leven gaat met ons aan de haal,' zei een van de jongens tegen een nieuwe UNICEF-adviseur. 'Maar ik voel me niet bedroefd, want niemand kan zijn leven of lot kiezen.'

Ik heb een aantal foto's van Emma uit de tijd dat ze in Nasir woonde. Peter Moszynski, een vriend van Emma uit Londen, heeft ze gemaakt toen hij in 1992 in Nasir op bezoek was. Op een zwart-witopname staat Emma voor een vierkante, uit leem opgetrokken *tukul*. Ze knijpt met haar ogen tegen de zon en draagt een mouwloos hemdje van zwart kant, een lange rok met ceintuur en heeft slippers aan haar voeten. Haar donkere haar hangt tot op de schouders en is modieus geknipt; de handen houdt ze op haar rug. Haar gezicht heeft de zinnelijke, perzikachtige trekken verloren die het had toen ze nog in Engeland woonde. Het is scherper getekend en hoekiger. De volgende foto is in kleur. Emma zit nu in de hut op een metalen bed met een dunne matras van schuimrubber. Boven het bed hangt een muskietennet en erachter zie je Emma's kleren netjes over een lijn hangen. De muren zijn beschilderd met Afrikaanse dieren, menselijke gestalten en geometrische figuren in zwart, wit en bruin. De derde foto is de enige waar Riek ook op staat. Hij en Emma zitten achter een grote tafel die aan het oog wordt onttrokken door kasboeken, los liggende papieren en luchtpostenveloppen, twee glazen thee en een wereldradio. Riek kijkt recht in de camera en ziet er in zijn veldtenue met de enorme epauletten en zijn helde rode baret uit als een dictator uit een stripverhaal. Emma leunt over de tafel. Ze kijkt naar beneden en lacht flauwtjes om iets wat zich net buiten beeld bevindt.

Ze maakt een enigszins bedeesde indruk, alsof ze op de filmset voor *The African Queen* poseert. Alles wijst er echter op dat ze werkelijk genoot van haar positie als gemalin van de krijgsheer. De manschappen van John Garang waren de gevechten met Riek 'Emma's oorlog' gaan noemen. Het was onder de Niloten een oud gebruik om een vete te vernoemen naar de vrouw die hem had veroorzaakt, en veel zuiderlingen gaven Rieks *khawaja*-vrouw de schuld van de maalstroom van gebeurtenissen waarin ze zo snel na zijn huwelijk waren meegesleurd. 'Alleen omdat ze Brits was, dachten ze dat ze steun kreeg van de VN. Ze dachten: misschien is Emma degene die alles heeft bekokstoofd,' zei Michael Wal Duany, een Nuer-politicoloog die een groot aantal Nuer en Dinka die lid waren van het SPLA, over de afsplitsing interviewde. Emma wist dat ze een doelwit was. Toen de strijders van Garang het land van de Nuer begonnen te plunderen als vergelding voor de slachting bij Bor, drong Riek erop aan dat Emma in Nairobi zou blijven. Ze weigerde echter Riek en Nasir achter te laten. In plaats daarvan werd ze voortaan overal gevolgd door een meer dan twee meter lange lijfwacht. De man was overdekt met woeste littekens en heette Forty-Six, naar een bepaald machinegeweer dat hij graag gebruikte. In een nooit gepubliceerd artikel beschreef Emma's vriendin Emma Marrian hoe de vrouwen massaal op haar afkwamen wanneer Emma in een Nuer-dorp arriveerde. Soms droegen ze haar op hun schouders mee naar hun woning. 'Lichaamshaar vonden ze iets heel macabers, en stortten zich massaal op haar en waxten elke centimeter van haar lichaamshaar met een gekarameliseerd mengsel van limoen en suiker,' schreef Marrian. 'Ze noemden Emma Yian, naar de kleur van hun bleekste, roomkleurigste runderen.' Ze voegde hieraan toe dat Emma de gewoonte van de mensen in Nasir had overgenomen om gedurende de heetste uren van de dag – tussen tien uur 's ochtends en vier uur 's middags – te gaan slapen. In de brieven die Riek aan Emma schreef nadat ze vanuit Nasir naar Nairobi was vertrokken, meldde hij de langdurige siësta's in hun 'liefdesnest' te missen.

In juni 1992 stuurden *The Mail on Sunday* en *YOU* Tarquin Hall terug naar Soedan om over Emma te schrijven. Hall had haar de vorige zomer ontmoet, toen hij verslag deed van de vluchtelingencrisis in Nasir. Na zijn aankomst in Nasir was Hall nog meer dan vier dagen onderweg voor hij Emma in een dorpje vlak bij de Ethiopische grens vond. Ze droeg een parasol en was een struisvogel aan het voeren. Ze had een van haar buitenissige kostuums aan: een slappe vilten hoed, blauwe hushpuppies met roze sokken, een gebloemde rok, een zwarte mouwloze blouse en een halsketting van zonnebloempitten. Zoals Hall schreef: 'Ze leek volstrekt niet verbaasd dat ik de hele reis vanuit Nairobi gemaakt had om haar hier te ontmoeten.' 'Hou je van struisvogels?' vroeg ze hem bedaard. 'Ik noem deze hier Burty, omdat ze me aan een van mijn vroegere docenten herinnert. Burty had een maatje, maar die werd gedood tijdens een plundertocht door mensen die aan de andere kant van de grens wonen.'

Hall bleef twee weken bij Emma. Hij merkte op dat ze rond haar middel de kralenketting was gaan dragen die aangeeft dat een Nuer-vrouw getrouwd is. De plaatselijke bevolking, zei hij, leek bijzonder op haar gesteld te zijn en begroette haar wanneer ze voorbijliep. In Ketbek serveerde ze hem geroosterde geit die door haar lijfwachten was geslacht en klaargemaakt. Hij ontmoette Come On en zag de katten die ze had laten komen om ratten te vangen, maar die in plaats daarvan de kippen van de soldaten verschalkten. 'De soldaten dreigen voortdurend dat ze hen dood zullen maken,' zei ze, op haar dieren doelend. 'Maar Riek heeft het verboden.' In het jaar dat verstreken was sinds Halls vorige bezoek aan Nasir, waren de meeste vluchtelingen uit Itang weer in hun eigen dorpsgemeenschap opgegaan en was er een markt ontstaan. Er werden vissperen, stukken VN-plastic en materiaal voor het bouwen van strooien hutten te koop aangeboden, en ook gedroogde vis, noten en wilde aardappelen. Emma vertelde Hall dat ze een rondreis door het gebied van Riek had gemaakt om de vrouwen aan te moedigen een plaatselijke vertegenwoordiger te kiezen voor een raad die door Riek zou worden ingesteld. Ze bracht hem naar het kantoor van de vrouwenvereniging die ze in Nasir had helpen oprichten. 'Het is voor mij heel belangrijk geweest deze mensen te helpen,' vertelde ze Hall. 'Ik heb het gevoel dat ik op dit ogenblik in een unieke positie verkeer, omdat ik hun leven van dag tot dag met hen deel en niet zomaar een willekeurige hulpverlener ben die net doet of hij begrijpt wat hun positie is en vertelt hoe ze moeten leven.'

Hall vroeg wat ze zo aantrekkelijk vond aan het zuiden van Soedan. 'Ik hou van de eenvoud hier, hoewel het soms gevaarlijk is en het leven tot de meest elementaire dingen is teruggebracht,' antwoordde ze. 'Je beseft dat het leven in het Westen alleen maar om materiële zaken draait. De mensen in het zuiden van Soedan zijn op een bepaalde manier heel romantisch. De mensen leven hier zoals ze dat altijd gedaan hebben. Er is nauwelijks iets veranderd. Het zijn overlevers. Daar heb ik respect voor...

Zelf zal ik nooit een geweer oppakken om te gaan vechten, maar ik ben met iemand getrouwd die voor een zaak vecht en dus vecht ik daar tot op zekere hoogte zelf ook voor.'

Wat andere *khawaja's* het indrukwekkendst vonden aan het leven dat Emma in Nasir leidde, was dat ze bereid was zoveel gevaren en ongemakken te doorstaan om bij Riek te kunnen zijn. 'Ik had werkelijk bewondering voor het feit dat ze volledig op de Soedanese manier leefde,' zei Bernadette Kumar. Ze douchte niet, ze had geen stromend water, zelfs niet de betonnen vloer, de vensterruiten en het zinken dak die de missionarissen in Nasir tijdens de Britse periode hadden gebruikt om de regen en de slangen buiten te houden. Emma en Riek aten tijdens het middagmaal voornamelijk nijlbaars uit de Sobat. (De Nuer-koks bereiden de vis op drie manieren: gebakken, gekookt met maïs en gestoofd boven op *kisra*.) Een jaar na haar huwelijk met Riek had ze enkele van de verraderlijkste gevaren leren kennen die voor de in het oorlogsgebied wonende zuiderlingen op de loer lagen: de koortsen, het delirium, de kleine ruzies, de angst en bovenal de verveling. Nadat Hall vertrokken was, werd Emma geveld door een vorm van malaria die gepaard ging met hevige koortsen. Later zou ze de gebruikelijke Soedanese opvatting overnemen dat malaria bij een volwassene zoiets was als een gewoon griepje: ongemakkelijk en soms gevaarlijk, maar voor een volwassene zelden levensbedreigend. Deze eerste kennismaking met de koorts, de hoofdpijn en de koude rillingen die haar tot op het bot deden huiveren, maakten echter dat ze nog wekenlang slap was van uitputting. Toen Emma eindelijk naar Nairobi vertrok, schrok Sally ervan dat ze zo mager was geworden. 'Maar ze vond het helemaal niet erg. Ze leefde maandenlang zonder te klagen op rijst en gekookte vis. Het was alsof ze twee levens had, want ze liet die helse moerassen achter zich, bestudeerde mijn kleerkasten in Nairobi en kwam weer te voorschijn als een verschijning uit *Vogue*. En daarna verdween ze naar een diner.'

Op dergelijke partijtjes in Nairobi ging alle aandacht onvermijdelijk naar Emma uit. Ze lachte voortdurend en plaagde blozende, zojuist uit Engeland gekomen jongemannen steevast met de vraag of zij hun vriendinnetjes thuis hadden beloofd trouw te blijven. De gesprekken verstomden wanneer ze vertelde over het leven in Nasir. Zo had je bijvoorbeeld het verhaal over de rechtszaak van de Nuer-vrouw die beweerde dat ze zwanger was geraakt van haar minnares. Riek had moest beslissen of hij de rechten van het vaderschap aan de minnares van de vrouw zou toekennen of aan een man die met de minnares, maar niet met de zwangere vrouw, had geslapen. (Uiteindelijk had hij de claim van de vrouw afgewezen en het vaderschap aan de man toegewezen met de woorden: 'Welke vrouw heeft er nu ooit sperma geproduceerd?') En er was haar verhaal over de luipaard die acht dorpelingen had toegetakeld voor de mannen van Riek hem uiteindelijk doodschoten en zijn vel voor haar *tukul* te drogen legden.

Een correspondente van de Britse televisie herinnert zich dat ze Emma op een van die gelegenheden ontmoette. 'Emma zag er absoluut magnifiek uit,' vertelde ze me later. 'Ze droeg een rode blouse met een laag uitgesneden hals en was bijzonder opgewekt. Ze vertelde een verhaal over een jochie dat ze in zuidelijk Soedan kende. Ik dacht bij mezelf: Wat een ongewone hulpverlener. Hulpverleners zijn namelijk over het algemeen vrij beladen, vrij ernstig. Maar Emma was grappig. Ze kon goed verhalen vertellen.' Haar vrienden in Nairobi noemden haar 'de first lady in spe' van Soedan omdat ze, zoals Sally Dudmesh zei, 'ervan overtuigd waren dat ze een van de invloedrijkste vrouwen in dat gebied zou worden wanneer er eindelijk vrede kwam in het zuiden van Soedan. Ze deed veel voor de mensen daar. Ze waren dol op haar en ze zouden hebben gewild dat zij een van hun leiders werd.'

Het lijkt erop dat de Nuer ontzag hadden voor het feit dat Emma probeerde op hun manier te leven. 'De mensen van de hulpverlening hadden hun eigen compound,' herinnerde Michael Wal Duany zich. 'Ze aten in hun eigen ruimte. Het waren twee volledig gescheiden groepen. Emma doorbrak deze tegenstelling en zette de deur open voor andere mensen. Je kunt om middernacht bij haar aankloppen en wordt dan hartelijk ontvangen... Bij de andere *khawaja's* was dat anders.' Toch was de bewondering niet onverdeeld. Iets wat voor een Engelse vrouw een enorm ongemak leek, kon in de ogen van een Soedanese een onvoorstelbare luxe lijken. Terwijl Emma gekookte baars zat te eten, leden veel mensen in Nasir honger. Terwijl het haar nog steeds lukte om een plaatsje aan boord van een vliegtuig naar Kenia te krijgen, waren zij gedoemd in 'de woestijn van zuidelijk Soedan' te blijven, zoals Emma ooit bij wijze van adres in het gastenboek van een vriend opgaf.

In elk geval waren enkele van Rieks commandanten jaloers op Emma's vrijheid, op haar rijkdom en de invloed die Riek – zoals zij geloofden – via haar op de hulpverleningsorganisaties kon uitoefenen. Peter Adwok Nyaba schrijft dat 'Riek Machars huwelijk met een Britse hulpverleenster erop was gericht al haar mogelijkheden bij de gemeenschap van hulpverleners uit te buiten'. Vervolgens beklaagt Nyaba zich over de aandacht die Riek aan Emma en haar *khawaja*-vrienden schonk. 'Hij onderbrak een belangrijke [politieke] vergadering om zelfs de meest onbenullige hulpverlener welkom te heten en de hand te schudden, vooral wanneer het een Europeaan of Amerikaan was. En hij nam alle tijd om zijn collega's aan de hulpverleners voor te stellen.'

Rieks bondgenoot, het oude Nuer-stamhoofd Gordon Kong, had vooral een hekel aan Emma's gewoonte om hun vergaderingen bij te wonen. Tegen Riek zei hij grof in het Nuer: 'Zorg dat die vrouw hier weggaat!' Toen Emma – half grappend, half ernstig – probeerde de kwestie met de met littekens overdekte oude krijger uit te praten, had hij vol verachting op de grond gespuugd. 'Ze zei toen: "Gordon, waarom mag je me niet?"' herinnerde Bernadette Kumar zich. 'Hij had echt geen tijd voor dat soort dingen.' Gordon Kong en anderen wisten dat Riek Emma om advies vroeg als hij wilde weten hoe de wereld van de *khawaja's* een bepaalde actie zou opvatten, en ze keurden haar invloed af. 'Ze waren gebelgd over het feit dat hij naar een vrouw luisterde,' zei Bernadette. 'Ze denken dat hij een zwakkeling is geworden, maar ik denk dat hij bevrijd is,' zei Emma tegen Tarquin Hall.

Hall was erbij toen Emma en Riek, zoals hij schreef, 'als de leden van het Britse koningshuis die op Ascot naar de paardenwedrennen bijwonen' naar de feestelijkheden kwamen kijken die waren georganiseerd ter gelegenheid van het feit dat Nasir drie jaar eerder uit handen van de regering was bevrijd. 'Overal waar we heen gingen,' schreef hij, 'leken de Soedanezen blij te zijn om Emma te zien, al had ze nog maar weinig van hun taal geleerd. Ze genoot van het soort aandacht dat gewoonlijk aan leden van het koninklijk huis en aan beroemdheden is voorbehouden. In de dorpen renden de mensen naar haar auto wanneer ze voorbijreed. Ze boden haar geschenken aan en vroegen haar om raad.' Ze keken naar haar zoals ze naar andere invloedrijke personen keken, niet alleen om een oplossing voor hun conflicten te vinden, maar omdat ze hoopten dat zij hun voedsel en andere geschenken zou geven. Maar Emma, die niet langer in dienst was van een hulporganisatie, had niets meer om weg te geven. Het was iets wat haar begon te hinderen.

Toen ze nog voor Street Kids International werkte, had ze de mensen een lift gegeven in haar Land Cruiser, boeken en goederen uitgedeeld en onderwijzerssalarissen uitbetaald in de vorm van zeep en zout. Ze had nu meer ideeën dan ooit over de manier waarop ze de vrouwen en kinderen van zuidelijk Soedan kon helpen, maar geen middelen om die te financieren. 'Het probleem was dat haar rol moeilijk vast te stellen was,' zei Bernadette Kumar. Ze kwam naar het vn-kamp om dieselolie te vragen die ze, naar eigen zeggen, nodig had om enkele vrouwen weg te brengen naar een vrouwenorganisatie die ze probeerde van de grond te krijgen. Bernadette wilde wel helpen, maar brandstof werd als een militair artikel gezien en ze had strikte orders om Emma te behandelen alsof ze een medewerkster van Rieks hulporganisatie was. 'Ze kwam naar me toe en zei: "Ik heb echt twee vaten diesel nodig", en ik moest tegen haar zeggen: "Emma, ik kan je niets geven dat eigendom is van de vn." Ze besefte plotseling dat ze niets meer had om weg te geven. Dat begon een probleem te worden. Ze probeerde invloed uit te oefenen op de nieuwe jonge mensen die door de ngo's gestuurd waren, en andere mensen zeiden dan: "Wie is deze vrouw? Wie denkt ze wel niet dat ze is?"'

Emma deelde haar frustraties met Bernadette. Bijvoorbeeld het feit dat ze het gevoel had nergens bij te horen. 'Ze zien me nog altijd als een blanke vrouw,' klaagde ze. 'Ik doe mijn uiterste best. Ik eet met ze en ik doe alles wat zij ook doen, maar ze kijken nog steeds naar mijn huidskleur. In mijn hart ben ik Soedanees, maar dat zien ze niet...'

'Je hebt de ziel van een Europeaan,' viel Bernadette haar in de rede. 'Dat kun je niet veranderen.'

'Nee, mijn ziel is Soedanees,' hield Emma vol. Ze verwachtte dat de Soedanezen het zouden waarderen dat ze een van hen wilde worden. In plaats daarvan dachten ze dat ze gek was. Of een spion. Waarom zou ze in het moerasland van zuidelijk Soedan gaan wonen als ze ook in Londen kon zijn? 'Ze vond het heerlijk om Emma Riek te zijn, campagnevoerder te zijn, voor deze mensen op te komen,' zei Bernadette. 'Ik denk dat ze daar de mist in ging. Ze veranderde in een bewoonster van de streek, terwijl de streekbewoners haar als een buitenlandse wilden blijven zien.'

Trouw was een deugd die Emma boven alles stelde. Maar haar loyaliteit werd door iedereen in twijfel getrokken. 'Ze moest zich altijd twee keer bewijzen: tegenover de Soedanezen omdat ze blank was en tegenover de buitenlandse hulpverleners omdat ze met Riek was getrouwd,' zei Bernadette. 'Ze vroeg me vaak: "Waarom vertrouwen mensen me niet?" Ik zei dan: "Emma, denk je eens in hoe jij je zou voelen wanneer je in hun schoenen stond."'

Waarop Emma antwoordde: 'Als ik hen was, dat zou ik dat gevoel níet hebben. Als ik een vriend had, zou ik die geloven, wat andere mensen ook over hem zouden zeggen.'

Soms gaf Emma radiofrequenties en nieuws over militaire manoeuvres door aan mensen in het buitenland die Riek steunden. Haar codenaam was Nefertiti. Vanuit Nairobi belde ze vaak naar journalisten om van gedachten te wisselen over de oorlog. Ze vertelde ons dan allerlei amusante persoonlijke roddels over topfiguren binnen het SPLA. Het meeste van wat ze vertelde kon niet worden gepubliceerd, en al evenmin worden bewezen, zelfs als het officiële mededelingen waren geweest. De verhalen waren echter stuk voor stuk amusant en hadden het effect dat ze een positief beeld van Riek neerzetten. (Zo herinner ik me bijvoorbeeld dat ze vertelde dat het gerucht ging dat de Kenianen Garang op het vliegtuig naar Zwitserland wilden zetten om hem een kuur te laten volgen om hem van zijn drankprobleem af te helpen. Riek was vanzelfsprekend geheelonthouder.) Haar intiemste vrienden geloofden echter dat Riek haar heel vaak in het duister liet als het om de bijzonderheden van zijn politieke kuiperijen ging. In juni 1992 schreef Emma haar vriendin Emma Marrian om haar te bedanken voor het pakket met chocolaatjes, wodka en een nummer van *The Observer* dat ze naar Nasir had gestuurd. 'Iedereen is enigszins over zijn toeren door de vredesbesprekingen, de oorlog en alle politieke verwikkelingen,' schreef ze. 'Ik begrijp er niets van, maar ik tik trouw de statuten, programma's, plannen en beleidsnota's voor mijn geliefde echtgenoot.' Toen Tarquin Hall haar vroeg wat ze van Riek Machar vond in zijn rol als militair die beslissingen nam om mensen te doden, antwoordde ze: 'Ik denk niet dat Riek in deze oorlog betrokken is geraakt omdat hij van oorlog houdt of omdat hij graag vecht... Riek heeft er uit principiële overwegingen voor gekozen, als een manier om een doel te bereiken.'

Het kostte Emma's voormalige collega's moeite om te achterhalen voor welke principes Riek dan wel streed en welk doel hem voor ogen stond. Het gerucht dat Lam Akol in het geheim een overeenkomst met de islamitische regering had gesloten, werd steeds hardnekkiger. Enkele van Rieks bondgenoten liepen over naar het andere kamp. Ze namen papieren mee waaruit bleek dat de groep van Nasir met het NIF collaboreerde. Dezelfde mannen beschuldigden Lam ervan geld te hebben aangenomen van Ali al-Haj, de man die verantwoordelijk was voor het buitenlandse beleid van het NIF en een goede vriend van Hassan al-Turabi. In februari 1992 konden regeringstroepen met toestemming van Riek ongehinderd door zijn gebied naar Equatoria trekken om een aanval op Garangs SPLA uit te voeren. Om een heenkomen te zoeken voor de aanval van de regeringstroepen werden de tien-duizend 'zoekgeraakte jongens' van Pochalla gedwongen om door de moe-rassen een mars naar het niet ver van de Keniaanse grens gelegen Narus te maken. Het Rode Kruis, dat het kamp bij Pochalla had opgezet, werd uit het zuiden van Soedan verdreven. Een van Rieks hoogste luitenants liep over naar Garang. Hij hield in Nairobi een persconferentie waar hij de journa-listen een lijst gaf met namen van mensen die volgens zijn zeggen door Riek waren geëxecuteerd en een andere lijst met de namen van mensen die hij ge-vangenhield.

In maart 1992 heroverde de Soedanse regering Bor, Torit en Kapoeta op het SPLA. Het leger had nu bijna weer het hele gebied in handen dat de rebel-len in de jaren tachtig veroverd hadden, waaronder ook een groot deel van de streek waar Emma haar jungleschooltjes had opgericht. Dit zou de noor-delijke troepen nooit zijn gelukt wanneer Riek en Lam Akol hun geen toe-stemming hadden gegeven om door hun territorium te trekken. Ondertus-sen sloot Khartoum de landroute af die Operation Lifeline Sudan gebruik-te voor het transport van hulpgoederen en werden de VN-vluchten beperkt tot een zeer klein aantal lokaties, waarvan de meeste in handen waren van de groep van Riek. Het SPLA van Garang, waar men ziedend was, beschuldigde Operation Lifeline ervan met de regering onder één hoedje te spelen om Riek te bevoordelen. Volgelingen van Garang plunderden het distributie-centrum van de VN in Balliat, vlak bij de grens tussen het land van de Nuer en Dinka. Ze stalen vijfhonderd ton graan en zetten de brandstofvoorraden in brand. Volgens Peter Moszynski slachtten ze ook een paar honderd Nu-er af die ten tijde van de aanval om hulp vroegen. 'Een van de weinige din-gen die niet uit de VN-compound geroofd werden, was een restpartij kant-en-klaarmaaltijden van de Golfoorlog, Amerikaanse MRE's – Meals Ready to Eat – die door USAID waren geschonken,' schreef Moszynski. 'De soldaten hadden ze omgedoopt tot "Meals Rejected by Ethiopians".'

De VN dropten nog altijd voedsel in Nasir, maar volgens Moszynski was de Sobat voor de mensen van de stad een betrouwbaarder provisiekamer dan Operation Lifeline. 'Mannen vangen vis met vallen, speren, netten, vislijnen en zelfs met de blote hand,' schreef hij. 'Ze vissen vanaf de oevers, in poe-len, vanuit boomstamkano's en vanuit de de pas geïmporteerde verbeterde viskajaks van UNICEF.' De Jikany-Nuer, die de visrechten in het gebied opeisten, waren duidelijk beter gevoed dan de anderen. Moszynski constateerde dat er een pikorde bestond, waardoor de 'uit de streek afkomstige Nuer het gezondst zijn en de Dinka en Shilluk een stuk minder fit... De elfduizend Uduk, een klein bosvolk uit het noorden van Soedan, zien er het belabberdst uit.' De Uduk hadden al direct vanaf het moment dat ze in mei 1991 bij Nasir aankwamen toestemming gevraagd hun kamp te mogen verlaten. Zes maanden later vond Riek het goed dat ze naar een lager gelegen gebied aan de andere kant van de rivier verhuisden.

Enkele Uduk noemden dit optimistisch Nieuw Chali – naar Chali, de plek van het belangrijkste kerkdorp in hun thuisland. De Uduk zouden het liefst naar het echte Chali in de provincie Blauwe Nijl zijn teruggekeerd, maar die stad was nog altijd in handen van de regering. Ze vroegen of ze mochten verhuizen naar een stroomopwaarts gelegen plek, die minder vaak onder water liep. Riek weigerde echter toestemming te geven. Zijn argument was dat de VN hun eerst op de huidige lokatie voedsel moesten geven. Operation Lifeline probeerde toestemming te krijgen om naar een plek in de heuvels aan de voet van het Ethiopische gebergte te vliegen. De regering gaf de VN daar echter geen toestemming voor, en zo kwamen de Uduk vast te zitten. 'We verlangen ernaar naar huis terug te keren,' zeiden de Uduk tegen Wendy James toen ze hen kwam opzoeken. 'We willen terug naar onze haardsteden. Op dit moment, nu, lijden we. Onze levens zijn vol van ons moederland!' Riek bleef de leiders van de Uduk, die wilden dat hij hun toestemming gaf om naar hoger gelegen gronden te verhuizen, afschepen – of de VN hun nu voedsel gaven of niet.

Emma was in januari naar de Uduk gegaan om ze te helpen zich in Nieuw Chali te vestigen. De plek lag zeer geïsoleerd. Wendy James vreesde dat Rieks mannen deze plek hadden uitgekozen, omdat het voor de hulpverleners moeilijk te volgen was wat zich daar precies afspeelde. In april schoten enkele Nuer-mannen een Uduk dood die weigerde hun een deel van de vis te geven die hij gevangen had. Emma vertelde Moszynski dat de plaatselijke bevolking het gevoel had dat de man de vis uit 'hun' poel had gestolen. Zowel Emma als de functionarissen van Riek deden het gebeurde af als een betreurenswaardig ongeval dat volledig te wijten was aan de achterlijke opvattingen die de verschillende bevolkingsgroepen erop na hielden en waar zij verandering in probeerden te brengen. Kort daarna bond Riek in en gaf de Uduk toestemming om naar een stroomopwaarts gelegen lokatie te trekken. Later dat jaar waren alle elfduizend Uduk echter plotseling te voet uit het gebied weggetrokken, het begin van een nieuwe uittocht van Soedanezen naar Ethiopië. Toen Emma dat jaar naar Engeland ging, had Wendy James een telefoongesprek met haar. Emma legde de schuld van het plotselinge vertrek van de Uduk bij de VN. Ze zei dat Operation Lifeline er niet in was geslaagd om voldoende voedsel aan te voeren om de Uduk in Nasir te eten te geven en te druk was geweest om te zorgen dat ze konden vertrekken. Het was enorm jammer, zei ze, omdat de Uduk eindelijk zoveel vis vingen dat ze die op de markt te koop konden aanbieden. Zij en Riek zouden de Uduk missen, zei ze, omdat ze ervan hadden genoten hun heerlijke vis te eten.

Enkele weken later ontmoette Wendy James de Uduk in Ethiopië. Van hen hoorde ze een heel ander verhaal over hun plotselinge vertrek uit het kamp bij Nasir. Ze zeiden dat de soldaten van Riek het voedsel en de kookpotten en de kleding die ze van Operation Lifeline kregen, steeds hadden afgenomen. Ze beschuldigden de Nuer ervan dat ze hen verhinderd hadden in de bossen naar brandhout te zoeken en wilde aardappels en wortels uit te graven. Ze noemden Riek en zijn soldaten de *hakuma* – regering – als ze hen niet gewoon de Dhamkin noemden, dezelfde term die ze gebruikten als aanduiding voor de lange Nilotische nomadenvolken zoals de Dinka. Wanneer ze gingen vissen, zo zeiden de Uduk, liepen soldaten van Riek altijd mee om een deel van de vangst op te eisen. 'Iedereen die op de visplaats verscheen, droeg een uniform en had een kalasjnikov in handen. Ze hadden zakken bij zich om die met vis te vullen. Zo ging het altijd.' Ze vertelden James dat de doodgeschoten Uduk had geweigerd Rieks mannen vis te geven. Hij had gezegd dat zijn vrouw honger had en dat zij en de kinderen niets te eten zouden hebben als hij de vis die hij had gevangen weggaf. 'Daarom schoten ze hem dood.'

De andere Uduk hadden het dode lichaam van de man in de visvijver teruggevonden. Ze hadden het naar Riek gedragen, aangifte gedaan van de moord en geëist dat de verantwoordelijke soldaat hiervoor zou worden gestraft. Ze lieten zien hoe de kogel door de lies van de man naar binnen was gedrongen en onder aan zijn bil weer naar buiten was gekomen. 'Waarom moeten mensen ons doden wanneer we aan het vissen zijn?' vroeg een Uduk aan Riek. 'Vissen zijn de dingen van God.'

'Wat is uw mening hierover?' vroeg een andere man hem dwingend. 'Ik wil weten wat u gaat doen.'

Ze zeiden dat Riek daar gewoon maar bleef zitten. Uiteindelijk vroeg hij hun: 'Is dit de enige keer dat er iemand is vermoord?'

De Uduk waren diep verontwaardigd. 'Ja, slechts één keer. Maar het is niet goed om zelfs maar één man te doden,' antwoordden ze. 'Mensen als wij hebben de macht niet om geweren te gebruiken. U bent de man die het in deze streek voor het zeggen heeft. U hebt uw soldaten. U zou deze kwestie moeten onderzoeken. Misschien kunt u die man arresteren en hem vragen: "Waarom heb je die man doodgeschoten?"'

Riek arresteerde niemand. En ook toen de Uduk hem vertelden dat zijn soldaten hun spullen hadden gestolen, werd er niets ondernomen. 'Hij gebruikte zijn macht om zijn eigen mensen te helpen,' vertelde een man tegen Wendy James. 'Hij hielp alleen zijn eigen mensen.'

Een andere Uduk zei dat de dood van de man bij de visvijver 'was als de zinloze dood van een of andere beest, zoals een dier. Eigenlijk werd hij gewoon afgeschoten als een hond.'

James, die op een verzengende namiddag in Ethiopië naar dit verhaal zat te luisteren, herinnerde zich het telefoongesprek dat ze enkele weken eerder met Emma had gevoerd. Ze stelde zich voor hoe de soldaten in Ketbek terugkwamen met hun zakken vis 'van de Uduk'. Ze herinnerde zich de keer dat de veearts werd weggestuurd omdat hij had geklaagd over het feit dat Riek de vn-motorboot had gepakt zodat zijn mannen vis konden halen uit de stroomafwaarts gelegen 'netten van het spla'. Waarschijnlijk had het spla de vis uit de netten van de Uduk gestolen. Ze herinnerde zich dat Emma haar had verteld dat ze de vis die de Uduk vingen zo lekker vond. 'Waarschijnlijk zat ze vis te eten die het spla zich op de zojuist beschreven manier eigen had gemaakt!' noteerde James boos in een voor zichzelf bedoelde aantekening. Zou Emma werkelijk hebben geloofd dat de soldaten van Riek de Uduk voor de vis hadden betaald? Of had ze de hele tijd gelogen? Had ze toegekeken hoe de Uduk langzaam van de honger stierven, terwijl zij vis at waarvan ze wist dat Rieks soldaten die van hen hadden gestolen?

De Uduk zeiden dat ze na de moord waren gestopt met vissen. 'Ze verhinderden dat we vis konden eten, dat we se'd [een wilde wortel] hadden, dat we in de bossen op zoek konden gaan naar brandhout... alles.' De Amerikaanse antropologe Sharon Hutchinson bezocht Nasir die zomer en bracht in juni een bezoek aan de Uduk. 'Bijna alle kinderen die minder dan één of twee jaar oud waren, leken ernstig ondervoed. Hun ogen waren ingevallen, hun ledematen mager als stokken en hun haar en huid waren licht van kleur,' schreef ze in een rapport voor Save the Children-UK . 'Het was zeer verontrustend om te zien hoe de broodmagere baby's zich aan de lege borsten van hun moeder vastklampten. Ook veel oudere kinderen waren ernstig ondervoed: hun buiken waren opgezwollen en hun ledematen verschrompeld. Volwassenen klaagden erover dat het vaak gebeurde dat ze tijdens de lange wandeltochten die ze maakten om voedsel te zoeken, voortdurend flauwvielen.' Niet lang nadat Hutchinson haar rapport had geschreven, legden de Nuer beslag op een hoeveelheid maïs die de Uduk hadden verbouwd. Voor de Uduk was dit de druppel die de emmer deed overlopen. Met of zonder toestemming van Riek, zeiden ze, we vertrekken.

'We verbouwden een beetje maïs, maar ze hielden ons tegen toen we een paar kolven wilden kappen,' vertelden ze Wendy James. 'De Dhamkin kwamen en zeiden: "Blijf van die maïs af! Die is van ons, niet van jullie! Breek die maïs niet af! Laat zitten!" Dus wij zeiden: 'Nou, dit is de maïs die de VN ons hebben gegeven. De VN hebben ons maïs gegeven om te planten en te helpen onze kinderen te voeden, en er is geen ander voedsel.

"Nee! Nee! Helemaal niet!" zeiden ze. Ze joegen ons weg, en wij gingen weg. We werden door honger getroffen, gingen dood, wanhoopten en zeiden: "Wat zullen we doen?" En zo werden we het met elkaar eens: Laten we naar Ethiopië gaan, als de Ethiopiërs ons niet oppakken, gaan we daarheen.'

De Uduk stuurden een delegatie naar Ketbek om Riek Machar te spreken. Ze waren bang voor hem. Ze wisten dat hij niet wilde dat ze zouden vertrekken. Toen een van hun leiders hem eerder toestemming had gevraagd om weg te mogen gaan, had Riek gedreigd de man in de gevangenis te gooien. Nu zei hij: 'Willen jullie niet hier blijven en de dingen van de VN eten?'

De leider van de Uduk zei: 'Nee, uw mensen hebben geweigerd ons van de dingen van de VN te laten eten. We willen weggaan en ons van jullie losmaken.'

Riek had de Uduk-mannen strak aangekeken. 'Jullie hebben iets anders in jullie lever,' had hij toen volgens de Uduk gezegd. (De Uduk geloven dat de lever het centrum van het menselijk denken en voelen is, net zoals westerlingen zeggen dat het verstand en het gevoel in het hoofd of het hart zete-len.) 'Jullie zullen zeggen dat het SPLA heeft verhinderd dat jullie je aandeel van het voedsel hebben gekregen. Jullie zullen zeggen dat wij belet hebben dat jullie konden eten.'

Hij waarschuwde met zachte stem dat hij er niet voor instond wat er zou gebeuren als ze weggingen. Maar de Uduk waren vastbesloten. In Nasir gin-gen ze trouwens toch dood. Toen ze stroomopwaarts trokken, stuurde Riek slechts twee bewakers mee om de elfduizend mensen te beschermen. Onder-weg werden ze door Nuer-krijgers aangevallen. Er werden verschillende Uduk gedood en alles wat ze bij zich hadden, werd gestolen. 'Pannen, tassen, kle-ren, alles werd meegenomen. Velen stierven omdat ze niets meer hadden dat ze voor voedsel konden ruilen,' vertelde iemand aan James. 'We waren naakt toen we aankwamen,' zei een vrouw.

De eenheid tussen de Nuer onderling stond onder druk. De traditione-le stamverwantschappen leidden ertoe dat de beweging in groepen uiteen begon te vallen. Een van de problemen waar Riek bij het nemen van disci-plinaire maatregelen mee te kampen had, was dat de hele verwantschaps-groep of zelfs de hele sectie waartoe de man die hij strafte behoorde, zich te-gen hem keerde. Op dezelfde manier konden de secties jaloers worden als ze het idee hadden dat een andere sectie bevoordeeld werd. In de zomer van 1992 kwam Wut Nyang naar Nasir. Riek had de profeet en de in de omge-ving van Nasir wonende Jikany-Nuer gezegd dat ze zich klaar moesten ma-ken om een aanval uit te voeren op de stad Malakal, die in handen van de regering was. Toen de profeet arriveerde, zei Riek echter dat ze in plaats van de aanval op Malakal een aanval op Garangs troepen in Equatoria moesten uitvoeren. 'Hierdoor ontstond al heel snel een crisis onder de Jikany, die meenden dat de overval op Malakal niet doorging omdat het hun niet ge-gund werd profijt te trekken van een succesvol verloop van deze operatie,' schrijft Nyaba. In plaats van de bevolen aanval op Garang uit te voeren, trok-ken de profeet en zijn aanhangers naar Itang in Ethiopië. Hier hield Wut Nyang een toespraak over vrede. Daarna schoten zijn aanhangers enkele Ethiopiërs dood die zich ophielden op de marktplaats. Onderweg terug naar Nasir staken ze enkele dorpen van de Anyuak in brand. 'Wat ik van deze pro-feet heb gezien,' merkte Lam Akol droogjes op, 'is dat hij over vrede praat, maar dood brengt.'

Hutchinson woonde in Nasir een toespraak van Wut Nyang bij die handelde over de spanningen tussen de Jikany en de Lou die het gevolg waren van de aanvoer van voedsel door de hulporganisaties. De Lou leefden ten westen van de Jikany, langs de grens met de Dinka. Omdat er in de omgeving van Bor werd gevochten, konden ze geen vee en graan met de Dinka ruilen, zoals ze onder normale omstandigheden deden. Omdat de VN geen voedsel meer invlogen, leden ze honger. Ze waren boos over het feit dat Operation Lifeline de Jikany in Nasir nog altijd voedsel gaf, en de Lou in Waat niet. 'Door deze hulpactie is onze verstandhouding met de Dinka en andere groeperingen verstoord,' waarschuwde de profeet de Nuer. 'Nu de hulp zich op jullie richt, zullen jullie verdeeld raken. De Lou-Nuer zeggen: "De oostelijke Jikany eten dit voedsel op", en de Jikany zeggen: "Deze hulpactie is in ons gebied begonnen, het voedsel is van ons" en "Waarom moeten andere mensen dit voedsel komen ophalen?" Dit is een heel verkeerd standpunt.'

Enkele weken na de aanval die onder leiding van de profeet op Itang werd uitgevoerd, kwamen de gezwollen en gemartelde lichamen van dode Anyuak de Sobat afdrijven. In de brief die Emma in juni 1992 aan Emma Marrian schreef, repte ze echter met geen woord over de maalstroom van geweld waarin de wereld om haar heen was terechtgekomen. Ze schrijft dat ze Martin Gilberts biografie van Churchill aan het lezen is ('geweldige lectuur') en een bespreking van Lou Cannons biografie van Ronald Reagan ('het boek onthulde dat Hopalong nog maffer was dan we ooit hebben vermoed!!'). En ze beschreef Wut Nyangs terugkeer in Nasir na zijn tocht naar Ethiopië: 'De dag van zijn terugkeer raakte iedereen in de stad in een dolzinnige stemming. Er waren mensen die in de lucht schoten, anderen renden, dansten en zongen, en er werden koeien geslacht.' Beide Emma's waren van plan later die zomer naar Engeland te gaan. Emma schreef vanuit Nasir: 'Ik begrijp dat er momenteel twee grote tentoonstellingen zijn, een van Piero della Francesca en de andere van Rembrandt, we moeten ze allebei beslist gaan zien!' Ze tekende de brief met 'Je altijd liefhebbende first lady in spe'.

De Gulfstream van Tiny Rowland onderhield nu een geregelde pendeldienst tussen Libië, Kenia en Soedan. In maart meldden de Londense kranten dat Libië het Metropole Hotel van Rowland overnam. Lonrho Corporation erkende dat het hotel werd verkocht, maar ontkende dat het in onderhandeling was over de verkoop van zijn Afrikaanse belangen. (Het bedrijf had hiervoor al zes maanden eerder een overeenkomst getekend.) Achter de schermen probeerden de oliemaatschappijen als bezetenen een positie in Soedan te krijgen. Terwijl Emma Tarquin Hall in juni 1992 een rondleiding door Nasir gaf, tekende Chevron in alle stilte een overeenkomst over de verkoop van zijn 170000 km² grote concessie aan Concorp, een pas opgerichte Soedanese maatschappij die eigendom was van de Soedanese minister van Energie, die toevallig ook nog eens goed bevriend was met Hassan al-Turabi.

Op 26 juni zette Arakis Energy Corporation, een kleine oliemaatschappij uit Vancouver, haar handtekening onder de intentieverklaring om honderd procent van Lutfur Rahman Khans belangen in State Petroleum over te nemen. Volgens deze overeenkomst was State Petroleum zelf bezig met de voltooiing van de aankoop van dat deel van de voormalige Chevron-concessie dat de olievelden Heglig en Unity ten noorden van Bentiu omvatte. Al-Turabi en zijn bondgenoten hadden eindelijk het doel bereikt waarvoor een hele generatie noordelijke regeringen zich had ingezet. Nu het land van de Nuer niet langer actief betrokken was bij de opstand tegen de regering, had het NIF een groep olie-exploitanten weten over te halen om de exploratie in de omgeving van Bentiu te hervatten. En ditmaal behield Khan – een 'goed moslim', om met de woorden van president al-Bashir te spreken – een meerderheidsbelang. Het NIF kon erop rekenen dat Khan bestand zou zijn tegen de druk van het Westen om de boringen op te schorten of een afzonderlijke overeenkomst met het zuiden te sluiten en daardoor de belangen van de regering dwars te zitten.

Toen het lucht kreeg van deze ontwikkelingen, waarschuwde het SPLA van Garang dat het elke maatschappij zou aanvallen die het waagde om de exploitatie van de olievelden in Boven-Nijl te hervatten. Zonder de steun van de plaatselijke Nuer ging er van Garangs woorden echter nauwelijks een werkelijke dreiging uit. De regeringstroepen trokken in alle stilte het oliewingebied binnen. Met hulp van Baggara-milities werd iedereen die ervan werd verdacht met het SPLA te sympathiseren van huis en waterput verdreven. De regering stelde haar investeerders gerust met het bericht dat – wat het SPLA ook mocht beweren – de Nuer in het gebied rond Heglig en Unity een meerderheid vormden en dat Riek en Lam – hoezeer zij dit ook mochten tegenspreken – voor de levering van de munitie die ze nodig hadden om

zich te verweren tegen de toorn van de Dinka uit Bor, van de regering afhankelijk bleven. Tiny Rowland vervolgde zijn rondgang langs de regering
en de rebellerende facties. Het is tijd om vrede te sluiten, zei hij tegen Garang. John Garang weigerde. Op 28 juli kondigde Arakis Energy Corporation aan dat Triad International, dat eigendom was van Rowlands oude
vriend Adnan Khashoggi, bereid was het bedrijf vijfentwintig miljoen dollar te lenen om de olievelden in Soedan tot ontwikkeling te brengen. Arakis
ontkende later dat er enige connectie met Triad bestond. Met hulp van Iran,
Soedans nieuwe bondgenoot, had Concorp voor het eerst in de Soedanese geschiedenis olie geraffineerd en verkocht die afkomstig was uit het Abu
Jabra-veld in Kordofan.

Moedeloze hulpverleners begonnen te beweren dat Riek Machar geen haar
beter was dan Garang, en misschien nog wel erger. Door Rieks verraad, zeiden ze, had het SPLA alle belangrijke steden verloren en waren zeer grote delen verloren gegaan van het gebied dat de rebellen na negen jaar strijd hadden veroverd. En natuurlijk hadden Garangs troepen tegenaanvallen uitgevoerd om zich te wreken voor het Bloedbad van Bor. In Boven-Nijl werd al
gezegd dat er meer zuiderlingen sneuvelden bij de vergeldingsacties tussen de
factie van Nasir en het SPLA dan bij alle gevechten die de rebellen tegen het
regeringsleger hadden gevoerd. Zelfs de Dinka leken onderling met elkaar
in gevecht te raken. De christelijke profeet Paul Kon Ajith verkondigde dat
de Nuer hun bezittingen plunderden en dat Bor in handen van de regering
was gevallen, omdat God hen wilde straffen voor het feit dat ze zijn waarschuwing in de wind hadden geslagen om de heiligdommen van de oude
goden te verwoesten.

Tegen de orders van Kuol Manyang Juk in begonnen de christelijke Dinka's in het district Bor heiligdommen aan te vallen en heilige voorwerpen te
roven. Ze haalden de heilige speren, trommels en taboeretten weg en brachten die naar een plek even ten zuiden van Bor, waar ze ook riet, bamboe en
lange palen hadden verzameld. Paul Kon Ajith vertelde dat de vrede en welvaart alleen konden terugkeren wanneer de Dinka al hun oude heiligdommen zouden verwoesten en ter ere van God op deze plek een grote kerk zouden bouwen. Hij zei dat de plek waar de kerk moest worden opgericht en het
ontwerp van de kerk hem in een droom waren geopenbaard. De kerk moest
de vorm krijgen van een kruis. De vier armen van het gebouw symboliseer-

den de verzoening tussen de vier belangrijkste volken in het gebied: de Dinka, de Nuer, de Murle en de Mandari. Duizenden Dinka kwamen op de aangegeven plek samen. Ze baden om vergiffenis en vroegen de profeet hen te dopen. De vrede waarom ze in hun gebeden smeekten, bleef echter uit.

Nu Emma officieel het verbod had gekregen om met toestellen van de VN te reizen, werd het voor haar een stuk lastiger om van en naar Nasir te reizen. Vrienden die bij Operation Lifeline werkten, knepen soms een oogje toe en lieten haar toch aan boord komen; soms liftte ze mee in een toestel van de missie. In Nairobi charterde ze op Wilson Airport ook vliegtuigen voor de factie van Riek. Daarmee gaf ze voeding aan het hardnekkige gerucht dat ze wapens naar Nasir smokkelde. Ik heb er jarenlang navraag naar gedaan, maar ik heb niemand ontmoet die haar hier daadwerkelijk op heeft betrapt. Door alle roddels werd echter het beeld versterkt dat zij een soort Mata Hari van zuidelijk Soedan was. De geruchten waren zelfs zo wijd verbreid dat toen een neef van Emma in Engeland geld wilde inzamelen dat zij aan de kinderen van zuidelijk Soedan kon geven, een van zijn Britse donateurs zei wel iets te willen bijdragen, zolang het geld maar niet werd gebruikt om wapens voor Riek te kopen. Deze opmerking maakte Emma enorm boos. Ze deed het voorkomen niet te begrijpen waarom hulporganisaties steeds minder met haar te maken wilden hebben. In 1992 klaagde ze in een brief aan Emma Marrian dat de VN 'om een onbekende reden' weigerden haar aan boord van hun vliegtuigen toe te laten.

Die zomer bracht Emma in Engeland een bezoek aan Andrew Mawson, die bij Amnesty International leiding gaf aan het onderzoek naar Soedan. Mawson was aan de Universiteit van Cambridge gepromoveerd op de religie van de Dinka. Hij kende Emma van de Soedanese vredesgroeperingen uit het eind van de jaren tachtig en herinnerde zich haar als een geestdriftig pleitbezorgster van de mensenrechten. Toen ze hem begon te vertellen dat Amnesty het Bloedbad van Bor erger had afgeschilderd dan het in werkelijkheid was geweest, trof hem dit pijnlijk. 'Ze probeerde me er een hele tijd van te overtuigen dat er echt weinig van waar was,' vertelde hij me. 'Ik had de hele tijd het gevoel dat ze niet bijzonder oprecht was. Het leek alsof ze niet doorhad dat ze als een afgezant van Riek functioneerde. Ze wilde het spelen alsof we als vrienden onder elkaar waren. Ik vond dat ze probeerde me te manipuleren, en begon me zeer ongemakkelijk te voelen.'

Die zomer trouwden drie van Emma's beste Engelse vriendinnen. Tijdens de huwelijksfeesten gingen de gesprekken over carrière maken. Bij enkele Engelse vrienden waren kinderen op komst; haar oude vliegkameraad Bill Hall vroeg haar of ze peettante van zijn dochtertje wilde worden. Anderen waren hun eerste huis aan het kopen of waren bezig hun oude auto voor een nieuwe in te ruilen. Emma vormde een glorieus contrast met deze kleinburgerlijke nestbouwers door spitsvondige uitspraken te doen als: 'Mensen vragen me steeds hoe het is om met een guerrillaleider getrouwd te zijn. Ik ben echter nooit met een makelaar in effecten getrouwd geweest, en kan het dus nergens mee vergelijken.' Ze hielp een vroeger klasgenootje met het uitkiezen van tapijt en was uren bezig met het bekijken van stalen. Ze luisterde naar de klaagzang van een andere klasgenote over het listige gemanoeuvreer van collega's bij de radiojournalistiek en grapte dat het zo te horen heel veel weg had van de onderlinge strijd in de groep van Riek. Diep in haar binnenste moet ze echter het gevoel hebben gehad dat de dingen die de mensen in Engeland bezighielden, heel ver van haar afstonden.

Door de herhaalde aanvallen van malaria en dysenterie was ze enorm vermagerd. Ze was bijna door het spaargeld heen dat ze opzij had gezet toen ze nog werk had. Enkele maanden eerder hadden Riek en zij een kleine vergoeding ontvangen voor een interview met het tijdschrift *Hello!*. Emma bedacht dat ze een autobiografie kon gaan schrijven. Verschillende mensen die ze kende, verdienden als schrijver hun brood. Ze benaderde twee van hen afzonderlijk met de vraag of ze haar wilden helpen een manuscript op te tuigen. Beiden verbaasden zich erover dat Emma zichzelf als onderwerp voor een boek zag. 'Ik zei haar: "Het gaat alleen maar om een zwarte man die een blanke vrouw naait,"' herinnert een van hen zich. 'Dat vond ze niet leuk.' Emma toonde haar andere vriendin enkele bladzijden die ze over haar jeugd had geschreven. De vrouw vond het bijna gênant, zo sentimenteel als het was geschreven. 'Schrijf in godsnaam niets over Yorkshire, dat interesseert niemand,' had ze Emma gezegd.

Een Londense literair agente die Afrika kende en mogelijkheden zag voor een film over Emma's leven, sprak haar moed in. Ze vertelde Emma dat ze zich niet moest laten intimideren. Zet gewoon maar eens wat op papier, had ze gezegd. We kunnen er later altijd nog een ghostwriter bijhalen. Ze dacht dat ze Emma een voorschot zou kunnen geven dat zeker in de vijf nullen liep. Emma's moeder was opgetogen. Ze had zich vastgeklampt aan de hoop dat Emma's huwelijk met Riek en haar betrokkenheid met wat ze 'hun politieke verwikkelingen' noemde, vanzelf wel weer over zouden gaan. Nu zag ze plotsklaps hoe Emma al haar roekeloze avonturen op een zinvolle en zelfs lucratieve manier ten nutte kon maken. Misschien zou Emma zelfs de nieuwe Karen Blixen worden! Emma had altijd levendige brieven geschreven – haar brieven zijn een stuk natuurlijker dan de fragmenten die van haar autobiografie zijn gepubliceerd – en het kostte Maggie geen enkele moeite zich haar dochter als auteur voor te stellen.

Emma veinsde niet een objectief waarnemer van de burgeroorlog in Soedan te zijn. Ze was tijdens dit bezoek in ieder geval veel uitgesprokener in haar steun voor Riek dan de vorige zomer. Enkele vrienden waren verontrust over haar, zoals zij dat zagen, morele afgestomptheid. Het Bloedbad van Bor en de rol die Riek hierin had gespeeld, waren vrij algemeen bekend, zelfs bij vrienden en kennissen in Engeland die weinig over Soedan wisten. 'Slachtpartij onder onschuldigen' was de kop boven een verhaal over Bor dat in *The Independent* werd afgedrukt, slechts een week nadat 'Liefde bloeit op te midden van de kogels in Soedan' in *The Sunday Times* was verschenen. Emma's zus maakte openlijk ruzie met haar en beschuldigde haar volgens hun moeder van stompzinnigheid en egoïsme. Emma's jongere broer Johnny koos tijdens onenigheden in de familie meestal de kant van Emma, maar toen zij op een keer eindeloos bleef doorgaan over al het werk dat ze voor de vrouwen en kinderen in Nasir deed, had hij vinnig geantwoord: 'Als die man van jou niet deed wat hij doet, dan zou al het werk dat jij doet niet nodig zijn.' Toen de zomer op zijn eind liep en Emma terug was in Nairobi, vertelde ze Bernadette Kumar dat haar familie dacht dat ze gek was. 'Ze begrijpen me gewoon niet,' zei ze. In Nasir vertelde ze Tarquin Hall: 'Ik ben ontzettend gelukkig. Wat er ook gebeurt, ik ben blij dat ik mijn instinct heb gevolgd, met Riek ben getrouwd en in Nasir ben gaan wonen. Ik heb nergens spijt van.'

Eind september 1992 luisterde Emma in Nasir op de nieuwe wereldontvanger die ze in Engeland had gekocht naar *Focus on Africa* van de BBC, en hoorde toen dat niet geïdentificeerde rebellen uit het zuiden in oostelijk Equatoria drie hulpverleners en een journalist hadden vermoord. Een van de gedode hulpverleners was Mynt Maung, de Birmese VN-vertegenwoordiger in Kapoeta, een van haar eerste vrienden in Kapoeta én de man met wie ze in 1989 een auto-ongeluk had gehad. 'Maung, de lieve Mynt Maung – hij was wel de laatste die het verdiende door een kogel uit een Zuid-Soedanees geweer te worden getroffen,' schreef ze in het dagboek dat ze inmiddels was gaan bijhouden. Als het maar enigszins mogelijk was, luisterde Emma naar *Focus on Africa*. Sinds enkele dagen stemde heel Nasir echter op dit programma af, omdat men hoopte dat bekend zou worden gemaakt dat Equatoria zich aan de zijde van Riek Machar had geschaard.

Drie maanden eerder hadden de regering en de twee facties van de rebellen in de Nigeriaanse stad Abuja nieuwe vredesbesprekingen gehouden. (Dit waren de besprekingen waardoor iedereen in Nasir in juni, zoals Emma aan Emma Marrian had geschreven, 'enigszins over zijn toeren' was geweest.) Tiny Rowland vloog Lam Akol en de andere afgevaardigden vanuit Nasir naar Abuja en regelde dat ze in een hotel konden overnachten. De besprekingen liepen op niets uit, maar William Nyuon, Garangs Nuer-stafchef die de SPLA-delegatie leidde, zette de verrassende stap de delegatie van het SPLA en die van Nasir ten behoeve van de ontmoeting bij elkaar te brengen. Blijkbaar had Nyuon zich hiertoe door Rowland en Lam Akol laten overhalen. Peter Adwok Nyaba schrijft dat Lam Akol 'commandant Williams zwakte voor geld en andere materiële prikkels' had uitgebuit. Garang nam direct afstand van de acties van zijn stafchef en vertelde *Focus on Africa* dat Nyuon een 'ongeletterd man was die vijftien vrouwen had en in verwarring was gebracht door de complexiteit van de buitenwereld'. Maar zes weken later kondigde een zongebruinde Rowland in Rome aan dat hij bezig was de laatste hand te leggen aan de beëindiging van de burgeroorlog in Soedan: 'Het zal zo'n zes tot acht weken duren voor er een overeenkomst wordt getekend.'

Rowland was die augustus in Rome om te helpen een staakt-het-vuren te bereiken tussen de rebellen en de regering van Mozambique, waar zijn Lonrho Corporation eigenaar was van een oliepijpleiding en enkele theeplantages. De tycoon voegde hieraan toe dat hij binnenkort met John Garang naar een niet nader aangeduide bestemming zou vliegen om de bijzonderheden van een Soedanese vredesovereenkomst uit te werken. Zoals gebruikelijk wuifde hij de vraag weg of zijn inspanningen om te bemiddelen door financiële afwegingen werden ingegeven. 'Natuurlijk niet,' zei hij. 'Daar ben ik te oud voor. Ik ben vijfenzeventig. Het gaat niet meer om zaken, maar om mijn persoonlijke betrokkenheid.' Rowlands volmaakt witte tanden flonkerden toen een stel fotografen een foto van hem maakte. Omstreeks dezelfde tijd vertelde hij tegen de redacteur van *The Observer* dat het lot van Soedan 'in mijn handen is'.

Op 27 september namen Nyuon en een paar honderd manschappen die in Pageri in Ethiopië waren gelegerd, de wijk naar het oerwoud. Emma en de anderen in Nasir hoopten dat door de aftocht van Garangs stafchef, diens factie van het SPLA uiteen zou vallen. Maar nu hoorden ze op de radio dat het Emma's vriend Mynt Maung en drie anderen het leven had gekost. Blijkbaar was Maung samen met de Filippijnse arts Wilma Gomez, een journalist uit Noorwegen en de Keniaanse chauffeur Francis Ngure van UNICEF in een vuurgevecht tussen Nyuons en Garangs troepen terechtgekomen toen ze naar Palataka reden. Hun auto werd dwars op de weg teruggevonden. Hij zat vol kogelgaten, maar er waren geen bloedsporen. Het SPLA leverde de lichamen van Maung en de journalist op 29 september af bij Operation Lifeline. Beide mannen waren een aantal keer in de rug geschoten, alsof ze waren neergeschoten terwijl ze wegrenden. Twee dagen later leverden de rebellen de lichamen van de arts en de Keniaanse chauffeur af. Hun hoofden waren kort tevoren kaalgeschoren. De arts was in haar nek geschoten. De Keniaan door zijn slaap. Garang en Nyuon schoven de schuld van de moorden op elkaars troepen af. Een intern onderzoek van UNICEF bracht echter aan het licht dat Maung en de Noorse journalist mogelijk tijdens het vuurgevecht waren omgekomen en dat soldaten die onder bevel van Kuol Ma-

nyang Juk stonden dokter Gomez en de Keniaan hadden gevangengenomen, hun wonden hadden verzorgd en hen daarna, mogelijk drie dagen later, hadden geëxecuteerd.

In het hoofdkwartier van Operation Lifeline Sudan in Nairobi heerste verslagenheid en verwarring. Er werden mensen voor rotte vis uitgemaakt en achteraf wist iedereen wat er had moeten gebeuren. Hangende het onderzoek naar wat de Verenigde Naties eufemistisch de 'veiligheidssituatie' noemden, werden alle hulpacties in oostelijk Equatoria opgeschort. Garang ontkende elke verantwoordelijkheid voor de moorden, maar veel hulpverleners waren bang dat het SPLA zich tegen Operation Lifeline had gekeerd. De hulpverleners wisten dat Garang ervan overtuigd was dat Riek en Lam Akol zonder het noodhulpprogramma in Nasir nooit in opstand zouden hebben durven komen. Ze waren bang dat hij de moorden gepleegd had uit wraak voor het feit dat Riek in zijn optiek door Operation Lifeline was aangemoedigd, een relatie die werd gesymboliseerd door het huwelijk dat de opstandige commandant met Emma was aangegaan.

De moorden hadden tot gevolg dat enkele hulpverleners berouw kregen over de rol die ze, tot hun spijt, zonder er erg in te hebben gehad in de zomer van 1991 hadden gespeeld. Als Operation Lifeline niet zo snel was geweest met haar erkenning van Rieks eigen hulporganisatie, de Relief Association of Southern Sudan (RASS), en met de hervatting van de transporten van hulpgoederen naar Nasir, zo beweerden sommigen, dan was de opstand van Rick mogelijk al binnen enkele dagen gestrand. Als we onszelf niet voor zijn karretje hadden laten spannen door post voor Lam Akol en zijn makkers mee te nemen, zeiden anderen, dan zou het waarschijnlijk allemaal nooit zover zijn gekomen. Hadden we maar afstand bewaard... De begrafenissen van Mynt Maung en de arts waren hartverscheurende aangelegenheden, stormen van emoties. Hulpverleners snotterden bij de graven, beschuldigden elkaar, omarmden elkaar, keerden terug naar hun kantoor, sloten de deuren en snotterden verder. 'Iedereen gaf elkaar de schuld,' herinnert Bernadette Kumar zich. 'Die hele periode was een roes van emoties.' De Soedanese regering had Vincent O'Reilly al tot persona non grata verklaard. Patta Scott-Villiers nam ontslag bij de VN en Alastair verliet Operation Lifeline en ging bij UNICEF werken voor de afdeling Kenia. Anderen trokken zich helemaal uit de regio terug, omdat ze walgden van de manier waarop de oorlog zich voltrok en omdat ze na de moorden bang waren om naar het zuiden van Soedan terug te keren.

Emma was niet bij de begrafenissen aanwezig. In haar dagboek schreef ze hoe verdrietig ze zich voelde, maar haar vroegere collega's vonden desondanks dat ze zich uiterst kil tegenover de doden opstelde. Ze wist dat men een sterke antipathie tegen haar voelde. Voor enkele mensen van Operation Lifeline was ze uitgegroeid tot het schoolvoorbeeld van hoe een hulpverleningsprogramma dat eigenlijk neutraal zou moeten zijn, deel was gaan uitmaken van het hele raderwerk van de burgeroorlog. Een hooggeplaatste functionaris van UNICEF die ook na Emma's huwelijk met haar bevriend was gebleven, was het oneens met de mensen die Emma ervan beschuldigden dat zij het leven van haar vroegere collega's in gevaar zou hebben gebracht doordat ze partij had gekozen voor Riek. Hij noemde de moord op Maung en Gomez 'een totaal uit de klauwen gelopen incident'. Het SPLA had de auto van het VN per ongeluk onder vuur genomen. Hierdoor waren Maung en de Noorse journalist om het leven gekomen. Daarna hadden de rebellen Gomez en de Keniaanse chauffeur Ngure vermoord om te verdoezelen hoe verschrikkelijk ze aan het knoeien waren geweest: 'Het bewees dat je in dit type oorlog gewoon niet alles onder controle kunt houden.' Toen hij haar niet lang na de begrafenissen in Nairobi tegen het lijf liep, was hij desalniettemin verrast om te merken hoe ver Emma overal vanaf leek te staan. 'Ze bleef er maar op hameren dat dit bij Rieks factie nooit zou zijn gebeurd,' zei hij. 'Ze liet niets van enige deelneming of enig medeleven met de dode hulpverleners merken... Het was alsof ze er politieke munt uit probeerde te slaan: "Zie je nu door wat voor soort mensen Garang gesteund wordt." Ik dacht bij mezelf: Ze begint haar contact met de werkelijkheid te verliezen.'

In Nairobi stond Emma er weer alleen voor. Riek Machar en zijn troepen waren vanuit Nasir naar het zuiden gemarcheerd ter ondersteuning van William Nyuon, zijn nieuwe bondgenoot die in Equatoria nog altijd in gevecht was met de troepen van Garang. Ondertussen was de Soedanese regering in het Nuba-gebergte bezig duizenden Nuba-families per vrachtwagen naar woestijnkampen in het noorden van Kordofan te transporteren. Op deze manier werden de olievelden ontruimd die ooit door Riek verdedigd waren. Emma wist dat zij en Riek ervan beschuldigd werden deze oorlog die snel om zich heen greep en waarin steeds meer partijen betrokken raakten, te zijn begonnen. Ze was nu meer dan ooit doelwit. Riek gaf haar nog een extra lijfwacht, en toen hij in oktober uit Equatoria terugkeerde, verhuisden ze vanuit Nasir naar Waat.

In dit dorp woonden de ontevreden Lou-Nuer. Riek hoopte dat hij hen kon paaien door zijn hoofdkwartier op hun grondgebied te vestigen. Verder hoopte hij dat zijn en Emma's aanwezigheid ertoe zou leiden dat de Verenigde Naties hulpgoederen naar Waat zouden sturen. Khartoum had Operation Lifeline in augustus toestemming gegeven er te landen. Omdat de gebieden die in handen van Garang waren geen hulpgoederen meer ontvingen, kwamen de door de honger tot wanhoop gedreven Dinka in drommen naar het Nuer-dorp. Riek bracht vanuit Nasir nog duizenden extra vluchtelingen mee. De bevolking van Waat groeide in korte tijd van bijna drieduizend naar circa vijftienduizend. Een hooggeplaatste functionaris van UNICEF noemde het 'een knekelhuis, een van de ergste die ik ooit heb gezien'.

Wanneer in Waat het gebrom van een inkomend VN-toestel hoorbaar werd, liep de hongerende menigte te hoop bij de landingsstrook en keek toe hoe de kostbare lading graan uit het witte Buffalo-vliegtuig werd geladen. Op andere momenten trok de menigte zich terug naar de randen van het dorp en hurkte verspreid over de vlakte neer in kleine naakte groepjes. Begin oktober moest de Buffalo in verband met reparaties gedurende tien dagen aan de grond blijven. Deze vertraging was er de oorzaak van dat tientallen lijken in de modder achterbleven. De regentijd was begonnen. Hyena's en gieren schuimden de modderige vlakte buiten het dorp af op zoek naar lijken. In de lucht hing de stank van rottend vlees. 'Het wordt als een schande beschouwd wanneer iemand van de honger sterft, vandaar dat we de slachtoffers van de hongersnood niet begraven,' vertelde Thomas Tot, een van Rieks commandanten, op 25 oktober aan een journalist. Emma vertelde dezelfde verslaggever dat er in Waat elke dag minstens twintig mensen stierven. 'Een heleboel mensen hebben de stad verlaten om in de omgeving naar wilde vruchten te zoeken,' zei ze. 'Een heleboel anderen leven van wild gras.'

Enkele dagen later vertrokken Emma en Riek Machar te voet door de moerassen naar Ayod, een Nuer dorp dat 130 kilometer noordelijker ligt. De stamoudsten van de Lou in Ayod zouden Riek een luipaardvel – een Nuer-symbool van goddelijkheid – overhandigen. De reis duurde vijf dagen.

Ze werden belaagd door bijen en muskieten, en waadden hele stukken door water dat hen tot aan de borst stond en besmet was met bilharzia. Rieks mannen boden Emma aan haar te dragen, maar ze stond erop dat ze zelf zou lopen. Halverwege de reis was ze zo ziek dat zelfs een bord sorghum en verse koeienmelk haar niet meer konden opknappen. Riek probeerde over de radio een vliegtuig op te roepen, maar de regering had de landingsbaan van Ayod tot puin gebombardeerd en er was geen piloot die daar wilde landen. Ze moesten blijven lopen. Emma's moeder schrijft dat haar dochter bijna was bezweken tegen de tijd dat ze het dorp bereikten. Toen ze eindelijk in Ayod aankwamen, troffen ze daar duizenden Nuer aan die wachtten om een glimp van hen te kunnen opvangen.

Emma mocht de ceremonie bijwonen waarin Riek het luipaardvel in ontvangst zou nemen. Op een foto die na afloop werd genomen staat Riek, gehuld in het vel, te grijnzen. Emma zit naast hem in een koninklijke outfit: een nogal kerkse jurk met lange mouwen, compleet met halsketting, zonnebril en een grote hoed. Ter ere van het koppel werd een groot aantal stieren geofferd. De dansen en de feestelijkheden duurden tot diep in de nacht. Toen het allemaal voorbij was, vertelde Riek Emma dat als zij hem een zoon baarde, de jongen een luipaardvelchief zou worden. Het paar bleef nog vier dagen in Ayod en trof toen voorbereidingen voor de vijfdaagse terugtocht naar Waat. Emma's lijfwachten zongen lofdichten voor de modder en de regen. Toch was de reis zo zwaar dat ze vrienden later vertelde dat ze het grootste deel van de tocht gehuild had. Ze schreef haar moeder over de prachtige *tukul* die in Waat op haar stond te wachten. Hij was door de Lou-Nuer gebouwd en versierd met afbeeldingen van nijlpaarden, leeuwen en krokodillen.

Emma en Riek hadden in Ayod gebeden voor de overwinning uitgesproken. Heel even leek het erop of hun gebeden zouden worden verhoord. Riek had een leger van Nuer gerekruteerd om Malakal aan te vallen, een zo'n honderdzestig kilometer ten westen van Nasir aan de Witte Nijl gelegen garnizoensstad die in handen was van de regering. Zodra de Nuer zich verzameld hadden, liet hij hun echter weten dat ze in plaats daarvan een aanval moesten uitvoeren op Garangs troepen in Equatoria. De Nuer waren boos en verward. Het moment waarop ze elkaar in de haren zouden vliegen was niet ver, toen de profeet Wut Nyang tussenbeide kwam. Nuer moesten niet met Nuer vechten, zei hij, en hij droeg hun op om ondanks de orders die Riek hun had gegeven, toch een aanval op Malakal uit te voeren. (Volgens Lam Akol had Wut Nyang gedroomd dat de *mor-mor*-termiet hem in de strijd tegen de gemechaniseerde regeringstroepen te hulp zou komen. Douglas Johnson hoorde dat Wut Nyang liet zien dat hij macht over leven en dood had door een geit te doden en daarna weer tot leven te wekken. Volgens de overleveringen waren profeten uit het verleden hiertoe in staat geweest.) Toen Riek hoorde dat de Nuer enkele voorsteden onder de voet hadden gelopen, stelde hij dat de aanval bewees dat hij nog steeds tegen de regering streed. In een uitzinnig persbericht kondigde hij aan dat de 'galante troepenmacht' uit Nasir Malakal had ingenomen, een stad van meer dan tienduizend inwoners met eigen elektriciteit en scholen. De regeringstroepen verdreven de profeet en zijn volgelingen echter alweer snel. Als wraak brachten ze honderden Nuer-burgers om het leven. 'Ik denk,' vertelde Lam Akol me, 'dat zelfs Emma op dat moment besefte hoe zwak Riek was.'

Riek Machar was eind november met zijn troepen de jungle ingetrokken, toen een verslaggever van de Franstalige dienst van de BBC Emma in Waat kwam opzoeken. François Visnot had aanbevelingsbrieven van enkele vroegere vrienden van haar uit Londen. Hij was een van de weinige westerse journalisten die het waagden om zo kort na de moord op Maung en de andere *khawaja's* een bezoek aan het zuiden van Soedan te brengen. Toen hij aankwam, lag Emma in haar *tukul* onder een paars muskietennet. Ze had VN-sorghum gegeten dat was gekookt in hetzelfde vuile water dat iedereen gebruikte. Ze had koorts en moest overgeven. Ze liet Visnot een Amerikaans militair survivalhandboek zien, dat ze bij haar bed bewaarde. Ze zei dat ze het overal mee naartoe nam, zodat ze tijdens Rieks afwezigheid wist wat ze moest doen als ze door een slang werd gebeten of wanneer het dorp werd aangevallen en ze in de jungle voor zichzelf moest zorgen. Ze leed pijn en ijlde waarschijnlijk, maar ze sleepte zich desondanks uit bed om hem een rondleiding door het dorp te geven. Trots wees ze op het grootste gebouw van Waat, een uit leem opgetrokken, vijftig meter hoog, rond gebouw dat ze het Parlement noemde. Visnot wierp er een blik naar binnen. Hij vond het 'donker, kil en volkomen leeg'. Later hoorde hij van een Franse arts dat een Franse hulporganisatie die van plan was geweest om in Waat een ziekenhuis te bouwen, de omvang daarvan had moeten aanpassen toen de autoriteiten van Riek hoorden dat het hoger zou worden dan het Parlement.

Visnot herinnert zich wat een merkwaardige verschijning Emma in Waat was: een rijzige, magere, fragiele Engelse die zich met een hoed op het hoofd en gehuld in een lange rok een weg baande door de menigte halfnaakte, knokige mensen die gedeeltelijk aan het zicht onttrokken werden door de rook van hun op gedroogde mest gestookte vuren. Twee met kalasjnikovs gewapende lijfwachten, tieners die de merktekens van de stam droegen en op slippers liepen, volgden haar overal. Het viel Visnot op dat terwijl de Nuer-mannen een zekere afstand tot Rieks echtgenote bewaarden, de vrouwen dikwijls naar voren kwamen om haar hand vast te pakken of ter ere van haar gedichten te zingen. Nuer-vrouwen maakten juwelen voor haar, baadden haar en gaven haar te eten wanneer ze ziek was. Soms duwden ze haar hun broodmagere kinderen in de armen. Emma gaf de baby's dan voorzichtig terug. Omdat ze blank was, verwachtten de mensen dat ze voedsel en geld had. Maar ze had geen goederen om hun te geven. In plaats daarvan probeerde ze hun hoop te bieden.

Een van haar lijfwachten had de ambitie om popzanger te worden. Emma zei opgewonden tegen de jongen dat hij zijn gitaar moest pakken en een stukje voor Visnot moest spelen. 'Misschien kan François in Londen een platencontract voor je regelen!' zei ze de jongen. Met glimmende ogen zong de jongen voor Visnot een revolutionair lied dat hij zelf gecomponeerd had. Visnot stamelde enkele onhandige woorden om hem te prijzen. Hij wist helemaal niets van de muziekwereld en vond het wreed van Emma de jongen valse hoop te geven. Maar Emma luisterde gelukzalig toe, en leek genoegen te scheppen in de fantasie dat deze Franse bezoeker de droom van haar jonge lijfwacht tot waarheid zou kunnen maken.

In het najaar van 1992 was een andere hongersnood in de Hoorn van Afrika veel in het nieuws. Somalië, een islamitisch land aan de Rode Zee en gelegen ten zuiden van Soedan tussen Ethiopië en Kenia, was na de val van de door de Verenigde Staten gesteunde president in 1991 door clangevechten uiteengevallen. Doordat er zo zwaar gevochten werd, ontstond er al snel hongersnood. De westerse hulpverleners die probeerden voedsel te verspreiden onder de hongerende bevolking, werden gedwongen om tolgeld te betalen aan de door de clans gevormde milities die de wegen controleerden. Alastair en Patta Scott-Villiers werkten nu in Somalië. Ze distribueerden voedsel onder de Somalische nomaden in het gebied langs de grens met Kenia. Het zou nog een maand duren voor de Verenigde Staten aankondigden dat ze van plan waren het land binnen te vallen om de konvooien met hulpgoederen in het gebied te beschermen. Emma vertelde Visnot dat ze vastbesloten was om te zorgen dat de tragedie in Somalië er niet toe zou leiden dat de aandacht voor Soedan zou verslappen. Ze was niet de enige *khawaja* die het gevoel had dat de wereld Soedan in de steek had gelaten. Een Amerikaanse hulpverlener vertelde Visnot dat ze regelmatig in tranen uitbarstte wanneer ze VN-functionarissen in Loki probeerde duidelijk te maken hoe ernstig de situatie in Waat was. Enkele honderden mensen waren daar onder haar ogen aan het verhongeren. Emma zei echter op matte toon dat ze uit bittere ervaring wist dat er meer nodig was dan een paar honderd hongerslachtoffers om Soedan weer in het wereldnieuws te krijgen. Nee, zei ze, wat ze nodig hadden, waren televisiebeelden van massale hongersterfte.

Ze vertelde Visnot dat Cable News Network (CNN) binnenkort een correspondent naar Waat zou sturen. Zodra ze wist wanneer de correspondent aankwam, zou ze de duizenden hongerende mensen in alle dorpen rond Waat laten weten dat er een voedseldropping werd verwacht. Ze zouden dan in enorme aantallen naar Waat komen. Zo zou CNN de beelden krijgen waarvan Emma wilde dat ze zouden worden uitgezonden. Er zou natuurlijk geen voedsel zijn voor de mensen die kwamen opdraven, maar – zo zei ze – ze zouden de aandacht van de wereld op Waat hebben gevestigd. François Visnot was geschokt, hoewel hij probeerde Emma daar niets van te laten merken. Hij kon haar redenering volgen. Maar hij wist dat het op geen enkele manier te rechtvaardigen was om stervende mensen hun laatste energie te laten verbruiken door ze te voet een kilometerslange tocht te laten maken omdat ze hoopten wat voedsel te krijgen, terwijl iedereen wist dat deze hoop vals was. Hij was bang Emma te kwetsen wanneer hij haar vertelde wat hij werkelijk dacht over haar plan om CNN te manipuleren. Ze had hem al verteld het gevoel te hebben dat vrijwel iedereen haar sinds haar huwelijk met Riek had verraden. 'Ik kan jou vertrouwen, toch, François?' vroeg ze hem steeds.

Emma stelde Visnot voor aan enkele mannen die volgens haar door William Nyuon uit Garangs gevangenissen waren bevrijd toen Nyuon zich in september bij Riek had aangesloten. Zij vertelden Visnot dat ze door Garang waren opgesloten en gemarteld. Een lange, magere voormalige SPLA-commandant in trainingspak zei dat Garang hem vier jaar lang in een klein hok had opgesloten als straf voor een militaire nederlaag van zijn eenheid. De commandant zei dat van de tachtig mannen in de groep met wie hij van Garang was weggevlucht toen de gevechten rond Juba uitbraken, slechts vijftig het gebied van Riek hadden bereikt. Het is voor de Nuer taboe om vogels of hun eieren te eten, maar deze man zei dat hij er uiteindelijk zo slecht aan toe was dat hij de gieren had gegeten die zich te goed deden aan de lichamen van zijn dode kameraden. 'De rest van mijn leven moet ik de herinnering bij me dragen dat ik de dood heb gegeten,' vertelde hij Visnot.

Emma was teleurgesteld toen Visnot zei dat hij geen volledig artikel aan de getuigenissen van de gevangenen kon wijden, zolang hij Garangs kant van het verhaal niet had gehoord. Maar ze vond troost bij de gedachte dat ze hun verhaal, net als zoveel andere, op haar eigen manier te boek zou kunnen stellen. Wanneer ze weer voldoende was opgeknapt, zou ze haar boek uittypen op haar uit Engeland meegenomen laptop. Ze zou haar autobiografie *Wedded to the Cause* noemen, en ze vertelde Visnot dat ze van plan was al het geld dat ze eraan verdiende, aan de groep van Riek te schenken. In Waat leidde ze een leven dat nog dichter bij de Soedanezen stond dan daarvoor het geval was geweest, maar ze had nog steeds een Brits paspoort en was nog altijd bevriend met VN-piloten. Eind november vertrok ze uit Waat om te worden opgenomen in het ziekenhuis van Nairobi. De artsen stelden vast dat ze malaria had en aan een zeldzame vorm van hepatitis leed. Toen ze weer voldoende was aangesterkt, keerde ze terug naar Waat om Kerstmis 1992 met Riek door te brengen.

In dezelfde tijd diende zich het ene na het andere onheilspellende voorteken aan. Buiten Bor waren de Dinka-volgelingen van Paul Kon Ajith begonnen met de bouw van enorme kerk. In de omgeving daarvan bewaarden de discipelen van de profeet honderden heilige Dinka-voorwerpen die ze van hun buren hadden gestolen. De christenen waren van plan deze objecten tijdens een laatste brandoffer te verbranden zodra de kerk gereed was. Eens in de zoveel dagen onderbraken ze hun maniakale bouwactiviteiten en religieuze sessies en trokken ze erop uit om nog meer heiligdommen op te speuren die ze konden verwoesten. Andere Dinka klaagden bij Kuol Manyang Juk over het onheil dat de profeet en zijn volgelingen over hun buren brachten. In hun ogen straften de *jak*, de clangoden van de Dinka, hen voor het feit dat de christelijke bekeerlingen de religie van hun voorvaderen niet trouw bleven. De mannen van Kuol raakten verdeeld over de plundertochten: sommigen namen eraan deel, terwijl anderen de oude Dinka-heiligdommen verdedigden. De SPLA-commandant tolereerde niet dat zijn gezag op dergelijke wijze werd ondermijnd. De dag na Kerstmis gaf hij SPLA-soldaten bevel de profeet gevangen te nemen. Ze schoten Paul Kon Ajith dood en hakten zijn lichaam in stukken. De gestolen heilige objecten lieten ze echter ongemoeid. Pauls volgelingen begroeven hem in het fundament van de kerk en zetten de bouw voort.

Ondertussen brachten Gary Strieker van CNN en enkele andere journalisten eind november een bezoek aan Waat en zonden een reportage uit over de hongersnood die daar heerste. Strieker was nog geen dag in het dorp en kan zich niet herinneren Emma ontmoet te hebben. De aandacht in de pers leidde ertoe dat er meer voedsel in Waat werd afgeleverd. Maar of Emma nu wel of niet de stunt uithaalde waarover ze Visnot had verteld en of ze de stervende mensen uit de omliggende dorpen nu wel of niet liet opdraven voor een voedseldropping waarvan ze wist dat die niet zou plaatsvinden, de actie leidde er niet toe dat het Westen zijn aandacht op Soedan richtte. Eind 1992 moesten zelfs de meest verschrikkelijke beelden uit Soedan wedijveren met beelden uit Somalië. En de situatie daar was buitengewoon ernstig.

Ik had een tijdlang meer over Somalië dan over Soedan geschreven. Somalië had voor mij niets van de sluimerende bekoring van Soedan. Ik kon geen interessant politiek of religieus samenstel ontdekken in deze door clans georganiseerde gevechten om buit en macht. Ik had medelijden met de intelligente, bekwame Somaliërs die waren overgeleverd aan de genade van gedrogeerde tienersoldaten die rondreden in de opgekalefaterde terreinwagens die ze 'technicals' noemen. Net als in Soedan had het merendeel van de Somalische bevolking tot aan de twintigste eeuw nauwelijks enige ervaring met bureaucratisch bestuur. In plaats daarvan regelden de Somalische clans hun zaken volgens hun eigen interpretatie van de *sharia*. Tijdens de Koude Oorlog hadden de Verenigde Staten Siyad Barre, de president van Somalië, overladen met financiële en materiële hulp.

Barre gebruikte de wapens en de middelen die hij van Washington ontving, om de Somalische clans die hij als vijand beschouwde, te onderdrukken. De Verenigde Staten steunden Barre omdat hij een tegenwicht vormde tegen het door de Sovjet-Unie gesteunde regime in Ethiopië. In 1990 was de dreiging die van de Sovjet-Unie uitging echter aan het verminderen en daarom beëindigden de Verenigde Staten hun steun aan Barre. De vijandige clans die door de dictator onderdrukt waren, bundelden hun krachten en verdreven hem in het voorjaar van 1991. Daarna begonnen ze elkaar te bevechten. Terwijl ze onderling streden om de macht over het staatsapparaat, dat volgens hen de bron was voor alle gulle schenkingen die Barre uit het buitenland ontving, roofden ze het land leeg. De staat stortte volledig ineen en de gevechten leidden al snel tot hongersnood.

Enkele maanden eerder had het Amerikaanse leger met succes een hulpoperatie opgezet om steun te geven aan de Koerden die Irak na de Golfoorlog ontvlucht waren. Amerikaanse hulporganisaties begonnen campagne te voeren om in de burgeroorlog van Somalië een vergelijkbare militaire interventie te plegen. CARE had het belangrijkste contract voor de levering van

Amerikaanse hulpgoederen in Somalië. De organisatie was indertijd juist bezig haar hoofdkwartier van New York naar Atlanta te verhuizen, en ik sprak de functionarissen van CARE veelvuldig over de situatie in Somalië. Al in september 1992 deed Phillip Johnston, de president van deze hulporganisatie, een oproep aan de 'internationale gemeenschap, gesteund door een troepenmacht van de VN, om Somalië binnen te gaan en te besturen, omdat het land hoegenaamd geen regering heeft'. In privé-gesprekken klaagden de CARE-medewerkers verbitterd over de bedragen die ze moesten betalen wanneer ze de wegversperringen van de milities wilden passeren om de verhongerende bevolking van Baidoa en andere steden te bereiken. In november werd een konvooi van CARE dat op weg was gestuurd met de instructie om de milities niets te betalen, door deze milities onder vuur genomen. Op 25 november hielden CARE en twee andere Amerikaanse hulporganisaties een persconferentie, waarin ze dreigden zich uit Somalië terug te trekken wanneer de Verenigde Naties niet garandeerden dat zij hun konvooien militaire bescherming zouden bieden. Johnston had een ontmoeting met de Amerikaanse minister van Buitenlandse Zaken. Een paar dagen later kondigde president Bush aan dat hij Amerikaanse mariniers naar Somalië zou sturen om de voedselkonvooien te beschermen.

Voor mij weerklonken de echo's van de negentiende eeuw. Het was duidelijk dat de Amerikaanse mariniers ervoor zouden zorgen dat de voedselkonvooien weer op pad konden gaan. Maar wat zouden ze daarna doen? Als er geen enkele vorm van bestuur was, zouden de Somalische clans weer met elkaar slaags raken zodra de buitenlandse soldaten waren vertrokken. Was de Amerikaanse 'invasie', zoals de journalisten het noemden, een inleiding op de totale overname van Somalië door de VN? Zo ja, was dat dan niet gewoon een verhulde vorm van kolonialisme? Was de cirkel rond, en waren we terug op het punt waar we honderd jaar geleden waren, toen de Britten de verovering van oorden als Soedan en Somalië rechtvaardigden met het argument dat ze de inwoners behoedden voor hongersnood en slavernij? Zou de terugkeer van de westerse hulpverleningsindustrie die Siyad Barre had ondersteund, de Somalische milities niet gewoon inspireren om elkaar weer opnieuw te gaan bevechten, zoals Emma's vroegere vriend Alex de Waal en Rakiya Omaar, zijn Somalische collega bij Human Rights Watch in Londen, steeds maar bleven herhalen?

'Waarom hebben ze niet één Somaliër om advies gevraagd?' wilde Omaar weten toen ik haar opbelde met de vraag wat zij wist over het Amerikaanse plan. 'Mensen als Johnston weten niets over Somalië en doen geen enkele moeite te achterhalen hoe het zit. Ze kijken naar Somalië en zien een kans om de held uit te hangen! Al dat geklets over humanitaire hulp heeft geen enkele zin wanneer het plaatsvindt in een politiek vacuüm... Als het niet gepaard gaat met een politieke verzoeningsactie, zal het nooit lukken de voorwaarden te scheppen om de cyclus van honger, hebzucht en verwoestingsdrang te doorbreken.'

Achtervolgd door de gezichten van verhongerende mensen kon ik me niet voorstellen dat iemand bezwaar zou kunnen hebben tegen een vastberaden Amerikaanse inspanning om de Somaliërs te helpen. Ik vroeg me echter wel af waar die toe zou leiden. Ik was niet de enige. In Soedan werd de Amerikaanse invasie door Hassan al-Turabi en zijn bondgenoten van de internationale islamistische beweging in felle bewoordingen veroordeeld. Ze geloofden niet dat de Amerikaanse motieven om zich met de situatie in Somalië te bemoeien van humanitaire aard waren. Ze noemden de interventie een nauwelijks verhulde vorm van kolonialisme en waarschuwden dat het zuiden van Soedan het volgende doelwit kon zijn. De islamistische pers suggereerde dat de werkelijke reden waarom Washington zich met de situatie in Somalië bemoeide, verband hield met het feit dat de Amerikanen weer hun gezag wilden doen gelden over het olienetwerk dat zich vanuit Somalië over Soedan, Eritrea en Jemen uitstrekte. (Tot aan de onlusten aan het einde van de Koude Oorlog hadden Chevron en andere Amerikaanse oliemaatschappijen in alle vier de landen zeer grote concessies gehad.) 'Men dient te beseffen dat Amerika door de interventie in Somalië niet alleen druk probeert uit te oefenen op enkele staten in de regio die verzet bieden tegen de Amerikaanse invloed, maar dat Amerika door deze actie ook een boodschap afgeeft aan enkele van zijn Europese bondgenoten. [...] Het wil hun vertellen: "Ik waak over de olievelden en de vaarroutes",' schreef een officiële commentator in Khartoum. In Londen schreef *The Guardian* dat de Amerikaanse operatie in Soedan werd gezien als 'een Amerikaanse inspanning om Khartoum "het vuur na aan de schenen te leggen" vanwege zijn steun aan islamitisch fundamentalistische groeperingen in de Arabische wereld en in Afrika'. De NIF-regering en haar nieuwe bondgenoot – Iran – begonnen steun te verlenen aan Mohammed Farah Aideed, een van de voornaamste Somalische krijgsheren en zijn Habr Gidr-clan.

Tijdens zijn wekelijkse lezingen in het al-Qaeda-kwartier in Khartoum-Noord trok Osama bin Laden fel van leer tegen de plannen die Amerika met Somalië had. Bin Laden had lange tijd betoogd dat de Verenigde Staten door hun militaire aanwezigheid in Saoedi-Arabië probeerden de wereldolieprijs laag te houden, iets wat ten koste ging van de islamitische producenten. Nu zei hij dat de Amerikanen probeerden het 'islamitisch reveil' in Soedan te verzwakken. Een van de luitenants van Bin Laden waarschuwde al-Qaeda: 'Nu gaan ze naar Somalië en als ze in Somalië succesvol zijn, zou daarna het zuiden van Soedan wel eens aan de beurt kunnen zijn.' Bin Laden zelf vertelde hun: 'Amerika is de slang. We moeten de Amerikanen tegenhouden. We moeten de kop afkappen en hen ervan weerhouden te doen wat ze in de Hoorn van Afrika aan het doen zijn'. Al-Qaeda's comité van religieuze raadslieden vaardigde een fatwa uit die alle moslims opdroeg de Amerikanen in Somalië aan te vallen. Drie weken nadat de Amerikaanse troepen op 9 december in Mogadishu waren geland, bliezen leden van al-Qaeda een hotel op waarin Amerikaanse troepen waren ondergebracht. Bij deze aanslag vond een Australische toerist de dood. In het voorjaar van 1993 reisde een bondgenoot van Bin Laden van Soedan naar Somalië om een Somalische islamistische militie en de militie van Aideed wapens te leveren en hun een militaire opleiding te geven. Andere al-Qaeda-leden begonnen in Nairobi een cel op te zetten vanwaaruit ze leiding konden geven aan operaties in Somalië.

Hassan al-Turabi en Bin Laden waren niet geheel door paranoia misleid. Zoals *The Guardian* in 1993 opmerkte, leidde het aanvankelijke succes van de Amerikaanse missie in Somalië ertoe dat veel westerse waarnemers zich begonnen af te vragen waarom in het zuiden van Soedan, waar een vergelijkbare mate van anarchie heerst als in Somalië, niet een soortgelijke operatie zou kunnen worden uitgevoerd. Volgens functionarissen van het ministerie van Buitenlandse Zaken vroeg het Amerikaanse leger begin dat jaar aan andere federale instellingen of zij informatie konden geven over het zuiden van Soedan die militaire planners van dienst kon zijn indien een dergelijke operatie inderdaad doorgang zou vinden. Donald Petterson, de Amerikaanse ambassadeur in Soedan, maakte al-Turabi en de NIF-regering voorts aan het schrikken door het diplomatieke protocol te schenden en tussen 27 februari en 3 maart 1993 een rondreis te maken door de gebieden in het zuiden van Soedan die in handen van de rebellen waren. Tijdens deze rondreis had hij ontmoetingen met Riek en Garang om af te tasten onder welke voorwaarden zij bereid zouden zijn om een verenigd front tegen de regering te vormen. Petterson trof Riek in het dorp Ulang op enige afstand stroomafwaarts van Nasir aan de rivier de Sobat. In een teleurgesteld telegram liet de ambassadeur Washington weten dat Riek en zijn medestanders 'strikt vasthielden aan [hun] eis dat het zuiden zich volledig van het noorden zou afscheiden'. Terwijl Petterson met Riek zat te praten, 'zaten slechts dertig meter verderop ongeveer honderd afschuwelijk vermagerde vrouwen, kinderen en oude mannen bij elkaar gehurkt. Een groepje bracht het dode lichaam van een man een meter of wat dichter bij ons en legde het neer op de grond.' Petterson zei tegen 'Rieks weldoorvoede en goed geklede luitenants' dat 'het toch zeker belangrijker was de gevechten tussen de facties te staken en zo een einde te maken aan het lijden van mensen zoals we hadden gezien, dan om over politieke of ideologische tegenstellingen te blijven vechten'. Tot woede van de ambassadeur zeiden de mannen van Riek dat ze het daar niet mee eens waren. Op zijn volgende bestemming ontdekte hij dat Garang zich al even onvermurwbaar opstelde in het vinden van een compromis met de groep van Riek.

Om te voorkomen dat Washington een excuus zou vinden om in het zuiden te interveniëren, gaf de Soedanese regering Operation Lifeline plotseling toestemming om per vliegtuig voedsel te transporteren naar de gebieden die in handen waren van de rebellen. Nadat de president van Nigeria de islamitische regering had gewaarschuwd dat zij zich mogelijk een 'gewapende interventie' op de hals zou halen als zij naliet om met de rebellen in onderhandeling te treden, kwam het NIF ook terug op zijn eerdere weigering vertegenwoordigers naar een nieuwe vergadering in Abuja te sturen. Rieks groep werd niet uitgenodigd om aan deze tweede gespreksronde in Abuja deel te nemen. Het SPLA zei honend dat de factie van Riek toch niet veel meer was dan een regeringsmilitie. Riek en Emma werden te veel door de onderlinge strubbelingen van de Nuer in beslag genomen om zich over deze terechtwijzing druk te maken. Ondanks Rieks verhuizing naar Waat bleven de spanningen tussen de Lou en de Jikany toenamen. Doordat er in Equatoria werd gevochten, waren de Lou gedwongen geweest hun vee op het land van de Jikany te laten grazen. Dit had tot nieuwe spanningen geleid. Daarna waren verschillende mannen van de Lou in de Sobat gaan vissen. De Jikany beschouwden de Sobat als hun eigendom en hadden de Lou geen toestemming gegeven in deze rivier te vissen. Toen de vissers een vis vingen van de soort die de Nuer *lec* noemen, namen de Jikany die in beslag, net zoals ze dat een jaar eerder bij de Uduk hadden gedaan. In de gevechten die hierna uitbraken, doodden de Jikany drie vissers van de Lou en weigerden ze daarna de lichamen aan hun clangenoten terug te geven.

In tegenstelling tot de Uduk waren de Lou echter tot de tanden gewapend. Bovendien waren ze woedend over de verwoestingen die de Nuer tijdens hun gevechten met de Dinka in hun thuisland rondom Bor hadden aangericht. (Hoewel enkele Lou aan de oorspronkelijke aanval op Bor hadden deelgenomen, waren zij ontstemd over het feit dat zij en niet de Jikany het doelwit van de vergeldingsacties van de Dinka waren geweest.) Ze vielen de Jikany aan. Zo begon onder de Nuer een venijnige cyclus van plunderingen en tegenaanvallen. De Nuer interpreteerden dit allemaal in termen van een van de profetieën van Ngungdeng, die luidde dat de Jikany en de Lou elkaar om de *lec*-vis zouden bevechten en dat deze gevechten niet zouden ophouden voor ze Kotwith, een klein dorpje buiten Nasir, zouden bereiken. Vanuit dit perspectief leken de gevechten onvermijdelijk, en Rieks luitenants raakten door hun familiebanden – al even onvermijdelijk – in de strijd betrokken.

Emma geloofde dat het beneden Rieks waardigheid was om zich met dergelijk geruzie in te laten. Ze probeerde hem te helpen met het aanleggen van een lijst van vee dat gedurende het conflict tussen de Lou en de Jikany was gestolen, zodat dit tijdens een verzoeningsceremonie kon worden teruggegeven. Lam Akol zegt echter dat Riek enkele van zijn Jikany-ondergeschikten ervan begon te verdenken dat ze een samenzwering tegen hem op touw aan het zetten waren. Toen Emma in januari 1993 in Waat was, deed zich een incident voor dat ze niet kon negeren. Een officier, Hakim Gabriel Aluong, kreeg tijdens een duistere woordenwisseling ruzie met anderen. In Emma's aanwezigheid werd hij weggesleurd om te worden doodgeschoten. Toen ze voor Aluong in de bres sprong en smeekte hem te sparen, negeerden de mannen van Riek haar volkomen. 'Emma kwam [naar Nairobi] en was heel erg boos,' herinnerde Lam Akol zich. 'Ze had het er met iedereen over. Het gebeurde nu allemaal recht voor haar ogen. Maar ze gaf Riek er niet de schuld van. Ze zei dat het de schuld van zijn officieren was.'

Misschien begon Emma rond deze tijd wanhopig te worden van alle politieke machinaties. Misschien begon ze, net als de Nederlandse arts uit Wau die ik in Khartoum had ontmoet, te geloven dat het beter zou zijn om te proberen slechts één menselijk wezen te redden. In augustus 1992 waren twaalf kleine Nuer-jongens het militaire kampement van Riek in Waat binnengekomen. Emma hoorde dat de jongens drie maanden hadden gelopen om te ontsnappen aan de troepen van Garang. Ze had het gevoel dat Riek niet voldoende waardering had gekregen voor het feit dat hij het Rode Kruis toestemming had gegeven de eerste driehonderd jongens in Nasir met hun familie te herenigen. (In tegenstelling tot Riek had Garang geweigerd ook maar één van de meer dan de tienduizend jongens onder zijn gezag naar huis te laten gaan.)

Een opgewekte elfjarige jongen, Emmanuel Jai, kwam aanlopen met een geweer dat groter was dan hijzelf. Emmanuel bleek een verre verwant van Riek te zijn. Hij beschreef hoe hij zware mortieren had afgevuurd en voor de mannen van Garang munitie had gedragen. 'Neem dit ding hier, leg het hier en' – hij bedekte zijn oren – 'BENG!' Emmanuel zei dat hij in 1989 naar Ethiopië was gegaan in de hoop dat hij daar naar school kon gaan. In plaats daarvan was hij in een van Garangs FACE-scholen terechtgekomen. Emmanuel zei dat de jongens op school alleen maar militaire training kregen. Ze kregen alleen boeken wanneer er belangrijk bezoek verwacht werd. In 1992 had het SPLA ze vervolgens ingezet bij de aanval op Juba en gedurende de zware gevechten van de maanden die daarop volgden.

Emma was helemaal weg van Emmanuel. Toen ze naar Kenia terugkeerde, smokkelde ze hem met zich mee het land binnen. De komende paar maanden week hij nauwelijks van haar zijde. Ze liet hem in haar bed slapen en nam hem mee naar de diners en feesten in Langata. Emmanuels ogen begonnen te stralen toen hij in het huis van David en Emma Marrian een telescoop zag staan: hij dacht dat het een lanceerinstallatie voor mortierraketten was. Emma vroeg al haar vrienden en kennissen in Nairobi of ze een bijdrage wilden leveren voor Emmanuels schoolopleiding, en ze schreef stapels brieven naar liefdadigheidsorganisaties om te proberen een beurs voor hem los te krijgen, zodat hij in Kenia naar kostschool kon gaan. Toen haar moeder in februari 1993 op bezoek kwam, wekte Emma haar woede op door tegen Emmanuel te zeggen dat hij haar 'oma' moest noemen en Maggie te vragen op hem te passen. 'Zijn aanwezigheid staat mij meer tegen dan ik kan zeggen,' schreef Maggie McCune. Veel van Emma's blanke vrienden in Nairobi hadden hetzelfde gevoel. Misschien begon de spanning van haar dubbelleven zijn tol te eisen. Door Emmanuel aan haar vrienden op te dringen leek ze hen stilzwijgend te dwingen de realiteit van Soedan onder ogen te zien die zij tot dan toe door vrolijke anekdotes verbloemd had.

In de ogen van haar blanke vrienden werd ze ook op een andere, lastiger manier steeds Afrikaanser: ze werd hoe langer hoe armer en hulpbehoevender. In Kenia had ze steeds bij Sally Dudmesh of andere vrienden gelogeerd. Als ze nu op bezoek kwam, was ze lang niet altijd de verrukkelijke, stralende disgenote van vroeger. Het kwam regelmatig voor dat ze niet alleen een bed nodig had, maar ook nog verpleegd moest worden. De ziektes waaraan ze leed, waren boosaardig, bedreigend en beangstigend. Sommige mensen waren bang dat ze door haar besmet zouden raken. Ze had geen geld: als ze op bezoek kwam en de groep wilde uitgaan om ergens iets te drinken of te eten, wisten ze al van tevoren dat ze Emma's aandeel voor hun rekening zouden moeten nemen. Ze had het nooit een probleem gevonden anderen ergens om te vragen. Nu werd ze vrijpostig. Ze leende dure kleding zonder te vragen of het goed was. Toen ze hoorde dat een buitenlandse hulpverlener naar Addis Abeba ging, wist ze hem op haar kokette manier zover te krijgen om een paar van de mooie witte Ethiopische sjaals voor haar mee te nemen, waar ze zo gek op was. Hij wist dat ze niet van plan was hem ervoor te betalen. Ze moet het idee hebben gehad dat haar verzoeken heel vanzelfsprekend en bijna onschuldig waren, omdat ze gewend was geraakt aan de verzoeken van de veel behoeftiger Nuer. ('De verzoeken die uit naam van verwantschap op iemand afkomen, zijn onophoudelijk en dwingend, en hij doet het uiterste om ze af te weren,' schreef Evans-Pritchard in de jaren dertig over de Nuer.) De buitenlandse hulpverleners, die zoveel moeite deden om het bedelende Afrika uit hun leefwereld te bannen, bekroop echter het gevoel dat iets van het armlastige, woedende Afrika, dat ze voortdurend buiten de deur probeerden te houden, op slinkse wijze door hun prikkeldraadhekken en langs hun bewakers en honden was geglipt en zich nu in hun logeerkamer genesteld had.

In maart stortte Emma zich op de voorbereiding van een grote politieke vergadering die Riek Machar in de Dinka-nederzetting Panyagor zou houden.
Vier hooggeplaatste politici – onder wie twee Dinka – waren uit de gevangenissen van Garang ontsnapt en hadden zich aangesloten bij Riek. De groep
van Riek zou zijn naam van SPLA-Nasir veranderen in SPLA-United. Op deze
manier wilde zij uitdrukking geven aan haar nieuwe, alomvattende, boven
stammenloyaliteit verheven identiteit. Emma hoopte dat de komst van de
Equatoriaanse en Dinka-leiders de rest van het zuiden ertoe zou aanzetten de
kant van Riek te kiezen. Tiny Rowland was ook actief bij de plannen betrokken. Rowland had de ontsnapte politici in Kampala op het vliegtuig naar Nairobi gezet en de kosten van de persconferentie betaald die ze in het 680 Hotel hadden gegeven en waarin ze openlijk de vloer met Garang aanveegden.
De vier politici zeiden dat Garang hen enkele dagen lang in kuilen onder de
grond gevangen had gehouden toen ze in 1987 een politiek meningsverschil
met hem hadden gehad. Daarna hadden ze met andere gevangenen meer dan
drie maanden lang in een hok van anderhalf bij twee meter gezeten. Een
woordvoerder van Garang bracht hiertegen in dat ze in de gevangenis goed
waren behandeld. 'Niemand heeft hen gemarteld,' zei hij. In het Norfolk Hotel, waar hij logeerde, gaf Rowland onaangekondigd een persconferentie
waarin hij bekendmaakte negen jaar lang in het geheim lid van het SPLA te
zijn geweest. Het was tijd, zo verklaarde de tycoon van Lonrho Corporation
tegenover de BBC, dat er een eind kwam aan de oorlog in Soedan. 'Niemand
kan de oorlog in Soedan winnen,' concludeerde hij met gezag.

Rory Nugent, een lange, kaalhoofdige Amerikaan met borstelige wenkbrauwen, wachtte in Nairobi het moment af waarop hij zich na de grote vergadering in Panyagor bij Riek kon vervoegen. Nugent was een portret van
Riek aan het schrijven voor *Men's Journal*. Emma had geregeld dat hij in Nairobi de ontsnapte politici kon interviewen die partij hadden gekozen voor
Riek. Het plan, zo vertelde Emma hem, was dat Riek en zijn nieuwe collega's een politieke bijeenkomst zouden houden om de Dinka en de andere
volkeren uit het zuiden duidelijk te maken dat het bij hun afsplitsing van
het SPLA niet om stammen draaide, maar om principes. In 1982 hadden de
Fransen Panyagor ingericht als een wooncomplex voor de werknemers van
de Commissie voor het Jongleikanaal; een jaar later, toen John Garang het
project lamlegde door een aanval uit te voeren op de enorme graafmachine

waarmee het kanaal werd gegraven, hadden ze het onvoltooid achtergelaten. (De graafmachine bleef achter, langzaam wegzakkend in de modder. Het gevaarte had zulke enorme afmetingen dat het een herkenningspunt bleef voor piloten die over de streek vlogen.) Panyagor maakte nu deel uit van wat Emma de 'hongerdriehoek' noemde: het gebied rond Waat, Ayod en Kongor, waar hongersnood heerste en gevochten werd. Enkele weken eerder hadden de Amerikaanse Centra voor Ziektebeheersing gerapporteerd dat het ondervoedingsniveau in Panyagor behoorde 'tot de hoogste die ooit zijn vastgesteld'. VN-functionarissen zeiden dat de hongersnood vrijwel geheel het gevolg was van de gevechten tussen de verschillende facties van de zuidelijke rebellen, en ze waren bang dat de pogingen van Riek en Emma om hen over te halen voedsel naar deze drie steden te blijven sturen door hun eigen strategische overwegingen werd ingegeven.

Jean-François Darcq was verantwoordelijk voor de voedselvoorziening van de mensen in Panyagor. Op 26 maart hoorde de blonde Fransman hoe Riek en zijn kameraden een publiek van enkele duizenden Dinka opriepen tegen Garang in opstand te komen. De volgende ochtend om zes uur bevond Darcq zich in de VN-voorraadschuur, waar hij een radiogesprek voerde. Toen hij schoten hoorde, dacht hij in eerste instantie dat de troepen van Riek een parade hielden. Daarna kwam de VN-wachtpost hem zeggen dat ze door het SPLA van Garang werden aangevallen. De wachtpost rende weg om zich in veiligheid te brengen. Darcq verschool zich in de bakstenen voorraadschuur. Toen de regen van mortier- en raketgranaten verminderde, gluurde hij naar buiten. Er verschenen enkele jonge strijders met geweren die tot het kamp van Garang behoorden. Ze dwongen Darcq de voedselschuren van de VN open te maken en bevalen hem zijn hemd, broek, schoenen en sokken uit te doen. Ze lieten hem achter in zijn onderbroek. Dit was een gunstig teken, vertelde hij me. 'Ze schoten kerels neer als ze eerst hun onderbroek hadden uitgetrokken. Ze wilden die namelijk niet graag met bloed bevuilen. Daarom dacht ik op dat moment dat ze me niet zouden doden.'

Er verstreek een lange, afschuwelijke dag. De mannen van Garang schoten op Darcq en dwongen hem door de jungle te rennen, tot de mannen van Riek uiteindelijk de stad heroverden en hem bevrijdden. Emma kwam de stad hinkend binnenstrompelen met de soldaten. Later vertelde ze dat ze zich onder een omvergegooide kast verborgen had gehouden tot Forty-Six, haar kolossale lijfwacht, haar had bevrijd. Ze was op blote voeten weggevlucht voor het vuurgevecht tot haar voeten onder het bloed zaten van de snijwonden. Een van de eerbiedwaardigste en belangrijkste medestanders van de Nasir-factie, een oudere Equatoriaan die ooit minister van Sport was geweest, kon de vluchtenden niet bijhouden. De strijders van Garang schoten hem in de rug. Emma had een halve dag in de veronderstelling geleefd dat ook Riek gedood was. Uiteindelijk hadden ze elkaar weer ontmoet bij enkele Toyota-trucks die de groep in de jungle had verborgen. Nadat Rieks mannen de stad hadden heroverd, zaten Darcq en Emma voor een van de onvoltooide betonnen *tukuls* – ook een overblijfsel van het Jonglei-project – en rookten samen een heel pakje Dunhill op.

Darcq vertelde Emma dat Garangs soldaten hem – vóór ze hem dwongen de jungle in te rennen – hadden gevraagd waar zij zich ophield. Ze zeiden dat ze een Britse spion was en beschuldigden de Verenigde Naties ervan Riek van munitie en voedsel te voorzien. Ze vingen ook Emma's hond, Come On. Enkele maanden later heroverde Garang Panyagor op Riek. Een Britse journalist die de nederzetting in mei bezocht, ontdekte dat de strijders van Garang Come On nog altijd hadden. Ze hadden de hond omgedoopt tot 'Emma'. Ze hielden het dier in leven om het te trappen en te slaan. Toen hij Panyagor weer verliet, waren ze 'Emma' nog steeds met stokken aan het slaan. De strijders die dat deden, zei hij, stonden onder bevel van Kuol Manyang Juk.

Het feit dat Emma McCune bij Panyagor ternauwernood aan de dood was ontsnapt, leek een ontnuchterende uitwerking op haar te hebben. Ze had al haar spaargeld uitgegeven. Zij en Riek waren iedereen geld schuldig. In het kantoor dat Rieks factie in Nairobi aanhield, waren de elektriciteit en de telefoons altijd afgesloten, hoewel ze van UNICEF geld kregen om de rekeningen te betalen. Ze bleef in Nairobi en werkte aan haar autobiografie. Beetje bij beetje kwamen op het kantoor van haar literair agent in Londen de gekreukelde velletjes papier binnen. Net als de Soedanezen was ook Emma het postsysteem gaan wantrouwen. Elk bericht van enige waarde verstuurde ze langs een ingewikkelde omweg, waar vrienden en vrienden van vrienden bij waren betrokken. In het eerste hoofdstuk beschreef ze hoe ze met een VN-vliegtuig uit Panyagor was ontsnapt:

Ik klom naar binnen en boog voorover om Riek vaarwel te kussen. De deur sloot, de machine startte, we maakten vaart over de startbaan en vlogen met een scherpe bocht weg van de gevechten. Ik keek naar beneden en zag hoe Riek en zijn mannen ons nakeken tot ze niet groter waren dan stippen op de aardkorst. Een deel van mijn hart bleef achter bij Riek. Terwijl we hemelwaarts klommen, als door magie opgetild uit de hel, werd ik overmand door de uitgestrektheid van dit enorme, platte land. [...] Onbedwingbare tranen rolden over mijn wangen en spoelden alle ontzetting, angst en droefenis weg. Ik treurde om degenen die waren gestorven en om degenen die nog zouden sterven in deze oorlog die geen einde kent.

Ze had altijd een kind willen hebben. 'Dat is hoogst onverantwoordelijk van je,' zei Bernadette Kumar altijd wanneer Emma het onderwerp aanroerde. 'Als je een kind wilt hebben, moet je hier weggaan. Je kunt in het zuiden van Soedan geen kind grootbrengen.' Zelfs Riek waarschuwde haar dat ze in Nairobi zou moeten blijven wanneer ze een kind kreeg. 'Ik zou nooit hebben toegelaten dat ze met een kind in de jungle zou gaan zitten!' vertelde hij me verontwaardigd. Emma had het er echter altijd over dat ze haar kinderen wilde grootbrengen op een boerderij in het zuiden van Soedan. Waarschijnlijk hoopte ze dat haar aanzien onder de Nuer zou stijgen wanneer ze een kind ter wereld bracht. Voor Nuer-vrouwen is het een drama wanneer ze onvruchtbaar zijn. Als Emma een Nuer was geweest en na twee jaar huwelijk nog altijd kinderloos was gebleven, zou haar huwelijk door een scheiding ontbonden kunnen worden en had ze moeten proberen zich door prostitutie of door het verkopen van bier in leven te houden. Andere vrouwen zouden haar hebben gemeden uit angst dat zij door haar ongeluk werden aangeraakt of dat Emma hun kinderen uit wrok iets zou aandoen. Maar Emma – die in de lente, in de televisiedocumentaire *The Warlord's Wife* die ITV over haar maakte, had gegrapt dat Riek niet met haar was getrouwd omdat ze zo goed kon koken – was ook niet ten huwelijk gevraagd omdat ze zo goed kinderen kon baren. En in tegenstelling tot de vrouwen uit het zuiden van Soedan kon zij naar Nairobi gaan om een Indiase gynaecoloog te consulteren. Deze gaf haar vruchtbaarheidspillen en adviseerde haar beter op haar gezondheid te letten.

Ze nam zich voor om extra haar best te doen om Nuer te leren. Ze bracht een bezoek aan de familie van Riek in Ler. Jubelend droegen de vrouwen haar van de landingsbaan naar de acht kilometer verderop gelegen *tukul* die ze voor haar hadden ingericht. Ze lieten haar daar plaatsnemen op een stoel en maakten, zwaaiend met tamarindetakken, een rondedans om haar heen. Op het hoogtepunt van de festiviteiten slachtten ze bij de ingang van de compound van Rieks familie een os als een offer aan God om haar onvruchtbaarheid te beëindigen. Riek verraste iedereen door onverwachts met het vliegtuig over te komen. Het dorp barstte los in een uitbundig feest. De Nuer-oudsten wreven as op Rieks en Emma's voeten en spuwden hen op het hoofd. Ze baden dat Teny, de geest die bezit had genomen van Rieks grootvader, hem en Emma een zoon zou geven. 'Een zoon! Een zoon! We willen dat er uit jullie huwelijk een zoon voortkomt die ons in de toekomst zal helpen,' zongen de mensen uit het dorp.

In de zomer van 1993 werd Emma zwanger.

In het geheim zetten Riek en Lam Akol hun onderhandelingen met Khartoum voort. Ondertussen keken ze echter uit naar een andere bron voor wapens en munitie. De internationale zwarte markt was overspoeld met handwapens uit het voormalige sovjetblok. Emma gebruikte de telefoon van een vriend om met een wapenhandelaar over de prijs van een aantal Tsjechoslowaakse geweren te onderhandelen. Zonder de hulp van de regering van een buurland was het voor Riek echter zeer moeilijk om geweren in te voeren in het aan alle zijden door land omgeven zuiden van Soedan. Kenia tolereerde Riek weliswaar, maar president Daniel arap Moi wedde nog altijd op Garang, en door zijn banden met Khartoum had Riek zich in de ogen van Ethiopië en Oeganda gecompromitteerd. Rieks officieren keurden het af dat Emma aan de gevoelige onderhandelingen deelnam. 'Ze was op illegale manier bij de beweging betrokken,' vertelde een Nuer-commandant me later. 'Het was niet goed. Riek luisterde meer naar Emma dan naar anderen. Ze had Riek in haar macht.' Mogelijk wilden ze dat Emma zich meer als hun eigen Nuer-vrouwen zou gedragen. Of misschien vertrouwden ze gewoon haar discretie niet. In een radiobericht dat Emma's moeder in haar boek aanhaalt, vertelde Emma Riek dat enkele van hen weigerden haar toestemming te geven om met een vliegtuig vol journalisten naar Kongor te vliegen om hem daar op te zoeken. Ze zeiden dat ze hem in zijn werkzaamheden zou belemmeren. 'Daarna zeiden ze dat ik voor jou een politiek struikelblok ben, en dat ik er maar aan moest wennen dat ik je heel lang niet zou zien, misschien wel een aantal jaren, en dat het gevaarlijk is wanneer journalisten mij in jouw nabijheid zien, en dat ik een baan moest gaan zoeken in plaats van te zitten niksen in Nairobi.'

Riek zei Emma dat ze zich er niets van moest aantrekken, maar zijn mede-rebellen hadden misschien toch wel gelijk. De westerlingen vonden altijd dat Riek door zijn verbintenis met Emma was bevoordeeld, in verband met de gunstige publiciteit die ze kreeg in de westerse pers. Het is niet uit te maken of het feit dat Emma met zoveel journalisten bevriend was tot gevolg had dat Riek bij de westerse pers dikwijls een welwillender gehoor vond dan anders het geval zou zijn geweest. De stroom positieve persberichten bereikte een hoogtepunt met *The Warlord's Wife* in april 1993. In de ogen van de Soedanezen was deze publiciteit echter niet altijd zo vleiend. Een Dinka-politicus uit Khartoum herinnert zich dat hij in een tijdschrift een foto had gezien waarop Riek en Emma hand in hand door het oerwoud lopen. Hij had om de foto moeten lachen. 'En deze strijder is de leider van de Nuer?' had hij zich afgevraagd. 'Deze man is per ongeluk politiek leider geworden. Zijn vlees is week. Hij wil een comfortabel leventje leiden.' Rieks westerse critici vonden dat verslaggevers die geïntrigeerd waren door zijn huwelijk met een mooie Engelse vrouw, over het hoofd zagen dat hij ook een meedogenloze kant had.

Veel Zuid-Soedanezen bekritiseerden Riek echter omdat hij niet hard en consequent genoeg was om de discipline er bij zijn eigen mannen te onderhouden. Er werden in zijn groep arrestaties verricht, mensen gekidnapt en moorden gepleegd, maar altijd op een lukrake manier, en daar kwam nog bij dat Riek nooit de verantwoordelijkheid opeiste. Op veel zuiderlingen maakte hij een besluiteloze indruk. Zijn ogenschijnlijke bescheidenheid, die buitenlanders zo innemend vonden, werd door de Nuer 'verwijfd' gevonden. Een oude man in Nasir waarschuwde hem dat hij niet 'met zijn hoofd naar beneden gericht' moest spreken. 'Mijn zoon,' zei hij, 'als dit de manier is waarop je leiding wilt geven aan de Nuer, ben je gedoemd te falen. De Nuer werden door machtige leiders aangevoerd toen ze de Nijl overstaken en naar het oosten kwamen. Zo zijn ze erin geslaagd dit land hun eigendom te maken en met andere stammen te assimileren.'

In de zomer van 1993 werd Riek benaderd door de voorgangers van de presbyteriaanse kerk. Ze probeerden hem over te halen om samen met hen een poging te doen het conflict tussen de Lou en de Jikany bij te leggen. Het had al meer dan honderd levens gekost. Riek zei echter dat hij en zijn commandanten de zaak zelf zouden oplossen. In oktober riep hij een conferentie bijeen, maar deze werd door zijn commandanten gesaboteerd. Ze profiteerden van het conflict tussen de Lou en de Jikany door vee te roven met de wapens die de Soedanese regering hun had gegeven. Elk skelet dat ze rottend in de zon achterlieten, zaaide nieuwe 'botten' tussen de clans en verwantschapsgroepen, en was aanleiding voor een nieuwe gevechtsronde. De Lou- en Jikany-oudsten en de luipaardvelpriesters waren niet in staat om het conflict volgens de traditionele wetten bij te leggen, omdat Rieks jonge strijders die niet wilden gehoorzamen. Riek vertelde onderzoekers van mensenrechtenorganisaties dat het strafrecht van het SPLA gold in het door hem bestuurde gebied. De praktijk wees echter uit dat de coup van Nasir tot gevolg had dat elke vorm van systematisch bestuur in het land van de Nuer was afgeschaft. 'De wetteloosheid die in het land van de Nuer heerste en die culmineerde in het conflict tussen de Lou en de Jikany, moet worden toegeschreven aan het zwakke leiderschap van dr. Riek Machar na zijn couppoging en aan zijn onvermogen om zijn gezag aan de Nuerbevolking op te leggen,' schreef Peter Adwok Nyaba later.

En als stierjongen of zwarte *Turuk* voldeed Riek al evenmin aan de verwachtingen. Zijn verbintenis met Emma leverde geen wapens of andere nuttige westerse steun op, maar mondde uit in een gunstige publiciteitscampagne voor Garang. Voor zijn wapens en munitie rekende Riek op Khartoum, zoals de ongeletterde zuidelijke leiders in het verleden ook hadden gedaan. Sommige zuiderlingen kregen de indruk dat het feit dat er zo hoog werd opgegeven over bestuurlijke leiders met een westerse opleiding, slechts een list van de *Turuk* was. 'Ze moeten óns laten bepalen wie onze leiders zijn, niet die twee monsters – doctor John Garang en doctor Riek Machar,' zei een zuiderling smalend tegen een Britse verslaggever. 'In het SPLA worden alle verkeerde beslissingen genomen door de zogenaamde Ph.D.'s: Poverty, Hunger en Disease.'

Emma regelde dat Rory Nugent een maand lang bij Riek in de jungle kon doorbrengen. Als tegenprestatie vroeg ze dat hij haar nergens in het artikel zou noemen. Nugent, die al eerder een boek had geschreven over zijn speurtocht naar een mythisch dinosauriërachtig wezen in Kongo, dook met zijn bagage op in het Nuer-dorp Yuai. Riek schudde afkeurend het hoofd. 'Guerrilla's lopen vijfendertig kilometer per dag,' zei hij. 'Ben je daar nog toe in staat als je al die spullen meeneemt?' De twee werden echter al snel vrienden. Rory was een nieuwe *khawaja* die bereid was om naar de politieke theorieën te luisteren waar de kameraden van Riek zich aan ergerden. Tegenover de journalist zwoer hij dat alle verhalen over zijn bondgenootschap met Khartoum vals waren. 'Khartoum is mijn vijand,' zei hij tegen Nugent, terwijl hij op een langzame fluistertoon begon te spreken. 'Met Garang heb ik een persoonlijke rekening te vereffenen, maar ik wil zijn manschappen aan mijn zijde hebben.' Op zondag greep Riek zijn bijbel en snelde naar de kerk om mee te zingen in het presbyteriaanse koor. 'Ik heb het gevoel dat hij zichzelf ziet als een moderne kruisvaarder die strijd levert met de islamitische horden,' schreef Nugent.

Riek en Nugent verbleven nog altijd in Yuai toen Riek via de radio bericht kreeg dat Garang een aanval had uitgevoerd op Ayod, de lokatie van een VN-voedingcentrum en een onbewaakt kamp dat enkele duizenden mensen herbergde. Riek voerde enkele dagen later een tegenaanval uit. Toen zijn troepen Ayod binnentrokken, ontdekten ze dat de mannen van Garang het stadje met de grond gelijk hadden gemaakt en het voedingcentrum in de as hadden gelegd. De meer dan honderd mensen die zich in het gebouw hadden bevonden, waren in de vlammen omgekomen. Verspreid tussen de verkoolde resten van het dorp lagen de lichamen van nog eens tweehonderd mensen.

Nugent verkeerde in een shock. Samen met Riek zat hij in de as vliegen uit de soep te vissen die Rieks kok gemaakt had van in moeraswater gekookte stukjes gedroogd vlees. 'Ik heb een gruwelijke hekel aan vliegen,' merkte Riek op. 'Als er iets in Soedan is waar ik een gruwelijke hekel aan heb, dan zijn dat de vliegen wel.' Nugent staarde hem aan. 'Als er iets in Soedan is waar ik een gruwelijke hekel aan heb, dan zijn dat de vliegen wel'? Toen het nacht werd en Nugent zag dat Riek naar de sterrenhemel staarde, vroeg hij wat hij in de hemel zag, zo ver weg van de verwoestingen rondom hem. Riek antwoordde met een stortvloed van clichés: 'Miljoenen groene scheuten die uitgroeien tot hoge planten die de wereld voedsel geven. Ik zie hoe we zouden kunnen leven als we vrij waren.' Deze beelden verontrustten Nugent. Ze wekten de indruk dat Rieks politieke voorstellingsvermogen niet verder reikte dan tegeltjeswijsheden.

Een week later waren Rieks troepen weer terug in Ayod. Ondanks zijn pochende opmerking dat guerrilla's per dag wel vijfendertig kilometer lopend afleggen, vertelde Riek Nugent dat zijn mannen zich zonder dieselolie onmogelijk konden verplaatsen. Na vijf dagen in Ayod hoorden ze geweerschoten. Ze werden aangevallen door Garang. Riek en Nugent renden naar een van de trucks. Toen de truck snel wegreed in de richting van Waat, keek Nugent vanuit de laadbak toe hoe het voedingcentrum en de kliniek van de VN werden getroffen door een reeks mortieren en granaten. Hij wist dat zich in het voedingcentrum ongeveer zestienhonderd mensen bevonden, en eerder die dag had hij zo'n honderd mensen op de vloer van de kliniek zien liggen. 'We worden omgeven door de stank van brandend vlees en schroeiende haren,' schreef hij later. 'Ik staar naar de hulppost, terwijl de oorlog de gedaante van een crematorium aanneemt.'

Nugent vroeg aan Riek: 'Waarom het voedingcentrum?' Ze klampten zich vast aan de laadbak van de truck die in volle vaart wegreed. 'Hebben jouw troepen ooit wel eens zoiets gedaan?'

Riek gaf toe dat ze dat inderdaad wel eens hadden gedaan, hoewel hij beweerde dat zijn soldaten wisten dat hij hen voor een dergelijk misdrijf zou straffen. Nugent herinnerde Riek eraan dat hij enkele dagen eerder had gezegd dat guerrillalegers hun eigen regels opstellen en tot alles bereid moeten zijn om te winnen. 'Ons leger heeft wetten!' riep Riek boven het gedreun van het geweervuur uit. 'Ik geloof in het bestaan van de hemel en de hel, en ik wil niet naar de hel gaan.'

'Kijk om je heen,' beet Nugent hem toe. 'Dit ís de hel.'

Toen de troepen van Garang zich terugtrokken, liepen Riek en Nugent met de manschappen van Riek vanuit Waat mee terug naar Ayod. In elk dorp vonden ze doden, voornamelijk vrouwen die met een kapmes in stukken waren geslagen. De moordenaars hadden de benen van de vrouwen dikwijls gespreid en een stok in hun vagina gestoken. Nugent nam foto's van de lijken. Hij drong er bij Riek op aan om antwoord te geven. Dacht hij dat deze oorlog ooit nog ten einde zou komen? Riek sprak over een door de VN gesponsord referendum over afscheiding, over een onafhankelijke staat. 'En wat dan?' vroeg Nugent. In al Rieks antwoorden leek de redding van buitenaf te moeten komen: een interim-regering onder leiding van de VN, een vredesmacht en na drie jaar landelijke verkiezingen. 'Het zuiden heeft de potentie om in economisch opzicht heel rijk te worden,' zei hij in alle oprechtheid tegen Nugent. 'Het zuiden heeft enorme reserves aan olie, goud en andere mineralen... Als de VN ons overeind helpen, kunnen wij binnen de kortste tijd op eigen benen staan.' Nugent staarde naar buiten en liet zijn ogen over de lege vlakte dwalen. Overal langs de rand van het dorp lagen lijken. Er trippelden hyena's voorbij die menselijke ledematen tussen hun kaken geklemd hielden. Riek leek het niet op te merken. Nugent kon er zijn ogen echter niet van afhouden.

Nugent ging met een Soedanese hulpverlener mee die deel uitmaakte van de factie van Riek, om buiten Ayod op zoek te gaan naar achtergelaten kinderen. Op een dag vonden ze het met gieren overdekte lijk van een vrouw. De stank was zo ondraaglijk dat iedereen vanzelf op een afstand bleef. De Soedanees voelde echter aan dat er iets ongebruikelijks met het lijk was. Hij joeg de vogels weg en draaide het rottende lichaam van de vrouw om. Onder het lijk ontdekte hij twee nog levende baby's. 'De vingertop van een van de kinderen was door een van de gieren tot op het bod kaalgepikt,' schreef Nugent. Het was een tweeling, de wonderbaarlijke 'kinderen van God' die, zoals de Nuer geloven, verwant zijn aan de vogels.

Uiteindelijk bedacht de factie van Riek een manier om aan dieselolie te komen. Ze nodigden een groep journalisten uit Nairobi uit om bij hen op bezoek te komen. Voorwaarde was dat ze extra brandstof zouden meenemen. Toen hun trucks weer van brandstof waren voorzien, voerden ze een tegenaanval uit, heroverden Yuai en Ayod en doodden – volgens een calculatie van Riek – zo'n duizend soldaten van Garang. In Ayod nam Nugent afscheid. Riek stond op het punt een redevoering te houden voor de overlevenden van het stadje. De rebellenleider had Nugent verteld dat hij niet precies wist wat hij moest zeggen tegen deze mensen die familieleden en hun huis waren kwijtgeraakt, maar toen hij naar de menigte toeliep, begonnen de overlevenden – zo meldde Nugent later – te zingen. Ze noemden Riek een 'verlosser, bevrijder en kampioen'. Verschillenden waren overeind gesprongen en riepen: 'Messias... messias!'

Met grote, zekere stappen liep Riek naar een plek voor de menigte. Toen Nugent zich omkeerde om te vertrekken, hoorde hij Riek hun vertellen over zijn visioen hoe het zuiden van Soedan ooit vrij zou zijn.

Op 29 augustus 1993 sloot de islamitische regering van Soedan met Arakis en State Petroleum een overeenkomst ter waarde van 125 miljoen dollar aangaande de exploratie en het productieaandeel van de olievelden van Soedan. De overeenkomst gaf Arakis en zijn directeur Lutfur Rahman Khan het recht om olie op te pompen uit de enige Soedanese oliebronnen waarvan bewezen was dat ze enige reserves bevatten: Heglig en Unity in het land van de Nuer. Hassan al-Turabi en zijn Nationaal Islamitisch Front waren in een jubelstemming. Door hun vrijage met Riek Machar en Lam Akol hadden ze in één klap bereikt wat het Soedanese leger zelfs na negen jaar strijd nog niet had weten te bereiken: ze hadden verdeeldheid tussen de rebellen gezaaid en met een van hen een afzonderlijke vredesovereenkomst gesloten waardoor de ontwikkeling van de olie-industrie hervat kon worden. Ze begrepen echter heel goed dat ze om verder te kunnen gaan Riek en Lam Akol aan hun zijde moesten zien te houden. En plotseling dook er een andere partij op die naar de hand van de zuidelijke opstandelingen dong: de Amerikaanse regering.

In diezelfde maand – augustus 1993 – werd al-Turabi's oude vriend Omar Abdel-Rahman aangeklaagd voor het beramen van een aanslag op het gebouw van de Verenigde Naties en andere belangrijke gebouwen in New York. De blinde sjeik was in 1990 vanuit Soedan naar New Jersey geëmigreerd. Zes van degenen die voor medeplichtigheid aan het complot werden veroordeeld, waren Soedanees, terwijl twee Soedanese diplomaten bij de Verenigde Naties ervan werden beschuldigd de samenzweerders te hebben geholpen. Enkele dagen later plaatste de regering-Clinton Soedan op de lijst van landen die steun gaven aan het terrorisme. Dit betekende voor een heleboel Amerikaanse bedrijven dat ze niet meer in het land konden investeren. Verder ontnam het Internationaal Monetair Fonds Soedan voor onbepaalde tijd zijn stemrecht met als argument dat het land had verzuimd de rente over zijn staatsschuld in te lossen. Saoedi-Arabië stopte met de levering van gesubsidieerde olie aan Soedan. Al-Turabi had de Amerikaanse inlichtingendienst er al van beschuldigd een jaar eerder, tijdens zijn bezoek aan Canada, een aanslag op zijn leven te hebben gepleegd. Volgens Donald Petterson, de Amerikaanse ambassadeur, reageerde Khartoum op de sancties met een 'steeds dolzinniger' reeks anti-Amerikaanse demonstraties en aanvallen in de pers. De Amerikaanse ambassade evacueerde al het personeel dat niet per se aanwezig hoefde te zijn uit Soedan. Petterson bracht op 12 september de waarschuwing over aan president al-Bashir en aan al-Turabi dat, wanneer de in Soedan aanwezige Amerikanen ook maar iets overkwam, Washington dit, zo schrijft Petterson, zou vergelden 'op een manier die de Soedanese economie in feite volledig zou verwoesten'. Volgens andere getuigenissen zou het bericht uit Washington een militaire dreiging hebben bevat. 'Zoals ik al had verwacht, reageerde zowel al-Bashir als al-Turabi furieus – vooral al-Turabi,' schreef Petterson later. De islamisten waren bang dat Washington van plan was om op een zodanige manier in het zuiden van Soedan te interveniëren dat hun zorgvuldig uitgedokterde plan om een stabiele financiële basis voor hun regime te creëren om zeep werd geholpen.

Het leek erop dat Washington er alle belang bij had om al-Turabi en al-Bashir onder druk te zetten. Niet alleen was het NIF betrokken bij de bomaanslagen in New York, de Amerikaanse troepen in Mogadishu voerden ook een klopjacht uit op de Somalische krijgsheer Mohammed Farah Aideed, die in juni een aanval op de troepen van de VN had uitgevoerd. Verder werd vanuit allerlei bronnen gemeld dat de Soedanese regering Aideed had gesteund. Wanneer Riek en Garang ophielden elkaar te bevechten en weer de strijd met de regering zouden aanbinden, zou al-Turabi minder tijd en geld hebben om zich met de aangelegenheden in zijn buurlanden te bemoeien. De Amerikaanse Bijzondere Parlementaire Commissie voor het Hongervraagstuk nodigde de ruziënde rebellen uit om in oktober naar Washington te komen en te bespreken of het niet mogelijk was hun geschillen bij te leggen. De voormalige president Jimmy Carter nodigde hen uit om na afloop hiervan op 25 oktober naar Atlanta te komen om daar de besprekingen voort te zetten. President al-Bashir hield een woedende toespraak als reactie op Washingtons toenaderingspogingen tot Riek en Garang. In deze toespraak viel hij de Verenigde Staten aan en maakte hen uit voor een vijand van de vrede en de islam. Met minder gerucht zond de NIF-regering gezanten naar Riek en Lam Akol om de mogelijkheden te onderzoeken voor het sluiten van een afzonderlijke vredesovereenkomst, die Arakis in staat zou stellen de exploratie van aardolie in Bentiu voort te zetten.

Eind september vloog Lam Akol naar het land van de Shilluk, dat in handen van de regering was. Hij zei dat hij in Tonga de inauguratie van een Shilluk-koning ging bijwonen. In werkelijkheid voerde hij in het diepste geheim intensieve onderhandelingen met de regering die waren bedoeld om tot een afronding te komen van het verdrag van Frankfurt, dat hij het jaar daarvoor had ondertekend. Het laatste voorstel van de regering was dat het zuiden, nadat het voor onbepaalde tijd onder het bestuur van een islamitische federale regering zou hebben gestaan, door middel van een volksraadpleging zou bepalen hoe het verder wilde gaan. (De regering noemde dit plan 'Vrede van binnenuit'.) De onderhandelingen liepen echter vast op het punt van de verdeling van de olie-inkomsten tussen Khartoum en de provinciale regering die Riek en Lam binnen het islamitische federale staatsbestel in Boven-Nijl in het leven wilden roepen. 'Khartoum eist honderd procent van de opbrengsten over een periode van tien jaar, terwijl Lam Akol en zijn groep zich ten doel hadden gesteld dat de toekomstige autonome regering van zuidelijk Soedan de rijkdommen voor een periode van niet meer dan twee jaar op een fifty-fifty basis zou delen,' meldde *The Indian Ocean Newsletter* in een zeldzaam berichtje over de ultrageheime oliebesprekingen. Om hun eisen kracht bij te zetten stuurden Riek en Lam Akol trouwe eenheden van hun rebellenleger naar Bentiu om de controle over het gebied stevig in handen te krijgen. De regering stuurde per vliegtuig nog een tweede delegatie naar het dorp Mankein voor een persoonlijk onderhoud met Riek. Het vliegtuig dat de delegatie aan boord had, stortte neer. Alle inzittenden verongelukten.

Riek had persoonlijke contacten met de regering vermeden. In het openbaar ontkende hij dat hij met de islamitische fundamentalisten een deal had gesloten. Emma steunde hem door dik en dun. Rory Nugent gelooft dat ze niet bij Riek zou zijn gebleven als ze ook maar enig vermoeden had gehad dat hij werkelijk naar de kant van de regering was overgestapt. 'Voor haar was de regering de duivel,' vertelde Nugent me. Jaren later zei Riek evenwel dat ze volledig van zijn heimelijke transacties op de hoogte was. 'Ze liep dezelfde risico's als ik,' zei hij. 'Ik heb haar trouw nooit in twijfel getrokken.'

Eind september charterde Emma een vliegtuig om Riek en Lam Akol in het zuiden van Soedan op te halen en naar Nairobi te brengen voor ze naar Washington afreisden. Op de weg terug naar Nairobi kwamen ze in een storm terecht. 'We verongelukten bijna... Emma was aan boord van het vliegtuig,' vertelde Riek me later. Ze bereikten Nairobi echter zonder kleerscheuren. Hier bracht Tiny Rowland hen onder in het Inter-Continental. ('De maaltijden, auto's, hotels... het werd allemaal door mij betaald,' zei Rowland toen ik hem ernaar vroeg.) Het was de eerste keer sinds zijn afsplitsing van John Garang dat Riek het waagde het zuiden te verlaten. Het Carter Center betaalde Rieks vlucht naar de Verenigde Staten. Emma bleef in Nairobi. Ze was in haar vierde maand. Ze vertelde me later over de telefoon dat haar dokter haar had aangeraden thuis te blijven.

Lam Akol denkt dat Riek, vlak voor hij in oktober naar Nairobi vertrok, bevel had gegeven voor de arrestatie van Lul Kuar Duek, de hitsige coördinator van het schoolproject uit Nasir die mij als eerste had verteld dat Emma helemaal verkikkerd op Riek was. Riek en Emma verbleven op dat moment in het Inter-Continental. Riek had het gezag in Nasir overgedragen aan Gordon Kong, de voormalige leider van Anyanya II. Gordon Kong had de onderwijsman en dertien anderen opgepakt op de beschuldiging dat hij een complot tegen hem en Riek aan het beramen was. Hij stopte de mannen in een gevangenis van de rebellen in Nasir. Een week later hoorden Lam Akol en John Luk, een Nuer-advocaat, dat Lul Kuar Duek dood was.

Toen ze Riek vroegen hoe het zat, zei hij dat de coördinator aan tyfus was overleden. John Luk vertrouwde het niet. Hij ging naar Nasir om de zaak te onderzoeken en hoorde hier een heel ander verhaal. Elke avond om zeven uur waren de veertien gevangenen een voor een uit hun hut gehaald en geslagen. Op een avond was Lul Kuar Duek pas na middernacht teruggebracht. Hij was bijna bewusteloos en braakte bloed. Die nacht was hij gestorven.

Toen de advocaat uit Nasir terugkeerde en Riek met zijn bevindingen confronteerde, zwoer Riek dat hij niet had geweten dat Emma's voormalige collega door marteling om het leven was gebracht. Hij zei dat hij Gordon voor de krijgsraad zou dagen. Maar er gebeurde verder weinig. Gordon Kong bleef ongestoord over Nasir heersen. (Ongeveer vijf jaar later sleepte Riek hem voor de krijgsraad. Riek beweert dat het onder andere was vanwege Gordons moord op Lul Kuar Duek. Andere Nuer zeggen dat Riek boos was op Gordon, omdat hij Rieks gezag in twijfel had getrokken.)

Ik was voorbereidingen aan het treffen om af te reizen naar Mogadishu toen ik hoorde dat Riek in een hotel in Atlanta logeerde. De mannen van Aideed hadden in Somalië achttien Amerikaanse Rangers gedood. Hoewel we dat indertijd nog niet wisten, was in ieder geval een deel van de aanvallers getraind door leden van Osama bin Ladens al-Qaeda. ('Onder de dekmantel van de Verenigde Naties hadden de Verenigde Staten geprobeerd om in Somalië bases op te zetten, zodat zij Soedan en Jemen in hun macht zouden krijgen,' zou Bin Laden later zeggen. 'Mijn bondgenoten hebben de Amerikanen in samenwerking met [Mohammed] Farah Aideed gedood.') Ik zou meereizen met Phillip Johnston, de baas van CARE die druk had uitgeoefend op de regering-Bush om een troepenmacht naar Somalië te sturen. Het was al meer dan een jaar geleden dat ik Emma voor het laatst had gesproken, maar op suggestie van onze wederzijdse vriendin Gill Lusk, de redacteur van *Africa Confidential*, belde ik haar op in het Inter-Continental om haar commentaar te vragen op de besprekingen in Washington.

Omdat dit de eerste keer in drie jaar was dat Riek Machar de jungle verliet, trok de pers al heel snel de conclusie dat de regering-Clinton hem op een of andere manier had weten over te halen om zich met Garang te verzoenen. Khartoum, dat furieus was over het feit dat het zijn stroman zou kunnen kwijtraken, organiseerde een reeks woedende demonstraties waarbij werd geprotesteerd tegen de besprekingen in Washington. De islamisten hoefden zich echter geen zorgen te maken. In Washington dreven Riek en Garang de Amerikaanse onderhandelaren met hun eindeloze gekift tot wanhoop. Congreslid Harry Johnston, een Democraat uit Florida en voorzitter van de Bijzondere Parlementaire Commissie, leidde de gesprekken. Johnstons mensen hadden het gevoel dat Riek hun inspanningen saboteerde. Innemend als altijd vertelde hij de stafmedewerkers van het Congres hoe Emma en hij uit Panyagor ontsnapt waren – een Amerikaanse onderhandelaar weet zich nog te herinneren dat hij dacht: U had uw vróúw bij zich? – en hij leek in te stemmen met al hun voorstellen voor een hereniging van het SPLA. Johnstons staf had echter nog maar nauwelijks een moeizaam tot stand gekomen overeenkomst opgesteld, of Riek weigerde deze te ondertekenen tenzij Garangs titel in iets anders dan 'opperbevelhebber' werd veranderd. Deze opmerking leidde tot een heftige woordenwisseling. Riek beschuldigde Garang ervan gruweldaden te hebben gepleegd, en ten slotte verzandde de bijeenkomst volledig in wederzijdse beschuldigingen. Garang weigerde om naar Atlanta te komen en vloog direct terug naar Soedan. Alleen Riek keerde met Jimmy Carter terug naar Atlanta. De groep van Garang stuurde een persbericht uit waarin Riek gehekeld werd omdat hij had geweigerd het zogenaamde Verdrag van Washington te tekenen. 'Waarom wil Riek zijn handtekening niet zetten?' poneerde het bericht. 'De reden is duidelijk. Hij wil niet tekenen omdat zijn militaire beschermheren met militaire vergeldingsmaatregelen hebben gedreigd wanneer hij zijn handtekening zet. Hij heeft bewezen een knecht van het regime in Khartoum te zijn en wij roepen onze mensen en de hele wereld op hen te behandelen voor wat ze zijn: VERRADERS!'

Ik las de verklaring voor toen ik Emma aan de telefoon had. Ze luisterde zonder een woord te zeggen, maar ik had het gevoel dat ze zich zorgen maakte en van streek was. Na een lange pauze drong ze erop aan dat ik Riek in het Wyndham Hotel zou opzoeken om zijn kant van het verhaal te horen. Ze hield voet bij stuk dat de schuld voor het mislukken van de besprekingen ten onrechte in de schoenen van Riek was geschoven, maar gaf me verder geen bijzonderheden. Onwillekeurig vroeg ik haar of ze het allemaal nog niet beu was. Ze zei dat dat het niet was... ze was alleen erg moe door haar zwangerschap. Hoewel de avond al een heel eind was gevorderd, ging ik toch nog naar het Wyndham, meer uit nieuwsgierigheid dan om iets anders. Nu iedereen de mond vol had van Somalië, wist ik dat mijn redactie niet op het zoveelste verhaal over het ingewikkelde conflict tussen splintergroeperingen in Afrika zat te wachten. Riek was vriendelijk en ontspannen. Hij vertelde gepassioneerd welke politieke tegenstellingen en persoonlijke rancunes het voor hem onmogelijk hadden gemaakt de overeenkomst met Garang te tekenen.

Op zijn weg terug vanuit Washington onderbrak Riek de reis voor een kort verblijf in Londen. Emma belde hem daar dagelijks op en regelde dat hij voor het eerst haar familie ontmoette. Ze belde ook de in Londen wonende leden van zijn factie op en drong er bij hen op aan een lijst met namen van mensen op te stellen van wie het nuttig zou zijn als Riek hen eens ontmoette. Riek bleef het merendeel van de tijd bij Angelina en de kinderen. Het was de eerste keer dat hij zijn driejarige zoontje Timmy ontmoette, en de eerste maal sinds zijn huwelijk met Emma dat hij Angelina weer zag.

Angelina had twee jaar lang op dit moment gewacht. Ze zei dat ze van hem wilde scheiden.

Riek wuifde haar bezwaren lachend weg. Volgens de Nuer-wetten, herinnerde hij haar, kan een vrouw niet meer van haar man scheiden wanneer ze drie kinderen van hem heeft gehad. En toen Riek twee weken later Engeland verliet, was Angelina zwanger van hun vierde kind. Ofschoon Emma eerder de loftrompet over polygamie had gestoken, was ze verpletterd toen ze ontdekte dat Riek met Angelina had geslapen. Ze vertelde Bernadette Kumar dat Riek haar bij hun trouwen had verteld dat hij alleen nog in naam met Angelina getrouwd was. 'Ze was echt heel erg van streek,' herinnerde Bernadette zich. 'Ze zei: "Hij heeft me verraden."' Emma beklaagde zich bij haar dat Afrikaanse mannen hun belofte om trouw te blijven gewoon niet nakomen. Ze zei dat de traditie van polygamie te oud en te sterk was. (Ze leek niet te weten dat toen Riek met Angelina trouwde, hij dezelfde belofte om monogaam te blijven had gedaan.) 'In hun hart zien ze er gewoon geen kwaad in. Ze zei dat het bij Afrikaanse mannen altijd weer gebeurt.' Bernadette vroeg Emma of ze Riek had verteld hoe ze zich voelde. Emma antwoordde dat ze dat had gedaan en dat Riek haar had verzekerd dat hij slechts éénmaal met Angelina had geslapen, en dat het nooit meer zou gebeuren. Bernadette vermoedde dat Emma hem niet geloofde. 'Ze was erachter gekomen, en ze was echt heel erg ongelukkig, maar ze was het stadium voorbij waarin ze een hoge toon kon aanslaan,' zei Bernadette.

Emma richtte al haar energie op haar zwangerschap. Ze stopte met roken en probeerde voedsel met een hoge voedingswaarde te eten. Ze begon plannen te maken om naar Engeland te gaan, zodat ze daar kon bevallen om er zeker van te zijn dat haar kind de Britse nationaliteit zou krijgen. 'Ik denk dat ze gedesillusioneerd was,' zei Bernadette Kumar, 'maar dat werd verdrongen doordat ze een kind zou krijgen. Het zuiden van Soedan en de vredesbesprekingen waren in haar gedachten ver naar de achtergrond gedrongen. Haar aandacht ging niet naar de debatten uit. Ze dacht dat de toekomst van het zuiden misschien in de handen van haar kind zou liggen. Ze was vervuld van haar hoop en haar dromen over de rol die haar kind in de toekomst zou kunnen gaan spelen.'

Tijdens Rieks verblijf in Londen had Emma een huis gevonden. Wederom met dank aan Tiny Rowland en de Keniaanse regering. Het was een witgepleisterde bungalow aan Riverside Drive, een chique wijk waar Keniaanse beroemdheden en westerse diplomaten wonen. (Ngong Dairy, het huis in de wijk Karen waar de opnames voor de Hollywoodfilm *Out of Africa* waren gemaakt, was Emma's eerste keuze geweest. Toen Rieks luitenants weigerden hun toestemming te geven op grond van het feit dat het te moeilijk was om het huis tegen een moordaanslag te beveiligen, wist ze Sally Dudmesh zover te krijgen om het te huren.) Emma had nog nooit een eigen huis gehad. Ze was druk in de weer met het kopen van spullen om het in te richten. Haar vriend, de beeldhouwer David Marrian, maakte een groot metalen bed voor haar en Riek. Voor het eerst in jaren ging ze weer schilderen. 'Ze zei dat ze niet genoeg geld had om schilderijen te kopen, en dat ze die dus net zo goed zelf kon maken,' herinnerde haar broer Johnny zich. Johnny en haar zus Jennie waren in november voor hun eerste bezoek naar Afrika gekomen. Ze waren het er allebei over eens dat Emma er nog nooit zo gelukkig had uitgezien.

Ik speelde met de gedachte onderweg naar Mogadishu een bezoek aan Emma in Nairobi te brengen. Ons telefoongesprek had mijn nieuwsgierigheid voor haar weer aangewakkerd. Geloofde ze werkelijk nog altijd dat Riek een hoger doel had dan zijn eigen glorie? Ik had echter de tijd niet om haar op te zoeken. De regering-Clinton had besloten de Amerikaanse troepen uit Somalië terug te trekken. CARE en de Amerikaanse hulporganisaties reageerden boos en teleurgesteld. Het stond voor hen vast dat het land weer tot chaos zou vervallen, maar op een of andere manier durfden ze niet tegen het heersende Amerikaanse sentiment in te gaan dat de prijs om dit te voorkomen te hoog werd wanneer dat achttien Amerikaanse soldaten het leven kostte. De kortstondige periode na de Koude Oorlog waarin er sprake van was geweest dat de Verenigde Staten en hun bondgenoten hun militaire macht zouden aanwenden om een 'nieuwe wereldorde' te vestigen, was abrupt tot een einde gekomen. Klaarblijkelijk was een nieuwe wereldorde alleen wenselijk wanneer die tot stand kon komen als dat niet ten koste ging van Amerikaanse levens. Er werd niet meer gesproken over interventies in het zuiden van Soedan of in andere regio's in Afrika. Vanuit Haïti zette een Amerikaans oorlogsschip koers naar het moederland nadat een paar honderd Haïtianen rellen hadden getrapt op de kades van Port-au-Prince. In zijn hoofdkwartier in Khartoum verkneukelde Bin Laden zich over wat naar zijn mening een overwinning van al-Qaeda was. 'Op een dag schoten onze mannen een Amerikaanse helikopter neer,' vertelde hij later tegen reporters. 'De piloot klauterde naar buiten. We vingen hem, bonden zijn benen vast en sleepten hem door de straten. Daarna vluchtten 28000 soldaten weg uit Somalië. De Amerikanen zijn lafaards.'

Phillip Johnston had opdracht gekregen om voor de Verenigde Naties rapport uit te brengen over de in Somalië aanwezige maatschappelijke structuren die na het vertrek van de Amerikaanse troepenmacht het gezag van de Amerikanen zouden kunnen overnemen. Natuurlijk bestonden die structuren niet, of althans niet in de vorm waarin Washington ze wilde erkennen. Dit weerhield Amerikaanse functionarissen er echter niet van om te proberen er een aantal te voorschijn te toveren. Tijdens de eindeloos durende vergaderingen die Johnston belegde in de bizarre, door een muur omgeven compound die Operation Restore Hope voor 300 miljoen dollar – een derde van het bruto nationaal product van Somalië in de periode voor de oorlog – op het terrein van de vroegere Amerikaanse ambassade had laten oprichten, tekende ik poppetjes in mijn notitieblok. De besprekingen die Johnston voerde, waren allemaal strikt vertrouwelijk. Ik zag trouwens toch niet in dat ze nog iets zouden kunnen uithalen. Somalië was alweer vergeten. Het enige dat Amerika nog bezighield, was de vraag wanneer de manschappen weer zouden thuiskomen. Wat de Amerikanen betreft, hadden de Somaliërs hun kans laten lopen. Niemand wilde horen door welke domme en grove fouten van de Verenigde Staten en de Verenigde Naties Aideed en zijn islamistische bondgenoten de kans kregen om in Mogadishu steun op te bouwen. Niemand wilde erover nadenken of het zelfs maar verstandig was geweest om een interventie te plegen zonder dat er een plan klaar lag om de burgeroorlog te beëindigen. En natuurlijk had ook niemand er maar het flauwste benul van dat de gebeurtenissen in Somalië ernstige repercussies voor de Amerikanen zouden hebben zodra ze uit het land vertrokken waren.

In het huis van CARE lag ik op mijn bed te luisteren naar het sinistere gegons van de Amerikaanse helikopters die heen en weer vlogen boven de stad. Ik moest denken aan generaal Gordon in zijn paleis met de gesloten luiken in Khartoum. Net als de Britten van toen waren wij er niet in geïnteresseerd om te vechten en ons leven te geven voor de Somaliërs die hun vertrouwen in ons hadden gesteld. We wilden onze heldenstatus tegen een zacht prijsje verwerven, en toen het object van onze welwillendheid zich tegen ons keerde, reageerden we furieus. We sloegen de Afrikaanse spiegel liever kapot dan dat we naar het beeld van onszelf keken zoals dat door de spiegel werd teruggekaatst. Net zoals de Britten hadden geëist dat Gordon de schijn zou ophouden dat hij het gezag níet aan de Soedanese slavenhandelaren overdroeg, gaven de Amerikanen Phillip Johnston de opdracht om Somalische ouderenraden, vrouwenbonden en jeugdcongressen uit de grond te stampen. Alles was goed, zolang maar verdoezeld werd dat het land weer in handen zou vallen van dezelfde Somalische krijgsheren die verantwoordelijk waren voor het ontstaan van de hongersnood die voor ons de aanzet was geweest om ons met de situatie in het land te bemoeien. Binnen de VN-compound heerste een geprikkelde en defensieve sfeer. Robert Oakley, de Amerikaanse gezant die was belast met de organisatie van de terugtrekking, ontkende dat buitenstaanders als Bin Laden een belangrijke rol hadden gespeeld in het fatale vuurgevecht in oktober. Toen ik een andere Amerikaanse diplomaat vroeg door wiens toedoen de interventie in Somalië mislukt was, beet hij me toe: 'Door CNN.'

Op een dag leende ik een truck van CARE en een aantal gewapende lijfwachten om een bezoek te brengen aan Oxfam. De witgekalkte villa van Oxfam lag op niet meer dan een huizenblok afstand van het huis van CARE, maar de sfeer in Mogadishu was zo gespannen dat slechts weinig blanken – zelfs als ze over een gewapende lijfwacht beschikten – zich buiten de compound van de VN waagden. Voor de poort van de VN-compound verzamelden zich elke dag grote drommen jonge Somalische mannen die qat kauwden en boos mopperden op de luxueuze, van airconditioning voorziene noodgebouwen, taxfreeshops, cafetaria's en bioscoopzalen die zich in het complex bevonden. Buiten de compound had Somalië het sinds 1991 zonder stromend water en elektriciteit moeten stellen. Toen ik in het Oxfam-gebouw zat te wachten tot ik een functionaris kon interviewen, hoorde ik iemand met een Brits accent spreken. Ik draaide me om en zag een blanke man met kort geknipt, muiskleurig haar de trap afkomen. Ik had het gevoel dat ik hem ergens van kende. Ik schrok. Het was de journalist, de man die een onderzoek had ingesteld naar de huidige handel in slaven en op de dag dat ik in Safaha arriveerde naar de gevangenis werd afgevoerd.

'Jij hier...?' brachten we beiden hortend uit.

Het was me nooit gelukt om zijn naam te achterhalen, en ik weet nog steeds niet hoe hij heet, omdat we plotseling geweervuur hoorden. 'Liggen!' riep hij. We wierpen ons op de vloer en vergaten alles behalve het *pop! pop! pop!* van de kogels die vlak naast ons insloegen. Toen het geweervuur staakte, begon mijn walkietalkie te snerpen. CARE had twee Bengaalse medewerkers de leiding gegeven over de voedseldistributie in Mogadishu. Uit mijn walkietalkie klonk de stem van een van hen. 'Je moet ons voertuig terugbrengen!' gilde hij. 'Onze bewaker is dood! De VN hebben hem neergeschoten!'

Ik rende naar buiten. De schildwachten die ik van CARE had geleend, kropen net achter de vrachtwagen te voorschijn waar ze beschutting hadden gezocht. Ze grepen hun wapens en we sprongen de wagen in. Luttele seconden later openden zich de zware poorten van de compound van CARE en waren we weer binnen. Er klonk gekrijs van door elkaar gillende stemmen. De zon beukte op ons neer. In het zand lag de dode bewaker. Twee in gele en oranje gewaden gehulde vrouwen knielden jammerend naast hem neer. Een stel andere Somaliërs was in de laadbak van een truck geklommen. De Bengalees stond achter op de truck, zijn ogen rood van de tranen. 'Volg ons!' riep hij tegen de bewaker die mijn truck bestuurde. 'We hebben hier een gewonde! We brengen hem naar het Zweedse ziekenhuis!' De grote poort naar de straat zwaaide weer open en de truck schoot met een ruk naar voren.

Het was markttijd. De stalletjes langs de straat waren echter dicht en de Somaliërs weken opzij om onze processie door te laten. 'De Maleisiërs hebben het gedaan,' zei mijn chauffeur opgewonden. Maleisische vredessoldaten die bij Operation Restore Hope waren gedetacheerd, hadden voor de compound van CARE patrouille gelopen, toen ze ergens van geschrokken waren. Ze hadden het vuur geopend op het marktpubliek. De bewaker was gedood en een andere plaatselijke stafmedewerker van CARE – de man in de truck – was in zijn buik geraakt. De Maleisiërs hadden niet gekeken wie ze geraakt hadden. Ze waren meteen naar de VN-compound teruggereden en hadden de deur achter zich dichtgedaan.

Het Zweedse ziekenhuis bevond zich binnen de VN-compound. Het was een leeg en smetteloos gebouw dat alleen openstond voor hulpverleners en militairen die aan Operation Restore Hope deelnamen. (De Somaliërs die Operation Restore Hope zogezegd moest dienen, werden verwezen naar een verderop gelegen Somalisch ziekenhuis dat werd bemand door één enkele, uitgeputte Somalische chirurg die niet over medicijnen en al evenmin over beddengoed beschikte.) De Bengalees van CARE stapte uit en begon bij de poort van het ziekenhuis te ruziën met een Zweedse vredessoldaat. De man van CARE zwaaide met zijn identiteitsplaatje van Operation Restore Hope. De Zweed weigerde echter de truck naar binnen te laten. Hij bleef herhalen dat we de gewonde naar het Somalische ziekenhuis moesten brengen.

'Klootzakken!' riep de Bengalees. 'Laat hem naar binnen! Wat kan het verrekken dat hij een Somaliër is... Hij werkt voor ons! Jullie hebben onze bewaker doodgeschoten!'

Ik haalde mijn VN-perskaart te voorschijn en gaf die aan de Zweed. 'Die man is aangeschoten door Maleisische soldaten. Hij werkt voor CARE. Je kunt de poort beter opendoen...'

Er trok een golf van opluchting over het bleke gezicht van de Zweed. 'U bent een Amerikaanse?' vroeg hij, zwetend onder zijn blauwe helm.

'Ja.'

'U neemt de verantwoordelijkheid?'

'Ja, maar...'

Ik was de enige in de hele karavaan die niet voor Operation Restore Hope werkte en had dus geen enkel recht het Zweedse ziekenhuis binnen te gaan. Maar omdat ik blank was, geloofde de vredessoldaat mij wel en de man van CARE niet. Ik zei niets meer en knikte.

De Zweed gaf een teken en de poort werd geopend, zodat de truck naar binnen kon rijden.

Ik kon geen woord uitbrengen van woede. Geen wonder dat Hassan al-Turabi in Somalië zoveel bereidwillige rekruten vond. Deze onverschillige, trotse, zogenaamd humanitaire operatie had twee miljard dollar gekost, om nog maar van de honderden Somalische levens te zwijgen. Als dit het beste was waar het Westen toe in staat was, dan deden *khawaja's* zoals wij er beter aan om uit Afrika weg te blijven. Wat had het uiteindelijk allemaal opgeleverd? Vloekend klom ik weer achter in de Land Cruiser.

Terug in Nairobi had ik helemaal geen zin meer om met wie dan ook over Somalië of Soedan te praten. Ik dineerde met een oude vriend die voor *Newsweek* werkte. Hij was zojuist teruggekeerd uit Burundi, waar hij verslag had gedaan van een massamoord. Hij trilde van uitputting en het viel me op dat hij was begonnen met roken. Hij vertelde me op een vlakke, uitdrukkingsloze toon dat de slachting in Burundi het startsein voor een nog veel grotere moordpartij in het naburige Rwanda was geweest. Hij was aan het proberen zijn redacteuren over te halen om hem daar nu heen te sturen. Hij vroeg of ik dacht dat Amerikanen geïnteresseerd zouden zijn in het verhaal.

Als hij niet zo'n goede vriend was geweest, zou ik luid hebben moeten lachen.

Dat meen je toch zeker niet, zei ik. In Amerika interesseert helemaal niemand zich voor wat er in Rwanda gebeurt.

De volgende dag zat ik in het vliegtuig naar huis.

HOOFDSTUK 29

In november 1993 belde Emma Rory Nugent op in New York. Na zijn vertrek uit Atlanta had Riek in Nugents appartement in Manhattan gelogeerd. Misschien had Emma het gevoel dat Nugent de enige vriend was die nog enig vertrouwen in Riek had. Ze vertelde hem dat ze zich zorgen maakte, al vertelde ze niet wat er werkelijk aan de hand was. 'Het leek alsof ze een voorgevoel had,' herinnerde hij zich. 'Ze liet me beloven dat ik naar Soedan zou terugkomen als Riek de boel in het honderd liet lopen. Ik reageerde in de trant van van: Goed, Emma. Ja, Emma, natuurlijk. Ik kom terug. Natuurlijk.' Nugent verwachtte niet dat er iets zou gebeuren. Een paar dagen later belde Emma Bernadette Kumar. 'Ik heb echt behoefte aan een goed gesprek,' zei ze. Bernadette wilde voorstellen om over twee weken samen te gaan lunchen, maar er was iets in Emma's stem dat maakte dat ze haar zin afbrak. Voor zover Bernadette zich kon herinneren was het de eerste keer dat haar vriendin zo terneergeslagen klonk. Ze probeerde erachter te komen wat haar dwarszat, maar Emma ontweek haar vragen. 'Wanneer ik haar ontmoet zullen we eens openhartig met elkaar praten,' had Bernadette bij zichzelf gezegd. Ze spraken af dat ze elkaar 25 november zouden ontmoeten.

De laatste mode in de westerse hulpverlening waren de 'inheemse nongouvernementele organisaties'. Deze plaatselijke groeperingen, die gemodelleerd waren naar de westerse liefdadigheidsinstellingen, moesten helpen met het opbouwen van een 'civil society' ter vervanging van de uiteenvallende regeringen in Afrika en elders in de wereld. Op 24 november ging Emma achter haar bureau zitten om de VN een brief te schrijven inzake de financiering van een inheemse NGO die zoals ze zei door Soedanese vrouwen zou worden geleid. Ze zou deze organisatie Womenaid noemen. 'Womenaid,' typte Emma, 'wil mensen die door oorlog en hongersnood ontheemd zijn geraakt helpen zichzelf en hun gezinnen te helpen.' Ze was alleen in de bungalow aan Riverside Drive. Haar broer en zus hadden besloten om nog een dagje in Mombasa aan de kust te blijven. Riek was naar een vergadering. Willy Knocker was in de stad. Ze had afgesproken met hem en Sally Dudmesh iets te gaan drinken in Ngong Dairy in Karen.

Toen ze half gevorderd was met de lijst van onkosten voor het opzetten van de voorgestelde 'kleine inkomens genererende projecten' van Women-aid – restaurant, 5000 dollar; theeschenkerij, 3000 dollar; groentetuintjes, 3000 dollar –, sloot ze het document af en zette ze haar computer uit. Ze had Forty-Six een dag vrij gegeven. Van Willy's zus Roo, die vlakbij woonde, leende ze een Suzuki Land Cruiser. Ze beloofde dat ze hem rond een uur of acht zou terugbrengen. Ze was vijf maanden zwanger. Ze nam niet de moeite om haar autogordel om te doen. Bijna niemand in Afrika doet dat. Voor de blanken is het een onderdeel van de manier waarop ze in het leven staan: als je iemand was die een autogordel omdeed, zou je sowieso al niet in Afrika wonen.

Emma reed Gitanga Road op, een drukke laan die naar de voorsteden van Nairobi voert. Op dat uur van de dag liepen er over de paden langs de asfaltbaan drommen Kenianen die van hun werk op weg waren naar huis. De Afrikaanse zon zonk als een enorme vuurbal weg achter de horizon. Op het moment dat ze de kruising met James Gichuru Road bereikte, moet het verblindende licht haar recht in de ogen hebben geschenen. Ze minderde vaart en begon het kruispunt over te steken. Verkeerslichten stonden er natuurlijk niet, en Emma merkte niet op dat er een *matatu* – een van Nairobi's beruchte particuliere busjes – van links over de weg in haar richting kwam aanscheuren. Toen de *matatu* zich in de Land Cruiser boorde, werd ze uit de auto geslingerd. De zware terreinwagen kantelde en viel boven op haar.

'Mijn baby! Mijn baby!' huilde ze toen de eerste Keniaanse voorbijganger haar bereikte. En ze zei: SPLA.' Ze stierf onderweg naar het ziekenhuis van Nairobi, negenentwintig jaar oud.

HOOFDSTUK 30

Ik was net terug uit Nairobi toen ik hoorde dat Emma dood was. Het was Thanksgiving Day 1993. Beelden van Emma die door een *matatu*-bus werd verpletterd, vermengden zich met herinneringen aan Soedan en Somalië: aan het zonderlinge, insectachtige uiterlijk dat verhongerende kinderen krijgen wanneer hun lichaam zover ineenschrompelt dat de verhoudingen tussen lijf en hoofd volledig uit proporties zijn; aan de zenuwachtig heen en weer schietende ogen van de gedrogeerde Somalische rebellen; aan de profeet in Nasir met de roze bloemen in zijn oren. 'Je komt en je gaat, maar je brengt nooit iets mee.' Ik kon me er niet toe brengen om deel te nemen aan het grote Amerikaanse eetfestijn. Ik ging naar kantoor en las Emma's necrologie in *The Times*. In de tekst werd ze – het was onvermijdelijk – een 'Britse hulpverleenster' genoemd.

Verontwaardigd smeet ik de krant uit Londen neer. Op het moment dat ze stierf was het al twee jaar geleden dat Emma voor een hulporganisatie had gewerkt. De clichés van onze barmhartigheid zijn echter zo oppermachtig dat de schrijver van het bericht zich onmogelijk had kunnen voorstellen dat Emma iets anders was geweest dan een weldoenster. Ze was Brits, ze bevond zich in een armoedig en nijdig deel van Afrika, dus ze was daar om hulp te verlenen. Ik dacht aan enkele van de benamingen waarmee de mensen in Soedan haar hadden aangeduid: first lady in spe, concubine, spion, heldin. Om haar het etiket 'hulpverleenster' op te plakken leek het zoveelste voorbeeld van de onvergeeflijke eigenliefde van het Westen: de luie weigering om verder te kijken dan onze fantasieën als heilbrengers en om Afrika en onszelf te zien zoals we werkelijk zijn.

Het leek onmogelijk te zijn uit deze spiegeldoolhof te ontsnappen.

Emma had op zoveel exotische plaatsen met de dood geflirt dat haar vrienden aanvankelijk niet konden geloven dat ze door een auto-ongeluk om het leven was gekomen. Het bestond gewoon niet dat de oorzaak van haar dood alleen maar roekeloos rijgedrag was geweest. Het leek te toevallig dat haar lijfwacht juist op die dag vrij had gehad. Auto-ongelukken waren in Oost-Afrika een aloude methode om politieke tegenstanders uit de weg te ruimen. Drie jaar eerder was de Keniaanse minister van Buitenlandse Zaken om het leven gekomen in een ongeluk dat volgens velen door de regering van president Moi in scène was gezet. De oudgedienden onder de hulpverleners herinnerden zich nog de mysterieuze vrachtwagen die Richard Mulla, het hoofd van de hulporganisatie van het SPLA, van de weg had gereden toen hij in 1988 had gedreigd aan het licht te brengen dat er geld dat bestemd was voor de hulpverleningsprogramma's, uit het SRRA-kantoor in Nairobi was gestolen. Emma had gezegd dat ze in de week voorafgaande aan haar dood opnieuw berichten had ontvangen waarin ze met de dood werd bedreigd. Haar familie en vrienden waren altijd bang geweest dat ze door haar steeds grotere betrokkenheid bij de Soedanese burgeroorlog te maken kreeg met krachten die veel groter en gevaarlijker waren dan ze eigenlijk kon begrijpen. Nu dachten ze dat een van Rieks vijanden – of misschien Riek zelf – had besloten haar koud te maken.

Zou de Soedanese regering Riek Machar door middel van zijn Britse echtgenote misschien op een beestachtige manier duidelijk hebben willen maken wat de gevolgen zouden zijn als hij naar Garang en de Verenigde Staten lonkte? In ieder geval zouden al-Turabi en zijn bondgenoten er niet voor terugdeinzen om Emma van het leven te beroven als ze dachten dat hun plannen om verdeeldheid tussen de rebellerende facties te zaaien en de ontwikkeling van de zuidelijke olievelden zo snel mogelijk te hervatten, daarmee gediend zouden zijn. In de weken die aan Emma's dood voorafgingen, hadden studenten in verschillende steden in het noorden van Soedan demonstraties gehouden waarin ze tegen de regering protesteerden. De islamisten hadden een hysterische toon aangeslagen en de demonstraties bestempeld als het voorspel van een Amerikaanse inval in het zuiden. Hoewel Emma's vrienden niet op de hoogte waren van het bestaan van al-Qaeda of van de cel die indertijd voor al-Qaeda in Nairobi opereerde, wisten ze wel dat de Soedanese inlichtingendienst over agenten beschikte die een dergelijke missie zonder hulp van derden konden uitvoeren. (Het gebruik van de auto als wapen was niet onbekend bij het NIF en zijn islamistische vrienden. Enkele jaren na Emma's dood beschuldigde een journalist uit Khartoum het NIF ervan een poging te hebben gedaan hem met een auto omver te rijden.)

Of zou Garang Emma soms uit de weg hebben willen ruimen, misschien omdat hij dacht dat ze een verzoening tussen de twee facties in de weg stond, of wellicht enkel maar omdat hij Riek voor zijn verraad wilde straffen? Het was alom bekend dat John Garang woedend was over de uitkomst van de besprekingen in Washington. De Keniaanse regering steunde hem. Als hij ze voldoende geld had gegeven, zouden de Kenianen zeker in staat zijn geweest om het ongeluk met de *matatu* in scène te zetten en te verheimelijken. Tussen het moment waarop de olieovereenkomst was getekend en het moment waarop de Amerikanen zich uit Somalië hadden teruggetrokken, had Garang enkele ernstige tegenvallers moeten incasseren. Volgens een van de geruchten zou oliemaatschappij Total het SPLA niet langer betalen voor de bescherming van haar concessies in Boven-Nijl omdat Garangs factie de gebieden waar de meeste olie zat, niet meer onder controle had. Garang moest hunkeren naar een moment waarop hij naar Riek – en mogelijk ook naar Emma – zou kunnen uithalen.

Er waren ook mensen die zich afvroegen of Riek zelf het ongeluk misschien in scène had gezet. Emma's vrienden wisten dat ze boos was op Riek omdat hij met Angelina naar bed was geweest. Ze hadden gezien hoe ze hem met opeengeperste lippen had aangekeken toen hij uit Londen terugkwam. Omdat ze geloofden dat Emma niet bij Riek zou zijn gebleven als ze had geweten dat hij in het geheim met de NIF-regering aan het onderhandelen was, vroegen ze zich af of Emma hem misschien op een zodanige manier voor het blok had gezet dat Riek haar uit de weg had willen ruimen. De oorlog in het zuiden van Soedan was verbonden met allerlei samenzweringen verspreid over heel Centraal-Afrika. In het adresboekje dat op de plaats van het ongeluk naast het lichaam van Emma werd gevonden, stonden bijvoorbeeld de namen en telefoonnummers van enkele Tutsi-guerrilla's die het gezag over Rwanda zouden overnemen na de Rwandese volkenmoord van 1994, die tot Afrika's eerste continentale oorlog zou uitgroeien. Emma had veel vijanden, en daardoor hadden veel mensen allerlei vermoedens over de manier waarop ze aan haar einde was gekomen.

Tegenover al deze wilde speculaties moest echter het eenvoudige feit worden gezet dat *matatu*-ongelukken – zelfs *matatu*-ongelukken met dodelijke afloop – in Kenia deel uitmaken van de dagelijkse realiteit. Emma had er nooit op gezinspeeld dat ze van plan was bij Riek weg te gaan. Haar vrienden wisten dat ze niet goed kon autorijden. Toen de *matatu*-chauffeur haar ervan beschuldigde dat ze voor hem langs de weg was opgereden, konden ze dat geloven. Tijdens het ongeluk waren verschillende Keniaanse passagiers uit de *matatu* gewond geraakt, al hadden ze geen van allen ernstige verwondingen opgelopen. Verder waren de chauffeur van de *matatu* en zijn assistent niet spoorloos verdwenen, maar hadden gedreigd Riek voor het gerecht te slepen in verband met de schade die hun minibus had opgelopen. (Riek vertelde me dat hij de aanklacht van de Keniaanse chauffeur had doorgegeven aan zijn advocaat en nooit meer iets van hem gehoord had.)

En diverse mensen vroegen zich af of Emma werkelijk zo belangrijk was als haar vrienden wilden doen geloven. Een prominente Dinka die Garang vroeger steunde maar inmiddels ruzie met hem heeft, moest lachen bij de gedachte dat het SPLA de moeite zou hebben genomen om Emma te vermoorden. Ondanks Garangs propagandistische uitspraken over 'Emma's oorlog', zo zei deze man, was de leider van het SPLA veel te slim om in de waan te verkeren dat het ook maar iets zou uithalen wanneer hij haar uit de weg liet ruimen. 'Emma was niet het grote brein dat overal achter zat,' zei hij. 'Ze was werkelijk volstrekt onbelangrijk. Ze was maar een avonturier. In Europa zou niemand haar ooit hebben opgemerkt.' De Keniaanse politie kwam tot de conclusie dat haar dood een ongeluk was.

Uiteindelijk accepteerden de meeste van Emma's vrienden en familieleden het oordeel van de Keniaanse overheid. Zoals haar moeder later schreef: 'Niemand heeft er iets aan om te denken dat het iets anders dan een tragisch ongeluk geweest zou kunnen zijn.' Ook Riek was geneigd er op deze manier naar te kijken. Andere Nuer hielden er een veel ingewikkelder visie op na. Traditioneel geloofden de Nuer niet in ongelukken; ze geloofden in gerechtigheid. Ze gingen ervan uit dat er voor elke gewelddadige dood altijd een schuldige kon worden aangewezen, al was het maar door tussenkomst van *wiu*, een ongure, oorlogszuchtige geest die mensen straft voor hun zonden of voor de zonden van degenen die hen na staan. Er zijn Nuer die beweren dat Emma door *wiu* werd gedood, andere denken van niet. Sommigen zeggen dat ze het slachtoffer is geworden van hekserij, anderen zeggen dat het een ongeluk was. Degenen die er het sterkst van overtuigd waren dat *wiu* of zelfs een menselijke hand haar dood had bewerkstelligd, waren het minst bereid erover te praten. Ze zouden dan genoopt zijn om kwaad te spreken over een dode vrouw, en de mensen uit het Nijlgebied laten de doden liever met rust. In het zuiden van Soedan zijn de doden in de meerderheid en de levenden in de minderheid.

Toen ik een van Rieks vroegere vrienden en mede-samenzweerders een mailtje stuurde om te vragen wat hij over Emma wist, stuurde hij een antwoord dat in mijn ogen duidelijk laat zien hoe de onverstoorbare wijze waarop de dood zich in het Soedanese leven binnendringt, elke poging om zelfs maar één van deze sterfgevallen te begrijpen in nevelen hult. 'Beste Deborah,' schreef Peter Adwok Nyaba. 'Bedankt voor de vraag die je me stelde. Ik was net naar kantoor gekomen om enkele kwesties af te handelen. Ik ben nog altijd in de rouw. Zaterdag heb ik mijn elfjarige zoon verloren. Hij is verdronken in het YMCA-zwembad in Nairobi. Onze traditie staat ons niet toe veel te zeggen over iemand die dood is, vooral wanneer de woorden niet vriendelijk zijn of bedoeld zijn om goede herinneringen op te halen. Wijlen Emma was een invloedrijke vrouw, en zo heeft ze Riek Machar gevonden en is ze met hem getrouwd. Misschien komt er een moment, zoals ik al zei, dat alles boven tafel moet komen. Vriendelijke groeten, Peter.'

Vier jaar lang had ik geen navraag meer gedaan naar Emma. Ik had Afrika gelaten voor wat het was, was inmiddels getrouwd en had een kind. Net als
veel van mijn generatiegenoten had ik me teruggetrokken in de gemoedelijkheid van een huiselijk bestaan. Een Brits opiniestuk leek de verminderde belangstelling voor Afrika goed te verwoorden: 'Wat kan het Westen voor
het continent doen?' vroeg *The Daily Telegraph* zich af. 'Hoegenaamd niets.
[...] Misschien is het tijd om het proces dat door Stanley en zijn generatie
in gang werd gezet te beëindigen, de deur te sluiten en er gewoon stilletjes
vandoor te gaan.'

Toen stuitte ik op enkele oude brieven uit Soedan die in bezit waren van
de familie van mijn echtgenoot. Een neef van zijn overgrootmoeder bleek
rond de eeuwwisseling gevolg te hebben gegeven aan de oproep van Rudyard Kipling. Hij was als presbyteriaanse zendeling vertrokken naar Doleib
Hill in het land van de Shilluk, ruim honderdvijftig kilometer stroomopwaarts langs de rivier de Sobat vanaf Nasir. Toen ze in 1908 naar de Verenigde Staten terugkeerden, hadden Clifford Carson en haar man Ralph vijf jaar
lang tegen branden, zwartwaterkoorts, clanvetes en tuberculose gestreden.
Hun gezondheid was geruïneerd en ze hadden niemand bekeerd. De periode die ze in het zuiden van Soedan hadden doorgebracht, zou voor hen
echter altijd de mooiste periode uit hun leven blijven en ze hebben steeds
geprobeerd andere Amerikanen en Britten ervan te overtuigen dat het lot
van zuidelijk Soedan door God in hun handen gelegd was. In 1911 had Ralph
Carson voldoende geld ingezameld om de Amerikaanse zendingspost in Nasir te openen. Ik herinnerde me hoe ik op de wrakkige veranda van het zen-
dingshuis had gezeten en luisterde hoe dominee James Mut Kueth voorlas
uit Jesaja. Het leek zo'n ongelooflijk toeval dat ik bleef zoeken of ik nog meer
documenten van de Carsons kon vinden.

Hoe meer ik las, hoe sterker de ijverige en voortdurend tegengewerkte
plannen van de Carsons om de Shilluk groenten te laten verbouwen en te

leren zaaien, te leren lezen en schrijven me deden denken aan de ontwikkelingsprogramma's die Emma een eeuw later probeerde ten uitvoer te brengen. (Lang nadat hij Doleib Hill had verlaten, zette Carson zich nog volledig in om een school van de grond te krijgen. 'Als ik een zendeling ergens aan de Sobat was, zou ik al mijn vastberadenheid en doorzettingsvermogen aanwenden om een school op te richten. Als ik daarin niet zou slagen, zou ik het nogmaals proberen, en nog eens. Je hebt gewoon een school nodig,' schreef hij in 1911 naar een andere zendeling.) De Carsons waren bruisend van enthousiasme in Soedan gearriveerd om de 'drie c's' van David Livingstone – commercie, civilisatie en christendom – te verbreiden, maar uiteindelijk moesten ze er genoegen mee nemen dat het hun lukte om met het hele gezin levend uit het land weg te komen. Hun dochter Catherine was het eerste blanke kind dat in het zuiden werd geboren. Ik bestudeerde een vergeelde en verbleekte foto waarop ze met haar oudere broer in Doleib Hill tussen het reuzenriet staat naast een ongemakkelijk uitziende Afrikaanse kinderjuffrouw in een Victoriaanse jurk die tot hoog in de hals is dichtgeknoopt. Toen de Carsons zich in 1908 opmaakten om Soedan te verlaten, werden ze door een vooraanstaande Shilluk benaderd die vijf koeien voor de hand van de driejarige Catherine bood. In het verslag dat ik in de brieven over dit voorval vond, concludeerde de nicht van Clifford dat 'ze de kleine meid als een soort koningin in hun dorp wilden hebben'. De familie van Clifford wist gewoon niet hoe ze dit aanbod anders zouden moeten interpreteren. Voor degene die Emma's necrologie schreef, was het al even onmogelijk geweest om in haar iets anders te zien dan een hulpverleenster. Een blanke vrouw in Afrika, zo leek het, kon slechts twee rollen vervullen: ze was ofwel een weldoenster, ofwel een koningin.

Ik moest aan Emma denken. Ze was naar Soedan gekomen als een zendelinge – niet van een godsdienst, maar van het westerse evangelie van de mensenrechten – en uiteindelijk een soort koningin geworden. Maar zouden de dingen echt zo heel anders zijn gelopen als ze helemaal niet was gegaan? Om dat uit te zoeken vloog ik naar Khartoum. Het was 1997. Riek Machar was dienaar geworden van het islamistische regime dat hij altijd beweerd had te verfoeien. De eerste jaren na Emma's dood was hij elk gesprek over haar uit de weg gegaan. Emma's moeder had hem elk jaar met Kerstmis een nieuwe agenda van de anglicaanse Kerk gestuurd, maar hij had haar nooit geantwoord. Hij voerde een telefoongesprek met een oude vriendin van Emma, maar kwam niet opdagen op het tijdstip dat hij met haar had afgesproken. Mogelijk had hij het te druk – hij moest per slot van rekening oorlog voeren – of misschien was het, zoals hij mij vertelde, te pijnlijk. Maar nadat hij in april van dat jaar een vredesovereenkomst met de regering had gesloten, werd hij door veel zuiderlingen als een verrader gebrandmerkt. Het was voor eens en voor altijd duidelijk geworden dat 'Emma's oorlog' slechts een meedogenloze poging van het noorden was geweest om het zuiden te manipuleren, die er alleen in had geresulteerd dat duizenden zuiderlingen waren afgeslacht en dat de olievelden voor het noorden veilig waren gesteld. Washington had volledig op John Garang en zijn SPLA gewed. Riek, die in het noorden in een volledig isolement leefde en wanhopig op zoek was naar wat positieve publiciteit, stemde ermee in om me te ontmoeten. In juni arriveerde ik.

De regering had Riek ondergebracht in een van de halflege villa's die nog altijd liggen te dommelen langs de brede lanen van het door de Britten aangelegde deel van Khartoum. Mensenrechtengroeperingen noemen enkele van deze vervallen villa's spookhuizen en zeggen dat de Soedanese veiligheidsdienst er zijn tegenstanders martelt. Er woonden nog slechts enkele *khawaja's* in Khartoum. De Amerikaanse ambassade had de deuren een jaar eerder gesloten. De hotels en winkels in de vroegere toeristische wijk stonden er nog verlatener bij dan ik me herinnerde. Zelfs de Griekse eigenaren van het Acropole hadden het erover dat ze hun tent wilden sluiten. Nieuw waren de Chinese gezichten in Khartoum: ingenieurs die waren gekomen om Arakis te helpen met de olieboringen. In Omdurman flaneerden de mannen echter nog altijd in hun witte kaftan en met hun traditionele witte hoofddeksel door de stoffige straten, elkaars handen in vriendelijke begroeting vastgrijpend en neerhurkend boven komfoortjes om van de zoete thee te nippen. Osama bin Laden was het jaar ervoor naar Afghanistan vertrokken. In de wijk in Khartoum-Noord waar hij gewoond had, schoten de weelderige betonnen villa's – bekostigd door de oliedollars uit de Golfstaten – echter nog altijd als paddestoelen uit de woestijn omhoog. Het Khartoum van Gordon was op sterven na dood, maar de oude hoofdstad van de mahdi bloeide. En toch, op verlaten stukken grond en aan de rand van de Arabische stad zag je her en der de ronde *tukuls* van de vluchtelingen staan, die na al die jaren nog steeds in groten getale vanuit het zuiden naar de hoofdstad trokken. De *tukuls* waren van afgedankte kartonnen dozen en stukken plastic gemaakt. Ze bleven hierdoor zo onmiskenbaar Afrikaans dat ze er in de ogen van de islamistische heersers van het noorden moeten hebben uitgezien als een woekerend onkruid waar zelfs Allah geen vat op kon krijgen.

We reden naar Rieks enorme villa aan University Avenue. Mijn Arabische taxichauffeur klakte afkeurend met zijn tong toen hij de Nuer-jongens met hun met littekens overdekte voorhoofden in hun gloednieuwe veldtenue tegen het hek zag leunen en over het terrein zag slenteren. Om acht uur 's ochtends was het al zo heet dat het zand dat in mijn gezicht waaide, aanvoelde als een walmende kaarsvlam. De tieners grijnsden vriendelijk en leidden me snel het huis in en naar boven via een onverlichte trap met een gevlekte roze loper; ik ontdekte later dat een aantal van hen 'zoekgeraakte jongens' uit Nasir waren, die inmiddels oud genoeg waren om te vechten. 'Doctor Riek verwacht u,' zeiden ze met een zangerige stem. Ze sloegen een deur open, en ik stapte een kamer binnen die bijna geheel werd gevuld door een bed van reusachtige afmetingen.

Ik kon me voorstellen hoe Emma hier paste. Ik herinnerde me ons laatste gesprek, toen ze in het Inter-Continental in Nairobi verbleef en Riek in Atlanta was. Ze had grapjes gemaakt over Rieks strijders, die voortdurend haar slaapkamer in en uit marcheerden, haar wc doorspoelden en haar tampons aan een onderzoek onderwierpen. Sommigen hadden nog nooit stromend water gezien en in een traditionele Afrikaanse woning heeft niemand natuurlijk een slaapkamer voor zichzelf. Door een openstaande deur zag ik een reusachtige katoenen onderbroek aan een waslijn hangen. Op de vensterbank boven het toilet stond een geopende fles eau de cologne. Ik moest een glimlach onderdrukken. Als Emma hier was, dacht ik bij mezelf, zou ze die badkamerdeur hebben dichtgedaan.

Riek verscheen met een duizelingwekkend witte lach en bood me een stoel aan in een klein zithoekje dat was ingericht aan de voet van het bed. Hij droeg keurig gestreken jeans met een bijpassend shirt van spijkerstof, een nieuw paar lage schoenen en nieuwe sokken. Hij bood me een cola aan uit een aftands koelkastje dat tegen de muur stond. Zijn stem was nog steeds even honingzoet als ik me kon herinneren van onze ontmoeting vier jaar eerder. Ik moest denken aan een uitspraak van een van de Amerikaanse onderhandelaars die betrokken waren geweest bij Rieks onderhandelingen met Garang: dat hij maar niet kon uitmaken of Riek nou een aardige vent of een daadwerkelijke moordenaar was. Ik zag niet meer dan een aantrekkelijke man, een beetje een bazig type, maar met speelse trekjes.

Hij ging naast me zitten, en we hadden al een hele tijd zitten praten voor ik eindelijk het lef had om over Emma te beginnen. Uiteindelijk kwamen we uit in 1989, het jaar waarin hij haar ontmoet had. Hij begon me te vertellen over hun eerste ontmoeting in het Pan Afric Hotel. 'Een oude schoolvriend stelde me aan haar voor,' vertelde hij. 'We hadden een zakelijk gesprek.'

Toen brak hij zijn verhaal af. Tot mijn verbazing vertrok hij zijn gezicht tot het een bijna pruilende uitdrukking kreeg. Hij hield zijn hoofd schuin en keek me aan. Zijn stem klonk vertroebeld. 'Moet dit echt?' vroeg hij bedeesd.

Wat kon ik zeggen? Ik zei niets. Was dit de kleine jongen in Riek die uitlokte dat Emma hem zo graag bemoederde?

Hij begon weer op een meer normale toon te praten. 'Ze was bijzonder geïnteresseerd in onderwijs, en dat trok me aan.' Hij vertelde hoe ze naar Nasir was gekomen om hem te zoeken en over haar stoutmoedige autoreis, in 1991, om hem te ontmoeten.

'Voelde je je daardoor gevleid?' vroeg ik.

'Meer dan dat,' zei hij hees. Hij leunde voorover en staarde me recht in mijn ogen.

Ik ging rechtop in mijn stoel zitten.

'Weet je... ze had van haar kant helemaal geen remmingen,' ging hij verder. 'Het was voor ons alle twee gewoon heel vanzelfsprekend.'

Ik vroeg hem of ze een hulp voor hem was geweest.

'O, zeker,' zei hij. 'Omdat ze meer afstand tot Soedan had, merkte ze dingen op die wij niet zagen. Ze vestigde onze aandacht op heel kleine dingen die in het Westen een enorme impact zouden hebben. We hadden ook wel eens ruzie en dan zei ze: 'Doe dat niet.' Weet je, ze was ook heel politiek. Ze had ook haar eigen manier om met dingen om te gaan. Het heeft een tijdje geduurd voor we de juiste balans gevonden hadden.'

Emma's vrienden in het Westen dachten dat ze nog liever dood was gegaan dan te moeten toezien hoe Riek hier als een aanhangsel van de regering in Khartoum zat. Riek schudde echter heftig het hoofd toen ik hem vroeg of ze zich zou hebben verzet tegen de 'Vrede van binnenuit', zoals de regering hun overeenkomst aanduidde. 'Toen ze stierf, hadden we onze problemen al overwonnen,' zei hij. 'We waren deze koers al ingeslagen. Het was al duidelijk dat we zonder tussenkomst van derden met de regering zouden praten.'

Zijn stem zwol aan. 'We zijn het nu eens geworden over een vredesovereenkomst die aanvaardbaar is voor het hele zuiden, zelfs voor Garang. We hebben een overeenkomst bereikt die recht doet aan de aspiraties van zuidelijk Soedan, en die zal worden uitgevoerd door middel van een referendum dat ruimte biedt voor federalisme, een speciale status voor het zuiden en een verdeling van de welvaart tussen het zuiden en het noorden...'

Riek bleef maar praten, maar mijn gedachten dwaalden af. De meeste zuiderlingen waren het erover eens dat zijn overeenkomst met de islamitische regering er op papier niet slecht uitzag. Het probleem was alleen dat ze niet geloofden dat de regering de overeenkomst werkelijk zou nakomen. En ze wisten dat Riek niet bij machte was om haar daartoe te dwingen. Ik moest terugdenken aan wat de Belgische hulpverlener zoveel jaar geleden tegen me had gezegd op die dakfuif in Khartoum: 'Weet je dan niet dat de woorden van de Soedanezen een soort vogeltjes zijn? Ze zijn prachtig, maar ze vliegen weg, omhoog, hoog de hemel in, en je kunt ze niet pakken...'

'Ik denk dat Emma, als ze nog in leven was, met dit vredesverdrag zou hebben ingestemd,' zei Riek ten slotte.

Luid kakelend kwamen zijn adviseurs het vertrek binnen en gingen naast me op de sofa zitten. Het viel me op dat ze allemaal spiksplinternieuwe jeans, een hemd met Schotse ruit en tennisschoenen droegen. Ze waren in Khartoum om een ontwerp op te stellen voor de voorwaarden waaronder Rieks overeenkomst in de Soedanese grondwet zou worden vastgelegd. De meeste van hen waren net als andere zuiderlingen bevreesd dat het akkoord uiteindelijk slechts 'het kroonjuweel' van de verdeel-en-heerspolitiek van de regering zou blijken te zijn. Maar ze waren toch gekomen – sommigen helemaal uit Engeland en Duitsland – uit loyaliteit met hun Nuer-stamgenoten. Ze hadden Rieks goedkeuring nodig voor hun meest recente werk. (Twee jaar later had de regering de nieuwe overeenkomst nog altijd niet uitgevoerd en zou Riek Khartoum ontvluchten. Maar tegen die tijd stonden Ler en de andere gebieden rond de olievelden in lichterlaaie en had het regeringsleger het grootste deel van de zuidelijke oliereserves stevig in handen.) Terwijl Riek iets invoerde op zijn laptop, keek ik naar buiten. Buiten op het gras la-

gen twee met automatische geweren bewapende soldaten van het regeringsleger te lummelen onder enkele rode tapijten die als een soort Arabische tent
waren opgehangen. Ik vroeg de adviseurs naar de geschiedenis van de villa.

'Hij is geloof ik in de jaren zeventig gebouwd,' zei een van hen.

Hij werd gecorrigeerd door een Nuer met droeve ogen, die Riek me als
zijn neef had voorgesteld. 'Nee, hij is eerder gebouwd, want Nimeiri hield
hier in 1971 de officieren vast die hadden geprobeerd hem af te zetten,' zei
hij in onberispelijk Engels. 'Hij heeft ze hier laten executeren... Hier, in dit
huis.'

We keken elkaar aan. De airconditioner snorde zachtjes. Op het nacht-
kastje lag een boek van Indira Gandhi met redevoeringen uit de jaren zestig.
Het was, net als alles in de kamer, bedekt met een laag stof. Was het van een
van de geëxecuteerde officieren geweest? Ik moest aan Emma's minnaar Khalid al-Kid denken, de communist die Soedan ontvlucht was nadat hij in 1966
had geprobeerd de regering omver te werpen en in 1995 in Londen door een
verkeersongeval om het leven kwam. Hoe zonderling dat hetzelfde soort villa waaruit de ene minnaar had moeten ontsnappen om zijn executie te ontlopen, voor de andere minnaar een gouden kooi was geworden. Riek zei nog
iets over mijn voornemen om met hem naar de kelder te gaan om daar een
paar foto's van hem te maken. Zijn neef met de droeve ogen vroeg mij daarop met een ironische uitdrukking: 'Ben je soms een Shakespeare-adept?' Voor
ik kon antwoorden, begon hij te citeren uit *Richard II*: '"In de kelderzaal?
De kelderzaal waar vorsten naar de kelder gaan/ door de invitatie van een
verrader te aanvaarden en hen hun eer te bewijzen."'

Riek heeft een lui oog. Terwijl ons interview vorderde en hij langzaam genoeg
begon te krijgen van mijn vragen, leek hij lang niet meer zo joviaal. Zijn oog
begon te loensen en kreeg een sombere uitdrukking. Ik bedacht dat ik beter van onderwerp kon veranderen. Ik bracht de profielschets ter sprake die
ik in 1990 van de onderwijzer Lul Kuar Duek had gemaakt. (Ik had er op
dat moment geen idee van wat er van hem geworden was.) 'Ik had gedacht
dat ik hem hier misschien wel zou tegenkomen,' zei ik. 'Heb je er enig idee
van waar hij is?'

'Lul Kuar Duek,' zei Riek. Terwijl hij de naam herhaalde, streek hij zich
over zijn kin. 'Ja, hij is opgepakt door Gordon Kong en daarna vermoord.
Betreurenswaardig. Het was iets persoonlijks tussen hem en Lul.'

'Gordon Kong... Je bedoelt in Nasir?' vroeg ik, terwijl in mijn herinnering vaag het beeld opdoemde van het katachtige gezicht van de oude krijgsheer die zich bij Riek en Lam Akol had aangesloten en later gearresteerd was.

'Ja, het was betreurenswaardig,' herhaalde Riek.

Ik had nog één vraag. Hoe dacht Riek over Emma's dood? Was het een ongeluk of *wiu*? Het was al laat in de middag. Buiten voor de slaapkamer stonden een stuk of tien mensen op Riek te wachten. Ik zag dat hij heel graag weg wilde, maar hij leunde een moment lang achterover, nog altijd hoffelijk: een grote man in een stroeve nieuwe spijkerbroek. 'Ik denk dat het een ongeluk was,' zei hij. 'Ik wil niet in allerlei langdurige onderzoeken betrokken raken.' Hij vertelde dat hij tot de conclusie was gekomen dat zijn en Emma's vijanden niet geraffineerd genoeg waren om een halfvolle *matatu*-bus als moordwapen te gebruiken. En over de mogelijkheid dat het *wiu* was geweest, wilde hij het niet hebben. 'Sommige mensen zullen zeggen dat het iets met een vloek of iets dergelijks te maken had. Ze hebben er allerlei verklaringen voor. Ik ga hier werkelijk niet verder op in.'

Ik verontschuldigde me ervoor dat ik deze gevoelige onderwerpen ter sprake had gebracht.

'Het is niet erg,' zei Riek. 'Het is een dag van gedenken geweest.' Maar hij stond nu op. Ik kon zien dat hij met zijn gedachten al bij de mannen was die op de versleten banken in de gang op hem zaten te wachten.

Het was volbracht. Ik ging terug naar mijn kamer in het Acropole, ging op bed liggen en staarde naar de ventilator die aan het plafond ronddraaide en draaide, en draaide.

In Londen ging ik iets drinken met Emma's broer Johnny. Hij is televisieproducent en werkte indertijd in de omgeving van Covent Garden. Het was een warme zomeravond. De pubs en restaurants zaten vol jonge mensen, hun gelach galmde door de bleke, lavendelblauwe hemel. We vonden een tafeltje in een drukke brasserie. Johnny heeft een tenger postuur, zandkleurig haar en draagt een bril. Hij heeft dezelfde fijne gelaatstrekken en zilveren charme als zijn zus.

'Soms hoor ik haar stem nog,' zei hij. Ik hoorde hem ook, die hese, warme stem.

Hij vertelde over de rouwdienst en de begrafenis in Ler. Geen van de aanwezigen zal die snel vergeten. 'Pas tijdens de rouwdienst begreep ik wat voor een indruk ze gemaakt had,' zei hij. 'Weet je, na haar dood kwamen haar vrienden me in Nairobi opzoeken. Ze zeiden: "Je kunt beter All Saints Cathedral voor de begrafenis reserveren." Ik zei: "Jullie zijn zeker niet goed wijs." Want, weet je, als ikzelf doodga, dan weet ik werkelijk niet of ik zelfs een dorpskerk zou vol krijgen. Maar goed, we hebben de kathedaal gehuurd, en toen we erheen gingen, zat ze tot de nok toe vol.' De mis werd bijgewoond door Zuid-Soedanezen van zowel Garangs als Rieks factie. Verschillende sprekers noemden Emma 'de moeder van Zuid-Soedan'.

'Daarna zijn we naar Ler gegaan... Riek komt daarvandaan, weet je... en mama en hij hadden besloten dat dat de plek was waar Emma begraven zou willen worden. Het is best een mooie plek, maar mijn god, die zon! Toen we aankwamen, stonden duizenden mensen op ons te wachten. Ze begonnen ons vliegtuig heen en weer te laten schommelen. We waren bang om naar buiten te gaan. Riek moest op een truck gaan staan en de menigte met een megafoon toespreken voor ze ons een beetje ruimte lieten. Sommigen hadden dagen gelopen om er te komen. Ze sloegen op trommels en huilden... Er was een oude man die mama vertelde dat hij met Emma begraven wilde worden. We waren bang dat we zelf nog in het graf zouden belanden.'

Hij lachte kort.

Vervolgens zei hij: ' Emma was er niet op uit om er zelf beter van te worden. Als ik aan haar denk, voel ik me een beetje schuldig over mijn eigen leven. Wat ik doe, is heel zelfzuchtig. Wat ik doe, daar wordt een ander niet beter van.'

Daar had je het weer: de nobele zaak, de grote illusie dat wij westerlingen redding brengen. Ik zei niets. Ik dacht aan Somalië en aan Soedan, aan al de zelfingenomen retoriek, alsof landen die intern volledig verscheurd zijn, geheeld konden worden met behulp van een paar zakken voedsel. Geen van de hulpverleners die voor langere tijd in dit deel van de wereld was geweest, had de illusie dat het soort hulp dat wij daar boden meer uitrichtte dan dat een klein aantal mensen het nog een dag langer kon uitzingen en dat er misschien, zoals een van Emma's collega's van Operation Lifeline Sudan me schreef, enige 'ruimte zou worden geschapen voor de eigenaardigheden van de hulpverlening, de tragiek, de misère, de seks en de persoonlijke extravagantie', dat wil zeggen enige ruimte voor het leven zelf. Het leek echter onmogelijk om dit kleine, persoonlijke inzicht aan het Westen over te dragen. Het werd altijd weer vervormd tot groteske visioenen of opgeblazen tot woedende teleurstelling. Het was nooit genoeg om één persoon te hebben geholpen, om een klein venster van mededogen te hebben geopend. Men had geen begrip voor de jaren van oorlog, geen tijd om de smerige politieke verwikkelingen te bestuderen. Als Afrika niet snel en tegen geringe kosten gered kon worden, dan kon het barsten... en iedereen die er toch naartoe ging, moest wel een heilige zijn. Ook Emma zelf, vond ik, liet zich leiden door het waanidee dat ze de toekomst van Soedan kon beïnvloeden, maar ze veinsde in ieder geval nooit opoffering.

Voor ik naar Engeland terugging, belde ik Tiny Rowland op om hem te vragen hoe hij over Emma dacht. Het duurde enkele minuten voor hij zich haar naam herinnerde, maar toen viel het muntje. 'Ja, natuurlijk heb ik haar ontmoet,' zei hij. 'Ja, en toen ze stierf, was Riek er afschuwelijk aan toe.' Mijn vraag of haar dood een verandering teweeg had gebracht, leek hem echter in verwarring te brengen. Hij pauzeerde even. 'Lieveling,' zei hij toen, 'ze was een blanke vrouw, een getrouwde blanke vrouw. Ik ben er zeker van dat ze hem enorm heeft geholpen, maar wat Afrika aangaat, heeft ze geen enkele rol van betekenis gespeeld.' Ik was van plan om hem het volgend jaar daarna een bezoek te brengen op zijn landgoed in Buckinghamshire en nog wat door te praten over Soedan, maar tegen die tijd was hij overleden. Hij overleed aan huidkanker. Hij had het hele jaar steeds een zongebruinde huid gehad. Ik kon me helemaal voorstellen hoe hij zijn zilveren manen in zijn nek gooide en bulderde van het lachen op het moment dat hij de diagnose te horen kreeg: Afrika neemt je te grazen, schatje, als het niet op de ene manier is, dan wel op de andere...

Andere deuren in Engeland bleven gesloten. Toen ik Barbara Harrell-Bond van het Studieprogramma voor Vluchtelingen in Oxford opbelde en haar vroeg wat ze zich van Emma herinnerde, aarzelde ze.

'Emma was een prachtige meid, een studente fotografie die me in een restaurant heeft aangesproken met de vraag of ze vrijwilliger kon worden,' begon ze. Haar stem verkilde. 'Ze móést wel vroeg of laat verongelukken. Wat valt er nog meer over Emma te zeggen? Ze is dood.'

En met die woorden hing ze op.

Emma's vrienden in Nairobi vonden het moeilijker om haar te vergeten. Sally Dudmesh miste haar verschrikkelijk. Elk jaar op de dag dat Emma dodelijk is verongelukt, vervalt ze in depressief gepeins. Desondanks bleef ze in Ngong Dairy wonen en reist ze, net als in de tijd dat Emma nog leefde, alleen in de zomermaanden terug naar Europa. Sinds Emma's dood zijn de mores en het milieu van blank Nairobi beschreven in boeken als *The Rules of the Game* van Francesca Marciano en *I dreamed of Africa* van Kuki Gallman. En verder zijn ze een onuitputtelijke bron van vermaak geweest voor de Britse sensatiebladen. Emma's oude safari-gezellen, die inmiddels ook al in de veertig zijn, merken dat men tegenwoordig bijna even nieuwsgierig is naar hun doen en laten als men twintig jaar geleden was naar het doen en laten van de nog levende overblijvers van de kolonie van Happy Valley. Een aantal van hen is de laatste jaren op gewelddadige wijze aan zijn einde gekomen. Dit heeft ertoe geleid dat enkelen uit de groep zich zijn gaan afvragen of het avontuurlijke leven dat ze voor zichzelf in 'Nairobbery' hebben opgebouwd, wel werkelijk de prijs waard is die ze ervoor moeten betalen.

Dan Eldon, een Keniaans-Amerikaanse fotograaf, bezweek een paar maanden voor Emma toen hij in handen viel van een Somalische menigte. Emma's oude vriend Giles Thornton – die in Engeland op een particuliere kostschool had gezeten en op waterskis over de Sobat sjeesde om vluchtelingen te tellen voor Lam Akol hem tot persona non grata verklaarde – kwam in 1998 aan zijn einde toen hij Emma Marrian en een huis vol bedienden tegen Keniaanse inbrekers wilde verdedigen. Toen Thorntons lichaam op de hellingen van de berg Kenia werd gecremeerd, kopte *The Sunday Times*: 'Avonturier verbrand op Afrikaanse brandstapel?' Drie jaar later kwamen de meeste mensen die bij deze gelegenheid afscheid van Thornton hadden genomen, weer bij elkaar voor de crematie van Tonio Trzebinski, de flamboyante kunstenaar die Sally in 1991 in de steek had gelaten om met Anna Cunningham-Reid te trouwen. Trzebinski werd begin 2002 neergeschoten tijdens een klaarblijkelijke roofoverval, toen hij in Karen een bezoek bracht aan een jager op groot wild. *Vanity Fair* wijdde onder de kop 'De schaduw van Happy Valley' een artikel aan zijn overlijden.

Wat de steeds kleiner wordende kring van blanken in Nairobi nog het meest pijn deed wanneer ze aan Emma dachten, was dat ze met haar de zoveelste boezemvriendin verloren met wie ze hun liefde voor Afrika deelden, de bitterzoete zwarte humor die hun band met het werelddeel kleurde en de tragische spanning in hun leven bracht waar ze niet buiten konden. Een voormalige televisiecorrespondent die in Nairobi had gewerkt, zei het zo: 'Toen de genocide plaatsvond' – in Rwanda in 1994 – 'had ik voortdurend de behoefte om daar met Emma over te praten. Ze zou daar zoveel inzicht in hebben kunnen gegeven. Ze zou de hoofdpersonen beslist hebben gekend en het hele drama in de termen van een Griekse tragedie hebben beschreven.' Maar Emma was er niet meer, en het Westen had er geen behoefte aan om iets over Rwanda te horen, in welke termen dan ook. En zo bleef men in Nairobi achter om tijdens de dineetjes waar steeds maar minder mensen aan deelnamen, over de volkerenmoord te praten.

Voor diegenen onder de vrienden van Emma die haar speciale band met Soedan deelden, kwam haar dood bijna als een voorteken. Ze stierf net op het moment dat velen alle hoop voor het zuiden van Soedan begonnen te verliezen. 'Voor mij symboliseerde Emma's dood de volledige en de complete tragiek van Zuid-Soedan,' zei haar vroegere chef Peter Dalglish later. 'Je kon zeggen dat haar dood er helemaal los van stond, maar voor mij was het allemaal onlosmakelijk met elkaar verbonden.' Bernadette Kumar was onderweg naar de lunchafspraak met Emma waarbij ze eens openhartig met elkaar zouden spreken, toen Alastair en Patta haar vertelden dat Emma de dag ervoor was overleden. Ze begon te huilen en het duurde enkele dagen voor haar tranen opdroogden. 'Zo rond de tijd dat Emma doodging, begon ik te denken: Ze zullen hier nooit het licht zien. Ik moest weg. Het werd me gewoon te veel. Ik begon mijn vrienden kwijt te raken en het werd allemaal zo pijnlijk voor me dat het me heel moeilijk viel om door te gaan. Ik heb nog niemand ontmoet die naar Soedan ging – ik bedoel, iemand die werkelijk naar Soedan ging – en wiens leven daardoor niet volkomen veranderd is. De vraag is: Hoever wil je gaan? Ik stelde mezelf de vraag: Wil ik hier nog wel zijn? En het antwoord was: Nee, niet echt.' Het jaar daarop vertrok ze uit Afrika. Zelfs Alastair en Patta gingen enige tijd weg, eerst naar Vietnam en daarna terug naar Engeland om als adviseurs voor hulporganisaties te gaan werken.

In Soedan ging het van kwaad tot erger. Met Emma's dood kwam er geen eind aan 'Emma's oorlog'. De gevechten tussen de Nuer en de Dinka zetten zich op dezelfde bloedige wijze voort. Maar dat was niet het enige. De gevechten wakkerden de haat aan, partijen splitsten zich af, en er werd steeds heviger gevochten, met als gevolg dat aan het eind van het millennium tientallen kleine partijen elkaar in het zuiden van Soedan bestreden. Alleen al de gevechten tussen de Jikany- en de Lou-Nuer, die in het droge seizoen van 1993 begonnen en die Emma kort voor haar dood zo hadden beziggehouden, hadden meer dan duizend mensen het leven gekost voor Riek in 1994 de Nuer-stamoudsten en -kerkleiders eindelijk verzocht aan een grote vredesconferentie deel te nemen. Voor die plaatsvond, legden de Nuer Nasir echter volledig in de as. Net als in het conflict tussen de Lou en de Jikany stookte de regering in het noorden ook elders de strijdende partijen tegen elkaar op door beide van wapens te voorzien. Garang kon de verleidingen van het islamistisch regime weerstaan. Hij bleef echter onverzettelijk volharden in zijn weigering om zich met de Nuer en zijn andere vijanden uit het zuiden te verzoenen. Veel van zijn volgelingen lieten hem in de steek omdat ze tot de slotsom waren gekomen dat de oorlog voor Garang – net als voor de andere onbeduidende krijgsheren uit het zuiden – een bron van macht en rijkdom was geworden die hij niet graag wilde opgeven. Een predikant uit Bor componeerde het volgende lied om uitdrukking te geven aan het leed van de mensen uit zijn gemeente:

Ik ben in het zondige land Soedan
de vogels in de lucht zijn verbaasd
over de manier waarop ik verstoten ben,
de dieren in het bos
schrikken van mijn skelet.

In 1995 was Rory Nugent zijn belofte aan Emma nagekomen dat hij naar Soedan zou terugkeren wanneer Riek de boel ooit 'in het honderd' zou laten lopen. Riek hield nog altijd vol dat hij tegen het noorden streed, maar zijn positie werd steeds zwakker. De regering had Nasir weer heroverd. Zijn belangrijkste commandanten waren overgelopen of elkaar onderling aan het bestrijden. Er was geen enkele buitenlandse regering die hem geld wilde geven. Voor hij Riek ontmoette, had Nugent in Khartoum een interview met een triomfantelijke Hassan al-Turabi. Al-Turabi zei tegen Nugent dat hij rekening moest houden met 'dramatische explosies'. 'Er is een renaissance van de islam op komst. We komen in opstand tegen de joden die ons aan alle kanten omringen. [...] Het is onderdeel van een historische cyclus. De islam zal weer de overhand krijgen. Het duurt niet lang of het Westen zal worden gedwongen ons weer met respect te behandelen.' Nugent ging naar Akobo, waar hij Riek aantrof en het handjevol manschappen dat hem trouw was gebleven. 'Nadat Rusland zich uit Afrika heeft teruggetrokken, heeft het Westen ons in de steek gelaten,' zei Riek tegen Nugent. 'De sukkels. Begrijpen ze dan niet dat ze al-Turabi zo de vrije hand geven?' Twee jaar later had hij zich veilig in de villa aan University Avenue genesteld en probeerde hij van hieruit zijn vredesakkoord met het regime van al-Turabi te verkopen. Nugent was verbitterd. 'Ik heb duizenden mensen zien sterven, en waarvoor? Helemaal nergens voor.'

In de overeenkomst die de islamistische regering in 1997 met Riek sloot, had zij beloofd de toekomstige inkomsten uit de oliewinning te delen met de provinciale besturen en met een nog te vormen regionale overheid in het zuiden van Soedan. Met een verwijzing naar deze overeenkomst als bewijs voor de rechtschapenheid van het regime in Khartoum kondigde de Canadese oliereus Talisman Energy het jaar daarop aan dat het Arakis Energy Corporation van de Pakistaans-Canadese zakenman Lutfur Rahman Khan en de overige aandeelhouders zou overnemen voor aandelen in Talisman ter waarde van 180 miljoen dollar. Talisman sloot de deal pas af enkele dagen nadat de Verenigde Staten Soedan hadden gebombardeerd ter vergelding voor al-Qaeda's bomaanslagen op de Amerikaanse ambassades in Nairobi en Dar es Salaam. Osama bin Laden zei dat al-Qaeda moed had gekregen door de terugtrekking van Amerikaanse troepen uit Somalië. Talisman Energy zette zijn plannen desondanks gewoon door en stelde zijn technologie en expertise ter beschikking aan Chinese en Maleisische oliemaatschappijen om in recordtempo een pijpleiding vanuit Boven-Nijl naar de Rode Zee aan te leggen. Voor de overname van Arakis door Talisman had Adolf Lundin van Lundin Oil elf procent van de aandelen van Arakis opgekocht. Lundins International Petroleum Corporation kocht vervolgens nog de resterende velden ten zuiden van Heglig en Unity op uit de vroegere concessie van Chevron. Vertegenwoordigers van dertig maatschappijen uit het Westen en uit Tsjaad, Saoedi-Arabië en nog enkele andere landen zagen op 30 augustus 1999 hoe de eerste van 600000 vaten olie via de pijpleiding naar de klaarliggende olietankers werd gepompt. Aan de vooravond van het nieuwe millennium was Soedan een olie-exploiterend land geworden. De olieproductie van Heglig en Unity was dat jaar goed voor zo'n 480 miljoen dollar op het totale overheidsbudget van 1,2 miljard dollar. In het jaar 2000, zo voorspelde het IMF, zou de export van olie de islamistische regering 1,7 miljard dollar opleveren.

De overeenkomst met Riek kwam de regering niet na. Het beloofde referendum over zelfbestuur voor het zuiden heeft nooit plaatsgevonden. En de regering heeft de bewaking van de olievelden nooit aan Rieks manschappen overgelaten. Bijna niets van het geld dat met de olie verdiend werd, is rechtstreeks bij de zuidelijke volken terechtgekomen. In plaats daarvan heeft de regering de nieuwe inkomsten gebruikt om wapens te kopen die haar in staat stelden de strijd tegen het zuiden te intensiveren. De regering gaf Rieks Nuer-rivalen wapens en geld om hem en elkaar te bevechten. Het van een geheel nieuwe uitrusting voorziene regeringsleger maaide de zuiderlingen die in het oliegebied woonden neer vanuit helikopters, liet ze afslachten door gevolmachtigde milities en verdreef ze door brandstichting uit hun huizen. Hun kinderen werden ontvoerd en hun vee gestolen. Hun waterputten werden vernietigd en de hulpverleningscentra van de Verenigde Naties gebombardeerd. Operation Lifeline Sudan, het syndicaat van hulporganisaties dat begon als een noodmaatregel om de overlevenden van de hongersnood van 1988 te voeden, bestaat nog steeds. Het basiskamp van Operation Lifeline in Lokichokio, waar Emma en ik ooit in tenten sliepen, kan nu bogen op de op één na drukste luchthaven van Kenia. Elk uur van de dag arriveren en vertrekken hier bulderende vrachtvliegtuigen met voedsel voor het zuiden, dat met een reserve van ruwe aardolie van naar schatting zeker 262 miljoen vaten olie in potentie een van de rijkste gebieden ter wereld is.

In verband met klachten van mensenrechtengroeperingen hebben Talisman Energy en andere oliemaatschappijen gevraagd om met bewijs te komen dat de Soedanese regering haar burgers mishandelt. Een hele stapel onderzoeken door de Verenigde Naties, de Canadese regering en verschillende onafhankelijke organisaties, die aantonen dat de regering de Nuer- en Dinka-bevolking uit het oliegebied verjaagt om ruimte te maken voor verdere exploitatie, heeft de oliemaatschappijen niet kunnen beletten hun activiteiten voort te zetten. Het oliegeld heeft zijn eigen dynamiek ontwikkeld, en dit heeft ertoe geleid dat de roep om een beëindiging van de sancties die de Verenigde Staten Soedan hebben opgelegd, elk jaar luider wordt. Een langverwacht rapport van de Canadese regering dat in 2000 werd gepubliceerd, opende met een terugblik op de bewijzen dat het Soedanese leger in 1999 een aanval had uitgevoerd op het stadje Pariang met de bedoeling om de bevolking van het olieveld Heglig te verdrijven. Het ging om dezelfde Dinka die ik meer dan tien jaar eerder in het vluchtelingenkamp Hillat Shook bij Khartoum had geïnterviewd en die me toen al hadden verteld over het plan van de *jallaba's* hun land schoon te vegen opdat het noorden de olie zou kunnen exploiteren die daar onder de grond zat. De Dinka waren in 1989 naar Pariang teruggekeerd nadat de regering Hillat Shook ontruimd had. Nu werden ze opnieuw verjaagd. Toen ik het verslag las, galmde de vraag die de Dinka-oudste me tien jaar eerder had gesteld weer door het hoofd: 'Hoe kunnen jullie in Groot-Brittannië en Europa dit aanhoren zonder ons te helpen?' Ik had er indertijd geen antwoord op, en nu evenmin.

In 1997 werd Lundin Oil uitvoerend partner van een consortium voor de exploratie van een olieveld ten zuiden van Bentiu waar Rieks geboorteplaats Ler ligt. Het jaar daarop werd Ler door een met de regering sympathiserende Nuer-militie met de grond gelijk gemaakt. Het complex van de familie Teny-Dhurghon, waar Emma begraven ligt onder een betonnen plaat, werd – net de rest van de stad – volledig in de as gelegd. In april 1999 maakte Lundin bekend dat er bij Thar Jath, even buiten Ler, 'substantiële' oliereserves van 'excellente' kwaliteit waren gevonden. De regering stuurde direct goed bewapende troepen naar het gebied, die de strijd aanbonden met wat nog restte van Rieks strijdkrachten. Voor Riek zag de toekomst er beroerd uit.

Vervolgens begon hij in zijn villa in Khartoum echter telefoontjes te ontvangen van een huisvrouw uit Minnesota. Becky Hagman vertelde me later dat ze voor het eerst van Riek gehoord had toen ze Nuer-vluchtelingen in Minneapolis geholpen had met het uittypen van persberichten voor zijn beweging. Getergd door hun gebrekkige Engels besloot ze hun leider dan zelf maar op te bellen en om instructies te vragen. De stem van Riek had zoet-vloeiend geklonken als altijd. De telefoontjes waren langer geworden. Volgens enkele betrokken Nuer vloog Hagman in 1999 naar Khartoum om door haar kerk ingezamelde hulpgoederen voor het zuiden van Soedan af te geven. Na thuiskomst scheidde ze van haar man. Ze keerde terug naar Afrika en trouwde met Riek.

Rieks nieuwe Amerikaanse echtgenote woont het grootste deel van de tijd in Minnesota, waar ze de kinderen uit haar eerste huwelijk grootbrengt. Desondanks is Hagman een toegewijde levensgezellin voor Riek geworden. Toen Riek in 2000 uit Khartoum wegvluchtte en naar het zuiden ging, dreigden gewapende Nuer hem te doden. Becky Hagman en haar ouders vlogen naar Nairobi. Ze charterde hier een vliegtuig en vloog direct door naar Soedan om Riek daar weg te halen. Toen ze in Nairobi was, vertelde Hagman me later, had ze een foto van Emma opnieuw van een passe-partout laten voorzien en vervolgens op een voorname plek in Rieks nieuwe hoofdkantoor gezet. Ze schreef me dat ik het bij het verkeerde eind had toen ik in een tijdschriftartikel had geschreven dat Riek 'geen Thomas Jefferson' was. 'Een gedreven humaniste als Emma zou nooit gelukkig getrouwd geweest kunnen zijn met de man die jij hebt afgeschilderd,' schreef ze. 'Emma was gelukkig getrouwd met een overtuigde idealist die elke dag vocht voor het recht van de Soedanezen op vrijheid, gerechtigheid, democratie en vrede. Je zou kunnen zeggen dat hij vecht vanuit de diepe overtuiging dat "alle mensen bij hun geboorte gelijk zijn" en daardoor het recht hebben om te leven, op vrijheid en om geluk na te streven.'

Angelina, die het in de tijd dat Riek samenwerkte met de regering wat meer voor de wind was gegaan, was woest over zijn nieuwe romantische escapade en furieus over het feit dat de olievelden in handen van het noordelijke leger waren gevallen. Dit keer verzekerde ze dat ze echt tot actie zou overgaan en ze vertelde me dat ze zich voor de Britse rechtbank officieel van Riek zou laten scheiden. 'Het zal thuis wel niet erkend worden,' vertelde ze me in 2000, 'maar voor mij heeft hij helemaal afgedaan.' Twee jaar later leek Angelina's woede gekalmeerd te zijn. Ze belde me op vanuit Washington, waar zij en de zoon die ze vlak voor Emma's dood ter wereld had gebracht, met Riek meereisden als leden van een officiële delegatie. Ze had de jongen Gordon genoemd.

Toen ik in 1988 in Soedan aankwam, had de burgeroorlog volgens een schatting van de VN en andere organisaties een miljoen slachtoffers geëist. Veertien jaar later is de Soedanese oorlog inmiddels de langstlopende van het Afrikaanse continent en wordt het aantal doden op meer dan twee miljoen geschat. Bijna alle slachtoffers waren Zuid-Soedanees. Terwijl het aantal van een miljoen dode Afrikanen de wereld in 1988 nog kon schokken, zijn de twee miljoen Zuid-Soedanese lijken inmiddels verzwolgen door de vloedgolf van doden die Afrika in de nasleep van de Koude Oorlog en het uiteenvallen van de postkoloniale naties heeft overspoeld. Een miljoen doden in Somalië; nog een miljoen afgeslacht in Rwanda; tot drie miljoen moorden in Congo; honderdduizenden doden in kleinere oorlogen in Sierra Leone, Liberia, Angola, Eritrea en Ethiopië; om nog maar te zwijgen over de zeventien miljoen aidsslachtoffers en de talloze miljoenen die in relatief veilige landen als Kenia sterven door alledaagse Afrikaanse bezoekingen als misdaad en ziekte. Dit alles heeft plaatsgevonden in de afgelopen vijftien jaar. Zelfs voor de Afrikanen is het geen nieuws meer. En voor het Westen? Dat heeft zijn ogen ervoor gesloten.

Voor al deze miljoenen mensen zijn er geen gedenkdagen.

Op 11 september 2001, toen ik bezig was met de afronding van dit boek, verpletterden vier door aanhangers van Osama bin Laden gekaapte vliegtuigen de hoogmoedige westerse overtuiging dat wij zelf wel uitmaken of we de etterende wonden van de wereld verplegen of dat we ze de rug toe keren. In de nasleep van de aanslagen zochten commentatoren haastig naar de oorsprong ervan. Alle beelden over de Hoorn van Afrika uit de eerste helft van de jaren negentig trokken weer voorbij op het televisiescherm: al-Turabi's oproep tot jihad, uitgemergelde Somalische kinderen die zitten te wachten op een kom dunne pap, de eerste bomaanslag op het World Trade Center, de lijken van Amerikaanse commando's die door de straten van Mogadishu worden gesleept. Het leek erop dat deze uitwisselingen met het Westen, die dateren van tien jaar eerder, duivelse vruchten hadden afgeworpen.

En niet alleen de ongelukkigen op het Afrikaanse continent werden door de gevolgen hiervan getroffen, maar ook wij. Opnieuw werd er gesproken over een invasie van Somalië of zelfs van Soedan. Er waren mensen die zich uitspraken voor de invoering van een nieuwe vorm van imperialisme die landen die steun geven aan het terrorisme onder directe controle van het Westen zou plaatsen. Door de mahdi 'de Osama bin Laden uit de tijd van koningin Victoria' te noemen, bracht een Brits historicus zijn Amerikaanse lezerspubliek in herinnering dat Groot-Brittanië al in de tijd van generaal Gordon ontdekt had dat er grenzen zijn aan wat met informeel imperialisme bereikt kan worden. Hoewel de echte Bin Laden Soedan al vijf jaar eerder verlaten had, was het effect van de aanslag zeer direct merkbaar. Onder druk van Washington verklaarden Riek en Garang op 8 januari 2002 dat ze hun krachten zouden herenigen in hun strijd tegen de regering. Daarmee kwamen elf jaar van bittere gevechten tot een einde. Hoe ongelooflijk ook, het leek erop dat wij, net als de Victorianen veertien jaar na de dood van Gordon, aan het beginpunt stonden van een nieuwe cyclus van betrokkenheid met Afrika. Maar hadden we iets van het verleden geleerd?

Om aanwijzingen te vinden dacht ik na over wat ik had gelezen in de met inktvlekken besmeurde dagboeken van de familieleden van mijn echtgenoot, de zendelingen die na de Brits-Egyptische verovering van 1898 achter de Britten aan naar Soedan waren getrokken. Clifford en Ralf Carson waren daar in het zuiden gebiologeerd door de slangen. Het eerste jaar van hun verblijf in Doleib Hill hadden ze er op hun zendingspost al honderddrieënveertig gedood. Ralph beschrijft ergens dat hij een spiegel voor een door hem gevangen cobra hield en gefascineerd toekeek hoe het beest zijn eigen spiegelbeeld met gif onderspuugde. 'Het bijzondere van deze Soedanese slang is dat hij in staat is om gif rechtstreeks in de ogen van zijn vijand te spuwen,' schrijft hij. 'Het gif dat hij op die manier wegspuit... is een agressief zuur dat de ogen verblindt en mogelijk zelfs verwoest.' De spuwende cobra herinnerde Carson aan de slang in het paradijs. Mij herinnerde de cobra aan hoe het Westen zich nu weer laat bekoren en dan weer tot woede laat drijven door zijn eigen reflectie in de spiegel die Afrika hem voorhoudt.

Emma had in Nasir spugende cobra's gezien. Wat zou deze slang voor haar gesymboliseerd hebben? Ze placht het zuiden van Soedan te omschrijven als een hedendaagse hof van Eden, voor eeuwig van de rest van de wereld afgegrendeld door het vlammende zwaard van de oorlog. Het viel me in dat misschien wel het meest tragische aan Emma was dat ze nooit de kans had gekregen om van haar eigen fouten te leren. Ze was mooi, gepassioneerd en had een sprankelende geest. Ze wilde hulp bieden. Het is waar, ze was tot aan haar nek weggezakt in een moeras van gruweldaden. Maar deze gruwelijkheden zouden vrijwel zeker ook zonder haar hebben plaatsgevonden. En ze zijn zeker zonder haar doorgegaan. Ze lijkt zelf nooit te hebben gezien welke schade ze al het goede in zich heeft toegebracht toen ze bezweek voor haar romantische fantasieën en Riek Machar volgde in de wildernis van de Soedanese oorlog. Voor haar was de verlokking echter te sterk om te weerstaan. Emma was groots. Ze was niet gewoon. Ze hield van haar lot.

Ze heeft nooit opgegeven.

OPMERKING VAN DE AUTEUR

9   'Emma's oorlog': De term 'Emma's afscheiding' wordt gebruikt als
     aanduiding voor de gevechten tussen Riek Machar en John Garang in
     een niet-gepubliceerd manuscript dat kort na Emma McCunes dood
     door haar vriendin Emma Marrian werd geschreven ('The Story of
     Emma McCune Machar', pp. 1-7). Emma's vroegere klasgenote
     Madeleine Bunting verwijst in haar artikel 'For Love of a People' naar
     de factie van Garang en duidt de gevechten aan als 'Emma's oorlog'
     (*The Guardian*, 19 mei 1994); Tarquin Hall doet hetzelfde in *Mercenaries,
     Missionaries, and Misfits* (Londen: Muncaster Press, 1997, p. 259). In haar
     memoires *Til the Sun Grows Cold: Searching for My Daughter, Emma*
     (Londen: Headline, 1999), zegt Emma's moeder, Maggie McCune, die
     toegang heeft tot Emma's dagboek en andere papieren, dat Garang deze
     term verzonnen heeft als onderdeel van een lastercampagne die moest
     aantonen dat Emma de afsplitsing binnen het SPLA in opdracht van de
     Britse inlichtingendienst heeft geregisseerd (p. 205). Eleanor Vandevort
     geeft in *The Leopard Tamed: An African Pastor, His People and His
     Problems* (New York: Harper and Row, 1968, pp. 107-108) nog een ander
     voorbeeld van een oorlog die door de Nuer werd vernoemd naar een
     vrouw wier huwelijk de aanleiding voor de conflicten zou zijn geweest.
9   gaf ... Machars buitenlandse echtgenote ... de schuld: John Garang
     verzond op 9 september 1991 een radiobericht naar alle eenheden van het
     SPLA waarin hij beweerde dat Rieks huwelijk met Emma onderdeel was
     van een complot tegen het SPLA. Kopie van de transcriptie in mijn dossier.
9   'de oorlog van de opgeleiden': Jok Madut Jok en Sharon Hutchinson
     bespreken deze en andere karakteriseringen van de gevechten die sinds
     1991 tussen de Nuer en de Dinka plaatsvonden, in 'Sudan's Prolonged
     Second Civil War and the Militarization of Nuer and Dinka Ethnic
     Identities' (*African Studies Review* 42, nr. 2, september 1999, pp. 125-145.

11   De stad werd gesticht door een Arabische slavenjager: De stichting van
      Nasir wordt beschreven in Douglas H. Johnson, *Nuer Prophets: A History
      of Prophecy from the Upper Nile in the Nineteenth and Twentieth Centuries*
      (Oxford: Oxford University Press, 1994), p. 131.

DEEL I

HOOFDSTUK 1

23   'de politiek van de buik': Jean-François Bayart, *The State in Africa:
      The Politics of the Belly* (New York: Longman, 1993).

23   'Eten is strijden': Sharon Hutchinson, *Nuer Dilemmas: Coping with
      Money, War and the State* (Berkeley: University of California Press, 1996),
      p. 165.

23   Ooit woonde Maag in zijn eentje in het oerwoud: Vandevort, *Leopard
      Tamed*, pp. 89-90.

HOOFDSTUK 2

25   Emma werd geboren: Mijn relaas over Emma McCunes familie, haar
      kinder- en jeugdjaren, is ontleend aan tussen 1997 en 1999 in Engeland
      en Kenia afgenomen interviews met familieleden en vrienden van Emma
      en aan McCune, *Til the Sun*, pp. 21-120; Bunting, 'For Love of a People';
      Marrian, 'Story of Emma,' pp. 1-3; en Hall, *Mercenaries*, pp. 247-266.
      Verwijzingen naar citaten uit de gesprekken die ik in de zomer van 1997
      in Londen met Maggie McCune had, zijn – net als alle overige citaten uit
      persoonlijke interviews – niet weergegeven.

26   'hemels': McCune, *Til the Sun*, p. 37.

26   'gouden en stille' uren: *Ibidem*.

26   'was er weinig meer te doen ... dansfeestjes': *Ibidem*.

29   zijn onverschilligheid tegenover werk: *Ibidem*, p. 75.

29   'aartslui, een klaploper en een leugenaar': *Ibidem*, p. 77.

30   'Daarmee eindigde haar jeugd': *Ibidem*, p. 89.

30   'Duimelijntje': *Ibidem*, p. 79.

30   om de uitspattingen van zijn vrouw te bekostigen: *Ibidem*, p. 95.

34   'een merkwaardige droom': *Ibidem*, pp. 102 en 194.

HOOFDSTUK 3

35   'de ereschuld van de blanke': Rudyard Kipling, *Rudyard Kipling's Verse*
        (Londen: Hodder & Stoughton, 1958), p. 323.

38   'We zullen boven uiterst gevarieerde landschappen vliegen ... oceaan':
        Het verhaal dat Emma aan *The Oxford Times* vertelde, werd herdrukt
        in Fiona Tarrant, 'The Warlord's Wife,' *The Oxford Times*, 23 april 1999.
        In hetzelfde artikel werd ook Emma's fototentoonstelling in Oxford
        besproken.

40   'die door hun honger zo verschrompeld waren ... leken': Bob Geldofs
        opmerkingen over de hongersnood in Ethiopië zijn ontleend aan zijn
        autobiografie *Is That It?*, geschreven in samenwerking met Paul Vallely
        (Middlesex: Penguin Books, 1986), pp. 269-271.

40   'Dageraad. ... hel': Aangehaald in Paul Harrison en Robin Palmer, *News
        Out of Africa: Biafra to Band Aid* (Londen: Hilary Shipman, 1986), p. 130.

41   meer dan honderd miljoen dollar: *Ibidem*, p. 131.

41   'Sint Bob': Zie Paul Vallely, 'Arise Sir Bob, All Is Forgiven,' *Independent*,
        12 maart 1999.

HOOFDSTUK 4

44   De burgeroorlogen in Ethiopië: Zie Ahmed Karadawi, *Refugee Policy in
        Sudan, 1967-1984* (Oxford: Berghahn Books, 1999), voor Karadawi's
        weergave van de moderne geschiedenis van Soedan, het ontstaan van de
        kampen en zijn ideeën over vluchtelingenbeleid. Zie ook Barbara Harrell-
        Bond, 'Planning a New Role for Refugees: Obituary Ahmed Abdel-
        Wardoub Karadawi,' *The Guardian*, 12 december 1995. Andere feiten zijn
        ontleend aan de necrologie van Karadawi dat op 20 december 1995
        verscheen in *The Times*.

45   Israël concentreerde zijn wapenaanvoer: Israëls rol in de burgeroorlog van
        Soedan wordt besproken in Jacob Abadi, 'Israel and Sudan: The Saga of
        an Enigmatic Relationship,' *Middle Eastern Studies* (juli 1999), pp. 1-14.
        Zie ook Gerard Prunier, 'Identity Crisis and the Weak State: The Making
        of the Sudanese Civil War,' WRITENET Issue Paper, januari 1996, pp. 7-8.

45   De regering van Nimeiri kon ... meer dan twaalf miljard dollar lenen: Dit

bedrag en de analyse van het financiële beleid van Nimeiri zijn ontleend aan Alex de Waal, *Famine Crimes: Politics and the Disaster Relief Industry in Africa* (Oxford: James Currey, 1997), pp. 88-90.

46 George Bush: Mansour Khalid geeft een beschrijving van de rol die de toenmalige vn-ambassadeur George Bush speelde bij de ontginning van de oliereserves in Soedan in *The Government They Deserve: The Role of the Elite in Sudan's Political Evolution* (Londen-New York: Kegan Paul International, 1990), p. 297, n. 59.

46 Chevron tekende tevens een geheime overeenkomst: Abel Alier meldt dat Kafi-Kengi, een gebied waar uranium in de grond zit, eind 1979 in het geheim aan Chevron werd verpacht, in *Southern Sudan: Too Many Agreements Dishonored* (Exeter: Ithaca Press, 1990), p. 219.

49 'Bij de regering': Harrell-Bond, 'Planning a New Role for Refugees'.

52 *Harper's & Queen*: Marrian noemt Emma's baantje bij *Harper's & Queen* in 'Story of Emma,' p. 2.

52 'Ik heb [je] brief ... moet komen': Tayeb Zaroug, brief aan Emma McCune, 12 november 1986; kopie in mijn dossier.

HOOFDSTUK 5

53 'Er gaat van Soedan een magie uit ... in haar macht krijgt': Aangehaald in *The Warlord's Wife*, iTV News, april 1993.

54 'U bent ervan doordrongen ... in handen krijgen': Aangehaald in Richard S. Hill, *Egypt in the Sudan, 1820-1881* (Oxford: Oxford University Press, 1959), p. 13.

55 De slavenhandel: Zie P.E. Lovejoy, *Transformations in Slavery: A History of Slavery in Africa* (New York: Cambridge University Press, 1983), pp. 1-18; en Douglas Johnson, 'Muslim Military Slavery', in Paul Finkelman en Joseph C. Miller (red.), *Encyclopedia of World Slavery* (New York: Macmillan, 1998). Zie ook Amir H. Idris, *Sudan's Civil War: Slavery, Race and Formational Identities* (Lewiston, NY: Edwin Mellen Press, 2001), pp. 29-44.

55 Volgens de traditionele islamitische opvatting: Zie John Hunwick, 'Islamic Law and Polemics over Race and Slavery in North and West Africa, 16th through 19th Century', in Shaun E. Marmor (red.), *Slavery in the Islamic Middle East* (Princeton, NJ: Markus Wiener Publishers, 1999), pp. 46-52.

55 'Het is bekend dat ... ongeloof is': Hunwick, 'Islamic Law', p. 47.

56 'de tijd toen de wereld bedorven werd': Francis M. Deng, *War of Visions: Conflict of Identities in the Sudan* (Washington, DC: Brookings Institution, 1995), p. 73.

58 een schokkend verslag: Aangehaald in Roland Wernet, William Anderson en Andrew Wheeler, *Day of Devastation, Day of Contentment: The History of the Sudanese Church Across 2000 Years* (Nairobi: Paulines Press, 2000), pp. 127-129.

58 David Livingstone: Tim Jeal, *Livingstone* (Londen: Pimlico, 1993), pp. 373-384.

58 dezelfde morele bezwaren ... als de abolitionisten: Zie Alice Moore-Harell en Gabriel Warburg, *Gordon and the Sudan: Prologue to the Mahdiyaa, 1877-1880* (Londen: Frank Cass, 2001), pp. 11-36, voor Ismails denkbeelden over de slavernij en de druk die op hem werd uitgeoefend om een eind aan de slavenhandel te maken.

59 'In het Osmaanse rijk ... plaatsvinden': Ehud E. Toledano, *Slavery and Its Abolition in the Ottoman Middle East* (Seattle: University of Washington Press, 1998), p. 116.

59 'baseerde men op het feit ... de samenleving': *Ibidem*, p. 127.

59 Soedanese slavenhouders: Idris, *Sudan's Civil War*, pp. 33-44.

60 sir Samuel Baker: Het verbazingwekkende verhaal over Samuel Baker en zijn vrouw is te vinden in Richard S. Hill, *Lovers on the Nile: The Incredible African Journeys of Sam and Florence Baker* (New York: Random House, 1980).

60 'Het behoeft nauwelijks betoog ... slavenhandel': Sir Samuel W. Baker, *Ismailia: A Narrative of the Expedition to Central Africa for the Suppression of the Slave Trade* (New York: Harper & Brothers, 1875), p. 4.

62 Hij schreef zijn zus dat een Brits officier: Mijn relaas over Gordons jeugd is ontleend aan Charles Chenevix Trench, *The Road to Khartoum: A Life of General Charles Gordon* (New York: Dorset Press, 1978), en aan Anthony Nutting, *Gordon of Khartoum: Martyr and Misfit* (New York: Clarkson N. Potter, 1966).

62 'In Engeland ... aanzien': Aangehaald in Nutting, *Gordon*, p. 76.

62 'holle leegte': George Birkbeck Hill, (red.), *Colonel Gordon in Central Africa, 1874-1879* (Londen: Thomas de la Rue & Co., 1885), p. 26.

63 'zilver en goud niet als afgoden vereerde': Aangehaald in Nutting, *Gordon*, p. 97.

63 'Ik ben als Mozes ... verachtte': Aangehaald in Trench, *Road to Khartoum*, p. 80.

63 'Hij was vrijwel geheel onbekend ... karakter kon vormen': Douglas Johnson, 'The Death of Gordon: A Victorian Myth', *Journal of Imperial and Commonwealth History* 10 (mei 1982), p. 300.

64 'Hij is niet slechter dan de anderen': Hill, *Colonel Gordon*, p. 33.

64 'Tot nog toe is het lot van de slaaf ... werden vervoerd': Aangehaald in Trench, *Road to Khartoum*, p. 30.

64 Volgens een schatting van Gordon zelf: Hill, *Colonel Gordon*, p. 351. Volgens Peter F. McLoughlin, 'Economic Development and the Heritage of Slavery in the Sudan,' *Africa* 32 (1962), pp. 355-389, was ten tijde van de Brits-Egyptische verovering in 1898 zo'n 20 tot 30 % van de Soedanese bevolking slaaf.

65 'zouden er alles voor overhebben ... in Caïro': Trench, *Road to Khartoum*, p. 100.

65 'Heeft de kedive ... gegrift': Hill, *Colonel Gordon*, p. 393.

65 'Pas als de bomen mij gehoorzamen ... vrijlaten!': *Ibidem*, p. 258.

66 'De kedive geeft me ... meedoen': *Ibidem*, p. 393.

67 ''s werelds grootste ... van Soedan': Aangehaald in Johnson, 'Death of Gordon,' p. 300.

67 'geest van de inheemse bevolking': *Ibidem*.

67 'vrede en een ordelijk bestuur': *Ibidem*.

67 'Denk u eens in welk effect ... brengen': Hill, *Colonel Gordon*, p. 225.

67 'Mensen denken ... te onderwerpen': *Ibidem*, p. 266.

67 'Er zal in deze landen ... te halen': *Ibidem*, p. 285.

68 'Ik kan ze niet allemaal fusilleren!': *Ibidem*, p. 359.

68 'Arme schepsels! ... onmogelijk': *Ibidem*, p. 342.

68 'Een ontsnapte slaaf ... niet Europa': *Ibidem*, p. 225-226.

69 'Ambitie was feitelijk ... mensheid": Lytton Strachey, *Eminent Victorians* (San Diego: Harcourt Brace Jovanovich, 1948), p. 260.

69 'Ik verklaar dat wanneer ... zal komen': Hill, *Colonel Gordon*, p. 347.

69 'ik het land niet ... verlangen': *Ibidem*.

69 'alleen wenste ... vlag': Trench, *Road to Khartoum*, p. 163.

70 'wie mijn missie ... vinden': Aangehaald in P.M. Holt, *The Mahdist State in the Sudan, 1881-1898: A Study of Its Origins and Overthrow* (Oxford: Clarendon Press, 1970), p. 53.

70 de goddeloze gebruiken: *Ibidem*, p. 59.

71 'Niets had ... aanbeden': Rudolf C. Slatin, *Fire and Sword in the Sudan*, vertaald door F.R. Wingate (New York: Edward Arnold, 1896), p. 244.

72 'Ja, deze mensen ... bevechten!': Aangehaald in Strachey, *Eminent Victorians*, p. 310.

72   'We kunnen ... leger': Aangehaald in Johnson, 'Death of Gordon', p. 300.

73   'Ik voel me prima ... kwetsen?': Aangehaald in Reid Shields' geschiedenis van de Amerikaanse presbyteriaanse zending in Soedan, *Behind the Garden of Allah* (Philadelphia: United Presbyterian Board of Foreign Missions, 1937), p. 30.

73   'In die verre stad ... vreugde': Aangehaald in Johnson, 'Death of Gordon', p. 300.

73   'Alleen al ... Soedan?': Slatin, *Fire and Sword*, pp. 298-99.

74   'Wat heeft zijn prestige voor nut ... Europa': Aangehaald in Trench, *Road to Khartoum*, p. 237.

75   'Ik zal ... WIJKEN': C.G. Gordon, *The Journals of Major-Gen. C.G. Gordon, C.B., at Khartoum*, onder redactie van A. Egmont Hake (Londen: Kegan Paul, Trench & Co., 1885), pp. 307-308.

75   'Ik ben bereid ... te sterven': C.G. Gordon (red.), *Letters of C.G. Gordon to His Sister* (Londen: Kegan Paul, Trench & Co., 1888), p. 110.

75   'U laat ... C.G.G.': Gordon, *Journals*, p. 395.

75   '"Is dit niet ... gevallen is': Slatin, *Fire and Sword*, p. 340.

76   'Mr Gladstone ... geweten': Queen Victoria, *Queen Victorias Letters*, onder redactie van G.E. Buckle (Londen: 1926-1932), 2:616.

76   'korte metten ... mahdi': Thomas Pakenham, *The Scramble for Africa* (Londen: Abacus, 1991), p. 271.

77   'Denk aan Gordon!': Winston Churchill, *The River War* (New York: 1899), 1:173 en 2:205.

77   'De rehabilitatie... eeuwigheid': G.W. Steevens, *With Kitchener to Khartum* (New York: Dodd, Mead, 1898), p. 325. 'En elke Engelsman die daar geweest was, was bereid en geestdriftig om terug te gaan,' voegde Steevens hieraan toe.

77   Rudyard Kipling: Voor Kiplings denkbeelden over Omdurman zie Charles Carrington, *Rudyard Kipling: His Life and Work* (Londen: Macmillan, 1955), pp. 273-279.

77   *Neem op ... mede*: *Ibidem*, p. 323.

HOOFDSTUK 6

78   de verjaardag van de overwinning: De feestelijkheden die in 1987 werden gevierd ter gelegenheid van Gordons nederlaag worden beschreven in Denis Boyles, *African Lives* (New York: Ballantine Books, 1988), p. 76.

78   Wel schreef ze haar moeder verrukt: McCune, *Til the Sun*, p. 140.

78 'héél Showak ... wachten': Tayeb Zaroug, brief aan Emma McCune, 12 november 1986; kopie in mijn dossier.

79 'als een koningin': McCune, *Til the Sun*, p. 141.

79 'Je kunt echt precies ... hebt': *Ibidem*.

79 'Showak was ontstaan ... even grote onverschilligheid': De geschiedenis van het conflict tussen Eritrea en Ethiopië wordt beschreven in Tekeste Negash en Kjetil Tronvoll, *Brothers at War: Making Sense of the Ethiopian-Eritrean War* (Oxford: James Currey, 2000). Een beschrijving van de Ethiopische hongersnood van 1984-1985 en de situatie in de Ethiopische vluchtelingenkampen aan het einde van de jaren tachtig is te vinden in Robert Kaplan, *Surrender or Starve: The Wars Behind the Famines* (Boulder, CO: Westview Press, 1988).

83 enkele Ethiopische joden: Ahmed Karadawi, 'The Smuggling of the Ethiopian Falashas to Israel through Sudan', *African Affairs* 70 (1991), pp. 23-49.

85 het Noord-Soedanese gebruik om meisjes 'te besnijden': Voor de verminking van vrouwelijke geslachtsorganen in Soedan zie Asma El-Dareer, *Woman, Why Do You Weep?: Circumcision and Its Consequences* (Londen: Zed Press, 1986).

86 dat ze niet meer ... sliep: McCune, *Til the Sun*, p. 143.

89 Ze verpestte een etentje: *Ibidem*, p. 145.

90 Dorothy Crowfoot Hodgkin: Georgina Ferry, *Dorothy Hodgkin: A Life* (Londen: Granta Books, 1998).

90 'Ik hou van ... vrij': Emma McCune, brief aan Belay Woldegabriel, ongedateerd; kopie in mijn dossier.

DEEL II

HOOFDSTUK 7

97 een mythe uit het Nijl-gebied: C.G. Seligman en Brenda Seligman, *Pagan Tribes of the Nilotic Sudan* (Londen: Routledge & Kegan Paul, 1932), p. 179.

97 'duidelijk wordt ... avontuur': Jamal Mahjoub, 'Sudan: Dreams, Ghosts, Nightmares', *The Guardian*, 15 mei 1998.

106 'Chevron': Human Rights Watch/Africa, *Sudan, Oil and Human Rights Abuses*, tussentijds rapport (New York: Human Rights Watch, 11 april 2000), pp. 38-41.

107   begon Nimeiri ... voorzien van automatische wapens: De strategie van de Soedanese regering tegenover de milities wordt beschreven door Alex de Waal, 'Some Comments on Militias in the Contemporary Sudan', in Martin Daly en Ahmad Sikainga (red.), *Civil War in Sudan* (Londen: British Academic Press, 1993), pp. 142-156, en ook door David Keen, *The Benefits of Famine: A Political Economy of Famine and Relief in Southwestern Sudan, 1983-1989* (Princeton: Princeton University Press, 1994).

108   'een of andere politieke regeling in Boven-Nijl': G. Norman Anderson, *Sudan in Crisis: The failure of Democracy* (Gainesville: University of Florida Press, 1999), p. 143.

108   Hij sloot ... Adnan Khashoggi: Mansour Khalid beschrijft hoe Nimeiri Adnan Khashoggi benaderde om de winning van de olie te hervatten in *Nimeiri and the Revolution of Dis-May* (Londen: KPI, 1985), pp. 379-386.

108   In 1984 en 1985 zuiverden de Arabische Baggara: Human Rights Watch/Africa, *Famine in Sudan, 1998*, februari 1999, pp. 139-143.

109   buitenlandse hulp: Anderson, *Sudan in Crisis*, p. 51, en in Organization for Economic Cooperation and Development (OESO), *Geographical Distribution of Financial Flows to Developing Countries* (Parijs: OECD, verschillende data), aangehaald in African Rights, *Food and Power in Sudan* (Londen: African Rights, 1997), p. 111.

109   Mubarak al-Mahdi: Anderson, *Sudan in Crisis*, pp. 142-143.

110   'weer tot ... terugbetalen': *Ibidem*, p. 143.

HOOFDSTUK 8

115   het mensenrechtenrapport: Ushari Ahmad Mahmud en Suleyman All Baldo, *The Al Dhiein Massacre: Human Rights Violations in the Sudan* (Khartoum: University of Khartoum, 1987).

116   'Dat er kinderen ... zal nemen': *Ibidem*, p. 3.

118   'Hoeveel van de wereld ... kan worden weggenomen': De opmerking van Primo Levi over slavernij is afkomstig uit *The Drowned and The Saved* (Londen: Michael Joseph, 1988), p. 9.

119   de legercommandant van Wau: Zie Millard Burr en Robert O. Collins, *Requiem for the Sudan: War, Drought, and Disaster Relief on the Nile* (Boulder, CO: Westview Press, 1995), pp. 74-75, en Africa Watch, *Denying the Honor of Living: Sudan, a Human Rights Disaster* (New York: Human Rights Watch, maart 1990), pp. 68-70.

129 projecten om een landbouwindustrie op te zetten: David Cole, *Between a Swamp and a Hard Place: Development Challenges in Remote Rural Africa* (Cambridge, MA: Harvard International Institute for Development, 1997).

132 een groep van ongeveer vijfhonderd Dinka: Deborah Scroggins, 'Refugees Stream into Safaha Camp Fleeing War and Famine in Sudan' en 'In Sudan Heat, Workers Put Children in Sweaters', *The Atlanta Journal-Constitution*, 15 en 17 april 1988.

HOOFDSTUK 10

142 het Anti-Slavernijgenootschap: Het anonieme verslag van de inspecteur, *Slavery in Sudan*, werd gepubliceerd door de Anti-Slavery Society for the Protection of Human Rights, tussentijds rapport voor de VN-Commissie inzake Slavernij, 1988.

151 de hongersnood van 1988: Er zijn enkele uitstekende boeken over deze hongersnood verschenen. Zie Keen, *Benefits of Famine*, Burr en Collins, *Requiem for Sudan*, alsmede African Rights, *Food and Power in Sudan*.

152 Uiteindelijk zou ... moest liggen: Millard Burr (*Quantifying Genocide*) kwam op het aantal van vijfhonderdduizend doden in 1988 in *Quantifying Genocide in the Southern Sudan 1983-1993*, een rapport van het Amerikaanse Comité voor Vluchtelingen, oktober 1993, p. 28.

HOOFDSTUK 11

153 'de Humanitaire Internationale': de Waal, *Famine Crimes*, pp. 3-4.

155 Julia Taft: Ray Bonner, 'A Reporter at Large: Famine', *The New Yorker*, 12 maart 1989, pp. 85-100.

155 trad de regering van Sadiq in onderhandeling met UNICEF: De gebeurtenissen die voorafgingen aan de instelling van Operation Lifeline Sudan worden beschreven in Keen, *Benefits of Famine*, pp. 165-210. Zie ook Francis M. Deng en Larry Minear, *The Challenges of Famine Relief Emergency Operations in the Sudan* (Washington: Brookings Institution, 1992), en de Waal, *Famine Crimes*, pp. 148-151.

156 stelde het Soedanese leger ... een ultimatum: Anderson, *Sudan in Crisis*, pp. 174-195.

158   'adembenemend knappe': Aangehaald in James Fox, 'The Shadow of Happy Valley', *Vanity Fair*, maart 2002, pp. 236-250.

159   'koloniaal': McCune, *Til the Sun*, p. 173.

161   'Op de gezichten … doorgemaakt': Aangehaald in Deng en Minear, *Challenges*, p. 114.

161   In hun kampen in Ethiopië hadden de rebellen: De beschrijving die Peter Adwok Nyaba geeft van de omstandigheden in Itang is ontleend aan zijn boek *The Politics of Liberation in South Sudan: An Insider's View* (Kampala: Fountain Publishers, 1997), pp. 49-56.

163   dat zij protégés waren van Hassan al-Turabi: Prunier, 'Identity Crisis', p. 14. Zie ook Abd el Wahab al-Effendi, *Turabi's Revolution: Islam and Power In the Sudan* (Londen: Gray Seal Books, 1991).

HOOFDSTUK 12

164   Peter Dalglish: Dalglish heeft over zijn beslissing om Street Kids International op te richten geschreven in zijn autobiografie *The Courage of Children* (Toronto: HarperCollins, 1998), pp. 263-296.

165   'Achter ons is de dood' en 'Terwijl ik toekeek … aandeden': De citaten die een beschrijving geven van het bezoek dat Dalglish aan Ler zijn afkomstig uit zijn artikel 'Witness to War', *Globe and Mail*, 18 februari 2000.

165   'Zonder opleiding … geen toekomst': Aangehaald in Paul Watson, 'Suffer the Children of Sudan's Civil War', *Toronto Star*, 26 mei 1991.

166   'aan het eind van de wereld': Aangehaald in McCune, *Til the Sun*, p. 153.

167   zocht het SPLA … in het geheim naar goud: *Africa Analysis* heeft op 6 augustus 1993 geschreven over de goudwinning door het SPLA in het gebied van de Taposa en opperde dat het SPLA het goud gebruikte om Keniaanse en Oegandese functionarissen om te kopen.

168   de vraag naar onderwijs: Watson, 'Suffer the Children'.

168   'papier': Hutchinson beschrijft de denkbeelden van de Nuer over 'papier' en hun minderwaardigheidsgevoel ten opzichte van het noorden in *Nuer Dilemmas*, pp. 283-288.

168   'missionarissenkinderen': Marc Nikkei, 'Children of Our Fathers' Divinities or Children of the Red Foreigners?' in Andrew Wheeler (red.), *Land of Promise: Church Growth in a Sudan at War* (Nairobi: Paulines Publications Africa, 1997), pp. 61-78.

169   'de kinderen van de rode buitenlanders': *Ibidem*, p. 61.

169   'bezwerend, bijna ritueel belang': Aangehaald in Johannes Zutt, *Children of War: Wandering Alone in Southern Sudan* (New York: UNICEF, 1994), p. 32.

169   'In het district Bor ... potloden': Aangehaald in Eric Onstad, 'Children Write in Ground in Classrooms of Southern Sudan', Persbureau Reuters, 7 juni 1990.

169   van de kleur ... testikels: Terese Svoboda, *Cleaned the Crocodile's Teeth: Nuer Song* (Greenfield Center, NY: Greenfield Review Press, 1985), p. 12.

170   'de Grote Vrouw uit Klein-Brittannië': Marrian, 'Story of Emma', p. 2.

171   bataljons ... van verschillende etnische achtergronden: Nyaba, *Politics of Liberation*, p. 58.

171   drieduizend jongens uit het Nuba-gebergte: *Ibidem*, p. 55.

173   'Er waren geen cijfers ... om gaat': Barry Sesnan, 'Education: Policy and Pencils', niet-gepubliceerd rapport, juni 1992; kopie in dossier van Studieprogramma Vluchtelingen, Universiteit van Oxford. Sesnan heeft het over een vergadering in december 1990 waarin de onderwijsfunctionarissen rapport uitbrachten over de manier waarop ze waren omgegaan met het materiaal dat SKI, UNICEF en het SRRA hun ter hand hadden gesteld. De bijeenkomst werd door Emma georganiseerd en het toeval wilde dat ik op dat moment in Lokichokio was. Sesnan zegt: 'Bijna de helft van de tweedaagse bijeenkomst werd in beslag genomen met de exacte en nauwkeurige rapportage van de hoeveelheden potloden, gummetjes en schriften die aan elke school waren uitgedeeld [...] De belangstelling die men had voor cijfers over het aantal uitgedeelde potloden (die gemakkelijk te tellen zijn) woog niet op tegen enige belangstelling voor andere, veel belangrijker cijfers, zoals voor bijvoorbeeld hoeveel leerlingen er waren en hoe vaak ze naar school kwamen.'

173   Lual Agoth: Watson, 'Suffer the Children'; het citaat van Lual Agoth is uit hetzelfde artikel afkomstig.

174   'Ik zie voor het zuiden van Soedan ... leven': Aangehaald in Watson, 'Suffer the Children'.

174   'Emma viel ... mening uit': Aangehaald in Bunting, 'For Love of a People'.

174   Kuol Manyang Juk: Zie Scott Peterson, *Me Against My Brother: At War in Somalia, Sudan, and Rwanda* (New York: Routledge, 2000), p. 227.

175   'Oorlog is oorlog': *Ibidem*.

175   Palataka: Zutt, *Children of War*, p. 26, en Watson, 'Suffer the Children'.

176   *O, moedertje van me*: Aangehaald in Zutt, *Children of War*, p. 26.

178   Vanaf 1989 begon ze te dreigen ... neerschieten: Africa Watch, *Denying the Honor of Living*, pp. 114-115.

178   dat Khartoum nooit een *khawaja* zou durven bombarderen: McCune, *Til the Sun*, pp. 159-160.

181   de opstand van Bor: Nyaba, *Politics of Liberation*, pp. 27-28.

182   Paul Kon Ajith: Werner, Anderson en Wheeler, *Day of Devastation*,
pp. 545-547.

183   'vijfsterren vakantieboerderij ... restaurant': Ilene Prusher, 'Welcome to
the Town that Famine Feeds', *Scotsman*, 24 oktober 1998.

183   'Toen ik de vn-compound in Lokichokio zag ... dood': Het commentaar
van de SPLA-commandant in Lokichokio wordt aangehaald in African
Rights, *Food and Power*, p. 300.

184   Emma's moeder duimde: McCune, *Til the Sun*, p. 173.

185   de meest bijzondere was die hij ooit ontmoet had: Dalglish, *Courage of
Children*, p. 317.

DEEL III

HOOFDSTUK 13

190   'hun humanitaire werk ... te gebruiken': Zie Patrick Seale, *Abu Nidal:
A Gun for Hire* (New York: Random House, 1992), pp. 261-265, en
Anderson, *Sudan in Crisis*, pp. 219-220. Seale en Anderson zijn ervan
overtuigd dat getrouwen van Abu Nidal de bomaanslag hebben gepleegd
met steun van Libië. Seale oppert dat het een poging was om de
Palestijnse intifada, die toen aan de gang was, in diskrediet te brengen.
Anderson zegt dat de aanvallers het hotel en de club als doelwit hadden
uitgekozen toen ze ontdekten dat officiële Amerikaanse doelwitten te
goed bewaakt werden.

191   stond de ... directeur bekend als een terrorist: Anderson, *Sudan in Crisis*,
pp. 217-220.

194   Hassan al-Turabi: Een levensbeschrijving van al-Turabi en een uiteen-
zetting van zijn politieke opvattingen over de islamitische politieke
beweging worden geschetst in Mohamed Elhachmi Hamdi, *The Making
of an Islamic Political Leader Conversations with Hasan al-Turabi*, vertaald
door Ashur A. Shamis (Boulder, CO: Westview Press, 1998).

196   prins Mohammed al-Faisal: Jonathan C. Randal, 'Sudan Party Puts New
Face on Fundamentalism', *The Washington Post*, 7 april 1988. Zie ook Al-
Effendi, *Turabi's Revolution*, p. 116.

196   Omar Abdel-Rahman: Mary Anne Weaver bespreekt al-Turabi's
vriendschap met de blinde sjeik en andere prominente figuren van de

Afghaanse jihad in *A Portrait of Egypt: A Journey Through the World of Militant Islam* (New York: Farrar, Straus & Giroux, 2000). Peter Waldman was een van de eersten die een overzicht hebben gegeven van de vroege connecties tussen Abdel-Rahman, al-Turabi, Abdullah Azzam en Osama bin Laden in 'Holy Terror: How Sheikh Omar Rose to Lead Islamic War While Eluding the Law', *The Wall Street Journal*, 1 september 1993. Zie ook Phil Hirshkorn, Roham Gunaratna, Ed Blanche en Stephen Leader, 'Blowback', *Jane's Intelligence Review*, augustus 2001.

197 'Het is niet al te overdreven ... besturen': African Rights, *Food and Power in Sudan*, p. 14.

197 Al-Turabi bezocht Peshawar ten minste zesmaal: De Soedanese ambassadeur in Afghanistan vertelde de pers over al-Turabi's eerdere bezoeken aan Peshawar, toen de Soedanese leider daar in 1993 een bezoek bracht. Zie 'Sudanese Peace Mediator Has Talks with Afghan President', Agence France-Press, 20 november 1993, en 'Turabi Mediating in Kabul', APS *Diplomat Recorder*, Arab News Service, 29 november 1993.

197 'een springplank naar andere ... landen': Yossef Bodansky, *Bin Laden: The Man Who Declared War on America* (Rocklin, CA: Forum, 1999), p. 35.

197 begon hij ... land en bedrijven op te kopen: 'Islamists Celebrated Arrival of Great Islamic Investor,' *Al-Quds al-Arabi*, 24 november 2001.

HOOFDSTUK 14

199 Hoe ze Riek Machar ... ontmoet had: Emma heeft een heleboel mensen verteld hoe haar eerste ontmoeting met Riek in het Pan Afric verlopen is. Voor de bijzonderheden uit hun gesprek over de onderwijssituatie heb ik gebruik gemaakt van het interview over scholen en de rekrutering van soldaten dat Jemera Rone en John Prendergast, twee onderzoekers van Human Rights Watch, Riek op 5 juli 1993 in Waat hebben afgenomen. Emma was hierbij aanwezig, en ik geloof dat de uitleg die Riek toen Rone en Pendergast gaf, vergelijkbaar is met wat hij tijdens hun eerste ontmoetingen tegen Emma heeft gezegd. Met toestemming van de onderzoekers heb ik enkele frasen uit de transcriptie van hun interview gebruikt om het eerste gesprek van Riek en Emma te reconstrueren.

203 Emma's moeder schrijft dat ze ... met elkaar naar bed gingen: McCune, *Til the Sun*, p. 168.

204   als het zesentwintigste kind van een van de stamhoofden: In het verhaal over Rieks jeugd heb ik de gegevens uit mijn eigen interviews met Riek aangevuld met enkele gegevens uit Rory Nugent, 'Sudan: Rebels of the Apocalypse', *Men's Journal*, september 1993.

205   'gestructureerde anarchie': E.E. Evans-Pritchard, *The Nuer* (Oxford: Oxford University Press, 1969), p. 181.

205   'Ze liepen statig rond ... bejegenen': *Ibidem*, p. 182.

205   de Dok-Nuer: Mijn relaas over de goden die bezit nemen van Dok-Nuer is ontleend aan Johnson, *Nuer Prophets*, pp. 248-252.

206   'seks had met vrouwen ... afgesneden': *Ibidem*, p. 249.

207   'gieren te worden ... dan zichzelf': Vandevort, *Leopard Tamed*, p. 83.

208   'omdat ze onmogelijk ... gelegen was': *Ibidem*, p. 21.

210   'stierjongens': Hutchinson beschrijft de spanningen tussen de 'stierjongens' en de 'stieren van de kudde' bij de Nuer in *Nuer Dilemmas*, pp. 288-298.

212   John Garang: Zie John Garang, *The Call for Democracy in Sudan* (Londen: Kegan Paul International, 1992).

217   de eerste Nuer-predikant in Ler: Vandevort, *Leopard Tamed*, p. 103.

219   Tiny Rowland: Er zijn van Rowland twee biografieën verschenen: Richard S. Hall, *My Life with Tiny: A Biography of Tiny Rowland* (Londen: Faber, 1987), en Tom Bower, *Tiny Rowland: A Rebel Tycoon* (Londen: Heinemann, 1993). Hall stelt dat Rowland aan Garang werd voorgesteld door Bob Fraser, een diplomaat die indertijd verbonden was aan de Amerikaanse ambassade in Londen. Nyaba beschrijft de rol die Rowland in het SPLA heeft gespeeld in *Politics of Liberation*, p. 63. Over Rowlands belangen in olie en in Soedan, zie Ivan Fallon, 'A Visionary in the Rhodes Tradition', *The Sunday Telegraph*, 6 november 1994. Alier bespreekt de plannen van Rowland en Adnan Khashoggi om Garang tot 'Tsaar van het Zuiden' te maken in *Southern Sudan*, p. 238. Over zijn contacten met Israël, zie Uri Dan en Dennis Eisenberg, 'A Great Friend', *The Jerusalem Post*, 30 juli 1998.

223   'Er is daar beneden geen president ... kopen': 'Death of a Tycoon Who Vowed He Could Buy Any African President', *East African*, 10 august 1998.

224 leende Mengistu zijn veiligheidstroepen: Over de strijd tussen Garang en Anyanya II, zie Alier, *Southern Sudan*, pp. 251-257, en Nyaba, *Politics of Liberation*, pp. 45-49.

226 de sombere hoofdstad van Ethiopië: Nyaba beschrijft de sfeer in 'Super Market' in *Politics of Liberation*, pp. 38 en 80-81. Het fragment over de dood van Samuel Gai Tut is ontleend aan p. 35.

228 'niet honderd procent volledig Nuer': Aangehaald in Hutchinson, *Nuer Dilemmas*, p. 292.

229 'Ik heb ze gezegd ... bevel!': *Ibidem*, pp. 296-298.

229 'verbitterde': *Ibidem*, pp. 106-109 en 122-141.

230 'het belangrijkste denkbeeld ... benadert': E.E. Evans-Pritchard, *Nuer Religion* (Oxford: Oxford University Press, 1956), p. 183.

230 'Terwijl de kracht ... volgen': Hutchinson, *Nuer Dilemmas*, p. 140.

230 Rieks radicale opvattingen: *Ibidem*, pp. 108, 140 en 296-298.

231 een lied ... Ngungdeng was gezongen: Johnson citeert het lied van de profeet Ngungdeng dat door de SPLA-radio werd uitgezonden toen Anyanya II en het SPLA hun krachten bundelden in *Nuer Prophets*, p. 343.

232 'man zonder merktekens ... leiden': *Ibidem*, pp. 346-347, en Nyaba, *Politics of Liberation*, p. 83.

HOOFDSTUK 16

235 Volgens Rowlands biograaf Tom Bower: Bower, *Tiny Rowland*, pp. 215-220.

235 vredesbesprekingen hielden ... Buitenlandse Zaken: Zie Herman Cohen, *Intervening in Africa: Superpower Peacemaking in a Troubled Continent* (New York: St. Martin's Press, 2000), p. 68.

235 'Ik vroeg in het kantoor ... brengen': Bunting, 'For Love of a People.'

236 'President al-Bashir ... vertrouwen kon': Rowland vertelde Douglas Davis welke rol hij heeft gespeeld bij de vrijlating van de agenten van de Mossad in 'British Industrialist Describes Saving Mossad Agents in Sudan', *Jerusalem Post*, 9 mei 1993.

236 'Nadat we elkaar begroet hadden ... het genoeg is': Nyaba beschrijft zijn ontmoeting met Lam in *Politics of Liberation*, pp. 78-83.

237 een vierregelig briefje: Bunting, 'For Love of a People'.

238 'beste safari ooit': McCune, *Til the Sun*, p. 175.

238 een enorme grafheuvel: Johnson geeft een gedetailleerde beschrijving van de wijze waarop de heuvel werd aangelegd in *Nuer Prophets*, pp. 104-108.

239 In april had hij een onderhoud gehad met John Garang: Deze weergave van het onderhoud waarin Riek Garang ter verantwoording riep over het feit dat de jongens in de kampen een militaire training kregen, is afkomstig uit het interview dat Prendergast en Rone hem in 1993 afnamen. Het is echter onvoorstelbaar dat Riek helemaal niets zou hebben geweten van het feit dat de jongens een militaire training kregen. Veel waarschijnlijker is dat Riek, net als de andere leiders van het SPLA, niet inzag wat er mis was aan een opleiding waarin werk en studie met een militaire training werden gecombineerd. Rieks eigen kinderen zaten veilig op school in Engeland. Andere SPLA-leiders beschouwden het echter als een privilege om hun kinderen naar school te sturen in Cuba, waar ze als landarbeiders werden tewerkgesteld en onder omstandigheden studeerden die zeer sterk leken op die welke Garang in zijn FACE-scholen wilde invoeren. Zie Carol Ann Berger, 'From Cattle Camp to Slaughterhouse: The Politics of Identity Among Cuban-Educated Dinka Refugees in Canada', niet-gepubliceerd proefschrift, Universiteit van Alberta, Vakgroep Antropologie, najaar 2001; kopie in mijn dossier.

240 zei ze Willy kortaangebonden: McCune, *Til the Sun*, p. 181.

DEEL IV

HOOFDSTUK 17

246 James Mut Kueth: Deborah Scroggins, 'Dour Prophecy of Isaiah Taken to Heart', *The Atlanta Journal-Constitution*, 10 maart 1991.

HOOFDSTUK 18

254 De rechtszaak tegen de vijf Palestijnen: Het verhaal over de onderhande-lingen die de nabestaanden van Chris en Clare Rolfe met het Soedanese gerechtshof voerden wordt verteld in Will Ellsworth-Jones, 'An Eye for an Eye?', *Independent Magazine*, 3 maart 1990, en in Geraldine Brooks, 'Life or Death: Fate Lies in Their Hands', *The Sunday Telegraph*, 4 februari 1990.

255 Op 25 april 1991 riep al-Turabi ... aan te vallen: Bodansky, *Bin Laden*, p. 36.

255 Bin Laden ... naar Soedan: Yossef Bodansky en Peter Bergen, die allebei een biografie van Osama bin Laden hebben geschreven, zijn van mening dat Bin Laden in 1991 naar Soedan verhuisde. Zie Bodansky, *Bin Laden*, p. 40, en Bergen, *Holy War, Inc.: Inside the Secret World of Osama bin Laden* (New York: Free Press, 2001), p. 78. Prins Turki al-Faisal, het voormalige hoofd van de Saoedische inlichtingendienst, heeft echter gezegd dat Bin Laden pas in 1992 definitief in Soedan is gaan wonen. Zie Jamal Khashoggi, 'Former Saudi Intelligence Chief Interviewed on Saudi-Afghan Ties, bin Ladin, Part 5', *Al-Quds al-Arabi*, 8 november 2001.

255 'de grote islamitische investeerder': Het onthaal van Bin Laden door al-Turabi en de schenking van vijf miljoen dollar worden vermeld in 'The Celebrated Arrival of the Great Islamic Investor', *Al-Quds al-Arabi*, 24 november 2001.

HOOFDSTUK 19

256 een reeks dringende berichten van Emma: Douglas Johnson heeft mij inzage gegeven in zijn eigen transcripties van de aan hem gerichte radioberichten die Emma in mei 1991 naar het Wereldvoedselprogramma stuurde; kopieën in mijn dossier.

260 De Amerikanen arriveerden ... in Nasir: Het bezoek van het Amerikaanse Bureau voor Internationale Ontwikkelingshulp wordt beschreven in Millard Burr, 'Sudan 1990-1992: Food Aid, Famine and Failure,' U.S. Committee for Refugees Issue Brief, 1993, p. 20. Burr zegt dat Riek de Amerikanen om Stinger-raketten vroeg, ofschoon hij moet hebben geweten dat het ministerie van Buitenlandse Zaken zich er lange tijd tegen verzette om de rebellen in het zuiden militaire steun te sturen. 'Het probleem lag, zoals Riek heel goed wist, bij de leider van het SPLA, John Garang, die in de ogen van Buitenlandse Zaken niet in staat was om de dubbelrol van militair en politiek leider te verenigen.' Riek verbond hieraan blijkbaar de conclusie dat de Verenigde Staten de rebellen wapens zouden geven als Garang aan de kant zou worden gezet.

261 Zoals het echtpaar later ... schreef: Alastair en Patta Scott-Villiers en Cole P. Dodge hebben de uittocht uit Ethiopië beschreven in 'Repatriation of 150,000 Sudanese Refugees from Ethiopia: A Case Study in Manipulation of Civilians in a Situation of Civil Conflict', *Disasters* 17 (1993).

262 'Op de zuidelijke oever ... begraven': Hall, *Mercenaries*, pp. 253-255.

262 'de moerassen van de hel': *The Observer*, 23 juni 1991.

264   In een speciale *tukul*: Peterson, *Me Against My Brother* , p. 220.

268   Garang tijdens een bezoek ... arresteren: Nyaba, *Politics of Liberation*,
      p. 84. Nyaba bespreekt het nut van de VN-operatie voor de rebellen op
      pp. 92-93.

268   'Waarom Garang weg moet' – In dit manifest wordt FACE omschreven als
      'een van Garangs trucjes om wat geld te verdienen'. 'Why Garang Must
      Go', *Southern Sudan Vision* 12 (1 september 1992).

269   'Ik wist dat ... hart': Rieks opmerkingen over de xenofobe houdingen
      binnen het SPLA zijn ontleend aan Bunting, 'For Love of a People'.

272   'Zelfs wanneer de westerse inspecteurs ... confisqueren': Nyaba beschrijft
      hoe het SPLA voedsel van de hulporganisaties in beslag neemt in *Politics
      of Liberation*, p. 53.

272   'Jullie hebben je kalasjnikov ... jullie voedsel': Hutchinson, *Nuer
      Dilemmas*, p. 53.

273   iemand als Giles Thornton: Het verhaal over Thorntons waterski-
      avontuur op de Sobat is ontleend aan Stuart Wavell en David Orr,
      'Adventurer to Burn on African Pyre', *The Sunday Times*, 25 oktober 1998.

273   Wendy James, een sociaal-antropologe aan de Universiteit van Oxford:
      James publiceerde haar verslag over de positie van de Uduk in Nasir onder
      de titel 'Vulnerable Groups in the Nasir Region: Update on Nor Deng
      (Blue Nile Returnees)', Report for WFP/OLS Southern Sector, Nairobi,
      based on a field visit from 23 September to 9 October 1991. James
      beschrijft de problemen bij het transport van voedsel naar Nasir ook in
      het ongepubliceerde rapport 'Managing Food Aid: Lessons from a
      Sudanese Returnee Center'.

273   De meeste van hen waren Uduk: Mijn beschrijving van de Uduk en hun
      geschiedenis is ontleend aan Wendy James, *Kwanim Pa: The Making of
      the Uduk People* (Oxford: Clarendon Press, 1979) en *The Listening Ebony*
      (Oxford: Oxford University Press, 1999).

274   Osama bin Laden toestemming gegeven een grote boerderij te kopen: Een
      beschrijving van Bin Ladens boerderijen en zijn bijdragen aan de
      ontwikkeling van het wegennet in Blauwe Nijl is te vinden Bergen, *Holy
      War, Inc.*, p. 80.

275   'een plaats ... werden begraven': De opmerkingen die James plaatst bij de
      herinneringen die de Uduk aan Itang hebben, zijn ontleend aan haar
      Listening Ebony, p. xiii.

276   twaalfhonderd hongerige jongens in Nasir: Alastair en Patta Scott-Villiers
      en Cole Dodge geven een beschrijving van de wijze waarop er gemanipu-

leerd wordt met het voedsel dat voor de jongens bestemd is, in 'Repatriation of Sudanese Refugees,' p. 289. In *Children of War* van Zutt wordt ook
een beschrijving van de jongens in Nasir gegeven (pp. 18-19). Het citaat
van de vn-functionaris die beschrijft hoe ze er mentaal aan toe zijn, is
afkomstig van p. 18. Een andere bron van informatie over dit onderwerp
is Human Rights Watch/Africa, *Civilian Devastation: Abuses by All Parties
in Southern Sudan* (New York: Human Rights Watch, juni 1994),
pp. 195-235.

277   de jongens in Palataka: Watson, 'Suffer the Children'.

278   overhandigde de bediende van Riek hun enkele gebakken broodballen:
Het door Sam Kiley geschreven verslag over de vn-functionarissen die bij
Riek Unimix te eten krijgen, verscheen in *The Times*, juni 1992. Emma
kraakte dit artikel af in een brief die ze in juni aan haar vriendin Emma
Marrian schreef.

279   'werkelijk gepassioneerd verliefd': Emma's moeder beschrijft haar
gevoelens tegenover Julian McCune in McCune, *Til the Sun*, p. 48.

279   'Omdat hij op zoek was ... elders zoeken': *Ibidem*, p. 81.

282   'Om vier uur 's ochtends ... met me': Fox, 'Shadow of Happy Valley,'
p. 247.

HOOFDSTUK 20

284   'Je hoeft nooit bezorgd te zijn ... te weten': Emma's uitspraak over
polygamie is ontleend aan itv, *The Warlord's Wife*. Maggie McCune
beschrijft haar ergernis in *Til the Sun*, p. 199.

286   'Kijk maar hoeveel er hier ... niet voor': Hall, *Mercenaries*, p. 264.

287   'Hooggeplaatste bevelhebbers ... te ronselen': Het bbc-interview met Riek
van 8 augustus 1991 werd afgedrukt in *Sudan Update* 3, nr. 3 (7 september
1991).

288   dat Garang 'de touwtjes stevig in handen had': Bernard Kouchners
opmerking werd gepubliceerd in *The Independent*, 3 september 1991.

288   Garangs plaatswaarnemer hield ... een persconferentie: 'Sudan Rebels Say
'Ousted' Leader Garang Still in Control', Persbureau Reuters, 31 augustus
1991.

289   Ondertussen gingen John Garang ... was: Emma's moeder zegt dat Emma
nog tijdens haar verblijf in Engeland hoorde dat Garang beweerde dat zij
de afscheiding in opdracht van de Britse geheime dienst had georkes-
treerd, en dat ze geloofde dat ze door een aanhanger van Garang vanaf

Heathrow naar Nairobi gevolgd was. Zie McCune, *Til the Sun*,
pp. 204-205. Ik heb hier geen bevestiging van kunnen krijgen, maar
andere vrienden herinneren zich dat ze het erover had dat ze in Nairobi
achtervolgd werd.

289   de mannen van Garang: De gevechten tussen aanhangers van Garang en
Riek worden behandeld is Human Rights Watch/Africa, *Civilian
Devastation*, pp. 90-112. Zie ook Amnesty International, *The Tears of
Orphans: Sudan* (New York: Amnesty International, januari 1995),
pp. 89-95.

289   kidnapten ze een Shilluk-apotheker: 'A Moment of Truth,' *Africa
Confidential*, 13 september 1991.

290   'Rieks huwelijk ... ontmoet': Lam Akol heeft me de door hemzelf
geschreven transcriptie gegeven van het radiobericht waarin Emma
wordt genoemd, en dat op 9 september 1991 door Garang naar alle
SPLA-eenheden werd uitgezonden; kopie in mijn dossier.

HOOFDSTUK 21

293   de SPLA-eenheid in het district Bentiu: Nyaba, *Politics of Liberation*, p. 89.

293   Op 30 augustus, tijdens een vergadering ... van het SPLA: Het verslag van
Garangs bezoek aan Parijs is opgenomen in *Middle East International*, 10
november 1991, en herdrukt in *Sudan Update* 3, nr. 6 (25 oktober 1991).
Deng beschrijft de vergadering van het opperbevel in *War of Visions*, pp.
231-232.

294   een heel andere vergadering: De ontmoeting tussen Khashoggi en de
Libiërs werd onthuld in Marie Colvin, Alan Ruddock en John Cassidy,
'Tiny and Gadaffi in Secret African Venture' en 'Marriage of
Convenience: Tiny Rowland and Colonel Gadaffi', *The Times*,
8 september 1992. Het Libische beleid om in de periode 1991-1992 gratis
olie te verstrekken aan Soedan wordt beschreven in 'Sudan Doubles Fuel
Prices', Agence France-Presse, 4 augustus 1992.

295   De wereldprijs was ... gestegen tot 22 dollar in 1991: 'Sudan Doubles Fuel
Prices', 4 augustus 1992.

295   Lutfur Rahman Khan: Citaten van Khan zijn ontleend aan een
ongepubliceerd interview dat Madelaine Drohan van *The Globe and Mail*
op 10 mei 1999 in Vancouver afnam; kopie in mijn dossier. Tijdens een
ander interview, dat in mei 1999 werd afgenomen in Calgary, vertelde
John McLeod Drohan dat Khan lid was van de Moslimbroederschap.

Een functionaris van de Canadese veiligheidsdienst die niet met name genoemd wil worden, heeft dit bevestigd. Zie ook 'Negotiations Resume with Chevron Oil Company to Exploit Oil', BBC Monitoring Service, 25 februari 1992, en Muriel Allen, 'Oil a Political Weapon in Southern Sudanese Politics', *The Middle East Times*, 11 juli 1997.

296 De leider van het NIF ... NIF-getrouwen: *Middle East International* rapporteerde op 22 januari 1993 dat de directeur van Concorp, Muhammad Abdallah Jar al-Nabi, familie was van de minister van Olie Ab al-Wahab en van al-Turabi; herdrukt in *Sudan Update* 4, nr. 9 (31 januari 1993).

296 Adolf Lundin: Zie John Schreiner, 'The Art of Darkness', *The National Post*, 19 januari 1997. IPC maakte in een persbericht van 16 augustus 1991 bekend dat het een principe-akkoord had bereikt voor proefboringen in Delta Tokar en Halaib. De overeenkomst inzake de exploratie van Delta Tokar werd op 1 december 1991 ondertekend. Zie ook de verklaring die Red Sea Oil Corporation op 9 maart 1996 publiceerde onder de titel 'Red Sea Oil Acquires IPC's Sudanese Assets and Firms Up Drilling Plans'. Het heeft niet veel gescheeld of er was naar aanleiding van de Halaib-overeenkomst een oorlog tussen Egypte en Soedan uitgebroken, aangezien Egypte ook aanspraken op deze regio maakt. Zie Weaver, *Portrait of Egypt*, p. 177. IPC maakte zijn overeenkomst met de regering van Ethiopië over de exploratie van Gambella bekend in een persbericht van 14 november 1991.

302 'gehuld in lompen en blootsvoets, met strakke gezichten en gedesoriën-teerd': Voor meer informatie over Palataka zie Emma Sharp, 'Youth Learn Grim Lessons of Life in the "New Sudan"', *The Guardian*, 10 januari 1992.

302 Het bezoek ... bleek nog waardevoller: Het artikel 'Love Blooms Among the Bullets in Sudan' van Richard Ellis verscheen op 29 november 1991 in *The Sunday Times*.

302 'Ik ben niet zo heel dapper': *Ibidem.*

302 'Ze wuift het weg ... alles doorstaan': *Ibidem.*

303 begonnen Rieks commandanten ... met het executeren van officieren: Nyaba, *Politics of Liberation*, pp. 94-95.

303 Michael Manyon Anyuang: Amnesty International, *Tears of Orphans*, p. 95.

306 dat Rowland omstreeks deze tijd ... begon over te hevelen: Nyaba, *Politics of Liberation*, pp. 93-94.

307   'gelukkig en ontspannen': McCune, *Til the Sun*, p. 210.

307   Wut Nyang ... jongeman: Hutchinson, *Nuer Dilemmas*, pp. 338-345, en Johnson, *Nuer Prophets*, pp. 348-356.

307   'een fascinerende figuur ... ter plekke': Emma McCune, brief aan Emma Marrian, juni 1992; kopie in mijn dossier.

308   De Uduk vertelden Wendy James later: De uitspraken van de Uduk zijn ontleend aan de niet gepubliceerde aantekeningen die James maakte tijdens haar interviews in september in Karmi en Gambella. Over haar bezoek aan Gambella publiceerde James ook 'Uduk Asylum Seekers in Gambella, 1992: Community Report and Options for Resettlement,' Rapport voor UNHCR, 31 oktober 1992.

308   'Ze reden met hun vrachtwagens ... man': De uitspraken van de Uduk zijn overgenomen uit de interviews die Wendy James in september 1992 in Gambella heeft afgenomen. James zegt dat de VN-functionarissen deze truc van het SPLA ontdekten en daarna chauffeurs uit Kenia met vrachtwagens uit Malakal stuurden om het graan zelf af te leveren. Pas toen kregen de vluchtelingen in Nasir voor het eerst het graan dat voor hen bedoeld was.

310   'De mensen zeggen dat ... ontvangen': De uitspraak van Wut Nyang over het voedsel dat de Dinka ontvingen is afkomstig uit Hutchinson, *Nuer Dilemmas*, p. 342.

310   Een plan van het Rode Kruis: Neil Henry, 'Life Saving Food Barge Stuck in Sudan Quagmire', *The Washington Post*, 12 juni 1990.

HOOFDSTUK 22

315   'De gevechten bij Bor ... gingen': Peterson, *Me Against My Brother*, p. 221.

317   'Ik ben voor niemand een messias ... stambelangen': *Ibidem*.

318   'In de persoon van Riek ... plaatsvonden': Nyaba, *Politics of Liberation*, p. 108.

318   'Jullie, mensen! ... bedorven': Nikkel, 'Children of Our Fathers', p. 72.

DEEL V

HOOFDSTUK 23

321   Ik was in het Carter Center: Deborah Scroggins, 'Lots of Talk, But No Peace', *The Atlanta Journal-Constitution*, 18 januari 1992.

323 'ging gepaard met een wreedheid ... te ontwrichten': Aangehaald in Werner, Anderson, en Wheeler, *Day of Devastation*, p. 546.

324 In januari 1992 tekende Lam ... een overeenkomst: De besprekingen die Lam Akol in Frankfurt met de regering voerde, worden beschreven in Deng, *War of Visions*, p. 233. De fatwa die de regering afkondigde, wordt aangehaald in Gaspar Biro, 'Situation of Human Rights in the Sudan', Rapport aan de VN-Mensenrechtencommissie, 1 februari 1994, p. 37.

325 'Waarom zou ik wapens aan jongens van zes jaar geven ... gehad': Garang wordt aangehaald in *The Financial Times*, 9 september 1991.

325 'Ik heb gezien hoe heel jonge kinderen ... aan komen': Citaat uit Ellis, 'Love Blooms Among the Bullets'.

327 de jongens waren er uiterst belabberd aan toe: Over de omstandigheden in het kamp van de minderjarige jongens, zie 'Potential Development Projects', pp. 7-8.

328 'Ze was vastbesloten ... gaan': Aangehaald in Bunting, 'For Love of a Country'.

332 'Het leven gaat met ons aan de haal ... kiezen': Aangehaald in Zutt, *Children of War*, p. 40.

HOOFDSTUK 25

334 In een nooit gepubliceerd artikel: Marrian, 'Story of Emma', p. 5.

334 'liefdesnest': McCune, *Til the Sun*, p. 197.

334 In juni 1992 stuurden *The Mail on Sunday* en *YOU*: Het verslag van de twee weken die Hall in het gezelschap van Emma doorbracht, is gebaseerd op zijn beschrijving daarvan in *Mercenaries*, pp. 258-266.

336 het verhaal over de rechtszaak van de Nuer-vrouw: Riek vertelde ook aan Hutchinson hoe deze zaak was verlopen, zie *Nuer Dilemmas*, p. 233.

337 'ervan overtuigd waren ... dat zij een van hun leiders werd': Dit citaat van Sally Dudmesh is ontleend aan 'The Tragedy of Emma McCune', *The Nation*, 12 juli 1999.

337 'de woestenij van zuidelijk Soedan': Peterson vertelt dat Emma dit eens als haar adres opgaf in *Me Against My Brother*, p. 221.

337 'Riek Machars huwelijk ... uit te buiten': Nyaba, *Politics of Liberation*, pp. 92-93, 110.

338 'Ze denken dat ... hij bevrijd is': Hall, *Mercenaries*, p. 261.

338 Hall was erbij toen Emma en Riek ... naar de feestelijkheden kwamen kijken: *Ibidem*, pp. 264-265.

338 'Overal waar we heen gingen,' schreef hij, 'leken ... om raad': *Ibidem*, p. 260.

340 Soms gaf Emma radiofrequenties en nieuws over militaire manoeuvres door: Marrian, 'Story of Emma', p. 6.

340 'Iedereen is enigszins over zijn toeren ... echtgenoot': Emma McCune, brief aan Emma Marrian, 12 juni 1992.

340 'Ik denk niet dat Riek ... bereiken': Hall, *Mercenaries*, p. 265.

340 Enkele van Rieks bondgenoten liepen over: 'Nasir Commanders Resign', *The Sudan Democratic Gazette* (22), maart 1992.

340 In februari 1992 konden regeringstroepen ... naar Equatoria trekken: '"Final Push" Dry Season Offensive Begins', *The Sudan Democratic Gazette* (22), maart 1992, en Human Rights Watch/Africa, *Civilian Devastation*, pp. 35-37.

341 de tienduizend 'zoekgeraakte jongens': Human Rights Watch/Africa, *Civilian Devastation*, pp. 211-214.

341 Volgelingen van Garang plunderden ... in Balliat: Peter Moszynski, 'Letter from Nasir', *Middle East International*, 12 juni 1992.

341 De VN dropten nog altijd voedsel in Nasir: *Ibidem*.

342 'We verlangen ... ons moederland!': De citaten van de Uduk zijn afkomstig uit de interviews die Wendy James met hen had in Gambella in Ethiopië.

342 Emma vertelde Moszynski dat de plaatselijke bevolking: Moszynski, 'Letter from Nasir'.

343 Toen Emma dat jaar naar Engeland ging: Wendy James heeft aantekeningen gemaakt van het telefoongesprek dat zij op 13 september 1992 met Emma voerde.

345 'Bijna alle kinderen ... voortdurend flauwvielen': Hutchinson, rapport voor Save the Children.

346 Riek had de profeet en de ... Jikany-Nuer: Nyaba, *Politics of Liberation*, pp. 95-96.

347 'Door deze hulpactie ... verkeerd standpunt': Aangehaald in Hutchinson, p. 342.

347 In de brief die Emma in juni 1992 naar Emma Marrian schreef: Emma McCune, brief aan Emma Marrian, 12 juni 1992.

347 dat Libië het Metropole Hotel van Rowland overnam: Colvin e.a., 'Tiny and Gadaffi in Secret African Venture'.

348 tekende Chevron in alle stilte een overeenkomst: 'Chevron Sells Exploration Interests in Republic of Sudan', *Worldwide Energy, Worldwide Videotext*, 8 januari 1992. Het bedrag dat ermee gemoeid ging werd geopenbaard in 'US Chevron Prices Concession Between $ 23 and $ 26 Million', *The Middle East Economic Digest*, 3 juli 1992.

348 Op 26 juni zette Arakis ... haar handtekening: 'Arakis to Acquire Oil Concession in Sudan', Persbureau Reuters, 30 juni 1992.

348 Toen het lucht kreeg ... waarschuwde het SPLA van Garang: 'Sudan Rebels Vow to Attack Oil Workers in South', Persbureau Reuters, 23 juni 1992.

349 Triad International: 'Arakis Gets $ 25 Million Project Funding', Persbureau Reuters, 28 juli 1992. Zie ook 'Sudan: Oil Production Begins Amid Much Political Controversy', *African Business*, 1 augustus 1992. De vice-directeur van Arakis ontkende elke connectie met Triad in *Indian Ocean Newsletter*, 26 december 1992, herdrukt in *Sudan Update* 4, nr. 9 (31 januari 1993).

349 meer zuiderlingen sneuvelden in de vergeldingsacties: Human Rights Watch/Africa, *Civilian Devastation*, pp. 91-193. Zie ook Scott Peterson, '100.000 Uprooted in Sudan's Unwinnable War', *The Daily Telegraph*, 12 december 1992.

349 Paul Kon Ajith: Werner, Anderson en Wheeler, *Day of Devastation*, p. 546. Ook in Nikkel, 'Children of Our Fathers', p. 74-78.

350 De geruchten waren zelfs zo wijd verbreid: McCune, *Til the Sun*, p. 234.

350 de VN ... toe te laten: Emma McCune, brief aan Emma Marrian, juni 1992.

351 'Mensen vragen me steeds ... vergelijken': Aangehaald in Hall, *Mercenaries*, pp. 265-266. Emma's broer Johnny herinnert zich ook dat ze deze opmerking maakte.

352 'hun politieke verwikkelingen': McCune, *Til the Sun*, p. 265.

352 'Slachtpartij onder onschuldigen': *The Independent*, 27 december 1991.

352 'Ik ben ontzettend gelukkig ... nergens spijt van': Aangehaald in Hall, *Mercenaries*, p. 266.

HOOFDSTUK 26

353 'Maung, de lieve Mynt Maung ... getroffen': Aangehaald in McCune, *Til the Sun*, pp. 224-225.

353 in de Nigeriaanse stad Abuja nieuwe vredesbesprekingen gehouden: Zie Steven Wondu en Ann Lesch, *Battle for Peace in Sudan: An Analysis of the Abuja Conference, 1922-1993* (Lanham: University Press of America, 2000).

353   'commandant Williams ... materiële prikkels': Nyaba, *Politics of Liberation*, p. 123.

353   'ongeletterd man ... de buitenwereld': Catherine Bond, BBC *Focus on Africa*, 30 september 1992; herdrukt in *Sudan Update* 4, nr. 3 (19 oktober 1992). Garangs citaten zijn afkomstig uit dit artikel.

354   'Het zal zo'n zes tot acht weken duren ... getekend': Rowlands uitspraken zijn ontleend aan Richard Wallis, 'Peace in Sudan Next Aim, Lonrho Chief Says', Persbureau Reuters, 7 augustus 1992.

354   dat het Emma's vriend Mynt Maung en drie anderen het leven had gekost: De bijzonderheden over de moordaanslagen en de onderzoeken die vervolgens werden ingesteld zijn afkomstig uit Human Rights Watch/Africa, *Civilian Devastation*, pp. 128-133. Op 11 december 1992 vaardigde Richard Mulla een persbericht uit waarin hij beweerde de transcriptie van een radiobericht te hebben onderschept waarin SPLA-commandant Obote Momor de aanbeveling deed om dokter Wilma Gomez en chauffeur Francis Ngure te elimineren.

357   De bevolking van Waat groeide ... naar circa vijftienduizend: François Visnot, 'The Best Little Oasis in South Sudan', *The Guardian*, 12 november 1992. Riek vertelde me dat Emma en hij probeerden voedselhulp voor Waat te krijgen.

357   Wanneer in Waat ... hoorbaar werd: Visnot, 'Best Little Oasis'.

357   'Het wordt als een schande beschouwd ... niet begraven': Buchizya Maeteka, 'Remote Sudan Town Slowly Starves to Death', Persbureau Reuters, 26 oktober 1992. Het citaat van Emma is afkomstig uit dit artikel.

357   te voet door de moerassen naar Ayod: Ik heb de informatie uit mijn interviews aangevuld met informatie uit Marrian, 'Story of Emma', p. 6. Zie ook McCune, *Til the Sun*, pp. 225-229.

358   Ze schreef haar moeder over de prachtige *tukul*: McCune, *Til the Sun*, p. 229.

359   de 'galante troepenmacht' uit Nasir: Riek Machars persbericht met de kop 'Our Victory in Malakal' werd gepubliceerd in *Southern Sudan Vision*, nrs. 16 en 17, 5 en 17 november 1992, en werd herdrukt in *Sudan Update* 4, nr. 5 (18 november 1992).

359   François Visnot had aanbevelingsbrieven: Visnot, 'Best Little Oasis'. Andere bijzonderheden zijn afkomstig uit de gesprekken die ik in juli 2001 met hem voerde.

360 Somalië, een islamitisch land: De Somalische hongersnood en de gebeurtenissen die leidden tot de Amerikaanse interventie worden beschreven in de Waal, *Famine Crimes*, pp. 159-191.

362 nog altijd bevriend met de VN-piloten: 'South Sudan: The Territory of Death and Survival' is de titel van een niet-gepubliceerde voordracht die door Aldo Ajou Deng werd gehouden tijdens de Workshop over de Huidige Omstandigheden in Zuidelijk Soedan, Universiteit van Oxford, 13 februari 1999.

362 de Dinka-volgelingen van Paul Kon Ajith: Werner, Anderson en Wheeler, *Day of Devastation*, p. 547. Ook in Nikkel, 'Children of Our Fathers', p. 72.

363 Gary Strieker van CNN: Strieker noemde Emma niet in het verslag dat hij op 29 oktober 1992 voor CNN maakte, en hij kan zich niet herinneren dat hij haar in Waat ontmoet heeft, maar volgens African Rights, *Food and Power in Sudan* (p. 277), leidde het feit dat de pers aandacht had besteed aan Waat ertoe dat het voedseltransport toenam.

HOOFDSTUK 27

365 'internationale gemeenschap ... geen regering heeft': Phillip Johnston gaf zijn commentaar in een brief aan *The Guardian*, 15 september 1992.

365 Op 25 november hielden CARE en ... een persconferentie: Deborah Scroggins, 'More UN Troops Likely as Somali Warlords Grab Food,' *The Atlanta Journal-Constitution*, 25 november 1992.

365 zoals ... Alex de Waal en Rakiya Omaar ... bleven herhalen: Africa Watch (onderdeel van Human Rights Watch) ontsloeg Omaar en de Waal toen zij weigerden het officiële standpunt van Africa Watch over te nemen en zich tegen de Amerikaanse interventie bleven uitspreken. Deborah Scroggins, 'Getting Out of Somalia Will Be the Hard Part', *The Atlanta Journal-Constitution*, 6 december 1992.

366 'Men dient te beseffen ... en de vaarroutes': Abd al-Rahman Ahmaduns commentaar op de Amerikaanse interventie werd aangehaald in *Sudan Update* 4, nr. 6 (12 december 1992). Zie ook Cohen, *Intervening in Africa*, p. 82.

366 'een Amerikaanse inspanning ... in Afrika': *The Guardian*, 10 december 1992. Op 1 maart 1997 vestigde al-Turabi in een interview met Al-Sha'b in Caïro er opnieuw de nadruk op dat hij bang was dat de Verenigde Staten en Engeland een samenzwering op touw hadden gezet die moest

voorkomen dat Soedan de zuidelijke oliereserves zou gaan exploreren:
'Ze wilden het islamitische bestuur van Soedan een slag toebrengen...
ze wisten dat Soedan zich bewust was geworden van zijn economische
rijkdommen en dat wij begonnen waren die te exploiteren. In hun ogen
is dit een zeer ernstige zaak. Er is in Soedan een begin gemaakt met de
winning van olie, en hierdoor zal het land lid kunnen worden van de
internationale olieclub.'

366 De NIF-regering en ... begonnen steun te verlenen: 'Khartoum's
Connection with Somali Warlord,' *The Sudan Democratic Gazette* (40),
september 1993. Zie ook Bodansky, *Bin Laden*, pp. 67-69, en David
Williams, 'Sudan Gave Somalia's Aideed Arms, US Says: State Department
Expresses Concern Over Activities Showing Anti-American Sentiment',
The Washington Post, 19 augustus 1993.

367 trok Osama bin Laden ... de plannen: De bomaanslag op het hotel in
Aden wordt beschreven in Bergen, *Holy War, Inc.*, p. 82. Jamal al-Fadl
legde een getuigenis af over de uitspraken van Bin Laden en voegde
hieraan toe dat diens luitenant naar Somalië was gegaan om tegenstanders
van de Amerikaanse interventie assistentie te verlenen; zie *USA vs. Usama
bin Ladin*, 6 februari 2001. Zie ook de verklaring van L'Hossaine
Kherchtou, 26 februari 2001, en het eindpleidooi van Patrick Fitzgerald,
8 mei 2001.

367 'zich begonnen af te vragen ... uitgevoerd': 'Aid Officials Call For US
Action on Sudan Famine', *The Guardian*, 25 februari 1993.

367 Amerikaanse ambassadeur in Soedan: Een beschrijving van Pettersons
bezoek aan Riek en Garang is te vinden in Donald Petterson, *Inside Sudan*
(Boulder, CO: Westview Press, 1999), pp. 52-54.

368 'gewapende interventie': Aangehaald in Wondu en Lesch, *Battle for Peace*,
p. 92.

368 bleven de spanningen tussen de Lou en de Jikany zich opbouwen:
William O. Lowrey, 'Passing the Peace: The Role of Religion in
Peacemaking Among the Nuer,' in Andrew Wheeler, (red.), *Land of
Promise: Church Growth in a Sudan at War* (Nairobi: Paulines
Publications, 1997), pp. 129-150.

369 een van de profetieën van Ngungdeng: Douglas Johnson wees mij erop
dat de voorspelling over de *lec*-vis niet voorkwam in de liederen die hij
voor 1981 had verzameld en dat de 'herinnering' aan deze profetie op een
wel zeer gelegen moment – tijdens de vete – naar boven was gekomen.

370   Emmanuel Jai: De citaten van Emmanuel zijn afkomstig uit een artikel dat Peter Moszynski aan hem wijdde: 'Letter from Nairobi', *The New Statesman and Society*, 2 september 1994.

371   'Zijn aanwezigheid ... zeggen': McCune, *Til the Sun*, p. 233.

371   'De verzoeken ... af te weren': Evans-Pritchard, *Nuer*, p. 184.

372   Vier hooggeplaatste politici: Robert M. Press, 'Rebel Infighting Devastates Sudan,' *The Christian Science Monitor*, 14 april 1993.

372   'Niemand heeft hen gemarteld': *Ibidem*.

372   'Niemand kan de oorlog in Soedan winnen': Victoria Brittain, 'Rowland "Joined Sudan Rebels",' *The Guardian*, 27 februari 1993.

372   'hongerdriehoek': Hulpverleningsfunctionarissen vertelden Douglas Johnson tijdens interviews in 1994 dat Emma deze term had verzonnen.

373   'tot de hoogste die ooit zijn vastgesteld': US Centers for Disease Control and Prevention, 'Nutrition and Mortality Assessment – Southern Sudan, March 1993', *Morbidity and Mortality Weekly Report* 24, nr. 16 (Atlanta: april 1993), pp. 304-308.

374   Come On: Richard Dowden, 'Why the Food Stopped', *The Independent on Sunday*, 6 juni 1993.

375   'Ik klom naar binnen ... geen einde kent': Aangehaald in Marrian, 'Story of Emma', p. 1. Ik heb dit fragment ook aangehaald in 'Emma', *Granta* 60 (Winter 1997). McCune haalt dezelfde passage aan in *Til the Sun*, p. 248.

375   Ze bracht een bezoek ... in Ler: Bunting, 'For Love of a People', en McCune, *Til the Sun*, p. 251.

376   'Daarna zeiden ze dat ... Nairobi': Aangehaald in McCune, *Til the Sun*, p. 250.

377   'met zijn hoofd ... te assimileren': De waarschuwing die de oude man Riek geeft, wordt aangehaald in Nyaba, *Politics of Liberation*, p. 103.

378   voorgangers van de presbyteriaanse kerk: Lowrey, '"Passing the Peace": The Role of Religion in Peacemaking Among the Nuer in Sudan', pp. 129-150.

378   onderzoekers van mensenrechtenorganisaties: Rone en Prendergrast, interviewaantekeningen.

378   'De wetteloosheid ... op te leggen': Nyaba, *Politics of Liberation*, p. 103.

378   'Ze moeten óns laten bepalen ... Disease': Aangehaald in Julie Flint, 'Rebel Division Wreaks Lethal Havoc in Southern Sudan', *The Guardian*, 30 augustus 1993.

379   Rory Nugent: Nugents eerste boek over Afrika is *Drums Along the Congo: On the Trail of Mokele-Mbembe, The Last Living Dinosaur* (New York:

Houghton Mifflin, 1993). Het verhaal over de reis die Nugent samen met Riek door het oerwoud maakte is ontleend aan zijn artikel 'Sudan: Rebels of the Apocalypse', *Men's Journal*, september 1993. Alle citaten zijn uit dit artikel overgenomen.

382   een overeenkomst ... van 125 miljoen dollar: Dat de Soedanese regering, Arakis en State Petroleum een verdrag tekenden om de Soedanese olievoorraden te exploiteren op basis van een aandeel in de productie, werd openbaar gemaakt in 'Little Known Firm in Canada Granted Sudan Properties', *Platt's Oilgram News*, 8 december 1992; 'Sudan Financing Is Reduced', *Platt's Oilgram News*, 30 maart 1993; en 'Arakis' Partner Gets Approval in Sudan', *Platt's Oilgram News*, 9 juli 1993. In 1995 deed de Beurscommissie van British Columbia onderzoek naar het reilen en zeilen van Arakis. In dit onderzoek kwam naar voren dat Arakis met geld had geschoven via enkele mysterieuze offshore fondsen, waaronder Anthem International. Terry Alexander, de voormalige directeur, zei dat het bedrijf was genoodzaakt om aan geld te komen door middel van 'particuliere plaatsingen'. Hij zei dat de weerstand van het Amerikaanse ministerie van Buitenlandse Zaken tegen het Soedanese olieproject conventionele investeerders had afgeschrikt. 'Media Statement by Terry Alexander: Signing of Agreed Statement of Facts with the BC Securities Commission', *Canadian Corporate News*, 24 februari 1999.

382   Omar Abdel-Rahman ... een aanslag: De betrokkenheid van Abdel-Rahman bij de bomaanslag op het World Trade Center en in de samenzwering om New York met bommen te bestoken wordt beschreven in Weaver, *Portrait of Egypt*, pp. 74-86 en 223-225. ABC-TV meldde dat twee Soedanese, op een VN-post benoemde diplomaten betrokken waren bij het complot van 16 augustus 1993. Dat Saoedi-Arabië de olietoevoer afsneed werd bekendgemaakt in 'Fuel Shortages Quadruple Petrol Prices,' *Middle East Economic Digest*, 15 oktober 1993. Petterson beschrijft de reactie van Khartoum op de sancties in *Inside Sudan*, pp. 69-74.

383   'Zoals ik al had verwacht ... vooral al-Turabi': *Ibidem*, p. 82.

383   President al-Bashir hield een woedende toespraak: Petterson, *Inside Sudan*, p. 82. Nyaba beschrijf het aanbod van het NIF om een afzonderlijke vredesregeling te treffen in *Politics of Liberation*, pp. 149-150.

384   In werkelijkheid ... onderhandelingen met de regering: De vredesbesprekingen tussen de regering en Lam Akol worden besproken in *The Indian Ocean Newsletter*, 11 september en 9 oktober 1993; herdrukt in *Sudan Update* 4, nr. 22 (22 oktober 1993). *The Sudan Democratic Gazette* (41)

bracht in oktober 1993 verslag uit van Lam Akols onderhandelingen met de regering en van het vliegtuigongeluk. Nyaba bespreekt de onderhandelingen en het ongeluk in *Politics of Liberation*, p. 150.

386 'Onder de dekmantel ... Aideed gedood': Osama bin Ladens uitspraak over de Amerikaanse terugtrekking uit Somalië is ontleend aan *USA vs. Usama bin Laden*, getuigenis van Jamal al-Fadl, 3 februari 2001.

386 Khartoum ... woedende demonstraties: Petterson, *Inside Sudan*, pp. 82-83.

386 In Washington dreven Riek en Garang ... tot wanhoop: Over de besprekingen in Washington, zie *Middle East International*, herdrukt in *Sudan Update* 4, nr. 22 (22 oktober 1993).

387 'Waarom wil Riek ... VERRADERS!: De verklaring die Garangs factie in Nairobi op 23 oktober 1993 uitvaardigde, werd herdrukt in *Sudan Update* 4, nr. 23 (10 november 1993). Een ander persbericht van het SPLA, waarin wordt beschreven hoe de besprekingen verliepen en dat gedateerd is op 22 oktober 1993, verscheen in dezelfde aflevering van *Sudan Update*.

HOOFDSTUK 28

390 'Op een dag ... lafaards': Aangehaald in Simon Reeve, *The New Jackals: Ramzi Yousef, Osama bin Laden, and the Future of Terrorism* (Boston: Northeastern University Press, 1999), p. 182.

391 de bizarre, door een muur omgeven compound: Het bedrag van 300 miljoen dollar is ontleend aan de Waal, *Famine Crimes*, p. 185.

392 Robert Oakley, de Amerikaanse gezant: Weaver, *Portrait of Egypt*, p. 195.

394 twee miljard dollar: de Waal, *Famine Crimes*, p. 185.

HOOFDSTUK 29

395 'Womenaid ... gezinnen te helpen': Ik heb Emma's voorstel voor Womenaid gekregen van Helen Achiro; kopie in mijn dossier. Ik heb eruit geciteerd in 'Emma', p. 138.

HOOFDSTUK 30

397 Emma's necrologie: *The Times*, 27 november 1993.

HOOFDSTUK 31

398   studenten in verschillende steden in het noorden van Soedan: De
      studentendemonstraties van november 1993 en de reactie van de
      islamisten op deze demonstraties worden beschreven in Petterson, *Inside
      Sudan*, pp. 86-87.

399   een journalist uit Khartoum: 'Sudan: Journalist Claims Hit-and-Run
      Accident Deliberate', Agence France-Presse, 22 september 1995.

399   Of zou Garang Emma soms uit de weg hebben willen ruimen: *Africa
      Analysis* meldde in januari 1993 dat de oliemaatschappij Total gestopt was
      met haar betalingen van 'protectiegeld' aan Garang omdat 'Garang het
      niet langer voor het zeggen heeft in de gebieden die rijk aan olie zijn in de
      Soedanese staat Boven-Nijl [...] nu onder gezag van de rivaliserende factie
      van SPLA-Nasir'; herdrukt in *Sudan Update* 4, nr. 9 (31 januari 1993).

400   Uiteindelijk accepteerden de meeste van Emma's vrienden en
      familieleden: McCune zegt in *Til the Sun* (p. 277) dat Emma's broer
      en haar zus nog altijd geloven dat ze is vermoord.

401   'Beste Deborah ... Peter': Interview per e-mail met Nyaba,
      27 januari 2000.

EPILOOG

402   'Wat kan het Westen ... vandoor te gaan': Kevin Myers, 'The Magic Land
      That Turns Men Savage,' *The Sunday Telegraph*, 7 maart 1998.

403   'Als ik een ... school nodig': Ralph Carson, brief aan Charles R. Watson,
      15 mei 1915; kopie in mijn dossier.

403   'ze de kleine meid ... wilden hebben': Katharine Baker Simpson, 'The
      Reverend and Mrs. Ralph Erskine Carson: Presbyterian Missionaries to
      the Sudan, Africa 1903-1908', niet-gepubliceerd manuscript, 3 december
      1963; kopie in mijn dossier.

407   voorwaarden waaronder ... zou worden vastgelegd: Human Rights
      Watch/Africa, *Sudan, Oil and Human Rights Abuses*, pp. 93-108.

407   'het kroonjuweel': *Ibidem*, p. 90.

410   Hij vertelde over de rouwdienst: Zie ook Moszynski, 'Letter from Ler',
      Middle East International, januari 1994, en Marrian, 'Story of Emma', p. 1.

414   de gevechten tussen de Jikany- en de Lou-Nuer: Lowrey, 'Passing the
      Peace', pp. 129-150.

414   *Ik ben in het zondige land ... skelet*: Aangehaald in William Finnegan, 'The Invisible War', *The New Yorker*, 25 januari 1999.

414   In 1995 was Rory Nugent zijn belofte aan Emma nagekomen: Nugent schreef over zijn terugkeer naar Soedan in 'The March of the Green Flag,' *Spin*, maart 1996. Citaten uit zijn gesprekken met al-Turabi en Riek zijn aan dit artikel ontleend. Rory's uitspraken over de oorlog zijn ontleend aan de interviews die ik hem heb afgenomen.

416   een reserve van ... naar schatting zeker 262 miljoen vaten olie: Amerikaans ministerie van Energie, http://www.eia.doe.gov/emu/cabs/sudan.html.

416   Een hele stapel onderzoeken: Bijvoorbeeld John Harker, *Human Security in Sudan: The Report of a Canadian Assessment Mission* (Ottawa: Ministry of Foreign Affairs, 2000); John Ryle en Georgette Gagnon, *A Report of an Investigation into Oil Development, Conflict and Displacement in Western Upper Nile*, oktober 2001, online op http://www.ideationconferences.com/sudanreport2001/resourcepage.htm; Amnesty International, *Oil in Sudan: Deteriorating Human Rights*, 25 maart 2000; en Peter Verney, *Raising the Stakes: Oil and Conflict in Sudan*, *Sudan Update* rapport, 1999.

417   'substantiële' oliereserves van 'excellente' kwaliteit: Over Lundins vondst van de oliereserves bij Thar Jath zie 'Lundin, OMV Claim Substantial Find in Sudan', *Platt's Oilgram News*, 21 mei 1999. De gevechten om de olievelden in de omgeving van Ler worden beschreven in Human Rights Watch/Africa, *Famine in Sudan, 1998*, pp. 143-157.

418   'geen Thomas Jefferson': Scroggins, 'Emma', p. 126.

418   'Een gedreven humaniste ... geluk na te streven': E-mail van Becky Hagman aan mij, 3 oktober 2000.

419   de vloedgolf van doden: Karl Vick, 'Death Toll in the Congo May Approach 3 Million', *The Washington Post*, 30 april 2001.

419   zeventien miljoen aidsslachtoffers: Joint United Nations Program on HIV/AIDS, 'AIDS Becoming Africa's Top Human Security Issue, UN Warns', persbericht, 10 januari 2000.

420   'de Osama bin Laden uit de tijd van koningin Victoria': Niall Ferguson vergeleek Osama bin Laden met de mahdi in '2011', *The New York Times Magazine*, 2 december 2001.

420   'Het bijzondere ... zelfs verwoest': Ralph E. Carson, 'Snakes', niet-gepubliceerde preek, zonder datum.

Abadi, Jacob, 'Israel and Sudan: The Saga of an Enigmatic Relationship',
　Middle Eastern Studies (juli 1991) 1-14

Africa Watch, *Denying the Honor of Living: Sudan, a Human Rights Disaster*,
　New York: Human Rights Watch, maart 1990

African Rights, *Food and Power in Sudan*, Londen: African Rights, 1997

Alier, Abel, *Southern Sudan: Too Many Agreements Dishonored*. Exeter: Ithaca
　Press, 1990

Amnesty International. *Sudan; The Military Government's First Year in Power:
　A Permanent Human Rights Crisis*. Londen, november 1990

—, *Sudan: Patterns of Repression*, Londen, februari 1993

—, *Sudan: The Ravages of War: Political Killings and Humanitarian Disaster*,
　Londen, september 1993

—, *The Tears of Orphans: No Future Without Human Rights*, Londen, januari 1995

—, *Oil in Sudan: Deteriorating Human Rights*, Londen, maart 2000

Anderson, G. Norman, *Sudan in Crisis: The Failure of Democracy*, Gainesville:
　University of Florida Press, 1999

Baker, Sir Samuel W., *Ismailia: A Narrative of the Expedition to Central Africa for
　the Suppression of the Slave Trade*, New York: Harper & Brothers, 1875

Bayart, Jean-François, *The State in Africa: The Politics of the Belly*, New York:
　Longman, 1993

Bergen, Peter, *Holy War, Inc.: Inside the Secret World of Osama bin Laden*, New
　York: Free Press, 2001

Bodansky, Yossef, *Bin Laden: The Man Who Declared War on America*, Rocklin,
　CA: Forum, 1999

Boyles, Dennis, *African Lives*, New York: Ballantine Books, 1988

Burr, Millard, 'Sudan 1990-1992: Food Aid, Famine and Failure', US Committee
　for Refugees Issue Brief, 1993

Burr, Millard, en Robert O. Collins, *Requiem for the Sudan: War, Drought, and
　Disaster Relief on the Nile*, Boulder, CO: Westview Press, 1995

Carrington, Charles, *Rudyard Kipling: His Life and Work*, Londen: Macmillan,
　1955

Churchill, Winston, *The River War: An Historical Account of the Reconquest of the Soudan*, 2 dln. F. Rhodes (red.), Londen-New York-Bombay: Longmans, Green & Co., 1899

Cohen, Herman, *Intervening in Africa: Superpower Peacemaking in a Troubled Continent*, New York: St. Martin's Press, 2000

Cole, David, *Between a Swamp and a Hard Place: Development Challenges in Remote Rural Africa*, Cambridge: Harvard International Institute for Development, 1997

Collins, Robert O., *Shadows in the Grass: Britain in the Southern Sudan, 1918-1956*, New Haven, CT: Yale University Press, 1962

Dalglish, Peter, *The Courage of Children*, Toronto: HarperCollins, 1998

Daly, Martin, en Ahmad Alawad Sikainga (red.), *Civil War in Sudan*, Londen: British Academic Press, 1993

El-Dareer, Asma, *Woman, Why Do You Weep?: Circumcision and Its Consequences*, Londen: Zed Press, 1986

Deng, Francis M., *War of Visions: Conflict of Identities in the Sudan*. Washington: Brookings Institution, 1995

Deng, Francis M., en Larry Minear, *The Challenges of Famine Relief: Emergency Operations in the Sudan*, Washington: Brookings Institution, 1992

De Waal, Alex, *Famine Crimes: Politics and the Disaster Relief Industry in Africa*, Oxford: James Currey, 1997

Al-Effendi, Abd el-Wahab, *Turabi's Revolution: Islam and Power in the Sudan*, Londen: Gray Seal Books, 1991

Evans-Pritchard, E.E., *Nuer Religion*, New York: Oxford University Press, 1956

—, *The Nuer*, New York: Oxford University Press, 1969

—, *Kinship and Marriage Among the Nuer*, Oxford: Clarendon Press, 1995

Ferry, Georgina, *Dorothy Hodgkin: A Life*. Londen: Granta Books, 1998

Finkelman, Paul, en Joseph C. Miller (red.), *The Encyclopedia of World Slavery*, New York: Macmillan, 1998

Garang, John, *The Call for Democracy in Sudan*, Londen: Kegan Paul International, 1992

Geldof, Bob, en Paul Vallely, *Is That It?*, Harmondsworth: Penguin Books, 1986

Gordon, Charles G., *The Journals of Major-Gen. C. G. Gordon, C.B., at Kartoum*, A. Egmont Hake (red.), Londen: Kegan Paul, Trench & Co., 1885

Hall, Tarquin, *Mercenaries, Missionaries, and Misfits: Adventures of an Under Age Journalist*, London: Muncaster Press, 1997

Hamdi, Mohamed Elhachmi, *The Making of an Islamic Political Leader: Conversations with Hasan al-Turabi*, Boulder, CO: Westview Press, 1998

457

Harrison, Paul, en Robin Palmer, *News out of Africa: Biafra to Band Aid*, Londen: Hilary Shipman, 1986

Hill, George Birkbeck (red.), *Colonel Gordon in Central Africa, 1874-1878*, Londen: Thomas de la Rue & Co., 1885

Hill, Richard S., *Egypt in the Sudan, 1820-1881*, Oxford: Oxford University Press, 1959

—, *Lovers on the Nile: The Incredible African Journeys of Sam and Florence Baker*, New York: Random House, 1980

— (red.), *The Sudan Memoirs of Carl Christian Giegler Pasha, 1873-1883*, Londen: Oxford University Press, 1984

Holt, P.M., *The Mahdist State in the Sudan, 1881-1898: A Study of Its Origins and Overthrow*, Oxford: Clarendon Press, 1970

Human Rights Watch/Africa, *Civilian Devastation: Abuses by All Parties in the War in Southern Sudan*, New York: Human Rights Watch, juni 1994

—, *Famine in Sudan, 1998*, New York: Human Rights Watch, februari 1999

—, *Sudan, Oil and Human Rights Abuses. Draft report*, New York: Human Rights Watch, 11 april 2000

Hutchinson, Sharon, *Nuer Dilemmas: Coping with Money, War and the State*, Berkeley: University of California Press, 1996

Idris, Amir H., *Sudan's Civil War Slavery, Race and Formational Identities*, Lewiston, NY: Edwin Mellen Press, 2001

James, Wendy, *Kwanim Pa: The Making of the Uduk People*, Oxford: Clarendon Press, 1979

—, *The Listening Ebony*, Oxford: Oxford University Press, 1999

Jeal, Tim, *Livingstone*. Londen: Pimlico, 1993

Johnson, Douglas H., 'The Death of Gordon: A Victorian Myth', *Journal of Imperial and Commonwealth History* 10 (mei 1982), 285-310

—, *Nuer Prophets: A History of Prophecy from the Upper Nile in the Nineteenth and Twentieth Centuries*, Oxford: Oxford University Press, 1994

Jok, Jok Madut, en Sharon Hutchinson, 'Sudan's Prolonged Second Civil War and the Militarization of Nuer and Dinka Ethnic Identities', *African Studies Review* 42, nr. 2 (september 1999), 125-145

Kaplan, Robert, *Surrender or Starve: The Wars Behind the Famines*, Boulder, CO: Westview Press, 1988

Karadawi, Ahmed, 'The Smuggling of the Ethiopian Falashas to Israel through Sudan', *African Affairs* 70 (1991) 25-49

—, *Refugee Policy in Sudan, 1967-1984*, Oxford: Berghahn Books, 1999

Keen, David, *The Benefits of Famine: A Political Economy of Famine and Relief in Southwestern Sudan, 1983-1989*, Princeton: Princeton University Press, 1994

Khalid, Mansour, *Nimeiri and the Revolution of Dis-May*, Londen: KPI, 1985

—, *The Government They Deserve: The Role of the Elite in Sudan's Political Evolution*, Londen-New York: Kegan Paul International, 1990

Kipling, Rudyard, *Rudyard Kipling's Verse*, Londen: Hodder and Stoughton, 1958

Lovejoy, P.E., *Transformations in Slavery: A History of Slavery in Africa*, New York: Cambridge University Press, 1983

Mahmud, Ushari Ahmad, en Suleyman Ali Baldo, *The Al Dhiein Massacre: Human Rights Violations in the Sudan*, Khartoum: University of Khartoum, 1987

Marmon, Shaun (red.), *Slavery in the Islamic Middle East*, Princeton, NJ: Markus Wiener Publishers, 1999

McCune, Maggie, *Til The Sun Grows Cold: Searching for My Daughter, Emma*, Londen: Headline, 1999

McDermott, Brian Hugh, *The Cult of the Sacred Spear: The Story of the Nuer Tribe in Ethiopia*, Londen: Robert Hale & Co., 1973

McLoughlin, Peter F., 'Economic Development and the Heritage of Slavery in the Sudan', *Africa* 32 (1962) 355-389

Moore-Harell, Alice, en Gabriel Warburg, *Gordon and the Sudan: Prologue to the Mahdiyaa, 1877-1880*, Londen: Frank Cass, 2001

Negash, Tekeste, en Kjetil Tronvoll, *Brothers at War: Making Sense of the Ethiopian-Eritrean War*, Oxford: James Currey, 2000

Nikkel, Marc, 'Children of Our Fathers' Divinities or Children of the Red Foreigners?' in Andrew Wheeler (red.), *Land of Promise: Church Growth in a Sudan at War*, Nairobi: Paulines Publications Africa, 1997

Nutting, Anthony, *Gordon of Khartoum: Martyr and Misfit*, New York: Clarkson N. Potter, 1966

Nyaba, Peter Adwok, *The Politics of Liberation in South Sudan: An Insider's View*, Kampala: Fountain Publishers, 1997

Pakenham, Thomas, *The Scramble for Africa*, Londen: Abacus, 1991

Peterson, Scott, *Me Against My Brother: At War in Somalia, Sudan, and Rwanda*, New York: Routledge, 2000

Petterson, Donald, *Inside Sudan*, Boulder, CO: Westview Press, 1999

Prunier, Gerard, 'Identity Crisis and the Weak State: The Making of the Sudanese Civil fiar', WRITENET Issue Paper, januari 1996

Reeve, Simon, *The New Jackals: Ramzi Yousef, Osama Bin Laden, and the Future of Terrorism*, Boston: Northeastern University Press, 1999

Ryle, John, *Warriors of the White Nile: The Dinka*, Amsterdam: Time-Life Books, 1982

Sanderson, Lilian Passmore, en Neville Sanderson, *Education, Religion and Politics in Southern Sudan, 1899-1964*, Londen: Ithaca Press, 1981

Scale, Patrick, *Abu Nidal: A Gun far Hire*, New York: Random House, 1992

Seligman, C.G., en Brenda Seligman, *Pagan Tribes of the Nilotic Sudan*, Londen: Routledge & Kegan Paul, 1932

Shields, Reid, *Behind the Garden of Allah*, Philadelphia: United Presbyterian Board of Foreign Missions, 1937

Slatin, Rudolf C., *Fire and Sword in the Sudan*, Londen: Edward Arnold, 1896

Steevens, G.W., *With Kitchener to Khartum*, New York: Dodd, Mead, 1898

Strachey, Lytton, *Eminent Victorians*, San Diego: Harcourt Brace Jovanovich, 1948

Svoboda, Terese, *Cleaned the Crocodile's Teeth: Nuer Song*, Greenfield Center, NY: Greenfield Review Press, 1985

Toledano, Ehud E., *Slavery and Its Abolition in the Ottoman Middle East*, Seattle: University of Washington Press, 1998

Trench, Charles Chenevix, *The Road to Khartoum: A Life of General Charles Gordon*, New York: Dorset Press, 1978

Vandevort, Eleanor, *The Leopard Tamed: The Tale of an African Pastor, His People and His Problems*, New York: Harper & Row, 1968

Victoria, Queen of Great Britain, *The Letters of Queen Victoria*, 6 dln., George Earle Bucke (red.), New York: Longmans, Green & Co., 1930-1932

Weaver, Mary Anne, *A Portrait of Egypt: A Journey Through the World of Militant Islam*, New York: Farrar, Straus & Giroux, 2000

Werner, Roland, William Anderson en Andrew Wheeler, *Day of Devastation, Day of Contentment: The History of the Sudanese Church Across 2000 Years*, Nairobi: Paulines Press, 2000

Wheeler, Andrew (red.), *Land of Promise: Church Growth in a Sudan at War*, Nairobi: Paulines Publications Africa, 1997

Wondu, Steven, en Ann Lesch, *Battle for Peace in Sudan: An Analysis of the Abuja Conference, 1992-1993*, Boston: University Press of America, 2000

Zutt, Johannes, *Children of War: Wandering Alone in Southern Sudan*, New York: UNICEF, 1994

EEN WOORD VAN DANK

Voor de totstandkominng van dit boek ben ik dank verschuldigd aan een veel groter aantal mensen dan in de 'Opmerking van de auteur' genoemd worden. Wijlen Susan Woolfson, John Tessitore en Edward C. Luck van United Nations Association-USA hebben me als eersten op dit spoor gezet door me in 1985 de opdracht te geven om onderzoek te doen naar de hulpverlening in hongergebieden. Deze eerste verkenningstocht naar de politieke achtergronden van de humanitaire hulpverlening werd ondersteund door The New York Times Foundation en de Weyerhauser Foundation. Ik ben Sonny Rawls, Bill Kovach, Hyde Post, Randal Ashley, Arnold Rosenfeld, Ron Martin, John Walter en Plott Brice van *The Atlanta Journal-Constitution* nog altijd heel dankbaar voor het feit dat ze me naar Soedan hebben gestuurd en voor hun advies en steun terwijl ik in Soedan verbleef en nadat ik weer was teruggekomen. Ian Jack en Robert Winder van *Granta* spoorden me aan om het verhaal van Emma McCune verder uit te pluizen en hielpen me vervolgens om vorm te geven aan het artikel dat aan de basis staat van dit boek.

Enkele van de vele Soedanese en niet-Soedanese vrienden die hun inzichten en kennis met mij gedeeld hebben zijn: Arop Madut Arop, Catherine Bond, Raymond Bonner, Victoria Butler, Timothy Carney, Catherine Carter, voormalig president Jimmy Carter, Jeffrey Clark, Robert O. Collins, Jean-François Darcq, Ahmed Kamal al-Din, Madelaine Drohan, Wal en Julia Duane, Mark Duffield, Dan Eiffe, Clive English, Becky Hagman, Robin Hodgkin, Mark Huband, Liz Hughes, Richard Ibreck, Harry Jeene, Sam Kiley, Ian Lethbridge, John Luk, Gillian Lusk, Andrew Mawson, Lazarus Leek Mawut, Mahdi Ibrahim Mohamed, Stephen Morrison, Peter Moszynski, Richard Mulla, Rakiya Omaar, Jane Perlez, Scott Peterson, John Prendergast, Biel Torkech Rambang, Jonathan Randal, Eric Reeves, Tiny Rowland, William Shawcross, Hania Sholkamy, Dick en Carol Steuart, Gary en Christine Strieker, David Turton, Peter Verney, François Visnot, Gordon Wagner, Gritta Weil, Phillip Winter, Roger Winter en Michael Wolfers.

Godfrey Hodgson en de Reuter Foundation hebben het onderzoek financieel gesteund in de vorm van een Reuter-beurs aan de Universiteit van Oxford in 1998. De bibliothecarissen van Queen Elizabeth House, Rhodes Hall en the Studieprogramma voor Vluchtelingen in Oxford hebben vele uren gegeven om mij te helpen documenten te vinden. Mijn onmisbare agent, Toby Eady, heeft twee voortreffelijke redacteuren voor mij gevonden: Robin Desser bij Pantheon Books en Michael Fishwick bij HarperCollins-UK. Mijn vrienden Carol Berger, Wendy James, Douglas Johnson, Millard Burr en Jemera Rone hebben geholpen bij het lezen en corrigeren van de laatste versie van de tekst.

Zonder mijn echtgenoot, Colin Campbell, zou dit boek niet bestaan. Vijftien jaar geleden heeft hij mijn aandacht op Soedan gevestigd, en hij heeft naast me gestaan bij elke stap die ik onderweg heb gezet. Mijn ouders, Frank en Gloria Scroggins, en wijlen mijn schoonmoeder, Betty Campbell, zijn een voortdurende bron van aanmoediging en inspiratie geweest. Mijn stiefzoon Gray en mijn dochters Anna en Elizabeth hebben heel wat saaie uren met babysitters moeten doorbrengen terwijl ik bezig was met het onderzoek voor en het schrijven van dit boek. Ik hoop dat het een antwoord geeft op de vraag die ze steeds maar blijven herhalen: 'Maar waarom ben je toch zo gek op Soedan?'

Boven-Nijl en Equatoria

0 km   100 km

KORDOVAN

● Kadugli

Bahr el-Arab

HEGLIG

EL-TOOR

UNITY

● Pariang

Bahr el-Ghazal

● Bentiu   Fangak ●

● Mankien

Ler ●

Jongleikanaal

Bahr el-Zeraf (Witte Nijl)

BAHR
AL-GHAZAL

● Wau

Kongor ●

Rumbek ●

Jonglei

Yirol ●

EQUATORIA

Bahr el-Jebel (Witte Nijl)

ZAÏRE